Die Chronik-Bibliothek des 20. Jahrhunderts

Ernst Christian Schütt

Chronik 1939

Tag für Tag in Wort und Bild

Chronik Verlag

Abbildungen auf dem Schutzumschlag
(oben links beginnend)
Führer und Reichskanzler Adolf Hitler – als Porträt in allen deutschen Amtsstuben präsent
Unterzeichnung des deutsch-sowjetischen Nichtangriffspakts in Moskau
Berlin feiert die Rückkehr der deutschen Legion Condor aus dem Spanischen Bürgerkrieg
Entfernung des Schlagbaums an der Grenze zu Polen am 1. September 1939
Fritz Szepan und Ernst Kuzorra vom Deutschen Fußballmeister FC Schalke 04
»Vom Winde verweht«: Vivien Leigh und Clark Gable

Leihgeber für Zeitungen und Zeitschriften: Institut für Zeitungsforschung, Dortmund

ISBN 3-577-14039-9

Inhalt 1939

Der vorliegende Band aus der »Chronik-Bibliothek des 20. Jahrhunderts« führt Sie zuverlässig durch das Jahr 1939 und gibt Ihnen – aus der Sicht des Zeitzeugen, aber vor dem Hintergrund des Wissens von heute – einen vollständigen Überblick über die weltweit wichtigsten Ereignisse in Politik und Wirtschaft, Kultur und Sport, Alltag und Gesellschaft. Sie können das Jahr in chronologischer Folge an sich vorüberziehen lassen, die »Chronik 1939« aber auch als Nachschlagewerk oder als Lesebuch benutzen. Das Chronik-System verbindet eine schier unübersehbare Fülle von Artikeln, Kalendereinträgen, Fotos, Graphiken und Übersichten nach einheitlichen Kriterien und macht damit die Daten dieses Bandes mit jedem anderen Band vergleichbar. Wer die »Chronik-Bibliothek« sammelt, erhält ein Dokumentationssystem, wie es in dieser Dichte und Genauigkeit nirgends sonst zu haben ist.

Hauptteil (ab Seite 8)

Jeder Monat beginnt mit einem Kalendarium, in dem die wichtigsten Ereignisse chronologisch geordnet und in knappen Texten dargestellt sind. Sonn- und Feiertage sind durch farbigen Druck hervorgehoben. Pfeile verweisen auf ergänzende Bild- und Textbeiträge auf den folgenden Seiten. Faksimiles von Zeitungen und Zeitschriften, die im jeweiligen Monat des Jahres 1939 erschienen sind, spiegeln Zeitgeist und herausragende Ereignisse.

Wichtige Ereignisse des Jahres 1939 werden – zusätzlich zu den Eintragungen im Kalendarium – in Wort und Bild beschrieben. Jeder der 383 Einzelartikel bietet eine in sich abgeschlossene Information. Die Pfeile des Verweissystems machen auf Artikel aufmerksam, die an anderer Stelle dieses Bandes ergänzende Informationen zu dem jeweiligen Thema vermitteln.

639 häufig farbige Abbildungen und graphische Darstellungen illustrieren die Ereignisse und Entwicklungen des Jahres 1939 und werden damit zu einem historischen Kaleidoskop besonderer Art.

Hinter dem Hauptteil (auf S. 212) geben originalgetreue Abbildungen einen Überblick über alle Postwertzeichen, die im Jahr 1939 im Deutschen Reich neu ausgegeben wurden.

Übersichtsartikel (ab Seite 17)

19 Übersichtsartikel, am blauen Untergrund zu erkennen, stellen Entwicklungen des Jahres 1939 zusammenfassend dar.

Alle Übersichtsartikel aus den verschiedenen Jahrgangsbänden ergeben – zusammengenommen – eine sehr spezielle Chronik zu den jeweiligen Themenbereichen (z. B. Film von 1900 bis 2000).

Anhang (ab Seite 213)

Der Anhang zeigt das Jahr 1939 in Statistiken und anderen Übersichten. Ausgehend von den offiziellen Daten für das Deutsche Reich einschließlich Österreichs und für die Schweiz, regen die Zahlen und Fakten zu einem Vergleich mit vorausgegangenen und nachfolgenden Jahren an.

Für alle wichtigen Länder der Erde sind die Staats- und Regierungschefs im Jahr 1939 aufgeführt und werden wichtige Veränderungen aufgezeigt.

Die Zusammenstellungen herausragender Neuerscheinungen auf dem Buchmarkt sowie der Premieren auf Bühne und Leinwand werden zu einem Führer durch das kulturelle Leben des Jahres.

Das Kapitel »Sportereignisse und Rekorde« spiegelt die Höhepunkte des Sportjahres 1939.

Internationale und deutsche Meisterschaften, die Entwicklung der Leichtathletik- und Schwimmrekorde sowie alle Ergebnisse der großen internationalen Wettbewerbe im Automobilsport, Eiskunstlauf, Fußball, Gewichtheben, Pferde-, Rad- und Wintersport sowie im Tennis sind wie die Boxweltmeister im Schwergewicht nachgewiesen.

Der Nekrolog enthält Kurzbiographien von Persönlichkeiten, die 1939 verstorben sind.

Register (ab Seite 232)

Das *Personenregister* nennt – in Verbindung mit der jeweiligen Seitenzahl – alle Personen, deren Namen in diesem Band verzeichnet sind.

Werden Personen abgebildet, so sind die Seitenzahlen kursiv gesetzt.

Herrscher und Angehörige regierender Häuser mit selben Namen sind alphabetisch nach den Ländern ihrer Herkunft geordnet.

Wer ein bestimmtes Ereignis des Jahres 1939 nachschlagen möchte, das genaue Datum oder die Namen der beteiligten Personen aber nicht präsent hat, findet über das spezielle *Sachregister* Zugang zu den gesuchten Informationen.

Oberbegriffe und Ländernamen erleichtern das Suchen und machen zugleich deutlich, welche weiteren Artikel und Informationen zu diesem Themenfeld im vorliegenden Band zu finden sind. Querverweise helfen bei der Erschließung der immensen Informationsvielfalt.

Das Jahr 1939

Mit dem Überfall der deutschen Wehrmacht auf Polen beginnt am 1. September 1939 der Zweite Weltkrieg. Anders als von Führer und Reichskanzler Adolf Hitler erwartet, erfüllen Großbritannien und Frankreich ihre Bündnisverpflichtungen gegenüber Polen und erklären dem Deutschen Reich am 3. September den Krieg. Auch die Staaten des britischen Commonwealth treten (mit Ausnahme Irlands) in die bewaffnete Auseinandersetzung gegen das Dritte Reich ein.

Die Westmächte sind entschlossen, der Bedrohung der Freiheit und Demokratie in Europa militärisch entgegenzutreten, nachdem die Zerschlagung der Tschechoslowakei und die Angliederung des Memelgebietes gezeigt haben, daß sich Hitler nicht an die auf der Münchner Konferenz 1938 getroffenen Vereinbarungen halten wird.

In weniger als vier Wochen wird der deutsche Feldzug gegen Polen abgeschlossen, zugleich beginnt die planmäßige Vernichtung der polnischen Intelligenz und die gewaltsame Umsiedlung der polnischen Bevölkerung aus den annektierten Gebieten in das Generalgouvernement mit der Hauptstadt Krakau. Dorthin rollen auch Transporte mit Juden aus der ehemaligen Tschechoslowakei und dem Deutschen Reich, wo immer neue Ausnahmegesetze die jüdische Bevölkerung drangsalieren.

Eine Woche vor Kriegsausbruch hat sich Hitler durch den Nichtangriffspakt mit der Sowjetunion außenpolitische Rückendeckung für den Polenfeldzug verschafft. In einem geheimen Zusatzprotokoll vereinbaren Deutsche und Sowjets die territoriale Neuordnung weiter Teile Osteuropas und die Aufteilung Polens. Am 17. September rückt die Rote Armee in Ostpolen ein, die besetzten Gebiete werden annektiert. Am 30. November beginnt der sowjetische Überfall auf Finnland, das sich dem Aggressor allerdings in den folgenden Monaten mit Erfolg entgegenstellt.

Während im Osten in kurzer Zeit vollendete Tatsachen geschaffen werden, stehen sich an der Westfront die Armeen fast bewegungslos gegenüber. Die deutsche Westoffensive muß wegen des schlechten Wetters ständig verschoben werden; die ganz auf Defensive eingestellte französische Armee wiederum scheut einen Angriff. Der Schwerpunkt des Krieges verlagert sich auf die See, wobei die deutsche U-Boot-Flotte spektakuläre Erfolge verbucht.

Während in China die japanische Aggression fortgesetzt wird, Ungarn sich die Karpato-Ukraine einverleibt und der deutsche »Achsenpartner« Italien Albanien erobert, endet der Spanische Bürgerkrieg im März mit dem Sieg der von Italien und dem Deutschen Reich unterstützten Nationalisten unter General Francisco Franco Bahamonde.

Für die Menschen im Deutschen Reich bringt der Kriegsausbruch weitere Einschränkungen: Lebensmittel und Textilien werden rationiert, neue Gesetze bedrohen oppositionelle Regungen mit harten Strafen, Steuern werden angehoben und die berufliche Freizügigkeit noch stärker eingeschränkt. Die deutsche Wirtschaft wird auf die Bedürfnisse der Kriegführung umgestellt, wobei das polnische Generalgouvernement sowie Böhmen und Mähren billige Arbeitskräfte liefern. In Schkopau wird das erste Werk zur Herstellung von künstlichem Kautschuk (Buna) und in Salzgitter die erste Hochofenanlage der Reichswerke Hermann Göring in Betrieb genommen.

Die herausragenden technischen Innovationen kommen aus der Luftfahrt: Der Konstrukteur Ernst Heinkel stellt mit der He 176 das erste Raketenflugzeug und mit der He 178 das erste Düsenflugzeug vor; ihre technische und militärische Bedeutung wird allerdings im Deutschen Reich ebensowenig erkannt wie die Möglichkeiten der von Otto Hahn und Friedrich Straßmann Ende 1938 erstmals vollzogenen Kernspaltung.

Zu den Büchern des Jahres gehören Ernst Jüngers »Auf den Marmorklippen«, Thomas Manns Goethe-Roman »Lotte in Weimar«, der nach 16jähriger Arbeit von James Joyce vollendete Roman »Finnegans Wake« und John Steinbecks sozialkritisches Epos »Die Früchte des Zorns«. Eine der wichtigsten neuen Opern ist Carl Orffs musikalisches Märchenspiel »Der Mond«. In Paris wird das neue Schauspiel von Jean Giraudoux, »Undine«, uraufgeführt. Ihre Premiere erleben in New York »Der Familientag« und »Mein Herz ist im Hochland« von William Saroyan.

Der Film des Jahres kommt aus den Vereinigten Staaten. Das Bürgerkriegs-Drama »Vom Winde verweht« mit Clark Gable und Vivien Leigh sorgt schon vor der Premiere für Schlagzeilen; weitere Erfolge sind »Der Glöckner von Notre Dame« mit Charles Laughton, John Fords Western »Höllenfahrt nach Santa Fé« mit John Wayne, Willi Forsts »Bel Ami«, »Wasser für Canitoga« mit Hans Albers und der auf der Biennale in Venedig prämierte Streifen »Robert Koch, der Bekämpfer des Todes«.

Schlagzeilen im Sport liefern das 9:0 von Schalke 04 im Endspiel um die Deutsche Fußballmeisterschaft gegen Admira Wien, die Siegesserie des Automobil-Rennfahrers Hermann Lang, der zwölfte Weltmeistertitel der Skirennläuferin Christl Cranz, die Weltrekorde über 400 und 800 m des deutschen Mittelstrecklers Rudolf Harbig, der erste Lauf über 10 000 m unter 30 Minuten durch den Finnen Taisto Mäki, der erste Weitsprung einer Frau über die Sechs-Meter-Marke durch Christl Schulz und der Blitz-k.o. von Max Schmeling im Europameisterschaftskampf gegen Erich Heuser.

Überschattet werden alle diese gesellschaftlichen, kulturellen und sportlichen Ereignisse und Entwicklungen des Jahres 1939 von der immer bedrohlicher werdenden Kriegsgefahr in Europa und schließlich vom Überfall der Wehrmacht auf Polen. Zum zweiten Mal in diesem Jahrhundert geht von deutschem Boden ein Krieg aus, der innerhalb kurzer Zeit über den europäischen Kontinent hinausgreift und die ganze Welt zum Kriegsschauplatz macht.

Ernst Christian Schütt

◁ *Seit dem 1. September 1939 überziehen die deutschen Armeen den europäischen Kontinent mit Gewalt und Schrecken*

Januar 1939

Mo	Di	Mi	Do	Fr	Sa	So
						1
2	3	4	5	6	7	8
9	10	11	12	13	14	15
16	17	18	19	20	21	22
23	24	25	26	27	28	29
30	31					

1. Januar, Neujahr
Führer und Reichskanzler Adolf Hitler wendet sich mit seinem traditionellen Neujahrsaufruf an die Mitglieder der Nationalsozialistischen Deutschen Arbeiterpartei (NSDAP). →S.13

Das im Februar 1938 im Deutschen Reich eingeführte Pflichtjahr für unbeschäftigte weibliche Jugendliche in der Land- und Hauswirtschaft wird für alle ledigen Frauen unter 25 Jahren obligatorisch (→14.1./S.15).

Das Jugendschutzgesetz und die Arbeitszeitverordnung vom 30. April 1938 treten im Deutschen Reich in Kraft. →S.24

Im Deutschen Reich treten die Namensänderungsverordnung für Juden vom 17. August 1938 (Annahme von Israel bzw. Sara als zweiten Vornamen) und die Verordnung über den Ausschluß von Juden aus dem Wirtschaftsleben vom 12. November 1938 in Kraft (→31.1./S.16).

Als Schweizer Bundespräsident für 1939 amtiert der katholisch-konservative Bundesrat Philipp Etter aus Zug, Vorsteher des Departements des Innern.

Im Deutschen Reich werden fortan auch Kleinstbetriebe zu einer regelmäßigen Buchführung verpflichtet. Bis dahin waren bei Kleinunternehmen die Steuern vom Finanzamt geschätzt worden.

Wegen der Kaffeeknappheit als Folge der brasilianischen Exportbeschränkungen dürfen deutsche Kaffeeproduzenten nur noch die von der Kaffee-Überwachungsstelle vorgeschriebenen Mengen rösten.

Im Saarbergbau wird unter Tage der neunstündige und über Tage der zehnstündige Arbeitstag eingeführt. Für die Hüttenarbeiter gilt der Zwölfstundentag.

Die Deutsche Lufthansa AG nimmt den Flugverkehr nach Chile auf. Die Länge der Flugstrecke Berlin-Santiago de Chile beträgt 15039 km.

2. Januar, Montag
Im gesamten Reichsgebiet wird ein Postsparkassendienst eingerichtet. Ein- und Rückzahlungen sind bei über 80000 Amtsstellen der Deutschen Reichspost möglich. →S.24

Bei den Unruhen im britischen Mandatsgebiet Palästina wurden seit dem 1. Januar 1938 insgesamt 3720 Personen getötet oder verwundet.

3. Januar, Dienstag
Aufgrund einer Anordnung des Reichswirtschaftsministeriums werden Juden zu den Prüfungen der Industrie-, Handwerks- und Handelskammern nicht mehr zugelassen (→31.1./S.16).

Das Präsidium des Obersten Sowjet der UdSSR bestätigt den neuen Fahneneid für die Rote Armee und die Rote Marine. Auf alle weltrevolutionären Verpflichtungen wird dabei verzichtet.

4. Januar, Mittwoch
Die Nationalsozialistische Deutsche Arbeiterpartei (NSDAP) in Wien gibt bekannt, daß im ehemaligen Österreich (Ostmark) 47768 Juden ein Vermögen von insgesamt 2,041 Milliarden Reichsmark angemeldet haben.

In seiner Botschaft an den Kongreß warnt US-Präsident Franklin Delano Roosevelt vor einer Bedrohung der Demokratie und des Weltfriedens durch aggressive Staaten in Europa. →S.13

In Rumänien wird von der Regierung eine für den 6. Januar geplante Erhebung des faschistischen Geheimbundes Eiserne Garde aufgedeckt. Der Bund war offiziell am 10. Februar 1938 aufgelöst worden.

Mit einem Kinostreik protestieren die Besitzer von über 300 Kinos in Paris und Umgebung bis zum 7. Januar gegen eine neue städtische Zusatzsteuer.

5. Januar, Donnerstag
Führer und Reichskanzler Adolf Hitler empfängt in Berchtesgaden den polnischen Außenminister Oberst Józef Beck und wiederholt die deutschen Wünsche nach Rückgabe Danzigs (→6.1./S.12).

Der Etatvorschlag von US-Präsident Franklin Delano Roosevelt für das Haushaltsjahr 1939/40 sieht bei Gesamtausgaben von 8,9 Milliarden US-Dollar (rund 22 Milliarden Reichsmark) insgesamt 1,3 Milliarden US-Dollar (rund 3,2 Miliarden Reichsmark) für Verteidigung vor.

Kiichiro Freiherr Hirunama löst Fumimaro Fürst Konoe (im Amt seit 1937) als japanischer Ministerpräsident ab.

6. Januar, Freitag
Reichsaußenminister Joachim von Ribbentrop konferiert in München mit seinem polnischen Amtskollegen Oberst Józef Beck über die Danzig-Frage. →S.12

Heinrich Himmler begeht sein zehnjähriges Dienstjubiläum als Reichsführer SS.

In der Zeitschrift »Naturwissenschaft« erscheint der Bericht von Otto Hahn und Friedrich Straßmann »Über den Nachweis und das Verhalten der bei der Bestrahlung von Uran mittels Neutronen entstehenden Erdalkalimetalle«. Damit wird die Fachwelt über die erste erfolgreiche Kernspaltung informiert.

7. Januar, Sonnabend
In Wilhelmshaven wird das 1936 vom Stapel gelaufene 26000 t-Schlachtschiff »Scharnhorst« in Dienst gestellt.

Reichsbankpräsident Hjalmar Schacht und einige seiner Direktoren warnen in einer Denkschrift an Führer und Reichskanzler Adolf Hitler vor einem Zusammenbruch des Finanzsystems durch die forcierte Hochrüstung (→19.1./S.13).

Deutschen Rechtsanwälten wird die Vertretung von Juden verboten. Ausnahmen gelten u.a. für die Abwicklung von Konkursen und Vermögensübertragungen.

In Stockholm einigen sich Schweden und Finnland grundsätzlich auf eine Wiederbefestigung der seit 1920 neutralisierten finnischen Ålandinseln. →S.22

In Leipzig wird die Oper »Die pfiffige Magd« des deutschen Komponisten Julius Weismann uraufgeführt.

In Berlin trifft die Besatzung der am 28. November 1938 nach Tokio gestarteten Focke Wulf Fw 200 »Condor« ein. Auf dem Rückflug war im Dezember eine Notwasserung in Manila auf den Philippinen notwendig geworden.

8. Januar, Sonntag
In Znojmo werden die neuerworbenen südmährischen und südböhmischen Gebiete an die Ostmark-Reichsgaue Niederund Oberdonau übergeben.

Frankreichs Ministerpräsident Édouard Daladier beendet seine am 2. Januar begonnene Reise durch Korsika, Tunesien und Algerien. Gegenüber Ansprüchen Italiens betonte Daladier die Bindung dieser Gebiete an Frankreich. →S.23

Im Finale um den deutschen Fußballpokal schlägt vor 40000 Zuschauern im Berliner Olympia-Stadion Rapid Wien den FSV Frankfurt 3:1 (0:1). →S.26

9. Januar, Montag
Die von Albert Speer konzipierte Neue Reichskanzlei wird mit einer Feier im Berliner Sportpalast eingeweiht. →S.18

10. Januar, Dienstag
Der linkssozialistische Publizist und Politiker Ernst Niekisch wird vom Berliner Volksgerichtshof wegen Gründung einer Widerstandsbewegung zu lebenslänglich Zuchthaus verurteilt. →S.17

In der Berliner Universität wird die nach dem fränkischen NS-Gauleiter benannte Julius-Streicher-Schule eröffnet. Lehrbeauftragter ist Peter Deeg, Autor des Buches »Die Hofjuden« (1938).

11. Januar, Mittwoch
Das Sozialamt der Deutschen Arbeitsfront (DAF) ruft alle »schaffenden Volksgenossen« dazu auf, sich mit ihrer ganzen Kraft an jedem Ort zur Verfügung zu stellen und nicht durch selbsteingelegte Feierschichten gegen den Gedanken der Volksgemeinschaft zu verstoßen.

In einer Note an die deutsche Reichsregierung verlangen die USA erneut die Beachtung der Rechte von jüdischen US-Bürgern im Deutschen Reich.

12. Januar, Donnerstag
In der Neuen Reichskanzlei empfängt Führer und Reichskanzler Adolf Hitler das in der Reichshauptstadt akkreditierte diplomatische Korps zum traditionellen Neujahrsempfang.

Der deutsche Gesandte in Den Haag protestiert bei der niederländischen Regierung gegen Revolveranschläge auf deutsche Diplomaten am 6. und 9. Januar in Amsterdam und Den Haag. →S.22

Der Großdeutsche Rundfunk strahlt eine 90minütige Sendung mit klassischer Musik und Reden von Reichspropagandaminister Joseph Goebbels und Italiens Botschafter Bernardo Attolico aus.

US-Präsident Franklin Delano Roosevelt fordert zusätzliche Verteidigungsausgaben in Höhe von 525 Millionen US-Dollar (rund 1,3 Milliarden Reichsmark), die vor allem zur Stärkung der US-Luftwaffe verwandt werden sollen.

Der britische Außenminister Edward Frederick Lindley Wood Halifax erhält ein Ultimatum der Irisch-Republikanischen Armee (IRA), die mit Anschlägen droht, falls Großbritannien seine Truppen nicht innerhalb von vier Tagen aus Nordirland zurückzieht (→16.1./S.22).

In Palästina tritt das von der britischen Verwaltung verhängte Fahrverbot für arabische Fahrzeughalter in Kraft.

13. Januar, Freitag
Willy Bertuleit, stellvertretender Führer der Nationalsozialisten im Memelland, wird vom litauischen Generalgouverneur mit der Bildung des Memeldirektoriums beauftragt. →S.15

Auf dem Gebiet der Freien Stadt Danzig wird allen arischen Zahnärzten die Behandlung von jüdischen Patienten untersagt. Der einzig zugelassene jüdische Zahnarzt wohnt in Zoppot.

Mit einer Ansprache von Walter Frank, Präsident des Reichsinstituts für die Geschichte des neuen Deutschland, beginnt in der Universität Berlin die Vortragsreihe »Judentum und Judenfrage«.

In Berlin eröffnet Reichssportführer Hans von Tschammer und Osten die erste Tagung des Nationalsozialistischen Reichsbundes für Leibesübungen.

14. Januar, Sonnabend
Die »Nationalsozialistische Korrespondenz« veröffentlicht einen Erlaß von Reichsführer SS Heinrich Himmler und Reichsjugendführer Baldur von Schirach über den Landdienst der Hitlerjugend (HJ) und der Heranziehung von Wehrbauern aus HJ- bzw. SS-Leuten. →S.15

In der Pressekonferenz beim Reichspropagandaministerium ergeht die Mitteilung an die Schriftleiter der deutschen Presse, wonach Adolf Hitler nicht mehr als »Führer und Reichskanzler«, sondern nur noch als »Führer« zu bezeichnen ist.

Großbritanniens Premierminister Arthur Neville Chamberlain und Außenminister Edward Frederick Lindley Wood Halifax beenden einen dreitägigen Besuch in Rom. Thema war u.a. die Abgrenzung der Kolonialinteressen in Nordafrika. →S.23

Titelseite der französischen »L'Illustration« vom 21. Januar 1939 mit Berichten über die französisch-britischen Besprechungen in Paris und den Empfang des britischen Premiers Chamberlain durch Mussolini in Rom

97e ANNÉE. — No 5003

L'abonné à l'édition n° 1 reçoit avec ce numéro LA PETITE ILLUSTRATION contenant LE NID, comédie de M. André Birabeau.

21 JANVIER 1939

L'ILLUSTRATION

RENÉ BASCHET, DIRECTEUR
LOUIS BASCHET, CODIRECTEUR
GASTON SORBETS, RÉDACTEUR EN CHEF

LES ENTRETIENS DE PARIS ET DE ROME

En haut : l'entrevue franco-anglaise au Quai d'Orsay (MM. G. Bonnet, Chamberlain, Daladier et Halifax).
En bas : M. Mussolini reçoit M. Chamberlain.

15. Januar, Sonntag

In Detmold fordert Reichsleiter Alfred Rosenberg die westlichen Demokratien auf, den Juden ein Gebiet außerhalb Palästinas zuzuweisen, um dort »ein jüdisches Reservat einzurichten«.

Zur Hebung der Produktivität in der sowjetischen Landwirtschaft beschließt das Zentralkomitee der Kommunistischen Partei der Sowjetunion u.a. die Einführung eines Prämiensystems.

16. Januar, Montag

Das Deutsche Reich und die Türkei unterzeichnen ein Kreditabkommen über 150 Millionen Reichsmark.

In mehreren britischen Städten explodieren in Einrichtungen der Energiewirtschaft Bomben der illegalen Irisch-Republikanischen Armee (IRA). →S.22

110 Menschen wurden in Australien Opfer der wochenlangen Hitze. →S.25

17. Januar, Dienstag

Die zweite allgemeine Volkszählung in der UdSSR ergibt eine Gesamtpopulation von 170,5 Millionen Menschen. →S.22

Vor dem Völkerbundrat in Genf betont der Vertreter der Republik China, Wellington Vi Kynin Koo, den Willen seiner Regierung, den Kampf gegen Japan fortzusetzen. Er fordert die Völkerbundstaaten zum Wirtschaftsboykott Japans auf.

In Brest läuft das 35 000 t-Schlachtschiff »Richelieu« vom Stapel.

18. Januar, Mittwoch

Zum Abschluß seines dreitägigen Besuchs in Berlin lobt der ungarische Außenminister István Graf von Csáky das neue Deutsche Reich.

In Preßburg hält der Landtag der Slowakei seine erste Sitzung ab.

Aufgrund von positiven Tests sollen bei der Verkehrspolizei im Deutschen Reich Lautsprecherwagen bei der Verkehrsregelung eingesetzt werden.

19. Januar, Donnerstag

Reichswirtschaftsminister Walther Funk wird anstelle von Hjalmar Schacht Präsident des Reichsbankdirektoriums. →S.13

In Bremen läuft der Schwere Kreuzer »Seydlitz« vom Stapel (10 000 t).

In Berlin-Dahlem wird eine deutsch-italienische Studienstiftung eröffnet.

Zur Förderung der »Geistigen Landesverteidigung« wird in Zürich die private Gesellschaft »Res publica« gegründet.

Das Hamburger Seeamt erklärt zur Ursache des Verlustes des Segelschulschiffs »Admiral Karpfanger« im März 1938 im Südatlantik, der Untergang sei vermutlich eine Folge höherer Gewalt.

Ein Führererlaß erhebt das SA-Sportabzeichen zum SA-Wehrabzeichen. →S.26

20. Januar, Freitag

Die Verordnung über die Beschäftigung Jugendlicher in bergbaulichen Betrieben gibt die Möglichkeit zur Ausweitung der Arbeitszeit für noch nicht 16jährige.

Der Schweizer Bundesrat beschließt den Visumzwang für alle Emigranten.

21. Januar, Sonnabend

Der Außenminister der Tschechoslowakei, František Chvalkovsky, bietet der Reichsregierung weitgehende Einflußmöglichkeiten auf sein Land an. Dafür erwartet er eine Grenzgarantie.

In Tokio verlangt der japanische Regierungschef Kiichiro Freiherr Hirunama die Ausrottung des Kommunismus in China. In dem von Japan zu schaffenden neuen Ostasien behielten auch China und Mandschukuo ihr Eigenleben.

22. Januar, Sonntag

Reichsjugendführer Baldur von Schirach spricht in Dresden auf der ersten Veranstaltung des BDM-Werkes (Bund Deutscher Mädel) »Glaube und Schönheit«.

Im »Völkischen Beobachter« erklärt Reichspropagandaminister Joseph Goebbels, noch nie habe die deutsche Presse US-Präsident Franklin Delano Roosevelt beleidigt. →S.24

In der Schweiz wird mit 346 024 gegen 155 032 Volksstimmen (21 gegen 1 Standesstimme) ein Verfassungsartikel angenommen, wonach der Erlaß dringlicher Bundesbeschlüsse eine Mehrheit in beiden Räten erfordert. →S.25

Mit 6:4, 7:5, 6:4 über Henner Henkel wird Roderich Menzel in Bremen internationaler deutscher Hallentennismeister.

23. Januar, Montag

Der Regierungschef der Republik Spanien, Juan Negrín, verläßt mit der Regierung Barcelona (→26.1./S.20).

Mit einer Radiorede von Premierminister Arthur Neville Chamberlain beginnt in Großbritannien die Werbung für den freiwilligen Hilfsdienst.

In Rom heiraten die Königstochter Prinzessin Maria von Savoyen und Prinz Ludwig von Bourbon-Parma. →S.24

Der 43fache österreichische Fußballnationalspieler Matthias Sindelar stirbt in Wien an einer Gasvergiftung. →S.26

24. Januar, Dienstag

Auf Anweisung von Hermann Göring, dem Beauftragten für den Vierjahresplan, wird im Reichsministerium des Innern eine Reichszentrale für jüdische Auswanderung gegründet (→31.1./S.16).

Das Deutsche Reich und Nationalspanien unterzeichnen in Burgos ein umfangreiches Kulturabkommen.

Das Deutsche Reich und Italien vereinbaren den Einsatz von 37 000 italienischen Landarbeitern im Deutschen Reich.

Reichsjugendführer Baldur von Schirach weiht in Potsdam 140 Bannfahnen der Hitlerjugend (HJ) aus dem ehemaligen Österreich und dem Sudetenland.

25. Januar, Mittwoch

Im Berliner Sportpalast richten der fränkische NS-Gauleiter Julius Streicher und der italienische Staatsminister Roberto Farinacci heftige Angriffe gegen das Judentum und die angeblich judenfreundliche katholische Kirche.

In einem 14seitigen Zirkular des Auswärtigen Amtes an die deutschen diplomatischen Vertretungen über »Die Judenfrage als Faktor der Außenpolitik« heißt es u.a.: »Das letzte Ziel der deutschen Judenpolitik ist die Auswanderung aller im Reichsgebiet lebenden Juden.«

Ein Erdbeben in Chile fordert über 10 000 Tote. Besonders betroffen sind die Städte Chillán und Concepción. →S.25

Durch k.o. in der 1. Runde über John H. Lewis im New Yorker Madison Square Garden bleibt der US-Amerikaner Joe Louis Schwergewichts-Boxweltmeister.

26. Januar, Donnerstag

Barcelona ergibt sich kampflos den nationalistischen Truppen. →S.20

Frankreichs Außenminister Georges Bonnet unterstreicht vor der Kammer das gute Verhältnis zu Großbritannien. Das Parlament billigt mit 374 gegen 228 Stimmen die Außenpolitik der Regierung des Radikalsozialisten Édouard Daladier.

In einem Brief an den katholischen Bischof von Berlin, Konrad Graf von Preysing, kritisiert Reichskirchenminister Hanns Kerrl, daß sich die Kirche infolge der Verkennung von Weltanschauung und Religion in die Politik einmische.

Laut »Frankfurter Zeitung« sind von den 3750 jüdischen Einzelhandelsunternehmen, die es am 1. August 1938 in Berlin gab, 700 in deutsche Hände übergegangen. Die übrigen wurden geschlossen.

Mit Heinrich Gretler in der Titelrolle führt das Zürcher Schauspielhaus Friedrich von Schillers »Wilhelm Tell« auf. Am Schluß erheben sich die Besucher und singen die Schweizer Landeshymne »Rufst Du, mein Vaterland«. →S.25

27. Januar, Freitag

Reichsaußenminister Joachim von Ribbentrop beendet seinen zweitägigen Staatsbesuch in Polen. Über den Anschluß Danzigs an das Deutsche Reich wurde keine Einigung erzielt. →S.12

Führer und Reichskanzler Adolf Hitler ordnet den verstärkten Ausbau der deutschen Kriegsmarine an. →S.14

Reichsbauernführer Richard Walther Darre eröffnet in Berlin die Landwirtschaftsschau »Grüne Woche«. →S.24

28. Januar, Sonnabend

Am Staatlichen Opernhaus Berlin wird die Oper »Die Bürger von Calais« von Rudolf Wagner-Régeny (Text von Caspar Neher) uraufgeführt.

Höhepunkt des Berliner Presseballs ist das erste öffentliche Auftreten von Zarah Leander als Sängerin. →S.26

29. Januar, Sonntag

Vor 45 000 Zuschauern schlägt in Brüssel die deutsche Fußballnationalmannschaft die Elf von Belgien 4:1 (2:1).

30. Januar, Montag

Vor dem »Großdeutschen Reichstag« in der Berliner Krolloper würdigt Führer und Reichskanzler Adolf Hitler die Leistungen des Jahres 1938 und droht für den Fall eines erneuten Krieges mit der »Vernichtung der jüdischen Rasse in Europa.« →S.16

Der Reichstag billigt die Verlängerung des Ermächtigungsgesetzes (»Gesetz zur Behebung der Not von Volk und Reich« vom 24.3.1933) bis zum 10. Mai 1943. Die Wahlperiode des Reichstags wird auf vier Jahre festgesetzt. →S.16

Die deutsche Reichsregierung beschließt ein Gesetz über den Bau von Heimen der Hitlerjugend. Bauträger sind die Gemeinden, finanzielle Förderung erhalten sie durch die jeweiligen Landkreise sowie durch die Partei.

Josef Bürckel, Reichskommissar für die Wiedervereinigung Österreichs mit dem Reich, wird anstelle von Odilo Globocnik Gauleiter von Wien. →S.15

Zur Reduzierung des Flüchtlingsstroms aus dem republikanischen Spanien gewährt Frankreich vorerst nur noch Frauen und Kindern Asyl.

31. Januar, Dienstag

Durch Inkrafttreten der 8. Durchführungsverordnung zum Reichsbürgergesetz vom 17. Januar 1939 enden im Deutschen Reich die Bestallungen bzw. Approbationen von jüdischen Zahnärzten, Tierärzten und Apothekern. →S.16

Mit einer Kundgebung im Berliner Sportpalast wird der Reichsberufswettkampf 1939 eröffnet.

In Wien erscheint die letzte Nummer der Zeitung »Neue Freie Presse«. →S.15

In Nürnberg hat der Film »Das unsterbliche Herz« von Veit Harlan mit Heinrich George, Kristina Söderbaum und Paul Henckels in den Hauptrollen Premiere.

In Cortina d'Ampezzo wird der von Fritz Feierabend gesteuerte Schweizer Viererbob Weltmeister.

Das Wetter im Monat Januar

Station	Mittlere Lufttemperatur (°C)	Niederschlag (mm)	Sonnenscheindauer (Std.)
Aachen	4,7 (1,8)	81 (72)	— (51)
Berlin	3,0 (–0,4)	57 (43)	— (56)
Bremen	3,5 (0,6)	65 (57)	— (47)
München	1,6 (–2,1)	43 (55)	— (56)
Wien	1,3 (–0,9)	— (40)	— (—)
Zürich	2,2 (–1,0)	55 (68)	60 (46)

( ) Langjähriger Mittelwert für diesen Monat
– Wert nicht ermittelt

Viermal jährlich informiert die französische Modezeitschrift »Le tailleur de luxe« über die neuesten Kreationen der Saison

Polen lehnt den Anschluß Danzigs an das Deutsche Reich ab

6. Januar. Reichsaußenminister Joachim von Ribbentrop spricht in München mit seinem polnischen Amtskollegen Oberst Józef Beck über die von der Reichsregierung gewünschte Angliederung der Freien Stadt Danzig an das Deutsche Reich. Beck lehnt jedoch die deutschen Vorschläge unter Hinweis auf die öffentliche Meinung in Polen ab.
Am Vortag war Beck in Berchtesgaden von Führer und Reichskanzler Adolf Hitler empfangen worden. Dabei hatte Hitler die erstmals im Oktober 1938 formulierten deutschen Wünsche für die »Generalbereinigung« des deutsch-polnischen Verhältnisses erneuert: Danzig soll wieder dem Deutschen Reich angeschlossen, eine exterritoriale Auto- und Eisenbahn durch den »Korridor« zwischen Ostpreußen und Pommern gebaut und dafür Polens Westgrenze von Deutschland garantiert werden. Außerdem soll Polen dem Antikominternpakt (Deutsches Reich, Japan, Italien) beitreten.

Adolf Hitler, Józef Beck und Joachim von Ribbentrop in Berchtesgaden (v. l. n. r.)

Hitler und Ribbentrop stellen Beck ferner deutsche Hilfe bei der Annexion der Ukraine in Aussicht. Hitler erklärt Beck, er brauche Polen als Bollwerk gegen die UdSSR; jede »gegen Rußland eingesetzte polnische Division« würde eine entsprechende deutsche ersparen.

Polens Außenminister Beck erklärt sich lediglich bereit, die Frage einer Überführung Danzigs aus der Verwaltung des Völkerbundes in eine direkte deutsche und polnische Oberhoheit prüfen zu wollen. Die weitergehenden Vorschläge der Reichsregierung lehnt er strikt ab.

Streitpunkt Freie Stadt Danzig

Der Freistaat Danzig wurde am 15. November 1920 aufgrund des Friedensvertrages von Versailles ohne Volksabstimmung geschaffen. Das Staatsgebiet umfaßt 1966 km^2 mit 408 000 Einwohnern, davon rund 12 000 Polen (Bevölkerungsstand von 1938).
Polen übt in der Freien Stadt Hafen- und Zollrechte aus und wird dort durch den Generalkommissar Marjan Chodacki repräsentiert.
Danzig steht unter Aufsicht des Völkerbundes, Hoher Kommissar ist seit 1937 der aus Basel stammende Diplomat und Schriftsteller Carl Jacob Burckhardt.
Seit den Wahlen zum Volkstag von 1933 sind die Nationalsozialisten die dominierende politische Kraft in Danzig und stellen den Senat. Senatspräsident ist seit dem November 1934 Arthur Greiser, eigentlicher Leiter der Danziger Politik ist jedoch Gauleiter Albert Forster.

Ribbentrop-Besuch endet ohne Erfolg

27. Januar. Reichsaußenminister Joachim von Ribbentrop beendet einen zweitägigen Staatsbesuch in Warschau. Mehrere glanzvolle Empfänge sowie Kranzniederlegungen auf dem deutschen Heldenfriedhof und dem Grabmal des unbekannten Soldaten bildeten den festlichen Rahmen für die Ribbentrop-Visite, die jedoch keine polnisch-deutsche Annäherung in der Danzig-Frage erbrachte.
Ribbentrop erwiderte den Besuch des polnischen Außenministers Oberst Józef Beck vom 5./6. Januar 1939 in Berchtesgaden und München. Zugleich galt es, ein Jubiläum zu feiern: Am 26. Januar 1934 unterzeichneten das Deutsche Reich und Polen einen auf zehn Jahre gültigen Nichtangriffspakt.
Zwar betont das offizielle Kommuniqué das volle Einvernehmen zwischen beiden Regierungen, doch das Verhältnis wird zunehmend gespannter. Polen lehnt weiterhin eine Angliederung Danzigs an das Deutsche Reich ab und ist auch nicht zum Abschluß eines gegen die Sowjetunion gerichteten Militärbündnisses bereit.

Gespräch im Warschauer Schloß: V. l. Oberst Józef Beck, Polens Staatspräsident Ignacy Moscicki und Joachim von Ribbentrop

Reichsaußenminister Joachim von Ribbentrop (2. v. r.) begrüßt Damen der Warschauer Gesellschaft beim Empfang im Palais Brühl

Reichsaußenminister Joachim von Ribbentrop (l.) und Polens Marschall Edward Rydz-Smigly

Reichsbank unter Leitung von Funk

19. Januar. Hjalmar Schacht wird als Präsident der Deutschen Reichsbank entlassen und durch Wirtschaftsminister Walther Funk ersetzt. Anlaß ist die Kritik Schachts an der von der Reichsregierung durch eine ungehemmte Schuldenaufnahme finanzierten Hochrüstung.

Schacht leitete zwischen Dezember 1923 und April 1930 und ab März 1933 die Reichsbank. Von August 1934 bis November 1937 war er außerdem Reichsfinanzminister. Er zählt zu den frühen Förderern Adolf Hitlers in Finanzkreisen und legte durch eine massive Ausweitung der Kreditschöpfung durch Staatsverschuldung die Grundlage für die deutsche Aufrüstung.

Kernpunkt seines Programms waren die bis 1938 ausgegebenen Mefo-Wechsel: Unter Beteiligung führender deutscher Rüstungsunternehmen war im Mai 1933 in Berlin die Metallurgische Forschungs GmbH (Mefo) gegründet worden.

Der neue Präsident der Deutschen Reichsbank: Walther Funk, früherer Börsenjournalist, Mitglied der NSDAP seit 1931, 1933 zunächst Pressechef der Reichsregierung und am 4. Februar 1938 zum Reichsminister für Wirtschaft ernannt.

Hjalmar Schacht, 1918 Mitbegründer der Deutschen Demokratischen Partei (DDP), 1922 Direktor der Vereinigten Darmstädter und Nationalbank und ab 1923 zunächst Reichswährungskommissar und dann Präsident der Reichsbank

Sie akzeptierte die von der Reichsregierung zur Bezahlung der Rüstungsaufträge vorgelegten Wechsel, deren Laufzeit ständig verlängert wurde. Ende März 1938 hatten die Mefo-Wechsel auf diese Art ein Volumen von zwölf Milliarden Reichsmark erreicht.

Am 7. Januar 1939 übten Schacht und Mitglieder des Reichsbankdirektoriums in einem Memorandum an den Führer und Reichskanzler Adolf Hitler scharfe Kritik an der waghalsigen Rüstungspolitik. Dies gab den Anlaß für die Ersetzung Schachts durch Funk, der als Vertrauensmann von Generalfeldmarschall Hermann Göring gilt.

Zuversicht und Sorge am Beginn des Jahres

Adolf Hitler empfängt Neujahrsgrüße vom Nuntius Cesare Orsenigo (l.)

Hitler: Befriedung der Welt ist das Ziel

1. Januar. In einem Aufruf wendet sich Führer und Reichskanzler Adolf Hitler an die Mitglieder der Nationalsozialistischen Deutschen Arbeiterpartei (NSDAP):

»In ergriffener Dankbarkeit gegenüber dem gnädigen Wirken der Vorsehung verläßt das nationalsozialistische Deutschland das Jahr 1938. In ihm geht nicht nur das sechste Jahr der nationalsozialistischen Revolution ... zu Ende, sondern... das ereignisreichste Jahr der Geschichte unseres Volkes seit vielen Jahrhunderten ... Die durch den Nationalsozialismus erfolgte Aufrichtung einer neuen Volksgemeinschaft ... gestattete mir auch, den Aufbau der neuen deutschen Wehrmacht durchzuführen. Sie hat in diesem Jahr ihre ersten großen Bewährungsproben abgelegt ... Die Aufgaben der Zukunft sind folgende: Die erste Aufgabe ist und bleibt – wie in der Vergangenheit immer wieder – die Erziehung unseres Volkes zur nationalsozialistischen Gemeinschaft. Die zweite Aufgabe liegt im Ausbau und der Verstärkung unserer Wehrmacht. Die dritte sehen wir in der Durchführung des Vierjahresplans, in der Lösung des Problems unseres Arbeitermangels und besonders in der wirtschaftlichen Eingliederung der neuen Reichsgebiete. Außenpolitisch ist der Platz Deutschlands ... festgelegt. Die Verpflichtungen, die aus unserer Freundschaft für das faschistische Italien erwachsen, sind uns klare und unverbrüchliche. Unser Verständnis für die geschichtliche Rolle Mussolinis im Dienst der Erhaltung des Friedens des vergangenen Jahres zwingt uns zu tiefer Dankbarkeit. Wir danken aber auch den anderen Staatsmännern, die es in diesem Jahr unternommen hatten, mit uns Wege zu einer friedlichen Lösung der unaufschiebbaren Fragen zu suchen und zu finden ... Im übrigen haben wir immer nur den einen Wunsch, daß es auch im kommenden Jahr gelingen möge, zur allgemeinen Befriedung der Welt beizutragen. Möge die Gnade des Herrgotts dabei unser deutsches Volk auf seinem Schicksalsweg begleiten.«

US-Präsident Franklin Delano Roosevelt (M., am Rednerpult) am 4. Januar bei seiner Rede vor dem Kongreß

Roosevelt ist besorgt

4. Januar. In einer Botschaft zur Kongreßeröffnung wendet sich der US-amerikanische Präsident Franklin Delano Roosevelt an die Abgeordneten des US-Kongresses:

»... Der Krieg, der die Welt zu entflammen drohte, wurde vermieden, aber es wird immer klarer, daß die Aufrechterhaltung des Friedens keineswegs gesichert ist. Rings um uns wüten militärische und wirtschaftliche Kriege, die nicht erklärt wurden... Überall rings um uns erhebt sich die Drohung mit neuen militärischen und wirtschaftlichen Angriffen.

Stürme, die aus dem Ausland kommen, bedrohen unmittelbar die drei Institutionen, die heute, wie immer, für die Amerikaner unentbehrlich sind: Das erste ist die Religion; sie ist zugleich die Quelle der beiden anderen: der Demokratie und des internationalen guten Glaubens.

Die Religion ... gibt dem Individuum das Gefühl seiner eigenen Würde und belehrt ihn darüber, daß es sich selbst achtet, wenn es seinen Nachbarn achtet... Das wenigste, was wir tun könnten, ist, jede Handlung und jede Unterlassung zu vermeiden, die einen Angreifer ermutigen, helfen oder stärken könnte.«

Eines der deutschen Großkampfschiffe: Das 1934 vom Stapel gelaufene Panzerschiff »Admiral Graf Spee« (10 000 t) 1939 bei einer Übung vor der Küste Spaniens

Mehr Geld für die Marine

27. Januar. Führer und Reichskanzler Adolf Hitler ordnet den verstärkten Ausbau der deutschen Kriegsmarine an. Entsprechend dem im sog. Z-Plan Ende 1938 formulierten Zielen hat die Aufrüstung der Flotte Vorrang vor allen anderen kriegswichtigen Aufgaben.

Bis spätestens 1948 soll die Marine rund 300 Schiffe umfassen. Mit den vorhandenen und im Bau befindlichen Einheiten soll der Bestand an Schiffen ab 10 000 t so aussehen:

- ▷ Zehn Großkampfschiffe
- ▷ Zwölf Panzerschiffe von je 20 000 t und drei von je 10 000 t sowie später drei Schlachtkreuzer von je 29 000 t
- ▷ Vier Flugzeugträger (je 20 000 t)
- ▷ Fünf Schwere Kreuzer von je 10 000 t Wasserverdrängung.

Die U-Boot-Waffe soll auf 249 Boote verstärkt werden.

Ein Memorandum der Seekriegsleitung zum Z-Plan vom Januar 1939 legt fest: »Den Vorrang haben die Schlachtschiffe und U-Boote, erstere als der nur in langfristiger Arbeit zu erstellende Kern der gesamten Flotte, letztere als das einzig wirksame operative Seekriegsmittel in der Zeit unserer Schwäche.« Nach Ansicht von Marine-Oberbefehlshaber Großadmiral Erich Raeder muß die britische Flotte gezwungen werden, sich wegen des notwendigen Schutzes der Handelsschiffahrt zu zersplittern. Einzelne Teile sollen dann mit überlegenen Streitkräften angegriffen und vernichtet werden.

Die Führung der Kriegsmarine glaubt dem Z-Plan eine Garantie Hitlers für einen Frieden mit Großbritannien bis Mitte der 40er Jahre entnehmen zu können. Für Hitler ist jedoch auch eine noch unfertige und durch den Flottenvertrag mit Großbritannien von 1935 eingeschränkte Marine ausreichend, um für den Fall eines Krieges mit den Westmächten die Briten vom Kontinent fernzuhalten. Für den geplanten Entscheidungskrieg um mehr »Lebensraum« stünde dann Mitte der 40er Jahre die verstärkte Flotte zur Verfügung.

Das zweite deutsche Großkampfschiff: Das Panzerschiff »Deutschland«

Wehrmachtsstärken Mitte 1939

	Feldheer	Panzer	Flugzeuge	Schlachtschiffe	Flugzeugträger	Panzerschiffe	Schwere Kreuzer	Leichte Kreuzer	Zerstörer und Torpedoboote	U-Boote
Deutsches Reich	2 760 000	3195	3541	2	–	3	2	6	34	57
Italien	1 183 000	1424	2950	4 (2 Umbau)	–	–	7	15	133	102
Frankreich	2 330 000	3682	1735	7	1	–	7	12	72	78
Großbritannien	897 000	1148	1660	15	6	–	15	49	183	57

Nationalsozialist führt Memelland

13. Januar. Die litauische Verwaltung des Memellandes betraut den stellvertretenden Führer der litauischen Nationalsozialisten, Willy Bertuleit, mit der Bildung des neuen Memeldirektoriums.

Der 38jährige Bertuleit stammt aus Kruken-Görge im Kreis Memel. Der Sohn einer alteingesessenen Bauernfamilie absolvierte nach seiner Rückkehr aus dem Ersten Weltkrieg eine Ausbildung in einem der führenden Memeler Bankhäuser und gilt als der Wirtschaftsexperte der Nationalsozialisten im Memelland, deren wichtigstes Ziel der »Anschluß« des Memelgebietes an das Deutsche Reich ist (→ 23.3./S.52).

Wie Ernst Neumann, Führer der 1933 gegründeten nationalsozialistischen Sozialistischen Volksgemeinschaft, saß Bertuleit von 1935 bis 1938 wegen eines Aufstandsversuchs im Zuchthaus. Im Memelland, das 1919 von Ostpreußen abgetrennt worden war, herrschte wegen ständiger Spannungen zwischen Memeldeutschen und Litauern von 1926 bis 1938 Belagerungszustand.

Josef Bürckel wird Gauleiter von Wien

30. Januar. Reichskommissar Josef Bürckel wird zum Gauleiter von Wien bestellt. Er löst damit den österreichischen Nationalsozialisten Odilo Globocnik ab.

Josef Bürckel, Nationalsozialist seit 1921 und 1926 Gauleiter der Rheinpfalz. 1934/35 war Bürckel Reichskommissar für die Rückgliederung der Saar und ab 1938 Reichskommissar in Österreich

Der aus der Pfalz gebürtige Bürckel war im März 1938 von Führer und Reichskanzler Adolf Hitler zum Reichskommissar für die Wiedervereinigung Österreichs mit dem Deutschen Reich ernannt worden. Er machte sich in Wien vor allem durch seine scharfen Angriffe gegen die katholische Kirche einen Namen. Auch im übrigen Österreich nehmen Reichsdeutsche zahlreiche Spitzenpositionen ein.

Nummer A 26 ★ 92. Jahrgang

Einzelpreis 10 Pfennig
Auswärts 15 Pfennig

Kreuz ✠ Zeitung

Wir Deutsche fürchten Gott, sonst nichts in der Welt!

Gegründet im Jahre 1848 unter Mitwirkung Otto v. Bismarcks

Berlin, Dienstag, den 31. Januar 1939

Dr. Goebbels an die deutsche Jugend

Die Rede aus der Volksschule Berlin-Wedding zum 30. Januar

Die Feier des 30. Januar wurde am Montagvormittag durch eine Feierstunde der deutschen Schuljugend eingeleitet. Auf ihr sprach Reichsminister Dr. Goebbels. Er sprach von der 299. Volksschule in Berlin-Wedding über alle deutsche Sender zu allen deutschen Schülern, die an die Berliner Feier durch Rundfunk angeschlossen waren.

Die 299. Volksschule in der Zechliner Strasse Berlin-Wedding, hoch im Norden Berlins, die zur Stätte der diesjährigen zentralen Feier auserkoren war, hatte sich im Bewusstsein der Ehrung, die ihr zuteil geworden war, festlich geschmückt. Am Schuleingang hiess Dr. Goebbels inmitten des brausenden Jubels Oberbürgermeister und Stadtpräsident Dr. Lippert, Obergebietsführer Axmann, Gaupropagandaleiter Wächter und Reichssendeleiter Hadamovsky aufs herzlichste willkommen. Dr. Goebbels betrat hierauf die Turnhalle. Hier hatten auf der Rechten die Jungen und Mädel ihren Platz. Der Leiter der 299. Knaben-Volksschule, Rektor Mensch, gab in einer kurzen Ansprache seiner Freude darüber Ausdruck, dass der Minister nun von dieser Schule aus zur Jugend

Jedes Jahr bringt neue Aufgaben. Und weil wir in der Fülle der Aufgaben manchmal den Ueberblick über die geschichtliche Grösse unserer Zeit verlieren, ist es notwendig, hier und da im Laufe eines Jahres einen Haltepunkt einzuschalten, von dem aus man die vergangene Entwicklung besser und übersichtlicher überschauen kann. Ein solcher Haltepunkt ist in jedem Jahr der 30. Januar. In diesem Jahr aber ist er von besonderer Bedeutsamkeit, weil hinter uns das Jahr 1938 liegt, **in diesem Jahre hat der Führer für das Deutsche Reich und für das deutsche Volk die grössten historischen Erfolge erringen können.** Denn in diesem Jahr ist das Grossdeutsche Reich geworden.

Als wir noch Kinder waren und auf den Schulbänken sassen, auf denen nun ihr sitzt, haben wir uns erbaut und erhoben an den grossen Gestalten unserer deutschen Vergangenheit. Wir glaubten damals an Ideale, die längst dahingesunken sind. Wir lebten in Staatsformen und Staatsvorstellungen, die wir heute schon vollkommen aus der Erinnerung verloren haben. Wir glaubten an Kaiser und Könige, aber die Kraft, die im Volke selbst ruht, war uns gänzlich unbekannt. Sie ist uns erst in unserer Zeit aufge-

zur deutschen Jugend zu sprechen. Und zwar bin ich hierher gekommen, weil hier unser ganzes Volk zu Hause ist. Und wo das Volk zu Hause ist, da hat die Treue zum Nationalsozialismus und zum Reich eine bleibende Heimstätte. Hier ist auch das Wunder unserer Volkwerdung am sichtbarsten geworden, und darum ist auch hier die Freude am heutigen Tage am grössten. Da, wo früher die schwersten politischen Kämpfe tobten, da ist heute das Reich am sichtbarsten in Erscheinung getreten, und wo könnte das mehr der Fall sein als gerade hier. Es ist für mich ein tiefbewegendes Gefühl, von diesem Schulsaal im ärmsten Berliner Arbeiterviertel aus zur ganzen deutschen Jugend sprechen zu dürfen. Ungezählte deutsche Jungens und

Mit der vorliegenden Ausgabe stellt die „Kreuz-Zeitung" ihr Erscheinen ein. Der Leitartikel ist dem Abschied von unseren Lesern gewidmet.
Die Schriftleitung.

Letzte Ausgabe der »Neuen Preußischen (Kreuz-)Zeitung« vom 31. Januar 1939 mit Abschiedsartikel

Ende für drei traditionsreiche Zeitungen

31. Januar. *In Wien erscheint unter der Nummer 26 723 die letzte Ausgabe der Tageszeitung »Neue Freie Presse«. Das einst über Österreich hinaus angesehene liberal-großbürgerliche Blatt war Nachfolgerin der 1848 gegründeten Tageszeitung »Die Presse«. Auch die Berliner Presselandschaft lichtet sich. Im Januar 1939 stellen die von den Nationalsozialisten gleichgeschalteten Berliner Druck- und Zeitungsbetriebe GmbH das Erscheinen des 1871 von Rudolf Mosse als liberal-demokratische Stimme gegründeten »Berliner Tageblatts« und der schon seit dem Jahr 1848 erscheinenden streng konservativ ausgerichteten »Neuen Preußischen (Kreuz-)Zeitung« ein.*

Forcierter Einsatz von Frauen und HJ bei der Landarbeit

14. Januar. In der »Nationalsozialistischen Parteikorrespondenz« werden Einzelheiten über die Neugestaltung des Landdienstes der Hitlerjugend (HJ) veröffentlicht. Bereits zum 1. Januar 1939 wirksam geworden ist die Erweiterung des Pflichtjahres für die weibliche Jugend.

Neben dem Facharbeitermangel in der Industrie bereitet auch den nationalsozialistischen Wirtschaftspolitikern die zunehmende Landflucht erhebliche Sorgen. Zum Ausgleich für die fehlenden Arbeitskräfte werden zur Ernte regelmäßig die Angehörigen der HJ, der Deutschen Studentenschaft und des Reichsarbeitsdienstes (RAD) abkommandiert.

Die Neuregelung des Landdienstes der HJ ist Folge eines gemeinsamen Erlasses von Reichsjugendführer Baldur von Schirach und Reichsführer SS Heinrich Himmler. Durch den Landdienst sollen die Hitlerjungen sowohl auf dem Lande ansässig gemacht werden als auch Nachwuchs für die Schutzstaffel (SS) stellen. Wer im Landdienst der HJ arbeiten will, muß den besonderen Anforderungen für eine Aufnahme in die SS (allgemeine SS und SS-Verfügungstruppe) genügen und zudem glaubhaft machen, »Bauer auf eigener Scholle (Wehrbauer)« werden zu wollen. Die Bauernstellen sollen vor allem im Grenzgebiet geschaffen werden.

Das Pflichtjahr für die weibliche Jugend ist im Februar 1938 eingeführt worden. Zunächst wurden nur die unverheirateten Anwärterinnen für spezifische Frauenberufe dazu verpflichtet, vor einer Arbeitsaufnahme das Pflichtjahr abzuleisten. Die Anordnung vom 1. Januar 1939 verpflichtet alle ledigen weiblichen Arbeitskräfte unter 25 Jahren, die am 1. März 1938 noch nicht als Arbeiterinnen oder Angestellte beschäftigt waren, vor einer Arbeitsaufnahme zur Ableistung eines einjährigen Land- oder Hauswirtschaftsdienstes. Damit sind jährlich bis zu 400 000 deutsche Frauen landdienstpflichtig.

Allerdings ist der Landdienst wenig attraktiv; wo es möglich ist, arbeiten die Frauen lieber im Haushalt.

Geographische Lehrstunde für Arbeitsmaiden in einem Lager des Reichsarbeitsdienstes für die weibliche Jugend

Das sorgfältige Schmücken und Herrichten einer festlichen Tafel ist Bestandteil des Hauswirtschaftsunterrichts

Hitler kündigt Vernichtung der europäischen Juden an

30. Januar. Vor dem »Großdeutschen« Reichstag in der Krolloper in Berlin würdigt Führer und Reichskanzler Adolf Hitler die außenpolitischen Erfolge des Jahres 1938. Für den Fall eines neuen Krieges kündigt er die Vernichtung der jüdischen Bevölkerung Europas an.
Die Reichstagssitzung wird von 20 Uhr bis 22.45 Uhr von allen deutschen Rundfunksendern übertragen. Dem erstmals einberufenen Plenum gehören 855 nationalsozialistische Abgeordnete an, davon 41 Vertreter der sudetendeutschen Gebiete und 73 aus dem ehemaligen Österreich. Zunächst verlängert der Reichstag das Ermächtigungsgesetz (»Gesetz zur Behebung der Not von Volk und Reich«) vom 23. März 1933 bis zum 10. Mai 1943, anschließend ergreift Hitler das Wort.
Er rechtfertigt die Annexion Österreichs im März 1938 mit der Durchsetzung des »Selbstbestimmungsrechtes für die 6 1/2 Millionen Deutschen in Österreich« und die Abtrennung der sudetendeutschen Gebiete von der Tschechoslowakei im Oktober 1938 mit der »verstärkten Unterdrückung der dort wohnenden Deutschen«. Auch künftig werde das nationalsozialistische Deutsche Reich keine Einmischung der westlichen Demokratien in »nur uns angehende Angelegenheiten« dulden.

Adolf Hitler (r.) am Rednerpult bei der Zusammenkunft des Reichstages

Scharf attackiert Hitler die britischen konservativen Politiker Alfred Duff Cooper, Robert Anthony Eden und Winston Churchill, denen er »Kriegshetze« vorwirft. Er kündigt verstärkte Maßnahmen gegen ausländische Rundfunksendungen, antideutsche Filme und die »jüdische internationale Presse- und Propagandahetze« an und verlangt erneut die Rückgabe der im Versailler Frieden von 1919 abgetretenen deutschen Kolonien.
Hitler versichert dem faschistischen Italien unbedingte Bündnistreue: Falls Italien angegriffen werde, sei das Deutsche Reich an seiner Seite.
Besondere Angriffe richtet Hitler gegen die jüdische Bevölkerung Europas. Dieser Kontinent könne »nicht mehr zur Ruhe kommen, bevor die jüdische Frage ausgeräumt« sei. Dies werde, dank der »brutalen Erziehung« der Deutschen durch die Westmächte nach dem Ende des Weltkrieges, »ohne sentimentale Anwandlungen« geschehen.
Dann erklärt Hitler: »Wenn es dem internationalen Finanzjudentum in und außerhalb Europas gelingen sollte, die Völker noch einmal in einen Weltkrieg zu stürzen, dann wird das Ergebnis nicht die Bolschewisierung der Erde und damit der Sieg des Judentums sein, sondern die Vernichtung der jüdischen Rasse in Europa ... Die Völker wollen nicht mehr auf den Schlachtfeldern sterben, damit diese wurzellose internationale Rasse an den Geschäften des Krieges verdient und ihre alttestamentarische Rachsucht befriedigt.«
Nach heftigen Attacken gegen die angeblich politisierenden Kirchen (»Den deutschen Priester als Diener Gottes werden wir beschützen, den Priester als politischen Feind des Deutschen Reiches werden wir vernichten«) beschließt Hitler seine Rede mit religiösen Anrufungen: »Danken wir Gott, dem Allmächtigen, daß er unsere Generation und uns gesegnet hat, diese Zeit und diese Stunde zu erleben.«
Die deutsche Presse, in der die Führerrede abgedruckt wird, würdigt die Ansprache als klar und scharf. Im westlichen Ausland findet sie wegen fehlender Kriegsdrohungen vielfach positive Resonanz.

Erneut Ausnahmegesetze gegen die jüdische Bevölkerung

31. Januar. Mit Inkrafttreten der 8. Verordnung zum Reichsbürgergesetz vom 17. Januar 1939 erlöschen im Deutschen Reich die Bestallungen jüdischer Zahnärzte, Tierärzte und Apotheker.
Am 1. Januar sind bereits die Namensänderungsverordnung für Juden (vom 17. 8. 1938) und die Verordnung zur Ausschaltung der Juden aus dem deutschen Wirtschaftsleben (vom 12. 11. 1938) wirksam geworden. Juden und Jüdinnen müssen in Zukunft den weiteren Vornamen Israel bzw. Sara tragen. Sie dürfen keinen Gewerbe-, Handwerks- und Handelsbetrieb selbständig führen oder als Betriebsführer, leitender Angestellter oder Genossenschaftler tätig sein.
Das Reichswirtschaftsministerium verbot am 3. Januar Juden die Teilnahme an Prüfungen von Industrie-, Handwerks- und Handelskammern. Deutschen Rechtsanwälten wurde am 7. Januar die Vertretung von Juden untersagt. Ausnahmen gelten u.a. für die Abwicklung von Konkursen.

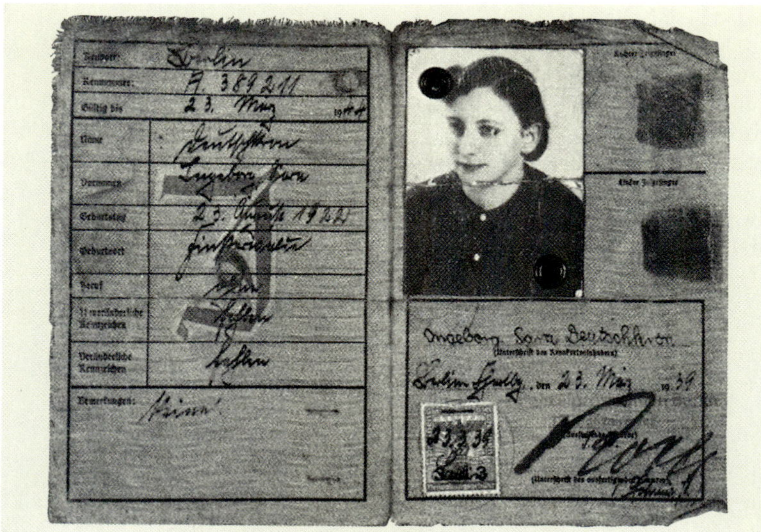

Ausweis einer Jüdin mit dem »J«-Stempel und dem Zwangsvornamen Sara

Zugleich beschleunigt das NS-Regime die Auswanderung der Juden. Am 24. Januar verfügte der Beauftragte für den Vierjahresplan, Hermann Göring, die Gründung einer Reichszentrale für jüdische Auswanderung im Reichsministerium des Innern. Ihre Leitung übernimmt SS-Gruppenführer Reinhard Heydrich, den Führer und Reichskanzler Adolf Hitler beauftragt hat, die »Judenfrage in der Form der Auswanderung oder Evakuierung einer den Zeitumständen entsprechenden möglichst günstigen Lösung zuzuführen«.

Antijüdische Gesetze seit 1935

15.9.1935: Reichsbürgergesetz und Gesetz zum Schutze des deutschen Blutes und der deutschen Ehre
26.4.1938: Verordnung über die Anmeldung jüdischen Vermögens
14.6.1938: Anmeldung jüdischer Gewerbebetriebe (3. Verordnung zum Reichsbürgergesetz)
25.7.1938: Streichung der Approbation der Ärzte (4. Verordnung)
17.8.1938: Namensänderungsverordnung für Juden (ab 1.1.1939)
27.9.1938: Verbot für jüdische Rechtsanwälte (5. Verordnung)
5.10.1938: Kennzeichnungspflicht für Pässe von deutschen Juden
31.10.1938: Verbot für jüdische Patentanwälte (6. Verordnung)
12.11.1938: Sühneleistung von einer Milliarde Reichsmark für das Attentat auf Ernst Eduard vom Rath in Paris (7.11.1938), Ausschluß aus dem Wirtschaftsleben
28.11.1938: Polizeiverordnung über Aufenthaltsbeschränkungen
17.1.1939: Berufsverbot für Apotheker sowie Zahn- und Tierärzte.

Ernst Niekisch, Nationalbolschewist und Gegner des Nationalsozialismus

Lebenslange Haft für Ernst Niekisch

10. Januar. Nach achttägiger Verhandlungsdauer wird der 49jährige linkssozialistische Publizist Ernst Niekisch vom Ersten Senat des Volksgerichtshofs in Berlin wegen Hochverrats zu einer lebenslangen Zuchthausstrafe verurteilt.
Niekisch war beschuldigt worden, seit dem Jahr 1933 durch die Bildung eines Widerstandskreises fortlaufend gegen den nationalsozialistischen Staat agitiert zu haben und durch »Schmutz- und Schmähschriften« ein Chaos herbeiführen zu wollen. Seine Mitangeklagten, der 42jährige Joseph Drexel und der 38jährige Karl Tröger, werden zu drei Jahren und sechs Monaten Zuchthaus bzw. zu einem Jahr und neun Monaten Gefängnis verurteilt.
Der aus Schlesien stammende Volksschullehrer Niekisch war 1917 zunächst der Sozialdemokratischen Partei Deutschlands (SPD), später den Unabhängigen Sozialdemokraten (USPD) beigetreten. Ab 1928 setzte er sich als Herausgeber der Zeitschrift »Der Widerstand« für den Nationalbolschewismus ein. Ziele dieser buntgefächerten politischen Richtung in der Weimarer Republik waren vor allem die Einbindung der Arbeiter in die Nation und die Verständigung des Deutschen Reiches mit der UdSSR.
Früh warnte Niekisch vor den Gefahren des Nationalsozialismus: Sein Buch »Hitler, ein deutsches Verhängnis« erschien 1931. Im Jahr 1937 wurde der Publizist verhaftet.

Arbeit und Soziales 1939:

Längere Arbeitszeiten und spätere Rente

Der Mangel an Arbeitskräften, vor allem in der Rüstungsindustrie und in der Landwirtschaft, ist ein Hauptproblem der nationalsozialistischen Wirtschaftspolitik. Für die abhängig Beschäftigten bringt das Jahr 1939 eine weiter erhöhte Anspannung ihrer Arbeitskraft bei einer fortschreitenden Entrechtung am Arbeitsplatz.
Die Zahl der Beschäftigten im Altreich (Arbeiter und Angestellte) liegt im März 1939 bei 20,6 Millionen und ist damit um 1,2 Millionen höher als im gleichen Monat des Vorjahres. Die Zahl der Arbeitslosen klettert im März auf 134 017, von denen 45% nicht voll einsatzfähig sind. Ende November 1939 beläuft sich die Arbeitslosenzahl im Deutschen Reich einschließlich Österreichs (ohne Protektorat Böhmen und Mähren und polnisches Generalgouvernement) auf 126 000, von denen aber nur 18 000 als vollständig einsatzfähig gelten. 1939 sind in der »großdeutschen« Wirtschaft insgesamt 39,79 Millionen deutsche Arbeitskräfte tätig, darunter 14,9 Millionen Frauen. Hinzu kommen 301 000 Fremdarbeiter.
Zur Erhöhung des Arbeitskräftevolumens wird die Lebensarbeitszeit von Beamten des Reichsjustiz- und Innenministeriums am 20. Februar über 65 Jahre hinaus verlängert. Am → 22.Februar (S.38) bzw. → 16.März (S.62) wird die zwangsweise Schließung unrentabler Handwerks- bzw. Einzelhandelsbetriebe sowie die Eingliederung ihrer Inhaber in den industriellen Arbeitsprozeß verfügt.
Nach der Besetzung der »Rest-Tschechei« am → 15.März (S.48) und der Errichtung des Protektorats Böhmen und Mähren werden bis September 1939 rund 100 000 tschechische Arbeiter ins Deutsche Reich verschleppt. Für sie gelten scharfe Strafbestimmungen beim Verdacht auf Arbeitsverweigerung und Sabotage.
Im Sommer 1939 arbeiten in der deutschen Landwirtschaft rund 37 000 Italiener, 15 000 Jugoslawen, 12 000 Ungarn, 5000 Bulgaren und 4000 Niederländer. Sie werden mit Hilfe der seit August 1938 in Berlin bestehenden Zentralen Ausländerkartei überwacht. Nach dem Polenfeldzug müssen rund 210 000 Kriegsgefangene im Deutschen Reich arbeiten, hinzu kommen etwa 40 000 polnische Landarbeiter.
Angesichts des weiterhin bestehenden Arbeitermangels befiehlt Hermann Göring, der Beauftragte für den Vierjahresplan, am → 16. November (S.192) den verstärkten Einsatz ziviler polnischer Arbeitskräfte. Insgesamt wird der Arbeitskräftebedarf aus Polen auf rund eine Million beziffert, davon 75% für die Landwirtschaft. Für die männliche polnische Bevölkerung des Generalgouvernements zwischen 18 und 60 Jahren wird am 26. Oktober die Arbeitsdienstpflicht eingeführt; Juden werden unter Arbeitszwang gestellt.
Für deutsche Arbeitnehmer gilt gemäß der Arbeitszeitverordnung vom 30. April 1938 (→ 1.1./S.24) der Achtstundentag. Allerdings machen zahlreiche Ausnahmeregelungen eine Ausdehnung auf zehn Stunden und mehr möglich.
Im Dezember 1939 liegt die Zahl der geleisteten Arbeitsstunden im Durchschnitt bei 49,3 Stunden pro Woche. Aufgrund der Arbeitshetze steigt die Zahl der gemeldeten Arbeitsunfälle und Berufserkrankungen 1939 auf 2 253 749.
Durch Verordnungen für einzelne Branchen wird die Arbeitszeitverlängerung rechtlich abgesichert. So wird am → 1. April (S.76) die Untertageschicht im Ruhrbergbau um 45 Minuten auf acht Stunden und 45 Minuten verlängert.
Die Freizügigkeit am Arbeitsplatz, die schon durch die »Verordnung zur Sicherstellung des Arbeitskräftebedarfs bei besonderer staatspolitischer Bedeutung« vom 22. Juni 1938 eingeschränkt worden war, wird weiter reduziert.
Am → 1. Januar (S.15) tritt die Erweiterung des Pflichtjahres für Frauen in Kraft. Am → 13. Februar (S.36) regelt eine neue Arbeitseinsatzverordnung die Möglichkeit der Dienstverpflichtung neu. Am → 10. März (S.63) wird in Grundstoffindustrien das Kündigungsrecht eingeschränkt. Am 22. Mai wird der Kreis der Arbeitsbuchpflichtigen erweitert und am 11. Juli der Arbeitsplatzwechsel im deutschen Steinkohlenbergbau eingeschränkt. Noch vor Kriegsbeginn werden in verschiedenen Städten des Deutschen Reiches Frauen probeweise in der Industrie und bei der Reichspost eingesetzt.
Nach dem Angriff auf Polen am 1. September werden die arbeitsrechtlichen Zwangsbestimmungen im Deutschen Reich weiter verschärft. So muß ab 1. September das Arbeitsamt jeder Kündigung zustimmen. Die Abschaffung der Mehrarbeits- und Feiertagszuschläge muß jedoch wieder zurückgenommen werden.

Entwicklung der tariflichen Stundenlöhne im Deutschen Reich (Schnitt)
(In Reichspfennig)

	1929	1932	1936	1939
Facharbeiter	101,1	81,6	78,3	79,1
Hilfsarbeiter	79,4	64,4	62,3	62,8
Facharbeiterin	63,4	53,1	51,6	51,5
Hilfsarbeiterin	52,7	43,9	43,4	44,0

Preisindex der Lebenshaltungskosten im Deutschen Reich
(Basisjahr 1913/14 = 100)

	1929	1932	1933	1935	1936	1939
Gesamt	154,0	120,6	118,0	123,0	124,5	126,2
Ernährung	155,7	115,5	113,3	120,4	122,4	122,8
Kleidung	172,0	112,2	106,7	117,8	120,3	133,3

Höhe der durchschnittlichen Monatsrenten im Deutschen Reich
(In Reichsmark)

	1931	1933	1936	1938	1939
Sozialrentner-Fürsorge	18,47	16,22	16,37	17,05	16,96
Invaliden-Witwenrente	23,40	21,10	19,30	19,00	19,20
Invalidenrente	37,20	33,40	30,90	31,25	32,10
Angestellte	65,51	56,98	54,69	54,01	68,46

Reichskanzlei in Berlin vollendet

9. Januar. Mit einer Feier im Berliner Sportpalast für 8000 Bauarbeiter und einer Rede von Führer und Reichskanzler Adolf Hitler wird die Neue Reichskanzlei ihrer Bestimmung übergeben.
Der Monumentalbau zwischen Wilhelmstraße/Ecke Voßstraße (Wilhelmplatz) und Hermann-Göring-Straße (früher Friedrich-Ebert-Straße) ist ein Werk des Architekten und Generalbauinspekteurs für Berlin, Albert Speer.
Erstes offizielles Ereignis im neuen Amtsgebäude des deutschen Staatschefs ist der traditionelle Neujahrsempfang für das in der Reichshauptstadt akkreditierte diplomatische Korps am 12. Januar.

Dimensionen der Reichskanzlei
Der Neubau enthält auf einer Grundfläche von 16 300 m^2 insgesamt 420 Räume. Der umbaute Raum hat ein Volumen von 360 000 m^3. Es wurden 20 Millionen Ziegel vermauert. Das Gelände ist 421 m lang und 402 m breit. Den Innenhof schmücken Plastiken des Bildhauers Arno Breker. Vom Portal am Wilhelmplatz bis zu Hitlers Empfangssaal ist längs der Voßstraße eine Folge von Räumen zu einer 300 m langen Flucht aneinandergereiht, die jeden von Hitlers Gästen statt zum Gehen zum Schreiten zwingt.

Die Neue Reichskanzlei mußte in neun Monaten fertiggestellt und eingerichtet werden. Ende Januar 1938 hatte Speer von Hitler den Auftrag zu einem völligen Neubau erhalten. Schon im März 1938 war die eine Hälfte der vorhandenen Bebauung auf dem Gelände der Neuen Reichskanzlei weitgehend abgerissen worden, gleichzeitig mußten die Pläne für das Repräsentationsgebäude und seine Ausstattung fertiggestellt werden.
Am 2. August 1938 wurde Richtfest gefeiert, und am 7. Januar 1939 war der Bau samt Inneneinrichtung vollendet. In seiner Festansprache am 9. Januar würdigt Hitler die Leistung des Architekten Speer und aller am Bau beteiligten Arbeiter und erklärt, die Neue Reichskanzlei sei »die Bekrönung des großdeutschen politischen Reiches«.

Blick durch den Mosaiksaal der Neuen Reichskanzlei in Berlin. Als Werkstoff für Wand und Boden diente ausschließlich deutscher Marmor in verschiedenen Farbabstufungen. Der Saal ist 46 m lang und 19 m breit, seine Höhe beträgt 16 m. Unter dem Oberlicht in den Hohlkehlen der Decke sitzen auch die Strahler für die indirekte Beleuchtung des Raumes

Teilansicht der Vorhalle der Neuen Reichskanzlei in Berlin im Anschluß an den 68 m langen und 26 m breiten Ehrenhof. Die Wände bestehen aus hellrotem Marmor

Der von zwei Posten bewachte Eingang zum Arbeitszimmer von Führer und Reichskanzler Adolf Hitler, über dem Portal ist dessen Monogramm A. H. angebracht

Teilansicht der an den Wänden mit riesigen Gobelins geschmückten Langen Halle, die mit einer Länge von 146 m und einer Breite von 12 m den Mittelteil des Erweiterungsbaues der Neuen Reichskanzlei in Berlin einnimmt

Arbeitszimmer von Führer und Reichskanzler Adolf Hitler mit seinem Schreibtisch; über dem Kamin im Hintergrund ist ein Bild seines großen Vorbildes, des ersten Reichskanzlers Otto von Bismarck (im Amt 1871–1890), aufgehängt

Blick in den großzügigen Flur vor den Amtsräumen der Adjutanten von Führer und Reichskanzler Adolf Hitler in der Neuen Reichskanzlei; an den Wänden hängen wie in der Langen Halle großformatige Wandteppiche

Albert Speer – erster Architekt Hitlers

Albert Speer, am 19. März 1905 in Mannheim geboren und Schüler des Rostocker Architekten und Hochschullehrers Heinrich Tessenow, gilt als der führende Baumeister des Dritten Reichs.
Von 1934 bis 1937 vollendete Speer die von Paul Ludwig Troost konzipierten Nürnberger Parteitagsbauten und plante in Berlin, wohin er 1937 als Generalbauinspektor berufen wurden, neben der Reichskanzlei u.a. die Nord-Süd-Achse (Projekt 1937–1939), die Große Halle (1939) und das Führerpalais (1939).
Bei seiner Neuen Reichskanzlei kommt der vom Neoklassizismus beeinflußte Speer sowohl in der äußeren Gestaltung als auch in der Inneneinrichtung den monumentalen Vorstellungen des Führers und Reichskanzlers Adolf Hitler nach.
Entlang der Voßstraße reiht sich ein Prunksaal an den anderen. Hat der Besucher die schweren bronzenen Türflügel des unscheinbaren Haupteingangs durchschritten, gelangt er in den 68 m langen und 26 m breiten Ehrenhof. Dahinter folgen ein wuchtiges Portal, die Vorhalle, Mosaikhalle sowie ein kuppelüberwölbter runder Saal.
Den Mittelteil des Erweiterungsbaus der Neuen Reichskanzlei bildet die 146 m lange und 12 m breite Lange Halle, die der Besucher passieren muß, wenn er in das Arbeitszimmer Hitlers gelangen will.

Albert Speer (l.) und Adolf Hitler (r.) besichtigen das Parteitagsgelände

»Auch künstlerisch eine Höchstleistung«

»Das Gebäude der Reichskanzlei – das vom Jahr 1950 ab übrigens für einen anderen Zweck vorgesehen ist – stellt damit nicht nur fachlich, sondern auch künstlerisch eine Höchstleistung dar. Es spricht für seinen genialen Gestalter und Baumeister Albert Speer.«
Mit diesen Worten würdigt Führer und Reichskanzler Adolf Hitler in der Ausgabe der Zeitschrift »Kunst im Dritten Reich«, Teil »Baukunst«, vom Juli 1939 den Neubau.
Den Grundriß nennt er »unter Zugrundelegung des Zwecks und der gegebenen Baufläche klar und großzügig«, die Innenräume »angefangen vom Ehrenhof bis zum inneren Saal ... nicht nur zweckentsprechend und befriedigend im Sinne der Befriedigung der praktischen Bedürfnisse, sondern auch prachtvoll im Effekt.«
Hitler beschreibt die Reichskanzlei von 1933 als »in vollem Verfall begriffen«. Die Bausubstanz sei sehr schlecht gewesen, »Decken und Böden vermodert, Tapeten und Fußböden verfault, das ganze von einem kaum erträglichen Geruch erfüllt«. Der Bürobau am Wilhelmplatz habe »den Eindruck eines Warenspeichers« gemacht und im Innern »einem Sanatorium für Lungenkranke« geglichen.
Seinen Entschluß vom 11. Januar 1938, Speer mit einem völligen Neubau zu beauftragen, begründet Hitler zunächst rein städtebaulich mit der nötigen Entlastung der Leipziger Straße und der Straße Unter den Linden durch eine Verbindung der Wilhelmstraße nach Westen.
Er schreibt: »Zu dem Zweck mußte vor allem aber die Voßstraße den Charakter eines Engpasses verlieren und den einer großen Durchgangsstraße erhalten ... Damit ergab sich von selbst die Notwendigkeit, die ganze Front abzubrechen und neu zu erstellen.«
Hitler fährt fort: »Ich hatte mich in den Dezember- und Januartagen 1937/38 entschlossen, die österreichische Frage zu lösen und damit ein Großdeutsches Reich aufzurichten. Sowohl für die rein dienstlichen, aber auch repräsentativen Aufgaben, die damit zwangsläufig verbunden waren, konnte die alte Reichskanzlei nun unter keinen Umständen mehr genügen.«

Barcelona kampflos von den Franco-Truppen besetzt

26. Januar. In den Nachmittagsstunden wird Barcelona kampflos von den nationalspanischen Truppen besetzt. Mit dem Fall der Metropole Kataloniens ist der Spanische Bürgerkrieg praktisch bereits zugunsten der unter dem Oberbefehl von Generalissimus Francisco Franco Bahamonde kämpfenden Nationalspanier entschieden (→ 28.3./S.57).

Zwar kontrollieren die Truppen der Spanischen Republik noch weite Teile von Mittelspanien mit den Großstädten Madrid, Valencia, Albacete und Almería, doch auf die Moral der letzten noch verbliebenen republikanischen Truppenteile hat die kampflose Besetzung Barcelonas verheerende Auswirkungen.

Zu Zehntausenden fliehen Zivilpersonen und Militärangehörige vor den Nationalisten nach Norden in Richtung der französischen Pyrenäengrenze. Schon am 23. Januar hat der republikanische Regierungschef Juan Negrín mit den Regierungsstäben und den Angehörigen der ausländischen Botschaften Barcelona verlassen.

Am 23. Dezember 1938 hatte die Offensive gegen Barcelona begonnen. Rund 350 000 Nationalisten, darunter auch Marokkaner und Italiener, standen etwa 90 000 republikanische Soldaten gegenüber. Gleich zu Beginn erzielten die an Menschen und Material überlegenen Nationalisten tiefe Fronteinbrüche.

Anfang Januar brach die republikanische Verteidigung zusammen. Der Angriff der Italiener durchstieß die Front bei Borjas Blancas südöstlich von Lérida. Am 13. Januar wurde Tortosa erobert, am 15. Januar fiel Taragona und am 16. Januar Cervera. Um den Angriff aufzuhalten, befahl die katalonische Regierung die Mobilisierung aller wehrfähigen Männer. Diese Maßnahme blieb jedoch erfolglos, da für neue Soldaten nicht einmal ausreichend Waffen zur Verfügung standen.

Noch am 24. Januar wurde von der Armeeführung und den sozialistischen Parteien und Gewerkschaften eine längere Verteidigung Barcelonas propagiert. Die bereitgestellten Truppen reichten jedoch nicht aus, Barcelona zu halten. Zudem erlahmte der Widerstandswille der Bevölkerung zusehends: Es fehlten Strom, Kohle und Lebensmittel. Nur Brot stand zur Verfügung. Tanzsäle, Nachtlokale und viele Kaffeehäuser, ab dem 14. Januar auch Kinos und Theater, mußten schließen. Schon am 24. Januar erschien Barcelona wie ausgestorben. Am 26. Januar ist die republikanische Front in voller Auflösung.

Einzelne Verbände leisten Widerstand, die Masse der Verteidiger flieht nach Norden. Am Abend hört jeder Widerstand auf. Die Eroberung Barcelonas kostet die Nationalisten lediglich ein Menschenleben.

Barcelona, die Metropole von Katalonien und zeitweise Sitz der republikanischen Regierung, bei einem Bombenangriff der Luftwaffe der Nationalisten

Die Ankunft der ersten nationalistischen Truppen im bis dahin »roten« Barcelona, die von einem Teil der Bevölkerung begeistert begrüßt werden

Panzerwagen der nationalistischen Navarra-Division erreichen die Plaza Cataluña in Barcelona

Improvisierter Dankgottesdienst der Nationalisten nach ihrem Einmarsch in Barcelona

Vorbeimarsch eines Bataillons der Navarra-Division vor ihrem General José Solchaga Zala in Barcelona

Angehörige der Internationalen Brigaden, meist Deutsche, Tschechen und Osteuropäer, bei Le Perthus auf dem Weg in die französischen Internierungslager

Entwaffnung spanischer Soldaten im französischen Ort Prats-de-Mollo

Zivilisten aus dem republikanischen Spanien flüchten nach Frankreich

Nach Frankreich geflüchtete Soldaten der Armee der Spanischen Republik in einem provisorischen französischen Internierungslager in Argelès-sur-Mer

Chronologie des Spanischen Bürgerkriegs

16.2.1936: Bei den Wahlen zu den Cortes siegt die Volksfront der Linksparteien. Manuel Azaña y Díaz (Republikanische Linke) bildet ein Kabinett (ohne Sozialisten und Kommunisten).

13.7.1936: In Madrid wird der Führer der Monarchisten, José Calvo Sotelo, ermordet.

17.7.1936: Unter der Führung von General Francisco Franco Bahamonde beginnt in Spanisch-Marokko ein Militärputsch gegen die legale Regierung in Madrid, dem sich bis zum 20. Juli auch Armeeführer auf dem Festland mit ihren Truppen anschließen.

23.7.1936: In Burgos bildet sich als Gegenregierung eine »nationale« Junta unter General Miguel Cabanellas y Ferrer.

25.7.1936: Eine Offensive der Nationalisten unter General Emilio Mola nördlich von Madrid wird zurückgeschlagen. Gegen die Truppen der Nationalisten hat die Regierung der Republik die Arbeiter bewaffnet. Unter dem von der Kommunistin Dolores Gómez Ibárruri geprägten Schlachtruf »No pasaran« (Sie werden nicht durchkommen) werfen sie sich den nationalistischen Truppen entgegen.

26.7.1936: Deutsche und italienische Kampfflugzeuge treffen in Spanisch-Marokko ein. Ohne die Hilfe der faschistischen Regierungen des Deutschen Reiches und Italiens, die bald auch als »Freiwillige« getarnte Truppen nach Spanien schicken, wäre der Aufstand bald gescheitert. Für Führer und Reichskanzler Adolf Hitler und Ministerpräsident und Duce Benito Mussolini wird Spanien zum willkommenen Übungsgebiet für den erwarteten Krieg um die Herrschaft in Europa.

9.9.1936: In London tagt erstmals der Nichteinmischungsausschuß. 26 Staaten erklären ihre Bereitschaft, kein Kriegsmaterial nach Spanien zu schicken. De facto halten sich jedoch nur die Westmächte an das Prinzip der Nichteinmischung. Diese Zurückhaltung kommt den vom Deutschen Reich und Italien unterstützen Nationalisten zugute, die aus beiden Ländern Waffen, Munition und Soldaten erhalten.

1.10.1936: In Burgos wird Franco zum Oberbefehlshaber der nationalistischen Truppen und zum spanischen Staatschef ernannt.

12.10.1936: In Spanien treffen die ersten sowjetischen Waffen und Instrukteure für die Republik ein. Die UdSSR stellt sich offen auf die Seite der Regierung in Madrid und erhält damit maßgeblichen Einfluß auf die militärischen Operationen und die politische Entwicklung. Während in Katalonien vor allem durch die dort sehr starken Anarchisten eine politische und wirtschaftliche Umwälzung in Gang gesetzt wird, vertreten die Kommunisten die Devise: »Erst der Sieg, dann die Revolution«.

22.10.1936: In Madrid entstehen Internationale Brigaden und tragen maßgeblich dazu bei, die Hauptstadt, die zum »Grab des europäischen Faschismus« werden soll, zu verteidigen. Aus vielen westeuropäischen Ländern und den USA eilen Antifaschisten, darunter auch viele deutsche Emigranten, nach Spanien, obwohl die Werbung für die Internationalen Brigaden stark erschwert wird.

28.2.1937: Am Jarama behaupten sich die Republikaner gegen den Angriff der Nationalisten.

21.3.1937: Ein Großangriff italienischer Truppen bei Guadalajara endet mit einer Niederlage.

26.4.1937: Flugzeuge der deutschen Legion Condor zerstören die baskische Stadt Guernica. Mehrere hundert Menschen finden bei diesem Angriff den Tod.

17.5.1937: Nach dem Rücktritt des Sozialisten Francisco Largo Caballero (republikanischer Regierungschef seit September 1936) bildet der Sozialist Juan Negrín ein Kabinett aus Rechtssozialisten und Kommunisten.

22.2.1938: Das am 8. Januar von Republikanern eroberte Teruel wird von Nationalisten besetzt.

15.4.1938: Franco-Truppen erreichen bei Viñaroz das Mittelmeer.

5.7.1938: Der Londoner Nichteinmischungsausschuß beschließt den Rückzug aller in Spanien kämpfenden Ausländer.

15.11.1938: Die Internationalen Brigaden beginnen mit dem Abzug. Am Ebro haben die Nationalisten das seit Juli 1938 verlorene Gebiet zurückerobert.

26.1.1939: Barcelona fällt kampflos an die Franco-Truppen.

Die UdSSR vereint 170 Millionen Menschen

17. Januar. In der Sowjetunion beginnt die zweite allgemeine Volkszählung (nach der Zählung 1926). Sie wird am 26. Januar abgeschlossen und ergibt eine Gesamtbevölkerung von 170 467 186 Menschen auf 21,372 Millionen km².

Zwei Drittel der sowjetischen Bevölkerung (114,6 Millionen Menschen oder 67,2% der Gesamtbevölkerung) leben auf dem Lande und 55,9 Millionen (32,8%) in der Stadt. Damit hat sich der Trend zur Verstädterung fortgesetzt. Vor Beginn der Industrialisierung 1926 wohnten nur 18% der Sowjetbürger in städtischen Siedlungen, im Jahr 1897 waren es lediglich 16%.

Nur 11% der städtischen Bevölkerung leben allerdings in Kommunen mit einer Bevölkerung von 500 000 Einwohnern und mehr. Die größte Stadt der UdSSR ist Moskau mit 4,1 Millionen Einwohnern. Es folgen Leningrad (3,1 Millionen) und Kiew (0,8 Millionen).

Seit 1926 sind fast fünf Millionen Menschen aus dem europäischen Rußland in die Industriestädte des mittleren Ural, nach Sibirien und dem Fernen Osten, nach Kasachstan und Mittelasien ausgewandert. Knapp 9% der Sowjetbevölkerung wohnen damit bereits in Sibirien und im Fernen Osten.

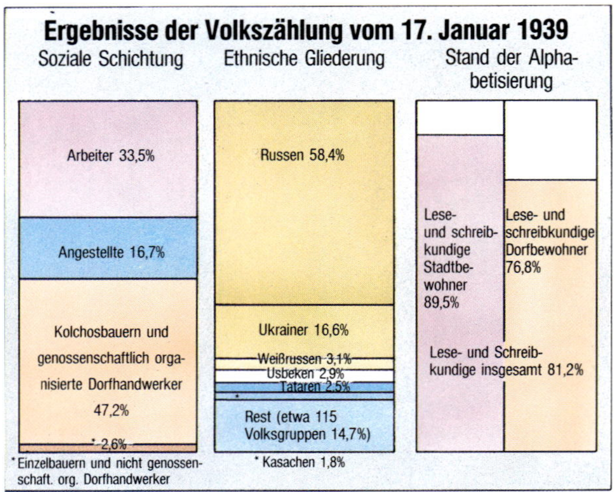

Die Wirtschaft der Sowjetunion ist im Umbruch begriffen: Waren 1913 erst 17% der Bevölkerung als Arbeiter und Angestellte tätig, sind es 1939 50,2%. Nach wie vor bedeutend ist der landwirtschaftliche Sektor der sowjetischen Volkswirtschaft: 49,8% der sowjetischen Arbeitnehmer sind in der Landwirtschaft tätig, 1913 waren es allerdings 75%.

Sorgen bereitet der Ausbau der Industrie: Die tatsächlichen Fertigungszahlen während des dritten Fünfjahresplans (1938 bis 1942) entsprechen nicht den Zielen. Vor allem in der Eisen- und Stahlindustrie wird der Plan nicht eingehalten. Der Grund für dieses Zurückbleiben liegt vor allem in den weit überhöhten Vorgaben und in der durch die schon jahrelang andauernde Repression geschaffenen Atmosphäre der Unsicherheit und Angst. Rund acht Millionen Sowjetbürger (9% der erwachsenen Bevölkerung der UdSSR) befinden sich 1939 in Straflagern oder Gefängnissen.

Passanten vor dem Bombenloch auf dem Gehweg an der Kreuzung Whitworth und Princess Street in Manchester

Polizeiliche Untersuchung der von der Irisch-Republikanischen Armee gelegten Bomben in der Stadt Southwark

Bombenterror der IRA in Großbritannien

16. Januar. In mehreren Städten Großbritanniens richten Bombenanschläge auf wichtige Einrichtungen der Elektrizitätswirtschaft schwere Schäden an. Damit beginnt die »English Campaign« der illegalen Irisch-Republikanischen Armee (IRA), mit der die Briten gezwungen werden sollen, sich aus ihrer Provinz Nordirland zurückzuziehen.

Die Sprengkörper explodieren vor einem Gebäude der Elektrizitätswerke und unter einer Kabelbrücke in London sowie in Manchester, Birmingham und Alnwick in der Region Northumberland.

Am 15. Januar sind in Irland Plakate mit der Forderung nach dem Abzug der Briten aufgetaucht, die vom sechsköpfigen Armeerat der IRA unterzeichnet worden sind. Erst später wird bekannt, daß der britische Außenminister Edward Frederick Lindley Wood Halifax am 12. Januar ein auf vier Tage befristetes Ultimatum der IRA erhalten hat. In ihm wird gedroht, »ebenso aktiv in das Militär- und Wirtschaftsleben ihres Landes einzugreifen, wie das Ihre Regierung in unserem Lande tut«.

Finnlands Präsident Kyösti Kallio (r.) und Schweden-König Gustav V.

Wiederbefestigung der Ålandinseln

7. Januar. Nach zweitägigen Verhandlungen einigen sich in Stockholm die Vertreter Finnlands und Schwedens auf eine Wiederbefestigung der seit 1920 neutralisierten Ålandinseln in der Ostsee.

Finnland soll das Recht erhalten, auf den Ålandinseln defensive Befestigungen einzurichten. Ferner darf es dort auch die Wehrpflicht einführen, wobei die militärische Amtssprache Schwedisch sein soll.

Die Inseln waren zusammen mit Finnland 1809 an Rußland gefallen und vom Völkerbund 1917 gegen den Wunsch der mehrheitlich schwedischen Bevölkerung bei Wahrung weitgehender Autonomie Finnland zugesprochen worden.

Protest gegen die Schüsse in Holland

12. Januar. In Den Haag protestiert die Botschaft des Deutschen Reiches offiziell bei der niederländischen Regierung gegen Anschläge auf deutsche diplomatische Vertreter in den Niederlanden.

Nach deutscher Darstellung sind am 6. Januar in Amsterdam auf das Wohnzimmer der Privatwohnung des deutschen Konsulatssekretärs und am 9. Januar auf das Arbeitszimmer des Sekretärs der Botschaft in Den Haag zwei Schüsse abgegeben worden. Die deutsche Presse wertet diese Vorfälle als »Folgen der jüdischen Hetze in Holland«.

Frankreich erneuert koloniale Ansprüche

8. Januar. Nach einer sechstägigen Reise durch Korsika, Tunesien und Algerien kehrt der französische Ministerpräsident Édouard Daladier nach Paris zurück. Gegenüber italienischen Ansprüchen auf Korsika und Tunesien betonte Daladier bei dieser Gelegenheit die Bindung dieser Gebiete an Frankreich.

Im Dezember 1938 war es zu einer Verstimmung zwischen beiden Ländern gekommen: Nach einer Welle von Kundgebungen sowie Aufrufen in der italienischen Presse für die Annexion von Korsika und Tunesien gab die italienische Regierung am 17. Dezember bekannt, daß sie sich an das (nie ratifizierte) Abkommen mit Frankreich vom 7. Januar 1935 über Kolonialkompensationen in Nordafrika nicht mehr gebunden fühle. In Tunesien hatte Daladier nach dem Besuch von Verteidigungsanlagen an der Grenze auf einem Bankett in Tunis erklärt, Frankreich habe seinem Protektorat Brüderlichkeit und Freiheit gebracht.

Frankreichs Ministerpräsident Édouard Daladier (M., im dunklen Mantel) in der Ruinenkulisse von El Djem

Ministerpräsident Édouard Daladier (M.) bei einer öffentlichen Rede im tunesischen Sfax am Golf von Gabès

Ahmad II., Bei des Protektorats Tunis, begrüßt im Palais Bardo in Tunis Ministerpräsident Édouard Daladier

Gutes Einvernehmen zwischen Chamberlain und Mussolini

14. Januar. Nach einem dreitägigen Staatsbesuch reisen Großbritanniens Premierminister Arthur Neville Chamberlain und sein Außenminister Edward Frederick Lindley Wood Halifax wieder aus Rom ab. Das Kommuniqué über die britisch-italienischen Gespräche verzeichnet den ernsten Willen beider Mächte, »eine Politik zu betreiben, die in wirksamer Weise auf die Erhaltung des Friedens abzielt«. Themen der Gespräche, u.a. mit Ministerpräsident und Duce Benito Mussolini, waren die Afrika- und die Spanienfrage. Es wurde vereinbart, die in dem »Osterabkommen« (16.4.1938) vorgesehenen Sonderregelungen, u.a. über die Festlegung der Grenze zwischen dem Sudan und Italienisch-Ostafrika, unterschriftsreif zu machen.

Für die britische Diplomatie ist Italien seit dem Münchner Abkommen vom 29. September 1938 trotz seiner Bindungen an das Deutsche Reich ein wichtiger Faktor zur Verhinderung eines Krieges. Italien seinerseits muß wegen seiner langen Meeresgrenzen an einer Verständigung mit der Seemacht Großbritannien interessiert sein.

In Rom: V. l. Galeazzo Ciano, Graf von Cortellazzo, Edward Frederick Lindley Wood Halifax, Arthur Neville Chamberlain und Benito Mussolini

Ehrenbezeigung der faschistischen Garde für Edward Frederick Lindley Wood Halifax und Arthur Neville Chamberlain im Palazzo Venezia in Rom

Jugendschutz im Deutschen Reich

1. Januar. Das Jugendschutzgesetz und die Arbeitszeitverordnung vom 30. April 1938 treten im Deutschen Reich in allen ihren Teilen in Kraft.
Das Jugendschutzgesetz soll sicherstellen, daß alle »Jugendlichen zu seelisch und körperlich gesunden Volksgenossen« erzogen werden. Es gilt nicht in der Haus- und Landwirtschaft sowie der Seefahrt und Fischerei. Es verbietet zwar grundsätzlich die Arbeit von Jugendlichen unter 14 Jahren, macht jedoch für über Zwölfjährige zahlreiche Ausnahmen. Jugendliche von 14 bis 16 Jahren dürfen bis zu 48 Stunden, Jugendliche ab 16 Jahren bis zu 54 Stunden wöchentlich und an zwei Sonntagen monatlich beschäftigt werden. Der Urlaub beträgt 15 (unter 16 Jahren) bzw. 12 Werktage. Für Erwachsene gilt der Achtstundentag. Er darf aber auf zehn Stunden und in besonderen Fällen auch darüber hinaus verlängert werden.

Erlaß zur Schaffung von Postsparkassen

2. Januar. In über 80 000 Postämtern im Deutschen Reich und im ehemaligen Österreich werden Postsparkassen eingerichtet. Rechtliche Grundlage ist ein Erlaß von Führer und Reichskanzler Adolf Hitler vom 26. August 1938 über die Übernahme der österreichischen Postsparkasse durch die Deutsche Reichspost und die Schaffung eines Postsparkassenwesens im Reichsgebiet.
Sämtliche Einlagen sind gebührenfrei und werden – um den Kreditinstituten keine Kunden abzuwerben – mit einem Satz verzinst, der um 0,25% unter dem Satz für Spareinlagen mit gesetzlicher Kündigungsfrist liegt (im Januar 1939 3%). Auszahlungen bis zu 100 Reichsmark (RM) dürfen auch ohne Kündigung erfolgen; der Höchstbetrag für Abhebungen pro Monat beträgt 1000 RM.
Österreich erhielt die Postsparkasse 1862; die erste Postsparkasse entstand 1861 in Großbritannien.

Landwirtschaft in Berlin ausgestellt

27. Januar. Im Ehrenraum der Berliner Ausstellungshallen eröffnet Richard Walther Darré, Reichsbauernführer und Reichsminister für Ernährung und Landwirtschaft, die »Grüne Woche« 1939.
Schwerpunkte dieser Schau des Reichsnährstandes sind die Landflucht und die schwierige Lage der Bergbauern. In seiner Eröffnungsansprache weist Darré stolz auf den Selbstversorgungsgrad des Deutschen Reiches mit landwirtschaftlichen Produkten, der bei 83 % liegt, hin, spricht aber auch das Arbeitskräfteproblem an. Laut Darré sind seit 1933 rund 400 000 Landarbeiter in die Stadt abgewandert. Auf dem Lande fehlen etwa 800 000 Arbeitskräfte. Zum Ausgleich für diese bedrohliche Landflucht werden verstärkt männliche und weibliche Jugendliche durch Erntehilfe, Pflichtjahr und Landdienstangebote (→14.1./S.15) mobilisiert.

Pressehetze gegen Regierung der USA

22. Januar. In einem Leitartikel für den »Völkischen Beobachter« erklärt Reichspropagandaminister Joseph Goebbels zur Haltung der Vereinigten Staaten gegenüber dem Deutschen Reich: »Es unterliegt keinem Zweifel, daß der seit 1933 in Amerika gegen Deutschland mit System durchgeführte öffentliche Hetzfeldzug eine bewußte und gewollte Provokation darstellt«.
Goebbels macht dafür führende Mitglieder der US-Regierung verantwortlich und schreibt, noch niemals sei Präsident Franklin Delano Roosevelt »in der deutschen Presse persönlich angegriffen worden«. Zugleich veröffentlichen jedoch viele Zeitungen, vor allem das SS-Organ »Das schwarze Korps«, polemische Karikaturen des angeblich von Juden beeinflußten Präsidenten. Das Kürzel USA wird von diesem Blatt mit »Unverschämt, Schamlos, Albern« übersetzt.

Beim Geburtstagsbankett im niederländischen Doorn: Ex-Kaiser und König Wilhelm (3. v. l., sitzend), l. daneben seine Frau, Prinzessin Hermine

Das jungvermählte Paar, Prinzessin Maria von Savoyen und Ludwig von Bourbon-Parma, beim Verlassen des Vatikan nach ihrer Audienz bei Papst Pius XI.

Ex-Kaiser Wilhelm wird 80

27. Januar. In seinem niederländischen Exil Haus Doorn (Provinz Utrecht) feiert der frühere deutsche Kaiser und König von Preußen Wilhelm II. seinen 80. Geburtstag.
Am 10. November 1918 war der Kaiser aus seinem Hauptquartier Spa in die Niederlande geflüchtet und lebte zuerst in Amerongen, ab 1920 in Doorn. Hier heiratete er 1922 die gleichfalls verwitwete Prinzessin Hermine von Schönaich-Carolath, geborene Reuß ältere Linie.

Der Weg des Kaisers ins Exil
Als ältester Sohn Kaiser Friedrich III. (1831–1888) bestieg Wilhelm II. 1888 den Thron. Er hatte großen Anteil an der deutschen Aufrüstung, wurde aber im Verlauf des Ersten Weltkriegs zusehends von politischen und militärischen Entscheidungen ferngehalten und am 28. November 1918 zum Verzicht auf seine beiden Throne gezwungen.

Königliche Heirat in Rom

23. Januar. Die italienische Hauptstadt Rom steht im Zeichen einer glanzvollen Fürstenhochzeit: Prinzessin Maria von Savoyen, Tochter von König Viktor Emanuel III. von Italien, und Prinz Ludwig von Bourbon-Parma werden getraut. Ort der Eheschließung ist die überaus festlich mit weißen Blumengebinden geschmückte Kapelle des Quirinalpalastes. Anschließend wird das Paar von Papst Pius XI. in feierlicher Audienz empfangen.
Augenzeugen der Trauung sind das italienische Herrscherpaar, die Mitglieder der Familien Savoyen und Bourbon-Parma, König Boris III. von Bulgarien, das italienische Kabinett mit Ministerpräsident und Duce Benito Mussolini an der Spitze sowie die Präsidenten des Senats und der Kammer und Vertreter des in Rom akkreditierten diplomatischen Korps. Seit der Gründung des Königreichs 1861 herrscht das Haus Savoyen in Italien.

Referendum für mehr Demokratie

22. Januar. In der Schweiz wird durch Volksentscheid eine Initiative für die Ausdehnung der Verfassungsgerichtsbarkeit mit 347 340 gegen 141 323 Stimmen verworfen. Angenommen wird dagegen mit 346 024 zu 155 032 Stimmen eine Beschränkung bei der Dringlichkeit von Bundesbeschlüssen.
Aufgrund der Bundesverfassung bedürfen als dringlich bezeichnete Beschlüsse der Bundesversammlung (National- und Ständerat) nicht auch noch der Billigung des Volkes, um in Kraft zu treten.
Dagegen wandte sich eine am 11. Februar 1938 eingereichte Initiative gegen den Abbau der Volksrechte, die jedoch zugunsten eines Gegenentwurfs der Bundesversammlung zurückgezogen wurde. Nunmehr gilt, daß der Erlaß dringlicher Bundesbeschlüsse die Mehrheit der Mitglieder in jedem der beiden Räte erfordert. Diese Beschlüsse treten außer Kraft, sofern sie nicht in angemessener Zeit durch ein Referendum vom Volk gebilligt werden.

»Tell«-Aufführung mit Schweizerlied

26. Januar. Zu einer international beachteten Manifestation schweizerischen Selbstbehauptungswillens wird eine Aufführung des »Wilhelm Tell« von Friedrich von Schiller im Zürcher Schauspielhaus: Nach Ende der Vorstellung erheben sich die Besucher und stimmen gemeinsam die Schweizer Landeshymne »Rufst Du, mein Vaterland« an.
Mit Heinrich Gretler in der Titelrolle und dem emigrierten Deutschen Wolfgang Langhoff als Landvogt Gessler findet der »Tell« großen Anklang. In- und ausländische Presseorgane berichten von der spontanen Publikumsreaktion auf das in der Schweiz umstrittene Bühnenwerk.
Die Begeisterung in der Schweiz wird jedoch Tage später durch Pressemeldungen getrübt, wonach dem Absingen der Hymne durch einige vom Schauspielhaus mit Freibillets angeworbene Studenten nachgeholfen worden sein soll.
Die Zürcher Bühne gibt zwar die Verteilung von Freikarten zu, weist aber den Vorwurf zurück, die Studenten zur Intonation der Schweizerhymne ermuntert zu haben.

Eine der ersten Aufnahmen von den verheerenden Zerstörungen, die das Erdbeben in der chilenischen Stadt Chillán angerichtet hat: Obdachlose Überlebende der Katastrophe warten inmitten der Trümmer ihrer Häuser auf Hilfe

Erdbeben in Chile fordert über 10 000 Tote

25. Januar. Zur größten Naturkatastrophe seit Menschengedenken in Chile wird ein Erdbeben, das vor allem die Städte Chillán, San Carlos und Concepción heimsucht und bei dem über 10 000 Menschen ihr Leben verlieren.
Die Zahl der Todesopfer in Concepción – die Küstenstadt war bereits in den Jahren 1730, 1751 und 1835 von Erdstößen verwüstet worden – beläuft sich auf mehr als 1000. Fast völlig zerstört werden die 30 000-Einwohner-Stadt Chillán, Hauptstadt der Provinz Ñuble, und der 25 km entfernte Ort San Carlos (7500 Einwohner). In Chillán kommt etwa ein Drittel der Einwohner ums Leben.
Das Beben ist so stark, daß im rund 1500 km entfernten Buenos Aires in den obersten Stockwerken der Hochhäuser die Deckenlampen sowie Tische und Stühle ins Schwanken geraten.
Über die Region wird der Ausnahmezustand verhängt. Rettungsmannschaften mit Ärzten und Suchpersonal werden ins Katastropengebiet geflogen. Die überlebende Bevölkerung wird aus der Luft notdürftig mit Wasser und Lebensmitteln versorgt.

Ein Kind vor seinem brennenden Elternhaus in Yallourn im Staat Victoria

Gluthitze auf dem fünften Kontinent

16. Januar. Die australischen Behörden verzeichnen als Folge der seit Jahresbeginn andauernden Hitzewelle 110 Tote. Weitere 74 Menschen sind durch Waldbrände ums Leben gekommen.
Das Thermometer kletterte auf bis zu 116° Fahrenheit (47 °C). Betroffen von der Hitze sind vor allem die östlichen Regionen des fünften Kontinents. Die durch die zahllosen Waldbrände verursachten Schäden werden auf rund 2,5 Millionen Pfund Sterling (29 Millionen Reichsmark) geschätzt.

Matthias Sindelar mit Gas vergiftet

23. Januar. Matthias Sindelar, einer der bekanntesten Fußballer Österreichs, stirbt 36jährig mit seiner jüdischen Braut in deren Wiener Wohnung unter ungeklärten Umständen an einer Gasvergiftung.
Sindelar vereinigte spielerische Eleganz mit Härte im Zweikampf. Über Hertha Wien (1920/21) kam der »Papierene« 1922 zu Austria Wien. Mit seinem Team wurde er Mitropa-Cup-Sieger 1933 und 1936 sowie österreichischer Meister 1924 und sechsmal Pokalsieger.
Sindelar prägte maßgeblich den Übergang des österreichischen Fußballs von der traditionellen ungarisch-schottischen Spielweise zum eleganten Kombinationsspiel der »Wiener Schule«.
Als Mittelstürmer gehörte er zu den herausragenden Spielern des von Hugo Meisl geformten »Wunderteams«, das Anfang der 30er Jahre in 17 Spielen nur einmal bezwungen und 1934 in Italien Vierter bei der Weltmeisterschaft wurde. In 43 Länderspielen schoß Sindelar 27 Tore für Österreich.
Nach der zwangsweisen Auflösung der österreichischen Nationalmannschaft durch den »Anschluß« im März 1938 wurde Sindelar nicht in der »großdeutschen« Nationalelf aktiv. Der Literat Friedrich Torberg widmet ihm ein Gedicht, dessen letzte Zeilen lauten: »Sein Überblick ließ ihn erspüren, daß seine Chance im Gashahn lag.«

Hauswand stoppt Flugvorführung

Januar. *Eine ungewöhnliche Flugvorführung erleben die Besucher der St. Louis County Fair in Hibbing (US-Bundesstaat Minnesota). Der bekannte akrobatische Schauflieger Captain Don Vogue aus Minneapolis steuert seine einmotorige Maschine mit knapp 130 km/h gegen ein Haus. Krachend durchschlägt das Flugzeug die Wände, Flügel und Holzstücke wirbeln durch die Luft, und der Rumpf sitzt wie ein Steckschuß fest (Abb.). Zur Überraschung aller kann der Pilot seine Maschine unverletzt verlassen.*

Rapid Wien siegt im Pokalendspiel

8. Januar. Vor 40 000 Zuschauern im Berliner Olympia-Stadion holt sich die Mannschaft von Rapid Wien durch ein 3:1 (0:1) über den FSV Frankfurt den von Reichssportführer Hans von Tschammer und Osten gestifteten deutschen Fußball-Vereinspokal 1938.
Rapid profitiert vom verletzungsbedingten Ausscheiden des Frankfurter Läufers Willy May in der 60. Minute. Bis dahin hatte der Außenseiter aus Frankfurt das Spiel offenhalten können. Herausragende Spieler bei Rapid sind Nationaltorhüter Rudolf Raftl und Mittelstürmer Franz »Bimbo« Binder, der in der 87. Minute das 3:1 erzielt.

Franz »Bimbo« Binder, Mittelstürmer des Pokalsiegers Rapid Wien

Wehrerziehung in den Händen der SA

19. Januar. Führer und Reichskanzler Adolf Hitler erhebt das Sportabzeichen der Sturmabteilung (SA) zum SA-Wehrabzeichen. Die SA wird Träger der vor- und nachmilitärischen Wehrerziehung.
Jeder deutsche Wehrpflichtige hat künftig nach Vollendung des 17. Lebensjahres die »sittliche Pflicht« zur Ableistung des SA-Wehrabzeichens. Wer ehrenvoll aus dem Wehrdienst ausscheidet, muß sich zum Erhalt seiner »geistigen und körperlichen Kräfte« in die SA einreihen, um dort das ganz auf den Wehrsport ausgerichtete Abzeichen zu erwerben und jährlich Wiederholungsübungen abzuleisten.

Zarah Leander als Hauptattraktion

28. Januar. *Zu einem Höhepunkt des gesellschaftlichen Lebens in der Reichshauptstadt in der Ballsaison 1938/39 wird der Presseball. In allen Sälen des Zoo-Palastes geben sich Persönlichkeiten des öffentlichen Lebens und Stars von Bühne, Funk und Film ein Stelldichein.*
Hauptattraktion des Presseballs 1939 ist das erste öffentliche Auftreten von Zarah Leander als Sängerin (Abb. l.). Die Schwedin singt – so die Presse – mit »ihrer unerreicht schönen Altstimme Lieder aus allen ihrer bekannten Filme« und reißt »die Zuhörer zu wahren Begeisterungsstürmen« hin (Abb. r.: Zarah Leander mit Regisseur Carl Froelich).

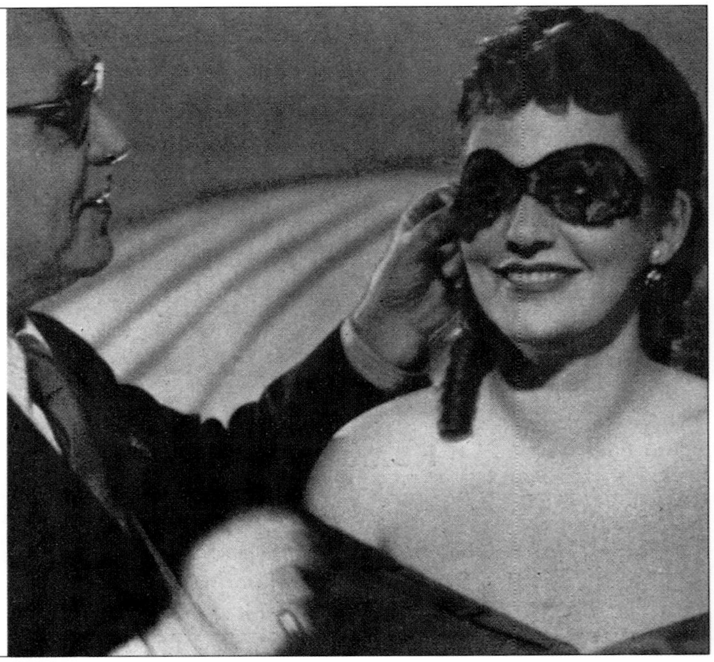

Literatur 1939:

Antworten auf die Realität in Exil und »innerer Emigration«

Die deutschsprachige Exilliteratur verliert 1939 zwei ihrer profiliertesten Autoren: Am →22. Mai (S.101) begeht Ernst Toller 45jährig im New Yorker Hotel Mayflower Selbstmord. Am →27. Mai (S.101) stirbt 44jährig im Pariser Armenspital Hospital Necker der Österreicher Joseph Roth, seit 1933 im Exil. Seine letzte Erzählung, »Die Legende vom heiligen Trinker«, erscheint 1939 in Amsterdam.

Der finanzielle Erfolg der im Exil erscheinenden Bücher entspricht ihrem literarischen Rang in der Regel nicht. Auflagen von bis zu 20 000 Exemplaren wie bei Lion Feuchtwangers »Die Geschwister Oppenheim« (1933) sind die große Ausnahme. Weniger namhafte Autoren sind nicht selten gezwungen, ihre Werke mit großem Risiko auf eigene Rechnung zu drucken.

Die Gefühle der Exilierten verdeutlicht ein Zitat aus Bertolt Brechts »Svendborger Gedichten«, die 1939 beim Malik-Verlag in London erscheinen: »Unruhig sitzen wir so, möglichst nahe an den Grenzen/ Wartend des Tags der Rückkehr, jede kleinste Veränderung jenseits der Grenzen beobachtend …«

Einer der prominentesten Exilautoren, der in den USA lebende Thomas Mann, veröffentlicht zum Jahresende im Verlag Bermann-Fischer in Stockholm seinen Roman »Lotte in Weimar«, der die Auseinandersetzung Manns mit dem Leben und Werk von Johann Wolfgang von Goethe widerspiegelt.

In der Zürcher Tageszeitung »Die Tat« charakterisiert am 16./17. Dezember Max Rychner das Goethe-Bild Manns: »Sein Goethe ist mit Ehrfurcht und Zärtlichkeit heraufgerufen, scherzend gewiß auch, mit jener Art von Scherz, die Platon mit dem Geist der Liebe selbst verbrüdert wissen wollte.«

Klaus Mann beschreibt in seinem Roman »Der Vulkan«, der beim Verlag Querido in Amsterdam im Sommer 1939 herauskommt, das Schicksal von Exilanten. Mann stellt das Exil der »inneren Emigration« gegenüber und erklärt die Emigration zum wirkungsvollsten Zwischenzustand, um an der Niederwerfung des Nationalsozialismus mitzuwirken.

Das Grauen der Konzentrationslager und der Mut der Menschen, die sich dem Terror in Deutschland entgegenstellen, ist Thema von Anna Seghers Roman »Das siebte Kreuz«, der 1939 als Teilvorabdruck in der Moskauer Zeitschrift »Internationale Literatur« erscheint.

Ernst Wiechert, einer der bekanntesten der im Deutschen Reich verbliebenen Autoren, veröffentlicht 1939 nach seiner Entlassung aus dem KZ den Roman »Das einfache Leben«, dessen Schilderung einer ländlichen Idylle von Wiecherts Hafterfahrung nichts spüren läßt.

Herausragende Neuerscheinung ist Ernst Jüngers bei der Hanseatischen Verlags-Gesellschaft Hamburg erscheinender Roman »Auf den Marmorklippen«. Geschildert wird die distanziert-abwehrende Haltung zweier Brüder gegenüber dem wüsten Treiben von bewaffneten Banden, denen beide früher selbst angehörten.

Das Buch kann als Distanzierung Jüngers von den Auswüchsen des Nationalsozialismus verstanden werden, dennoch sind auch erste nationalsozialistische Stimmen positiv. So schreibt Erwin Laaths am 9. Dezember in den »Düsseldorfer Nachrichten«: »Das Buch zeichnet Abenteurerlust und verwegene Spiele, es beschenkt mit haarscharfen Konturen gedanklicher Formulierungen … Der heroische Realismus Ernst Jüngers ist mit seinem neuesten Werk … zur Führerschaft gegenwärtiger Prosa gereift.«

Im Deutschen Reich liegt die Kontrolle der Literatur bei der Reichsschrifttumskammer, deren Präsident Hanns Johst auf der Kantateveranstaltung des deutschen Buchhandels (6./7.5. in Leipzig) erklärt, der Schriftsteller erfülle auch im Dritten Reich eine wichtige Aufgabe: »Wer glaubt, ein Volk benötige der mittleren Schriftsteller nicht, der irrt gewaltig.«

Um der spürbaren geistigen Verarmung entgegenzuwirken, werden Dichterlesungen mit linientreuen Schriftstellern durchgeführt. Im Zeichen der Propagierung von »Kampfliteratur« stehen die von örtlichen SA-Gruppen getragenen Lesungen »Dichter der Bewegung lesen aus eigenen Werken«.

Thomas Mann, der im US-amerikanischen Exil lebende Schriftsteller

Bertolt Brecht veröffentlicht 1939 in London die »Svendborger Gedichte«

Klaus Mann, der älteste Sohn des Nobelpreisträgers Thomas Mann

Schutzumschlag von Ernst Jüngers Roman »Auf den Marmorklippen«

Die 1933 emigrierte Schriftstellerin Anna Seghers, seit 1928 KPD-Mitglied und Autorin des 1939 teilveröffentlichten KZ-Romans »Das siebte Kreuz«

Februar 1939

Mo	Di	Mi	Do	Fr	Sa	So
		1	2	3	4	5
6	7	8	9	10	11	12
13	14	15	16	17	18	19
20	21	22	23	24	25	26
27	28					

1. Februar, Mittwoch

Die Luftwaffe wird neu gegliedert: Chefs der Luftflotten Ost, Nord und West werden die Generäle Albert Kesselring, Helmut Felmy und Hugo Sperrle. →S.33

Führer und Reichskanzler Adolf Hitler unterzeichnet einen Erlaß über die Festigung der östlichen Grenzgebiete. Ziel ist u.a. die zahlenmäßige Stärkung des deutschen Volkstums im Grenzraum.

In der Münchner Zentrale der Nationalsozialistischen Deutschen Arbeiterpartei (NSDAP) treffen beunruhigende Berichte des Sicherheitsdienstes (SD) über die Stimmung im ehemaligen Österreich (Ostmark) ein.

Nach drei Tagen geht in Draveil bei Paris die »Berner Konferenz« der Kommunistischen Partei Deutschlands (KPD) zu Ende. Die KPD propagiert die Volksfront gegen die Hitler-Diktatur. →S.36

Wegen der Ankündigung Ungarns, dem Antikominternpakt beizutreten, löst die UdSSR ihre Botschaft in Budapest auf.

Auf Weisung von Führer und Reichskanzler Adolf Hitler wird die Schack-Galerie in München errichtet. →S.41

Alle jüdischen Emigranten müssen die Tschechoslowakei auf Beschluß der Prager Regierung innerhalb von sechs Monaten verlassen haben.

In der Mailänder Scala erlebt die Oper »La dama boba« (Das dumme Mädchen) von Ermanno Wolf-Ferrari nach Lope Félix de Vega Carpio ihre Uraufführung.

Mit der Uraufführung der Operettenrevue »Das Schiff der schönen Frauen« (Musik: Walter Kollo) wird in Köln das Apollo-Theater eröffnet.

2. Februar, Donnerstag

Belgiens Ministerpräsident Paul Henri Spaak wird in Brüssel tätlich angegriffen. Anlaß ist der Sprachenstreit zwischen Flamen und Wallonen. →S.33

Das Amt für soziale Selbstverwaltung der Deutschen Arbeitsfront (DAF) erklärt: »Bei der heutigen ... Arbeitseinsatzlage, wo die Schaffenden oft 12 oder 14 Stunden... täglich unterwegs sind, kommt der betrieblichen Ernährung besondere Bedeutung zu.«

In der Wiener Staatsoper hat als erste Uraufführung seit dem »Anschluß« Österreichs im März 1938 die Oper »Königsballade« von Rudolf Wille Premiere.

In der Sowjetunion wird der Film »Die Wyborger Seite« (Wyborgskaja storona) von Michail Romm über die ersten Jahre nach der Revolution uraufgeführt.

3. Februar, Freitag

Führer-Stellvertreter Rudolf Heß vollzieht in Dortmund den ersten Spatenstich zum Bau einer Gemeinschaftssiedlung für 20000 Menschen. →S.38

US-Präsident Franklin Delano Roosevelt erklärt, man sei gegen jede Art von Bündnissen, sympathisiere aber mit der Wahrung der Unabhängigkeit aller Staaten.

Die Schweizer Bundesversammlung erteilt in einer Sondersitzung dem Bundesrat Vollmacht für außerordentliche Truppenaufgebote im Jahr 1939.

Der Kabarettist Werner Finck und vier andere Unterhaltungskünstler werden aus der Reichskulturkammer ausgeschlossen und dürfen nicht mehr öffentlich auftreten. →S.41

In Hollywood werden die Academy Awards (»Oscars«) für das Jahr 1938 vergeben. Als bester Film wird Frank Capras »Lebenskünstler« (You can't take it with you) mit James Stewart und Jean Arthur in den Hauptrollen ausgezeichnet. Bester Schauspieler ist wie im vergangenen Jahr Spencer Tracy; die Auszeichnung für die beste weibliche Hauptrolle geht zum zweiten Mal an Bette Davis.

4. Februar, Sonnabend

In seiner ersten Kundgebung als Gauleiter von Wien wendet sich Josef Bürckel gegen Korruption, Denunziantentum und Gerüchtemacherei (→30.1./S.15).

Im Deutschen Reich werden zwei zusätzliche Scheinwerfer (Nebellampen, Kurvenlampen, Breitstrahler u.ä.) an Kraftfahrzeugen zugelassen.

In den Londoner U-Bahn-Stationen Tottenham Court Road und Leicester Square explodieren Bomben der Irisch-Republikanischen Armee (IRA). Sie richten erheblichen Sachschaden an (→16.1./S.22).

In Sankt Moritz stirbt im Alter von 72 Jahren der niederländische Ölindustrielle Sir Henri Deterding, der Begründer des Royal Dutch/Shell-Konzerns.

Am Staatstheater Stuttgart wird die Operette »Die ungarische Hochzeit« mit Vorspiel und drei Akten von Nico Dostal uraufgeführt. Das Libretto schrieb Hermann Hermecke nach einer Novelle von Kálmán Mikszáth.

5. Februar, Sonntag

Der Präsident der Spanischen Republik, Manuel Azaña y Díaz, und der katalanische Staatspräsident Luis Companys y Jover fliehen über die französische Grenze ins Exil (→27.2./S.33).

Dragiša Cvetković wird anstelle von Milan Stojadinović Ministerpräsident von Jugoslawien. Das alte Kabinett war über die Kroatenfrage gestürzt.

Die deutsche Antarktische Expedition beendet ihre Arbeit. Das erkundete Gebiet von rund 600000 km² erhält den Namen Neu-Schwabenland. An dem Unternehmen waren auch zwei Dornier »Wal«-Flugzeuge der Deutschen Lufthansa AG beteiligt. →S.39

In München wird »Der Mond, ein kleines Welttheater« nach dem Märchen der Brüder Jacob und Wilhelm Grimm von Carl Orff uraufgeführt (Musikalische Leitung Clemens Krauss). →S.41

6. Februar, Montag

Die Reichsmusikkammer teilt ihren Mitgliedern die korrekte Spielweise der Lieder der Nation mit: Während das Horst-Wessel-Lied als »revolutionäres Kampflied« schnell gespielt werden müsse, sei das Deutschlandlied als »Weihelied« langsam zu spielen (Zeitmaß ¼ = M 80).

Vor dem britischen Unterhaus erläutert Premierminister Arthur Neville Chamberlain die auf einer »Solidarität der Interessen« beruhenden Grundlagen des britisch-französischen Beistandspaktes.

US-Präsident Franklin Delano Roosevelt kündigt auf einer Pressekonferenz eine Untersuchung der Tätigkeit der Kommunistischen Partei der USA und des Deutsch-Amerikanischen Bundes an.

Die französische Presse meldet, daß bis zum Vortag rund 100000 Soldaten und Zivilisten aus der Republik Spanien nach Frankreich geflohen sind.

7. Februar, Dienstag

NS-Reichsleiter Alfred Rosenberg informiert die Auslandspresse in Berlin über Pläne, die Juden in ein Territorium abzuschieben, das etwa 15 Millionen Menschen aufnehmen kann.

In London beginnt eine Konferenz zur Lösung der Palästinafrage. An der Tagung nehmen sowohl jüdische als auch arabische Delegierte teil (→26.2./S.32).

8. Februar, Mittwoch

Frankreich fordert in einer Verbalnote die deutsche Reichsregierung auf, zu der im Münchner Abkommen von 1938 vereinbarten Grenzgarantie des Deutschen Reiches für die Tschechoslowakei Stellung zu nehmen.

Auf der Autobahn Dessau-Bitterfeld stellt Rudolf Caracciola auf Mercedes-Benz mit 175,097 km/h bzw. 204,577 km/h über den Kilometer und die Meile mit stehendem Start Klassenrekorde auf (→9.2./S.42).

9. Februar, Donnerstag

Die spanischen nationalistischen Truppen erreichen die spanisch-französische Grenze bei Le Perthus. Die noch von den Republikanern gehaltene Insel Menorca kapituliert nach britischer Vermittlung (→27.2./S.33).

In Leipzig endet nach einwöchiger Dauer das 5. Reichsmusikschulungslager der Hitlerjugend (HJ).

Auf der Londoner Palästina-Konferenz fordern die Araber den Stop der jüdischen Einwanderung und einen Araberstaat in Palästina (→26.2./S.32).

In Berlin wird der Terra-Film »Der Schritt vom Wege« nach Theodor Fontanes »Effi Briest« uraufgeführt. →S.41

Auf der Autobahn Dessau-Bitterfeld stellt Rudolf Caracciola auf dem neuen 3 l-Mercedes-Benz mit 398,230 bzw. 399,560 km/h über den Kilometer und die Meile mit fliegendem Start Klassenrekorde auf (Klasse D bis 3000 cm³). →S.42

10. Februar, Freitag

In Rom stirbt im Alter von 82 Jahren Papst Pius XI. →S.34

Japanische Truppen besetzen die chinesische Insel Hainan.

11. Februar, Sonnabend

In Leipzig wird die komische Oper »Die pfiffige Magd« von Julius Weismann uraufgeführt.

12. Februar, Sonntag

Im Ehrenhof der Reichskanzlei in Berlin nimmt Führer und Reichskanzler Adolf Hitler mit 1400 Parteimitgliedern an einem Eintopfessen teil.

Bei den ersten Landtagswahlen in der Karpato-Ukraine stimmen 92,4% der Bevölkerung für die Regierungsliste.

Bei der am 3. Februar begonnenen Eishockey-Weltmeisterschaft in Basel und Zürich siegt Kanada durch ein 4:0 (0:0, 1:0, 3:0) über die USA. →S.43

In Lissabon gewinnt die Fußball-Nationalmannschaft der Schweiz gegen Gastgeber Portugal 4:2 (2:1).

In Prag wird die Britin Megan Taylor Eiskunstlauf-Weltmeisterin (→19.2./S.42).

13. Februar, Montag

Hermann Göring, der Beauftragte für den Vierjahresplan, erläßt eine neue Arbeitseinsatzverordnung. Sie macht u.a. die Lösung von Arbeitsverhältnissen genehmigungspflichtig. →S.36

Das im Konzentrationslager Buchenwald bei Weimar eingerichtete Barackenlager für die nach dem Pariser Attentat auf den deutschen Botschaftssekretär Ernst Eduard von Rath am 7. November 1938 festgenommenen Juden wird aufgelöst. Über 600 Juden waren dort gestorben. Etwa 250 Überlebende werden in das eigentliche KZ überstellt.

In der Princeton University hält der deutsche Schriftsteller Thomas Mann eine öffentliche Vorlesung über den Psychologen Sigmund Freud.

14. Februar, Dienstag

Führer und Reichskanzler Adolf Hitler hält in Hamburg die Taufrede beim Stapellauf des Schlachtschiffs »Bismarck« (35000t) der Kriegsmarine (→21.2./S.36).

Der Schweizer Bundesrat erkennt die spanische Regierung von Francisco Franco Bahamonde als rechtmäßige Regierung Spaniens an.

Reichswirtschaftsminister Walther Funk untersagt deutschen Devisenberatern die Vertretung von Juden.

Karnevalsausgabe der Berliner satirischen Zeitschrift »Kladderadatsch« vom 19. Februar 1939

15. Februar, Mittwoch

Ein Erlaß des Reichswirtschaftsministeriums über den Einsatz jüdischen Vermögens sieht u.a. bei ungerechtfertigten Gewinnen aus Enteignungen jüdischer Bürger eine Ausgleichsabgabe vor.

Ungarns Ministerpräsident Béla Imrédy reicht wegen seiner nichtarischen Vorfahren seinen Rücktritt ein. →S.33

Im New Yorker National Theatre wird das Stück in drei Akten »Die kleinen Füchse« (The little Foxes) der US-Amerikanerin Lilian Hellman uraufgeführt.

16. Februar, Donnerstag

Durch die Revision des Gesetzes über das Reichskriegsgericht können Dienstvorgesetzte bei besonders schweren Delikten eine direkte Verurteilung durch das Reichskriegsgericht beantragen.

Als Nachfolger des am Vortag zurückgetretenen Béla Imrédy wird Pál Graf Teleki Ministerpräsident von Ungarn.

Der Große Faschistische Rat beschließt die Verbindung der Bildungseinrichtungen Italiens mit der faschistischen Jugend und die Zwangsmitgliedschaft für alle Schüler und Studenten.

17. Februar, Freitag

Führer und Reichskanzler Adolf Hitler eröffnet in Berlin die Internationale Automobil- und Motorradausstellung. Die Schau dauert bis zum 5. März. →S.38

Im Deutschen Reich wird das Einkommensteuergesetz geändert. Einige Vergünstigungen wie Pauschbeträge für Sonderausgaben und Werbungskosten fallen durch die Revision fort.

Ein Erlaß von Führer und Reichskanzler Adolf Hitler beauftragt die für die Städte Augsburg, Bayreuth, Breslau, Dresden, Graz, Hamburg und Würzburg zuständigen Gauleiter der Partei mit der Durchführung städtebaulicher Maßnahmen.

Ein Besoldungsgesetz für deutsche Hochschullehrer legt für Professoren jährliche Bezüge von 7550 bis 13600 Reichsmark (RM) und für Dozenten und Assistenten von 3400 bis 7500 RM fest.

Die Kurverwaltung von Karlsbad bietet 56 Kurhäuser und Hotels zum Verkauf an. Sie gehörten Juden, die im Oktober 1938 vor den Deutschen geflohen waren.

Bei den Eiskunstlauf-Weltmeisterschaften in Budapest erringen Maxie Herber und Ernst Baier ihren vierten Titel im Paarlaufen (→19.2./S.42).

18. Februar, Sonnabend

Im Deutschen Reich tritt das am Vortag erlassene Heilpraktikergesetz in Kraft. Alle nicht ärztlich ausgebildeten Heilkundler bedürfen nun einer Erlaubnis.

In 36 Stunden und elf Minuten bringt der »Seefalke«, eine viermotorige Dornier Do 26 der Deutschen Lufthansa AG, insgesamt 567 kg Medikamente für die Erdbebenopfer in Chile nach Rio de Janeiro.

In Berlin erhalten 66 Pioniere des Kraftfahrzeugsports, darunter Manfred von Brauchitsch, Hans Stuck und Rudolf Caracciola, das erstmals verliehene Deutsche Motorsportabzeichen in Gold.

19. Februar, Sonntag

Nach einer in der »Deutschen Bergwerkszeitung« veröffentlichten Mitteilung des Reichsarbeitsministeriums kommen in Berlin auf einen arbeitssuchenden Maurer 1360 und auf einen arbeitssuchenden Hilfsarbeiter 500 offene Stellen.

Nach acht Tagen enden in Zakopane die Ski-Weltmeisterschaften. →S.42

In Budapest wird der Brite Graham Sharp Weltmeister im Eiskunstlaufen. →S.42

20. Februar, Montag

Das Reichsjustizministerium verpflichtet seine Beamten, über die Altersgrenze von 65 Jahren hinaus im Amt zu bleiben. Eine ähnliche Regelung gilt für den Bereich des Reichsinnenministeriums.

Der Chef der Polizeiabteilung im Eidgenössischen Justiz- und Polizeidepartement, Heinrich Rothmund, nennt für die Schweiz rund 12000 Flüchtlinge. Für etwa 3000 mittellose Juden bringen Schweizer Juden monatlich rund 250000 Franken (etwa 141000 Reichsmark) auf.

Die Karnevalsmetropolen stehen im Zeichen des Rosenmontags. →S.39

21. Februar, Dienstag

Alle deutschen Juden werden aufgefordert, ihren gehörende Gegenstände aus Gold, Platin oder Silber sowie Edelsteine und Perlen innerhalb von zwei Wochen gegen Entschädigung abzuliefern.

In Newcastle läuft das Schlachtschiff »King George V.« vom Stapel. →S.36

Für den am 9. Februar zurückgetretenen Sozialisten Paul Henri Spaak (→2.2./S.33) wird der Katholik Hubert Graf Pierlot Ministerpräsident von Belgien.

Im New Yorker Madison Square Garden hält der amerikadeutsche Volksbund eine Kundgebung für »Amerika den arischen Amerikanern« ab.

In Berlin hat der Film »Bel Ami« Premiere. Regisseur ist Willi Forst, die Musik schrieb Theo Mackeben. →S.41

Im Nationaltheater Weimar wird die heitere Oper »Die Schweinewette« von Haap Krol uraufgeführt.

22. Februar, Mittwoch

Durch die Verordnung über die Durchführung des Vierjahresplans auf dem Gebiet des Handwerks können unrentable Betriebe geschlossen werden. →S.38

Eine Konferenz der kantonalen Polizeidirektoren bekräftigt die frühere Haltung, daß die Schweiz nur Durchgangsland für Emigranten sein könne. Es wird ferner verlangt, daß die Erlaubnis zur Einreise nur noch erteilt wird, wenn die Weiterwanderung tatsächlich gesichert ist.

23. Februar, Donnerstag

Durch Erlaß des Reichsverkehrsministers Julius Dorpmüller wird Juden die Benutzung von Schlaf- und Speisewagen auf deutschen Eisenbahnstrecken verboten. Die Anordnung wird den Juden über ihre Organisationen bekanntgemacht.

Die Basler »National-Zeitung« gibt ihren Lesern einen Überblick über das deutsche Steuersystem und kommt auf 21 Reichssteuern, zwölf Besitz- und neun Verkehrssteuern sowie verschiedene Gemeindesteuern und zahlreiche Abgaben. Das Blatt kommentiert:»Die Demokratie sichert uns nicht nur unsere Freiheit, sie schützt uns auch vor dem Schicksal, daß wir mehrere Monate des Jahres allein für den Steuerdrachen arbeiten müssen.«

In den Londoner Kinos Tatler und Marble Arch Pavillon wird der Boxkampf um die britische Leichtgewichtsmeisterschaft zwischen Erik Boone und Arthur Danahar live per Fernsehen übertragen. Erstmals arbeitet die Rundfunkanstalt BBC dabei mit der Filmindustrie zusammen.

Die Statuten der neugegründeten reichsdeutschen Stiftung Sportdank werden veröffentlicht. Sie soll Sportler im Falle eines die Erwerbsfähigkeit beeinträchtigenden Sportunfalls sowie die Angehörigen von verstorbenen Sportlern finanziell unterstützen.

24. Februar, Freitag

Ungarn und Mandschukuo treten dem Antikominternpakt bei. →S.33

Am 19. Jahrestag der Gründung der Nationalsozialistischen Deutschen Arbeiterpartei (NSDAP) spricht Führer und Reichskanzler Adolf Hitler in München vor den alten Parteimitgliedern.

Die Mitglieder der Reichsfilmkammer werden über Aufführungsverbote von Filmen mit verfemten Künstlern und Beschäftigungsverbote für Komponisten und andere Filmschaffende informiert.

25. Februar, Sonnabend

Auf Anordnung des Chefs der Sicherheitspolizei, SS-Gruppenführer Reinhard Heydrich, wird ein Sonderfonds zur Unterstützung ausreisewilliger Juden bei der im Aufbau befindlichen Reichsvereinigung der Juden im Deutschen Reich geschaffen. Die Mittel sollen vermögende Juden durch Abgaben aufbringen.

Durch Führererlaß wird als Datum für den Heldengedenktag der 16. März bzw. der diesem Tag vorhergehende Sonntag als der Jahrestag der Wiedereinführung der allgemeinen Wehrpflicht festgesetzt. Der 9. November gilt fortan als Gedenktag für die Gefallenen der nationalsozialistischen Bewegung.

Führer und Reichskanzler Adolf Hitler beauftragt Reichsverkehrsminister Julius Dorpmüller mit der Erweiterung des Kaiser-Wilhelm-Kanals.

In Danzig-Langfuhr dringen Angehörige der Sturmabteilung (SA) und nationalsozialistische Studenten in das Haus der polnischen Akademiker ein und verprügeln polnische Studenten.

Frankreich und Nationalspanien vereinbaren in Burgos in einem nach dem französischen Verhandlungsführer Senator Léon Bérard benannten Abkommen die Aufnahme staatlicher Beziehungen.

In Leipzig wird die Ausstellung »Deutsches Wohnen 1939« eröffnet.

26. Februar, Sonntag

Im Rahmen der Sonntagsgottesdienste läßt Bischof Clemens August Graf von Galen im Bistum Münster mit Handzeichen über die katholische Bekenntnisschule abstimmen. →S.38

Die jüdischen Vertreter auf der Londoner Palästina-Konferenz lehnen die britischen Vorschläge zur Lösung des Palästina-Problems ab. →S.32

In Berlin gewinnt die »großdeutsche« Fußball-Nationalmannschaft vor 70000 Zuschauern im Olympia-Stadion gegen Jugoslawien 3:2 (1:2). →S.43

Bei den »großdeutschen« alpinen Skimeisterschaften in Kitzbühel siegt Cristl Cranz (Freiburg) im Slalom und in der Kombination. Bei den Herren siegen Rudi Cranz (Freiburg) im Slalom und Willi Walch (Arlberg) in der Kombination.

27. Februar, Montag

Nach dem Vorbild der Zentralstelle für jüdische Auswanderung in Wien wird in Berlin die Reichsstelle für jüdische Auswanderung gegründet. Ihr unterstehen alle künftig im alten Reichsgebiet zu errichtenden Zentralstellen für die Förderung der jüdischen Auswanderung.

In Collonges-sous-Salève (Departement Haute Savoie) erklärt der Präsident der Republik Spanien, Manuel Azaña y Díaz, seinen Rücktritt. →S.33

Frankreich und Großbritannien erkennen das Kabinett von Francisco Franco Bahamonde als rechtmäßige Regierung Spaniens an. →S.33

Das Oberste Bundesgericht der USA erklärt die Sitzstreiks von Gewerkschaften für illegal.

In Moskau stirbt kurz nach Vollendung ihres 70. Lebensjahres Nadeschda K. Krupskaja, die Witwe des 1922 verstorbenen Wladimir I. Lenin.

28. Februar, Dienstag

Die Reichsregierung lehnt die von Großbritannien und Frankreich verlangte Garantie für die Grenzen der Tschechoslowakei ab, bis »eine Klärung der innerstaatlichen Entwicklung« erfolgt sei.

Das Wetter im Monat Februar

Station	Mittlere Lufttemperatur (°C)	Niederschlag (mm)	Sonnenscheindauer (Std.)
Aachen	4,3 (2,1)	26 (59)	– (74)
Berlin	3,0 (0,4)	20 (40)	– (78)
Bremen	3,3 (0,9)	21 (48)	– (68)
München	–0,4 (–0,9)	28 (50)	– (72)
Wien	3,2 (0,6)	– (41)	– (–)
Zürich	1,6 (0,2)	16 (61)	91 (79)

( ) Langjähriger Mittelwert für diesen Monat
– Wert nicht ermittelt

Titel der »Wochenschau« vom 26. Februar 1939 anläßlich des dreifachen Triumphs der deutschen Skiläuferin Christl Cranz bei der Weltmeisterschaft in Zakopane

Wochenschau

Heft 9 26. Februar 1939

Westdeutsche Jllustrierte Zeitung der Düsseldorfer Nachrichten

Unsere Olympiasiegerin **Christl Cranz** dreifache Weltmeisterin

Begrüßung der arabischen Delegierten auf der Londoner Konferenz durch die britische Regierung im St. James Palace

Londoner Palästina-Gespräche erfolglos

26. Februar. Die Jewish Agency, Teil der jüdischen Delegation auf der Palästina-Konferenz in London, lehnt die britischen Vermittlungsvorschläge zur Neuregelung der politischen Verhältnisse in Palästina bedingungslos ab. Damit ist die Tagung praktisch gescheitert.

Die Konferenz hatte am 7. Februar begonnen. Sowohl die in Palästina lebenden Araber als auch die arabischen Staaten (Ägypten, Irak, Saudi-Arabien, Jemen und Transjordanien) hatten Delegierte geschickt. Die jüdische Vertretung setzte sich aus der von Chaim Weizmann geführten Jewish Agency und einem Komitee prominenter Mitglieder der jüdischen Gemeinden aus Großbritannien, Palästina, der Vereinigten Staaten und mehrerer anderer Länder zusammen.

Der Empfang der jüdischen Delegierten, vorn am Tisch sitzend 3. v. l. Chaim Weizmann, seit 1929 Präsident der Jewish Agency, 4. v. l. David Ben Gurion

Schon der Auftakt verhieß wenig Gutes: Die Araber weigerten sich, gemeinsam mit den Juden zu tagen, und der britische Premierminister Arthur Neville Chamberlain mußte die Volksgruppen getrennt empfangen. Am 9. Februar legten die Palästina-Araber den Briten ihre Forderungen vor: Anerkennung der arabischen Unabhängigkeit, Aufhebung des britischen Mandats und Stop der jüdischen Einwanderung.

Demgegenüber wiederholten die Juden ihre Forderung nach Schaffung einer Heimstätte in Palästina. Sie lehnten den von den Arabern verlangten unabhängigen Staat Palästina nicht rundweg ab, verweigerten jedoch jede Zustimmung zu restriktiven Einwanderungsbeschränkungen und einem Minderheitenstatus für die Juden.

Am 25. Februar wurden die britischen Vermittlungsvorschläge bekannt: Schaffung einer gesetzgebenden Versammlung aus 70 Arabern und 30 Juden, Herabsetzung der jüdischen Einwanderungsquoten, britische Garantien für den Erhalt der Rechte der Juden und Dreiteilung Palästinas in ein jüdisches, arabisches und ein nur mit Genehmigung von Juden bewohnbares Siedlungsgebiet (→17.5./S.93).

Der Streit um das »Heilige Land«

Seit dem Ende des Weltkriegs (1914–1918) ringen Juden und Araber um die politische und wirtschaftliche Vorrangstellung in Palästina. Eine entscheidende Rolle spielt dabei die Mandatsmacht Großbritannien.

Das am 24. Juli 1922 vom Völkerbund in Genf gebilligte Mandat für Palästina verpflichtete Großbritannien, die 1917 vom damaligen Außenminister Arthur James Balfour den Juden in Aussicht gestellte Schaffung einer Heimstätte für die jüdische Nation zu fördern, zugleich aber alles zu unterlassen, »was die bürgerlichen und religiösen Rechte bestehender nichtjüdischer Gemeinschaften in Palästina beeinträchtigen könnte«.

Diese Aufgabenstellung erschwerte das Mandat, auch nachdem das Ostjordanland als Emirat Transjordanien (unter britischem Protektorat) abgetrennt wurde. Beide Gebiete verwaltet der Hohe Kommissar Sir Harold MacMichael.

Nachdem bis 1929 nur rund 80 000 Juden nach Palästina eingewandert waren, stieg die Zahl 1933 stark an. Bis 1935 wuchs der jüdische Bevölkerungsanteil auf 28% an.

Gegen den Zustrom von Juden setzten sich die Araber zur Wehr: Am 19. April 1936 begann mit einer Demonstration arabischer Arbeiter in Jaffa ein Generalstreik. Er wurde am 9. Oktober 1936 abgebrochen und ging in einen Kleinkrieg über, der Mitte 1938 eskalierte. So forderte allein am 25. Juli ein Anschlag der jüdischen Untergrundorganisation Irgun Zwei Leumi (hebräisch; militärische nationale Organisation) im Araberviertel von Haifa 39 Tote und 46 Verletzte.

Die Araber reagierten auf die Gewalt mit Gegengewalt. Im Oktober 1938 kam es zu einem offenen Aufstand in Jerusalem, den reguläre britische Truppen niederschlagen mußten.

Die Briten reagierten auf die Eskalation im Jahr 1937 mit dem Vorschlag einer Teilung Palästinas, was jedoch von beiden Seiten abgelehnt wurde.

Paul Henri Spaak, Ministerpräsident (ab 1938) und Außenminister (1936)

Streit um Sprache entzweit Belgien

2. Februar. Im Anschluß an eine Sitzung der belgischen Kammer in Brüssel wird Ministerpräsident Paul H. Spaak (Sozialist) bei einer Straßenkundgebung gegen seine Politik von einem Demonstranten durch einen Faustschlag an der Stirn verletzt.
Die Kammer beriet über den flämisch-wallonischen Sprachenstreit und die am 21. Januar 1939 erfolgte Gründung einer rein flämischen Akademie der Wissenschaften.

Pál Graf Teleki, bisher Kultusminister und neuer Ministerpräsident

Imrédy stürzt über nichtarische Ahnen

15. Februar. Béla Imrédy, seit Mai 1938 ungarischer Ministerpräsident und eifriger Befürworter antisemitischer Gesetze, muß wegen nichtarischer Vorfahren zurücktreten.
Imrédy hatte nach nicht aufhörenden Gerüchten über seine angeblich jüdische Abkunft eine ausführliche Ahnenforschung betrieben und ermittelt, daß sein Urgroßvater mütterlicherseits im Jahre 1814 erst mit sieben Jahren getauft worden war.

Franco dicht vor dem Sieg

27. Februar. In Collonges-sous-Salève (Departement Haute-Savoie) tritt Manuel Azaña y Díaz als Präsident der Republik Spanien zurück. Er überträgt seine Aufgaben dem gleichfalls nach Frankreich geflüchteten Präsidenten der Cortes, Diego Martínez Barrio. Zugleich erkennen Frankreich und Großbritannien die Regierung von Generalissimus Francisco Franco Bahamonde als rechtmäßige Vertretung Spaniens an.
Nach der kampflosen Übergabe von Barcelona (→ 26.1./S.20) ist der Bürgerkrieg zugunsten der Nationalisten entschieden. Am 5. Februar floh Azaña nach Frankreich, drei Tage später folgten Ministerpräsident Juan Negrín, Außenminister Julio Alvarez del Vayo und das übrige republikanische Kabinett.
Währenddessen vollzog sich unter hinhaltendem Widerstand der letzten republikanischen Verbände die vollständige Besetzung Kataloniens durch die Franco-Truppen, die am 9. Februar abgeschlossen wurde. Am selben Tag kapitulierten nach britischer Vermittlung die republikanischen Verteidiger der Insel Menorca vor den Nationalisten.
Auf dem Kreuzer »Devonshire« wurden 300 Männer, 100 Frauen und 50 Kinder evakuiert.
Während immer mehr Zivilisten und Angehörige der ehemaligen Armee von Katalonien nach Frankreich flüchteten – ihre Zahl wurde am 16. Februar auf 343 000, davon 163 000 Zivilisten beziffert – begann der Streit der Politiker um die Fortführung oder Beendigung des Krieges. Während die in Toulouse residierenden Negrín und Alvarez del Vayo den Kampf fortführen wollen, lehnt der zunächst nach Paris geflohene Azaña eine Rückkehr nach Spanien strikt ab (→ 28.3./S.57).

Manuel Azaña y Díaz, von 1936 bis 1939 Präsident der Republik Spanien

Zwei Beitritte zum Antikominternpakt

24. Februar. In Budapest und in Hsinking (Tschangtschun) werden die Beitrittsprotokolle Ungarns und des von Japan kontrollierten Kaiserreichs Mandschukuo zum Antikominternpakt unterzeichnet.

Unterzeichnung des ungarischen Beitritts zum Antikominternpakt in Budapest am 24. Februar, 2. v. r. Ungarns Außenminister István Graf von Csáky

Die Initiative für den am 25. November 1936 in Berlin von Japan und dem Deutschen Reich unterzeichneten Vertrag ging von der neuen Großmacht im Fernen Osten aus, die sich von dem Abkommen Rükkendeckung bei der Eroberung Chinas erhoffte. Der Pakt soll offiziell die »kommunistische Zersetzung« abwehren, die von der durch die Kommunistische Partei der Sowjetunion gesteuerte Dritte Internationale ausgeht. Durch den Beitritt Italiens (6.11.1937) wurde der Pakt zu einem Dreibund erweitert.
Über den bis 1941 gültigen Hauptvertrag hinaus wurde ein geheimes Zusatzabkommen unterzeichnet. Es enthält die gegenseitige Zusage der Neutralität im Falle eines nicht provozierten Angriffs oder einer nicht provozierten Angriffsdrohung auf einen der Partner durch die UdSSR und das Versprechen, keine gegen den Geist des Paktes gerichteten Verträge mit der UdSSR zu schließen.

Führungsaufbau der Luftwaffe neu

1. Februar. Durch eine Neugliederung der Luftwaffenführung werden die Luftflotten Ost, Nord und West unter Umbildung der Luftflotten 1 bis 3 geschaffen; die Luftwaffengruppenkommandos entfallen.
Befehlshaber Ost und zugleich Chef der Luftflotte 1 wird General der Flieger Albert Kesselring, als Befehlshaber Nord und Chef der Luftflotte 2 amtiert in Braunschweig General der Flieger Helmut Felmy, Befehlshaber West und Chef der Luftflotte 3 in München wird General der Flieger Hugo Sperrle.
Zu den wichtigsten Personalveränderungen im Reichsluftfahrtministerium gehören die Bestellung von Generaloberst Erhard Milch, zugleich Staatssekretär für Luftfahrt, zum Generalinspekteur der Luftwaffe und die Ernennung von Generalleutnant Ernst Udet, bisher als Chef des technischen Amtes tätig, zum Generalluftzeugmeister.

Trauer um Papst Pius XI.

10. Februar. In Rom stirbt um 5.30 Uhr im Alter von 82 Jahren Papst Pius XI. Eine plötzliche Herzschwäche beschleunigte den Tod des Oberhauptes der katholischen Kirche. Während seines 17jährigen Pontifikats widmete sich Pius XI. (eigentlich Achille Ratti) entsprechend seinem Motto »Pax Christi in regno Christi« vor allem der Konsolidierung der katholischen Kirche und der Herbeiführung eines »christlichen Friedens« (→2.3./S.58).

Innerkirchlich förderte Pius XI. den Ausbau der kirchlichen Organisationen, vor allem der Katholischen Aktion und der katholischen Weltmission. Dem Gedanken der Ökumene stand er skeptisch gegenüber.

Papst Pius XI. im Arbeitszimmer

Leben und Wirken Papst Pius XI.

31.5.1857: Geburt des Achille Ratti in Desio in der Provinz Mailand als Sohn eines Webereibesitzers

1879: Weihe zum Priester in Rom

1907: Amtsantritt als Präfekt der Bibliotheca Ambrosiana Mailand

1914: Berufung zum Präfekten der Vatikanischen Bibliothek

1918: Entsendung als Apostolischer Visitator nach Polen, im Juli 1919 Berufung zum päpstlichen Nuntius in Warschau und Ernennung zum Titular-Erzbischof von Lepanto

1921: Ernennung zum Erzbischof von Mailand und zum Kardinal

6.2.1922: Wahl zum Papst Pius XI.

11.2.1929: Abschluß der Lateranverträge mit Italien

20.7.1933: Abschluß eines Konkordats mit dem Deutschen Reich

14.3.1937: Ausgabe der Enzyklika »Mit brennender Sorge«

10.2.1939: Pius XI. stirbt in Rom.

Pius XI. entfaltete eine umfangreiche Lehrtätigkeit und verkündete in zahlreichen Exzykliken die päpstliche Auffassung über Ehe und Erziehung, aber auch über soziale und politische Fragen: Die Enzyklika »Quadragesimo anno« von 1931 enthält eine Fortführung der katholischen Soziallehre und eine Abgrenzung des Katholizismus gegenüber dem Gedankengut des Sozialismus.

Durch die Lateranverträge von 1929, einem Abkommen des Heiligen Stuhls mit dem Königreich Italien, wurden die seit 1870 zwischen dem Papsttum und Italien bestehenden Spannungen beseitigt und der selbständige Kirchenstaat (Vatikanstaat) wiederhergestellt.

Durch insgesamt 16 Staatsverträge trug der Papst den politischen Veränderungen nach dem Weltkrieg Rechnung. Konkordate wurden geschlossen mit Lettland (1922), Bayern (1924), Polen (1925), Rumänien, Litauen, Italien und Preußen (1929), Baden (1932), Österreich und mit dem Deutschen Reich (1933).

Gerade das Reichskonkordat vom 20. Juli 1933 erwies sich in der Folgezeit als problematisch: Zwar wurden u.a. der öffentliche Schutz des katholischen Bekenntnisses, die Aufrechterhaltung der Diözesangrenzen und der katholischen theologischen Fakultäten, des Religionsunterrichts und der katholischen Bekenntnisschulen sowie die Geltung des kanonischen Rechts vereinbart, doch der kirchenpolitische Friede hielt nicht lange an.

Für Führer und Reichskanzler Adolf Hitler war das Konkordat ein bedeutender außenpolitischer Prestigegewinn; der Vatikan sah sich am Ziel des lange erstrebten Gesamtabkommens mit dem Reich. Gegen die sich häufenden Verstöße gegen das Reichskonkordat protestierte Pius XI. nach 34 vergeblichen Protestschreiben am 14. März 1937 in seiner einzigen in deutscher Sprache verfaßten Enzyklika »Mit brennender Sorge«. Er beschuldigte darin die deutsche Reichsregierung, einen »Vernichtungskampf« gegen die Kirche führen zu wollen.

Scharf kritisierte der Papst auch die Übernahme der deutschen Rassenlehre durch die italienischen Faschisten im Jahr 1938, was den seit dem Abkommen von 1929 bestehenden Modus vivendi mit der Führung Italiens in Frage stellte.

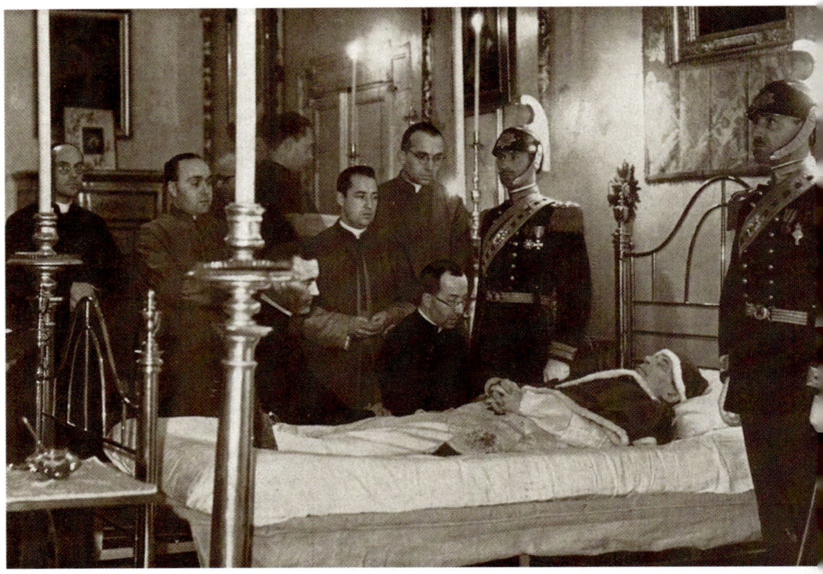

Der Leichnam von Papst Pius XI., aufgebahrt in seinem Bett in den päpstlichen Räumen des Vatikan und bewacht von Angehörigen der Vatikanischen Garde

Offizielle Verlesung der ärztlichen Erklärung über die Todesumstände des am 10. Februar im Alter von 82 Jahren verstorbenen Papstes Pius XI.

Gegenzeichnung des von den Ärzten ausgefertigten Totenscheins von Papst Pius XI. durch den Marschall des Konklaves in den Amtsräumen des Vatikan

Der aufgebahrte Leichnam des Kirchenoberhaupts in den päpstlichen Prunkgewändern in der Sixtinischen Kapelle

Feierliche Überführung des Leichnams aus der Sixtinischen Kapelle über die königliche Treppe in den Petersdom

Zeremonien bei der Papstbeisetzung

Die Trauerfeierlichkeiten nach dem Ableben des Papstes erfolgen nach festgelegten Riten. Nachdem die Glocken der Peterskirche den Gläubigen in Rom die Nachricht vom Ableben des Kirchenoberhauptes verkündet haben, läßt Kardinalstaatssekretär Eugenio Pacelli in seiner neuen Eigenschaft als Camerlengo (Vertreter des Papstes) alle Zugänge zum Vatikan schließen.

In den päpstlichen Gemächern halten zwei Angehörige der Vatikanischen Garde die Totenwache. Dem Verstorbenen wird der Fischerring von der rechten Hand gestreift und zerbrochen, um das Ende seiner irdischen Macht zu verdeutlichen.

Dann wird der Leichnam mit den päpstlichen Prunkgewändern geschmückt und zunächst in der Sixtinischen Kapelle aufgebahrt, bevor er am 11. Februar in feierlicher Form in den Petersdom überführt und hier aufgebahrt wird.

Dort können auch die Gläubigen Abschied von dem verstorbenen Kirchenoberhaupt nehmen. Am 14. Februar um 16 Uhr erfolgt die Einsargung und Beisetzung der sterblichen Hülle im Petersdom.

Vatikan – kleinster Staat der Welt mit der größten Kirche

Durch den Abschluß der Lateranverträge zwischen Papst Pius XI. und dem Königreich Italien 1929 erhielt der Vatikan als Stato della Città del Vaticano völkerrechtliche Souveränität. Der Papst verzichtete auf den 1870 in den italienischen Nationalstaat einverleibten Kirchenstaat und erhielt dafür bestimmte Kirchen und Paläste auf italienischem Staatsgebiet als Besitz überschrieben.

Die Vatikanstadt ist mit einer Fläche von 0,44 km^2 und einer Bevölkerung von 935 Menschen der kleinste Staat der Welt und kleiner als z.B. das Fürstentum Monaco (1,5 km^2 mit 22153 Einwohnern) oder die Republik San Marino (61 km^2 mit 14000 Einwohnern). Dafür beherbergt der Vatikan mit der 186 m langen Peterskirche (1626 geweiht) die größte Kirche der Welt, die rund 60000 Menschen Platz bietet. Der Vatikanpalast umfaßt etwa 1400 Räume.

Der Papst amtiert zugleich als Oberhaupt der katholischen Kirche, als Bischof von Rom und als Staatsoberhaupt des Kirchenstaates. In der Vatikanstadt gibt es 30 Straßen und Plätze, 50 Paläste mit insgesamt 10000 Räumen sowie Einrichtungen der Infrastruktur wie Post, Bahnhof und Druckerei. Neben der Peterskirche, dem Petersplatz, dem Vatikanpalast und seinen Gärten gelten zahlreiche andere Bauten in und außerhalb Roms als exterritorial. Dazu gehören die Basiliken Santa Maria Maggiore und San Giovanni in Laterano und die Paläste Cancelleria, Dataria, Propaganda Fide, Santa Ufficio, Convertendi und der Sommersitz Palazzo Papale in Castel Gandolfo am Albaner See.

Gartenanlage des Palazzo Papale in Castel Gandolfo

Petersdom mit von Säulengängen umfaßtem Petersplatz

Der Stapellauf des britischen Schlachtschiffes »King George V.« auf dem Walker Yard in Newcastle

Ehrentribüne beim Stapellauf der »King George V.«, die von König Georg VI. getauft wird

Georg VI. (2. v. l.) mit Königin Elisabeth (M.) in den Elswick-Werken von Vickers-Armstrong

Neues Wettrüsten zur See – Stapellauf der Schlachtschiffe »King George V.« und »Bismarck«

21. Februar. *Der britische König Georg VI. tauft auf dem Walker Yard von Vickers-Armstrong in Newcastle ein neues Schlachtschiff auf den Namen »King George V.«. Am 14. Februar ist in Hamburg das Schlachtschiff »Bismarck« der deutschen Kriegsmarine vom Stapel gelaufen.*

Die »King George V.« ist der erste britische Schlachtschiffneubau seit 14 Jahren. Das 35 000 t-Großkampfschiff ist 226 m lang, 31,4 m breit und hat einen Tiefgang von 8,5 m. Es ist u.a. mit zehn Geschützen vom Kaliber 35,6 cm und 16 Kanonen vom Kaliber 13,2 cm bestückt. Im Bau sind die Schlachtschiffe »Prince of Wales«, »Duke of York« und »Jellicoe«.

Beim Stapellauf der »Bismarck« auf der Werft Blohm & Voss hält Führer und Reichskanzler Adolf Hitler die Taufrede und erklärt u. a., der Stapellauf vollziehe sich in dem von den Nationalsozialisten geschaffenen »Großdeutschen Reich«. Die »Bismarck« hat eine offizielle Wasserverdrängung von 35 000 t, ist 241 m lang und 36 m breit. Sie verfügt u.a. über acht Geschütze vom Kaliber 38 cm und zwölf 15 cm-Geschütze. Ihre Maschinen mit einer Stärke von 138 000 PS bringen das Schiff auf eine Höchstgeschwindigkeit von 30 Seemeilen pro Stunde (rund 55 km/h). Die »Bismarck« kann maximal 9000 Seemeilen (rund 16 660 km) pro Fahrt zurücklegen.

Dienstpflicht wird weiter verschärft

13. Februar. Durch eine Verordnung von Hermann Göring, dem Beauftragten für den Vierjahresplan, zur »Sicherstellung des Kräftebedarfs für Aufgaben von besonderer staatspolitischer Bedeutung« wird die Freizügigkeit am Arbeitsplatz weiter eingeschränkt.

Für staatspolitisch wichtige Aufgaben können nun alle Bewohner des Reichsgebietes dienstverpflichtet werden. In besonderen Fällen können die Lösung von Arbeitsverhältnissen sowie Neueinstellungen von der Zustimmung des Arbeitsamtes abhängig gemacht werden.

KPD will Volksfront zum Sturz Hitlers

1. Februar. In Draveil bei Paris endet die dreitägige »Berner Konferenz« der Kommunistischen Partei Deutschlands (KPD). 22 Funktionäre, darunter zehn Mitglieder des Zentralkomitees (ZK), berieten über den Widerstand gegen das NS-Regime im Deutschen Reich.

In seinem Eröffnungsreferat bezeichnete Wilhelm Pieck die bisherigen Bemühungen zur Schaffung einer Volksfront aus dem Exil heraus als »wenig befriedigend«, nachdem der 1936 in Paris gegründete Volksfrontausschuß »durch die Machinationen einiger Sozialdemokraten wieder vollständig zerfallen« sei. Die »Volksfront« ist für Pieck das »Bündnis der Arbeiterklasse mit den Bauern, dem Mittelstande und den Intellektuellen, also ein Bündnis der Werktätigen gegen den Hitlerfaschismus« mit dem Ziel der Aufrichtung und Erhaltung einer »demokratischen Volksrepublik«. Die Tagung kritisierte die illegale Arbeit im Reich und forderte die Mobilisierung des »aktiven Massenwiderstands«, was jedoch angesichts der wahren Zustände Illusion bleiben muß. Dem neuen ZK gehören 16 Deutsche und ein Österreicher an, neben Pieck u.a. Franz Dahlem, Ernst Thälmann und Walter Ulbricht.

Wilhelm Pieck, als Mitbegründer seit 1919 in der Leitung der KPD

Wirtschaft 1939:

Wirtschaft im Dienst der Vorbereitung auf den »Blitzkrieg«

Schon vor Ausbruch des Krieges durch den Überfall der Wehrmacht auf Polen am 1. September 1939 steht ein großer Teil der deutschen Wirtschaft im Zeichen von Aufrüstung und Autarkiestreben. Allerdings läßt auch die äußerste Anspannung aller Kräfte einen länger dauernden Krieg nicht zu.

Im April 1939 stellt die deutsche Industrie insgesamt 36% mehr Güter her als 1928 vor Beginn der Weltwirtschaftskrise. Es werden zwar nur 13% mehr Konsumgüter, aber 50% mehr Investitionsgüter produziert. Vor allem bei Sprengstoffen, Textilfasern, Kohle und Strom werden die Planziele überschritten, bei anderen kriegswichtigen Gütern bleibt der Wunsch nach Autarkie jedoch unerfüllt.

1939 können bei Eisenerz nur 23% der gewünschten Mengen aus der heimischen Produktion gedeckt werden, bei Nickel und Kautschuk sind es 5%, bei synthetischen Ölen 15% und bei Mineralöl 40%.

Die landwirtschaftliche Produktion wuchs zwischen 1933 und 1939 trotz verstärkter Bemühungen um den »Reichsnährstand« lediglich um 13%. Der Grad der Selbstversorgung stieg um 3% auf 83%. Während der Bedarf an Kartoffeln vollständig gedeckt wird, kann die Fleischnachfrage 1939 nur zu 97% und der Fettbedarf nur zu 57% von der deutschen Landwirtschaft befriedigt werden.

Einer rationelleren Ausnutzung des vorhandenen Bodens setzt die Zersplitterung des landwirtschaftlichen Grundbesitzes Grenzen. 1939 kommt im Deutschen Reich ein Traktor auf 325 ha Ackerfläche, in Großbritannien hingegen einer auf 95 ha, in Kanada und den USA liegt das Verhältnis sogar bei 1:85. Großen Anteil an der Steigerung der Ernteerträge hat die erhebliche Verbilligung von künstlichen Düngemitteln.

Die gesamten Investitionen in der deutschen Industrie belaufen sich 1939 auf 4,4 Miliarden Reichsmark (RM), 1928 waren es 2,6 Milliarden. Davon entfällt 1939 auf die gesamte Produktionsgüterindustrie ein Anteil von 81,1% (1928 waren es 65,7%) und auf die Konsumgüterindustrie 18,9% (1928:34,3%).

Besonders markant sind die Umstrukturierungen bei der Schwerindustrie (27,1% statt 26,4%), bei Chemie und Treibstoffen (23,9% statt 16%), im Metallerzbergbau (3,6% statt 1,8%) und im Kraftfahrzeugbau (4,0% statt 2,3%).

Die Rüstungsausgaben stiegen von knapp 0,8 Milliarden RM 1933 auf rund 25,9 Milliarden 1939 (davon bis August etwa 11,6 Milliarden RM) an. Dies entspricht einer Steigerung des Anteils am Bruttosozialprodukt von 1,2 auf 23,7%.

Finanziert wird die Rüstung durch massive Staatsverschuldung und Geldmengenerhöhung: Der Geldumlauf stieg von 1932 bis 1939 um 8,8 auf 14,5 Milliarden RM.

Am → 19. Januar (S.13) wird Hjalmar Schacht als Präsident der Deutschen Reichsbank durch Wirtschaftsminister Walther Funk ersetzt. Am 7. Januar haben Schacht und einige Direktoren der Reichsbank in einem Memorandum an Führer und Reichskanzler Adolf Hitler scharfe Kritik an der Ausgabenpolitik geübt. Es hieß darin, die Währung sei »von der hemmungslosen Ausgabenwirtschaft der öffentlichen Hand bedroht. Das unbegrenzte Anschwellen der Staatsausgaben sprengt jeden Versuch eines geordneten Etats, bringt trotz ungeheurer Anspannung der Steuerschraube die Staatsfinanzen an den Rand eines Zusammenbruchs und zerrüttet von hier aus die Notenbank und die Währung«.

Seit dem Jahr 1936 werden Teile der deutschen Wirtschaft, vor allem die Rohstoffversorgung, durch den Vierjahresplan (Leiter: Generalfeldmarschall Hermann Göring) organisiert. 1938 wurden Generalbevollmächtigte (GBV) für einzelne Branchen eingesetzt, darunter als GBV Chemie Carl Krauch, ein Vorstandsmitglied der I. G. Farbenindustrie AG. Außerdem wurden neue Prioritäten geschaffen: Ziel war nicht mehr die langfristige Autarkie, sondern die kurzfristige Vorbereitung der Mobilmachung.

Trotz aller Anstrengungen ist den Verantwortlichen klar, daß das Deutsche Reich einen langen Krieg nicht durchhalten kann. Am 24. Mai erklärt der für Rüstungsfragen zuständige General Georg Thomas vor Mitarbeitern des Auswärtigen Amtes, es sei nötig, »durch einen schnellen entscheidenden Schlag die Kriegsentscheidung zu erzwingen«. Thomas betont: »Die vereinigte große Wirtschaftsmacht Englands, Amerikas, Frankreichs ist auf die Dauer eben größer als die der Achsenmächte.«

GBV-Chemie Krauch von der I. G. Farbenindustrie AG führt am 28. April vor dem Generalrat des Vierjahresplans aus, die Lage des Deutschen Reiches verlange »eine rasche Kriegsentscheidung gleich zu Beginn der Feindseligkeiten«.

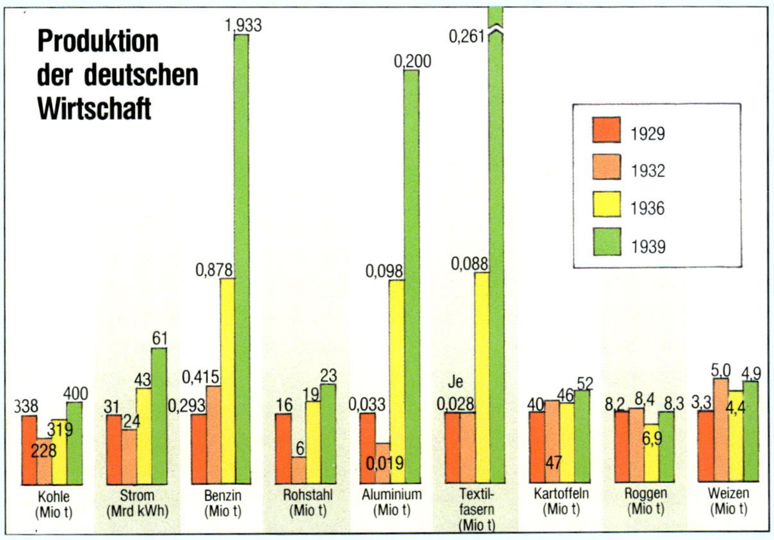

Der Abstich eines Siemens-Martin-Ofens in einem modernen Werk der Vereinigten Stahlwerke

Einsatz moderner Technik als zeitsparende Erntehilfe. Bei der Ersetzung der menschlichen Arbeitskraft durch Maschinen zur Einbringung der Ernte schneidet die Landwirtschaft im Deutschen Reich international schlecht ab

Neue Wohnsiedlung für 20 000 Dortmunder

3. Februar. *Reichsminister Rudolf Heß, der Stellvertreter des Führers, vollzieht in Dortmund den symbolischen ersten Spatenstich für eine neue Wohnsiedlung. In seiner Rede erklärt Heß, der Nationalsozialismus werde dem deutschen Volk seine Lebensgrundlagen erhalten und sichern. 20 000 Menschen sollen hier bis 1943 in 4500 Wohneinheiten eine neue Heimat finden. Mit der Fertigstellung dieses städtebaulichen Vorhabens, das Heß als das größte seiner Art im Deutschen Reich würdigt, soll zugleich ein neuer Stadtteil, die Dortmunder Mittelstadt, geschaffen und der Wohnraumbedarf für die Halbmillionenstadt auf Jahre hinaus gedeckt werden (Abb.: Rudolf Heß, 3.v.l., besichtigt im Dortmunder Rathaus ein Modell der Siedlung).*

Typenbegrenzung auf der Automobilschau

17. Februar. *Mit einer Rede von Führer und Reichskanzler Adolf Hitler über die zukünftigen Aufgaben des deutschen Automobilbaus im Zeichen einer fortschreitenden Typenreduzierung wird die Berliner Automobil- und Motorradausstellung eröffnet. Hitler sagt, das Auto sei kein Luxusmittel, sondern ein Gebrauchsartikel und fordert mehr Sicherheit im Straßenverkehr. Die Schau dauert bis zum 5. März; zwölf deutsche und zwölf ausländische Firmen präsentieren insgesamt 63 verschiedene Autotypen. Der Trend beim deutschen Auto geht zu stromlinienförmigen Karosserien, zur Verwendung von einheimischen Werkstoffen und von Kunstgummi (Abb.: Triebwerk eines geländegängigen Borgward-Lastwagens beim Bergauffahren).*

Katholiken fordern die Bekenntnisschule

26. Februar. Clemens August Graf von Galen, Bischof von Münster, läßt in den Sonntagsgottesdiensten seines Bistums über den Erhalt der katholischen Bekenntnisschule abstimmen. Dabei votieren 98,7% der abstimmenden Gläubigen mit Handzeichen für und 1,3% gegen den Erhalt der von der Amtskirche befürworteten Schulform.

Gegen den festen Willen des nationalsozialistischen Staates vermögen jedoch die Hirtenbriefe der Bischöfe und die Abstimmungen und Treueschwüre der Kirchenmitglieder wenig auszurichten.

Vor allem die Gliederungen der Nationalsozialistischen Deutschen Arbeiterpartei (NSDAP) machen gegen die Bekenntnisschule und für ihre Ersetzung durch die Deutsche Gemeinschaftsschule Front. In Bayern wurde bereits 1938 die Ausschaltung offizieller konfessioneller Kräfte aus dem Schulwesen vollzogen.

Hakenkreuzfahne in einem deutschen Klassenzimmer, von einer besonders linientreuen Lehrerin unter dem obligatorischen Führerbild aufgehängt

Clemens August Graf von Galen, 1933 zum Bischof von Münster gewählt

Berufsverbot für Kleinhandwerker

22. Februar. Reichswirtschaftsminister Walther Funk erläßt eine Verordnung zur Durchführung des Vierjahresplans im Handwerk. Sie ermöglicht die Zwangsschließung von Handwerksbetrieben.

Arbeitseinsatzfähige selbständige Handwerker sind aus der Handwerkerrolle zu löschen und zum Arbeitseinsatz zu melden, wenn sie persönlich oder betrieblich »den fachlichen Voraussetzungen … zur Führung eines selbständigen Handwerksbetriebs nicht genügen« oder eine Weiterführung ihres Betriebes aus volkswirtschaftlichen Gründen nicht gerechtfertigt ist.

Die Löschung erfolgt durch die Handwerkskammer, bei Einsprüchen sind das Arbeitsamt und der Kreisleiter der Partei zu hören.

Das Kleingewerbe ist ein Stiefkind der nationalsozialistischen Wirtschaftspolitik, die Industrie und Großbetriebe bevorzugt. Erst 1939 übersteigen die Umsätze in Handwerk und Einzelhandel, bei weit niedrigeren Gewinnspannen, wieder die Umsätze aus der Zeit vor 1929.

Geregelter Humor beim Rosenmontag 1939

20. Februar. *Im Zeichen der Rosenmontagszüge stehen die Karnevalshochburgen am Rhein. Düsseldorf feiert nach dem Motto »Drunter und drüber – verboten und erlaubt«, sein rheinischer Nachbar preist sich an als »Singendes, klingendes, lachendes Köln«. Krefeld ist voll von »Närrischen Träumen« und der Mainzer Zug steht unter dem Motto »Das Sprichwort im Narrenspiegel«. Der staatlich tolerierte Humor stellt sich nicht selten in den Dienst der Propaganda. So wird auf einem der über 40 Wagen im Mainzer Zug das Kürzel USA auf den Namen JerUSAlem zurückgeführt und beim Münchner Faschingszug die ausländische »Greuelpropaganda« zum Schweigen gebracht (Abb.: Der Prinz beim Rosenmontagszug).*

Deutsche Antarktis-Expedition erfolgreich

5. Februar. *Die deutsche Antarktis-Expedition unter Leitung von Alfred Ritscher beendet ihre am 19. Januar begonnenen Forschungsarbeiten. Wirkungsvoll unterstützt wurden die deutschen Polarforscher durch die Deutsche Lufthansa AG: Die Besatzungen der beiden Dornier »Wal«-Flugboote »Boreas« (Flugkapitän Richardheinrich Schirrmacher) und »Passat« (Rudolf Mayr) und des Flugstützpunkts »Schwabenland« leisteten auf insgesamt 16 Flügen, darunter sieben Fotoflügen, wichtige Hilfe bei der Erforschung der Antarktis. Insgesamt wurden 600 000 km² erkundet und davon 350 000 km² in Luftbildern erfaßt. Das so erkundete Gebiet erhält den Namen Neu-Schwabenland (Abb.: Polarforscher im Packeis).*

Die Siegessäule an ihrem neuen Standpunkt Tiergarten in Berlin

Siegessäule steht nun im Tiergarten

28. Februar. Weitgehend vollendet ist die Verlegung der Siegessäule vom Königsplatz in den Tiergarten. Das Monument von 1873 mußte den Ausbauplänen für Berlin weichen. Die durch einen neuen Sockel um 7 m auf 68,5 m erhöhte Säule ist Mittelpunkt des auf 200 m Durchmesser erweiterten Großen Sterns.

Neue Mittel gegen Verbrecher in USA

Februar. Auf die häufigen Banküberfälle in den USA reagieren die dortigen Kreditinstitute mit immer wirkungsvolleren Abwehrmaßnahmen. Neueste Errungenschaft ist ein versteckter Hebel am Kassenpult, mit dessen Hilfe der von einem Bankräuber bedrohte Kassierer den Wächter bzw. die nächste Polizeistation alarmiert oder Tränengas in den Kassenraum eindringen läßt.
In New Jersey veranstaltet die Polizei Selbstverteidigungskurse für Bankangestellte. An den Wänden der Bankräume angebrachte Spiegel sollen es den Überfallenen ermöglichen, sich das Erscheinungsbild der Bankräuber so genau wie möglich einzuprägen, während sie von diesen gezwungen werden, sich mit erhobenen Händen und mit dem Gesicht zur Wand aufzustellen.
Gegen nächtliche Bankeinbrüche haben sich Infrarot-Lichtschranken an den Tresortüren als wirkungsvoll erwiesen. Wird die Lichtschranke durchbrochen, ertönt eine Alarmsirene und der Raum vor der Stahlkammer füllt sich mit Tränengas.

Theater-Protest in Wien

15. Februar. Ein Bericht des Sicherheitsdienstes (SD), dem von Reinhard Heydrich geleiteten SS-Nachrichtendienst, über eine Theateraufführung anläßlich des 50jährigen Bestehens des Deutschen Volkstheaters in Wien vermerkt versteckten Protest gegen den im März 1938 erfolgten »Anschluß« Österreichs an das Deutsche Reich.

Über die Festaufführung von Franz Grillparzers »König Ottokars Glück und Ende« heißt es dazu: »Bei dem Loblied auf Österreich, das Ottokar von Horneck vor Rudolf von Habsburg spricht, kam es an der Stelle, wo der Unterschied zwischen dem reichsdeutschen und österreichischen Geistesleben gekennzeichnet wird, zu ostentativem Beifall.«

Das Deutsche Volkstheater in Wien, 1889 als Stiftung von Wiener Bürgern in nur zweijähriger Arbeit von der Spezialbaufirma Fellner & Helmer errichtet

Kunst 1939:

USA im Mittelpunkt moderner Kunst

In den letzten Jahren vor Kriegsausbruch sind die USA zum Mittelpunkt der modernen Kunst geworden. Zahlreiche Künstler aus Europa haben sich hier niedergelassen. Eine der größten Kollektionen der zeitgenössischen Kunst, die Sammlung des Industriellen Solomon R. Guggenheim, wird am 1. Juni in New York der Öffentlichkeit zugänglich gemacht.

In New York lebt auch der gebürtige Litauer Ben Shahn, der eine Richtung der Malerei repräsentiert, die sich statt einer »Kunst um der Kunst willen« um eine Abbildung sozialer Wirklichkeit bemüht. Sein 1939 vollendetes Bild »Handball« läßt in seiner präzisen Wiedergabe der verschiedenen Stellungen der beteiligten Spieler eine Fotografie als Vorlage erkennen.

Zu den einflußreichsten Künstlern der abstrakten Malerei in den USA zählt Stuart Davis. Er entwickelte Ende der 20er Jahre eine spezifische Form der abstrakten Malerei, die durch Komposition verschiedener Symbole das Großstadtleben in den USA einzufangen versucht. Für die Weltausstellung in New York entsteht 1939 sein Wandgemälde »Die Geschichte des Fernmeldewesens«. Die seit 1936 bestehende Gruppe American Abstracts Artists, in der sich unter dem Einfluß von Europäern wie Jean Hélion und Piet Mondrian junge Maler sammeln, hat jedoch in der Öffentlichkeit wenig Erfolg. Maler wie Arshile Gorky und Jackson Pollock wenden sich von der Starrheit der konstruktiven Kunst ab und suchen Anregungen bei Künstlern wie Pablo Picasso.

Die europäische Malerei von 1939 ist häufig eine Reaktion auf die rasante politische Entwicklung. Marc Chagall vollendet sowohl sein in lebhaften Farben und unscharfen Konturen gehaltenes »Brautpaar vor dem Eiffelturm« als auch seine dramatisch akzentuierte symbolische Komposition »Die Zeit ist ein Fluß ohne Ufer« sowie das Gemälde »Der Sommernachtstraum«. Für die Pariser Surrealistengruppe, die schon seit 1937 Auflösungstendenzen zeigte, bringt der Kriegsausbruch das endgültige Aus: André Breton wird eingezogen, die Deutschen Max Ernst und Hans Bellmer werden als feindliche Ausländer interniert, Yves Tanguy und der Chilene Roberto Sebastian Matta wandern in die USA aus.

Der am Bodensee lebende Otto Dix malt 1939 sein Bild »Lot und seine Töchter«, das mit dem brennenden Dresden im Hintergrund eine beklemmende Zukunftsvision zeigt. Nach dem Attentat von München (→ 8.11./S.190) wird Dix für kurze Zeit verhaftet.

Im Deutschen Reich vollzieht sich 1939 die Vernichtung und der Ausverkauf der »Entarteten Kunst«. Bilder von Dix gehören zu den über 5000 Werken, die am → 20. März (S.65) in Berlin verbrannt werden. Sie finden sich auch in der Sammlung beschlagnahmter moderner Malerei, die am → 30. Juni (S.112) in Luzern zugunsten des Reiches versteigert wird. Am → 26. Juni (S.112) leitet der »Sonderauftrag Linz« eine umfangreiche Beschlagnahmeaktion von Bildern im deutschen Machtbereich für eine Weltkunstausstellung in Linz ein.

Was das Dritte Reich für Kunst hält, wird auf der Großen Deutschen Kunstausstellung in München gezeigt (→ 16.7./S.124).

Zu den modernen deutschen Künstlern, die nicht emigriert sind, zählen neben Dix u.a. auch Oskar Schlemmer, Georg Muche und Willi Baumeister, der mit seinen 1938 begonnenen »Eidos«-Bildern den Weg zu künstlerischen Urformen zurückgeht.

»Blick auf Windsor« des deutschen Zeichners A. Paul Weber. Die zutiefst pessimistischen Zeichnungen Webers sind durch ihre allegorischen Verschlüsselungen und ihren Reichtum an Formen dem Surrealismus nahe

Marc Chagall: »Sommernachtstraum« (Ölgemälde, 1939)

Otto Dix: »Lot und seine Töchter« (Suermond Museum, Aachen, 1939)

Willi Baumeister: »Eidos VI« aus der »Eidos«-Reihe (in Privatbesitz, 1939)

Schack-Galerie in die Hände Bayerns

1. Februar. Durch einen Erlaß von Führer und Reichskanzler Adolf Hitler wird aus den Kunstschätzen der Schack-Galerie in München und ergänzenden Beständen im Besitz des bayerischen Staates eine Schack-Galerie der deutschen Meister des 19. Jahrhunderts errichtet.
Die Sammlung wird in der Münchner Kunstausstellungs-Galerie am Königsplatz untergebracht. Der mecklenburgische Adlige und Gutsbesitzer Adolf Friedrich Graf von Schack (1815-1894) hatte 1857 damit begonnen, Werke der Romantik, des Klassizismus und Realismus sowie Kopien von Renaissance- und Barockgemälden zu sammeln.

Bühnenverbot für Kabarettist Finck

3. Februar. Durch Reichspropagandaminister Joseph Goebbels werden der Kabarettist Werner Finck, der Conférencier Peter Sachse (Curt Pabst) sowie die unter dem Namen »Die drei Rulands« auftretenden Helmut Buth, Wilhelm Meißner und Manfred Dlugi aus der Reichskulturkammer ausgeschlossen und dürfen im Deutschen Reich nicht mehr öffentlich auftreten.
Unter den Bedingungen der Diktatur entwickelte Finck eine Art des Witzes, die ihre Wirkung durch scheinbare Zustimmung, Auslassungen und sprachliche Zweideutigkeiten entfaltet. Während einer Conférence im Berliner »Kabarett der Komiker« 1938 sah er häufig auf seine Armbanduhr und erklärte: »Der Direktor hat mir nämlich gesagt, ich dürfe nicht über die Zeit reden. Aber wer darf heute schon über die Zeit reden …«
Anlaß für das Auftrittsverbot ist eine Antwort Fincks auf eine vom »Berliner Tageblatt« veranstaltete Umfrage »Haben wir eigentlich noch Humor?«. Fincks Antwort darauf: »Doch, doch, unter uns haben wir Humor. Fragt sich nur, ob auch die über uns Humor haben.«
Darauf erwiderte Goebbels, das deutsche Volk habe Humor, »aber es handelt nach einem klaren, dem preußischen Kommiß angelehnten Grundsatz, nach dem immer nur der das Recht hat, zu spotten, zu mekkern, oder auch einmal zu schimpfen, der mitmarschiert …«

Unglückliche Liebe auf der Leinwand

9. Februar. *In Berlin hat der Film »Der Schritt vom Wege« nach dem Roman »Effi Briest« von Theodor Fontane Premiere. Regie führt Gustaf Gründgens, Marianne Hoppe spielt die Effie Briest (Abb., r.). Karl Ludwig Diehl ist als Baron von Instetten (Abb., l.) und Paul Hartmann als Major a.D. von Crampas zu sehen. Bei der Kritik stößt der Film auf geteilte Zustimmung: Gelobt werden die Leistungen der Schauspieler, bemängelt wird jedoch die verhaltene Sympathie, mit der die Motive der »Ehebrecherin« Effi Briest geschildert werden.*

Orff-Märchenoper wird uraufgeführt

5. Februar. *Im Münchner Nationaltheater wird unter musikalischer Leitung von Clemens Krauss »Der Mond, ein kleines Welttheater« von Carl Orff uraufgeführt.*
Das Werk, dessen Libretto Orff selbst verfaßt hat, geht auf das gleichnamige Märchen von Jacob und Wilhelm Grimm zurück. Die Handlung spielt in Ober- und Unterwelt, sprich Hölle, die durch das Licht des Mondes in Aufruhr gerät, und erst, nachdem Petrus erschienen ist und den Mond von dort an den Himmel versetzt hat, wieder zur Ruhe kommt (Abb. l. Szene aus »Der Mond«, r. Carl Orff).

Vom Frauenhelden zum Mustergatten

21. Februar. *In Berlin hat der Film »Bel Ami« Premiere. Willi Forst (Abb.) führt Regie und spielt die Hauptrolle. Das Drehbuch schrieben Forst und Axel Eggebrecht nach dem Roman von Guy de Maupassant. Neben Forst spielen u.a. Johannes Riemann, Olga Tschechowa, Ilse Werner und Hilde Hildebrand. Erzählt wird die Geschichte des ewigen Abenteurers Georges Duroy, der mit Hilfe der Frauen im Paris der Jahrhundertwende sein Glück macht und sich – auf Wunsch der Filmfunktionäre im Gegensatz zum Buch – am Ende zu einem treuen Ehemann wandelt.*

»Großdeutscher« Ski-Triumph in Zakopane

19. Februar. Im polnischen Zakopane in der Hohen Tatra enden nach achttägiger Dauer die Ski-Weltmeisterschaften 1939. In sieben der elf offiziellen alpinen und nordischen Wettbewerbe siegten deutsche und österreichische Sportler.
Überragende Athletin ist einmal mehr die 24jährige Christl Cranz aus Freiburg, die alle drei alpinen Damenwettbewerbe (Abfahrtslauf, Slalom, Kombination) für sich entscheidet und damit seit 1934 zwölfmal Weltmeisterin geworden ist.
Bei den Männern teilen sich drei Fahrer die ersten Plätze: Helmuth Lantschner (SA-Hilfswerk) gewinnt die Abfahrt, Joseph »Pepi« Jennerwein (Skiclub Arlberg) siegt in der Kombination, den Slalom gewinnt – wie im Vorjahr – der Schweizer Rudolf Rominger (Sankt Moritz).
Erfolge erzielt die »großdeutsche« Mannschaft auch in den nordischen Disziplinen, bislang eine Domäne der Skandinavier. Der Sieg in der Nordischen Kombination geht an den Sudetendeutschen Gustav Berauer, den Sprunglauf gewinnt sensationell vor den beiden Norwegern Birger Ruud und Arnold Kongsgaard der erst 21jährige Joseph »Sepp« Bradl aus Salzburg.
Weltmeister über 18 km wird Juho Kurikkala (Finnland). Den Sieg im Langlauf über 50 km holt sich Lars Bergendahl (Norwegen), die 4 x 10 km-Staffel geht an Finnland.

Christl Cranz in voller Aktion. Die überragende Skiläuferin der 30er Jahre gewinnt in Zakopane alle drei Titel. Damit feiert sie ihren 13. Sieg bei Weltmeisterschaften seit 1934. Ihre Aufholjagd, mit der sie sich 1936 die Kombinations-Goldmedaille sicherte, ist unvergessen

Christl und Rudi Cranz bei der Beobachtung eines Slaloms ihres jüngeren Bruders Harro bei der Internationalen Wintersportwoche in Garmisch 1939

Der Rekordwagen von Caracciola auf der Strecke Dessau-Bitterfeld

Rudolf Caracciola auf Rekordjagd

9. Februar. Auf der neuen Reichsautobahn zwischen Dessau und Bitterfeld fährt der deutsche Rennfahrer Rudolf Caracciola auf dem neuen 3 l-Rennwagen von Mercedes-Benz vier Geschwindigkeitsrekorde.

Rudolf Caracciola am Steuer seines 3 l-Rennwagens. Der 38jährige »Carratsch«, der seit 1926 fünfmal den Großen Preis von Deutschland gewann, gilt aufgrund seines umsichtigen und überlegten Fahrstils als »Mathematiker der Rennstrecke«

Am 8. Februar verbesserte Caracciola die Kilometer- und Meilen-Rekorde in der 3 l-Klasse mit stehendem Start. Seine Bestmarken lauten 175,097 km/h über einen Kilometer und 204,577 km/h über eine Meile (1,609 km). Am 9. Februar wird mit fliegendem Start gefahren. Caracciola schafft über einen Kilometer 398,230 km/h und über die Meile 399,560 km/h. Die alten Bestleistungen wurden 1937 auf einem Maserati gefahren (249,653 km/h bzw. 248,547 km/h).
Für die Rekordfahrten auf der Autobahn Dessau-Bitterfeld – bislang galt das Autobahnteilstück Frankfurt am Main-Darmstadt als besonders »rekordträchtig« – ist der Mercedes-Rennwagen mit einer besonderen Karosserie versehen worden, die auch die Räder verhüllt.

Vierter Paarlauftitel für Herber und Baier

19. Februar. In Budapest wird der Brite Graham Sharp in Abwesenheit des zweifachen Titelträgers Felix Kaspar (Wien) vor dem Briten Fred Tomlins Weltmeister im Eiskunstlaufen. Bei den Damen und im Paarlauf behaupten sich mit Megan Taylor (Großbritannien) sowie Maxie Herber/Ernst Baier (Deutsches Reich) die Titelverteidiger.
In Prag, dem Austragungsort der Titelkämpfe der Damen, hatte Taylor am 12. Februar wenig Mühe, ihren 1938 in Stockholm gewonnenen Titel zu verteidigen.
Für das Paar Herber/Baier aus München und Zittau ist der Titelgewinn am 17. Februar in Budapest der vierte WM-Erfolg in Serie. Der Sieg fiel den beiden Publikumslieblingen allerdings nicht leicht, zumal Maxie Herber wegen einer Verletzung mehrere Tage nicht trainieren konnte. Mit Platzziffer 8 und 11,64 Punkten konnten sie jedoch dank einer sehr schwierigen und überaus sicher vorgetragenen Kür das deutsche Geschwisterpaar Ilse und Erik Pausin (Platzziffer 13/11,4 Punkte) hinter sich lassen.

Das »Königspaar« im Paarlaufen der 30er Jahre: Maxie Herber und Ernst Baier. Sie wurden Sieger bei den Olympischen Winterspielen 1936 in Garmisch-Partenkirchen, wo Baier in der Einzelkonkurrenz noch eine Silbermedaille gewann. Im gleichen Jahr holten sie jeweils den Sieg bei den Deutschen, den Europa- und Weltmeisterschaften im Paarlaufen. 1948 gründete Ernst Baier ein Eisballett

Kanada wieder die Nr. 1 im Eishockey

12. Februar. Vor 15 000 Zuschauern besiegt die Vertretung Kanadas auf der Kunsteisbahn in Basel das Team der USA im entscheidenden Spiel der Endrunde der Eishockey-Weltmeisterschaft mit 4:0 (3:0, 1:0, 0:0) und wird Weltmeister 1939.
Das Mutterland des Eishockeys wird bei den Titelkämpfen 1939 in Basel und Zürich von der Vereinsmannschaft Smoke Eaters vertreten. Bei den 13 Weltmeisterschaften und Eishockeyturnieren bei Olympischen Winterspielen seit 1920 sind damit elf Titel an die Kanadier gegangen, nur 1933 (USA) und 1936 (Großbritannien) setzten sich andere Nationen durch.
In der Endrunden-Tabelle belegen die Mannschaften der Schweiz und der Tschechoslowakei hinter Kanada und den USA mit jeweils 1:5 Punkten den dritten Platz, so daß ein Entscheidungsspiel um die Eishokkey-Europameisterschaft notwendig wird (→ 5.3./S.65). Den fünften Platz belegt die deutsche Vertretung durch ein 4:0 (1:0, 3:0, 0:0) in Basel gegen die Auswahl Polens.

Knapper 3:2-Sieg über Jugoslawien

26. Februar. Vor 70 000 Zuschauern im Berliner Olympia-Stadion gewinnt die »großdeutsche« Fußball-Nationalmannschaft ihr erstes Länderspiel gegen die Auswahl des Königreichs Jugoslawiens 3:2 (1:2).
Bei niedrigen Temperaturen und böigem Wind entwickelt sich von Beginn an ein temperamentvolles Spiel, in dem die Gäste vom Balkan in der ersten Halbzeit dominieren. Zweimal muß der Schalker Schlußmann Hans Klodt in seinem zweiten Länderspiel hinter sich greifen.
Nach dem Wechsel erweisen sich dann die Gastgeber, immer wieder angetrieben von der überragenden Läuferreihe mit Andreas Kupfer (Schweinfurt 05), Ötte Tibulski (Schalke 04) und Albin Kitzinger (Schweinfurt 05), als die überlegene Mannschaft. Die deutschen Treffer erzielen Adolf Urban (Schalke 04), Paul Janes (Fortuna Düsseldorf) und Rechtsaußen Hans Biallas (Duisburg 48/99). Als einzige Spieler aus Wien sind die beiden Halbstürmer Josef Stroh (Austria) und Wilhelm Hahnemann (Admira) dabei.

Wintersportfreuden: Oben l. u. r. Skifahrer bei ersten Versuchen und bei der Schußfahrt, unten l. Kletterer auf dem Gletscher, r. Pause beim Skiwandern

Rasante Abfahrten und erholsame Langlauftouren finden Zuspruch

Ob blutige Anfänger oder alte Skihasen, ob risikoliebende Pistenjäger oder geruhsame Skiwanderer – die Wintersportgebiete in den europäischen Mittelgebirgen und den alpinen Regionen bieten für jeden Wintersportfreund in der Saison 1938/39 Interessantes.
Durch den »Anschluß« Österreichs und die Annexion des Sudetenlandes sind für Reichsdeutsche viele beliebte Wintersportorte ohne Paß- und Devisenprobleme zugänglich. Billig ist das Vergnügen nicht: So offeriert ein Düsseldorfer Reiseveranstalter eine 15tägige Reise nach Tirol für 165 Reichsmark (RM) und acht Tage Schonach/Schwarzwald für 78 RM. Ein Industriearbeiter verdient 1939 im Reichsdurchschnitt 28,08 RM brutto die Woche.
Besondere Mühe gibt man sich in der Schweiz, mit einem qualitativ herausragenden Angebot den Wünschen zahlungskräftiger Wintersportler entgegenzukommen. Schon 1934 ist der Schweizerische Skischulverband gegründet worden, der sich die Förderung des Skischulwesens und die Sicherung des Nachwuchses an Skischulleitern und -lehrern zum Ziel gesetzt hat.
Zahlreiche namhafte Skirennfahrer sind hauptberuflich als Skischulleiter tätig, darunter Otto Furrer (Zermatt), David Zogg (Arosa), Heinz von Allmen (Wengen) und der mehrfache Weltmeister Rudolf Rominger (Sankt Moritz). Die Zahl der Halbtagslektionen in den Schweizer Skischulen beläuft sich im Winter 1938/39 auf 369 600.

März 1939

Mo	Di	Mi	Do	Fr	Sa	So
		1	2	3	4	5
6	7	8	9	10	11	12
13	14	15	16	17	18	19
20	21	22	23	24	25	26
27	28	29	30	31		

1. März, Mittwoch

Zum »Tag der Luftwaffe« ruft der Oberbefehlshaber, Generalfeldmarschall Hermann Göring, im Rundfunk die Jugend zum Eintritt in die Luftwaffe auf.

Das Deutsche Reich tritt erneut der Europäischen Donaukommission bei, aus der es 1919 ausgeschlossen worden war.

Im Deutschen Reich tritt die Laufbahnverordnung für Beamte vom 28. Februar 1939 in Kraft. →S.60

Der Danziger Senat führt eine Arbeitsdienstpflicht für Frauen unter 25 Jahren ein und folgt damit der reichsdeutschen Verordnung vom 1. Januar 1939.

Nach der Anerkennung Nationalspaniens durch Großbritannien und Frankreich (28.2.) verläßt die UdSSR den Londoner Nichteinmischungsausschuß.

2. März, Donnerstag

Im Vatikan wird Kardinalstaatssekretär Eugenio Pacelli zum Papst gewählt. Er nimmt den Namen Pius XII. an. →S.58

Das Deutsche Reich und Polen beenden ihre Außenhandelsberatungen. Der Anteil der Freien Stadt Danzig am Warenaustausch ist erhöht worden.

Der Prager Ministerpräsident Rudolf Beran fordert den slowakischen Regierungschef Jozef Tiso zur Abgabe einer Loyalitätserklärung für die tschechoslowakische Staatsidee auf (→15.3./S.48).

Der aus Frankreich nach Spanien heimgekehrte republikanische Ministerpräsident Juan Negrín besetzt führende Armeeposten mit Kommunisten.

Eine von allen Reichssendern ausgestrahlte Feier im I. G. Farben-Hochhaus in Frankfurt am Main eröffnet den Werbemonat für das deutsche Fachbuch.

3. März, Freitag

Der Senat der Freien Stadt Danzig erläßt eine Verordnung, wonach alle in Danzig wohnenden Juden zu einer Haftungsgemeinschaft zusammengeschlossen werden. Ihr gesamtes inländisches Vermögen unterliegt einem Veräußerungsverbot.

Papst Pius XII. ruft im Rundfunk zur Wahrung des Friedens auf (→2.3./S.58).

Ein Erlaß des Führer-Stellvertreters Rudolf Heß macht es allen NS-Gauleitern zur Pflicht, sich für die Durchführung der Gemeinschaftsschule anstelle der Bekenntnisschule einzusetzen.

Aus einem Artikel der Essener »National-Zeitung« über die betriebliche Krankenversorgung geht hervor, daß ein Betriebsarzt einem Verletzten »einen zwischenzeitlichen leichteren Arbeitsplatz zuweisen kann, so daß er nicht zu feiern braucht und im Arbeitsprozeß verbleibt«.

John Fords Western »Höllenfahrt nach Santa Fé« (Stagecoach) mit John Wayne wird in den USA uraufgeführt. →S.65

4. März, Sonnabend

Ein erster Transport von 500 Juden verläßt Danzig mit dem Ziel Palästina.

Reichsjugendführung und Reichsluftschutzverband vereinbaren Luftschutzübungen für 13- und 14jährige.

Japanische Truppen besetzen die chinesische Stadt Haichow, den Endpunkt der strategisch wichtigen Lunghai-Bahn.

5. März, Sonntag

In Leipzig wird die Frühjahrsmesse eröffnet. →S.62

Durch ein 2:0 (0:0, 1:0, 1:0) über die Tschechoslowakei wird die Schweiz in Basel Eishockey-Europameister. →S.65

6. März, Montag

In Madrid übernimmt eine von Oberst Segismundo Casado geführte Junta die Macht. Regierungschef Juan Negrín flieht nach Frankreich (→28.3./S.57).

Als Nachfolger des an diesem Tag verstorbenen orthodoxen Patriarchen Cristea Miron wird Armand Calinescu Ministerpräsident von Rumänien.

Leopold III., König der Belgier, löst wegen der fortdauernden Regierungskrise das Parlament auf und schreibt für den 2. April 1939 Neuwahlen aus.

Das Landesarbeitsamt Ostpreußen ermittelt für die Landwirtschaft 64 Arbeitssuchende bei 27455 offenen Stellen.

7. März, Dienstag

Im indischen Fürstenstaat Rajkot bricht Mohandas Karamchand (Mahatma) Gandhi einen Hungerstreik für demokratische Reformen ab. →S.63

In Ungarn konstituiert sich für die Wahlen im Mai 1939 die Partei des öffentlichen Lebens (Magyar Elet Partja) als Partei von Ministerpräsident Pál Graf Teleki.

In Biserta (Tunesien) werden elf aus dem spanischen Cartagena geflohene Schiffe der republikanischen Flotte interniert.

8. März, Mittwoch

In Berlin endet die zweitägige erste »großdeutsche« Rektorenkonferenz. Bildungsminister Bernhard Rust kündigt eine Verkürzung der Studiendauer an.

9. März, Donnerstag

In Ungarn kündigt der Nationalsozialist Kálmán Hubay die Gründung der Pfeilkreuzlerpartei – Hungaristische Bewegung an. Sie ist Nachfolgerin mehrerer seit 1935 in Ungarn gegründeter und wieder verbotener NS-Gruppierungen.

Stuttgart, Freiburg und München sind von heftigen Wintergewittern betroffen.

Im Hafen von Saint Nazaire wird der im Bau befindliche 30000-t-Dampfer »Pasteur« durch einen Großbrand zerstört.

Im Zürcher Schauspielhaus erlebt das 1938 uraufgeführte Schauspiel »Unsere kleine Stadt« (Our Town) aus der Feder des US-Amerikaners Thornton Wilder seine deutschsprachige Erstaufführung.

10. März, Freitag

Emil Hácha, der Staatspräsident der Tschechoslowakei, erklärt den slowakischen Ministerpräsidenten Jozef Tiso und seine Regierung für abgesetzt; Preßburg und andere Städte werden militärisch besetzt (→15.3./S.48).

In Moskau beginnt mit einer Grundsatzrede von Generalsekretär Josef W. Stalin der XVIII. Parteitag der Kommunistischen Partei der Sowjetunion. →S.54

Der in Paris lebende deutsche Kommunist Willi Münzenberg bricht in seiner Zeitschrift »Die Zukunft« mit der kommunistischen Partei. →S.60

Zur Sicherstellung des Arbeitskräftebedarfs für Maßnahmen von staatspolitischer Bedeutung wird im Deutschen Reich in wichtigen Industrien die Freizügigkeit eingeschränkt. →S.63

Reichsbildungsminister Bernhard Rust regelt die Studiendauer neu. Die Semester dauern künftig vom 1. April bis zum 30. September bzw. vom 1. Oktober bis 31. März. Innerhalb des Semesters setzt der Minister die Studientermine fest.

Vor der Jahrestagung der Reichsfilmkammer in der Berliner Krolloper erklärt Reichspropagandaminister Joseph Goebbels, wenn ein Staat für sich in Anspruch nehme, einem Kinde das Einmaleins beizubringen, sei es um so mehr sein Recht, in Presse, Funk und Fernsehen erzieherisch zu wirken.

In München hat der Film »Wasser für Canitoga« von Herbert Selpin mit Hans Albers in der Hauptrolle Premiere. →S.65

11. März, Sonnabend

Im Reichssender Wien erklärt der abgesetzte slowakische Minister für öffentliche Arbeiten und Verkehr, Ferdinand Ďurčanský, den Einmarsch tschechischer Truppen für ungesetzlich.

In den seit 5. März andauernden Straßenkämpfen in Madrid behauptet sich die am 6. März an die Macht gelangte Junta Casado gegen die Kommunisten.

Papst Pius XII. ernennt Kardinal Luigi Maglione zum Kardinalstaatssekretär.

12. März, Heldengedenktag

Das Deutsche Reich begeht den Heldengedenktag und Tag der Wehrfreiheit zur Erinnerung an die Wiedereinführung der allgemeinen Wehrpflicht 1935.

In Rom wird der am 2. März zum Papst gewählte Eugenio Pacelli gekrönt.

In Wien beginnt die bis zum 18. März dauernde Frühjahrsmesse.

13. März, Montag

Führer und Reichskanzler Adolf Hitler empfängt in Berlin den abgesetzten slowakischen Regierungschef Jozef Tiso und Verkehrsminister Ferdinand Ďurčanský und verlangt die Ausrufung der unabhängigen Slowakei (→15.3./S.48).

Der tschechoslowakische Staatspräsident Emil Hácha überträgt Karel Sidor die Regierung der Slowakei, wo es zu Auseinandersetzungen zwischen tschechischem Militär und slowakischer und deutscher Bevölkerung kommt.

Der 1891 gegründete Alldeutsche Verband (AV) wird aufgelöst. →S.60

14. März, Dienstag

Der slowakische Landtag erklärt die Slowakei gegenüber der Regierung in Prag für unabhängig. Der aus Berlin zurückgekehrte Jozef Tiso wird erneut Ministerpräsident (→15.3./S.48).

Ungarn übermittelt der Prager Regierung um 15.00 Uhr ein zwölfstündiges Ultimatum für den Rückzug tschechischer Truppen aus der Karpato-Ukraine.

Emil Hácha, der Staatspräsident der Tschechoslowakei und sein Außenminister František Chvalkovsky treffen um 23.00 Uhr in Berlin ein (→15.3./S.48).

Am Abend überschreiten deutsche Truppen des VIII. Armeekorps und der Leibstandarte Adolf Hitler die Grenze zur Tschechoslowakei und besetzen Mährisch-Ostrau, Vitkovice und Mistek.

Nachdem die Prager Regierung den Rückzug ihrer Truppen aus der Karpato-Ukraine um 22 Uhr abgelehnt hat, beginnen ungarische Einheiten mit dem Einmarsch in die Karpato-Ukraine.

15. März, Mittwoch

In Berlin stellen der tschechoslowakische Staatspräsident Emil Hácha und Außenminister František Chvalkovsky das Land unter deutschen »Schutz«. →S.48

Führer und Reichskanzler Adolf Hitler proklamiert die Vereinigung Böhmens und Mährens mit dem Deutschen Reich.

Die Karpato-Ukraine erklärt ihre Unabhängigkeit und bittet das Deutsche Reich und Italien um Schutz und Hilfe.

In Kairo heiraten Prinzessin Fawzia, die Schwester König Faruk I. von Ägypten, und der iranische Kronprinz Mohammad Resa Pahlawi. →S. 63

Oberst Adolf von Schell, Beauftragter für das Kraftfahrzeugwesen, legt das Programm zur Beschränkung der Kraftfahrzeugtypen fest. Statt 52 soll es ab dem 1. Januar 1940 nur noch 30 Pkw-Typen und statt 113 Lkw-Typen noch 19 geben.

In Wien wird der Spionagefilm »Hotel Sacher« uraufgeführt. Unter der Regie von Erich Engel spielen u.a. Sybille Schmitz und Willy Birgel.

Die »Düsseldorfer Nachrichten« vom 17. März 1939 mit einem Bericht über die Errichtung des Reichsprotektorats Böhmen und Mähren

Einzelpreis 15 Rpf.

Ausgabe: A 2× täglich S

Düsseldorfer Nachrichten

2

Düsseldorfer General-Anzeiger
Die Wochenschau – Westd. Schiffahrts-Zeitung

Anzeigenpreis

1 mm hoch und 22 mm breit im Anzeigenteil . . . . . 18 Rpf.
Familienanzeigen, Stellengesuche, amtliche Bekanntmachungen, Vereinsanzeigen, die nicht der Wirtschaftswerbung dienen, ein- und zweispaltige Anzeigen in der Rubrik Verloren und Gefunden, Bezugsquellenangaben . . . . 8 Rpf.
1 mm im Textanzeigenteil (72 mm breit) . . . . 120 Rpf.
Nachlaßstaffel B Preisl. 9. – Postsch. Köln: 10103. Essen: 7920. – Für die Aufnahme von Anzeigen an bestimmten Tagen und bestimmter Stelle wird keine Gewähr übernommen.
Fernsprech-Sammelruf 10811. – Hauptgeschäftsstelle: Albert-Leo-Schlageter-Allee 27.

Düsseldorfer Neueste Nachrichten
Handels- und Wirtschaftszeitung – Frauen-Rundschau

Bezugspreis

Durch Boten bei freier Zustellung ins Haus dreizehnmal wöchentlich mit der Tiefdruckzeitschrift „Wochenschau" . . . . monatlich RM. 3.10
halbmonatlich „ 1.55
(einschließlich Traglohn)
Durch die Post dreizehnmal wöchentlich mit der Tiefdruckzeitschrift monatlich „ 2.80
(einschließlich 74,36 Rpf. Postzeitungsgebühr und ausschl. 72 Rpf. Bestellgeld.)
Geschäftszeit von 8–19 Uhr durchgehend. – Bei Betriebsstörungen durch höhere Gewalt oder sonstige Ereignisse können Ersatzansprüche nicht berücksichtigt werden.

Freitag, den 17. März 1939 — Morgen-Ausgabe — 64. Jahrgang – Nr. 139

Ruhe und Sicherheit in Böhmen/Mähren

Die deutschen Truppen haben ihre endgültigen Ziele ohne Zwischenfälle erreicht

Berlin, 16. März. (Drahtb.) Das Oberkommando der Wehrmacht gab am Donnerstagabend bekannt:

„Im Laufe des 16. März haben die Truppen der Heeresgruppe III und der Heeresgruppe V im wesentlichen die als endgültige Ziele zugewiesenen Räume ohne Zwischenfälle erreicht. Die Ruhe und Sicherheit in den Ländern Böhmen und Mähren ist damit hergestellt.

Mit Wetterverbesserung überflogen mehrere Geschwader der deutschen Luftwaffe die Länder Böhmen und Mähren. Die Verbände berührten nachmittags Prag und Brünn."

Anerkennung des Führers

für den Einsatz der Luftwaffe

Prag, 16. März. (Drahtb.) Der Führer und Oberste Befehlshaber der Wehrmacht hat an den Oberbefehlshaber der Luftwaffe, Generalfeldmarschall Göring, folgenden Erlaß gerichtet:

„Die Luftwaffe hat am 15. und 16. März 1939 bei der Besetzung Böhmens und Mährens durch ihren kühnen Einsatz trotz ungünstigen Wetterverhältnissen höchste Einsatzbereitschaft und persönlichen Mut bewiesen. Ich spreche Offizier und Mann für ihre Leistung und Haltung meine besondere Anerkennung aus."

Der Führer hat Prag wieder verlassen

Vorher empfing er Staatspräsident Dr. Hacha

Prag, 16. März. (Drahtb.) Der Führer empfing heute um 14.30 Uhr Staatspräsident Dr. Hacha.

Vorher hatte der Reichsminister des Auswärtigen von Ribbentrop Staatspräsident Dr. Hacha aufgesucht und ihm den vom Führer proklamierten Erlaß über die Errichtung des Reichsprotektorats Böhmen und Mähren überreicht.

Der Führer hat in den Nachmittagsstunden Prag im Kraftwagen verlassen.

Zur Abfahrt des Führers waren im Vorhof der Burg die Studenten der Prager deutschen Hochschulen angetreten, mit ihnen die Politischen Leiter der bisherigen Landesgruppe der NSDAP. in Prag und eine Schar deutscher Mädel. Eine Ehrenkompanie mit Musikkorps schloß das weite Viereck. Draußen auf dem weiten Vorplatz drängten sich Tausende von deutschen Volksgenossen. Kommandos ertönten: „Stillgestanden!", kurz darauf: „Präsentiert das Gewehr!" Der Führer betrat den Vorhof. Der Präsentiermarsch wurde übertönt von dem Jubelsturm, mit dem die vielen tausend Menschen den Führer grüßten. Der Führer nahm die Meldungen entgegen und schritt langsam die Fronten ab. Hier drückte er einem verwundeten Studenten die Hand, dort klopfte er einem anderen auf die Schulter. Unaufhörlich jubelten die Deutschen Prags dem Führer zu, als er den Wagen bestieg. Langsam setzte sich die Kolonne in Bewegung und fuhr den Hradschin hinunter.

Es wird wieder deutsch gesprochen

Auch am Donnerstag bildete der Einzug deutscher Truppen in Prag das Hauptinteresse der tschechischen Bevölkerung. Obwohl in allen Geschäften und Betrieben die Arbeit in vollem Umfange aufgenommen war, waren die Einmarschstraßen von großen Menschenmengen umsäumt. Von den amtlichen Gebäuden weht die weißrote Flagge mit dem blauen Dreieck, die Flagge Böhmens.

Die Prager Blätter meldeten mit großen Überschriften die Ankunft des Führers und berichteten ausführlich von dem Einmarsch der deutschen Truppen, wobei ihr korrektes und diszipliniertes Verhalten hervorgehoben wurde.

In den Straßen Prags hört man wieder deutsche Laute. Die Polizisten, die Taxichauffeure und die Bevölkerung, alle geben auf Deutsch Antwort, unterhalten sich auf Deutsch mit den Truppen. Allenthalben äußert man die große Hoffnung, daß es mit der wirtschaftlichen Depression zu Ende sei und daß auch ein wirtschaftlicher Aufschwung für das Land Böhmen beginnen werde.

Hakenkreuzfahnen auf dem Prager Parlament

Der tschechische nationalistische Ausschuß „Zesky Narodni Vybor", der für die Herstellung guten Einvernehmens zwischen dem tschechischen und dem deutschen Volk eintritt, erhielt am Donnerstag eine große Zahl von Beitrittserklärungen der verschiedensten tschechischen Körperschaften und Wirtschaftsgruppen, vor allem vom tschechischen Nationalrat, von zahlreichen Arbeiterverbänden und Gewerbetreibenden-Organisationen. Zum Zeichen der guten Absicht für die künftige Gestaltung der deutsch-tschechischen Beziehungen veranlaßte der „Zesky Narodni Vybor", daß auf dem Prager Parlament zwei große Hakenkreuzfahnen neben der Staatsfahne gehißt wurden.

von Brauchitsch bei den Truppen

Prag, 16. März. (Drahtb.) Der Oberbefehlshaber des Heeres, Generaloberst von Brauchitsch, der, wie berichtet, dem Führer und Obersten Befehlshaber der Wehrmacht auf dem Hradschin Meldung erstattet hatte, nahm bei seinem Aufenthalt in Prag die Meldung des Oberbefehlshabers der Heeresgruppe 3, General der Infanterie Blaskowitz und der Kommandierenden Generale des 4. Armeekorps, General der Infanterie von Schwedler, und des 16. Armeekorps, Generalleutnant Höpner, entgegen. Am Donnerstagnachmittag verließ Generaloberst von Brauchitsch Prag und begab sich zu anderen am Einmarsch beteiligten Truppen.

Bild: Scherl

Aufnahme vom Einmarsch deutscher Truppen in Brünn

In nur drei Tagen!

Düsseldorf, 16. März 1939.

Heute mittag ist der Erlaß des Führers über das Protektorat Böhmens und Mährens über alle großdeutschen Sender der Welt bekanntgegeben worden. Die Entwicklung hat ein Zeitmaß angenommen, über das sich noch einmal Rechenschaft abzulegen wahrlich lohnt. Wie war das also? — Nachdem der innerstaatliche Tumult in der Tschecho-Slowakei in jene Sphäre gewachsen war, da er zu einer ernsten zwischenstaatlichen Gefahr zu werden drohte, geschah dies: Am 14. März ruft der Landtag in Preßburg die Unabhängigkeit des slowakischen Staates aus. — In den ersten Morgenstunden des 15. März legt der tschechische Staatspräsident in der Berliner Aussprache mit dem deutschen Staatsoberhaupt das Schicksal des tschechischen Volkes und Landes vertrauensvoll in die Hand des Führers, der sich bereit erklärt, das tschechische Volk unter den Schutz des Deutschen Reiches zu nehmen und ihm eine autonome Entwicklung seines völkischen Lebens zu gewährleisten. — Am gleichen 15. März marschieren deutsche Truppen in Böhmen und Mähren ein und erreichen schon am Vormittag Prag. Am selben Abend trifft dort der Führer ein. — Am 16. März mittags ist bereits das Protektorat Böhmen und Mähren geschaffen, und etwa zu nämlicher Zeit übernimmt Adolf Hitler auf Antrag des slowakischen Ministerpräsidenten den Schutz des slowakischen Staates. — — — Geschichte in knapp drei Tagen! Und umfaßt man, sich rückerinnernd, noch einmal dieses einzige Jahr seit dem 13. März 1938, so ergibt sich der gewaltige Bogen Ostmark-Sudetenland-Böhmen und Mähren. Selbst in unserer so schnelllebigen Epoche bedarf man gleichsam eines geistigen Zeitraffers, um die Begebenheiten und Zusammenhänge allsogleich in ihrer ganzen Bedeutung zu erfassen. Ohne Übertreibung darf hier festgestellt werden, daß wir in der Spanne von zwölf Monaten eine außenpolitische Erfolgsserie Deutschlands miterleben durften, wie sie sich vorher wohl keine Phantasie erdacht und kein Verstand ergründet hatte. Kein Zweifel, daß an dieser gewaltigen Machterstarkung des Reiches Adolf Hitler den entscheidenden Anteil hat, er, dessen staatsmännische Ausnahme-Erscheinung von den fremdländischen Kabinetten und Pressen heute schon allgemein erkannt und gerade wieder im Anschluß an die letzten drei historischen Tage bestätigt worden ist. Andere Elemente der erfolgreichen Außenpolitik ergeben sich aus der Macht- und Willenskonzentration im autoritären Staat sowie aus der Geschlossenheit der Nation, dank deren im entscheidenden Punkte Kraftentfaltung, Einsatz, Schnelligkeit und Genauigkeit der Aktion in so hohem Maße gewährleistet sind wie bei keiner anderen Art von Staatsform und Volksgemeinschaft. Allerdings sind auch diese Elemente letztlich auf den Führer des Dritten Reiches zurückzuführen. Ihm gebührt über allem der Dank der Deutschen hier und in der Welt ringsum!

Der heutige Erlaß über das Protektorat Böhmen und Mähren trägt die Unterschrift des Führers und seiner zuständigen Minister. Um etwa aufkommenden böswilligen Auslegungskünsten des Auslandes von vornherein die Spitze abzubrechen, sei aber doch noch besonders betont, daß die staatsrechtliche Neuordnung des böhmisch-mährischen Raumes nichts weniger als

16. März, Donnerstag

Reichsaußenminister Joachim von Ribbentrop verkündet in Prag um 13 Uhr die Gründung des Reichsprotektorats Böhmen und Mähren. →S.49

Führer und Reichskanzler Adolf Hitler überträgt die vollziehende Gewalt in Böhmen und Mähren dem Oberbefehlshaber des Heeres. Vor der Abreise aus Prag empfängt Hitler u.a. den tschechoslowakischen Staatspräsidenten Emil Hácha, der sich um 23 Uhr über den Rundfunk an die Bevölkerung wendet.

Führer und Reichskanzler Adolf Hitler stellt die Slowakei unter den Schutz des Deutschen Reiches.

Polen und Ungarn erkennen die Slowakei als selbständigen Staat an.

Die Regierung der Karpato-Ukraine flieht vor den einrückenden ungarischen Truppen ins Nachbarland Rumänien.

Vor der Basler Ortsgruppe der Neuen Helvetischen Gesellschaft betont Bundesrat Hermann Obrecht den Widerstandswillen der Schweiz. →S.56

An die Chefredakteure der deutschen Tagespresse ergeht die vertrauliche Weisung aus dem Reichspropagandaministerium, wonach der Begriff »Großdeutsches Weltreich« unerwünscht ist, da er »für spätere Gelegenheiten vorbehalten sei«.

Reichswirtschaftsminister Walther Funk ordnet die Schließung unrentabler Einzelhandelsgeschäfte an. →S.62

Zum Abschluß zweitägiger Verhandlungen der Reichsgruppe Industrie mit der Federation of British Industries in Düsseldorf wird eine Kooperation auf den Weltmärkten für wünschenswert erklärt.

17. März, Freitag

In Birmingham kritisiert der britische Premierminister Arthur Neville Chamberlain die deutsche Gewaltpolitik. →S.54

Vor dem ungarischen Abgeordnetenhaus betont Ministerpräsident Pál Graf Teleki die Rechtmäßigkeit des Einmarsches in die Karpato-Ukraine.

Spanien und Portugal schließen einen Nichtangriffsvertrag.

Die Londoner Palästinakonferenz geht ohne Erfolg zu Ende (→26.2./S.32).

Durch k.o. in der 5. Runde über den Wiener Titelverteidiger Heinz Lazek wird der Bonner Berufsboxer Adolf Heuser in Berlin Europameister im Schwergewicht.

18. März, Sonnabend

Reichsminister Konstantin Freiherr von Neurath wird Reichsprotektor von Böhmen und Mähren (→16.3./S.49).

In Wien wird ein 25jähriger Schutzvertrag zwischen der Slowakei und dem Deutschen Reich unterzeichnet.

Ein neues Luftflottenkommando 4 in Wien wird gebildet. Befehlshaber wird General der Flieger Alexander Löhr.

Das deutsche Auswärtige Amt verweigert die Annahme von britischen und französischen Protestnoten gegen die Annexion Böhmens und Mährens (→20.3./S.55).

Nach der Abreise des britischen Botschafters Neville Meyrick Henderson aus Berlin wird der deutsche Botschafter in London, Herbert von Dirksen, zur Berichterstattung zurückberufen (→20.3./S.55).

Die Sowjetunion protestiert in Berlin gegen die Okkupation Böhmens und Mährens. Die britische Regierung wird zu Konsultationen über eine Abwehr weiterer deutscher Aggressionen aufgefordert.

Im Schweizer Rundfunk bekräftigt Bundespräsident Philipp Etter den Willen zu Unabhängigkeit und Neutralität.

19. März, Sonntag

Der französische Senat billigt mit 286 gegen 17 Stimmen ein Vollmachtengesetz für Ministerpräsident Édouard Daladier. Die Kammer hatte dem Gesetzentwurf, der eine erhöhte Rüstungsproduktion zum Ziel hat, am Tag zuvor mit 321 gegen 264 Stimmen zugestimmt.

Ernst Seibert und Kurt Heintz fliegen auf der 1000 km-Strecke Dessau-Zugspitze-Dessau mit einem zweimotorigen Junkers-Bomber und 2000 kg Zuladung mit 517 km/h Weltrekord.

20. März, Montag

Durch ein Gesetz über den Neuen Finanzplan zur Finanzierung »nationalpolitischer Aufgaben« führt die Reichsregierung zur Schuldentilgung sog. Steuergutscheine ein. →S.60

Der französische Botschafter in Berlin, Robert Coulondre, und der deutsche Botschafter in Paris, Johann Graf von Welczek, werden zurückberufen. →S.55

Reichsaußenminister Joachim von Ribbentrop empfängt in Berlin seinen litauischen Amtskollegen Juozas Urbsys und erläutert ihm den Wunsch nach Abtretung des Memellandes (→23.3./S.52).

Die USA protestieren in Berlin gegen die Annexion Böhmens und Mährens.

Auf dem Hof der Berliner Hauptfeuerwache werden über 5000 Werke »entarteter Kunst« verbrannt. →S.65

Die Reichsmusikkammer gibt bekannt, daß unerwünschte Musikwerke, deren Verlegung und Aufführung verboten ist, künftig in einer Liste geführt werden.

Im Berliner Metropol-Theater hat die Operette »Die oder keine« von Ludwig Schmidseder Premiere.

21. März, Dienstag

Reichsaußenminister Joachim von Ribbentrop verlangt in Berlin vom polnischen Botschafter Josef Lipski erneut die Rückgabe Danzigs (→26.3./S.56).

Das tschechoslowakische Parlament in Prag wird aufgelöst. An seine Stelle tritt ein Ausschuß der nationalen Volksgemeinschaft unter Präsident Emil Hácha.

Im Westminster Theatre in London wird das Versdrama in zwei Teilen »The family Reunion« (Der Familientag) von T(homas) S(tearns) Eliot uraufgeführt.

In Wien hat die musikalische Komödie in einem Vorspiel und drei Akten »Lisa, benimm dich« von Hans Lang Premiere.

22. März, Mittwoch

Reichsaußenminister Joachim von Ribbentrop und Litauens Außenminister Juozas Urbsys vereinbaren die Übergabe des Memellandes (→23.3./S.52).

Konstantin Freiherr von Neurath, der Reichsprotektor von Böhmen und Mähren, wird Führer und Reichskanzler Adolf Hitler direkt unterstellt. Der Wechselkurs zwischen Reichsmark und Krone wird auf 1:10 festgesetzt.

23. März, Donnerstag

Führer und Reichskanzler Adolf Hitler trifft in Memel ein. →S.52

Die Reichsmark wird im Memelland gesetzliches Zahlungsmittel; ein litauischer Lit entspricht 40 Reichspfennigen.

In Berlin wird der deutsch-slowakische Schutzvertrag erneut unterzeichnet.

Das Deutsche Reich und Rumänien unterzeichnen in Bukarest ein umfangreiches Wirtschaftsabkommen. →S.63

Polen verfügt eine Teilmobilmachung an der Grenze zu Ostpreußen. Polens Außenminister, Oberst Józef Beck, bittet Großbritannien um den Abschluß eines Beistandspakts (→31.3./S.56).

Robert Hudson, der britische Staatssekretär für Überseehandel, trifft zu Beratungen über eine gemeinsame Politik gegen das Deutsche Reich in Moskau ein.

Die republikanische Junta Casado entsendet Unterhändler ins nationalspanische Hauptquartier nach Burgos. Staatschef Francisco Franco Bahamonde fordert die Kapitulation der Armee der Republik bis zum 27. März (→28.3./S.57).

24. März, Freitag

Frankreichs Staatspräsident Albert Lebrun und Außenminister Georges Bonnet beenden einen dreitägigen Staatsbesuch in London. →S.55

Die »Nationalsozialistische Beamtenkorrespondenz« veröffentlicht einen Erlaß des Reichserziehungsministeriums über Aufbaulehrgänge für Volks- und Mittelschüler, die Lehrer werden wollen.

Das Reichsernährungsministerium liefert 50 000 Ferkel ins Ruhrgebiet. →S.62

25. März, Sonnabend

Der Dienst in der Hitlerjugend (HJ) wird zur Pflicht für alle Jungen und Mädchen von 10 bis 18 Jahren. →S.60

Eine Gesetzesrevision ermöglicht die Verschiebung des Pensionsantritts der in diesem Jahr pensionsberechtigten Beamten bis auf den 31. Dezember 1941.

Führer und Reichskanzler Adolf Hitler ordnet die Neugestaltung der Stadt Linz an und ernennt Roderich Fink zum zuständigen Reichsbaurat.

26. März, Sonntag

Polens Botschafter in Berlin, Josef Lipski, teilt Reichsaußenminister Joachim von Ribbentrop die Weigerung seiner Regierung zur Gewährung exterritorialer Zugangswege nach Danzig mit. →S.56

Die letzte Reichsstraßensammlung des Winterhilfswerks 1938/39 erbringt 11,4 Millionen Reichsmark.

In Florenz besiegt Italien die »großdeutsche« Fußball-Nationalmannschaft 3:2 (2:1). Eine zweite deutsche Elf unterliegt in Differdingen Luxemburg 1:2 (1:1).

27. März, Montag

In Burgos tritt Nationalspanien dem Antikominternpakt bei (→24.2./S.33).

In Danzig wird für die Schutz- und Landespolizei und die NS-Organisationen der Alarmzustand angeordnet.

28. März, Dienstag

Truppen des nationalspanischen Staatschefs Francisco Franco Bahamonde ziehen in Madrid ein. →S.57

29. März, Mittwoch

Der letzte republikanische Regierungschef Spaniens, Segismundo Casado, und einige Junta-Mitglieder begeben sich in Valencia an Bord des britischen Kriegsschiffs »Galatea«.

Vor dem britischen Unterhaus verkündet Premierminister Arthur Neville Chamberlain die Verdoppelung der Territorialarmee auf 26 Divisionen.

30. März, Donnerstag

Im »Memeler Dampfboot« wird eine Verordnung über die Anmeldung jüdischen Eigentums veröffentlicht. Die etwa 500 in Memel lebenden Juden müssen bis zum 31. Mai ihren Schmuck abgeben.

31. März, Freitag

Der britische Premierminister Arthur Neville Chamberlain verkündet eine britisch-französische Garantie für Polen. →S.56

Führer und Reichskanzler Adolf Hitler ordnet besondere städtebauliche Maßnahmen für Münster und Stettin an.

Die »Märkische Volkszeitung«, die letzte katholische Tageszeitung Berlins, stellt nach 51 Jahren ihr Erscheinen ein.

Das Wetter im Monat März

Station	Mittlere Lufttemperatur (°C)	Niederschlag (mm)	Sonnenscheindauer (Std.)
Aachen	3,5 (5,5)	87 (49)	– (125)
Berlin	2,2 (3,9)	76 (31)	– (151)
Bremen	3,2 (4,0)	60 (42)	– (117)
München	0,7 (3,3)	83 (46)	– (142)
Wien	2,5 (4,9)	– (42)	– (–)
Zürich	2,4 (4,2)	119 (69)	85 (149)

( ) Langjähriger Mittelwert für diesen Monat
– Wert nicht ermittelt

Theodore Delgado entwarf das Titelblatt der Märzausgabe der spanischen Zeitschrift »Vértice«

Hitler setzt Aggression fort – deutsche Soldaten in Prag

15. März. In Berlin unterzeichnen um 3.55 Uhr der tschechoslowakische Staatspräsident Emil Hácha und Führer und Reichskanzler Adolf Hitler sowie die beiden Außenminister František Chvalkovsky und Joachim von Ribbentrop ein Abkommen, wonach sich das »tschechische Volk« vertrauensvoll unter deutschen »Schutz« begibt.
Ähnlich wie bei der Besetzung Österreichs am 12. März 1938 war der Annexion eine brutale Erpressung vorausgegangen. Hitler hatte auch nach dem Münchner Vertrag (29.9.1938) und dem Einmarsch ins Sudetenland sein Ziel einer »Zerschlagung der Rest-Tschechei« nicht aus den Augen verloren und jede Grenzgarantie für den nach München um fast ein Drittel verkleinerten Staat konsequent abgelehnt.

Hitlers Drohungen am 15. März
»... Es gebe zwei Möglichkeiten. Die erste sei die, daß sich das Einrücken der deutschen Truppen zu einem Kampf entwickelt. Dann wird dieser Widerstand mit allen Mitteln mit Brachialgewalt gebrochen. Die andere ist die, daß sich der Einmarsch ... in erträglicher Form abspielt, dann würde es dem Führer leicht ... der Tschechoslowakei ein großzügiges Eigenleben, eine Autonomie und eine gewisse nationale Freiheit zu geben ...« (Aus dem Protokoll vom 15.3.1939)

Geschickt hatte Hitler die Spannungen zwischen der Prager Regierung unter Rudolf Beran und dem slowakischen Kabinett von Jozef Tiso für seine Zwecke ausgenutzt. Am 2. März verlangte Beran von Tiso eine Loyalitätserklärung zu der tschechoslowakischen Staatsidee. Dies lehnte Tiso ab und wurde am 10. März für abgesetzt erklärt.
Am 13. März reiste Tiso nach Berlin, wurde von Hitler empfangen und proklamierte am 14. März, wie von Hitler verlangt, in Preßburg die unabhängige Republik Slowakei.
Während am selben Tag deutsche Truppen Mährisch-Ostrau (Ostrava) besetzten, eilten Hácha und Chvalkovsky mit einem Sonderzug nach Berlin, wo sie um 1.15 Uhr empfangen wurden. Mit der Drohung einer Bombardierung Prags wird die Zustimmung zum Einmarsch erpreßt.

△ *Einmarsch der deutschen Truppen in Prag am 15. März 1939. Nur mühsam können tschechische Polizisten die Zivilbevölkerung zurückhalten. Die Empörung und Trauer der Menschen macht sich in geballten Fäusten Luft oder äußert sich in fassungslosem Staunen über den Anblick der einmarschierenden Soldaten*

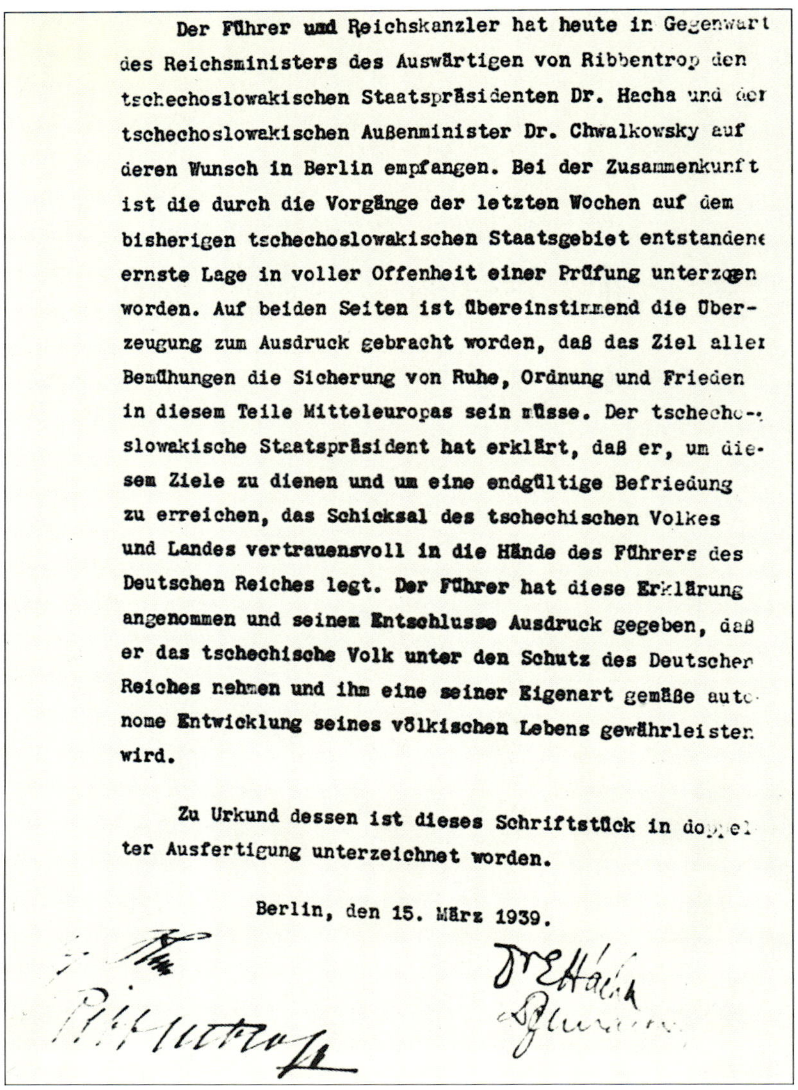

Der Führer und Reichskanzler hat heute in Gegenwart des Reichsministers des Auswärtigen von Ribbentrop den tschechoslowakischen Staatspräsidenten Dr. Hacha und den tschechoslowakischen Außenminister Dr. Chwalkowsky auf deren Wunsch in Berlin empfangen. Bei der Zusammenkunft ist die durch die Vorgänge der letzten Wochen auf dem bisherigen tschechoslowakischen Staatsgebiet entstandene ernste Lage in voller Offenheit einer Prüfung unterzogen worden. Auf beiden Seiten ist übereinstimmend die Überzeugung zum Ausdruck gebracht worden, daß das Ziel aller Bemühungen die Sicherung von Ruhe, Ordnung und Frieden in diesem Teile Mitteleuropas sein müsse. Der tschecho-slowakische Staatspräsident hat erklärt, daß er, um diesem Ziele zu dienen und um eine endgültige Befriedung zu erreichen, das Schicksal des tschechischen Volkes und Landes vertrauensvoll in die Hände des Führers des Deutschen Reiches legt. Der Führer hat diese Erklärung angenommen und seinem Entschlusse Ausdruck gegeben, daß er das tschechische Volk unter den Schutz des Deutschen Reiches nehmen und ihm eine seiner Eigenart gemäße autonome Entwicklung seines völkischen Lebens gewährleisten wird.

Zu Urkund dessen ist dieses Schriftstück in doppelter Ausfertigung unterzeichnet worden.

Berlin, den 15. März 1939.

◁ *Das deutsch-tschechische Abkommen vom 15. März 1939, mit dem Staatspräsident Emil Hácha das Schicksal des »tschechischen Volkes und Landes vertrauensvoll in die Hände des Führers des Deutschen Reiches legt«. Bei der vorangegangenen ersten Unterredung zwischen Führer und Reichskanzler Adolf Hitler, Reichsaußenminister Joachim von Ribbentrop sowie Hácha und seinem Außenminister František Chvalkovsky von 1.15 Uhr bis 2.15 Uhr hatte die deutsche Führung die Tschechen massiv erpreßt: Gedroht wurde u. a. mit einem Luftangriff auf Prag und einem sofortigen »Einmarsch deutscher Truppen und der Eingliederung der Tschechoslowakei in das Deutsche Reich«. Nachdem der 66jährige Hácha einen Schwächeanfall erlitten hat, gibt er – im Anschluß an ein weiteres Gespräch mit Hitler – in einem Telefongespräch mit Prag den Befehl, den einmarschierenden Truppen keinen Widerstand entgegenzusetzen und unterschreibt die fertig formulierte Unterwerfungserklärung*

Führer und Reichskanzler Adolf Hitler (r.) auf dem Hradschin, 2. v. r. General der Infanterie Johannes Blaskowitz

Reichsprotektorat Böhmen und Mähren

16. März. Im Prager Rundfunk verkündet Reichsaußenminister Joachim von Ribbentrop die Schaffung des Reichsprotektorats Böhmen und Mähren als »autonomer« Teil des »Großdeutschen Reiches« unter einem eigenen Staatsoberhaupt und einem Reichsprotektor.

Um 6 Uhr morgens am 15. März hatte die Besetzung Böhmens, Mährens und von Teilen der westlichen Slowakei begonnen. Noch vor dem tschechoslowakischen Staatspräsidenten Emil Hácha, dem er das Ja zum Einmarsch abgepreßt hatte (→ 15.3./S.48), traf am Abend des 15. März auch Führer und Reichskanzler Adolf Hitler in Prag ein.

Das Reichsprotektorat umfaßt die Länder Böhmen (Hauptstadt Prag) und Mähren (Brünn). Unter Protektor Konstantin Freiherr von Neurath und dessen mächtigem Staatssekretär Karl Hermann Frank arbeiten 19 deutsche Oberlandräte; Staatsoberhaupt bleibt Hácha.

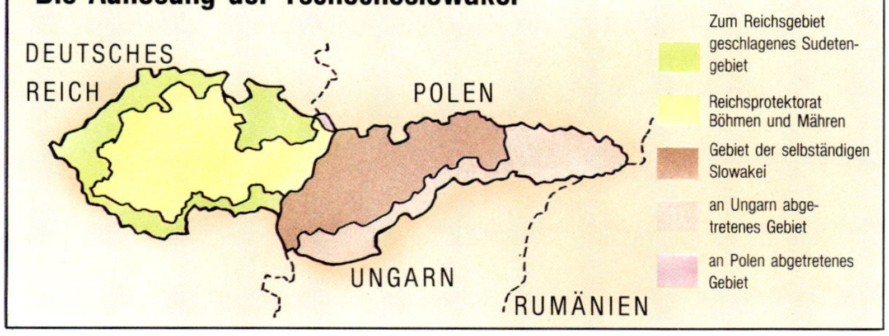

Die Auflösung der Tschechoslowakei

Anders als 1938 in Österreich und im Sudetenland fahren die Soldaten nicht durch Jubelspaliere mit Hakenkreuzfähnchen. Sie werden mit Hohnrufen, schweigend geballten Fäusten oder Nichtbeachtung empfangen. Ein US-Reporter notiert: »Die Tschechen standen mit Tränen in den Augen und sahen zu, wie die Deutschen nach Prag einmarschierten. »Gott sei Dank«, sagen einige, »daß [Thomás Garrigue] Masaryk das nicht mehr erleben mußte.«

Überrascht von dem Einmarsch werden 900 politische und 5000 jüdische Emigranten sowie 12 500 politische und 14 500 jüdische Flüchtlinge aus dem Sudetenland.

Mit der Besetzung der »Tschechei« und der Kontrolle über die Wirtschaft des Landes vergrößert sich die deutsche Stahlproduktion um 7%. Mit den Skodawerken Wetzler (Metall) und dem Aussiger Verein (Chemie) fallen kriegswichtige Großkonzerne in deutsche Hand.

»Neuordnung« der Tschechoslowakei

Am 15. März erklärt Führer und Reichskanzler Adolf Hitler der deutschen Bevölkerung:

»Die Tschecho-Slowakei hat ... aufgehört zu existieren ... Seit Sonntag finden in vielen Orten wüste Exzesse statt, denen ... zahlreiche Deutsche zum Opfer fielen. Stündlich mehren sich die Hilferufe der Betroffenen und Verfolgten. Um diese Friedensbedrohung nunmehr endgültig zu beseitigen und um die Voraussetzungen für die erforderliche Neuordnung in diesem Lebensraum zu schaffen, habe ich mich entschlossen, mit dem heutigen Tage deutsche Truppen nach Böhmen und Mähren einmarschieren zu lassen. Sie werden die terroristischen Banden und die sie deckenden tschechischen Streitkräfte entwaffnen, das Leben aller Bedrohten in Schutz nehmen und somit die Grundlagen für die Einführung einer grundsätzlichen Regelung sichern, die dem Sinn einer tausendjährigen Geschichte und den praktischen Bedürfnissen des deutschen und tschechischen Volkes gerecht wird.«

In der Präambel des Erlasses über das Reichsprotektorat Böhmen und Mähren vom 16. März heißt es u.a.:

»Ein Jahrtausend lang gehörten zum Lebensraum des deutschen Volkes die böhmisch-mährischen Länder. Gewalt und Unverstand haben sie aus ihrer alten historischen Umgebung willkürlich gerissen und schließlich durch ihre Einfügung in das künstliche Gebilde der Tschecho-Slowakei den Herd einer ständigen Unruhe geschaffen ... Das Deutsche Reich aber kann in diesen für seine eigene Ruhe und Sicherheit sowohl als für das allgemeine Wohlergehen und den allgemeinen Frieden so entscheidend wichtigen Gebieten keine andauernden Störungen dulden ... Es entspricht daher dem Gebot der Selbsterhaltung, wenn das Deutsche Reich entschlossen ist, zur Wiederherstellung der Grundlagen einer vernünftigen mitteleuropäischen Ordnung entscheidend einzugreifen ...«

Die Auflösung der Tschechoslowakei

29.9.1938: Im Münchner Abkommen verliert die Tschechoslowakei ein Drittel ihres Gebietes an das Deutsche Reich, Ungarn und Polen.
21.10.1938: Führer und Reichskanzler Adolf Hitler befiehlt der Wehrmacht, sich zur »Erledigung der Rest-Tschechei« bereitzuhalten.
28.2.1939: Hitler lehnt die Garantie der tschechischen Grenze ab.
2.3.1939: Der Prager Ministerpräsident Rudolf Beran fordert von seinem slowakischen Amtskollegen Jozef Tiso eine Loyalitäserklärung gegenüber dem Gesamtstaat.
10.3.1939: Der Staatspräsident der Tschechoslowakei, Emil Hácha erklärt die Regierung Tiso für abgesetzt. Preßburg wird von tschechischem Militär besetzt.
13.3.1939: In Berlin fordert Hitler von den abgesetzten Ministern Tiso und Ferdinand Durčanský die Ausrufung der slowakischen Unabhängigkeit. Karel Sidor wird neuer Regierungschef der Slowakei.
14.3.1939: Die deutsche Presse meldet Übergriffe gegen Volksdeutsche in der Tschechoslowakei. In Preßburg erklärt der Landtag der Slowakei das Land für unabhängig. Ungarn fordert die Prager Regierung ultimativ zur Räumung der Karpato-Ukraine, dem östlichen Teil der Slowakei, auf und beginnt mit dem Einmarsch, als die Forderungen nicht völlig erfüllt werden. Deutsche Truppen besetzen Mährisch-Ostrau und Vitkovice. Hácha und Außenminister František Chvalkovsky fahren nach Berlin.
15.3.1939: Hácha und Chvalkovsky unterzeichnen in Berlin ein Abkommen, wonach das »Schicksal des tschechischen Volkes und Landes« in die Hände Hitlers gelegt wird. Die Wehrmacht besetzt die »Tschechei« und die Westslowakei bis zum Waagtal, Hitler trifft am Abend in Prag ein. Die Karpato-Ukraine erklärt ihre Unabhängigkeit, Staatspräsident Augustin Woloschin und Ministerpräsident Julian Revay rufen in Unkenntnis der deutschen Zustimmung zum ungarischen Einmarsch Italien und das Deutsche Reich um Hilfe an.
16.3.1939: In Prag wird das Reichsprotektorat Böhmen und Mähren ausgerufen und die Slowakei unter den Schutz des Deutschen Reiches gestellt. Die karpato-ukrainische Regierung flieht nach Rumänien.

Adolf Hitler (2. v. r.) empfängt am 13. März den drei Tage zuvor abgesetzten slowakischen Regierungschef Jozef Tiso (3. v. r.)

Franz Karmasin, Führer der nationalsozialistischen Deutschen Partei der Slowakei, bei einer Rede

Von Slowaken und Deutschen demolierte Fenster jüdischer und tschechischer Geschäfte in Preßburg

Großkundgebung der slowakischen Separatisten am 12. März in der slowakischen Metropole Preßburg

Staatspräsident Emil Hácha und Außenminister František Chvalkovsky am 14. März in Berlin

Die faschistische Hlinka-Garde, 1938 nach dem Tod Andrej Hlinkas gegründet, besetzt wieder das Hlinka-Haus in Preßburg

Deutsche Panzerverbände in Prag. Wie zur Parade aufgereiht rollen die Tanks über die Straßen der Stadt an der Moldau

Deutsche Infanterie rückt, begrüßt von der deutschen Volksgruppe in Prag, am 15. März in den Hradschin ein

Das Hissen der Hakenkreuzfahne am Polizeipräsidium in Mährisch-Ostrau

Die Volksdeutschen bejubeln den Einmarsch der Wehrmacht in Brünn

Der Einzug von Führer und Reichskanzler Adolf Hitler am 17. März in Brünn, nach der Schaffung des Reichsprotektorats die Landeshauptstadt von Mähren

Eine Einheit der deutschen Infanterie, vorneweg eine Militärkapelle, in Brünn. Jubelnde Volksdeutsche stehen beim Einmarsch der Wehrmacht Spalier

Deutsche Soldaten in Brünn, der alten Metropole von Mähren und Zentrum der Schwerindustrie. Im Hintergrund der gotische Dom aus dem 15. Jahrhundert

Unterzeichnung des deutsch-slowakischen Schutzvertrages am 23. März in Berlin, l. der Bevollmächtigte Vojtech Tuka, r. Außenminister Joachim von Ribbentrop

Memelland besetzt – neuer Erfolg für Hitlers Machtpolitik

23. März. Gegen 14 Uhr trifft Führer und Reichskanzler Adolf Hitler in Memel ein, dessen Rückgabe an das Deutsche Reich Litauen in einem am Vortag paraphierten Vertrag gebilligt hat. Die deutsche Presse schreibt: »Die memelländische Bevölkerung bereitete dem Führer, ihrem Befreier aus zwanzigjähriger Knechtschaft und Not, bei seiner Einfahrt einen beispiellosen und überwältigenden Empfang.«

Nach der Besetzung Böhmens und Mährens am →15. März (S. 48) zeigte sich die deutsche Führung gewillt, nun das seit 1920 abgetrennte Memelland »heim ins Reich« zu holen. Am Tag des Einmarsches in Prag erklärte der von der deutschen Presse als »Führer der Memeldeutschen« apostrophierte Nationalsozialist Ernst Neumann: »Wir müssen unser politisches und wirtschaftliches Leben aufgrund des Rechtes nach eigenem Willen regeln.«

Großkundgebung mit Führer und Reichskanzler Adolf Hitler am 23. März 1939 auf dem Theaterplatz in Memel. In seiner kurzen Rede heißt Hitler die Memeldeutschen im »Großdeutschen Reich« willkommen, in das sie nun endlich heimgekehrt seien. Besonders ein Grenzland wie das Memelgebiet werde, so Hitler, empfinden können, was es heiße, hinter sich nunmehr ein gewaltiges Reich zu wissen

Landung von deutschen Marinesoldaten, Kradschützen und leichten Panzerfahrzeugen im Hafen von Memel am 23. März

Am 20. März machte Reichsaußenminister Joachim von Ribbentrop in Berlin seinem litauischen Amtskollegen Juozas Urbsys klar, daß angesichts der »Stimmung im Memelgebiet« ohne eine Rückgabe des seit 1924 zu Litauen gehörenden Memellandes eine »Befriedung« der dortigen Verhältnisse und eine Verständigung nicht möglich wäre.

Nach Beratungen mit dem Ministerrat in Kaunas kehrte Urbsys am 22. März nach Berlin zurück und unterzeichnete mit Ribbentrop und dem litauischen Botschafter Kazys Skirpa einen Vertrag über die sofortige Rückgabe des Memellandes an das Deutsche Reich, wobei zur Wahrung der litauischen Interessen eine Freihandelszone in Memel geschaffen wurde. Beide Seiten sprachen überdies einen Gewaltverzicht aus.

Am selben Abend begab sich Hitler in Swinemünde an Bord des Panzerschiffes »Deutschland« mit Ziel Memel. Die Panzerschiffe »Admiral Graf Spee« und »Admiral Scheer«, die Leichten Kreuzer »Leipzig«, »Nürnberg« und »Köln« sowie mehrere Zerstörer und Torpedoboote schlossen sich an.

An Bord der »Deutschland« unterzeichnete Hitler das Reichsgesetz über die Eingliederung Memels in das Land Preußen (Provinz Ostpreußen, Regierungsbezirk Gumbinnen). Ab 1. Mai 1939 gilt im Memelgebiet das gesamte Recht des Deutschen Reiches. Von Tilsit aus besetzten Verbände des I. Armeekorps (General der Artillerie Georg von Küchler) das Memelgebiet.

Noch vor Hitler war Heinrich Himmler, Reichsführer SS und Chef der Deutschen Polizei, in Memel eingetroffen, wo eine Massenflucht der jüdischen Bevölkerung einsetzte. Von den fast 6000 Juden im Memelland befinden sich beim Einmarsch der Deutschen noch rund 2000 in der Stadt, von denen knapp 1500 entkommen können.

Am Morgen des 23. März wurden die Flüchtlingszüge nach Litauen von Angehörigen der Schutzstaffel (SS) durchsucht und ein großer Teil des Gepäcks der Juden konfisziert. Jüdische Fabriken und Geschäfte wurden von der SS beschlagnahmt, die Räume der jüdischen Gemeinden sowie Synagogen besetzt und z.T. zerstört. Dabei kommt es zu schweren Mißhandlungen der im Memelgebiet verbliebenen Juden.

Nummer 13 30. März 1939

48. Jahrgang Preis 20 Pfennig
Copyright 1939 by Deutscher Verlag, Berlin

Berliner Illustrirte Zeitung

Memel frei!

Der Führer auf dem Panzerschiff „Deutschland" das ihn zum großen Fest der Uebernahme des Memellandes trägt.
Friedrich Franz Bauer

Die Titelseite der »Berliner Illustrirten Zeitung« vom 30. März 1939 zeigt Führer und Reichskanzler Adolf Hitler auf dem Panzerschiff »Deutschland«

APRIL 1, 1939 THE ILLUSTRATED LONDON NEWS 537

ANOTHER NAZI INVASION: THE ANNEXATION OF MEMEL BY THE THIRD REICH.

NAZI SAILORS JOIN FOR THE FIRST TIME IN OCCUPYING TERRITORY CEDED TO THE REICH: A LANDING PARTY MARCH THROUGH MEMEL; PART OF THE BALTIC FLEET WHICH ESCORTED HERR HITLER. (*Planet.*)

"WE THANK OUR FÜHRER": A SECTION OF THE LISTENING CROWD, SOME OF WHOM HAD WAITED MORE THAN TWELVE HOURS TO HEAR HERR HITLER'S BRIEF SPEECH IN THEATERPLATZ, MEMEL. (*Wide World.*)

PERHAPS A DEFIANT GESTURE: THE SMOKING GARRISON HEADQUARTERS REPORTED TO HAVE BEEN FIRED BY LITHUANIAN TROOPS. (*A.P.*)

VIEWING HIS NEW CONQUEST: HERR HITLER ON BOARD THE "DEUTSCHLAND" STEAMING TO MEMEL. (*S. and G.*)

DESPATCHED WITH WAVING SWASTIKAS AND CHILDREN'S GIBES: THE LITHUANIAN TROOPS TAKING THEIR LAST LEAVE OF MEMEL. (*Planet.*)

THE TRANSFER OF MEMEL: THE ACTUAL SIGNING OF THE AGREEMENT BY HERR VON RIBBENTROP (RIGHT), THE LITHUANIAN AMBASSADOR (LEFT), AND THE LITHUANIAN FOREIGN MINISTER, M. URBSYS (CENTRE). (*Wide World.*)

HERR HITLER'S FIRST SPEECH IN MEMEL: ADDRESSING THE CROWD IN THEATERPLATZ, WHEN HE SAID THAT, RETURNED TO A NEW GERMANY, THE MEMELLANDERS WOULD NOW SHARE ITS WORK AND ITS SACRIFICES. (*Planet.*)

Herr Hitler's long-awaited march into Memel took place on March 23. On March 21, an ultimatum had been presented to the Lithuanian Foreign Minister in Berlin, M. Urbsys, giving the Lithuanian Government a space of approximately four days to make up their minds to cede Memel. Sir Samuel Hoare, speaking in the House on March 22 for the Prime Minister, stated he understood that "in the event of resistance or application for support elsewhere, the matter would be dealt with not diplomatically but in a military sense." (This presumably meant the immediate bombing of Kaunas.) Lithuania is officially to retain certain rights in Memel; any form of alliance with Poland, however, will be frowned upon; and the familiar Nazi fiat that if internal disorder occurred it would be followed by German intervention went forth. On March 23, escorted by the whole of the Baltic fleet, Herr Hitler paid a three-hour visit to Memel. Within four days of this the Lithuanian Government resigned. Thirteen per cent. of Memel's population (c. 150,000) were Jews and Lithuanians. By the Convention of 1924, England, France, Italy and Japan guaranteed Lithuanian sovereignty of Memel (1099 sq. m.), with a measure of local autonomy.

Der »Anschluß« des Memellandes aus britischer Sicht: Bericht über die »Neue Nazi-Invasion« in der »Illustrated London News« vom 1. April 1939

Memelland von der Loslösung 1920 bis zum »Anschluß« 1939

10.1.1920: Durch Inkrafttreten des Versailler Friedens (28.6.1919) wird das seit dem Vertrag von Meldensee (27.9.1422) zum Gebiet des Deutschen Ordens bzw. zu Ostpreußen gehörende Memelland vom Deutschen Reich abgetrennt und der Verfügungsgewalt der Alliierten überantwortet. Das 2657 km² große, vorwiegend von Deutschen bewohnte Gebiet nördlich der Memel besetzen die Franzosen.
16.2.1923: Nachdem im Januar 1923 litauische Freischärler die französischen Besatzer vertrieben haben, erkennt eine Botschafterkonferenz der Alliierten in Paris die Souveränität Litauens über das Memelland im Grundsatz an.
8.5.1924: Durch die Pariser Memelkonvention werden die aus dem Versailler Friedensvertrag resultierenden Rechte der alliierten Mächte im Memelgebiet auf Litauen übertragen.
17.5.1924: Ein alliiertes Statut garantiert dem Memelland weitgehende innenpolitische Autonomie.
1926: Wegen fortgesetzer Unruhen wird über das Memelland der Ausnahmezustand verhängt. Er bleibt bis zum Jahr 1938 in Kraft.
1933: Der Tierarzt Ernst Neumann gründet die nationalsozialistische Sozialistische Volksgemeinschaft für das Memelland.
1935: Neumann und andere Führer der Sozialistischen Volksgemeinschaft werden nach einem Aufstandsversuch zu Zuchthausstrafen verurteilt und erst 1938 wieder entlassen.
11.12.1938: Bei den Landtagswahlen im Memelland entfallen auf die deutsche Liste 87,3%.
13.1.1939: Willy Bertuleit, der stellvertretende Führer der Nationalsozialisten im Memelgebiet, wird mit der Bildung des Memeldirektoriums beauftragt.
20.3.1939: Bei einem Gespräch mit Reichsaußenminister Joachim von Ribbentrop in Berlin wird der litauische Außenminister Juozas Urbsys mit der Forderung der Reichsregierung nach Rückgabe des Memellandes konfrontiert.
22.3.1939: Außenminister Urbsys trifft nach Konsultationen mit dem litauischen Kabinett wieder in Berlin ein und unterzeichnet um 23 Uhr mit Ribbentrop und dem litauischen Gesandten Kazys Skirpa ein Abkommen über die Rückgabe des Memelgebietes an das Deutsche Reich und die Bildung eines litauischen Freihafens in Memel.
23.3.1939: Auf dem Weg nach Memel, wo er gegen Mittag eintrifft, unterzeichnet Führer und Reichskanzler Adolf Hitler an Bord des Panzerschiffes »Deutschland« das Reichsgesetz über das Memelgebiet. Es wird in den Regierungsbezirk Gumbinnen in der Provinz Ostpreußen eingegliedert.

Stalin deutet außenpolitische Kurskorrektur der UdSSR an

10. März. In Moskau beginnt der XVIII. Parteikongreß der Kommunistischen Partei der Sowjetunion (KPdSU), der »Parteitag des vollendeten Sieges des Sozialismus« (bis 21.3.). In seiner Eröffnungsrede würdigt Josef W. Stalin, der Generalsekretär der Partei, die seit dem Parteikongreß 1934 geleistete Arbeit und erläutert die künftige Außenpolitik der UdSSR.

Im innenpolitischen Teil seiner Ansprache gibt Stalin bekannt, daß die Sowjetunion die höchstentwickelten kapitalistischen Länder zwar beim Tempo der Industrialisierung, aber noch nicht in der Produktion pro Kopf der Bevölkerung überholt habe. 93,5% der bäuerlichen Betriebe seien kollektiviert.

Das Weiterbestehen des Terrorapparates begründet Stalin mit der kapitalistischen Einkreisung der UdSSR. Folge der jahrelangen Säuberungen ist allerdings, daß die Zahl der Vollmitglieder der KPdSU gegenüber 1934 um 312 575 auf 1 514 181 zurückgegangen ist.

Stalin erklärt, ein neuer Krieg um die Aufteilung der Welt habe bereits begonnen. Die Aggressorstaaten seien Japan, Italien und das Deutsche Reich, ihre Gegner die USA, Frankreich und Großbritannien. Allerdings wichen letztere ständig zurück und versuchten, durch Opferung Chinas, Äthiopiens, Spaniens, Österreichs und des Sudetenlandes die Aggressoren zu besänftigen und ihre Expansion auf den einzigen sozialistischen Staat, die Sowjetunion, zu lenken. Der offenkundige Verzicht der Westmächte auf eine kollektive Abwehr und der Übergang von der Nichteinmischung zur Neutralität könne, so Stalin, »zu einem ernsthaften Fiasko führen«.

Stalin fährt fort: »Die Aufgaben der Partei auf dem Gebiet der Auswärtigen Politik sind die folgenden: 1. Die Friedenspolitik fortzuführen und die Wirtschaftsbeziehungen mit allen Ländern zu stärken. 2. Vorsichtig zu sein und nicht zuzulassen, daß unser Land in Konflikte durch Kriegstreiber verwickelt wird, die gewohnt sind, andere für sie die Kastanien aus dem Feuer holen zu lassen. 3. Die Stärke der Roten Armee und der Roten Flotte bis zum Äußersten zu erhöhen. 4. Die Bande der internationalen Freundschaft mit allen Arbeitern aller Länder zu stärken, die am Frieden interessiert sind.« (→ 31.3./S.56).

Josef W. Stalin, seit 1922 Generalsekretär der Kommunistischen Partei der Sowjetunion. Seit 1927 ist er unbestrittener Herrscher über 170 Millionen Sowjetbürger und Leitfigur von Kommunisten in aller Welt. Durch eine Vielzahl von Schauprozessen zwischen 1936 und 1938 sowie Säuberungen in Partei und Armee beseitigte er jede Opposition

Chamberlain-Rede markiert Ende der Appeasementpolitik

17. März. Am Vorabend seines 70. Geburtstags wendet sich der britische Premierminister Arthur Neville Chamberlain in Birmingham gegen die deutsche Gewaltpolitik und kündigt das Ende einer Politik der Beschwichtigung an.

Am 15. März hatte sich Chamberlain im britischen Unterhaus zurückhaltend zu der Besetzung Böhmens und Mährens (→ 15.3./S.48) geäußert. Durch die Proklamation einer selbständigen Slowakei sei die Tschechoslowakei von innen zerbrochen, daher könne sich die britische Regierung nicht länger an die im Münchner Abkommen in Aussicht gestellten Garantien gebunden fühlen.

Persönliche Enttäuschung und die Entrüstung der Öffentlichkeit sowie die Erkenntnis, daß die Stabilität Europas durch die deutsche Expansion ernsthaft gefährdet ist, veranlaßten Chamberlain zu dem Kurswechsel. In Birmingham begründet er zunächst seine Gespräche mit Führer und Reichskanzler Adolf Hitler 1938 mit dem Wunsch nach Friedenserhaltung. Dabei unterstreicht er den alten Grundsatz der britischen Außenpolitik, keiner Macht auf dem europäischen Kontinent die Vorherrschaft einzuräumen. Hitlers »Marsch nach Prag« hingegen markiere eine Wende. Zwar habe man im Fall Österreichs und des Sudetenlandes die Methode verurteilen können, aber »etwas ließ sich doch sagen zugunsten der Notwendigkeit einer Änderung der vorhandenen Lage … Aber die Dinge, die sich diese Woche unter völliger Mißachtung der von der deutschen Regierung selbst aufgestellten Grundsätze ereignet haben, scheinen zu einer anderen Kategorie zu gehören, und sie müssen uns allen die Frage nahelegen: ›Ist dies das Ende eines alten Abenteuers oder ist es der Anfang eines neuen?‹ Ist dies der letzte Angriff auf einen kleinen Staat, oder sollen ihm noch weitere folgen? Ist dies sogar ein Schritt in der Richtung auf den Versuch, die Welt durch Gewalt zu beherrschen?«.

Chamberlain kündigt neue Verteidigungsinitiativen an und warnt davor, zu glauben, »unsere Nation habe, weil sie den Krieg für eine sinnlose und grausame Sache hält, so sehr ihr Mark verloren, daß sie nicht bis zur Erschöpfung ihrer Kraft einer solchen Herausforderung entgegentreten« würde.

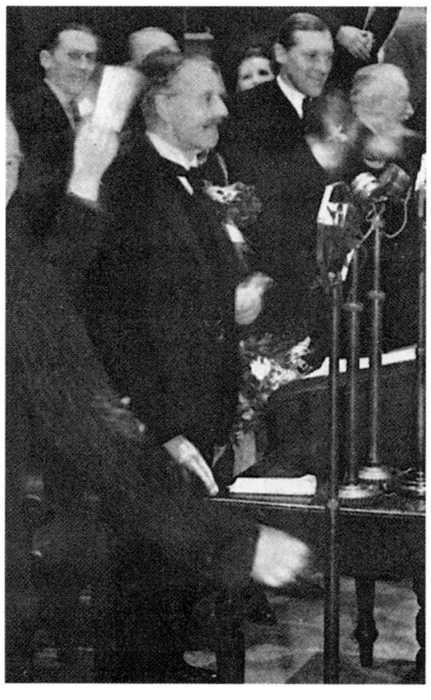

Arthur Neville Chamberlain

Arthur Neville Chamberlain (Abb., M., bei seiner Rede in Birmingham), wurde am 18. März 1869 in Edgbaston bei Birmingham geboren. Er ist der Sohn des erst liberalen, später konservativen Politikers und Kolonialministers (1895–1903) Joseph Chamberlain (1836–1914) und Halbbruder von Sir Joseph Austen Chamberlain (1863–1937), dem Friedensnobelpreisträger 1925. Chamberlain ist seit 1918 Abgeordneter der Konservativen im Unterhaus, war 1922/23 Generalpostmeister und von 1924 bis 1929 als Gesundheitsminister maßgeblich am Ausbau der Sozialgesetzgebung beteiligt. Als Schatzkanzler (1931–1937) setzte er eine Schutzzollpolitik durch und wurde 1937 Premierminister.

Paris und London ohne Botschafter

20. März. Erstmals seit dem Weltkrieg 1914–1918 sind die Westmächte nicht mehr durch Botschafter in Berlin vertreten: Nach US-Botschafter Hugh R. Wilson, der im November 1938 zurückberufen wurde und Neville Meyrick Henderson, der am 17. März nach London abreiste, verläßt auch Frankreichs Botschafter Robert Coulondre Berlin.
Im Gegenzug wird, nach Abberufung des deutschen Botschafters in London, Herbert von Dirksen, am 18. März, auch der deutsche Geschäftsträger in Paris, Johann Graf von Welczek, zur Berichterstattung nach Berlin zurückberufen.
Die drei Westmächte sind empört über die deutsche Annexion der »Rest-Tschechei« (→15.3./S.48). Nach Auskunft von Henderson kann sie nicht »durch irgendeinen der Gründe gerechtfertigt werden, die einst die Opposition gegen die Angliederung Österreichs und des Sudetenlandes schwächer machten. Sie widerspricht völlig dem Recht der Selbstbestimmung und ist absolut unmoralisch«.
Am 18. März hatte Großbritannien der Reichsregierung mitgeteilt, die Veränderungen in der Tschechoslowakei seien »rechtlich nicht begründet«. Frankreich erklärte die Annexion für nicht mit dem Münchner Abkommen (29.9.1938) vereinbar. Die deutsche Reichsregierung verwarf die Proteste, da sie »jeder politischen, rechtlichen und moralischen Grundlage entbehrten«.

Herbert von Dirksen (vorn) am 19. März beim Verlassen der Botschaft des Deutschen Reiches in London

Festlicher Empfang der französischen Gäste – in der Mitte 2. v. l. Staatspräsident Albert Lebrun – in der großen Halle von Westminster

Die Kutsche mit Frankreichs Präsident Albert Lebrun vor der St. Paul's Kathedrale

Gemeinsam gegen deutsche Aggression

24. März. Nach dreitägigem Staatsbesuch reisen Frankreichs Staatspräsident Albert Lebrun und Außenminister Georges Bonnet aus London ab. Thema ihrer Gespräche mit der britischen Regierung war eine Anti-Hitler-Koalition.
Nach der Annexion Böhmens und Mährens durch das Deutsche Reich (→15.3./S.48) stehen Frankreich und Großbritannien vor dem Scherbenhaufen ihrer Deutschlandpolitik. Sie hatten gehofft, Führer und Reichskanzler Adolf Hitler durch Verträge und Absprachen in ein System der Friedenssicherung einbinden zu können. Angesichts von Hitlers Griff nach Prag und dem am →23. März (S.63) abgeschlossenen deutsch-rumänischen Wirtschaftsabkommen, das der deutschen Wirtschaft den Zugang zu den Erdölreserven Rumäniens sichert, ist dieses Ziel gescheitert.
Frankreich und Großbritannien sind entschlossen, sich im Falle eines deutschen Angriffs auf Belgien, die Niederlande und die Schweiz gegenseitig zu Hilfe zu kommen. Darüber hinaus richtet sich ihr Blick auf Polen und die UdSSR. Polen sieht sich durch den deutschen Einmarsch ins Memelland (→23.3./S.52) bedroht und ordnete am 23. März die Teilmobilmachung im »Polnischen Korridor« an. Die Sowjetregierung hat bereits am 18. März den Briten die Einberufung einer Tagung derjenigen Staaten vorgeschlagen, die von der deutschen Expansionspolitik bedroht sind (→31.3./S.56).

Staatspräsident Albert Lebrun (2. v. r.) und seine Gattin neben König Georg VI. zeigen sich der Menge, l. die Prinzessinnen Margaret-Rose (vorn) und Elisabeth

In der Königsloge in Covent Garden: V. l. Albert Lebrun, Königin Elisabeth und König Georg VI.

Die schaulustige Menge beim französischen Staatsbesuch in London: Periskope ermöglichen besseres Sehen

Chamberlain garantiert Polen die Freiheit

31. März. Vor dem britischen Unterhaus in London kündigt Premierminister Arthur Neville Chamberlain an, Großbritannien und Frankreich kämen Polen im Falle einer bewaffneten Aggression zu Hilfe.
Chamberlain sagt, daß für die Dauer der Gespräche mit anderen Regierungen im Fall »irgendeiner Aktion, die klarerweise die polnische Unabhängigkeit bedroht und die die polnische Regierung daher für so lebenswichtig ansieht, daß sie ihr mit ihren nationalen Streitkräften Widerstand leistet, die britische Regierung sich verpflichtet fühlen würde, der polnischen Regierung alle in ihrer Macht stehende Hilfe sofort zu gewähren. Sie hat der polnischen Regierung eine derartige Zusicherung gegeben. Ich kann hinzufügen, daß die französische Regierung mich autorisiert hat, darzulegen, daß sie die gleiche Haltung in dieser Frage einnimmt wie die britische Regierung.«
Eine derart umfassende Garantie hatte Chamberlain der Tschechoslowakei in ähnlicher Situation 1938 noch verwehrt und stets erklärt, niemals werde sein Land die Entscheidung darüber, ob es in einen Krieg eintrete oder nicht, einem anderen Staat überlassen.
Chamberlains Zusicherung gegenüber Polen sind intensive diplomatische Aktivitäten zwischen London, Paris, Warschau und Moskau vorausgegangen. Nachdem die Sowjetunion am 18. März den Briten eine Konferenz der vom Deutschen Reich am meisten bedrohten Länder vorgeschlagen hatte (UdSSR, Großbritannien, Frankreich, Türkei, Polen und Rumänien), bot Chamberlain der französischen, polnischen und sowjetischen Regierung die Bildung einer Koalition an, die jeder künftigen Bedrohung der Unabhängigkeit eines Staates durch das Deutsche Reich Widerstand leisten sollte.
Polen erhob jedoch gegen die Einbeziehung der UdSSR in den Sicherheitspakt Bedenken und suchte eine direkte Verständigung mit Großbritannien. Ziel ist der Abschluß eines wechselseitigen Militärbündnisses (→ 13.4./S.72).
Das britische Garantieversprechen hat auch für die deutsche Führung, die Polen noch im Januar (→ 6.1./S.12.) ein Bündnis gegen die UdSSR vorgeschlagen hatte, Konsequenzen: Soll die deutsche Expansionspolitik in Mittel- und Osteuropa gelingen, muß Polen isoliert werden, bevor die britisch-französische Hilfe wirksam werden kann.

Arthur Neville Chamberlain, seit 1937 britischer Premierminister

Deutschland und Polen über Danzig uneins

26. März. Der polnische Geschäftsträger in Berlin, Josef Lipski, übergibt Reichsaußenminister Joachim von Ribbentrop ein Memorandum seiner Regierung über die Behandlung der Danzig-Frage.
Polen will über eine Erleichterung des Verkehrs zwischen Danzig und Ostpreußen verhandeln, erklärt aber gleichzeitig: »Alle polnischerseits gewährten Zugeständnisse können jedoch nur im Rahmen der polnischen Souveränität stattfinden – eine Exterritorialität der Verkehrswege kann daher nicht in Frage kommen.«
Ribbentrop erklärt daraufhin, diese Stellungnahme sei keine Basis für eine deutsch-polnische Verständigung. Er wiederholt die deutschen Wünsche: Wiedervereinigung der Stadt Danzig mit dem Deutschen Reich und eine exterritoriale Eisen- und Autobahnververbindung durch den »Polnischen Korridor« (→ 6.1./S.12).
Lipski entgegnet, er habe »die unangenehme Pflicht, darauf hinzuweisen, daß weitere Verfolgung dieser deutschen Pläne, insbesondere soweit sie eine Rückkehr Danzigs zum Reich betreffen, den Krieg mit Polen bedeuten«.
Ribbentrops Antwort ist eindeutig: »Eine Verletzung des Danziger Hoheitsgebietes durch polnische Truppen würde von Deutschland in der gleichen Weise wie eine Verletzung der Reichsgrenzen betrachtet werden.«

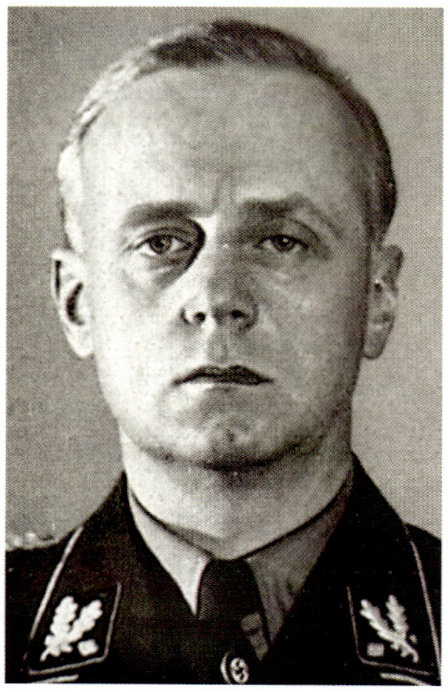
Außenminister J. v. Ribbentrop

Polens Botschafter Josef Lipski

Bundesrat Hermann Obrecht, Vorsteher des Volkswirtschaftsdepartements

Schweiz bekräftigt Abwehrbereitschaft

16. März. Der Schweizer Bundesrat Hermann Obrecht wendet sich in einer Rede vor der Ortsgruppe der Neuen Helvetischen Gesellschaft in Basel gegen jedes Einlenken gegenüber den Forderungen aggressiver Staaten und unterstreicht den Widerstandswillen der Schweiz.
Obrecht erklärt seinen Zuhörern unter Anspielung auf die Reisen des damaligen österreichischen Bundeskanzlers Kurt Schuschnigg nach Berchtesgaden am 12. Februar 1938 und des tschechoslowakischen Staatspräsidenten Emil Hácha am → 15. März (S.48) nach Berlin: »Wir Schweizer werden nicht zuerst ins Ausland wallfahrten gehen!«.
Obrecht fährt in seiner Rede fort: »Das Ausland muß es wissen: Wer uns ehrt und in Ruhe läßt, ist unser Freund. Wer dagegen unsere Unabhängigkeit angreifen sollte, den erwartet der Krieg.«
Obrecht wurde am 4. April 1935 zum Bundesrat gewählt. Der aus Solothurn gebürtige Politiker, Mitglied der Freisinnig-demokratischen Partei, leitet seitdem das Volkswirtschaftsdepartement und ist seit Februar 1936 auch Vorsteher der Kommission für die Landesausstellung 1939 (→ 6.5./S.99).
Als Bundesrat befaßt sich Obrecht vor allem mit der wirtschaftlichen Mobilmachung der Schweiz für den Fall eines möglichen Krieges. Delegierter für die Kriegswirtschaft ist seit April 1937 der Volkswirtschaftler Paul Keller aus St. Gallen.

Die Truppen Francos erobern kampflos das »rote« Madrid

28. März. Um 12 Uhr gibt der Sender Madrid die Übergabe der Stadt an die Truppen von Generalissimus Francisco Franco Bahamonde bekannt. Die spanische Hauptstadt, die nach dem Willen der Republikaner das »Grab des europäischen Faschismus« werden sollte, fällt kampflos in die Hände des Gegners; die letzten republikanischen Truppen versuchen den Durchbruch nach Valencia.

Dem Fall Madrids sind heftige Auseinandersetzungen innerhalb der republikanischen Führung vorausgegangen: Der nach der Aufgabe Barcelonas (→ 26.1./S.20) nach Frankreich geflohene Regierungschef Juan Negrín war Anfang März nach Spanien zurückgekehrt, um den Widerstand bis zum Äußersten zu mobilisieren. Der Plan stieß jedoch auf die Opposition einer Gruppe von Militärs und Politikern um Oberst Segismundo Casado, der am 6. März in Madrid eine Junta konstituierte, der bis auf die Kommunisten alle Parteien und Gewerkschaften der Volksfront von 1936 angehörten.

Negrín und seine Anhänger, die sich nur noch auf die Kommunistische Partei stützen konnten, flohen erneut nach Frankreich. Ein kommunistischer Putsch in Madrid, der 2000 Tote forderte, wurde von Truppen der Junta niedergeschlagen. Ein Versuch Casados am 23. März, mit Franco über einen Friedensschluß zu verhandeln, schlug fehl: Franco forderte die bedingungslose Kapitulation der Republikaner.

Kriegsgefangene Soldaten der ehemaligen Armee der Republik Spanien nach dem Einmarsch der Nationalisten

Straßenszene in der Hauptstadt Madrid nach der Übergabe an die Nationalisten, im Hintergrund das Alcala-Tor

◁◁ Die Brücke über den Fluß Manzanares, die von der Artillerie der republikanischen Armee zerstört wurde. 33 Monate war das »rote« Madrid Frontstadt und wurde erbittert von den Truppen der Republik und den Internationalen Brigaden gegen die Nationalisten verteidigt

◁ Die über den Manzanares führende »Brücke des Generalissimus«, die einzige Verbindung zwischen den in der Madrider Universitätsstadt kämpfenden Nationalisten und ihrem Nachschub. Das im Nordosten Madrids liegende Universitätsviertel erlebte ab November 1936 die schwersten Kämpfe bei der Verteidigung der Hauptstadt, wobei sich die auf Seiten der Republik kämpfenden Internationalen Brigaden bewährten

Offiziere der Franco-Truppen bei der Abnahme einer Parade auf einem Balkon des Regierungsgebäudes

Nationalisten bei einer Siegesfeier nach 33 Monaten Krieg auf der Madrider Puerta del Sol

Begrüßung eines leichten Panzerfahrzeugs der nationalistischen Armee bei der Ankunft in Madrid

Neuer Papst heißt Pius XII.

2. März. Bereits nach dem dritten Wahlgang steht das neue Oberhaupt der römisch-katholischen Kirche fest: Die 62 zum Konklave in der Sixtinischen Kapelle im Vatikan versammelten Kardinäle wählen Kardinalstaatssekretär Eugenio Pacelli zum neuen Papst. Er zeigt sich um 18.30 Uhr erstmals den auf dem Petersplatz versammelten Gläubigen.
Mit der Wahl Pacellis wird die Tradition, den Kardinalstaatssekretär des Vorgängers nicht zu wählen, durchbrochen. Pacelli nimmt den Namen Pius XII. an. Seine Krönung in Rom erfolgt am 12. März. Zum neuen Kardinalstaatssekretär ernennt er Kardinal Luigi Maglione.

Der neugewählte Papst Pius XII.

Pius XII. – Eine Karriere im Vatikan
2.3.1876: Geburt des Eugenio Pacelli in Rom als Sohn von Filippo Pacelli, Rangältester der Konsistorialadvokaten im Vatikan
2.4.1899: Weihe zum Priester
1901: Eintritt in das päpstliche Staatssekretariat
1917: Ernennung zum Apostolischen Nuntius in München
1920: Übernahme der Nuntiatur für das Deutsche Reich in Berlin
16.12.1929: Erhebung von Eugenio Pacelli zum Kardinal
12.2.1930: Einsetzung als Kardinalstaatssekretär durch Papst Pius XI.
1934: Verleihung der Würde des Camerlengo, der die römisch-katholische Kirche verwaltet, während der päpstliche Stuhl unbesetzt ist
2.3.1939: Wahl zum Papst als Nachfolger von Pius XI., Eugenio Pacelli nimmt den Namen Pius XII. an.

Der 63jährige Pacelli war langjähriger Mitarbeiter des am →10. Februar (S.34) verstorbenen Pius XI. und zählte zum engsten Favoritenkreis für dessen Nachfolge. Als päpstlicher Nuntius im Deutschen Reich (1920-1929) bereitete er maßgeblich den Konkordatsvertrag mit Preußen vor, der im Juni 1929 unterzeichnet wurde. Er gilt als Befürworter einer zentralistischen Kirchenstruktur und einer konservativen Sozialpolitik.
Die Wahl Pacellis findet weltweite Beachtung. In den westlichen Demokratien, die mit Sympathie die Kritik von Papst Pius XI. an der faschistischen Rassenlehre und den antikirchlichen Übergriffen im Deutschen Reich verfolgt hatten, hofft man, sein Nachfolger werde einen ähnlichen Kurs einschlagen. Die »New York Times« kommentiert: »Wieder einmal steht die katholische Kirche Seite an Seite mit den demokratischen Völkern, um die Unabhängigkeit des menschlichen Geistes und die Brüderlichkeit der Menschheit gegen die ungeistigen Methoden neuzeitlicher Barbaren zu verteidigen.«
Die Pariser »L'Humanité«, das Parteiorgan der französischen Kommunisten, schreibt: »20 Tage nach dem Tod Pius XI. wurde der neue Papst gewählt. Es ist Pius XII. Wird er nicht auch mit dem Namen die Arbeit jenes Mannes aufnehmen, dessen Mitarbeiter er als Staatssekretär während der letzten Jahre war?«
Die deutsche katholische Kirche nimmt die Wahl Pacellis, der Deutschland aus eigener Anschauung kennt, gleichfalls positiv auf.
Erste Hinweise auf die künftige Haltung des Papsttums gibt eine Ansprache, die Pius XII. einen Tag nach seiner Wahl am 3. März im Anschluß an ein feierliches Tedeum in der Sixtinischen Kapelle im Rundfunk hält: »Wir fordern alle Menschen zum Frieden auf, zum Frieden des ruhigen Gewissens in der Freundschaft mit Gott, zum Frieden in den Familien, die in der Liebe Christi einig und einträchtig leben sollen, zum Frieden schließlich unter den Nationen in brüderlicher gegenseitiger Hilfe, in freundschaftlichem Zusammenwirken und in herzlichem Einvernehmen im Sinne der höheren Interessen der großen Menschheitsfamilie unter dem Schutz der göttlichen Vorsehung.«

Päpstliche Kämmerer und Angehörige der päpstlichen Garde tragen Pius XII.

Der traditionelle Gang der Papstwahl

Das Konklave, die Versammlung der zur Wahl eines neuen Kirchenoberhaupts in Rom zusammentreffenden Kardinäle, wurde am 1. März eröffnet. Von den insgesamt 62 Kardinälen, die sich in der Sixtinischen Kapelle versammelten, hatte Pius XI. 52 selbst ernannt. Unter den Kirchenfürsten waren 27 Ausländer; letzter nichtitalienischer Inhaber des Heiligen Stuhls war Hadrian VI. (Adriaan Florisz Boeyens), der 1523 starb.
Wie im Jahr 1274 von Papst Gregor X. angeordnet, tagt jede Wahlversammlung der Kardinäle in völliger Abgeschiedenheit. Dadurch soll einerseits jede Beein-

Vorderansicht eines Wahlzettels

Papst Pius XII. und die zum Konklave angereisten Kardinäle im Petersdom

Papst Pius XII. spendet von der großen Loggia den ersten Segen »urbi et orbi«

Nomen.

Eligo in Summum Pontificem R.^mum D.
meum D. Card.

Signa.

Gefaltetes und versiegeltes Formular für die Papstwahl

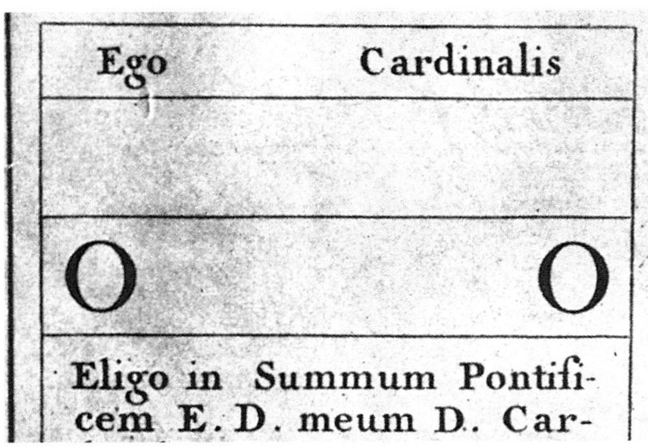

Ego Cardinalis

O O

Eligo in Summum Pontifi-
cem E. D. meum D. Car-

Das Innere des Stimmzettels für die Wahl eines Papstes

flussung von außen verhindert werden, andererseits sollen die damit verbundenen Unbequemlichkeiten die Wahl beschleunigen.
Zur Wahl bedarf es der Mehrheit von zwei Dritteln und einer Stimme. Die Stimmzettel werden nach jedem Wahlgang verbrannt. War die Abstimmung erfolglos, wird dem Feuer feuchtes Stroh beigemischt; es entwickelt sich grauer Rauch. Erst bei erfolgter Wahl erscheint weißer Rauch und verkündet der Welt »Habeamus papam« (Wir haben einen Papst).

Päpste im 20. Jahrhundert

1878 – 1903: Leo XIII., vorher Vincenzo Gioacchino Pecci (* 2.3.1810 in Carpineto, gewählt am 20.2.1878, † in Rom am 20.7.1903)

1903 – 1914: Pius X., vorher Giuseppe Sarto (*2.6.1835 in Riese/Provinz Treviso, gewählt am 4.8.1903, † in Rom am 20.8.1914)

1914 – 1922: Benedikt XV., vorher Giacomo della Chiesa (*21.11.1851 in Genua, gewählt am 3.9.1914, † in Rom am 22.1.1922)

1922 – 1939: Pius XI., vorher Achille Ratti (*31.5.1857 in Desio/Provinz Mailand, gewählt am 6.2.1922, † in Rom am 10.2.1939)

Ab 1939: Pius XII., vorher Eugenio Pacelli (*2.3.1876 in Rom, gewählt am 2.3.1939).

Beamter nur über das NS-Parteibuch

1. März. Die Verordnung über Vorbildung und Laufbahn der deutschen Beamten vom 28. Februar 1939 tritt in Kraft. Sie regelt Einstellung und Laufbahn für Staatsdiener des einfachen (Bewerbungsalter für Zivilanwärter 21-40 Jahre), mittleren (21-31 Jahre) und gehobenen Dienstes (bis 30 Jahre). Alle Bewerber müssen der Nationalsozialistischen Deutschen Arbeiterpartei (NSDAP) »oder einer ihrer Gliederungen angehören oder angehört haben«. Wichtige Auswahlkriterien sind »die persönliche Eignung und die charakterliche Haltung«.
Bevorzugt eingestellt werden ehrenhaft entlassene Soldaten und Angehörige des Reichsarbeitsdienstes (RAD) sowie Kinder aus kinderreichen Familien. Bewerber, deren Ausbildung die für eine Stelle verlangten Qualifikationen übersteigt, dürfen nicht bevorzugt werden. Gering sind die Chancen von Frauen: »Weibliche Personen sind nur für solche Stellen zuzulassen, die ihrer Art nach mit weiblichen Beamten besetzt werden müssen.«
Das Durchschnittsalter der Beamten im Deutschen Reich beträgt 55 Jahre. Von den insgesamt 1,2 Millionen Mitgliedern des Reichsbundes der Deutschen Beamten sind 28,2% Mitglieder der NSDAP.

Die Verpflichtung von zehnjährigen Jungen am Vorabend des Geburtstages von Führer und Reichskanzler Adolf Hitler (20. April) für das Deutsche Jungvolk (DJ)

HJ-Dienst wird zur Pflicht

25. März. Führer und Reichskanzler Adolf Hitler unterzeichnet zwei Durchführungsverordnungen zum Gesetz über die Hitlerjugend (HJ) vom 1. Dezember 1936.
Reichsjugendführer Baldur von Schirach werden »alle Aufgaben der körperlichen, geistigen und sittlichen Erziehung der gesamten deutschen Jugend ... außerhalb von Elternhaus und Schule« sowie die Zuständigkeit in allen Angelegenheiten der Jugendpflege übertragen.
Der bislang freiwillige HJ-Dienst wird als »Ehrendienst am Deutschen Volke« für alle Jugendlichen vom 10. bis zum vollendeten 18. Lebensjahr obligatorisch. Jungen und Mädchen vom 10. bis 14. Lebensjahr dienen im Deutschen Jungvolk bzw. im Jungmädelbund, im Alter von 14 bis 18 Jahren folgt der Dienst in der HJ bzw. im Bund Deutscher Mädel. Wer seinen Sohn oder seine Tochter nicht zum HJ-Dienst anmeldet, dem drohen Geld- oder Haftstrafen.

Willi Münzenberg rechnet mit KPD ab

10. März. Am Tag der Eröffnung des XVIII. Parteitages der Kommunistischen Partei der Sowjetunion (→ 10.3./S.54) veröffentlicht der Publizist Willi Münzenberg die Gründe

Willi Münzenberg, ab 1919 Mitglied der KPD, ab 1927 im Zentralkomitee, von 1924 bis 1933 Reichstagsabgeordneter. Er gründete den sog. Münzenberg-Konzern mit mehreren Verlagen und Filmunternehmen

für seinen endgültigen Bruch mit der Kommunistischen Partei Deutschlands (KPD).
Münzenberg, der 1933 nach Paris emigriert war, schreibt in seiner Zeitschrift »Die Zukunft« u.a.: »Die widerspruchsvolle Politik der Partei, die nur in leeren Worten auf neue Aufgaben hinweist, ohne in den Kampfmethoden, in Form und Sprache der Propaganda Wesentliches zu ändern, ihre Unklarheit in der Zielsetzung, die die ›demokratische Volksrepublik‹ fordert, ohne daß auf eine Einparteí-Diktatur verzichtet würde, das zwiespältige Verhalten in der Einheitsfronttaktik« lasse keine Arbeitereinheit zu.

Aufrüstung auf Kosten der Steuerzahler

20. März. Die Reichsregierung erläßt ein Gesetz über die Finanzierung »nationalpolitischer Aufgaben« des Reichs. Der Neue Finanzplan entlastet die Reichskasse teilweise von den immens gestiegenen Rüstungsausgaben und bürdet sie der gewerblichen Wirtschaft auf.
Bei der Vorstellung des neuen Gesetzes verweist SA-Obergruppenführer Fritz Reinhardt, Staatssekretär im Reichsfinanzministerium, auf den über Erwarten großen Finanzbedarf des Deutschen Reiches und die positive Entwicklung des Steueraufkommens.
Entsprechend den »finanz- und kreditpolitischen Grundsätzen des Nationalsozialismus« soll ab Mai 1939 der Finanzbedarf des Reiches grundsätzlich nicht mehr durch die Aufnahme verzinslicher Anleihen, sondern durch Ausgabe von Steuergutscheinen gedeckt werden.
Das Reich, Länder und Gemeinden sowie reichseigene Einrichtungen bezahlen künftig 40% der Lieferungen der gewerblichen Wirtschaft je zur Hälfte mit Steuergutscheinen I. und II. Klasse. Diese werden dann nach sieben bzw. 37 Monaten (dann zu einem Satz von 112%) bei der Entrichtung von Reichssteuern in Zahlung genommen. Etwaige Steuerausfälle soll eine sog. Mehreinkommensteuer ausgleichen: Wer Einkommen- oder Körperschaftssteuer zahlt und mehr als im Vorjahr verdient, muß die Mehreinnahme mit 30% versteuern.

100 R.M
Serie I

Steuergutschein I
über
Einhundert Reichsmark

100 R.M
A·0000000

einlösbar ab dem Monat .... 19. .

Dieser Steuergutschein I wird von den Finanzkassen und Zollkassen des Reichs von dem oben bezeichneten Monat ab zum Betrag von 100 Reichsmark bei der Entrichtung von Reichssteuern in Zahlung genommen.
Auf Grund dieses Steuergutscheins kann Bewertungsfreiheit für abnutzbare Wirtschaftsgüter des betrieblichen Anlagevermögens in Anspruch genommen werden. Dabei gelten die Voraussetzungen im § 3 des Gesetzes über die Finanzierung nationalpolitischer Aufgaben des Reichs (Neuer Finanzplan -NF-) vom 20. März 1939 (Reichsgesetzbl. I S. 561).

(Trockenstempel mit der Umschrift „Reichsfinanzministerium")

Berlin, 24. März 1939
Der Reichsminister der Finanzen

(Abdruck des Dienststempels)

Reichsdruckerei, Berlin

Muster eines Steuergutscheines zur Bezahlung von Lieferungen an das Reich

Aus für den Bund der Alldeutschen

13. März. Der Alldeutsche Verband (AV) wird verboten. Offiziell wird diese Maßnahme damit begründet, daß sich sein Anliegen erledigt habe, tatsächlich gilt der 1891 gegründete AV als Sammelbecken für reaktionäre und unzufriedene Kreise aus dem gesamten ehemaligen rechtsgerichteten Lager.
Mit dem AV werden auch die »Alldeutschen Blätter«, die »Lageberichte« des AV und der »Alldeutsche Wehrschatz« verboten.
Vorsitzender des AV war seit 1908 Justizrat Heinrich Claß. Während des Kaiserreichs und der ersten Jahre der Weimarer Republik spielte der vor allem zur Förderung deutscher Großmachtpolitik gegründete Verband, der 1922 rund 40 000 und 1932 etwa 8000 Mitglieder zählte, eine wichtige Rolle als Organisation der äußersten politischen Rechten.

Straßen und Verkehr 1939:

Höchstleistungen in der Luftfahrt und Engpässe zu Lande

Schon vor Kriegsausbruch erweist sich das Leistungsvermögen der öffentlichen Verkehrsmittel im Deutschen Reich als kaum ausreichend. Ab September führt die starke Inanspruchnahme der Bahnen zu Engpässen bei der Versorgung der Bevölkerung und in kriegswichtigen Produktionszweigen. So wird im Bergbau oft nur ein Drittel der geförderten Kohle sofort verladen, selbst Munitions- und Stickstoffabriken erhalten nicht selten nur 10% der nötigen Transportmittel.

Obwohl der Reichsbahn bereits 1938 80 000 Güterwagen fehlten und das Beschaffungsprogramm 1939 lediglich 10 000 neue Wagen vorsieht, gelingt der Bahn durch totalen Materialeinsatz eine Steigerung der Beförderungsmengen. 2,301 Milliarden Personen reisen in diesem Jahr mit der Bahn, 12% mehr als im Vorjahr. Der Gütertransport steigt gegenüber 1938 um 8,4% auf 620 Millionen t.

Als einer der schnellsten Züge Europas gilt ein am 15. Mai in Betrieb genommener Reichsbahn-Schnelltriebwagen, der mit einer Spitzengeschwindigkeit von 160 km/h in siebeneinhalb Stunden von Dortmund nach Basel rast. Die Zahl der Kraftfahrzeuge im Deutschen Reich klettert in diesem Jahr um 16,7% auf 3 786 367. Allerdings ist die Zahl der Neuzulassungen rückläufig. Insgesamt sinkt sie gegenüber dem Vorjahr um 9,7%, bei PKW sogar um 27,9% auf 161 907 Fahrzeuge. Die Zahl der Pkw-Typen wird von 52 auf 30 und der Lkw-Typen von 113 auf 19 reduziert. Ziel dieser Rationalisierung ist eine Erhöhung der Produktion und die Einsparung von Material.

Der deutsche Autofahrer hat 1939 folgende Neuregelungen zu beachten: Aufgrund der Reichsgaragenordnung vom 1. April muß er sicherstellen, daß sein abgestelltes Auto den Verkehr nicht behindert, ab dem →7. Mai (S.98) muß er Geschwindigkeitsbegrenzungen einhalten. Innerhalb geschlossener Ortschaften gilt für PKW eine Höchstgeschwindigkeit von 60 km/h und für LKW von 40 km/h. Außerhalb gelten 100 bzw. 70 km/h. Am →7. November (S.195) wird jeder Kfz-Halter verpflichtet, bis zum 1. Juli 1940 eine Haftpflichtversicherung abzuschließen.

Die Zahl der privaten Kraftfahrzeugbenutzer wird mit Kriegsbeginn stark reduziert: Ab dem 11. September werden alle Fahrzeugbereifungen aus Kautschuk beschlagnahmt. Ab 20. September ist die private Kfz-Benutzung genehmigungspflichtig. Das Netz der Reichsautobahnen wächst dennoch weiter, in diesem Jahr um 237 auf 3302 km.

Der öffentliche Flugverkehr im Deutschen Reich wird mit Kriegsbeginn zunächst völlig eingestellt, ab dem 4. Oktober jedoch von Berlin aus wiederaufgenommen. Allerdings starten die Maschinen nicht vom neuen Zentralflughafen Tempelhof, sondern vom Sportflughafen Rangsdorf. Hamburg wird zum Luftsperrgebiet erklärt und darf nicht mehr angeflogen werden.

Noch kurz zuvor hatte die internationale Fliegerei mit zahlreichen neuen Höchstleistungen von sich reden gemacht: So hatte die Deutsche Lufthansa AG am 1. Januar den Linienverkehr von Berlin über 15 039 km nach Santiago de Chile aufgenommen. Am →26. April (S.77) hatte Fritz Wendel auf einer Messerschmitt Me 109 R mit 755,11 km/h einen Geschwindigkeitsrekord für Kolbenmotorflugzeuge aufgestellt. Am →28. Juni (S.110) war mit einem Pan-American-Flugboot der transatlantische Passagierluftverkehr zwischen New York und Lissabon eröffnet worden und am →27. August (S.146) hatte in Stralsund mit der Heinkel He 178 das Zeitalter der Strahlturbinenflugzeuge begonnen. Den weiteren Weg bestimmte der Krieg.

Bestand an ozeanbefahrenden Schiffen am 30. Juni 1939

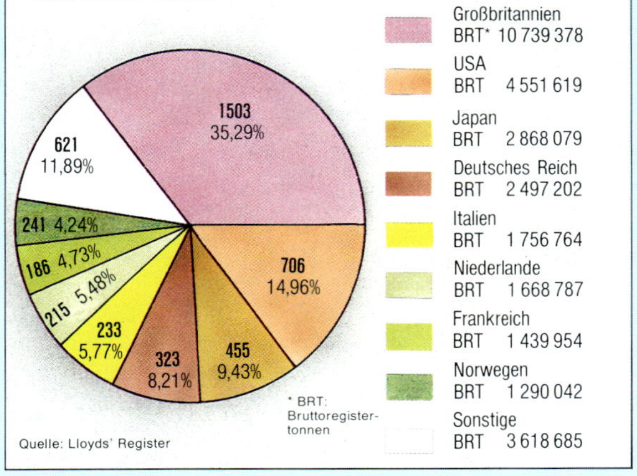

Bestand an Pkw im Deutschen Reich am 1. Juli 1939*

* ohne Österreich und Reichsprotektorat Böhmen und Mähren

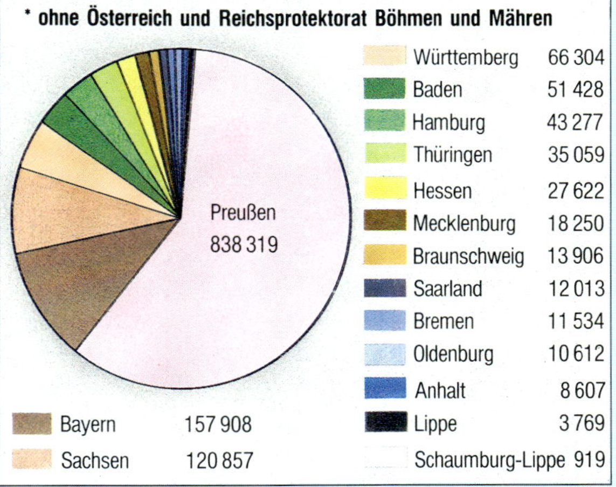

Werbepostkarte für den regelmäßigen Luftpostdienst der Deutschen Lufthansa nach Südamerika 1939

Ein wichtiger Bestandteil der Verkehrsplanung im Jahre 1939: Der Ausbau des Eisenbahnnetzes, denn es dient nicht nur der Versorgung der Bevölkerung, sondern sichert auch wichtige militärische Nachschubwege

Bau eines Abschnittes der Reichsautobahn. Die eingesetzte Maschine gießt die Decke der Fahrbahn in ihrer ganzen Breite

Erste »Reichsmesse Großdeutschland«

5. März. *In Leipzig beginnt mit einer Ansprache von Reichspropagandaminister Joseph Goebbels die diesjährige Frühjahrsmesse als erste »Reichsmesse Großdeutschland« (Abb.: Die Alte Waage, Sitz des Messeamts am Markt). Er erklärt, das drängendste Problem der deutschen Wirtschaftsführung sei »der ständig zunehmende Menschenmangel«, der »eine großzügige Rationalisierung« erfordere. Zu der Wirtschaftsschau, die am 13. März ihre Tore schließt, sind 9800 Aussteller aus 28 Ländern erschienen. Aus insgesamt 70 Ländern haben sich Einkäufer in Leipzig angesagt. Nach dem Willen der Veranstalter soll die Messe den Welthandel beleben und zugleich die deutschen Exporte ankurbeln. 1938 verzeichnete die deutsche Volkswirtschaft einen Einfuhrüberschuß. Auf starkes Interesse stoßen in Leipzig die deutschen Stahlproduzenten; besonders bestaunt wird ein Propeller des Schiffes »Europa« aus einer neuen, nichtrostenden Gußlegierung.*

50 000 Ferkel für die Kumpel im Revier

24. März. Durch eine Ferkelzuteilungsaktion und ein besonderes Schmalzangebot für die Ruhrbergleute soll die Stimmung im Ruhrgebiet angesichts der bevorstehenden Verlängerungen der Schichtzeit (→ 1.4./S.76) gebessert werden.
Das Reichsernährungsministerium stellt 50 000 Ferkel zur Verfügung, die zum Stückpreis von 20 Reichsmark (RM) an Ruhrbergleute abgegeben werden sollen. Die Differenz zum Marktpreis, die zwischen 30 und 35 RM liegt, übernimmt der Staat. Die Gemeinden im Ruhrgebiet werden angewiesen, die Schlachthofgebühren zu senken.
Auf Anregung der Bergwerksunternehmen garantiert das Reichsarbeitsministerium außerdem die Zuteilung monatlicher Schmalzrationen. Verheiratete Bergleute sollen 1 kg, ledige Kumpel 750 g Schmalz beziehen können. Allerdings machen nur wenige Bergleute von diesem Angebot des Staates Gebrauch, da sie für das Schmalz die gleichen Preise bezahlen sollen, wie sie auch im ortsansässigen Einzelhandel verlangt werden.

Deutscher Einzelhandel von Zwangsschließungen bedroht

16. März. Zur »Beseitigung der Übersetzung« im Einzelhandel erläßt der Reichswirtschaftsminister Walther Funk eine Verordnung, mit der die zwangsweise Schließung von Einzelhandelsbetrieben und die Überstellung ihrer Inhaber zum Arbeitseinsatz möglich wird.
Ähnlich wie im Bereich des Handwerks (→ 22.2./S.38) können fortan »Verkaufsstellen, Versandgeschäfte und Bestellkontore« im Einzelhandel geschlossen werden, wenn »ihr Inhaber oder die zu ihrer Leitung bestimmte Person« dafür »nicht die persönlichen oder fachlichen Voraussetzungen« mitbringt.
Die Schließung soll erfolgen, wenn der Inhaber eines Betriebes in den letzten zwei Jahren vor dem anvisierten Schließungstermin mindestens drei Monate Wohlfahrts- oder Arbeitslosenunterstützung bezogen hat oder seinen Verpflichtungen gegenüber Finanzamt und Beschäftigten nicht nachkommen konnte. Von einem solchen Schritt ist allerdings abzusehen, wenn der Betreffende für den Arbeitseinsatz ungeeignet ist. Dies trifft jedoch auf viele Kleinhändler zu. Aus einer Untersuchung über den Seifen-und Bürstenhandel geht hervor, daß von den Inhabern – davon sind 44% Frauen – mehr als die Hälfte über 50 Jahre alt und 22% nicht voll erwerbsfähig sind.
Das Kleingewerbe, aus dem sich ein großer Teil der frühen Anhängerschaft des Nationalsozialismus rekrutierte, gehört zu den am stärksten benachteiligten Wirtschaftszweigen des Dritten Reiches. Zwischen 1933 und 1939 mußten 225 000 Handwerker und 135 000 Einzelhändler ihre Unternehmen schließen. Der Anteil der Selbständigen an der Gesamtzahl der Erwerbspersonen ging im selben Zeitraum im alten Reichsgebiet von 16,1% (5,3 Millionen) auf 13,9% (4,8 Millionen) zurück.

Einkaufstrubel in der Reichshauptstadt Berlin an der Leipziger Straße/Ecke Friedrichstraße. Entgegen den Versprechungen der Nationalsozialisten vor 1933 sind die schärfsten Konkurrenten des Einzelhandels, Warenhäuser und Konsumgenossenschaften, nicht aufgelöst worden, sondern werden unter neuen Besitzern oder vom Staat weitergeführt

Freier Zugang zum rumänischen Erdöl

23. März. In Bukarest unterzeichnen der rumänische Außenminister Grigore Gafencu und der deutsche Handelsbeauftragte Helmut Wohlthat ein umfassendes Wirtschaftsabkommen, das eine enge wirtschaftliche Zusammenarbeit zwischen beiden Ländern vorsieht.
Das Deutsche Reich ist durch die Annexion Böhmens und Mährens zu 50% an Rumäniens Importen und zu 38% an den Exporten beteiligt. Der auf deutschen Druck zustandegekommene Vertrag sieht u.a. die Aufstellung von Wirtschaftsplänen für die Entwicklung der Land- und Forstwirtschaft, die Gründung gemischter Gesellschaften für die Gewinnung von Kupfer, Erz, Bauxit und Erdöl sowie die Lieferung von deutschen Rüstungsgütern vor.
Rumänien ist nach der UdSSR der wichtigste europäische Ölproduzent; der Zugang zu neuen rumänischen Ölquellen hat für das rohstoffarme Deutsche Reich große politische Bedeutung. Allerdings wird die bestehende Erdölförderung zu 75% vom Ausland, vor allem von Großbritannien kontrolliert.

Kündigungsrecht stark beschränkt

10. März. Reichsarbeitsminister Franz Seldte erläßt die Zweite Durchführungsverordnung zur Sicherstellung des Kräftebedarfs für Aufgaben von besonderer staatspolitischer Bedeutung (→ 13.2./S.36). Sie bedeutet für viele Arbeitnehmer im Deutschen Reich eine weitere Einschränkung ihrer beruflichen Freizügigkeit.
Künftig bedarf in bestimmten Gewerbezweigen, in denen schon seit längerer Zeit starker Facharbeitermangel herrscht, die Kündigung der Zustimmung des jeweiligen Arbeitsamtes. Diese Neuregelung gilt für Betriebsführer und arbeitsbuchpflichtige Arbeiter und Angestellte aus den Branchen Land- und Forstwirtschaft, Bergbau (ohne Steinkohle), Chemieindustrie und Baustoffherstellung sowie in der Eisen- und Metallwirtschaft.
Ferner gelten Einstellungsbeschränkungen für alle Betriebe mit Ausnahme der Land- und Forstwirtschaft, der Binnen- und Hochseeschiffahrt und der Hauswirtschaft.

Gandhi erzwingt politische Reform

7. März. Nach vier Tagen und drei Stunden bricht der indische Freiheitskämpfer Mohandas Karamchand (Mahatma) Gandhi seinen Hungerstreik im indischen Fürstenstaat Rajkot ab. Mit seinem »Fasten bis zum Tode« wollte Gandhi den Maharadscha von Rajkot, Thakore Saheb, zur sofortigen Durchführung demokratischer Reformen zwingen.
Gandhi stellt sein Fasten ein, nachdem ihm der britische Vizekönig von Indien, Victor Alexander John Hope, Marquess of Linlithgow, vorgeschlagen hat, die Frage der Mitwirkung der Bevölkerung von Rajkot an der Verwaltung und den Vorwurf des Bruchs früherer Versprechungen vom höchsten Richter Indiens, Sir Maurice Gwyer, prüfen zu lassen.
Seit längerer Zeit bemüht sich der Indian National Congress (INC), dem Gandhi seit 1934 nicht mehr angehört, um Einfluß in den indischen Fürstenstaaten. Die Partei erklärt, daß die rechtlose Bevölkerung einen Anteil an der Verwaltung haben müsse und es Aufgabe der Briten sei, nicht nur die Fürsten, sondern auch deren Untertanen zu schützen.
Gandhi verfügt nach wie vor über zahlreiche Anhänger im INC, die seine Politik des gewaltlosen Widerstands befürworten. Allerdings gibt es in der Partei auch andere Strömungen: Im Januar 1939 wurde der Radikale Subhas Chandra Bose zum Vorsitzenden des INC gewählt. Bose will die Briten notfalls mit Gewalt aus Indien vertreiben. Aus Protest gegen Boses Methoden hatten am 22. Februar zwölf Anhänger von Gandhi ihren Rücktritt aus dem Arbeitskomitee der Partei erklärt.

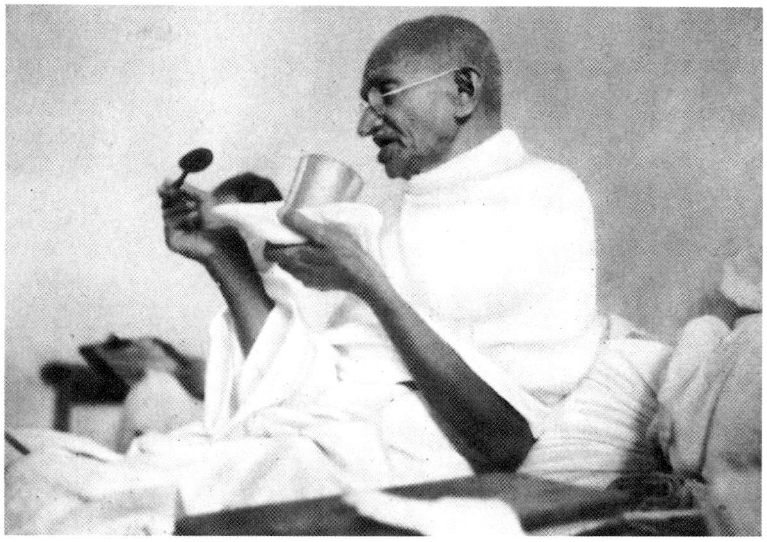

Mohandas Karamchand (Mahatma) Gandhi vor seinem Hungerstreik

Königshochzeit verbindet Iran und Ägypten

15. März. Um 11 Uhr unterzeichnet in Kairo König Faruk I. von Ägypten den Heiratsvertrag für die Eheschließung seiner Schwester, Prinzessin Fawzia von Ägypten, mit dem Kronprinzen des Iran, Mohammad Resa Pahlawi.
Der Hochzeitszeremonie wohnen über hundert geladene Gäste bei. Ähnlich wie bei der Hochzeit des damals 18jährigen Faruk am 20. Januar 1938 mit der seinerzeit 16jährigen Farida Zulficar zeigt sich die Hauptstadt reich geschmückt.
Rund eine Million Menschen säumen die Straßen Kairos, um dem Brautpaar zuzujubeln. Bewunderung erregt der diamantenbesetzte Schmuck der Braut, deren Diadem allein umgerechnet 250 000 Reichsmark gekostet hat.

Mohammad Resa Pahlawi, der 19jährige Kronprinz des Iran, und seine erst 17jährige Braut, Prinzessin Fawzia von Ägypten

Trauung am Nil: V. l. König Faruk I., Prinzessin Fawzia und Kronprinz Mohammad Resa Pahlawi

Musik 1939:

Geringe Resonanz auf deutsche Oper

Das deutsche Musikleben ist auch 1939 weitgehend geprägt durch die Richtlinien der nationalsozialistischen Reichsmusikkammer, die alle musikalischen Aktivitäten für »völkische« Ziele nutzbar zu machen sucht und dabei dem ideologischen Gehalt Vorrang vor der inhaltlichen Qualität einräumt.

Nachdem die Werke vieler Komponisten, die nicht dem ideologischen oder rassepolitischen Standpunkt des Nationalsozialismus entsprechen, von den Opernbühnen verbannt worden sind, sollen verstärkt deutsche Komponisten gefördert werden. Reichsdramaturg Rainer Schlösser gibt 1939 die Parole aus, jede deutsche Opernbühne solle in jeder Spielzeit wenigstens eine Erstaufführung eines nach 1900 entstandenen deutschen Werkes herausbringen. Viele der unter diesem Aspekt neu aufgeführten Werke können sich jedoch kaum eine Saison lang halten.

Zu den herausragenden Opernereignissen im Deutschen Reich zählen die Uraufführung von Carl Orffs »Der Mond, ein kleines Welttheater« am → 5. Februar (S. 41) in München, »Die Bürger von Calais« von Rudolf Wagner-Régeny, die am 28. Januar in Berlin erstmals zu sehen ist, sowie Ermanno Wolf-Ferraris Oper »La dama boba« (Das dumme Mädchen), die am 1. Februar in der Mailänder Scala uraufgeführt wird und am 18. Juni in Mainz deutsche Premiere hat.

Beim klassischen Opernrepertoire kann sich der Publikumsgeschmack bis zu einem gewissen Grad durchsetzen: So sind in der Spielzeit 1939/40 Opern des Italieners Giuseppe Verdi erstmals wieder häufiger auf deutschen Bühnen zu sehen als Werke von Richard Wagner, die von Führer und Reichskanzler Adolf Hitler besonders geschätzt werden. Auch beim Verbot von Musikwerken aus Feindstaaten am 14. November macht das Regime Zugeständnisse. Wegen ihrer großen Beliebtheit dürfen die Werke des polnischen Komponisten Frédéric Chopin in den Konzertsälen sowie die Oper »Carmen« des Franzosen Georges Bizet weiterhin aufgeführt werden.

Star der Luzerner Musikwochen vom 3. bis 29. August: Der aus Italien gebürtige Dirigent Arturo Toscanini

Beliebter Gast in allen Konzertsälen: Sergei W. Rachmaninow, der in den USA lebende Pianist und Komponist

Szene aus Bedřich Smetanas Oper »Die verkaufte Braut« zum Auftakt der Internationalen Opernsaison am 1. Mai im Royal Opera House Covent Garden

Opernszene London

Ein Zentrum des Musiklebens im Sommer 1939 ist einmal mehr das Londoner Royal Opera House Covent Garden. Bei der Internationalen Opernsaison (1.5.-16.6.) singen Stars aus ganz Europa.

Neben Sir Thomas Beecham steht erstmals der aus Österreich geflohene Felix von Weingartner am Dirigentenpult. Zum Aufgebot der Sänger und Sängerinnen gehören der gleichfalls aus Österreich emigrierte Tenor Richard Tauber, die Sopranistin Anny Konetzni und der Tenor Benjamino Gigli. Zusammen mit Hilde Konetzni singt Tauber zur Eröffnung in Bedřich Smetanas »Die verkaufte Braut«.

Else Meinhart, l. und Tresi Rudolf in der Uraufführung von Arthur Kusterers Oper »Katarina« am 14. Mai

E. Rethy (l.) und M. Rohs in der Salzburger Inszenierung von R. Strauss' Oper »Der Rosenkavalier«

Szene aus der deutschen Erstaufführung von »La dama boba« mit Erna Berger und Marcel Wittrisch

»Entartete Kunst« in Brand gesteckt

20. März. Auf dem Hof der Hauptfeuerwache in Berlin werden 1004 Gemälde und rund 4000 Grafiken verbrannt. Sie gelten als der »unverwertbare Bestand« von Erzeugnissen der »entarteten Kunst«.
Am 19. Juli 1937 war in München von Adolf Ziegler, dem Präsidenten der Reichskammer für Bildende Künste, die Ausstellung »Entartete Kunst« eröffnet worden. Sie zeigt Künstler und ihre Werke, die als »bewußter Angriff auf die Ideale der germanischen Rasse« gewertet werden. Über 16 000 Exponate waren bei der »Aussonderung deutscher Verfallskunst« in deutschen Museen und Sammlungen beschlagnahmt worden. Zahlreiche Bilder werden ins Ausland verkauft.
Die betroffenen Künstler wurden aus den Kunstorganisationen ausgeschlossen, einige erhielten Malverbot, viele emigrierten. Durch Reichsgesetz vom 31. Mai 1938 können Werke »entarteter Kunst«, die aus öffentlichen Sammlungen entfernt worden sind, entschädigungslos eingezogen werden.
Zu den Künstlern, deren Werke in Berlin verbrannt werden, zählt der am Bodensee lebende Otto Dix. Seine Bilder »Kriegskrüppel« und »Der Schützengraben« wandern auf den Scheiterhaufen. Über Dix hatte Führer und Reichskanzler Adolf Hitler 1937 in Dresden geurteilt: »Es ist schade, daß man diese Leute nicht einsperren kann.«

V. l. Herbert Kessler, Hugo Müller, Othmar Delnon, Hans und Pic Cattini, Bibi Torriani, Hitsch Badrutt, Hans Lohrer, C. Kessler, Geromini und Rüedi

Spielszene aus dem Match Schweiz–Tschechoslowakei am 5. März in Basel

Schweiz gewinnt Eishockey-Titel

5. März. Vor 16 000 Zuschauern in der ausverkauften Basler Eisarena gewinnt die Eishockey-Nationalmannschaft der Schweiz den Europameistertitel durch ein 2:0 (0:0, 1:0, 1:0) über die Auswahl der Tschechoslowakei.
Das Entscheidungsspiel war notwendig geworden, nachdem sich beide Mannschaften bei der Eishockey-Welt- und Europameisterschaft in Basel und Zürich (→ 12.2./S. 43) unentschieden getrennt hatten. In der Schlußtabelle belegten sie hinter den Teams aus Kanada und den USA punktgleich die Plätze 3 und 4.
Zwar muß die Schweiz im Basler Entscheidungsspiel auf das Sturm-As Hans Cattini verzichten, doch aus einer sicheren Deckung heraus setzen die Eidgenossen die Eishockeystars aus Prag immer wieder unter Druck. Die beiden siegbringenden Tore erzielen Franz Geromini und Beat Rüedi.
Die Eishockeytitelkämpfe 1939, bei denen die Schweiz als Ersatz für Polen als Veranstalter eingesprungen war, erbringen einen Reingewinn von 37 365,95 Franken (rund 21 000 Reichsmark).
Für den 1908 gegründeten Schweizerischen Eishockeyverband, der 1939 insgesamt 43 Klubs mit 3272 Mitgliedern zählt, ist es nach 1926 und 1935 – jeweils in Davos – bereits der dritte Europameistertitel.

John Wayne Star von »Stagecoach«

3. März. John Wayne ist der Star des Films »Höllenfahrt nach Santa Fé« (Stagecoach) von John Ford. Der Film der United Artists entstand nach der Erzählung »Stage to Lordsburg« von Ernest Haycox und schildert die aufregende Fahrt einer Postkutsche quer durch das Indianergebiet des Monument Valley.
Von Kritik und Publikum wird der Film begeistert aufgenommen. Regisseur Ford ist es gelungen, durch zeitliche und räumliche Begrenzung der Handlung, die Abfolge von dramatischen und ruhigen Sequenzen sowie die genaue Zeichnung unterschiedlicher Charaktere eine filmisch eindrucksvolle und zugleich spannende Geschichte zu erzählen.

Fahrt ins Ungewisse: V. l. John Carradine (als Hatfield), Andy Devine (Buck Rikkabaugh), Chris Pin Martin (Chris), George Bancroft (Sheriff Curly Wilcox), Louise Platt (Lucy Mallory) Donald Meek (Samuel Peacock), Claire Trevor (Dallas) und John Wayne (Ringo Kid) in dem Film »Stagecoach«

Hans Albers singt »Goodbye Johnny«

10. März. In München wird der Bavaria-Film »Wasser für Canitoga« von Herbert Selpin uraufgeführt. Neben Hans Albers spielen u. a. Charlotte Susa und Hilde Sessak.
Albers verkörpert den kanadischen Ingenieur Oliver Montstuart, der zu Unrecht der Sabotage an einem Wasserleitungsprojekt beschuldigt wird, den Täter entdeckt und bei Reparaturarbeiten den Tod findet.
Nicht nur als trinkfreudiger Ingenieur mit flotten Sprüchen (»Ich bin der Maharadscha von Whisky-Pur«, »Jeden Tag besoffen ist auch regelmäßig gelebt«), auch als Sänger mit dem Lied »Goodbye Johnny« von Peter Kreuder begeistert Albers erneut sein zahlreiches Publikum.

April 1939

Mo	Di	Mi	Do	Fr	Sa	So
					1	2
3	4	5	6	7	8	9
10	11	12	13	14	15	16
17	18	19	20	21	22	23
24	25	26	27	28	29	30

1. April, Sonnabend

Beim Stapellauf des Schlachtschiffs »Tirpitz« (35 000 t) in Wilhelmshaven kritisiert Führer und Reichskanzler Adolf Hitler die Westmächte. →S.73

Im nationalspanischen Heeresbericht wird der Bürgerkrieg für beendet erklärt.

Japan annektiert die Spratleyinseln zwischen Taiwan und Indochina.

Das »Großdeutsche« Reich wird durch Inkrafttreten des Zollgesetzes vom 20. März 1939 ein einheitliches Zollgebiet.

Durch das Inkrafttreten der Verordnung zur Erhöhung der Förderleistung und des Leistungslohnes im Bergbau wird die Schichtzeit unter Tage um 45 Minuten auf 8 3/4 Stunden erhöht. →S.76

Im Saargebiet beginnt eine Untersuchung von Pensionären sowie Empfängern von Invalidenrenten bis zu 65 Jahren auf ihre Verwendungsfähigkeit in der gewerblichen Wirtschaft. Für pensionierte Beamte und Angestellte gilt eine Altersgrenze von 70 Jahren.

Im Deutschen Reich wird die für den 1. April vorgesehene Aufhebung der Baukreditsperre für Wohnbauten auf unbestimmte Zeit verlängert. Grund ist der Mangel an Arbeitskräften und Rohstoffen wegen des Ausbaues der Westbefestigungen und verschiedener Städte.

Die Reichsgaragenordnung vom 17. Februar 1939 tritt in Kraft. Überall dort, wo abgestellte Fahrzeuge den fließenden Verkehr behindern, müssen Garagen oder Einstellplätze gebaut werden.

Im Straßendienst wird für die deutsche Polizei eine grüne Uniform obligatorisch.

Durch Inkrafttreten eines Erlasses vom 14. Januar wird das deutsche Medizinstudium auf zehn Semester verkürzt. →S.77

Im »Großdeutschen« Reich gibt es 12 415 121 Rundfunkempfänger, davon im Altreich und im Sudetenland 11 653 644.

In der Hamburger Staatsoper wird das Ballett »Tanz um Liebe und Tod« von Paul Höffer (Handlung von Helga Swedlund) uraufgeführt.

Im Zürcher Schauspielhaus wird die Operette »Der schwarze Hecht« von Paul Burkhard uraufgeführt (Lieder: »Kleines schwarzes Pony» und »Oh, mein Papa«). Das Stück erlebt elf Aufführungen.

In Moskau stirbt im Alter von 51 Jahren der Pädagoge Anton S. Makarenko.

Beim 91. Ruderrennen zwischen den Achtern von Oxford und Cambridge auf der Themse siegt Cambridge. →S.85

2. April, Sonntag

Zum Abschluß der fünftägigen dritten Reichstagung des Nationalsozialistischen Lehrerbundes für Geschichte in Eger erklärt NS-Reichsleiter Alfred Rosenberg, die Zeit der Kirchen und Dynastien sei vorbei, man stehe am Beginn einer Epoche der Völker und Rassen.

Aus den Wahlen zur belgischen Kammer und zum Senat gehen Katholiken (Kammer 73 Mandate/vorher 63, Senat 38 Mandate/vorher 34) und Liberale (33 und 16/vorher 23 und 11 Mandate) als Gewinner hervor. Zu den Verlierern gehören Sozialdemokraten und Rexisten.

In Zürich besiegt die Fußball-Nationalmannschaft der Schweiz Ungarn 3:1 (1:0).

Beim Automobilrennen um den Großen Preis von Pau siegt der deutsche Fahrer Hermann Lang (Mercedes-Benz). →S.85

3. April, Montag

In einer Weisung an die Wehrmacht ordnet Führer und Reichskanzler Adolf Hitler die Vorbereitung des Angriffs auf Polen an (»Fall Weiß«). Er soll »ab 1.9.1939 jederzeit möglich sein«.

Durch Erlaß von Reichsinnenminister Wilhelm Frick werden die Kommunen aufgefordert, Juden von allen öffentlichen Einrichtungen auszuschließen.

Der Schweizer Bundesrat erläßt eine Verordnung über die Hilfsdienstpflichtigen. In allen Bereichen des Hilfsdienstes können Frauen eingesetzt werden.

US-Präsident Franklin Delano Roosevelt unterzeichnet den Administrative Reorganization Act, durch den die Durchführung zahlreicher seiner Verwaltungsreformen gesichert wird.

4. April, Dienstag

König Ghasi I. von Irak stirbt bei einem Autounfall. Nachfolger wird sein 1935 geborener Sohn Faisal II. →S.72

Aus den Neuwahlen zum dänischen Parlament gehen die Sozialdemokraten von Staatsminister Thorvald Stauning trotz des Verlustes von vier Mandaten mit 64 Sitzen als stärkste Partei hervor.

5. April, Mittwoch

Konstantin Freiherr von Neurath übernimmt in Prag die Geschäfte des Reichsprotektors von Böhmen und Mähren.

Der Exilvorstand der Sozialdemokratischen Partei Deutschlands (Sopade) lehnt in Paris ein kommunistisches Angebot über einen gemeinsamen Kampf gegen die Kriegsgefahr ab.

Die französische Nationalversammlung wählt in Versailles Albert Lebrun erneut zum Präsidenten. →S.72

Das Schweizer Volkswirtschaftsdepartement ruft dazu auf, Haushaltsvorräte für zwei Monate anzulegen.

In der Schweiz wird durch einen Bundesbeschluß die kulturelle Stiftung »Pro Helvetia« geschaffen.

6. April, Donnerstag

Vor dem Unterhaus gibt der britische Premierminister Arthur Neville Chamberlain bekannt, daß sich seine Regierung mit dem in London weilenden polnischen Außenminister Józef Beck über den Abschluß eines Beistandspaktes geeinigt habe (→13.4./S.72).

Das Reichspropagandaministerium erklärt der Presse: »Die Tür gegenüber Polen darf nicht zugeschlagen werden, damit noch ein Spalt für eventuelle weitere Verhandlungen offen bleibt.«

Die Schweizer Bundesversammlung erläßt einen Bundesbeschluß über die Förderung des Ackerbaus. Die Ackerfläche soll 1939 um 25 000 ha vergrößert werden, die Pflichtanbaufläche der ersten Etappe 1939/40 umfaßt 208 102 ha.

Eine Änderung der Straßenverkehrszulassungsordnung regelt die Autokennzeichen im Deutschen Reich neu. →S.76

7. April, Karfreitag

Italienische Truppen beginnen mit der Besetzung Albaniens. →S.70

In der Sowjetunion hat der Film »Lenin im Jahr 1918« (Lenin w 1918 godu) Premiere. Die Regie führt Michail J. Romm.

8. April, Sonnabend

Einige evangelische Landeskirchen billigen Grundsätze der nationalkirchlichen Einigung Deutsche Christen. →S.77

9. April, Ostersonntag

In Flims im Schweizer Kanton Graubünden fordert ein Bergsturz 20 Tote. Die in einer Breite von 800 m herabstürzenden Felsbrocken hatten ein Kinderheim mit 28 Insassen verschüttet.

In Berlin wird der VK Engelmann Wien mit 1:0 (0:0, 0:0, 1:0) über den Berliner SC deutscher Eishockeymeister. →S.85

Der Belgier Emile Masson gewinnt das zum 40. Mal ausgetragene Radrennen Paris-Roubaix mit 1:30 min Vorsprung vor seinem Landsmann Marcel Kint.

10. April, Ostermontag

Die Geheime Staatspolizei (Gestapo) verzeichnet für das Deutsche Reich 162 734 Insassen von Konzentrationslagern, 27 396 politische Angeklagte und 112 432 politische Häftlinge. →S.76

Italien spricht eine Garantie für die staatliche Integrität Griechenlands aus.

11. April, Dienstag

Das Oberkommando der deutschen Wehrmacht erläßt eine Weisung für den Angriff auf Polen (»Fall Weiß«). Darin ist u.a. ein Handstreich auf die Freie Stadt Danzig vorgesehen.

Die deutsche Reichspost beginnt mit dem Verkauf von Glückwunsch-Bildtelegrammen, die an Führer und Reichskanzler Adolf Hitler zu dessen 50. Geburtstag am 20. April geschickt werden sollen. Die Gebühr beträgt 1,50 Reichsmark.

Das Weimarer Nationaltheater führt bei den Osterfestspielen (6.-11.4.) erstmals Otto C. A. zur Neddens Schauspiel in fünf Akten »Der Jude von Malta« nach Christopher Marlowe auf.

12. April, Mittwoch

Eine Nationalversammlung in Tirana bietet Italiens König Viktor Emanuel III. die albanische Krone an (→16.4./S.71).

Die Berliner Zeitschrift »Adresse und Anzeige« teilt mit, daß Juden nicht mehr in Adreßbücher aufgenommen werden.

Mit dem Motorschiff »Schwabenland« trifft die am 17. Dezember 1938 ausgelaufene deutsche Antarktisexpedition wieder in Hamburg ein (→5.2./S.39).

13. April, Donnerstag

Durch Reichsgesetz erhalten die Memeldeutschen zwei Sitze im »Großdeutschen Reichstag«. Im Reichsprotektorat Böhmen und Mähren vertritt ein Abgeordneter jeweils 60 000 Deutsche.

Großbritannien und Frankreich sichern Griechenland, Rumänien und Polen Hilfe im Verteidigungsfall zu. →S.72

Im Guild Theatre in New York hat das Schauspiel »Mein Herz ist im Hochland« (My Heart's in the Highland) des US-Amerikaners William Saroyan Premiere.

14. April, Freitag

Der italienische Ministerrat billigt die Personalunion zwischen Italien und Albanien, wo Italien durch einen Generalstatthalter vertreten wird (→16.4./S.71).

In einer Rede vor der Panamerikanischen Union in Washington versichert US-Präsident Franklin Delano Roosevelt die panamerikanischen Staaten der Hilfe der Vereinigten Staaten zur Wahrung ihrer wirtschaftlichen Freiheit.

US-Präsident Franklin Delano Roosevelt fordert Führer und Reichskanzler Adolf Hitler auf, für 31 Staaten Angriffsverzichtserklärungen abzugeben. Ein ähnliches Schreiben erhält Ministerpräsident und Duce Benito Mussolini. →S.72

15. April, Sonnabend

Der Reichsgau Sudetenland entsteht.

Das Reichspropagandaministerium erläßt eine Weisung über die Behandlung des Roosevelt-Briefes vom Vortag: »Roosevelt ist ein zweiter Wilson. Erst Hetzer, dann Friedensapostel... Dummes Ablenkungsmanöver, um seine und der Demokratien Einwirkung zu verwischen.«

Großbritannien ersucht die UdSSR um die Abgabe einer öffentlichen Erklärung, daß die Sowjetunion im Falle eines Angriffs auf einen ihrer europäischen Nachbarn Hilfe leiste, wenn dies gewünscht werde (→13.4./S.72).

Das Gewerbeaufsichtsamt Wuppertal meldet dem Reichsarbeitsministerium Fälle von kollektiven Lohnforderungen, auf die Betriebsführer mit Entlassungsdrohungen reagiert hätten.

Thema der Leipziger »Illustrirten Zeitung« vom 20. April 1939 ist der 50. Geburtstag von Führer und Reichskanzler Adolf Hitler

16. April, Sonntag

Am Ende seiner mehrwöchigen Italien- und Libyenreise trifft Generalfeldmarschall Hermann Göring in Rom Ministerpräsident und Duce Benito Mussolini.

Reichsjugendführer Baldur von Schirach weiht von Fulda aus 64 neue Häuser für die Jugend ein. →S.77

Die Verordnung über militärische Sondergerichte in Böhmen und Mähren vom 15. März wird außer Kraft gesetzt.

König Viktor Emanuel III. von Italien nimmt die albanische Krone an. →S.71

Auf Wunsch des Innenministeriums sagt der französische Fußballverband die für den 23. April vereinbarten Länderspiele gegen Mannschaften des Altreichs und der Ostmark ab (→25.4./S.85).

17. April, Montag

Aufgrund des am selben Tag erlassenen Gesetzes über einmalige Sonderfeiertage erklärt Reichsinnenminister Wilhelm Frick den 20. April (Führergeburtstag) zum nationalen Feiertag.

Gegenüber dem Staatssekretär im Auswärtigen Amt, Ernst Freiherr von Weizsäcker, weist der Sowjetbotschafter in Berlin, Alexei N. Merekalow, auf Chancen für verbesserte Beziehungen hin. →S.72

Als Antwort auf die britische Anfrage vom 15. April schlägt die UdSSR Großbritannien und Frankreich einen dreiseitigen Vertrag über Hilfe im Fall eines Angriffs durch das Deutsche Reich sowie einen Militärpakt vor (→13.4./S.72).

Durch k.o. in der 1. Runde über Jack Ropper in Los Angeles bleibt Joe Louis (USA) Boxweltmeister im Schwergewicht.

18. April, Dienstag

Hubert Graf Pierlot bildet ein belgisches Kabinett mit den aus den Parlamentswahlen vom 2. April gestärkt hervorgegangenen Liberalen und Katholiken.

19. April, Mittwoch

Führer und Reichskanzler Adolf Hitler erklärt dem rumänischen Außenminister Grigore Gafencu in Berlin in Bezug auf die britische Garantie für Polen: »Nun gut, wenn England den Krieg will, so soll es ihn haben ... Und es wird ein Zerstörungskrieg werden, wie keine Phantasie ihn sich ausmalen kann.«

Der Luftraum über Berlin wird ab 19 Uhr bis zum 20. April 20 Uhr gesperrt.

Führer und Reichskanzler Adolf Hitler erklärt das erste Teilstück der Ost-West-Achse in Berlin für vollendet.

Im Deutschen Reich findet die Verpflichtung der Geburtsjahrgänge 1928/29 für die Hitlerjugend (HJ) statt.

In Le Havre gerät der französische Passagierdampfer »Paris« in Brand und sinkt nach Ende der Löscharbeiten. →S.77

In Wien wird der Film »Prinzessin Sissy« von Fritz Thiery uraufgeführt. →S.85

20. April, Donnerstag

Führer und Reichskanzler Adolf Hitler begeht seinen 50. Geburtstag. →S.74

Durch eine Amnestie werden im Konzentrationslager Buchenwald rund 2300 Häftlinge entlassen.

Im Deutschen Reich tritt die am Vortag erlassene Verordnung über die Erschwerung einer Kündigung von Miet- und Pachtverhältnissen in Kraft. →S.77

Durch eine Verordnung können Hausbesitzer im Deutschen Reich verpflichtet werden, Wohnungen an kinderreiche Familien zu vermieten. →S.77

21. April, Freitag

Reichsinnenminister Wilhelm Frick erläßt eine Verordnung über die Errichtung einer Volkskartei. →S.76

Ein Runderlaß von Reichswirtschaftsminister Walther Funk legt fest, daß jüdische Auswanderer nur solche Sachen als Umzugsgut mitnehmen dürfen, die vor dem 1. Januar 1933 erworben wurden. Für später gekaufte Sachen ist in der Regel ein Betrag in Höhe des Anschaffungspreises an die Reichskasse zu zahlen.

Der französische Ministerrat verabschiedet 28 Erlasse zur Förderung der Landesverteidigung mit einem Finanzvolumen von 15 bis 17 Milliarden Franc (1,05 bis 1,19 Milliarden Reichsmark).

Transportminister Leslie Burgin wird zum ersten britischen Minister für Kriegsmateriallieferungen ernannt.

Für den am 7. April verstorbenen Joseph Aloys Lyons wird Robert Gordon Menzies Premierminister von Australien.

Der Schweizer Bundesrat beantwortet die deutsche Anfrage, ob die Schweiz sich bedroht fühle, mit dem Hinweis auf die von der eigenen Wehrkraft verteidigte Neutralität. Nach der Botschaft des US-Präsidenten (→14.4./S.72) hatte die Reichsregierung derartige Anfragen an die genannten Länder gerichtet.

22. April, Sonnabend

Wegen des Arbeitermangels im Reichsgebiet dürfen auf Erlaß des Reichsministeriums des Innern polnische Arbeiter auch ohne Papiere einreisen. Für ihre Abfertigung sorgen Grenzarbeitsämter.

In Teheran beginnen dreitägige Feiern anläßlich der Hochzeit von Kronprinz Mohammad Resa Pahlawi und Prinzessin Fawzia von Ägypten (→15.3./S.63).

In Stuttgart wird die dritte Reichsgartenschau eröffnet. →S.77

Trotz eines 1:2 gegen Charlton Athletic wird der FC Everton vorzeitig zum fünften Mal englischer Fußballmeister.

23. April, Sonntag

In Tirana wird eine albanische faschistische Partei gegründet.

Zwischen London und Warschau wird eine direkte Flugverbindung errichtet.

24. April, Montag

Einen Tag nach Rückkehr des britischen Botschafters Neville Meyrick Henderson trifft der am →20. März (S.55) zurückberufene französische Botschafter Robert Coulondre wieder in Berlin ein.

Die spanische Regierung erstattet dem ehemaligem König Alfons XIII. das ihm von der Republik entzogene Vermögen.

Boliviens Staatspräsident Oberst Germán Busch Becerra setzt die Verfassung des Landes außer Kraft.

25. April, Dienstag

Die Reichssender Köln und Hamburg beginnen nach der Erweiterung ihres englischsprachigen Programms mit Nachrichten in Arabisch und Afrikaans.

Die Leitung der Deutschen Oper Berlin ruft die Mitarbeiter auf, zur Ablegung des Gelöbnisses auf den Führer am 1. Mai im Zuschauerraum zu erscheinen. Dies sei »Dienst und Pflicht eines jeden«.

Reichssportführer Hans von Tschammer und Osten verbietet alle Frankreichreisen deutscher Sportler. →S.85

26. April, Mittwoch

Der britische Premierminister Arthur Neville Chamberlain kündigt die Einführung einer beschränkten Dienstpflicht für 20 und 21jährige Männer (Military Training Bill) und ein vereinfachtes Verfahren zur Mobilmachung (Reserve and Auxiliary Forces Bill) an. →S.73

Der Exilvorstand der Sozialdemokratischen Partei Deutschlands (Sopade) in Paris berät über einen Aufruf im Falle eines Kriegsausbruchs. Fritz Tarnow lehnt einen Appell an die deutschen Soldaten zur Sabotage ab.

Auf einer Messerschmitt Me 109 R stellt Fritz Wendel mit 755,11 km/h einen Geschwindigkeitsweltrekord auf. →S.77

In Bochum nimmt die erste Westfälische Schauspielschule ihre Arbeit auf.

SA-Stabschef Viktor Lutze ruft zur Teilnahme an Wiederholungskursen für das SA-Wehrabzeichen auf. 1,5 Millionen Männer müssen Kurse im Kleinkaliberschießen, Handgranatenzielwurf und 1500 m-Geländelauf absolvieren.

27. April, Donnerstag

Im Reichsprotektorat Böhmen und Mähren wird eine Regierung unter General Alois Eliás eingerichtet.

Im Pariser Théâtre de l'Athénée wird das Stück in drei Akten »Undine« (Ondine) von Jean Giraudoux uraufgeführt. →S.84

28. April, Freitag

Vor dem »Großdeutschen Reichstag« in der Berliner Krolloper weist Führer und Reichskanzler Adolf Hitler die Forderung von US-Präsident Franklin Delano Roosevelt vom →14. April (S.72) nach Abgabe von Nichtangriffserklärungen für 31 Staaten zurück. →S.75

Die polnische Regierung erhält ein Memorandum der deutschen Regierung über die Kündigung des Nichtangriffspaktes vom 26. Januar 1934. →S.75

In einem deutschen Memorandum an Großbritannien werden die deutsch-britischen Flottenabkommen vom 18. Juni 1935 und vom 17. Juli 1937 einseitig aufgekündigt. →S.75

29. April, Sonnabend

Ungarns Ministerpräsident Pál Graf Teleki und Außenminister István Graf von Csáky kommen zu einem dreitägigen Staatsbesuch nach Berlin.

Auf der Werft Blohm & Voss in Hamburg wird der Schwere Kreuzer »Admiral Hipper« (10 000 t) in Dienst gestellt.

Mit einer Sendung in New York beginnt die Fernsehära in den USA. →S.84

Im Deutschen Reich endet der Reichsberufswettkampf 1939 mit 3,6 Millionen Teilnehmern aus 700 Betrieben.

In Hamburg eröffnet Reichsbauernführer Richard Walther Darre die Ausstellung »Segen des Meeres«, die erste Deutsche Fischerei- und Walfangschau.

30. April, Sonntag

Das Gesetz über Mietverhältnisse von Juden sieht die Aufhebung des Räumungsschutzes und die Möglichkeit zur Zusammenlegung jüdischer Familien vor.

Im Monat April sind im Deutschen Reich 357 Personen wegen illegaler Betätigung festgenommen worden, darunter 223 Kommunisten und 35 Sozialdemokraten.

Die letzte Nummer der »Dortmunder Zeitung« erscheint.

Zum Abschluß des zweiten Leistungswettkampfes deutscher Betriebe werden in Berlin 103 nationalsozialistische Musterbetriebe bestätigt und 99 Betriebe neu ernannt.

Auf Long Island eröffnet US-Präsident Franklin Delano Roosevelt die Weltausstellung New York 1939. Sie bleibt bis zum 31. Oktober geöffnet. →S.78

In Winterslag (Belgien) ruft eine Kundgebung der Deutschen Arbeitsfront (DAF) Proteste belgischer Arbeiter hervor. Einige DAF-Leiter werden ausgewiesen.

John Gielgud zeigt im Londoner International Theatre Club unter dem Titel »Scandal in Assyria« die Satire »Skandal in Assyrien« des nach Frankreich emigrierten deutschen Autors Walter Hasenclever (Pseudonym Axel Kjellström).

Das Wetter im Monat April

Station	Mittlere Lufttemperatur (°C)	Niederschlag (mm)	Sonnenscheindauer (Std.)
Aachen	9,5 (8,8)	78 (63)	— (178)
Berlin	9,5 (8,3)	34 (41)	— (193)
Bremen	8,4 (8,2)	106 (50)	— (185)
München	9,8 (8,0)	13 (59)	— (173)
Wien	12,6 (9,6)	— (54)	— (—)
Zürich	10,4 (8,0)	44 (88)	150 (173)

( ) Langjähriger Mittelwert für diesen Monat
– Wert nicht ermittelt

Titel der »Illustrated London News« vom 29. April 1939 zur Weltausstellung in New York, die einen Tag später von US-Präsident Franklin Delano Roosevelt eröffnet wird

No. 5219 - Volume 194

PRICE ONE SHILLING.

The Illustrated London News.
April 29. 1939

THE ILLUSTRATED LONDON NEWS.

FRANCE · ARGENTINE · BRAZIL · UNITED STATES OF AMERICA · CHILE · MEXICO · BELGIUM

PERU · GREECE · HUNGARY · RUMANIA · CHINA · DENMARK · NORWAY · SWEDEN · FINLAND

BOLIVIA · POLAND · EIRE · YUGOSLAVIA · JAPAN · U.S.S.R. · TURKEY · SWITZERLAND · PORTUGAL

NEW YORK WORLD'S FAIR

ITALY · AUSTRALIA · CANADA · UNITED KINGDOM · NEW ZEALAND · INDIA · NETHERLANDS

PRICE ONE SHILLING; BY INLAND POST, 1/2
Canada and Newfoundland, 1½d. : Foreign 4½d.

PRINTED IN ENGLAND AND REGISTERED AS A NEWSPAPER FOR TRANSMISSION IN THE UNITED KINGDOM AND TO CANADA AND NEWFOUNDLAND BY MAGAZINE POST.

PUBLISHING OFFICE: 32-34, ST. BRIDE STREET, LONDON, E.C.4.

Italien überfällt und annektiert das Königreich Albanien

7. April. Am Karfreitag landen italienische Truppen in den albanischen Häfen Santi Quaranta, Valona, Durazzo und San Giovanni de Medua und beginnen mit der Besetzung Albaniens. Am Sonnabend wird Tirana eingenommen, König Zogu I. flieht nach Griechenland.

Mit den ersten Soldaten erreicht Italiens Außenminister Galeazzo Ciano, Graf von Cortellazzo, Tirana. Der Diplomat Filippo Anfuso notiert: »Kein Angriff, sondern eine Landpartie, die durch Pistolenschüsse getrübt worden ist.« Die italienische Luftwaffe wirft Flugblätter ab, in denen zum Verzicht auf Widerstand aufgerufen und erklärt wird, man wolle »die Ordnung, die Gerechtigkeit und den Frieden« wiederherstellen.

Die regierungsamtliche italienische Presseagentur Stefani begründet den Einmarsch mit »bedrohlichen Kundgebungen bewaffneter Banden, die die persönliche Sicherheit der in Albanien ansässigen Italiener schwer gefährdeten«.

Während die deutsche Presse die Aktion als »Abwehr der Einkreisungspolitik« feiert, die britische Regierung sich gelassen zeigt, Italien jedoch vor Übergriffen gegen Griechenland warnt, reagiert Italiens westlicher Nachbar Frankreich auf die nur gut drei Wochen nach dem deutschen Einmarsch in Prag (→ 15.3./S.48) stattfindende Aktion mit verstärkten Bemühungen um eine Übereinkunft mit der UdSSR.

Die Besetzung von Albanien war langfristig geplant worden: Im Oktober 1938 hatte Italiens Ministerpräsident und Duce Benito Mussolini dem Faschistischen Großrat versprochen, Albanien werde italienisch und hatte hinzugefügt: »Tunis und Korsika werden wir uns holen, und von der Schweiz, die eines Tages ohnehin in ihre Nationalitäten zerfallen wird, das Tessin.«

Zu einem Aufschub hatte zunächst der Wechsel in der jugoslawischen Regierung am 5. Februar geführt. Nach der Ablösung des als deutschfreundlich geltenden Ministerpräsidenten Milan Stojadinović durch Dragiša Cvetković wollte Mussolini zuerst die vermutliche Reaktion Jugoslawiens auf seinen geplanten Gewaltstreich erkunden.

Zeitgleich mit den positiv verlaufenden Konsultationen mit Jugoslawien wurden – ergebnislos bleibende – Gespräche mit Albanien über eine Verstärkung des italienischen Einflusses in dem Land an der Adria geführt, dessen Eroberung den Wunsch des Duce nach einem »eigenen Meer« teilweise erfüllt.

Die Besetzung des Königreichs Albanien beginnt: Landung von italienischen Tanks im albanischen Hafen Durazzo in den Morgenstunden des 7. April 1939

Italienische Infanteristen in rasch ausgehobenen Schützengräben nach der Landung bei Durazzo am 7. April 1939. Hier kommt es zu den einzigen ernsthaften Kämpfen mit den wenigen eilends mobilisierten albanischen Truppenteilen

Der italienische Kolonialismus

10.3.1882: Die Schiffahrtsgesellschaft Rubattino erwirbt die Bucht von Assab am Roten Meer. Hier entsteht die erste Kolonie Italiens.

5.2.1885: Der Hafen von Massaua in der Provinz Eritrea (Äthiopien) wird besetzt.

8.2.1889: Italien verkündet das Protektorat über die Sultanate Obbia und Migiurtini an der Küste von Somaliland (Somalia).

1.1.1890: Die Kolonie Eritrea am Roten Meer wird begründet.

26.10.1896: Im Frieden von Addis Abeba verzichtet Italien auf ein Protektorat über ganz Äthiopien.

15.–18.10.1912: Im Frieden von Ouchy und Lausanne wird die Souveränität Italiens über Tripolis und die Cyrenaika durch das Osmanische Reich anerkannt.

24.7.1923: Der Friede von Lausanne mit der Türkei enthält eine Klausel über die Abtretung der Inseln des Dodekanes an Italien. Zum italienischen Kolonialgebiet gehören Rhodos, Dodekanes und Castelrosso. Das Gebiet mit der Hauptstadt Rhodos umfaßt 2681,6 km².

15.7.1924: Großbritannien stimmt der Angliederung des Juba-Landes an Italienisch-Somaliland zu.

6.12.1925: Italien und Ägypten unterzeichnen ein Abkommen über die Abtretung der Oase von Giarabub und der Bucht von As Sallum.

22.11.1927: Italien und Albanien unterzeichnen ein Defensivbündnis.

3.10.1935: Ohne Kriegserklärung marschieren italienische Truppen in Äthiopien ein.

9.5.1936: Nach der Besetzung von Addis Abeba am 5. Mai wird das Kaiserreich Äthiopien proklamiert. Italiens König Viktor Emanuel III. nimmt den Titel eines Kaisers von Äthiopien an. Das italienische Kolonialreich in Afrika umfaßt Italienisch-Ostafrika (Äthiopien mit der Provinz Eritrea und Somaliland) mit 1 725 330 km² und 12,1 Millionen Einwohnern (Hauptstadt Addis Abeba) und Libyen mit 1 759 540 km² und 866 052 Einwohnern (Hauptstadt Tripolis).

7.4.1939: Italienische Truppen landen in Albanien.

16.4.1939: König Viktor Emanuel III. nimmt die albanische Königskrone an. Italiens neue Kolonie umfaßt 27 588 km² mit 1 037 856 Einwohnern. Hauptstadt ist Tirana.

Der nach Tirana geeilte italienische Außenminister Galeazzo Ciano, Graf von Cortellazzo (vorn, 2. v.l.), im Gespräch mit General Alfredo Guzzoni

Einzug motorisierter italienischer Verbände in die Hauptstadt Tirana

Leichte italienische Panzerkampfwagen passieren eine Moschee in Tirana

Der ehemalige König der Albaner, Zogu I. (vorn 4. v. l. in Zivil), mit seiner Frau Geraldine und Familie sowie Angehörigen seines Hofstaates nach der Flucht

Italiens König Viktor Emanuel III. (unter dem Baldachin) nimmt von der albanischen Delegation im Quirinal den albanischen Königstitel entgegen

Albanien hat neuen König

16. April. Im Palazzo del Quirinale in Rom nimmt König Viktor Emanuel III. von einer albanischen Delegation unter Führung von Ministerpräsident Sefket Verlaxhi die albanische Königswürde an. Es ist bereits die dritte Krone des Herrschers aus dem Hause Savoyen. Viktor Emanuel III. ist nicht nur König von Italien (seit 29.7.1900), sondern auch Kaiser von Äthiopien (9.5.1936). Der Erlangung der dreifachen Herrscherwürde Viktor Emanuels sind jeweils Akte offener Aggression vorausgegangen. Nach dem Überfall der Italiener auf Albanien hatte sich am 12. April in der Hauptstadt Tirana eine italienfreundliche Nationalversammlung konstituiert, die Viktor Emanuel die Krone anbot. Um die äußere Form zu wahren, wurde dieses Anerbieten am 13. April vom Großen Rat des Faschismus gebilligt und die Personalunion durch ein italienisches Gesetz vom 14. April sanktioniert.

Überstürzte Flucht nach Griechenland

8. April. Zogu I., König der Albaner, trifft mit Minister und Gefolge im griechischen Florina ein. Der 45jährige Monarch, seit 1928 Staatsoberhaupt des Königreichs Albanien, hatte auf der Flucht vor den Italienern überstürzt die Landeshauptstadt Tirana verlassen müssen.
Tags zuvor war bereits die albanische Königin Geraldine mit ihrem erst am 5. April geborenen Sohn in dem griechischen Grenzort eingetroffen. Bei ihrer Abreise aus Tirana hatte sie die Mercedes-Benz-Limousine benutzt, die ihr von Führer und Reichskanzler Adolf Hitler anläßlich ihrer Trauung in Tirana am 27. April 1938 geschenkt worden war.

Königin Geraldine von Albanien mit ihrem Neugeborenen auf der Flucht

Albert Lebrun wird erneut zum Präsidenten der Republik gewählt

5. April. *In Versailles wählt die französische Nationalversammlung den bisherigen Präsidenten Albert Lebrun im ersten Wahlgang erneut auf sieben Jahre in das höchste Staatsamt der Französischen Republik. Von den 904 abgegebenen gültigen Stimmen entfallen 506 auf Lebrun. Allerdings hat der 68jährige Lebrun 177 Stimmen weniger erhalten als bei der ersten Wahl am 10. Mai 1932. Nachdem der frühere Regierungschef Ferdinand Buisson auf seine Kandidatur verzichtet hatte, stand seine Berufung jedoch außer Frage. Der Sozialist Albert Bedouce erhält 151, der Kommunist Marcel Cachin 74 und Justin Godard vom linken Flügel der regierenden Radikalsozialisten 57 Stimmen (Abb.: Lebrun, r., bei der Amtseinführung zum 16. Präsidenten der III. Republik im Élysée-Palast).*

Roosevelt fordert Friedensgarantien

14. April. In einem Brief an Führer und Reichskanzler Adolf Hitler verlangt US-Präsident Franklin Delano Roosevelt Nichtangriffszusagen für 31 namentlich genannte Staaten.

Der Demokrat Franklin Delano Roosevelt führt als 32. Präsident seit 1933 die Vereinigten Staaten. Er kritisierte mehrfach die wachsende Neigung der Diktaturen in Europa, eine Politik der Aggression zu verfolgen

Roosevelt erklärt, solche auf etwa zehn Jahre abgegebenen Garantien minderten die Angst der Menschheit vor einem Krieg. Neben den Nachbarn des Deutschen Reiches nennt er u.a. die UdSSR, Spanien, Griechenland, Rumänien und Ägypten. Er schlägt ferner Gespräche über Abrüstung und die Belebung des Welthandels vor. Die deutsche Presse reagiert empört auf dieses »plumpe Manöver«. Das Auswärtige Amt läßt bei den betreffenden Regierungen anfragen, ob sie sich vom Deutschen Reich bedroht fühlen. Hitler kündigt eine persönliche Antwort an (→ 28.4/S.75).

Breite Front gegen deutsche Expansion

13. April. Großbritanniens Premierminister Arthur Neville Chamberlain und Frankreichs Ministerpräsident Édouard Daladier geben in ähnlich lautenden Erklärungen Hilfszusagen für den Fall einer Bedrohung der rumänischen oder griechischen Unabhängigkeit.

Daladier fügt hinzu, daß sich Frankreich und Polen »eine unverzügliche ... Garantie gegen jede unmittelbare oder mittelbare Bedrohung« geben werden.

Am 6. April hatte Chamberlain erklärt, daß er sich mit Polens Außenminister, Oberst Józef Beck, über den Abschluß eines dauernden und wechselseitigen Bündnisvertrages geeinigt habe (→ 31.3./S.56).

Auch die Einbindung der UdSSR in eine antideutsche Abwehrfront scheint möglich: Am 15. April bittet London die UdSSR um Hilfszusagen für ihre Nachbarstaaten im Falle eines Angriffs. Die Antwort kommt am → 17. April (S.72): Die Sowjetregierung schlägt einen fünf- bis zehnjährigen Vertrag mit Großbritannien und Frankreich über Hilfe und gegenseitige Unterstützung der Nachbarn der UdSSR zwischen Ostsee und Schwarzem Meer vor.

Der knapp vierjährige Faisal II. bei seiner Proklamation zum König des Irak

Kind auf irakischem Thron

4. April. Beim Zusammenprall seines von ihm selbst gesteuerten Automobils mit einem Lichtmast erleidet der 27jährige Ghasi I. in Bagdad einen Schädelbruch. Er war seit 1933 König des Irak. Die Nachfolge übernimmt sein Sohn, der knapp vierjährige Faisal II. Die Regierungsgeschäfte werden von dessen Onkel Emir Abd Allah übernommen.

Der Tod von König Ghasi, Sohn von Staatsgründer Faisal I., führt in der Stadt Mossul zu Aufregung unter der Bevölkerung. Sie richtet sich gegen die Briten, von denen man glaubt, sie hätten den tödlichen Autounfall inszeniert.

Das Konsulat wird von mehreren hundert Menschen überfallen und in Brand gesteckt. Die erregte Volksmenge erschlägt auch den britischen Geschäftsträger in Mossul, den 51jährigen Diplomaten George E. A. C. Monck-Mason.

Doppeltaktik der Sowjetregierung

17. April. Maxim M. Litwinow, sowjetischer Volkskommissar des Äußeren, überreicht in Moskau dem britischen Botschafter William Seeds in Beantwortung der britischen Anfrage vom 15. April den Entwurf eines Bündnisabkommens (→ 13.4./S.72). Zur gleichen Zeit bahnt sich in Berlin eine deutsch-sowjetische Verständigung an.

Der sowjetische Botschafter in Berlin Alexei N. Merekalow erklärt dem Staatssekretär im Auswärtigen Amt Ernst Freiherr von Weizsäcker, sein Land wünsche mit dem Deutschen Reich normale Beziehungen, die »immer besser werden könnten«. Ideologische Differenzen sollten dabei kein Hinderungsgrund sein. Führer und Reichskanzler Adolf Hitler, durch Weizsäcker informiert, ruft daraufhin Legationsrat Gustav Hilger von der deutschen Botschaft in Moskau zum Vortrag zu sich.

Demonstrationen gegen Wehrpflicht

26. April. *Vor dem Unterhaus in London kündigt Premierminister Arthur Neville Chamberlain eine Wehrvorlage der Regierung an, die am 1. Mai eingebracht wird.*

Die Vorlage, die im Frieden in Großbritannien ohne Beispiel ist, führt zu Protesten der Bevölkerung (Abb.). Sie umfaßt zwei auf zunächst drei Jahre befristete Gesetze: Eine erleichterte Einberufungsverordnung (Reserve and Auxiliary Forces Bill) und eine beschränkte Dienstpflicht (Military Training Bill). Künftig werden alle Männer im Alter von 20 und 21 Jahren zu sechsmonatigen Übungen herangezogen. Im Anschluß können sie dreieinhalb Jahre in einer nur zu bestimmten Zeiten einberufenen sog. Territorialarmee dienen oder einer Armeereserve zugeführt werden. Die ersten britischen Dienstpflichtigen sollen im Juli 1939 einberufen werden (→ 15.7./S.119).

Hitler attackiert die »Einkreisungspolitiker« des Westens

1. April. Auf der Marinewerft in Wilhelmshaven läuft das Schlachtschiff »Tirpitz« der deutschen Kriegsmarine vom Stapel.

Die »Tirpitz« ist ein Schwesterschiff der im Februar vom Stapel gelaufenen »Bismarck« (→ 21.2./S.36). Der Neubau hat eine Wasserverdrängung von 35 000 t. Er ist 241 m lang und 36 m breit bei einem Tiefgang von 7,9 m. Bewaffnet ist die »Tirpitz« mit acht 38 cm-Geschützen in Zwillingstürmen, zwölf 15 cm-Geschützen und zahlreichen Flugabwehrkanonen.

Die Taufrede hält Adolf von Trotha, Vizeadmiral der kaiserlichen Marine und im Jahr 1934 zum Führer des Reichsbundes für deutsche Seegeltung ernannt.

Im Anschluß an einen Empfang im Rathaus spricht Führer und Reichskanzler Adolf Hitler auf einer Großkundgebung auf dem Rathausplatz. Er beschuldigt Briten und Franzosen, durch die Hilfszusage an Polen (→ 31.3./S.56) das Deutsche Reich »einkreisen« zu wollen. Den Westmächten insgesamt wirft er vor, beim Versailler Friedensschluß von 1919 das deutsche Volk betrogen, »vergewaltigt und dem Elend entgegengeführt« zu haben.

Nun aber sei das Deutsche Reich stark genug, um seine Rechte selbst wahren zu können und nicht mehr »abhängig von der Gnade oder der Ungnade der anderen Staaten oder ihrer Staatsmänner«.

Hitler nimmt ein Wort des sowjetischen Generalsekretärs Josef W. Stalin auf, das dieser in seiner Eröffnungsrede zum XVIII. Parteitag der Kommunistischen Partei der Sowjetunion am → 10. März (S. 54) gebraucht hatte: »Wer sich schon bereit erklärt, für diese Großmächte die Kastanien aus dem Feuer zu holen, muß gewärtig sein, daß er sich dabei die Finger verbrennt.«

Hinsichtlich der Annexion Böhmens und Mährens (→ 16.3./S.49) führt Hitler aus, er habe dem Frieden ein großen Dienst erwiesen. Er denke nicht daran, andere Völker zu bekriegen, allerdings solle das Ausland dann auch das Deutsche Reich in Ruhe lassen. Hitler ruft aus: »Das Deutsche Reich ist aber jedenfalls nicht bereit, eine Einschüchterung oder auch Einkreisungspolitik auf Dauer hinzunehmen.«

Der Kampf gegen die westlichen »Einkreisungspolitiker« wird in der Folge zum publizistischen Leitmotiv der deutschen Propaganda.

Der Stapellauf der »Tirpitz« (35 000 t), des zweiten großen Schlachtschiffes der Kriegsmarine, in Wilhelmshaven

Großkundgebung mit Führer und Reichskanzler Adolf Hitler auf dem Rathausplatz der Marinestadt Wilhelmshaven

Führergeburtstag als Staatsfeiertag

20. April. Eine Parade der deutschen Wehrmacht auf der neuen Ost-West-Achse in Berlin ist der Höhepunkt der Feierlichkeiten zum 50. Geburtstag von Führer und Reichskanzler Adolf Hitler. Vier Stunden lang ziehen Einheiten der Infanterie und Kavallerie, motorisierte Verbände, Panzereinheiten, Marinetruppen und Bodeneinheiten der Luftwaffe an den großen Tribünen vor der Technischen Hochschule vorbei. Zuvor hat Hitler die zur Parade aufmarschierenden Einheiten selbst inspiziert. Zwölf Kameramänner der Wochenschau stehen bereit, um die Ereignisse einzufangen, über die zwischen 10.30 und 15 Uhr alle deutschen Rundfunksender berichten.

Goebbels im Rundfunk

»... Das deutsche Volk fühlt sich durch den Führer wieder in die ihm gebührende Weltstellung hineingehoben ... In der nationalen Sicherheit, die durch die deutsche Wehrmacht garantiert wird, blühen Wirtschaft, Kultur und Volksleben. Das Land, ehedem in großer Ohnmacht versunken, ist zu neuer Größe emporgestiegen ... Möge er uns bleiben, was er ist und was er uns immer war: Unser Hitler ...«

Am 19. April hatten Gratulationen von Parteiabordnungen, die Eröffnung der Ost-West-Achse, eine Rundfunkrede von Reichspropagandaminister Joseph Goebbels sowie ein Zapfenstreich der Wehrmacht und ein Fackelzug den zum nationalen Feiertag erklärten Führergeburtstag eingeleitet.

Der Truppenparade folgt am 20. April die Gratulationscour der 24 ausländischen Delegationen. Die neutralen Staaten haben rangniedere Vertreter geschickt. Die Botschafter Großbritanniens, Frankreichs und der USA sind abgereist (→ 20.3./S.55). Auch Italien und Spanien lassen sich durch Staatssekretäre vertreten.

Dagegen sind der Staatspräsident der früheren Tschechoslowakei, Emil Hácha, der slowakische Ministerpräsident Jozef Tiso und der rumänische Außenminister Grigore Gafencu in Berlin erschienen.

Adolf Hitler (M.) bei Abnahme der Parade auf der Ost-West-Achse

Nächtlicher NSDAP-Fackelzug vor der Reichskanzlei am 19. April

Motorisierte Verbände der Wehrmacht bei der Parade am 20. April

Ein Schnappschuß für die deutschen Illustrierten: Adolf Hitler empfängt Blumen von Kindern seiner Mitarbeiter

Der Ablauf der Feiern am 20. April

Nach einem Konzert des Musikzuges der Leibstandarte SS »Adolf Hitler« folgt um 9 Uhr der Vorbeimarsch von Schutzstaffel (SS) und Schutzpolizei an der Neuen Reichskanzlei. Ab 9.20 Uhr erfolgen die Gratulationen des Apostolischen Nuntius Cesare Orsenigo, des Reichsprotektors von Böhmen und Mähren, Konstantin Freiherr von Neurath, des Staatspräsidenten der früheren Tschechoslowakei, Emil Hácha, und des slowakischen Ministerpräsidenten Jozef Tiso. Nach einem Empfang der Wehrmacht um 10 Uhr beginnt eine Stunde später die Parade der Wehrmacht. Auf ein Volksliedersingen ab 16 Uhr folgen um 17.15 Uhr die Gratulationen des ungarischen Gesandten Döme Sztótaj und des Gesandten Bulgariens, Parvan Draganow. Nach einem Tee-Empfang für die ausländischen Delegationen um 17.30 Uhr beschließt um 18.30 Uhr ein Empfang von Vertretern deutscher Volksgruppen in Europa die Feiern.

Propagandapostkarte anläßlich des 50. Geburtstages von Adolf Hitler

Karte des Verlags Photo-Hoffmann zum Staatsfeiertag am 20. April

Karte zum Führergeburtstag mit einer Auflistung seiner großen »Erfolge«

Adolf Hitler: »Niemand fühlt sich bedroht«

28. April. Vor dem Reichstag weist Führer und Reichskanzler Adolf Hitler den Vorwurf zurück, das Deutsche Reich bedrohe andere Mächte. Zugleich gibt er die Kündigung des Nichtangriffspaktes mit Polen von 1934 und der deutsch-britischen Flottenverträge von 1935 und 1937 bekannt.

Wegen der Rede Hitlers sind alle Geschäfte im Deutschen Reich von 12 bis 13.30 Uhr geschlossen. Betriebe und Schulen wurden verpflichtet, die Rede im Rundfunk zu verfolgen.

Die Kündigung des Vertrages mit Polen begründet Hitler mit dem britisch-polnischen Verteidigungsbündnis (→ 31.3./S.56; 13.4./S.72). Polen habe die deutschen Vorschläge zur Regelung der Danzig-Frage stets abgelehnt (→ 26.3./S.56), sich aber »gegenüber einem anderen Staat auf politische Verpflichtungen eingelassen« und den Nichtangriffspakt »willkürlich und einseitig außer Kraft gesetzt«.

Großbritannien habe in der letzten Zeit zu erkennen gegeben, daß es, »gleichviel in welchem Teil Europas Deutschland in kriegerische Konflikte verwickelt werden könnte, stets gegen Deutschland Stellung nehmen müsse, und zwar auch dann, wenn englische Interessen durch einen solchen Konflikt überhaupt nicht berührt werden«.

Schwerpunkt der Rede ist die Zurückweisung der Vorschläge von US-Präsident Franklin Delano Roosevelt zur Abgabe von Garantien für 31 Staaten in Europa, Afrika und dem Vorderen Orient (→ 14.4./S.72).

»Ganz Deutschland hört den Führer«: Leergefegte Straße der Reichshauptstadt Berlin während der Erklärung Adolf Hitlers am 28. April vor dem Reichstag

Hitlers Vertragspolitik

26.1.1934: Übereinkunft mit Polen

18.6.1935: Deutsch-britischer Flottenvertrag (Aufrüstung der deutschen Flotte auf 35% der britischen Flotte, U-Boote bis 45%)

11.7.1936: Freundschaftspakt mit Österreich (Juliabkommen)

25.10.1936: Kooperationsabkommen mit Italien (Achse Berlin-Rom)

25.11.1936: Antikominternpakt mit dem Kaiserreich Japan (6.11.1937: Beitritt Italiens)

29.9.1938: Münchner Abkommen und deutsch-britische Nichtangriffserklärung (6.12.1938: Ähnliche Übereinkunft mit Frankreich).

In geschickter Form pariert Hitler den Vorwurf der Bedrohung: Einige der genannten Staaten seien mit dem Deutschen Reich befreundet, so u.a. Ungarn, Spanien und Portugal, andere könnten sich nicht bedroht fühlen wie der Irak. Palästina und Ägypten schließlich seien von den Briten besetzt. Er verweist auf die Schwächung des Deutschen Reiches durch den Versailler Vertrag und auf den Verlust der Kolonien. Die Furcht der Westmächte sei daher lächerlich. Knapp vier Wochen vorher, am 3. April, hat Hitler die Wehrmacht angewiesen, den Angriff auf Polen (»Fall Weiß«) vorzubereiten. Die Durchführung soll ab »1.9.1939 jederzeit möglich sein«.

Gemeinschaftsempfang der Rede in einem Industriebetrieb: Auf Anweisung von Reichspropagandaminister Joseph Goebbels soll jeder die Ansprache von Adolf Hitler hören

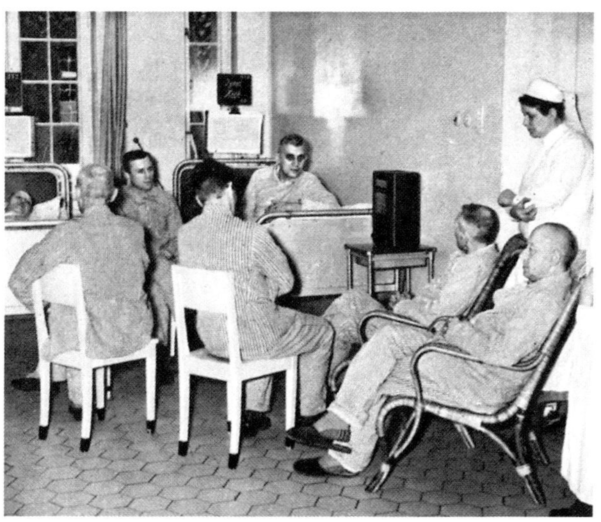

Versammlung von Zuhörern auch in den Krankenzimmern: Insassen einer Berliner Klinik im Schlafanzug und ihre Pflegerinnen beim Verfolgen der Rede von Adolf Hitler

Erklärung Hitlers vor dem Reichstag

Vor dem Reichstag nimmt Führer und Reichskanzler Adolf Hitler am 28. April zu den Vorschlägen des US-Präsidenten Franklin Delano Roosevelt Stellung:

»... Herr Roosevelt verlangt endlich die Bereitwilligkeit, ihm die Zusicherung zu geben, daß die deutschen Streitkräfte das Staatsgebiet oder die Besitzungen folgender unabhängiger Nationen nicht angreifen ... Antwort: Ich habe mir zunächst die Mühe genommen, bei den angeführten Staaten festzustellen, erstens, ob sie sich bedroht fühlen, und zweitens, ob vor allem diese Anfrage Herrn Roosevelts an uns durch eine Anregung ihrerseits oder wenigstens mit ihrem Einverständnis erfolgt ist. Die Beantwortung war eine durchgehend negative, zum Teil schroff ablehnende. Allerdings konnte an einige der angeführten Staaten und Nationen diese Rückfrage von mir nicht zugeleitet werden, weil sie sich – wie zum Beispiel Syrien – zur Zeit nicht im Besitz ihrer Freiheit befinden ... Drittens: Abgesehen davon haben aber alle an Deutschland angrenzenden Staaten viel bündigere Zusicherungen und vor allem viel bündigere Vorschläge erhalten, als sie sich Herr Roosevelt in seinem eigenartigen Telegramm von mir erbittet ... Ich übernahm einst einen Staat, der dank seines Vertrauens auf die Zusicherung einer anderen Welt sowie durch das schlechte Regime eigener demokratischer Staatsführung vor dem vollkommenen Ruin stand. In diesem Staat leben nicht wie in Amerika 15, sondern 140 Menschen auf 1 km^2 ... Ich habe seit dieser Zeit nun, Herr Präsident Roosevelt, nur eine einzige Aufgabe erledigen können. Ich kann mich nicht für das Schicksal der Welt verantwortlich fühlen, denn diese Welt hat am jammervollen Schicksal meines eigenen Volkes auch keinen Anteil genommen ... In diesem Sinne können daher Ihre Besorgnisse und Anregungen einen viel größeren ... Raum umspannen als die meinen, denn meine Welt ... ist die, in die mich die Vorsehung gesetzt hat ...«

300 000 Menschen in Haft

10. April. Eine im Ausland bekanntgewordene Häftlingsstatistik der Geheimen Staatspolizei (Gestapo) verzeichnet an diesem Stichtag über 300 000 Gefangene in deutschen Konzentrationslagern (KZ) und Strafanstalten.

Die Zahl der KZ-Schutzhäftlinge wird mit 162 734 angegeben, gegen 27 396 Menschen laufen Verfahren wegen politischer Vergehen und 112 432 wurden wegen solcher Delikte verurteilt.

Während zwischen 1919 und 1932 im Deutschen Reich insgesamt 1 132 Todesurteile gefällt und 184 vollstreckt wurden, verhängten Zivilgerichte seit 1933 in 757 Fällen die Todesstrafe. 598 Urteile wurden vollstreckt.

Der Widerstand gegen den Nationalsozialismus ist zwar stark geschwächt, aber nicht gebrochen. Neben den Anhängern der seit 1933 verbotenen Sozialdemokratischen Partei Deutschlands (SPD) und der Kommunistischen Partei Deutschlands (KPD), neben engagierten Gewerkschaftlern und Christen wird ein neues Widerstandspotential innerhalb der Jugend spürbar. Verschiedene Gruppen, die sich vor allem aus der städtischen Jugend rekrutieren und vielfach auf Symbole der Arbeiterbewegung und der bündischen Jugend zurückgreifen, vereint insbesondere die Feindschaft zur Hitlerjugend (→ 25.3./S.60).

Zugleich mehren sich in Industriebetrieben Fälle von Langsamarbeit und Sabotage, Bummelstreiks zur Erkämpfung von Lohnzuschlägen sowie Fehlschichten.

Die illegale SPD (Sopade) verfügt über einen fast das gesamte Deutsche Reich abdeckenden Nachrichtendienst. Seine Informationen bilden die Grundlage für die bis März 1938 zunächst in Prag, dann in Paris monatlich erscheinenden »Deutschlandberichte«. Die Pariser Leitung der Exil-KPD bemüht sich hingegen durch Abschnittsleitungen an den Grenzen den Kontakt mit Gruppen im Reich aufrechtzuerhalten.

Eine Broschüre über den seit 1933 inhaftierten KPD-Führer Ernst Thälmann von John Heartfield

Diese sechs Konzentrationslager im Jahr 1939 sind erst der Anfang

Schießhauer bei der Zündung einer Serie von Sprengschüssen. Trotz technischer Fortschritte bleibt die Arbeit unter Tage anstrengend und gefährlich

Mehrarbeit für Bergleute

1. April. Im Bergbau wird die Schicht der Arbeiter unter Tage um 45 Minuten auf 8 3/4 Stunden verlängert. Für die Mehrarbeit wird der entsprechende Lohnanteil sowie ein Zuschlag von 25% gezahlt. Bei einer zusätzlichen Steigerung der täglichen Förderleistung winkt ein Sonderzuschlag von 200%.

Die Verordnung zur Erhöhung der Förderleistung und des Leistungslohns ist am 2. März vom Vierjahresplan-Beauftragten Hermann Göring erlassen worden. Kohle deckt den größten Teil des heimischen Energiebedarfs und wird zur Produktion künstlicher Treibstoffe und Kunststoffe benötigt.

Der unpopulären Mehrarbeit gingen Zugeständnisse voraus: So wurde den Bergleuten im oberschlesischen Steinkohlenrevier am 16. März eine Lohnerhöhung versprochen, während im Ruhrgebiet eine Ferkelbeschaffungsaktion für gute Stimmung sorgen sollte (→ 24.3./S.62).

Für jeden Bürger eine Karteikarte

21. April. Künftig wird jeder deutsche Staatsbürger auf einer Karteikarte geführt. Dies ist Ziel einer Verordnung von Wilhelm Frick, dem Reichsminister des Innern.

Nach Geburtsjahrgängen geordnet, soll eine noch anzulegende Volkskartei alle Staatsangehörigen erfassen. Die Volkskartei wird bei den Kreispolizeibehörden (Oberbürgermeister, Landräte, staatliche Polizeiverwalter) geführt.

Wer die Eintragung in die Volkskartei verweigert oder wissentlich falsche Angaben macht, dem drohen bis zu sechs Wochen Haft oder bis zu 150 Reichsmark Geldstrafe.

Anzugeben sind die augenblickliche Wohnung, der Personen- oder Familienstand, die Reichsarbeitsdienst- oder Wehrpflichtverhältnisse, Ausbildung, Beruf sowie zusätzlich besondere persönliche Fähigkeiten.

Deutsche Expansion am Auto sichtbar

6. April. Reichsverkehrsminister Julius Dorpmüller gibt eine neue Liste mit Autokennzeichen heraus. Die sudetendeutschen Gebiete erhalten ein S, die österreichischen Gaue entsprechende Abkürzungen (W für Wien, K für Kärnten usw.).

Julius Dorpmüller, seit 1937 zugleich Reichs- und preußischer Verkehrsminister, leitete von 1926 bis 1937 als Generaldirektor die Deutsche Reichsbahn. Seit 1933 ist er außerdem Vorsitzender des Verwaltungsrats Reichsautobahnen

Preußen erkennt man an der vorgestellten I (I A für Berlin), Bayern an der II (München II A) und Württemberger an der III (Stuttgart III A).

Unterstützung für Deutsche Christen

8. April. Einige evangelische Landeskirchen billigen Grundsätze der Nationalkirchlichen Einigung Deutsche Christen, die dem Nationalsozialismus positiv gegenübersteht.

Hanns Kerrl, seit Juli 1935 Reichsminister für kirchliche Angelegenheiten. Mit Hilfe der Deutschen Christen versucht Kerrl eine direkte staatliche Leitung der Evangelischen Kirche durchzusetzen

Die Evangelische Kirche der altpreußischen Union und die Landeskirchen von Sachsen, Nassau-Hessen, Schleswig-Holstein, Thüringen, Mecklenburg, Pfalz, Anhalt, Oldenburg, Lübeck und Österreich lehnen jedes internationale Kirchentum als »entartet« ab. Sie anerkennen einen Gegensatz zwischen Juden- und Christentum sowie einen Unterschied zwischen Religion, Politik und Weltanschauung und bekennen sich zu Ordnung und Toleranz innerhalb der Kirchen.
Geplant ist die Gründung eines Instituts zur Erforschung und Beseitigung des jüdischen Einflusses auf das deutsche kirchliche Leben.

Schutz der Mieter vor der Kündigung

20. April. Im Deutschen Reich tritt ein erweiterter Schutz für Mieter vor willkürlichen Kündigungen in Kraft. Die Möglichkeiten kinderreicher Familien, eine Wohnung zu erhalten, werden verbessert.
Durch Verordnung des Reichskommissars für Preisbildung Josef Wagner kann der Mieter einer Kündigung widersprechen, sofern er dazu »keinen Anlaß gegeben hat und diese für ihn eine nicht unerhebliche wirtschaftliche Belastung mit sich bringen würde«.
Ein Widerspruch muß innerhalb von zwei Wochen nach Erhalt der Kündigung erfolgen. Gibt der Vermieter keine Erklärung dazu ab, gilt der Widerspruch als angenommen, beharrt er auf der Kündigung, entscheidet die zuständige Preisbehörde. Diese kann einen Widerspruch für unwirksam erklären, falls sich der Vermieter bereit erklärt, die Kosten des Umzugs zu zahlen und eine Entschädigung zu leisten.
Die gleichfalls von Wagner erlassene Verordnung über die Erleichterung der Wohnungsbeschaffung gibt den zuständigen Behörden die Möglichkeit, jeden Hausbesitzer zur Vermietung von Wohnraum an kinderreiche Familien zu verpflichten und ihm im Bedarfsfall betreffende Familien zu vermitteln.

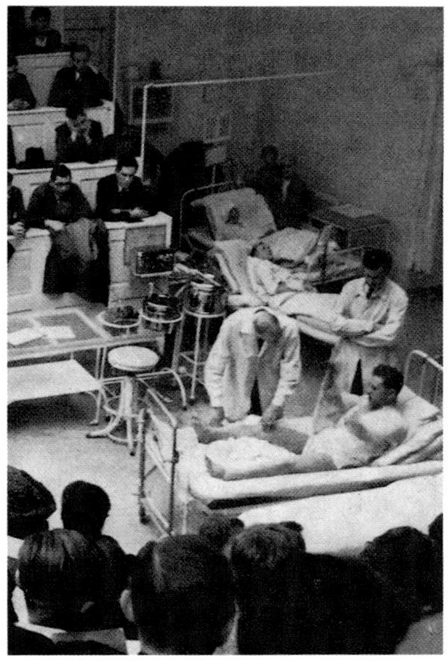

Kolleg in der unter deutsche Verwaltung gestellten Prager Universität

Medizinstudenten künftig eher fertig

1. April. Durch Inkrafttreten eines Erlasses von Reichserziehungsminister Bernhard Rust vom 14. Januar wird das Studium der Humanmedizin um fast zwei Jahre verkürzt.
Das obligatorische Praktikum wird fortan in das Studium integriert, verkürzt werden die Semesterzahl (zehn statt elf) und die Examensdauer. Im Vorklinikum wird Rassenkunde Pflichtfach. Ebenfalls gekürzt wird das tierärztliche Studium.

Schirach weiht 64 Häuser der Jugend

16. April. Reichsjugendführer Baldur von Schirach weiht von Fulda aus 64 neue Jugendherbergen ein. Schirach weist dabei auf die schon bestehenden 2000 Herbergen hin.

Baldur von Schirach, der Organisator der Hitlerjugend (HJ), seit 1925 Mitglied der Nationalsozialistischen Deutschen Arbeiterpartei, 1931 zum NS-Reichsleiter und 1935 zum Reichsjugendführer ernannt

Schirach ist seit dem → 25. März (S. 60) für das Jugendherbergswesen verantwortlich. In seiner Ansprache setzt er sich u. a. mit der konfessionellen Teilung der Kirchen auseinander, die durch die nationalsozialistisch geformte Jugend, die nicht konfessionell, sondern deutsch denke, überwunden werden müsse. Ohne den Glauben an Gott und an den Sieg des Guten hätte die nationalsozialistische Bewegung nicht erfolgreich sein können. Der Dienst an Deutschland sei auch ein Gottesdienst. Schirach schließt mit einem Zitat des deutschen Dichters Ernst Moritz Arndt: »Ein Volk zu sein ist die Religion unserer Zeit!«

Stuttgart im Blumenrausch

22. April. *Stuttgart steht im Zeichen der dritten Reichsgartenschau. Sie soll – wenn es die Witterung erlaubt – bis in den Oktober hinein geöffnet bleiben. 50 ha Ödland und Geröll wurden von Gartengestaltern, Blumenzüchtern und Landschaftsarchitekten urbargemacht. Die Aussichtsplattform auf dem Killesberg gewährt einen weiten Blick in die Umgebung (Abb.: Wasserspiele im »Tal der Rosen« zwischen den roten Felswänden).*

»Paris« versinkt nach Brand

19. April. *Gegen 9 Uhr sinkt in Le Havre der Dampfer »Paris« (35 000 t) der Ligne d'Atlantique-Nord, der gegen Mitternacht in Brand geraten war. Als Ursache des Feuers, das zugleich in der Bäckerei und im Frisiersalon ausbrach, wird Brandstiftung vermutet. Das Schiff sollte 800 Passagiere nach New York befördern. Infolge des in den Schiffsraum gepumpten Löschwassers versinkt die »Paris« im Hafenbecken (Abb.).*

755 km/h im Jagdeinsitzer

26. April. *Bei Augsburg fliegt der 24jährige Fritz Wendel (Abb., r.) mit 755,11 km/h auf einem Jagdeinsitzer Messerschmitt Me 109 R mit Mercedes-Benz DB 601-Motor einen absoluten Geschwindigkeitsweltrekord. Die alte Bestmarke flog Hans Dieterle am 31. März 1939 auf einer Heinkel He 112 U mit 746,66 km/h. Die Me 109 R ist eine Konstruktion des 40jährigen Flugzeugbauers Willy Messerschmitt (Abb., l.).*

Weltausstellung 1939 in New York

30. April. US-Präsident Franklin Delano Roosevelt eröffnet auf Long Island die New York World's Fair 1939. Der Tag der Eröffnung der Weltausstellung ist zugleich für die USA ein Datum der Rückbesinnung: 150 Jahre zuvor wurde mit George Washington der erste Präsident in sein Amt eingeführt.

10 km vom Zentrum Manhattans entfernt, umfaßt die Weltausstellung eine Fläche von 160 ha. Ein Vergnügungspark nimmt weitere 120 ha ein, und auf 200 ha wurden künstliche Seen, Grünflächen und Parkplätze angelegt.

Über 60 Nationen sind auf der Ausstellung vertreten und präsentieren ihre Vorstellungen über die Welt von morgen. Nur eine Minderheit verfügt über einen eigenen Pavillon: Den Mitgliedern des Völkerbunds steht eine Gemeinschaftshalle zur Verfügung. Die Halle Großbritanniens vereint alle Länder des Britischen Empire mit Ausnahme von Kanada und Irland, das seinen Glasbau in der Form des irischen Kleeblatts gestaltet hat.

Der Pavillon der UdSSR ist einem Amphitheater nachgebildet und wird von einem Arbeiterdenkmal überragt. Der japanische Pavillon ist eine Kopie eines Schintoschreins aus dem Jahr 300 v. Chr. Italien stellt den Wasserreichtum des Landes auch optisch mit von einem Turm herabrieselnden Wasserkaskaden dar. Der finnische Pavillon wurde von dem Architekten Alvar Aalto, der aus vorgefertigten Holzelementen die Innenräume dynamisch gestaltete, entworfen.

Hinzu kommen Hallen von US-amerikanischen Konzernen wie US Steel, Consolidated Edison, General Motors, Ford Motor Company und Westinghouse.

Bis zum 31. Oktober passieren 26 Millionen Besucher die Tore der Ausstellung. Zum Symbol der World's Fair werden eine riesige Kugel mit einem Durchmesser von 60 m und der 210 m hohe »Trylon«, der das Gelände beherrscht. Auch mit technischen Errungenschaften wartet die New York World's Fair 1939 auf: Die ersten Leuchtstoffröhren (Fluoreszenzröhren) werden gezeigt, und der gehende und sprechende Roboter »Electro« mit seinem Hund »Sparko« begeistert und amüsiert die Besucher.

Das weithin sichtbare Wahrzeichen der New York World's Fair: Die Kugel (Durchmesser 60 m) und der 210 m hohe »Trylon«

Die überdimensionale Kugel, eines der Wahrzeichen der New Yorker Weltausstellung, fotografiert aus einer ungewöhnlichen Perspektive

Der Pavillon Belgiens an der Rainbow Avenue auf der Weltausstellung im Areal von Long Island

Der äußerlich aufsehenerregende Pavillon der Elektrizitätswirtschaft, vorn eine Ausstellungsbahn

Die Kuppel aus rostfreiem Stahl des Veranstaltungsbaues der United States Steel Corporation

Die mächtige Statue von George Washington (1732–1799), dem erfolgreichen General und ersten Präsidenten der Vereinigten Staaten (1789–1797)

Blick von einem Wolkenkratzer in der Fifth Avenue über die Dächer der größten Stadt der USA auf das große Ausstellungsgelände auf Long Island

Blick vom Restaurant des französischen Pavillons über den See der Nationen zum Pavillon Großbritanniens (l.) und zur symbolträchtigen »Halle des Friedens«

Teil der Ausstellungsanlage der Ford Motor Company (vorn), dahinter der Pavillon von General Motors, hinten links die Ausstellungshallen der US-Eisenbahnen

Blick auf die für jugendliche Besucher der Weltausstellung erbaute Miniaturstadt mit der durch die Anlage führenden Eisenbahnverbindung, eine große Attraktion

Mode 1939:

Jugendlicher Pfiff und damenhafte Eleganz

Zwei gegensätzliche Linien bestimmen die Damenmode von 1939: Der weite, wippende Swing-Rock und der enge Rock. Der weite Rock wirkt sehr jugendlich und kann nur von schlanken Frauen getragen werden, ist er doch glockenförmig geschnitten und sehr kurz, d.h. gerade knieumspielend. Ein Unterrock aus Pikee oder glattem Leinen mit Stickereivolant, der vor zwei Jahren noch als Kuriosum abgelehnt wurde, verleiht ihm den nötigen Schwung. Der Swing-Rock setzt sich allerdings in den Kriegsjahren nicht durch. Erst 1947 verhilft ihm Christian Dior als New Look zum Durchbruch. Populär wird er in den 50er Jahren als Petticoat-Rock. Dagegen wirkt der enge Rock eher damenhaft. Er wird bis über die Taille gearbeitet, so daß das Oberteil verkürzt erscheint und die schmale Taille besser zur Geltung kommt. Kombiniert wird der enge Rock häufig mit einer duftigen Lingeriebluse. Einfache Tageskleider werden mit Rüschen u.ä. aufgeputzt. Die Kombination farbunterschiedlicher Stoffe tritt sowohl bei Röcken als auch bei Kostümen zugunsten von Karos in den Hintergrund.
Ein modisches Muß für die Damenwelt ist das kurze Bolero, läßt es doch die schmale Taille sehen.
Auch beim Mantel finden sich beide dominierenden Linien: Neben dem durchgehend taillierten Mantel mit Reverskragen, dem sog. Redingote, gibt es noch den geraden Mantel, der nun häufig in 3/4 oder 7/8 Länge getragen wird.
Eine erneute Steigerung, selbst bei Abendkleidern, erfahren die breiten Schultern, die Taille und Hüften um so schmaler erscheinen lassen. Dieser Schnitt verlangt ein breites Hüftmieder, das von den Oberschenkeln bis unter die Brust reicht und durch einen Büstenhalter, der die Brust spitz betont, ergänzt wird.
Für den Winter modisch unerläßlich – ob bei Kostüm oder Mantel -ist der Aufputz mit Pelz, und zwar »mit Vorliebe dort, wo er seinen Zweck nicht erfüllt«, z.B. als Revers, Manschette oder Tasche. Geschätzte Felle sind Ozelot, Seal, Indisch-Lamm, Fuchs, Karakulschaf, Otter und Skunks. Sehr gefragt ist modische Verarbeitung, z.B. breit eingesetzte, farbige Lederstreifen oder Lederpaspelierung sowie die Kombination von zweierlei Fellen wie ein Redingote aus Breitschwanz mit geschlungenem Polarfuchskragen oder ein Leopardenmantel mit Ärmeln aus langhaarigem Luchs. Der sportliche Pelzmantel ist aus Seehund oder Lammfell. Das interessanteste Pelzmodell in diesem Jahr ist ein Lammfellmantel mit Gabardinefutter, der zweiseitig getragen werden kann.
Bei keiner eleganten Dame dürfen Hut, Handtasche und Handschuhe fehlen. Die aktuelle Mode schreibt einen Hutschleier vor, der »die schmeichelnde Verbindung von Hut und Gesicht herstellt«. Der Schleier kann als Kopftuch über dem Hut, als Volant oder enge Gesichtsdraperie, aber auch asymmetrisch wehend gestaltet oder vorne über das Gesicht gelegt und am Hinterkopf in einer großen Schleife gebunden werden. Der letzte Schrei sind Schuhe und Handtaschen aus Haifischhaut, da sie als »schön« gelten und besonders haltbar sind.
Als praktische Hauskleidung erfreuen sich bei den Damen weite Hosen, sog. Slacks, großer Beliebtheit. Weite Teile der nationalsozialistischen Presse verurteilen sie allerdings als unschicklich für die deutsche Frau.
In der Damen-Skimode dominieren taillierte Windblusen aus Popelin, eng anliegende Gabardinehosen sowie dicke, selbstgestrickte, taillenkurze Pullover. Für den Strand gibt es zweiteilige Badeanzüge und Einteiler aus Jersey, die den Oberschenkelansatz bedecken.
Modisches Vorbild für das Jahr 1939 ist nach wie vor Paris. Edward H. Molyneux erregt Aufsehen durch ein nabelfreies Abendkleid, während er für den Tag ein schmales Kleid mit Bolero und breiter, gebundener Taillenschärpe bringt. Der Salon des 1936 verstorbenen Jean Patou besticht durch ein enges »Sirenenkleid« mit breiten Schultern und kleiner Nixenschleppe. Robert Piquet bevorzugt weite, schwingende Röcke, ebenso Coco Chanel bei ihren Zigeunerkleidern. Auch die deutsche Haute Couture und ihre Kundinnen favorisieren weite, sog. Walzerkleider.
Dem nationalsozialistischen Ideal hingegen entspricht jedoch eine funktionelle und bewegungsfreudige Kleidung, die allerdings in NS-Organisationen wie dem Bund Deutscher Mädel der schmucklosen Ziviluniform weicht.
In der Herrenmode setzen sich zweiteilige Anzüge durch, wobei die Weste entweder durch einen Pollunder (ärmelloser Pullover) oder einen sog. Slip-on, eine ärmellose Strickweste, ersetzt wird. Erneut auf Interesse stößt der Zweireiher. Ebenso wie in der Damenmode dominieren taillierte Sakkos und weit geschnittene Hosen. Bevorzugte Stoffmuster sind auch hier Karos und Streifen. Überaus populär sind Knickerbocker oder weite, sog. Plus-fours, ergänzt durch Norfolk-Jacke oder Sportsakko und Strickkrawatte; eine Kombination, die auch im Büro getragen wird. In Großbritannien kommt noch der beliebte Blazer hinzu. Großer Popularität im Deutschen Reich erfreut sich die auch von Führer und Reichskanzler Adolf Hitler bei seinen Aufenthalten auf dem Obersalzberg getragene kurze alpenländische Lederhose.
Trotz aller Uniformierung gibt es außerdem noch genügend Anlässe, Smoking zu tragen. Er präsentiert sich in diesem Jahr mit nur einer Doppelknopfreihe und einem tief nach unten gezogenen Schalkragen, so daß die Schultern eher schmal erscheinen. Die Smokingweste wird zugunsten des sog. Kummerbundes aufgegeben.
Bedingt durch die politischen Umstände und den Ausbruch des Krieges erlebt das europäische Modeschaffen eine schwierige Umbruchsphase. Da jede Kollektion mindestens ein halbes Jahr vorher hergestellt wird, ist die Mode in diesem Jahr noch nicht übermäßig betroffen. Allerdings schließt Coco Chanel bereits ihren Salon in Paris und hält nur eine Boutique und ihre Parfumherstellung aufrecht. Am stärksten betroffen ist die weltberühmte Berliner Konfektion durch die Arisierung bzw. Liquidierung der jüdischen Firmen. Von 176 jüdischen Damenbekleidungsherstellern von 1933 in Berlin existiert Ende 1939 keiner mehr.

Leichter Reisehut in Blau mit weinrotem Band aus Großbritannien

Weite, bequeme Hosen, sog. Slacks, erfreuen sich großer Beliebtheit

Nationalbewußte Französinnen im Badedreß mit den Nationalfarben

Promenadenmantel aus Wollvelours mit Persianerblenden

Anliegender Mantel aus Wollstoff, vertikale Taschenblenden aus Persianer

V. l.: Frühjahrskleid mit zackigem Schultersattel, zweiteiliges Frühjahrskleid mit einem bunten Ledergürtel und ein Jackenkleid aus leichtem gelben Wollstoff

Präsentation der Wintermode 1939 bei einem Pariser Modemacher. Auch nach Kriegsausbruch unerläßlich für die modebewußte Dame: Ein Pelzmantel mit entsprechender Mütze und eine dazu passende Umhängetasche

Pariser Eleganz im Frühjahr 1939: Ein schulterfreies, schwingendes Spitzenkleid für den Abend

Theater 1939:

Erfolglose Bemühungen um rein deutsches Nationaltheater

Die Theaterszene des Deutschen Reiches weist zwar eine Vielzahl von Bühnen und mehrere große Festspiele auf, doch der Wunsch der Nationalsozialisten, ein wahrhaft »deutsches Volks- und Nationaltheater« zu schaffen, geht auch 1939 nicht in Erfüllung.

Zahlreiche Uraufführungen stoßen auf Ablehnung beim Publikum. Im gesamten Reichsgebiet werden statt klassischer Dramen publikumsträchtige »Kassenstücke« bevorzugt, eine Folge der Kürzung von staatlichen Subventionen.

Auf den deutschen Provinzbühnen dominieren zumeist Lustspiele und populäre Volksstücke sowie einige wenige Tendenzstücke von Autoren wie Hanns Johst und Erwin Guido Kolbenheyer. Veranstalter ist häufig die 1938 mit der NS-Kulturgemeinde vereinte NS-Organisation »Kraft durch Freude« (KdF).

Die zeitgenössischen Bühnenautoren suchen ihre Motive vielfach in der Geschichte oder greifen auf ältere Stücke zurück. Das gilt für Sigmund Graffs Spiel um Tilman Riemenschneider »Die Prüfung des Meisters Tilman« (Uraufführung an der Berliner Volksbühne am 5.4.) wie für Hans Rehbergs »Isabella von Kastilien« (Premiere am 6.4. am Preußischen Staatstheater Berlin) oder die für das Kleine Haus im Berliner Staatstheater von Hans Schlegel bearbeiteten Komödien »Der Ritter vom Mirakel« und »Die kluge Närrin« des spanischen Dichters Lope Félix de Vega Carpio.

Als Tendenzstück schrieb Gerhard Schumann, Dramaturg des Württembergischen Staatstheaters und seit 1930 Partei-Mitglied, sein Zeitdrama »Entscheidung« (Uraufführung am 14.1. im Alten Theater zu Leipzig), das sich anspruchsvoll als »apokalyptische Vision einer untergehenden Zeit und eines geahnten neuen Aufbruchs« begreift.

In der Theatermetropole Berlin dominiert das Bewährte: Im Schillertheater wird der zweite Teil von William Shakespeares »Heinrich IV.« gegeben. In der Rolle des Sir John Falstaff brilliert Heinrich George. Das Staatstheater Berlin zeigt Shakespeares »Richard II.« mit Gustaf Gründgens in der Titelrolle,

Viktor de Kowa und Charlotte Witthauer in »Der Ritter vom Mirakel«

Szene aus der Uraufführung von Sigmund Graffs Schauspiel »Die Prüfung des Meisters Tilmann« am 5. April mit Eugen Klöpfer (r.) in der Titelrolle

Werner Stock und Clemens Hasse in der Komödie »Die kluge Närrin«

Marianne Hoppe als »Jungfrau von Orleans« in der Neuaufführung unter der Leitung von Lothar Müthel

Gisela Uhlen, Heinrich George und Berta Drews (v. l.) im zweiten Teil von William Shakespeares »Richard II.«

Georg Heding und Alice Warnke in Gerhard Schumanns »Entscheidung« am 14. Januar

und am Staatlichen Schauspielhaus wird Marianne Hoppe in Friedrich von Schillers »Jungfrau von Orleans« gefeiert. Als Uraufführung inszeniert Wolfgang Liebeneiner am 3. Oktober im Staatlichen Schauspielhaus Gerhart Hauptmanns Märchenspiel »Die Tochter der Kathedrale«. Zu den rührigsten Bühnen in der Provinz gehört das von Saladin Schmitt geführte Theater in Bochum, das sich vor allem dem Werk von Christian Dietrich Grabbe und Christian Friedrich Hebbel widmet. In Bochum wird am 26. April die Westfälische Schauspielschule eröffnet.

Auf der Reichstheaterfestwoche vom 4. bis 11. Juni in Wien nennt Propagandaminister Joseph Goebbels 200 Theater, die vom Reich, von den Ländern und von den Gemeinden gefördert werden. Es gibt 39 Gaubühnen, 38 Privattheater, 21 Gastspielunternehmen, 89 Freilichtveranstalter mit Berufsschauspielern, 30 niederdeutsche Bühnen, über 90 reisende Privatbühnen und 16 Bauerntheater.

Wichtige Festspiele sind neben der Reichstheaterfestwoche die Osterfestspiele in Weimar vom 6. bis 11. April, wo das antijüdische Schauspiel »Der Jude von Malta« von Otto C. A. zur Nedden nach Christopher Marlowe uraufgeführt wird, sowie die Reichstheaterfestspiele in Heidelberg (12.7.–20.8.).

Als Satire auf das Dritte Reich wird am 30. April durch John Gielgud im Londoner International Theatre Club unter dem Titel »Scandal in Assyria« das Schauspiel »Skandal in Assyrien« des Emigranten Walter Hasenclever uraufgeführt.

Ihren Rang als herausragende deutschsprachige Bühne des Auslands wahrt das Zürcher Schauspielhaus. Aus dem Repertoire von 1939 ragen Schillers »Wilhelm Tell« (→26.1./S.25), die deutschsprachige Erstaufführung von Thornton Wilders »Unsere kleine Stadt« am 9. März und Schillers »Jungfrau von Orleans« heraus, die mit Maria Becker in der Titelrolle am 14. April erstmals gezeigt wird.

Zu den wichtigsten Pariser Gegenwartsbühnen zählt das Théâtre de l'Athénée, wo der Theaterleiter und Schauspieler Louis Jouvet am →27. April (S.84) mit »Undine« ein weiteres Stück von Jean Giraudoux herausbringt. New York ist 1939 Ort zweier Premieren des Kaliforniers William Saroyan: Am 13. April zeigt das u.a. von William Clurman und Lee Strasberg 1931 begründete Group Theatre, das die Arbeitsweise von Konstantin S. Stanislawski pflegt, am Guild Theatre erstmals das Stück »Mein Herz ist im Hochland«. Am 25. Oktober folgt am Booth Theatre die Premiere von »Ein Leben lang« durch das Ensemble der Theatre Guild.

E. Flickenschildt in Carl Hauptmanns Drama »Die lange Jule«

Käthe Gold und Elsa Wagner bei der Uraufführung von Gerhart Hauptmanns Märchenspiel »Die Tocher der Kathedrale« im Staatlichen Schauspielhaus

Käthe Gold in »Die Tochter der Kathedrale« von Gerhart Hauptmann

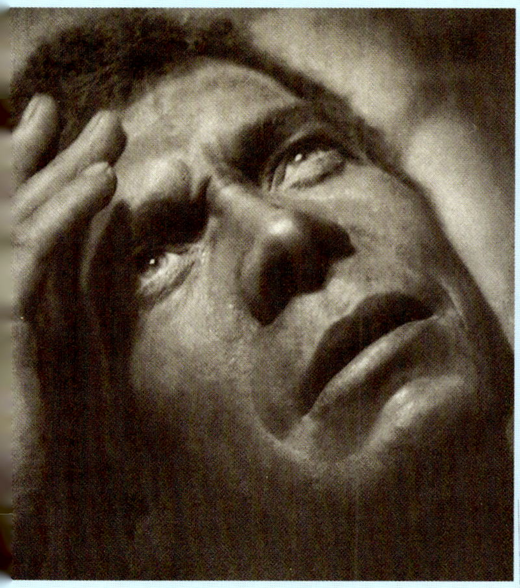

Ewald Balser in der Titelrolle von William Shakespeares »Othello« im Deutschen Schauspielhaus

Gustaf Gründgens als König in William Shakespeares Königsdrama »Richard II.«

Marianne Hoppe (l.) in der Uraufführung von Hans Rehbergs Schauspiel »Isabella von Kastilien« am 6. April in Berlin

Parabel auf das Scheitern reiner Hingabe

27. April. Im Pariser Théâtre de l'Athénée wird das Schauspiel in drei Akten »Undine« (Ondine) des französischen Dramatikers Jean Giraudoux uraufgeführt. Regisseur und zugleich Hauptdarsteller ist der Theaterleiter Louis Jouvet.
Die Parabel über die Natur, die unfähig zur Lüge ist, und die Zivilisation, zu der die Lüge gehört und die darum der Natur unterliegt, basiert auf einer Erzählung des deutschen Dichters Friedrich de la Motte Fouqué aus dem Jahr 1811.
Undine – in der Uraufführung gespielt von Madeleine Ozeray – ist ein Wasserwesen, das als Findelkind im Haus eines Fischers lebt. Sie verliebt sich in den Ritter Hans von Wittenstein (Louis Jouvet) und läßt ihn dank ihrer Zauberkräfte seine Verlobte Bertha vergessen.
So sicher ist sie ihrer vollkommenen Zuneigung zu Hans, das sie ihrem Onkel, dem Wasserkönig, das Leben ihres Geliebten verpfändet, wenn dieser ihr untreu werden sollte. Dies geschieht, nachdem Hans, Undinens überdrüssig, seine Bertha wiedergetroffen hat und bedeutet seinen Tod.

Szene aus dem dritten Akt der Uraufführung von »Undine« am 27. April: Der untreue Ritter Hans (2. v. l. Louis Jouvet) in Erwartung des Urteils

In dem Augenblick, als Hans stirbt, verliert Undine ihr menschliches Gedächtnis. Sie erkennt den Leichnam nicht mehr. Als der Wasserkönig ihre Frage, ob man Hans nicht lebendig machen könne, verneint, und die Elfen sie schließlich mit sich fortziehen, klagt das Wasserwesen Undine lauthals ihr Leid: »Wie ist das schade! Wie hätte ich ihn geliebt!«

Die Geschichte vom Scheitern der vollkommenen Hingabe an der Unvollkommenheit des Menschen findet beim Publikum großen Anklang. Zum Erfolg des Abends tragen die von Pavel Tchelitchew geschaffenen Kostüme und seine Bühnendekoration sowie die von Henri Sauguet zurückhaltend arrangierte musikalische Untermalung bei.

Startschuß für das Fernsehen in USA

29. April. In New York leitet die Rundfunkgesellschaft Radio Corporation of America (RCA) offiziell die Ära des Fernsehens in den Vereinigten Staaten ein. Über eine Entfernung von acht Meilen (13 km) wird ein Fernsehbild von Flushing auf Long Island ins Rockefeller Center in Manhattan übertragen.
Die Eröffnung der Weltausstellung 1939 am → 30. April (S.78) durch US-Präsident Franklin Delano Roosevelt können einige hundert Menschen auf Bildschirmen verfolgen. Mit dem 1919 in die USA ausgewanderten Russen Wladimir K. Zworykin hat die RCA einen der innovativsten Techniker auf dem Fernsehsektor unter Vertrag, der 1936 sein Aufnahmegerät Ikonoskop zur Marktreife gebracht hatte.
Während die US-amerikanischen Konzerne die kommerziellen Chancen des Fernsehens wegen der hohen Kosten noch zurückhaltend beurteilen, strahlt in Großbritannien die British Broadcasting Corporation (BBC) schon seit 1936 ein reguläres Fernsehprogramm aus.

Mary Wigman: Der Tanz in der Stille

Schülerinnen von M. Wigman zeigen das »Glockenlied«

»Tänze der Freude«, Gruppenkomposition von Gretl Kurth

Mary Wigman – Tanz als Ausdruck seelischer Vorgänge

13. April. Die »Leipziger Illustrierte Zeitung« stellt ihren Lesern in einer ausführlichen Bildreportage die Arbeit der Tänzerin, Choreographin und Tanzpädagogin Mary Wigman (eigentl. Marie Wiegmann) vor, die in Dresden eine eigene Tanzschule betreibt. Ihre künstlerische Arbeit rechnet die Zeitschrift zu »den wenigen beglückenden Berufen, in denen sich das Wesen der Frau voll und ganz zu entfalten und zu erfüllen vermag«.
Die am 13. November 1886 in Hannover geborene Mary Wigman ist eine Schülerin Rudolf von Labans, dem Theoretiker der modernen Tanzkunst. Laban hat den Ausdruckstanz unter Verzicht auf alle Konventionen des klassischen Balletts allein als Expression seelischer Zustände definiert. Wigman hat Labans Kunst weiterentwickelt und perfektioniert. Ihre Gruppen- und Solotänze sind ohne Handlung und stellen ekstatische Visionen, Emotionen und Träume dar. Sie werden meist ohne Musik, allenfalls mit Schlagzeugbegleitung, oder ohne zeitliche Einteilung getanzt.
1919 gab sie ihre ersten Solotanzabende und gründete 1920 in Dresden eine eigene Schule, aus der u.a. die Ausdruckstänzer Yvonne Georgi, Gret Palucca und Harald Kreutzberg hervorgingen.
Zu ihren bekanntesten Tanzwerken gehört das im Jahr 1928 vollendete dreiteilige abendfüllende Werk »Die Feier«.

48. Sieg für Cambridge im Prestigeduell der Achter gegen Oxford

1. April. *Der Sieger des 91. Rennens der Universitätsachter von Oxford und Cambridge auf der Themse heißt Cambridge. Das Team ist nach 19,3 min mit vier Längen Vorsprung im Ziel bei Mortlake (Abb.).*
Damit hat zum 48. Mal eine Mannschaft der Universität Cambridge das klassische Ruderrennen für sich entscheiden können, 42 Siege gingen an Oxford, 1877 gab es ein totes Rennen. Oxford hatte zuletzt zweimal gewonnen und galt auch diesmal als Favorit, obwohl der fehlende Wind das leichtere Cambridge-Boot zu begünstigen schien. Oxford gewinnt zwar das Los um die Startseite und wählt die nördliche Position, doch Cambridge geht sofort in Führung und baut sie ständig aus: 1 3/4 Längen nach der ersten Meile (1,609 km), 2 1/2 Längen nach der Hammersmith-Bridge und vier Längen im Ziel, wobei die Rekordzeit von 18,3 min aber verfehlt wird. Wie jedes Jahr hat das Rennen auf der Themse zwischen Putney und Mortlake wieder zahlreiche Schaulustige angelockt, die durch dunkel- oder hellblaue Schleifen und Rosetten als Fans von Oxford oder Cambridge erkennbar sind.

Wiener Klub wird Eishockeymeister

9. April. Die diesjährige deutsche Eishockeymeisterschaft geht an einen Klub aus Wien: Im ausverkauften Berliner Sportpalast besiegt der VK Engelmann Wien den Berliner SC mit 1:0 (0:0, 0:0, 1:0).
Das dramatische Match, das die Zuschauer voll in seinen Bann zieht, wird erst zehn Sekunden vor Schluß für den Außenseiter aus Wien entschieden. Nur im zweiten Drittel hatte sich der 17fache deutsche Meister aus Berlin vom Druck der technisch überlegenen Wiener befreien und durch Nationalspieler Gustav Jaenicke mehrere gute Tormöglichkeiten erspielen können.
Die Düsseldorfer EG sichert sich den dritten Platz durch ein 1:0 (1:0, 0:0, 0:0) über die Zehlendorfer Wespen. Im Halbfinale hatten sich der BSC mit 2:1 (1:0, 0:1, 1:0) über die DEG und VK Engelmann mit 9:0 (3:0, 3:0, 3:0) über die Wespen durchgesetzt. Eiskunstlaufvorführungen der britischen Ex-Weltmeisterin Cecilia Colledge und des deutschen Paares Ilse und Erik Pausin umrahmen das Eishockeyfinale.

Jugendjahre einer Kaiserin im Kino

19. April. Als Produktion der Mondiale Internationale Filmindustrie wird in Wien der Film »Prinzessin Sissy« von Franz Thiery über die Jugend der späteren Kaiserin Elisabeth von Österreich uraufgeführt.

Paul Hörbiger, in Budapest am 29. April 1894 geboren und seit 1926 vor allem an Berliner Bühnen tätig. In seinen populären Filmrollen stellt Hörbiger oft kauzige Typen dar

Die kleine Sissy (Traudl Stark) wächst als Kind von Herzog Max in Bayern (Paul Hörbiger) und Gräfin Ludovika (Gerda Maurus) in Possenhofen am Starnberger See auf. Nachdem ihr Vater trotz königlichen Verbots bei einem Zirkus aufgetreten ist, bewahrt Sissy ihn und seine Freunde durch Vorsprache bei König Ludwig I. von Bayern (Otto Tressler) vor einer Verurteilung.

Politik belastet den Sport

25. April. Reichssportführer Hans von Tschammer und Osten verbietet allen deutschen Sportlern und Sportlerinnen Starts in Frankreich. Anlaß für diesen Boykott ist die französische Absage von zwei Fußball-Länderkämpfen.

Hans von Tschammer und Osten, seit 1929 Parteimitglied und im Juli 1933 zum Reichssportführer ernannt. Tschammer leitet seit 1934 auch das Sportamt der NS-Gemeinschaft »Kraft durch Freude« (KdF)

Am 16. April hatte der französische Fußballverband die für den 23. April in Paris und Bordeaux angesetzten Spiele zwischen französischen Nationalteams und den Auswahlmannschaften des Deutschen Reiches und der Ostmark abgesetzt. Grund war ein Ersuchen des französischen Innenministeriums, das schwerwiegende Sicherheitsbedenken geltend gemacht hatte.

Von Tschammer und Osten weist darauf hin, daß sich sowohl der Fußballverband als auch die Sportpresse eindeutig für die Austragung der Länderkämpfe ausgesprochen hätten. Treffen auf deutschem Boden seien daher weiter möglich. Starts in Frankreich würden jedoch erst dann wieder erlaubt, wenn die Regierung garantiere, »daß Abmachungen von Begegnungen zwischen deutschen und französischen Nationalmannschaften nicht kurzerhand verboten« würden.
Die Absage der beiden Länderspiele durch Frankreich ist nicht die erste Boykottmaßnahme gegen Sportler aus dem nationalsozialistischen Deutschen Reich: Am 29. November 1938 hatte der Rotterdamer Bürgermeister das für den 11. Dezember dort vorgesehene Fußball-Länderspiel Niederlande-Deutschland untersagt. Daraufhin hatte der Reichssportführer am 8. Dezember die sportlichen Beziehungen zum Nachbarland abgebrochen. Erst am 24. März 1939 war die Wiederaufnahme des gegenseitigen Sportverkehrs vereinbart worden.

Lang gewinnt den ersten Grand Prix

2. April. Beim Großen Preis von Pau siegt Hermann Lang in 3:07,25 h vor Manfred von Brauchitsch (beide Mercedes-Benz) und dem Franzosen Felix Etancelin auf Talbot.
Lang gewinnt unangefochten den

Der erfolgreiche deutsche Rennfahrer Hermann Lang aus dem Rennstall von Mercedes-Benz. Er gewann u.a. 1937 den Großen Preis von Deutschland auf der AVUS und 1938 den Großen Preis von Tripoli

ersten Grand Prix 1939, sein Vorsprung vor von Brauchitsch beträgt 17 min bzw. zwei Runden.
Schon im Training auf dem 2769 m langen Rundkurs hatte Lang die schnellste Zeit gefahren. Bei seinem Sieg profitiert er allerdings vom Ausscheiden Rudolf Caracciolas in der 29. Runde und von einem Boxenstop des lange Zeit vor ihm liegenden von Brauchitsch in der 80. Runde.

Mai 1939

Mo	Di	Mi	Do	Fr	Sa	So
1	2	3	4	5	6	7
8	9	10	11	12	13	14
15	16	17	18	19	20	21
22	23	24	25	26	27	28
29	30	31				

1. Mai, Maifeiertag

Mit Kundgebungen und Betriebsappellen wird im Deutschen Reich der Feiertag der nationalen Arbeit begangen. →S.94

In Berlin werden die Nationalpreise vergeben. Den Buchpreis erhält der sudetendeutsche Autor Bruno Brehm für seine »Österreich-Trilogie«, den Filmpreis der Regisseur Carl Froelich für »Heimat«.

Der frühere Führer der 1938 in die Nationalsozialistische Deutsche Arbeiterpartei (NSDAP) eingegliederten Sudetendeutschen Partei (SdP), Konrad Henlein, wird Reichsstatthalter im Sudetengau. →S.95

Die Gesetze über den Aufbau der Verwaltung in der Ostmark und im Sudetengau (14.4.1939) treten in Kraft. →S.95

Führer und Reichskanzler Adolf Hitler stiftet ein Ehrenzeichen für deutsche Volkspflege sowie Medaillen zur Erinnerung an die Annexion des Sudetenlandes und die »Heimkehr« des Memellandes.

Die »Parole der Woche«, die Wandzeitung der Nationalsozialistischen Deutschen Arbeiterpartei (NSDAP), zeigt den US-amerikanischen Präsidenten Franklin Delano Roosevelt, der als »jüdischer Kriegshetzer« und »moderner Moses« diffamiert wird.

Durch ein von der Regierung der Slowakei erlassenes Judengesetz verlieren 300 000 Juden, die nach 1918 eingebürgert worden sind, ihre Staatsbürgerschaft.

Im Deutschen Reich tritt die Arbeitsbuchverordnung vom 22. April 1939 in Kraft. Ein solches Dokument benötigen künftig auch Selbständige und mithelfende Familienangehörige.

In der UdSSR wird der Film »Stschors« von Alexandr P. Dowshenko über die Eroberung der Ukraine durch die Rote Armee im Jahr 1919 uraufgeführt.

2. Mai, Dienstag

Von den rund 180 000 im früheren Österreich lebenden Glaubensjuden sind nach einer im Wiener »Völkischen Beobachter« veröffentlichten Statistik 99 672 ausgewandert, davon 20 677 nach Nordamerika und 6194 nach Palästina. Von den verbliebenen Juden lebt der Großteil in der ehemaligen Hauptstadt Wien.

Das Oberkommando des deutschen Heeres führt eine neue Unteroffizierslaufbahn mit 4 1/2jähriger Dienstzeit ein. Sie kommt für diejenigen in Frage, die sich nicht für die sonst üblichen zwölf Jahre verpflichten können.

In Elbing (Ostpreußen) werden probeweise 7140 Frauen für 14 Tage in Metallbetriebe einberufen. →S.96

Alleiniger Träger der Erwachsenenbildungsarbeit im Deutschen Reich wird das Deutsche Volksbildungswerk.

3. Mai, Mittwoch

Wjatscheslaw M. Molotow ersetzt Maxim M. Litwinow als sowjetischer Volkskommissar des Äußeren. →S.93

Der polnische Nationalfeiertag wird in Warschau und in den Garnisonsstädten mit Truppenparaden begangen.

Das britische Schlachtschiff »Prince of Wales« (35 000 t) läuft in Birkenhead bei Liverpool vom Stapel (→21.2./S.36).

4. Mai, Donnerstag

Die Oberbefehlshaber des Heeres und der Kriegsmarine, Generaloberst Walter von Brauchitsch und Großadmiral Erich Raeder, rufen die Soldaten zum Maßhalten bei Alkohol und Tabak auf.

Der ehemalige französische Luftfahrtminister Marcel Déat veröffentlicht im Pariser »L'Œuvre« einen Artikel mit der Überschrift »Faut-il mourier pour Dantzig?« (Sollen wir für Danzig sterben?).

Die britische Regierung verzichtet angesichts der ablehnenden Haltung der Öffentlichkeit auf die Durchsetzung der allgemeinen Wehrpflicht in Nordirland.

In seiner Schrift »Die Orientierung der Jugendbewegung« erklärt Mao Tse-tung, der führende Kopf der chinesischen Kommunisten, nur der sei revolutionär, der sich mit den »breiten Massen der Arbeiter und Bauern« verbinde.

5. Mai, Freitag

In der Pressekonferenz beim Reichspropagandaministerium ergeht eine vertrauliche Anweisung an die deutsche Presse, die Polemik gegen »Rußland und den Bolschewismus« einzustellen.

Polens Außenminister Józef Beck weist vor dem Sejm in Warschau die in der deutschen Note über die Kündigung des Nichtangriffspaktes vom 28. April enthaltenen Vorwürfe zurück. →S.92

6. Mai, Sonnabend

Auf dem Kyffhäuser wird ein Denkmal für den 1934 verstorbenen Generalfeldmarschall Paul von Beneckendorff und von Hindenburg eingeweiht.

In Zürich wird die fünfte Schweizerische Landesausstellung eröffnet. →S.99

Ein Erlaß des Reichsarbeitsministeriums verpflichtet die deutschen Arbeitsämter, gemeinsam mit der gewerblichen Wirtschaft diejenigen Gewerbebetriebe zu ermitteln, die Arbeitskräfte für die Landwirtschaft abgeben können.

In Leipzig beginnt die zweitägige Hauptversammlung des Börsenvereins des deutschen Buchhandels. Alfred-Ingemar Berndt, Ministerialdirigent im Reichspropagandaministerium, kündigt eine Bereinigung auf dem Gebiet der Literaturpreise an. Im Jahr 1938 waren 25 439 Neuerscheinungen zu verzeichnen.

7. Mai, Sonntag

Italiens Außenminister Galeazzo Ciano, Graf von Cortellazzo, und Reichsaußenminister Joachim von Ribbentrop geben nach zweitägigen Gesprächen in Mailand den Plan eines Militärpaktes bekannt.

Im Deutschen Reich wird ein Tempolimit für Kraftfahrzeuge eingeführt. →S.98

Beim Großen Preis von Tripolis siegt Hermann Lang vor Rudolf Caracciola (Mercedes-Benz) und dem Italiener Emilio Viloresi (Alfa Romeo) (→21.5./S.99).

Die Fußball-Nationalelf der Schweiz schlägt in Bern die Niederlande 2:1.

8. Mai, Montag

Das Reichspropagandaministerium erläßt eine Presseweisung zur Polenfrage: »Es darf nicht der Eindruck entstehen, als stünden wir schon kurz vor entscheidenden Ereignissen.«

Spanien erklärt seinen Austritt aus dem Völkerbund (→19.5./S.92).

Bei Villach beginnt der Bau der Reichsautobahn Salzburg-Klagenfurt.

9. Mai, Dienstag

Auf der Reichsbeamtentagung in Frankfurt am Main kündigt Reichsinnenminister Wilhelm Frick einen Ausgleich bei den Gehältern an. Die Beamten sind im Durchschnitt 55 Jahre alt, 28,2% der 1,2 Millionen Mitgliedern des Reichsbundes Deutscher Beamten sind in der Partei.

Beim Treffen der skandinavischen Außenminister in Stockholm ist nur Dänemark zu einem Nichtangriffspakt mit dem Deutschen Reich bereit. →S.91

10. Mai, Mittwoch

In einem Gespräch mit dem polnischen Außenminister Oberst Józef Beck in Warschau erklärt der stellvertretende sowjetische Außenminister Wladimir P. Potjomkin, sein Land werde im Fall eines deutschen Überfalls »eine wohlwollende Haltung« gegenüber Polen einnehmen.

In den USA schließen sich drei Zweige der Methodistenkirche mit 7,5 Millionen Mitgliedern, die seit 1830 bzw. 1844 getrennt waren, wieder zusammen.

11. Mai, Donnerstag

An der Grenze der Mongolischen Volksrepublik zum Kaiserreich Mandschukuo kämpfen mongolische und mandschurisch-japanische Truppen. →S.93

Die sowjetische Zeitung »Iswestija« nennt die britischen Vorschläge für ein Sicherheitssystem unausgewogen zu Lasten der Sowjetunion (→3.5./S.93).

Großbritannien und Rumänien, das am →23. März (S.63) mit dem Deutschen Reich einen Handelsvertrag geschlossen hat, schließen einen Wirtschaftspakt.

12. Mai, Freitag

An der Siegesparade der spanischen Luftwaffe in Madrid nehmen auch deutsche und italienische Fliegerverbände teil (→19.5./S.92).

Im Rahmen der vom 8. bis 14. Mai dauernden Reichsluftschutzwoche findet der »Tag der Frau im Luftschutz« statt.

Eine Verordnung des Reichsinnenministeriums ermächtigt den Reichsstatthalter im Sudetengau zum Einzug des Vermögens von Personen oder Personengruppen, die volks- und staatsfeindliche Bestrebungen gefördert haben.

Großbritannien und die Türkei erklären ihre Absicht zu gegenseitigem Beistand bei einem Krieg im Mittelmeer. →S.91

13. Mai, Sonnabend

Zur Eröffnung des Hauses des Deutschen Rechts in München kündigt Reichsminister Hans Frank die Schaffung eines Deutschen Volksgesetzbuches an. →S.94

Reichspropagandaminister Joseph Goebbels weist im »Völkischen Beobachter« den Vorwurf antipolnischer Propaganda zurück. Es gebe jedoch in Polen viele chauvinistische Stimmen.

Vor 60 000 Zuschauern trennen sich im Mailänder San Siro-Stadion die Fußball-Nationalmannschaften von Italien und England 2:2 (0:1). →S.99

14. Mai, Sonntag

In Aachen beginnt Führer und Reichskanzler Adolf Hitler eine Inspektionsreise entlang des Westwalls bis Kehl. Sie dauert bis zum 19. Mai. →S.95

Die deutsche Sonntagspresse veröffentlicht Berichte über das erste deutsche Buna-Werk in Schkopau. →S.96

In Düsseldorf beginnen die Reichsmusiktage. Sie dauern bis zum 21. Mai. →S.101

Am Deutschen Opernhaus Berlin erlebt die Oper »Katharina« von Arthur Kusterer ihre Uraufführung.

Vor 20 000 Zuschauern besiegt in Lüttich die Schweizer Fußball-Nationalmannschaft das Team von Belgien 2:1 (1:0).

Das erste von vier Spielen zwischen deutschen Auswahlmannschaften und einer aus Prager Spielern bestehenden Auswahl des Reichsprotektorats Böhmen und Mähren endet vor 55 000 Zuschauern im Berliner Olympia-Stadion 3:3 (1:1).

15. Mai, Montag

In Ravensbrück (Mecklenburg) entsteht ein Frauenkonzentrationslager. →S.96

In ihrer Antwort auf die britischen Vorschläge vom 8. Mai (sowjetische Garantieversprechen an Polen und Rumänien) beharrt die UdSSR auf dem Abschluß eines Dreimächtepakts mit Großbritannien und Frankreich.

Durch Verordnung von Reichssportführer Hans von Tschammer und Osten bedarf jede Gründung einer deutschen Turn-und Sportgruppe der Genehmigung des Reichssportführers.

Plakat von Carl Scherer aus Anlaß der Maifeiern der Schweizer Gewerkschaften und der Sozialdemokratischen Partei Zürich

16. Mai, Dienstag

Die erste Ziehung der Deutschen Reichslotterie findet statt. → S.99

In der Sowjetflotte wird die Wehrpflicht um ein auf fünf Jahre verlängert.

17. Mai, Mittwoch

Im Deutschen Reich findet eine Volks-, Berufs- und Betriebszählung statt. → S.94

Eine Polizeiverordnung erlaubt das öffentliche Abspielen des Badenweiler Marsches nur in Gegenwart des Führers.

Die britische Regierung veröffentlicht ein Weißbuch über Palästina. Es sieht eine Begrenzung der jüdischen Einwanderung und die Gründung eines Staates Palästina für Juden und Araber vor. → S.93

Der britische König Georg VI. und Königin Elisabeth treffen in Quebec ein, der ersten Station einer mehrwöchigen Nordamerikareise (→ 8.6./S.109).

In Düsseldorf wird die Oper »Die Nachtigall« von Alfred Irmler nach Hans Christian Andersen uraufgeführt.

18. Mai, Christi Himmelfahrt

In Wien endet eine dreitägige Tagung des Reichskolonialbundes. → S.95

Das deutsche Auswärtige Amt gibt den baldigen Abschluß von Nichtangriffsverträgen mit Lettland, Estland und Dänemark bekannt (→ 9.5./S.91; 7.6./S.107).

Aus Protest gegen das britische Weißbuch (→ 17.5./S.93) beginnt in Palästina der passive Widerstand der jüdischen Bevölkerung. Chaim Weizmann, Präsident der Jewish Agency, beschuldigt die Briten des Bruchs der bisher den Juden gemachten Versprechungen.

Dem deutschen Schriftsteller Thomas Mann wird die Ehrendoktorwürde der Princeton University verliehen.

Beim Giro d'Italia siegen drei italienische Radrennfahrer: Giovanni Valetti (88:02:00 h) vor Gino Bartali (88:04:59 h) und Mario Vicini (88:07:07 h).

19. Mai, Freitag

In Herzberg (Sachsen) wird eine Anlage des Deutschlandsenders eingeweiht. Der Antennenmast ist mit 337 m das höchste Bauwerk Europas. → S.98

Eine polnische Delegation unter Verteidigungsminister Thaddeusz Kasprzycki unterzeichnet in Paris eine polnisch-französische Militärkonvention. → S.91

In Madrid beginnen zweitägige Siegesfeiern der Nationalisten. → S.92

Der am 9. September 1936 in London aus Anlaß des Spanischen Bürgerkrieges gegründete Nichteinmischungsausschuß beendet seine Arbeit.

20. Mai, Sonnabend

In Danzig-Kalthof wird ein Nationalsozialist aus einem polnischen Diplomatenauto heraus erschossen. → S.92

Das Deutsche Reich und Litauen unterzeichnen nach zweimonatigen Gesprächen in Berlin einen Vertrag über eine dreijährige deutsche Beteiligung in Höhe von 30% am Außenhandel Litauens.

In Moskau empfängt Außenminister Wjatscheslaw M. Molotow den deutschen Botschafter Friedrich Werner Graf von der Schulenburg. Gegenstand des Gesprächs ist eine Verbesserung der politischen Basis für die Beziehungen zwischen beiden Staaten (→ 3.5./S.93).

Leopold III., König der Belgier, eröffnet in Lüttich eine Internationale Ausstellung für Wassertechnik (→ 26.6./S.110).

In der Zeitschrift »Vierjahresplan« gibt der Präsident der Reichswirtschaftskammer, Albert Pietzsch, eine Steigerung der Arbeitsproduktivität um 15% zwischen 1929 und 1938 bekannt. In der gleichen Ausgabe plädiert der Siemens-Direktor Georg Leifer für die vollständige Durchsetzung des Leistungslohnes.

21. Mai, Sonntag

Im Deutschen Reich wird erstmals das 1938 gestiftete Ehrenkreuz der deutschen Mutter verliehen. → S.94

Zum Ausklang der Reichsmusiktage in Düsseldorf verleiht Propagandaminister Joseph Goebbels die mit je 10 000 Reichsmark dotierten Nationalen Musikpreise an den Geiger Siegfried Borries und die Pianistin Rosl Schmidt (→ 14.5./S.101).

Beim Eifelrennen auf der Nordschleife des Nürburgrings siegt Hermann Lang auf Mercedes-Benz. → S.99

22. Mai, Montag

In der Reichshauptstadt Berlin unterzeichnen Italiens Außenminister Galeazzo Ciano, Graf von Cortellazzo, und Reichsaußenminister Joachim von Ribbentrop ein Freundschafts- und Bündnisabkommen (»Stahlpakt«). → S.90

In Würzburg beginnt der Deutsche Studententag. Er dauert bis zum 27. Mai.

Eine Denkschrift des britischen Foreign Office empfiehlt trotz Bedenken die Aufnahme von Bündnisverhandlungen mit Moskau, weil dies vermutlich das einzige Mittel sei, um den Krieg abzuwenden.

Ein am 22. April gestartetes Verkehrsforschungsflugzeug der Deutschen Lufthansa AG, die Junkers Ju 52 »Hans Loeb«, kehrt aus Tokio nach Berlin zurück.

In New York begeht der seit 1933 in der Emigration lebende deutsche Schriftsteller Ernst Toller Selbstmord. → S.101

23. Mai, Dienstag

Führer und Reichskanzler Adolf Hitler unterrichtet in der Neuen Reichskanzlei in Berlin führende Offiziere der Wehrmacht über seine Kriegspläne. → S.95

Die 7. und 8. Durchführungsverordnung zum Luftschutzgesetz verpflichtet die deutschen Hausbesitzer zum Kauf von Selbstschutzgerät und zur Vorbereitung der Verdunkelung. → S.96

Bei einer Tauchübung vor der US-amerikanischen Küste bei Portsmouth versinkt das US-Unterseeboot »Squalus« mit 59 Mann an Bord. Bis zum 25. Mai können 33 Überlebende geborgen werden.

Vor 35 000 Zuschauern im Bremer Weser-Stadion spielt die deutsche Fußball-Nationalelf gegen Irland 1:1 (1:0).

24. Mai, Mittwoch

Der Danziger Senat fordert die Abberufung der an der Erschießung eines Danzigers in Kalthof am 20. Mai schuldigen polnischen Zollbeamten. Am gleichen Tag wird nach deutschen Angaben ein Autofahrer aus Elbing (Ostpreußen) nach Durchqueren des Korridors von Polen angeschossen.

Vor Mitarbeitern des Auswärtigen Amtes erklärt der für die Rüstung zuständige General Georg Thomas, im Falle eines Krieges mit Frankreich, Großbritannien und den USA hätten diese den deutschen Rüstungsvorsprung innerhalb von 18 Monaten aufgeholt.

Führer und Reichskanzler Adolf Hitler besucht zur Eröffnung des Stadttheaters Augsburg eine Festaufführung der Oper »Lohengrin« von Richard Wagner.

Das Epsom-Galoppderby (Sieger Eddie Smith auf Blue Peter) wird von der Rundfunkanstalt BBC live per Fernsehen in sechs Londoner Großkinos übertragen.

25. Mai, Donnerstag

Ein Bericht des Wehrwirtschafts- und Rüstungsamtes im Oberkommando der Wehrmacht beziffert den zusätzlichen Bedarf an Arbeitskräften für die Erfüllung des Fertigungsprogramms 1938/39 auf 5,7 Millionen. Für das Fertigungsprogramm »Endziel« werden 17,7 Millionen Arbeiter mehr gebraucht.

26. Mai, Freitag

Frankreich und Großbritannien machen der UdSSR neue Vorschläge über die Gestaltung eines Sicherheitssystems gegen eine deutsche Aggression. Erstmals wird ein Dreimächtepakt angeboten.

27. Mai, Sonnabend

Reichspropagandaminister Joseph Goebbels schreibt im »Völkischen Beobachter« unter der Überschrift »Nochmals: Die Einkreiser«, die Front der »Einkreisungsmächte« sei vor allem aus politischen, nicht aus weltanschaulichen Gründen zustandegekommen.

In Paris stirbt der aus Österreich geflohene Schriftsteller Joseph Roth. → S.101

28. Mai, Pfingstsonntag

Mit 200 Juden an Bord läuft die »Orinocco« aus dem Hamburger Hafen aus. Die Reise endet in Cherbourg, da das Zielland Kuba die Einreise verweigert.

29. Mai, Pfingstmontag

Bei den Wahlen zum ungarischen Reichstag entfallen 180 der zu vergebenden 252 Sitze auf die Regierungspartei. Die faschistischen Pfeilkreuzler werden mit 28 Sitzen zweitstärkste Gruppierung.

Mao Tse-tung, führende Persönlichkeit der chinesischen Kommunisten, veröffentlicht die Schrift »Wenn der Feind uns bekämpft, ist das gut und nicht schlecht«.

In Vaduz findet die Huldigung der Bevölkerung für Fürst Franz Joseph II. von Liechtenstein statt, der im Juli 1938 seinem verstorbenen Onkel Franz I. als Staatsoberhaupt nachgefolgt ist.

Ernst Grob, Herbert Paidar und Ludwig Schmaderer aus München besteigen als erste den Tent Peak (7363 m). → S.98

In Brentwood verbessert die Britin Dorothy Odam-Tyler den Hochsprung-Weltrekord von Mildred Dirikson (USA) aus dem Jahr 1932 um 1 cm auf 1,66 m.

30. Mai, Dienstag

Italiens Ministerpräsident und Duce Benito Mussolini weist in einem Schreiben an Führer und Reichskanzler Adolf Hitler auf die fehlende Kriegsbereitschaft Italiens bis 1943 hin (→ 22.5./S.90).

Die britische Polizei verlangt von den US-Behörden die Auslieferung des in Detroit inhaftierten Sean Russell. Der Stabschef der Irisch-Republikanischen Armee (IRA) kann jedoch entkommen.

Vor 145 000 Zuschauern siegt im 500 Meilen-Automobilrennen von Indianapolis der US-Amerikaner Andy Shaw auf Maserati in 4:20:47 h. Von 33 gestarteten Wagen kommen 17 ins Ziel.

31. Mai, Mittwoch

In Berlin wird ein Nichtangriffspakt zwischen dem Deutschen Reich und Dänemark unterzeichnet (→ 9.5./S.91).

Das Deutsche Reich verweigert die Unterzeichnung des nach einmonatiger Beratung in Buenos Aires zustandegekommenen Weltpostvertrages, weil darin die Tschechoslowakei als Vertragsstaat genannt ist. Italien, Spanien und Ungarn schließen sich an.

Im Mai sind im Deutschen Reich 478 Personen wegen illegaler Betätigung festgenommen worden, darunter 263 Kommunisten und 51 Sozialdemokraten.

In seiner ersten Rede als Volkskommissar des Äußeren kritisiert Wjatscheslaw M. Molotow Großbritannien und Frankreich, die sich in den Bündnisgesprächen nicht zur Gleichbehandlung der UdSSR entschließen können (→ 3.5./S.93).

Die japanische Regierung erklärt die Hälfte Chinas zum besetzten Gebiet. → S.93

Das Wetter im Monat Mai

Station	Mittlere Lufttemperatur (°C)	Niederschlag (mm)	Sonnenscheindauer (Std.)
Aachen	11,6 (12,8)	43 (67)	– (205)
Berlin	11,8 (13,7)	56 (46)	– (239)
Bremen	12,0 (12,8)	36 (56)	– (231)
München	10,0 (12,5)	216 (103)	– (217)
Wien	13,0 (14,6)	– (71)	– (–)
Zürich	10,0 (12,5)	255 (107)	71 (207)

( ) Langjähriger Mittelwert für diesen Monat
– Wert nicht ermittelt

Karikatur des Münchner »Simplicissimus« vom 21. Mai 1939 zur Entwicklung des britisch-polnischen Verhältnisses angesichts der Bedrohung Polens durch das Deutsche Reich

»Achse Berlin-Rom« erneuert

22. Mai. Im Botschaftersaal der Neuen Reichskanzlei in Berlin unterzeichnen in Anwesenheit von Führer und Reichskanzler Adolf Hitler Italiens Außenminister Galeazzo Ciano, Graf von Cortellazzo, und Reichsaußenminister Joachim von Ribbentrop einen Freundschafts- und Bündnisvertrag.
Dieser »Stahlpakt« erneuert die »Achse Berlin–Rom« vom 24. Oktober 1936. Beide Staaten bekräftigen ihre Bereitschaft, auch »in Zukunft Seite an Seite und mit vereinten Kräften für die Sicherung ihres Lebensraumes und für die Aufrechterhaltung des Friedens einzutreten«.

Der Krieg ist »unvermeidlich«
»Der Krieg zwischen den plutokratischen und deshalb ursprünglich konservativen und den stark bevölkerten und armen Nationen ist unvermeidlich ... Die zwei europäischen Achsenmächte benötigen eine Friedenszeit von nicht weniger als drei Jahren. Erst vom Jahr 1943 an wird eine kriegerische Anstrengung die größten Aussichten auf Erfolg haben ...« (Italiens Ministerpräsident und Duce Benito Mussolini in einem Brief vom 30.5.1939).

Der Vertrag, der Italien fest an die Expansionspläne des Deutschen Reichs bindet und das Land zugleich außenpolitisch isoliert, war am 6. und 7. Mai von Ciano und Ribbentrop in Mailand ausgehandelt worden. Italiens Ministerpräsident und Duce Benito Mussolini erhofft sich von dem Vertrag zukünftige Konsultationen über ein gemeinsames Vorgehen. Nicht noch einmal will man sich in Rom von deutschen Handstreichen wie der Annexion Böhmens und Mährens (→ 15.3./ S.48) überraschen lassen.
Zugleich sollen die Ziele künftiger Expansion festgelegt werden, wobei tiefgreifende Diskrepanzen bestehen: Italiens Imperialismus beschränkt sich auf den Mittelmeerraum und den Balkan, für das Deutsche Reich formuliert Hitler den »Lebensraum im Osten« als Ziel, wobei ein Krieg mit dem Westen einkalkuliert wird (→ 23.5./S.95).
In dem Bemühen, den deutschen Partner von seiner Bündnistreue zu überzeugen, befürwortet Mussolini auch eine juristisch abgesicherte Verpflichtung für eine Teilnahme an einem künftigen Krieg. Allerdings hatte Mussolini am 16. April Hermann Göring, dem deutschen Luftwaffen-Oberbefehlshaber, bei dessen Besuch in Rom erklärt, Italien werde Frankreich nicht vor 1942/43 angreifen können. Diese Mitteilung hatte Göring ebenso verständnisvoll aufgenommen wie später Ribbentrop in Mailand, obwohl der deutsche Feldzug gegen Polen schon seit langem beschlossene Sache ist (→ 28.4./S.75).
Voller Vertrauen auf die deutsche Zuverlässigkeit hat Ciano es Ribbentrop überlassen, das Vertragswerk aufzusetzen, das jedoch in einigen Punkten nicht den Absprachen von Mailand entspricht. So war ursprünglich vorgesehen, den Bündnisfall ausdrücklich von einem Angriff auf das Deutsche Reich oder Italien abhängig zu machen.
Der »Stahlpakt« gliedert sich in sieben Punkte, hinzu kommt ein geheimes Protokoll, das die Angleichung der Propaganda beider Länder vorsieht. Vereinbart werden zunächst enge Kontakte zwischen beiden Vertragspartnern. In Artikel III ist der Kriegsfall angesprochen: »Wenn es entgegen den Wünschen und Hoffnungen der Vertragsschließenden Teile dazu kommen sollte, daß einer von ihnen in kriegerische Verwicklungen mit einer anderen Macht oder anderen Mächten gerät, wird ihm der andere Vertragsschließende Teil sofort als Bundesgenosse zur Seite treten und ihn mit allen seinen militärischen Kräften zu Lande, zu See und in der Luft unterstützen.«
Ergänzt wird diese Garantie durch die Absicht einer engen militärischen Zusammenarbeit und die Verpflichtung, »im Fall eines gemeinsam geführten Krieges Waffenstillstand und Frieden nur im vollem Einverständnis miteinander abzuschließen«. Der Vertrag gilt zunächst für zehn Jahre.
Allerdings verläßt sich der in seinem persönlichen Verhältnis zu Hitler ständig zwischen übergroßem Vertrauen und abgrundtiefem Mißtrauen schwankende Mussolini nicht auf die Absprachen bezüglich des Kriegsbeginns: Am 30. Mai weist er in einem Schreiben an Hitler noch einmal auf die italienische Schwierigkeit hin, vor Ablauf von drei Jahren nicht wirkungsvoll in einen Krieg eingreifen zu können.

Auf dem Balkon v. l.: Joachim von Ribbentrop, Erich Raeder, Galeazzo Graf Ciano, Walter von Brauchitsch, Adolf Hitler, Hermann Göring, Alberto Pariani

Sitzend v. l. Außenminister Galeazzo Ciano, Graf von Cortellazzo, Führer und Reichskanzler Adolf Hitler, Reichsaußenminister Joachim von Ribbentrop

Kundgebung von Anhängern der Faschistischen Partei Italiens am Rande der deutsch-italienischen Außenministerkonferenz am 6. und 7. Mai in Mailand

Abendempfang im Außenministerium: V. l. Galeazzo Ciano, Graf von Cortellazzo, und Joachim von Ribbentrop sowie Führer und Reichskanzler Adolf Hitler

Sicherheitsbündnis London – Ankara

12. Mai. Vor dem britischen Unterhaus gibt Premierminister Arthur Neville Chamberlain eine bevorstehende Übereinkunft mit der Türkei über gegenseitige Hilfe im Falle eines Krieges im Mittelmeergebiet bekannt. Eine entsprechende Erklärung wird am selben Tag im Parlament in Ankara verlesen.

Die deutsche Presse wertet dieses Abkommen als eine neue Etappe der »Einkreisungspolitik« der Westmächte (→ 1.4./S.73) und zugleich als weiteren Beweis für den »Paktwahn« der Briten.

Großbritannien und die Türkei erklären ihre Absicht, ein langfristiges Sicherheitsbündnis abschließen zu wollen. Bis dahin bekräftigen beide Länder, daß sie »im Falle einer Angriffshandlung, die zu einem Krieg im Mittelmeergebiet führt, bereit sein würden, effektiv zusammenzuarbeiten und einander alle in ihrer Macht stehende Hilfe und jeden Beistand zu leisten«. Es wird erklärt, auch die »Sicherheit auf dem Balkan« verbürgen zu wollen.

Militärpakt bindet Paris an Warschau

19. Mai. In Paris unterzeichnen Polens Verteidigungsminister Thaddeusz Kasprzycki und der Chef des französischen Generalstabs, General Maurice Gustave Gamelin, einen geheimen Militärpakt.

Der Pakt verpflichtet Frankreich, spätestens am 15. Tag nach einer polnischen Mobilmachung als Folge deutscher Aggression das Deutsche Reich anzugreifen.

Allerdings erscheint die auf eine Defensivstrategie ausgerichtete französische Armee für eine Offensive schlecht gerüstet. Hinzu kommt die Kriegsunlust in der Bevölkerung.

Ein Artikel des früheren Luftfahrtministers Marcel Déat im Pariser »L'Œuvre« am 4. Mai gab dieser Stimmung Ausdruck: »Faut-il mourir pour Dantzig?« (Sollen wir für Danzig sterben?) fragte Déat und erklärte seinen Lesern, die uneinsichtigen Polen hätten den Konflikt mutwillig verschärft. Die Franzosen dürften es nicht zulassen, daß ihr und ihrer Kinder Leben von den Launen der polnischen Politik abhinge.

Skandinavien bleibt neutral

9. Mai. In Stockholm beraten die Außenminister von Dänemark, Finnland, Norwegen und Schweden über das deutsche Angebot eines Nichtangriffspaktes. Sie betonen ihre Absicht, im Kriegsfall strikte Neutralität zu wahren.

Die Minister Peter Munch (Dänemark), Eljas Erkko (Finnland), Halvdan Koht (Norwegen) und Rikkard Johannes Sandler (Schweden) begrüßen Äußerungen von seiten jedes anderen Landes, die Integrität und Unabhängigkeit der nordischen Staaten respektieren zu wollen.

Der Abschluß von Nichtangriffspakten mit dem Deutschen Reich wird jedem freigestellt. Nur Dänemark, das als einziger skandinavischer Staat eine gemeinsame Grenze mit dem Reich hat, ist bereit, die Politik strikter Neutralität unter Verzicht auf alle Verpflichtungen zu lockern.

Am 31. Mai unterzeichnen der dänische Gesandte in Berlin, Kammerherr Herluf Zahle, und Reichsaußenminister Joachim von Ribbentrop einen deutsch-dänischen Nichtangriffspakt. Darin kommen beide Seiten überein, »in keinem Falle zum Krieg oder zu einer anderen Art von

Die Außenminister von Dänemark, Schweden, Finnland und Norwegen

Gewaltanwendung gegeneinander [zu] schreiten«. Falls einer der Vertragspartner von einer dritten Macht angegriffen werde, dürfe der andere Partner eine solche Aktion auf gar keinen Fall unterstützen.

Zur Begründung für diesen Schritt erklärt Außenminister Munch, die guten Beziehungen des neutralen Dänemark zum Deutschen Reich würden dadurch weiter gefestigt.

Polen bringt jedes Opfer für seine Freiheit

5. Mai. Vor dem Sejm in Warschau weist Polens Außenminister Oberst Józef Beck die in der Kündigung des Nichtangriffspaktes durch das Deutsche Reich am → 28. April (S.75) enthaltenen Vorwürfe zurück und unterstreicht den Willen Polens zur Wahrung seiner Freiheit.

Beck erneuert die polnischen Vorstellungen über den Erhalt des Status quo in der Danzig-Frage. Der Status von Danzig als Freie Stadt entspreche sowohl den Interessen Polens als auch denen des Deutschen Reiches. Polen sei bereit, über eine Verbesserung der Verbindungswege zwischen Ostpreußen und dem Reichsgebiet zu verhandeln, aber ohne Preisgabe der polnischen Souveränität (→ 26.3./S.56).

Zum Schluß seiner Rede betont Beck, man kenne in Polen nicht den Begriff eines Friedens um jeden Preis. Unschätzbar sei hingegen die Erhaltung der Ehre der Nation.

Anlaß für Becks selbstbewußtes Auftreten sind die britisch-französischen Hilfszusagen für Polen im Fall einer Bedrohung seiner Unabhängigkeit (→ 13.4./S.72).

Das polnisch-französische Einvernehmen wird verstärkt durch den Abschluß einer Militärkonvention am → 19. Mai (S.91), die Frankreich verpflichtet, am 15. Tag eines Angriffs auf Polen eine Offensive gegen den Aggressor zu eröffnen.

In der deutschen Presse wird Becks Rede als »ausweichend« bewertet. Die Reichsregierung habe ständig neue Friedensvorschläge gemacht, die Polen jedoch mit Drohungen beantwortet hätte. Weitaus mehr Raum als der Beck-Rede gibt die Presse Berichten über antideutsche Ausschreitungen in Polen, wobei jedoch auf allzu heftige Angriffe vorerst noch verzichtet wird.

Der polnische Außenminister Oberst Józef Beck (am Rednerpult) bei seiner Ansprache vor dem Sejm am 5. Mai. Beck ist seit dem 2. November 1932 Polens Außenminister und war Vertrauter von Józef Klemens Piłsudski, der Polen von 1918 bis 1922 als Staatspräsident und 1926 bis 1935 als Armeechef führte

Tödliche Schüsse in Danziger Vorort

20. Mai. Die Erschießung eines Danziger Nationalsozialisten durch Insassen eines polnischen Diplomatenautos in Danzig-Kalthof führt zu einer Zuspitzung der Danzig-Krise. Über den genauen Verlauf des Vorfalls geben beide Seiten völlig unterschiedliche Darstellungen. Die Danziger Behörden erklären, der in einem Taxi aus Marienburg anreisende Danziger Bürger sei auf offener Straße aus einem mit polnischen Zollbeamten besetzten Auto heraus erschossen worden.

Die Polen behaupten hingegen, ihre Zollbeamten in Kalthof seien durch eine vorangegangene Demonstration gezwungen worden, ihr Büro zu verlassen und auf polnisches Gebiet zu flüchten. Da die um Hilfe gebetene Danziger Polizei nicht erschienen sei, habe man selbst einen Wagen entsandt.

Weil die polnischen Beamten bei ihrer Ankunft bedroht worden seien, habe der Chauffeur zunächst einen Schuß in die Luft abgegeben, dann in die Menge gefeuert und dabei den Danziger Einwohner getroffen.

Nationalistisches Spanien feiert den Sieg im Bürgerkrieg

19. Mai. In Madrid beginnen zweitägige Feiern aus Anlaß des Sieges der nationalistischen Truppen von Generalissimus Francisco Franco Bahamonde. An einer großen Truppenparade von rund 250 000 Mann nehmen auch deutsche und italienische Verbände teil.

Bereits am 12. Mai hatten spanische, italienische und deutsche Luftwaffeneinheiten auf dem Madrider Flugplatz Barajas vor Franco paradiert. Deutsche und Italiener waren für ihren erfolgreichen »Kreuzzug gegen den Kommunismus« mit der Militärmedaille geehrt worden.

Für die Parade am 19. Mai sind die Straßen mit Palmen geschmückt worden. Umrahmt wird die Veranstaltung von Ordensverleihungen, Kranzniederlegungen und Gottesdiensten. Vor Franco paradieren neben verschiedenen spanischen Einheiten auch Angehörige der Division Littorio und anderer italienischer »Freiwilligenverbände«.

Den Abschluß der Truppenparade bildet die deutsche Legion Condor unter ihrem Befehlshaber Generalmajor Wolfram Freiherr von Richthofen (→ 6.6./S.108).

Der Bürgerkrieg war am 1. April offiziell für beendet erklärt worden. Als Madrid am → 28. März (S.57) kapituliert hatte, warteten in Alicante noch über 40 000 Republikaner auf ihren Abtransport auf neutralen Schiffen. Doch nur 40 Menschen konnten auf einem französischen Dampfer den Hafen verlassen, der Rest fiel den Franco-Truppen in die Hände. In der gesamten einst republikanischen Zone werden Franco-Gegner verfolgt und vor Kriegsgerichte gestellt. Die Zahl der Verhafteten und der zum Tode Verurteilten steigt täglich.

Spanien verläßt den Völkerbund

Am 8. Mai erklärt Spanien seinen Austritt aus dem Völkerbund. Es begründet diesen Schritt damit, daß der Rat in der Frage des Bürgerkriegs versagt habe. Mit Spanien haben innerhalb von 15 Monaten elf Länder den Völkerbund verlassen. Von den Großmächten sind nur noch Großbritannien, Frankreich und die Sowjetunion in Genf vertreten.

Motorisierte italienische »Freiwillige« bei der Siegesparade in Madrid am 19. Mai vor der Ehrentribüne mit Generalissimus Francisco Franco Bahamonde

Parade der deutschen Legion Condor, am Himmel Maschinen der Luftwaffe

Molotow statt Litwinow Außenkommissar

3. Mai. Maxim M. Litwinow wird als Volkskommissar des Äußeren von Wjatscheslaw M. Molotow abgelöst, der seit 1930 Vorsitzender des Rates der Volkskommissare ist.

Litwinow, in der deutschen Presse wegen seiner jüdischen Abkunft Litwinow-Finkelstein genannt, vertrat eine Politik der kollektiven Sicherheit. Seine Ablösung ist für die deutsche Führung ein wichtiges Signal. Am 4. Mai meldet der deutsche Geschäftsträger in Moskau, Werner von Tippelskirch: »Molotow (kein Jude) gilt als engster Freund und nächster Mitarbeiter Stalins. Seine Ernennung soll offenbar Gewähr dafür bieten, daß die Außenpolitik streng im Stalinschen Sinn fortgesetzt wird.« (→ 10.3./S.54)

In Berlin werden die im April begonnenen deutsch-sowjetischen Kontakte zwischen Botschaftsrat Georgi A. Astachow und Legationsrat Julius Schnurre am 5. und am 17. Mai fortgeführt. In Moskau empfängt Molotow am 20. Mai den deutschen Botschafter Friedrich Werner Graf von der Schulenburg und erklärt, die laufenden Wirtschaftsverhandlungen sollten beschleunigt und zugleich auf eine politische Grundlage gestellt werden. Weil die Deutschen befürchten, von der UdSSR gegenüber dem Westen ausgespielt zu werden, reagieren sie zurückhaltend. Die britisch-französischen Verhandlungen mit der UdSSR (→ 13.4./S.72) drohen jedoch zu scheitern: Am 31. Mai kritisiert Molotow vor dem Obersten Sowjet die beiden Westmächte, weil sie nicht bereit seien, der UdSSR Hilfe bei einem Angriff zu garantieren.

V. l.: Der neue Außenkommissar Wjatscheslaw M. Molotow, l., Josef W. Stalin, der Generalsekretär des Zentralkomitees (ZK) der Kommunistischen Partei der Sowjetunion und Maxim M. Litwinow, seit 1930 Außenkommissar. Molotow (eigentl. Skrjabin) ist seit 1906 Bolschewik und gehört seit 1921 dem ZK und seit 1926 dem Politbüro der KPdSU an

Briten begrenzen jüdischen Exodus

17. Mai. Die britische Regierung legt in einem Weißbuch ihre Pläne für die künftige Entwicklung Palästinas vor, nachdem die Palästina-Konferenz in London (→ 26.2./S.32) ohne Ergebnis geblieben ist.

Kernpunkte des Programms sind die Schaffung eines unabhängigen Palästina als Staat für Araber und Juden innerhalb von zehn Jahren, Garantien für den Schutz der heiligen Stätten sowie der Rechte der beiden Völker und Begrenzung des jüdischen Anteils auf ein Drittel der Gesamtbevölkerung. Es sollen daher innerhalb der nächsten fünf Jahre jährlich nur 10 000 Juden einreisen, zusätzlich maximal 25 000 Flüchtlinge. Danach soll die jüdische Einwanderung gestoppt werden.

Damit sehen die Briten wichtige Ziele ihrer Mandatspolitik als erfüllt an, nämlich die Schaffung eines jüdischen »Nationalheimes« durch Einwanderung von 300 000 Juden seit 1922 und zugleich die Sicherung der Rechte der Araber. Aber sowohl Araber als auch Juden lehnen den Plan sofort ab (→ 18.6./S.106).

Japan meldet Eroberung von halb China

31. Mai. In einer Übersicht zur Lage in China nach fast zweijähriger Kriegsdauer erklärt das japanische Kaiserliche Hauptquartier in Tokio, daß mit 1 562 938 km^2 fast die Hälfte Chinas besetzt worden sei.

Vollständig erobert seien die Provinzen Chahar, Szetschuan, Hopeh, Schantung, Schansi, Kiangsu und Anhwei sowie die Insel Hainan. Fast vollständig gelungen sei die Besetzung von Hunan, teilweise erobert worden seien Tschekiang, Kiangsi, Hupeh und Kwangtung.

Die Verluste werden mit 59 998 Toten auf japanischer und 2,2 Millionen auf chinesischer Seite angegeben. Erbeutet worden seien bisher u.a. 333 schwere Geschütze, 6700 Maschinengewehre, 627 Panzerwagen und 215 573 Gewehre.

Allerdings können die Erfolgsmeldungen nicht darüber hinwegtäuschen, daß der Krieg noch keineswegs entschieden ist. Zwar kontrollieren die Japaner viele Städte und wichtige Eisenbahnlinien, doch dazwischen kämpfen immer noch chinesische Regierungstruppen und kommunistische Guerillaverbände.

Japanische Infanteristen beim Sturm auf eine chinesische Stellung. Seit Juli 1937 bemühen sich die Japaner, den Widerstand der Chinesen zu brechen

Konflikt zwischen Moskau und Tokio

11. Mai. Im Chalchin-Gebiet beginnt ein bewaffneter Konflikt zwischen Soldaten der Mongolischen Volksrepublik und mandschurisch-japanischen Grenztruppen des Kaiserreiches Mandschukuo. Die Kämpfe enden zunächst am 28. Mai.

Schon 1938 war es in dieser Region zu Grenzzwischenfällen gekommen, die zu einer Krise im Verhältnis der jeweiligen Schutzmächte UdSSR und Japan geführt hatten.

Der sowjetische Außenminister Wjatscheslaw M. Molotow beschuldigt am 31. Mai vor dem Obersten Sowjet die Japaner der Aggression und versichert, sein Land würde die Grenzen der Mongolei genauso verteidigen wie die eigenen. Japan erklärt, mongolische Truppen hätten mit Panzern, Geschützen und Flugzeugen den Versuch gemacht, die Grenze zu überschreiten, seien aber zurückgewiesen worden.

Der Konflikt erhöht die Furcht der Sowjetunion vor einem möglichen Zweifrontenkrieg und vermehrt ihre Bereitschaft zur Einigung mit einem Partner in Westeuropa.

Deutschland feiert den Tag der Arbeit

1. Mai. Höhepunkte des Tages der nationalen Arbeit in Berlin sind der Aufmarsch von 130 000 Angehörigen der Hitlerjugend und des Bundes deutscher Mädel im Olympia-Stadion und ein Staatsakt im Lustgarten, wo Führer und Reichskanzler Adolf Hitler erklärt, heute sei der »Festtag der Schaffenden und damit der Volksgemeinschaft«.

Am Vorabend waren in der Neuen Reichskanzlei 103 nationalsozialistische Musterbetriebe bestätigt und 99 neu ernannt worden.

Im Reichsgebiet finden Aufmärsche, Kundgebungen und Volksfeste der Deutschen Arbeitsfront (DAF) statt. Im Vordergrund steht weniger die politische Demonstration der »Arbeiter der Stirn und der Faust« als vielmehr das um Fröhlichkeit bemühte Beisammensein, das nur kurz von Reden der DAF-Funktionäre unterbrochen wird.

An den Tagen zuvor waren die »Volksgenossen« mit Konzerten, Tanzabenden, Revuen und Artistik unterhalten worden. In vielen Betrieben wurde auf Kosten der Betriebsführer in Gaststätten gefeiert.

Ehrenkreuze der Mütter erstmals verliehen

21. Mai. *Im Deutschen Reich werden erstmals die am 16. Dezember 1938 gestifteten Mutterkreuze verliehen. Ausgezeichnet werden ältere Mütter, die vier und mehr »deutschblütige« Kinder auf die Welt gebracht haben und sich dieser Ehrung im Sinne des nationalsozialistischen Staates würdig erweisen. Mutterkreuze gibt es in Bronze (vier Kinder), Silber (sechs Kinder) und Gold (mindestens acht Kinder). Die Trägerinnen der künftig jedes Jahr am Muttertag vergebenen Ehrenkreuze werden durch die Kanzlei des Führers und Reichskanzlers Adolf Hitler auf Vorschlag der jeweiligen Bürgermeister im Einvernehmen mit der Kreisleitung der Nationalsozialistischen Deutschen Arbeiterpartei (NSDAP) ermittelt (Abb.: Verleihung eines Mutterkreuzes in Berlin, zwei Angehörige des Bundes Deutscher Mädel überreichen Blumen).*

»Volksgesetzbuch« soll BGB ersetzen

13. Mai. In München eröffnet Reichsminister Hans Frank das Haus des Deutschen Rechts und kündigt die Schaffung eines Volksgesetzbuches als Ersatz für das Bürgerlichen Gesetzbuches (BGB) vom 18. August 1896 an.

Frank erklärt, im sechsten Jahr der »nationalsozialistischen Revolution« sei es an der Zeit, anstelle des bürgerlichen das nationalsozialistische Recht zu kodifizieren.

Das neue Volksgesetzbuch soll die Rechtsgrundsätze aufnehmen, die für jeden Bürger gelten. Es soll in einer volksnahen Sprache geschrieben werden und in seinen juristischen Normen die völkische Gemeinschaft als Rechtsideal an die Stelle des Individuums setzen. Der »fremde Begriff des Paragraphen« soll durch Abschnitte, Stücke und Sätze ersetzt werden.

Grundsätzlich gelte, daß der »völkische Zusammenhang« die »Selbstherrlichkeit des Individuums« nur soweit anerkennen könne, »inwieweit sie dem allgemeinen Besten zu dienen geeignet sei und sich in seinem Dienst betätige«.

»Großdeutsches Reich« vereint 79 Millionen Einwohner

17. Mai. Eine Volks-, Berufs- und Betriebszählung im Deutschen Reich einschließlich Österreichs ergibt eine Bevölkerung von 79,375 Millionen auf 583 408,6 km². Im alten Reichsgebiet (470 714,1 km²); Stand: 31.12.1937) wohnen 69,314 Millionen Menschen.

Wachstum deutscher Großstädte

Stadt	Einwohner (in 1000) 1910	1925	1939	Zunahme 1910-1939
Berlin	2071	4024	4339	109%
Hamburg	931	1079	1712	84%
München	596	681	829	39%
Köln	516	700	772	50%
Leipzig	590	679	707	20%
Essen	295	470	667	126%
Dresden	548	619	630	15%
Breslau	512	557	629	23%

Im Memelgebiet (→ 23.3./S.52) wohnen 154 000 Menschen auf 2416 km². Das Reichsprotektorat zählt 7,38 Millionen Einwohner auf 48 924 km².

Die Volkszählung aufgrund eines Gesetzes vom 4. Oktober 1937 hatte ursprünglich am 17. Mai 1938 stattfinden sollen, war jedoch wegen der Annexion Österreichs ausgesetzt worden. Wegen des Papiermangels werden aber vielfach noch die alten Zählformulare verwendet.

Größtes Verwaltungsgebiet des Deutschen Reiches ist das Land Preußen mit 321 470 km² und 45 329 616 Einwohnern. Auf 1 km² leben hier 141 Menschen, im Reichsdurchschnitt sind es 136. Zum evangelischen Glauben bekennen sich im Altreich 60,8% der Bevölkerung, 33,2% gehören der römisch-katholischen Kirche und 6,0% sonstigen Glaubensgemeinschaften an.

Die Zahl der sog. Volljuden beträgt 330 892 oder 0,42% der Bevölkerung, davon wohnen im Altreich 233 991 (1933: 502 799). Trotz der Verfolgungen leben in Wien noch 91 480 und in Berlin 82 788 Juden.

Im Altreich arbeiten 25,9% der Erwerbspersonen in der Landwirtschaft (1933: 28,9%), 42,2% (40,4%) sind in der Industrie und 31,9% (30,7%) im Bereich Dienstleistungen, Hauswirtschaft, Handel und Verkehr tätig. Die Frage nach der Stellung im Beruf beantworteten 50,8% (50,0%) mit Arbeiter, 13,6% (12,7%) mit Angestellter und 13,9% (16,1%) mit Selbständiger.

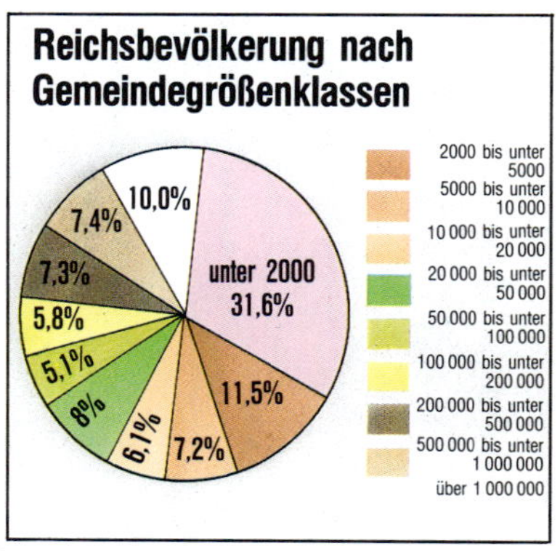

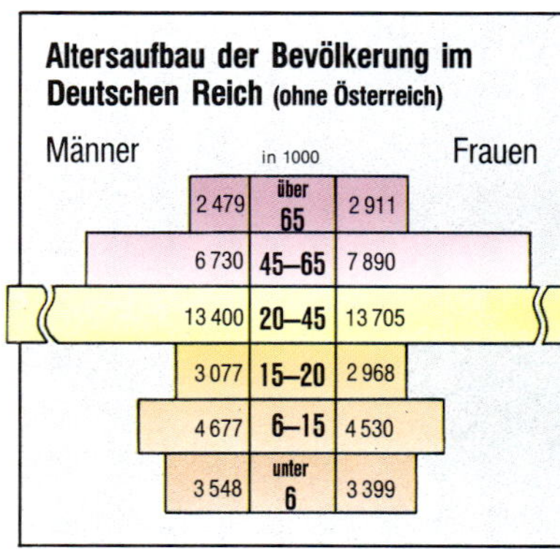

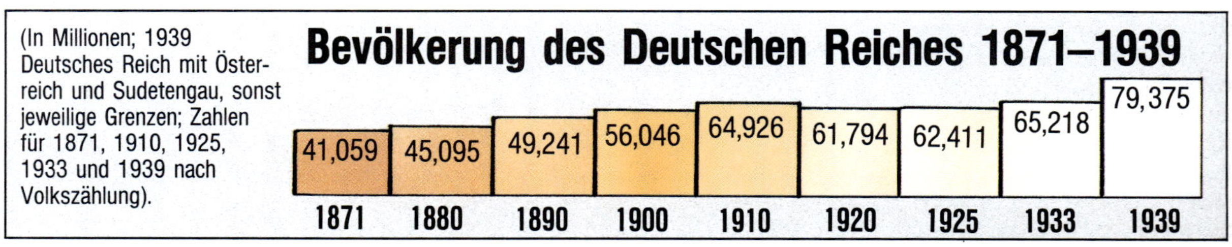

Teilstück der neuerbauten deutschen Westbefestigung: Höckerhindernisse aus Beton gegen Panzerdurchbrüche

Dichte Drahtverhaue an einem Kanal im Saargebiet sichern die Grenze gegen den französischen »Erbfeind«

Führer und Reichskanzler Adolf Hitler (l.) und Generaloberst Wilhelm Keitel, Chef des Oberkommandos der Wehrmacht, an der Westbefestigung

Adolf Hitler (l.) inspiziert eine Bunkerstellung im Raum Aachen

Hitler inspiziert die Arbeit am Westwall

14. Mai. Führer und Reichskanzler Adolf Hitler beginnt in Aachen eine Inspektionsreise entlang der neuen Befestigungsanlagen im Westen bis nach Kehl.

Die deutsche Presse weist bei der Berichterstattung über die Reise, die bis zum 19. Mai dauert, nachdrücklich auf die »Unüberwindlichkeit« des Westwalls hin.

Im Mai 1938 war mit dem Bau des nach den Worten Hitlers »gigantischsten Befestigungswerkes aller Zeiten« begonnen worden. Als Gegenstück zur französischen Maginotlinie ist ein durchgehendes Befestigungswerk von Aachen bis nach Basel geplant.

Für den Bau sind über 500 000 Arbeiter aus allen Teilen des Deutschen Reiches zwangsverpflichtet worden. Zwar werden bis Mitte 1939 über 22 000 Befestigungswerke fertiggestellt und sechs Millionen t Zement, 695 000 m^3 Holz und drei Millionen Rollen Stacheldraht verbaut, aber der Westwall ist noch nicht die »unüberwindliche Mauer aus Stahl und Beton«.

Konrad Henlein ist Reichsstatthalter

1. Mai. Führer und Reichskanzler Adolf Hitler ernennt Konrad Henlein zum Reichsstatthalter des Reichsgaues Sudetenland. Am selben Tag treten die Gesetze über die Verwaltung im ehemaligen Österreich (Ostmark) und im Sudetengau vom 14. April 1939 in Kraft.

Henlein, 1933 Gründer der Sudetendeutschen Heimatfront, wurde im Oktober 1938 nach dem Anschluß an das Reich Reichskommissar und Gauleiter für die sudetendeutschen Gebiete. Der Sudetengau ist ein autonomer Verwaltungsbezirk mit Selbstverwaltung. Der Statthalter residiert in Reichenberg.

Auf dem Gebiet des Landes Österreich entstehen die Reichsgaue Wien, Kärnten, Nieder- und Oberdonau, Salzburg, Steiermark und Tirol. Vorarlberg bildet bis auf weiteres einen eigenen Verwaltungsbezirk. Die Reichsgaue werden von Reichsstatthaltern geführt. Der bisherige Reichsstatthalter des aufgelösten Reichsgaus Ostmark, Arthur Seyß-Inquart, wird Reichsminister.

Forderung nach Kolonien

18. Mai. Mit einer Großkundgebung auf dem Heldenplatz endet nach drei Tagen die Tagung des Reichskolonialbundes in Wien. Dabei erhebt Bundesführer Franz Ritter von Epp, 1919 Freikorpsführer und 1933 Reichsstatthalter von Bayern, erneut die Forderung nach Rückgabe aller im Versailler Frieden 1919 verlorenen Kolonien und erklärt, der Kolonialanspruch sei »lebenswichtig für das deutsche Volk«.

Fahnenaufmarsch von SA-Männern bei der großen Abschlußkundgebung der »großdeutschen« Tagung des Reichskolonialbundes auf dem Heldenplatz

Danzig nicht allein Ziel eines Krieges

23. Mai. Vor den Oberbefehlshabern der drei Wehrmachtsteile und anderen Spitzenmilitärs erläutert Führer und Reichskanzler Adolf Hitler in der Neuen Reichskanzlei in Berlin seine Kriegspläne. Es geht um mehr »Lebensraum im Osten«.

Dabei sei »Danzig ... nicht das Objekt, um das es geht«. Hitler formuliert das Konzept eines Blitzkrieges, wobei es darauf ankomme, Polen von seinen westlichen Bündnispartnern zu isolieren (→ 13.4./S.72). Es dürfe dabei aber »nicht zu einer gleichzeitigen Auseinandersetzung mit dem Westen (Frankreich und England) kommen«.

In einem solchen Fall müsse man »dem Gegner zu Beginn einen oder den vernichtenden Schlag« beibringen. Bei einem Kampf um »Sein oder Nichtsein« spielen »Recht oder Unrecht oder Verträge keine Rolle... Gelingt es, Holland und Belgien zu besetzen und zu sichern sowie Frankreich zu schlagen, dann ist die Basis für einen erfolgreichen Krieg gegen England geschaffen«.

KZ nur für Frauen in Ravensbrück

15. Mai. Durch eine Verfügung des Geheimen Staatspolizeiamtes (Gestapa) in Berlin vom 2. Mai wird das bisherige Frauenkonzentrationslager Lichtenburg in Thüringen nach Ravensbrück (bei Fürstenberg in Mecklenburg) verlegt.

Neben dem Frauen-KZ Ravensbrück bestehen im »Großdeutschen« Reich mit Dachau (errichtet am 22.3.1933), Sachsenhausen (August 1936), Buchenwald (15.7.1937), Flossenbürg (3.5.1938) und Mauthausen in Oberösterreich (8.8.1938) fünf große Männerlager.

Während Ende 1938 die Zahl der Häftlinge in den KZ auf weit über 60 000 angestiegen war, geht sie bis zum Sommer 1939 auf 25 000 zurück, wobei Mitte 1939 Dachau rund 4000, Sachsenhausen rund 6500 und Buchenwald etwa 5300 Häftlinge zählen. Neben diesen drei großen KZ bestehen insgesamt 25 kleinere Lager bzw. Außenlager. Das Frauenlager in Ravensbrück wächst auf rund 2500 Häftlinge an.

Die jährliche Todesrate durch Erschießen, Foltern oder Verhungern lag seit 1933 in den KZ bei etwa 10%, seit 1938 steigt sie ständig.

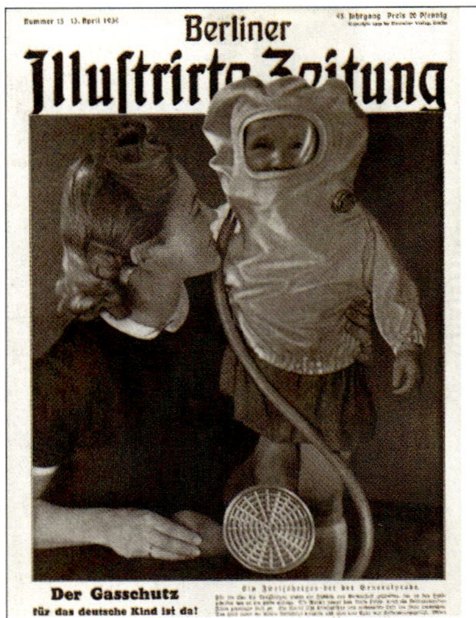

Ein zweijähriges Kind mit dem Gasschutzanzug

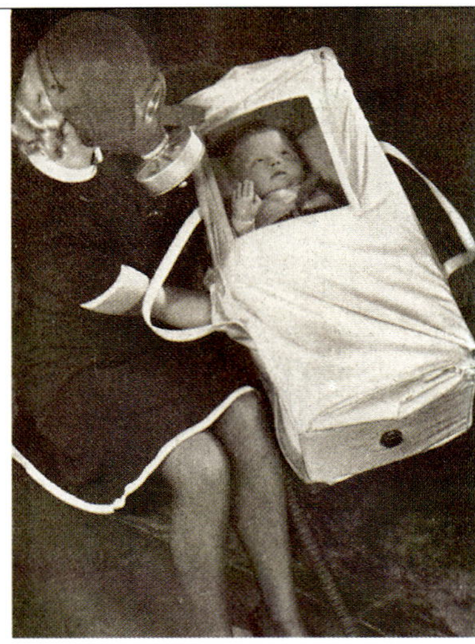

Ein Säugling im Bettchen aus gasdichtem Stoff

Ein Familienausflug mit der Volksgasmaske

Jedes Haus eine Luftschutzgemeinschaft mit Spritze und Patsche

__23. Mai.__ Durch die 7. und 8. Durchführungsverordnung zum Luftschutzgesetz vom 26. Juni 1935 werden die Beschaffung von Selbstschutzgerät durch die deutschen Haushalte und die Vorbereitung der Verdunkelung im Falle eines Kriegsausbruchs geregelt.

Künftig bildet jedes Haus im Deutschen Reich in der Regel eine Luftschutzgemeinschaft. Jeder Hauseigentümer hat Selbstschutzgerät bereitzustellen, dessen Umfang sich nach der Größe des betreffenden Hauses richtet.

Diese Selbstschutzgeräte, die eine Bekämpfung von Bränden durch die Hausbewohner ermöglichen sollen, sind u. a. je eine Handfeuerspritze und ein Einreißhaken sowie in jedem Treppenhaus eine etwa zwei Meter lange Feuerpatsche, je zwei Wassereimer und ein Wasserbehälter und je eine Sandkiste, Schaufel, Axt oder Beil.

Auch für die wirksame Durchführung der Verdunkelung und die Beschaffung entsprechender Gegenstände ist künftig der Hauseigentümer zuständig.

Verdunkelung erfolgt durch das Abblenden der Lichtquellen oder der Lichtaustrittsöffnungen. Geeignete Verdunkelungsmittel an Häusern sind u.a. Klapp- oder Rolläden, Jalousien, Zug- oder Rollvorhänge sowie ausnahmsweise auch das Bemalen von Glasscheiben.

Im Kriegsfall wird die Verkehrsbeleuchtung gelöscht, wichtige Straßenkreuzungen sind durch Richtleuchten zu sichern. Auch Kraftfahrzeuge sind zu verdunkeln.

Erstes deutsches Buna-Werk in Betrieb

14. Mai. In der deutschen Presse erscheinen erstmals ausführliche Berichte über das kurz zuvor nach dreijähriger Bauzeit fertiggestellte erste große deutsche Buna-Werk in Schkopau. Die I. G. Farbenindustrie demonstriert hier die kostspielige großtechnische Herstellung von künstlichem Kautschuk.

Der Name Buna basiert auf den Begriffen Butadien und Natrium. Butadien ist ein doppelt ungesättigter Kohlenwasserstoff aus vier Kohlenstoff- und sechs Wasserstoffatomen. Der Kunstkautschuk Buna wurde zunächst durch Polymerisation (Vereinigung einfacher zu größeren Molekülen) von Butadien unter Einsatz von Natrium (als Katalysator) erzeugt.

In Schkopau wird Buna nach einem Vier-Stufen-Verfahren gewonnen, wobei zunächst eine Bunamilch (Latex) entsteht, die ähnlich wie der Naturkautschuk durch Koagulation (Gerinnung) mit Essigsäure weiterverarbeitet, zu Fellen ausgewalzt und vulkanisiert wird. In Schkopau wird das Mischpolymerisat Buna S (mit Styrol) produziert.

Die Buna-Produktion, die Führer und Reichskanzler Adolf Hitler neben Eisen und Stahl, Zellwolle und Kunstbenzin am 9. September 1936 in den Mittelpunkt des Vierjahresplans gestellt hatte, dient vorrangig kriegswirtschaftlichen Zwecken.

Buna ist mehr als dreimal so teuer wie Naturkautschuk, trotz allem Aufwand kann der Bedarf an Kautschuk 1938/39 erst zu 5% aus Inlandserzeugung gedeckt werden.

Blick in eine Halle des ersten Buna-Werkes der I. G. Farbenindustrie in Schkopau zur Großherstellung des kriegswichtigen künstlichen Kautschuks

Frauen rücken in Metallbetriebe ein

2. Mai. In der ostpreußischen Stadt Elbing werden bei einer probeweisen Mobilmachung 7140 Frauen zur Metallindustrie einberufen. Die auf 14 Tage angesetzte Übung soll Aufschluß über die Sicherstellung der Rüstungsproduktion im Falle eines Krieges geben.

Neben der Metallindustrie wird auch im Garagen- und Tankstellendienst der Einsatz von Frauen erprobt. Hier tun Mädchen von 16 bis 18 Jahren und Frauen aus kinderreichen Familien Dienst. In der gesamten Stadt Elbing (78 000 Einwohner) erfolgt die Versorgung der Bevölkerung durch Großküchen. Nur 460 Großhaushalte haben die Erlaubnis erhalten, während der Übung weiterhin selbst zu kochen.

Auch im übrigen Reichsgebiet wird die Mobilmachung der »Heimatfront« vorbereitet. Viele Frauen habe schon im Herbst 1938 Gestellungsbefehle erhalten, die sie verpflichten, sich bei Kriegsausbruch zum Arbeitseinsatz zu melden.

Werbung 1939:

Deutsche Werbung streng kontrolliert

Während sich Hersteller und Verkäufer in den demokratischen Ländern bei der Gestaltung ihrer Werbung vorrangig am Geschmack des Publikums und an einer dem Produkt angemessenen Gestaltung orientieren, gelten für die Werbung im Deutschen Reich staatlich festgesetzte Maßstäbe.

Wichtigstes Organ ist der Werberat, zu dessen Präsidenten am 1. Februar der Nationalsozialist Heinrich Hunke ernannt wird. Neben sachorientierten Reglementierungen wie der am 1. Juli 1939 in Kraft tretenden Verordnung über die Abgrenzung von nikotinfreien (weniger als 0,1% Nikotin) gegenüber nikotinarmen Zigaretten (bis zu 0,6%) greift der Rat auch restriktiv in die Werbegestaltung ein. Dabei wird den Rügen des Werberats wegen unzulässiger Werbeaussagen nicht selten durch Interventionen politisch einflußreicher Konkurrenten nachgeholfen. Um derartigen Schwierigkeiten vorzubeugen, werden die Werbeanzeigen möglichst vorsichtig formuliert.

In der englischsprachigen Welt kann 1939 ein Werbeslogan auf sein zehnjähriges Bestehen zurückblicken: Am 2. Februar 1929 warb die Dubliner Guinness-Brauerei erstmals mit dem Motto: »Guinness is good for you!«.

Ein weibliches Schönheitsideal der ausgehenden 30er Jahre und eine auf edel gestylte Zigarette, die überdies an die Lust zum »Leichtrauchen« appelliert, gehen in dieser Anzeigenwerbung eine überaus reizvolle Symbiose ein. Diese Anzeige ist eines der ersten Beispiele für die Tendenz in der Anzeigenwerbung, ein Frauengesicht in den Mittelpunkt der Aufmerksamkeit zu rücken. Im Deutschen Reich ist eine Anzeige wie diese kaum vorstellbar, da entsprechend der bekannten nationalsozialistischen Parole die deutsche Frau nicht raucht und nicht trinkt, sondern eher als Mutter stilisiert wird

Seit 1929 ein sehr wirkungsvoller Slogan: »Guinness is good for you!«, mit dem die Brauerei aus Dublin mit immer neuen Text-Bild-Kombinationen erfolgreich für ihr Bier wirbt

Die an traditionellen Maßstäben orientierte Werbeanzeige für Lohses Original Uralt Lavendel suggeriert bei Gebrauch des Lavendels aus dem Flacon stets den Duft von Sauberkeit und Frische auch beim schweißtreibenden Sonnenbad am Schwimmbassin oder am Strand

Eine weibliche Schönheit wirbt mit einem verheißungsvollen Lächeln für Cognac Martell. Die Anzeige soll deutlich machen, daß der Cognac trotz seiner – durch die beiden Wappen am unteren Rand belegbaren – Tradition auch etwas für Junge und Junggebliebene ist

Herzberg höchster Sender in Europa

19. Mai. In Herzberg an der Elster in Sachsen weiht Reichspostminister Wilhelm Ohnesorge die neue Sendeanlage des Deutschlandsenders ein. Der 325 m hohe Antennenmast ist das höchste Bauwerk Europas.
Mit dem Unterbau erreicht der Herzberger Antennenmast, der von einer Metallinse mit einem Durchmesser von 25 m gekrönt wird, eine Gesamthöhe von 337 m.
Er ist damit höher als der 1889 vollendete Eiffelturm in Paris (300 m), aber kleiner als das am 1. Mai 1931 eingeweihte Empire State Building (381 m) in New York.
Der rund 90 km südlich von Berlin gelegene Sender Herzberg ersetzt den Sender Zeesen (60 Kilowatt) und wird zunächst mit 150 KW und ab Frühjahr 1940 mit 200 KW die Programme des Deutschlandsenders ausstrahlen.
Die neue Anlage soll noch bestehende Empfangslücken im alten Reichsgebiet ausfüllen, zugleich gilt es, den »durch die Neuordnung Mitteleuropas entstehenden Aufgaben voll und ganz gerecht zu werden«.

Das tragbare batteriebetriebene Radio der Firma Philco aus Perivale in der Grafschaft Middlesex bietet ungestörten Rundfunkempfang auch bei Luftalarm

Radiohören an jedem Ort

Mai. Die britische Firma Philco bietet ein tragbares Radio zum Verkaufspreis von umgerechnet 115 Reichsmark an. Angesichts der kritischen Weltlage ausgesprochen zeitgemäß ist die Werbung für das mobile Rundfunkgerät: »Wenn das Schlimmste passiert, brauchen sie ein Kofferradio von Philco.«
Mit dem »Schlimmsten« meinen die Werbetexter der Firma aus Middlesex einen Bombenangriff, der die Stromzufuhr lahmlegt und die im Haus vorhandenen Radiogeräte wertlos macht. Wer dennoch auf dem laufenden sein will, brauche ein Kofferradio, dessen Batterien 200 Stunden Laufzeit ermöglichen.

Tempolimit auf den deutschen Straßen

7. Mai. Durch Inkrafttreten einer Novelle zur Straßenverkehrsordnung (StVO) vom 3. Mai 1939 gelten im Deutschen Reich für alle Kraftfahrzeuge Tempobegrenzungen.
Innerhalb geschlossener Ortschaften dürfen Personenkraftwagen und Krafträder nicht schneller als 60 km/h und Busse, Lastkraftwagen und andere Kraftfahrzeuge nicht schneller als 40 km/h fahren. Außerhalb geschlossener Ortschaften und auf den Reichsautobahnen gelten 100 km/h bzw. 70 km/h als Höchstgrenzen. Bei Verstößen drohen Haft- oder Geldstrafen.
Anlaß für die Gesetzesrevision sind die wachsende Verkehrsdichte, vor allem in den Großstädten, und die ständig steigenden Unfallzahlen. Bislang mußte der Kraftfahrer aufgrund der zum 1. Januar 1938 in Kraft getretenen StVO lediglich seine Fahrgeschwindigkeit so einrichten, daß er jederzeit in der Lage war, »seinen Verpflichtungen im Verkehr genüge zu leisten und daß er das Fahrzeug nötigenfalls rechtzeitig anhalten kann«.

Hafen Hamburg feiert 750jähriges Bestehen

7. Mai. Die Hansestadt Hamburg feiert das 750jährige Bestehen ihres Hafens: Am 7. Mai 1189 bestätigte Friedrich I. Barbarossa, deutscher König und römisch-deutscher Kaiser, das Handels-, Zoll- und Schifffahrtsprivileg der Großstadt an der Elbe. Bei der Volkszählung im Jahr 1939 werden in Hamburg genau 1 711 877 Einwohner gezählt.
1188 hatte Graf Adolf III. von Schauenburg dort den Bau einer Kaufmannssiedlung und eines Hafens gestattet. Friedrich I. bestätigte den Kaufleuten der neuen Stadt u.a. den freien Handelsverkehr und Zollfreiheit auf der Niederelbe bis zur Elbmündung sowie in Holstein die Fischereirechte auf der Elbe im Umkreis von zwei Meilen und auf der Bille. Diese Vergünstigungen förderten Hamburgs Aufstieg als Handelsstadt. 1881 trat Hamburg mit Wirkung zum 15. Oktober 1888 dem Deutschen Zollverein bei, es entstand der Freihafen, einst Wohngebiet für 24 000 Hafenarbeiter und ihre Familien, nun ein großes Industrie- und Gewerbegebiet, das als Zollausland gilt.

Ein Blick auf die St.-Pauli-Landungsbrücken und den Eingang zum Elbtunnel (r.) im Hafen von Hamburg

Der Passagierdampfer »Ozeana« der NS-Gemeinschaft »Kraft durch Freude« verläßt den Hafen mit Ziel Madeira

Team aus München bezwingt Tent Peak

29. Mai. Ernst Grob, Herbert Paidar und Ludwig Schmaderer aus München besteigen als erste den Tent Peak (7363 m) im Himalaja. Am 8. Mai hatte das Team in 4860 m Höhe gelagert. Am 25. Mai erreichte man 6350 m. Damit sind von den über 200 Siebentausendern im Himalaja 19 erstiegen; die 13 Achttausender warten noch auf ihre Bezwinger.

Blick auf den Gipfel des 7363 m hohen Tent Peak im Himalaja, der von drei Münchnern bezwungen wird

Schweizer Landesausstellung präsentiert Kultur und Wirtschaft

6. Mai. *In Zürich öffnet die fünfte Schweizerische Landesausstellung ihre Pforten. 6200 Aussteller präsentieren ihre Erzeugnisse. In seiner Eröffnungsansprache erklärt der katholisch-konservative Bundespräsident Philipp Etter (Zug), die Landesausstellung wolle »ein freudiges, lebendiges Bekenntnis sein zum Land und zum eidgenössischen Kultur- und Staatsgedanken. Ein Bekenntnis zur übersprachlichen nationalen Einheit unseres Landes ... und eine Kundgebung unseres Willens, mutig und mit Vertrauen in die Zukunft zu blicken ...«*

Zur Vorbereitung der eidgenössischen »Landi« hatte sich im Februar 1936 eine Große Ausstellungskommission unter Vorsitz von Bundesrat Hermann Obrecht konstituiert. Unter Leitung des Architekten Armin Meili wurde ein Gelände von 300 000 m² am rechten (Riesbach/Zürichhorn) und linken Ufer (Enge/Wollishofen) des Zürichsees hergerichtet, von dem 125 000 m² überbaut wurden.

Die »Landi« gliedert sich in 14 Abteilungen mit den Obergruppen »Heimat und Volk«, »Unsere Rohstoffe«, »Verarbeitung und Verbrauch«, »Verteilung und Vermittlung« und »Kultur des Geistes und des Körpers«. Zu den besonderen Attraktionen zählen der Armeepavillon, das Kinderparadies, das Modetheater, die Schwebebahn über den Zürichsee und der Höhenweg mit den Gemeindefahnen (Abb.). Bis zur Schließung am 29. Oktober 1939 werden 10,5 Millionen Besucher gezählt. In der Schlußabrechnung der Ausstellungsadministration ergibt sich bei Einnahmen in Höhe von 25,741 Millionen Franken (rund 14,4 Millionen Reichsmark, RM) ein Reingewinn von 6,4 Millionen Franken (rund 3,6 Millionen RM).

300 000 Mark durch die Reichslotterie

16. Mai. Im Deutschen Reich werden erstmals die Lose der Deutschen Reichslotterie gezogen. Zur Auszahlung kommen Gewinne in Höhe von 372 000 Reichsmark (RM), darunter drei zu je 100 000 RM.

Durch Reichsgesetz vom 21. Dezember 1938 sind die Lotterien der Länder einschließlich der Hamburger Klassenlotterie an die Reichslotterie in Berlin übergegangen.

Beibehalten wurden fünf Gewinnklassen. Pro Losnummer werden drei Lose ausgegeben; der Höchstgewinn von 500 000 RM wird in der Schlußrunde ausgespielt.

England spielt 2:2 beim Weltmeister

13. Mai. 60 000 Zuschauer im Mailänder San Siro-Stadion verfolgen die Länderspiel-Begegnung zwischen »Fußball-Lehrmeister« England und der Auswahl Italiens, dem Weltmeister von 1934 und 1938. Die ausgeglichene Partie endet 2:2 (0:1).

In Italiens Mannschaft stehen zehn Spieler aus dem WM-Team von 1938, darunter die Stürmerstars Giuseppe Meazza und Silvio Piola. Aus Englands Team ragen Verteidiger Edward Hapgood und Außenstürmer Stanley Matthews heraus.

Aufgrund des druckvolleren Spiels der Engländer ist die 1:0-Führung verdient, doch nach der Pause kommen die »Azzuri« besser ins Spiel, erzielen den Ausgleich und durch Piola die Führung. In der 81. Minute fällt in dem von Peco Bauwens (Köln) geleiteten Spiel das 2:2.

Hermann Lang eilt von Sieg zu Sieg

21. Mai. Nach 1:40,57 h gewinnt mit neuem Rundenrekord von 9:52,2 min Hermann Lang (Mercedes-Benz) das Eifelrennen auf dem Nürburgring über zehn Runden mit je 22,81 km vor dem Italiener Tazio Nuvolari (Auto-Union) und Rudolf Caracciola (Mercedes-Benz).

Es ist Langs dritter Sieg in der Rennsaison 1939: Am → 2. April (S. 85) gewann er den Grand Prix von Pau. Am 7. Mai siegte Lang auch beim Großen Preis von Tripolis vor Caracciola und dem Italiener Emilio Viloresi auf Alfa Romeo.

Architektur 1939:

Rationale Architektur unter streng ökonomischen Vorgaben

Während die dominierende Architektur im Deutschen Reich weiter vom Neoklassizismus beherrscht wird, der granitene Monumente deutscher Größe schaffen will, entsteht in den USA eine dem Rationalismus verpflichtete, überwiegend ökonomischen Maßstäben unterliegende Großstadtarchitektur.
Neben der in ihrer Pracht an Versailles erinnernden Neuen Reichskanzlei (→9.1./S.18), die von 4500 Arbeitern in Zwölfstundenschichten erbaut wurde, sollen zahlreiche andere Großprojekte der künftigen Welthauptstadt Berlin ein angemessenes Äußeres geben. Die nach dem Vorbild des Pariser Panthéon von Albert Speer konzipierte Große Halle des Volkes soll mit einem Durchmesser von 250 m rund 180000 Menschen Platz bieten. Dies entspräche dem 17fachen Volumen des Petersdoms in Rom. Der Adler auf ihrer 290 m hohen Kuppel soll nicht auf einem Hakenkreuz, sondern einer Weltkugel sitzen.
Am 19. April wird das erste Teilstück der Berliner Ost-West-Achse dem Verkehr übergeben. Hier soll ein monumentaler Triumphbogen entstehen. Über weitere Großbauten für Staat, Wehrmacht und Partei geben Modelle von Architekten wie Speer, Wilhelm Kreis, Fritz Keibel und Ernst Sagebiel Auskunft. Neben den »Führerstädten« Berlin, München, Nürnberg, Hamburg und Linz sollen 50 weitere Innenstädte großzügig umgestaltet werden.
Gegenüber Militärs erklärt Führer und Reichskanzler Adolf Hitler am 10. Februar 1939, nicht »aus Großmannssucht« entstünden diese Bauten, sondern »aus der kältesten Überlegung, daß man nur durch solche gewaltigen Werke einem Volk das Selbstbewußtsein geben kann ... daß es ebenbürtig ist jedem anderen Volk der Welt, auch Amerika«. Der Kriegsausbruch bedeutet allerdings für viele nicht kriegswichtige Projekte das Aus.
Andere Vorgaben gelten beim Wohnungsbau: Die hier angestrebte »Baugesinnung« läßt sich in Anlehnung an bürgerliche Bauten des 18. und 19. Jahrhunderts mit Begriffen wie Behaglichkeit und Heimatbindung umschreiben.

Blick auf das R. C. A. Building, das Herzstück des Rockefeller Centre in Manhattan, an dem seit 1931 gebaut wird. Das 30stökkige Gebäude der Rundfunkanstalt Radio Corporation of America ist mit seiner zweckrationalen Fassade der 35 000 Fenster ein Beispiel für eine neue Großstadtarchitektur. Bankier John D. Rokkefeller hatte 1929 ein Konsortium für ein Bauvorhaben auf einem rund 5 ha großen Gelände im Herzen von Manhattan gegründet. Architekten wie Raymond Mathewson Hood arbeiten an einem Komplex von 14 Gebäuden, die wie eine Insel im übrigen Stadtbild Einkauf, Vergnügen und Arbeit verbinden

Im übrigen Europa dominiert vielfach ein architektonischer Rationalismus wie bei Vilhelm Lauritzens Kopenhagener Flughafen Kastrup. Wegweisend bei der Erprobung neuer Werkstoffe für Hochbauten sind die Zementhalle von Robert Maillart und Hans Leuzinger auf der Schweizerischen Landesausstellung (→6.5./S.99) mit ihrem selbsttragenden Schalendach und der am Sloane Square in London erstellte Peter Jones Departement Store, ein Werk der Architekten Arthur Hamilton Moberly und J. Alan Slater mit Charles Herbert Reilly als Berater. Reilly gehört neben Albert Richardson und Howard Robertson zu einer Gruppe experimentierfreudiger Architekten, die sich von der traditionalistischen Pomp-Architektur absetzen. Von Robertson stammt auch der britische Pavillon auf der Weltausstellung in New York (→30.4./S.78). Brasiliens Halle mit ihrem leicht beschwingten Grundriß und den klaren, ausgewogenen Konturen wurde von Lucio Costa und Oscar Niemeyer gestaltet, die beide von dem Schweizer Architekten Le Corbusier (eigentlich Charles-Edouard Jeanneret-Gris) beeinflußt sind; Finnlands Pavillon schuf Alvar Aalto unter Verwendung von Holz als prägendem Material für den Innenraum.
Aalto steht in der Tradition des 72jährigen US-Amerikaners Frank Lloyd Wright und seines organischen Bauens. Wright vollendet 1939 nach dreijähriger Bauzeit das Kaufmann-Haus (»Fallingwater«) bei Bear Run in Pennsylvania, eine Synthese aus naturnaher Architektur und rationalem Denken.
Die US-Hauptstadt Washington lädt vom 24. bis 30. September Baumeister aus aller Welt zum 15. Internationalen Architekten-Kongreß ein. Neben einheimischen Architekten haben Europäer wie die Deutschen Walter Gropius und Ludwig Mies van der Rohe (seit 1937 bzw. 1938 in den USA) Einfluß auf die Entwicklung der US-Architektur. Eines der größten Bauvorhaben nähert sich in New York seiner Vollendung: Das 1931 begonnene Rockefeller Center gilt als wegweisend für ein an streng wirtschaftlichen Zwecken ausgerichtetes Bauen.

△ *Entwurf des Architekten Wilhelm Kreis für die neuen Gebäude des Oberkommandos des Heeres*

◁ *Das Innere des von Alvar Aalto gestalteten finnischen Pavillons auf der Weltausstellung*

▽ *George C. Sturges Residence in Brentwood Heights/Kalifornien von Frank Lloyd Wright*

Die »junge deutsche Musik«

14. Mai. Düsseldorf ist wie 1938 Schauplatz der Reichsmusiktage. Dieses »Fest der jungen deutschen Musik« dauert bis zum 21. Mai und vermittelt einen Überblick über das geförderte Musikschaffen.

Zu den künstlerischen Höhepunkten zählen eine Festaufführung der musikalischen Komödie »Der Rosenkavalier« in Anwesenheit des Komponisten Richard Strauss am 15. Mai und die Uraufführung der märchenhaften Oper »Die Nachtigall« von Alfred Irmler nach Hans Christian Andersen am 17. Mai. Zum Abschluß werden Siegfried Borries als bester Nachwuchsgeiger und Rosl Schmidt als beste Nachwuchspianistin mit je 10 000 Reichsmark geehrt.

Die Münchnerin Rosl Schmidt, ausgezeichnet als beste Nachwuchspianistin

Toller begeht Selbstmord

22. Mai. Im New Yorker Hotel Mayflower begeht der deutsche Schriftsteller Ernst Toller 45jährig Selbstmord. Er war 1933 über die Schweiz, Frankreich und Großbritannien in die USA emigriert.

Toller diente bis zu einer schweren Verwundung 1916 als Freiwilliger im Westen, schloß sich in München 1918 den Unabhängigen Sozialdemokraten an und trat 1919 in die Räteregierung ein, was ihm nach deren Zerschlagung fünf Jahre Festungshaft einbrachte. Zu seinen wichtigsten expressionistischen Dramen zählen »Masse Mensch« (1920), »Hinkemann« (1923) und »Hoppla, wir leben!« (1927).

Ernst Toller, politisch aktiver expressionistischer Dramatiker

Roth stirbt im Pariser Exil

27. Mai. Im Pariser Hospital Necker stirbt 44jährig der österreichische Publizist und Schriftsteller Joseph Roth. Sein literarisches Werk behandelt liebevoll, aber mit kritischer Distanz, den Untergang der »Donaumonarchie« Österreich-Ungarn, den er von 1916 bis 1918 als Kriegsfreiwilliger miterlebte.

Nach dem Ersten Weltkrieg war er Journalist in Wien. Von 1923 bis 1932 arbeitete er für die »Frankfurter Zeitung«. Am 30. Januar 1933 verließ Roth das Deutsche Reich und lebte meist in Paris und Südfrankreich. Zu seinen bekanntesten Büchern zählen »Hotel Savoy« (1924), »Radetzkymarsch« (1932) und »Die Kapuzinergruft« (1938).

Joseph Roth, Publizist und kritischer Chronist der »Donaumonarchie«

Juni 1939

Mo	Di	Mi	Do	Fr	Sa	So
			1	2	3	4
5	6	7	8	9	10	11
12	13	14	15	16	17	18
19	20	21	22	23	24	25
26	27	28	29	30		

1. Juni, Donnerstag

Der jugoslawische Prinzregent Paul Karadordevic und seine Frau, Prinzessin Olga von Jugoslawien, treffen zu einem fünftägigen Besuch in Berlin ein.

Im Bereich der Oberpostdirektion Köln werden für zunächst vier Wochen 3070 hilfsdienstpflichtige Frauen zum Briefzustelldienst eingezogen.

Durch Inkrafttreten der Verordnung über die Ausübung der Reisevermittlung vom 8. Mai 1939 wird Juden im Altreich der Betrieb von Reisebüros verboten.

Bei einer Beteiligung von 96% werden in Rumänien die Kandidaten der Einheitsliste für die nach der Verfassung vom Februar 1938 vorgesehene ständische Volksvertretung gewählt.

Vor Liverpool sinkt das britische Unterseeboot »Thetis« (→15.6./S.109).

In Genf wird die Prado-Ausstellung eröffnet. Gezeigt werden 710 Werke, die aus dem Prado in Madrid ausgelagert wurden und über zwei Stationen in Spanien nach Genf gelangt sind.

Eine der größten Sammlungen zeitgenössischer Kunst, die in eine Stiftung umgewandelte Sammlung des US-amerikanischen Millionärs Solomon R. Guggenheim, wird in New York der Öffentlichkeit zugänglich gemacht.

2. Juni, Freitag

Die Synagoge in Mährisch-Ostrau wird niedergebrannt (→21.6./S.107).

Die UdSSR übergibt Großbritannien und Frankreich Vorschläge für einen Beistandspakt. Verlangt werden u.a. Garantien für Finnland, Estland und Lettland.

Die Wiederbefestigung der Ålandinseln (→7.1./S.22) scheitert am Protest der Sowjetunion. Das Deutsche Reich hatte am 2. Mai zugestimmt.

3. Juni, Sonnabend

Eine Verordnung des Reichskommissars für die Preisbildung, Josef Wagner, sieht bei Übertretung der Preisbildungsvorschriften Haft- oder Geldstrafen in unbeschränkter Höhe vor.

Durch die neue Verfassung von Albanien, dessen Staatsoberhaupt König Viktor Emanuel III. von Italien ist, soll die Krone des Königreiches Albanien im Hause Savoyen erblich sein. Der König wird in Albanien durch einen Luogotenente (Statthalter) vertreten. Das Amt übernimmt Francesco Jacomini di San Savino (→16.4./S.71).

In Großbritannien beginnt die Registrierung von Wehrdienstpflichtigen.

4. Juni, Sonntag

Auf dem ersten Großdeutschen Reichskriegertag in Kassel (2.-5.6.) versichert Führer und Reichskanzler Adolf Hitler, man sei auf die »Einkreisungspolitik« der Westmächte besser vorbereitet als das Kaiserreich im Weltkrieg 1914–1918: »Bethmann-Hollwegs gibt es in der deutschen Staatsführung heute nicht mehr.«

Die Schweiz billigt bei einer Volksabstimmung eine Vorlage über Landesverteidigung und Arbeitsbeschaffung mit 455 622 gegen 199 540 Volks- und 16 6/2 gegen 3 Standesstimmen. Damit verbunden ist ein Kredit von 415 Millionen Franken (rund 234 Millionen Reichsmark).

Zum Vorsitzenden des Komitees für Angelegenheiten der Kinematographie, das direkt dem Ministerrat der UdSSR untersteht, wird Iwan G. Bolschakow berufen.

Mit der Oper »Giulio Cesare« von Georg Friedrich Händel beginnt in Wien die sechste Reichstheaterfestwoche. →S.112

Durch ein 1:0 (0:0) in Berlin über den Berliner HC wird Sachsenhausen Frankfurt Deutscher Hockeymeister.

In Warschau endet eine Begegnung der Fußball-Nationalmannschaften Polens und der Schweiz 1:1.

5. Juni, Montag

Laut Essener »National-Zeitung« ist die reichsdeutsche Bekleidungsindustrie »von Juden völlig frei«. Im April war die vollständige Ausschaltung von Juden aus dem Handwerk bekanntgegeben worden.

In Neapel treffen auf neun Schiffen rund 20 000 italienische Spanienkämpfer ein.

Auf der sechsten Jahrestagung der Reichstheaterkammer in Wien erklärt Reichspropagandaminister Joseph Goebbels, es gebe nur eine deutsche, aber nicht eine nationalsozialistische Kunst.

6. Juni, Dienstag

In Berlin findet eine Siegesparade der Legion Condor statt. →S.108

Der im März 1938 aus Österreich in die Schweiz emigrierte deutsche Autor Carl Zuckmayer kommt nach New York.

7. Juni, Mittwoch

In Berlin werden die Nichtangriffspakte zwischen dem Deutschen Reich und Estland und Lettland unterzeichnet. →S.107

Durch Führererlaß werden für die Städte Düsseldorf, Köln und Weimar besondere städtebauliche Maßnahmen befohlen.

Ein Führererlaß gewährt unter bestimmten Umständen Straffreiheit für politische Vergehen auf dem Gebiet der ehemaligen Tschechoslowakei. →S.107

8. Juni, Donnerstag

Als Vergeltung für die Ermordung eines deutschen Polizeibeamten stellt eine Verordnung die Stadt Kladno im Reichsprotektorat Böhmen und Mähren unter Ausnahmerecht. →S. 107

Der britische König Georg VI. und Königin Elisabeth treffen zu einem viertägigen Besuch in Washington ein. →S.109

Belgiens Ministerpräsident Hubert Graf Pierlot betont vor der Kammer in Brüssel die Neutralität seines Landes.

9. Juni, Freitag

Auf der Tagung des Deutschen Auslandsinstituts in Stuttgart erhebt Franz Ritter von Epp, Vorsitzender des Reichskolonialbundes, erneut Anspruch auf Rückgabe der deutschen Kolonien.

In Ratibor (Oberschlesien) wird das Polnische Volkshaus, Sitz der polnischen Minderheitenorganisationen, beschlagnahmt. In den Wochen zuvor war es in Oberschlesien bereits zu Übergriffen gegen die polnische Minderheit gekommen.

Der frühere jugoslawische Ministerpräsident Milan Stojadinović wird aus der Führung der von ihm 1935 gegründeten Jugoslawischen Radikalen Partei ausgeschlossen. Der neue Ministerpräsident Dragiša Cvetković betreibt eine Verständigung des slowenischen mit dem bisher benachteiligten kroatischen Volksteil.

Das Internationale Olympische Komitee (IOC) wählt Garmisch-Partenkirchen statt Sankt Moritz zum Ort der Olympischen Winterspiele 1940. 1944 sollen Cortina d'Ampezzo (Winter) und London (Sommer) die Spiele ausrichten. →S.113

10. Juni, Sonnabend

Viktor Lutze, der Stabschef der Sturmabteilung (SA), beendet einen zweitägigen Besuch in Danzig (→13.6./S.109).

Der Wiener Volksgerichtshof verurteilt sieben Mitglieder der Revolutionären Sozialisten Österreichs zu Gefängnis und Zuchthaus zwischen 18 und 30 Monaten.

Im Reichsgesetzblatt erscheint das auf den 25. März datierte Gesetz über die Schaffung der Technischen Nothilfe als Körperschaft des Öffentlichen Rechts.

In Basel wird der Neubau der 1460 gegründeten Universität eingeweiht.

Aus Anlaß des ersten Tags der Marine paradieren in Rom Marinetruppen.

11. Juni, Sonntag

Vor 10 000 Arbeitern in Trier würdigt Fritz Todt, Reichsbeauftragter für den Straßenbau, den Bau des Westwalls.

Der Komponist Richard Strauss feiert seinen 75. Geburtstag. →S.112

12. Juni, Montag

Die Dekanate der evangelischen Kirche von Württemberg werden von der Kirchenleitung über die behördliche Ersetzung des Religions- durch den Weltanschauungsunterricht in den Schulen informiert und um Stellungnahme gebeten.

13. Juni, Dienstag

In Danzig wird eine NS-Gaukulturwoche eröffnet. →S.109

Das Wachregiment Berlin heißt fortan Infanterieregiment Großdeutschland.

Im Auftrag seiner Regierung bietet der britische Botschafter Neville Meyrick Henderson der Reichsregierung u.a. Gespräche über Rüstungsfragen sowie über die deutschen Kolonialforderungen an.

Der Schweizer Nationalrat lädt den Bundesrat ein, die Wiederaufnahme der seit 1918 unterbrochenen Beziehungen zur UdSSR erneut zu prüfen.

Japanische Truppen blockieren das britisch-französische Konzessionsgebiet im chinesischen Tientsin (→22.7./S.119).

Die Sowjetunion und China unterzeichnen ein Abkommen über finanzielle und technische Hilfe.

Ein unbekannter Täter stiehlt das Gemälde »L'Indifférent« des französischen Malers Antoine Watteau aus dem Louvre in Paris (→14.8./S.149).

14. Juni, Mittwoch

Bei einer Kundgebung auf dem Berliner Gaustudententag im Sportpalast erklärt Reichspropagandaminister Joseph Goebbels: »Der Platz des geistigen Arbeiters ist mitten in der Gemeinschaft.«

In der Freien Stadt Danzig treffen 20 neue polnische Zollinspektoren ein.

William Strang, Leiter der Mitteleuropaabteilung im Foreign Office, trifft zu Verhandlungen in Moskau ein. →S.107

In London beginnen Gespräche mit polnischen und türkischen Militärmissionen.

15. Juni, Donnerstag

Die Reichsbank wird Führer und Reichskanzler Adolf Hitler unterstellt. →S.109

In Buenos Aires läuft die »Monte Olivia« der Hamburg-Südamerika-Linie ein. An Bord befinden sich 78 deutschen Juden mit Visa für Paraguay. →S.106

Der sowjetische Geschäftsträger Georgi Astachow spricht in Berlin mit dem bulgarischen Gesandten Parvan Draganow über den Gedanken eines deutsch-sowjetischen Nichtangriffspaktes. Wie von Astachow erhofft, benachrichtigt Draganow das deutsche Auswärtige Amt.

Frankreich und Großbritannien übermitteln der UdSSR ihre Bereitschaft zum Abschluß eines Beistandspaktes.

Vor der Küste Indochinas sinkt das französische Unterseeboot »Phénix«. →S.109

Der Monatsbericht der Wehrwirtschaftsinspektion XIII (Nürnberg) meldet eine »tiefgreifende Mißstimmung in Arbeiterkreisen über die zum Teil übermäßige Anspannung der Arbeitskraft«. Die Folge sind u.a. in der Rüstungsindustrie wiederholte Sabotageversuche.

Im Ufa-Palast am Zoo in Berlin hat der dokumentarische Film »Im Kampf gegen den Weltfeind« über den Einsatz der Legion Condor in Spanien Premiere (Regie Karl Ritter, Text Werner Beumelburg).

Mutter-Kind-Idylle auf dem Titel der »Deutschen Illustrierten« vom 13. Juni 1939, während Europa am Rand eines neuen Krieges steht

16. Juni, Freitag

Die Sowjetunion und China schließen einen Handelsvertrag unter Einschluß einer Meistbegünstigungsklausel.

In Luzern beginnt das 26tägige Eidgenössische Schützenfest 1939.

Als erster deutscher Motorradfahrer gewinnt Georg Meier (BMW) die Tourist Trophy auf der Insel Man. →S.113

In Helsinki läuft der Finne Taisto Mäki die 5000 m in der Weltrekordzeit von 14:08,8 min. Den alten Rekord lief der Finne Lauri Lehtinen 1932 mit 14:17,0 min.

17. Juni, Sonnabend

Bei einer Kundgebung in Danzig erklärt Reichspropagandaminister Joseph Goebbels, das Deutsche Reich sei an der Seite Danzigs (→13.6./S.109).

Das Reichspropagandaministerium erläßt die Presseweisung: »Über volksdeutsche Flüchtlinge aus Polen sollen nicht nur keine Zahlen, es sollen auch keine Berichte aus Flüchtlingslagern gebracht werden, was aber nicht ausschließt, daß man sich Material für später zurücklegt.«

Führer und Reichskanzler Adolf Hitler empfängt auf dem Obersalzberg Khalil al Hud, den Sonderbotschafter von König Saud Ibn Abd Al Asis von Saudi-Arabien.

Bei den Internationalen Tennismeisterschaften von Frankreich in Paris gehen die Einzeltitel an Donald McNeill (USA) und Simone Mathieu (Frankreich).

18. Juni, Sonntag

Durch ein jüdisches Bombenattentat auf den Gemüsemarkt von Haifa werden 18 Araber getötet und 24 verletzt. →S.106

Durch ein 9:0 (4:0) über Admira Wien im Berliner Olympia-Stadion wird Schalke 04 vor 100 000 Zuschauern zum vierten Mal Deutscher Fußballmeister. →S.113

Beim Autorennen 24 Stunden von Le Mans gewinnen die Franzosen Jean Pierre Wimille/Pierre Veyron auf Bugatti.

19. Juni, Montag

Reichsjugendführer Baldur von Schirach ordnet für den Sommer 1939 den Ernteeinsatz der deutschen Jugend an. →S.108

Das Slowakische Pressebüro dementiert eine Meldung der britischen Nachrichtenagentur Associated Press über den Aufmarsch von 20 000 deutschen Soldaten bei Sillein und ihr Vorrücken gegen die polnische Grenze.

20. Juni, Dienstag

In Berlin wird ein deutsch-italienisches Abkommen über die sozialrechtliche Gleichstellung der Staatsbürger beider Länder unterzeichnet.

Zum Abschluß einer zweitägigen Sitzung des Intergouvernementalen Komitees für die Flüchtlingshilfe in London wird bekannt, daß sich von den 150 000 jüdischen Flüchtlingen aus dem Deutschen Reich 52 000 in Großbritannien, 30 000 in Frankreich, 25 000 in Polen, 12 000 in Belgien, 10 000 in der Schweiz und 5000 in skandinavischen Ländern aufhalten.

Erich Warsitz gelingt der erste erfolgreiche Flug mit dem von Ernst Heinkel konstruierten Raketenflugzeug He 176.

21. Juni, Mittwoch

Bei einer NS-Sonnwendfeier auf dem Berliner Reichssportfeld greift Reichspropagandaminister Joseph Goebbels Großbritannien und Frankreich an.

Reichsprotektor Konstantin Freiherr von Neurath verfügt die »Entjudung« der Wirtschaft im Reichsprotektorat. →S.107

Das Reichsministerium des Innern erläßt Richtlinien über den Aufenthalt von Juden in Bädern und Kurorten. Juden dürfen nur in Hotels absteigen, in denen das weibliche Personal nicht unter 45 Jahren alt ist, sie müssen besondere Trink- und Badestunden beachten und dürfen die Kuranlagen nicht benutzen.

In Dresden wird die Ausstellung »Warum wir Kolonien brauchen« eröffnet. Sie soll bis zum 10. September dauern.

Das ungarische Parlament billigt die Erweiterung des Reichstages durch 26 Vertreter aus dem 1938 angegliederten Oberland und zehn Vertreter aus der im März 1939 annektierten Karpato-Ukraine.

Eine Farman 2210 »Ville de Dakar« der Air France absolviert die 400. Atlantiküberquerung auf der Route Dakar-Natal.

22. Juni, Donnerstag

Die deutsche Wehrmacht übernimmt die Spanische Hofreitschule in Wien.

Die Sowjetunion lehnt die ihr am Vortag übermittelten neuen britisch-französischen Vorschläge für einen Beistandspakt ab, weil die baltischen Staaten nicht ausdrücklich in die Garantien einbezogen worden seien.

Nach siebenwöchiger Rundreise durch Kanada, die USA und Neufundland kehren König Georg VI. und Königin Elisabeth nach London zurück (→8.6./S.109).

Vor 30 000 Zuschauern im Osloer Ulleval-Stadion besiegt die deutsche Fußball-Nationalmannschaft im ersten Spiel ihrer Nordlandreise Norwegen 4:0 (1:0).

23. Juni, Freitag

Das Deutsche Reich und Italien vereinbaren die Übersiedlung der deutschsprachigen Bevölkerung Südtirols.

Fritz Todt, Generalinspekteur für das Straßenwesen, erklärt auf dem ersten Großdeutschen Baugewerbetag in Wien, die Materialbeschaffung werde durch die mangelhafte Kohlenversorgung behindert. 1939 würden mit rund acht Millionen Ziegeln 25% weniger erzeugt als 1938.

Bei ihrer Polen-Berichterstattung wird die deutsche Presse angewiesen: »Es ist so, daß die Sache leicht am Kochen gehalten werden muß.«

In Paris unterzeichnen Frankreich und die Türkei eine Erklärung über gegenseitige Hilfeleistung. →S.107

In Frankfurt am Main findet die Hauptversammlung der IG Farbenindustrie statt. Die Bilanz für 1938 weist einen Reingewinn von 55,18 Millionen Reichsmark (RM) aus. Die Investitionen beliefen sich auf 273 Millionen RM.

Auf der Strecke Hamburg-Berlin erreicht ein neuer Schnelltriebwagen der Deutschen Reichsbahn 215 km/h. →S.110

24. Juni, Sonnabend

Reichsprotektor Konstantin Freiherr von Neurath befiehlt in Böhmen und Mähren die Überprüfung aller nach dem 15. September 1935 mit Juden abgewickelten Geschäfte (→21.6./S.107).

Eine Presseweisung des Reichspropagandaministeriums verbietet Berichte über »die Auflösung evangelischer Organisationen in Württemberg«.

Zum Tag des Deutschen Volkstums 1939 beginnt eine zweitägige Reichsstraßensammlung.

Der Nürnberger Radprofi Georg Umbenhauer gewinnt die Deutschlandrundfahrt über 5013 km. →S.113

SS-Hauptsturmführer Waldemar Fegelein auf Nordrud bleibt als einziger von 37 Startern fehlerlos und gewinnt das Deutsche Springderby in Hamburg.

25. Juni, Sonntag

Auf einer Kundgebung der Sturmabteilung (SA) in Beuthen (Oberschlesien) werden drei angebliche polnische Deserteure durch die Straßen geführt. Es wird jedoch bald bekannt, daß es sich in Wahrheit um SA-Männer gehandelt hat.

In Kopenhagen gewinnt die deutsche Fußball-Nationalmannschaft vor 35 000 Zuschauern gegen Dänemark 2:0 (1:0).

Bei 71. Deutschen Galoppderby auf der Rennbahn in Hamburg-Horn siegt Jokkey Gerhard Streit auf Wehr Dich (Gestüt Schlenderhan). Für den Sieg zahlt der Totalisator 34:10.

Beim Großen Preis von Belgien in Spa siegt Hermann Lang (Mercedes-Benz). Der Brite Richard Seaman (Mercedes-Benz) verunglückt tödlich. →S.113

26. Juni, Montag

Das Geheime Staatspolizeiamt befiehlt zur Beschäftigung von Arbeitern aus dem Reichsprotektorat Böhmen und Mähren, bei »Arbeitsverweigerung«, politischer Betätigung oder »sonstiger staatsfeindlicher Einstellung« mit aller Härte bis hin zu Schutzhaft einzugreifen.

Die Presseweisung Nr. 630 des Reichspropagandaministeriums verbietet den deutschen Zeitungen Berichte über »den zwangsweisen Einsatz verheirateter Frauen in den Arbeitsprozeß«.

Bei Hasselt in Belgien bricht der Albertkanal auf einer Länge von 50 m. →S.110

Führer und Reichskanzler Adolf Hitler erteilt den Sonderauftrag »Linz« zur Beschaffung von Kunstwerken. →S.112

Das Politbüro des Zentralkomitees (ZK) der Kommunistischen Partei der Sowjetunion (KPdSU) beschließt die Einrichtung einer Obersten Parteischule.

27. Juni, Dienstag

Die Großdeutsche Reichstagung der Deutschen Forstwirtschaft beginnt in Berlin. Sie endet am 1. Juli.

28. Juni, Mittwoch

Der sowjetische Außenminister Wjatscheslaw M. Molotow erneuert gegenüber dem deutschen Botschafter Friedrich Werner Graf von der Schulenburg den Wunsch nach besseren deutsch-sowjetischen Beziehungen (→3.5./S.93).

In der Antwort auf die Kündigung des Flottenabkommens (→28.4./S.75) erklärt Großbritannien seine Bereitschaft zu Verhandlungen, weil der Vertragstext eine einseitige Kündigung nicht vorsehe.

Die US-Fluggesellschaft Pan American World Airways nimmt den Transatlantik-Passagierverkehr auf. →S.110

Durch k.o. in der 4. Runde über Tony Galento in New York bleibt Joe Louis (USA) Boxchampion im Schwergewicht.

29. Juni, Donnerstag

In der sowjetischen Parteizeitung »Prawda« erklärt Andrej Schdanow, Mitglied des Politbüros der Kommunistischen Partei der Sowjetunion (KPdSU), die britisch-französisch-sowjetischen Verhandlungen seien »in eine Sackgasse geraten« (→14.6./S.107).

Eine deutsche Focke-Wulf Fw 200 »Condor« mit den Piloten Alfred Henke und Günther Schuster überquert den Südatlantik von Banjul nach Natal in der Rekordzeit von 9:47 h (→28.6./S.110).

Vor 19 000 Zuschauern in Reval besiegt die deutsche Fußball-Nationalelf die Auswahl von Estland 2:0 (1:0).

30. Juni, Freitag

Gemäß einer Vereinbarung zwischen der Reichsjugend- und der Polizeiführung sollen Hitlerjungen künftig Feuerwehrdienst leisten. →S.108

In Luzern wird moderne Kunst aus deutschen Museen versteigert. →S.112

Elly Rosemeyer-Beinhorn kehrt mit ihrer Messerschmitt »Taifun« von ihrem am 20. April begonnenen Indienflug zurück.

Das Wetter im Monat Juni

Station	Mittlere Lufttemperatur (°C)	Niederschlag (mm)	Sonnenscheindauer (Std.)
Aachen	16,8 (15,9)	7 (77)	– (200)
Berlin	17,6 (16,5)	57 (62)	– (244)
Bremen	16,8 (16,0)	19 (59)	– (218)
München	16,5 (15,8)	131 (121)	– (201)
Wien	18,0 (17,6)	– (68)	– (246)
Zürich	16,6 (15,5)	109 (138)	208 (220)

( ) Langjähriger Mittelwert für diesen Monat
– Wert nicht ermittelt

Salvador Dali gestaltete den Titel der US-amerikanischen Zeitschrift »Vogue« vom 1. Juni 1939

»Geisterschiffe« mit deutschen Juden auf allen Meeren

15. Juni. Das Motorschiff »Monte Olivia« der Hamburg-Südamerika-Linie läuft in Buenos Aires ein. An Bord befinden sich 78 Juden mit Einreisevisa nach Paraguay. Da Uruguay die Durchreise verweigert, hat das Schiff Argentinien angelaufen, wo die jüdischen Emigranten für 20 Tage an Land gehen können.

Die Passagiere der »Monte Olivia« werden schließlich von Chile aufgenommen. Schlechter ergeht es Tausenden von anderen, denen die Landung verboten wird und deren Schiffe nach wochenlanger Reise nach Europa zurückkehren.

Am 19. Juni trifft der Dampfer »Flandre« in Saint-Nazaire ein, nachdem Kuba und Mexiko den rund 100 deutschen Flüchtlingen die Einreise verweigert haben. Die »St. Louis« muß im Juni aus Kuba ebenfalls zurückkehren. Die »Cap Norte« verließ am 28. April mit 15 Flüchtlingen an Bord Hamburg mit Ziel Südamerika. Weil Paraguay, Uruguay und Argentinien die Landung verweigerten, steuert das Schiff am 26. Juni Boulogne-sur-Mer an.

Vor der Küste Syriens kreuzen wochenlang Schiffe wie die »Osiris« (600 Flüchtlinge) und die »Fressula« (658), bevor eine Entscheidung über die Landeerlaubnis fällt.

◁ Ausreisewillige Juden vor einem Reisebüro in der Meinekestraße in Berlin. Auch wer die Ausreisepapiere nach der Zahlung oft erheblicher Summen erhalten hat und auch über ein Visum verfügt, ist damit noch nicht endgültig in Sicherheit

▽ Einschiffung der Passagiere des Hapag-Dampfers »St. Louis« in Hamburg am 13. Mai. Die »St. Louis« erreicht mit 936 deutschen Juden am 27. Mai Kuba. Da die Einreisevisa für ungültig erklärt werden, muß das Schiff nach Europa zurückkehren. Damit teilt es das Schicksal vieler deutscher »Geisterschiffe«

Unruhe unter der jüdischen Bevölkerung Palästinas wächst

18. Juni. Ein Bombenanschlag jüdischer Extremisten auf den arabischen Gemüsemarkt von Haifa fordert 18 Tote und 24 Verletzte. Damit ist der latente Bürgerkrieg zwischen Arabern und Juden nach Bekanntgabe der britischen Vorstellungen über eine Neuordnung Palästinas (→ 17.5./S.93) wieder in aller Schärfe entbrannt.

Die Empörung der Juden richtet sich vor allem gegen die Absicht der Briten, die jüdische Einwanderung innerhalb der nächsten fünf Jahre auf 75 000 zu beschränken mit dem Ziel, danach die Einwanderung grundsätzlich zu verbieten. Den Juden gilt dies als eklatante Verletzung der britischen Versprechungen der »Balfour-Deklaration« von 1917 auf Schaffung einer jüdischen »Heimstätte« in Palästina.

Bereits am 18. Mai bewegte sich ein Zug von über 20 000 Juden, von einigen Rabbis geführt, durch die Straßen Jerusalems. Mitglieder der im Weltkrieg 1914 bis 1918 aufgestellten Jüdischen Legion wiesen darauf hin, daß sie aufgrund der »Balfour-Deklaration« ihr Leben für Großbritannien eingesetzt hätten. Am selben Tag kam es in Jerusalem zu blutigen Zusammenstößen mit der britischen Polizei.

Obwohl ihr Plan von Arabern und Juden, wenn auch aus unterschiedlichen Motiven, gleichermaßen scharf abgelehnt wird, wollen die Briten daran festhalten.

Demonstration von Angehörigen der Jüdischen Legion in Jerusalem gegen die britische Palästina-Politik

Mehrere Rabbis an der Spitze der antibritischen Demonstration von 20 000 Juden am 18. Mai in Jerusalem

Protektorat erlebt Hetze gegen Juden

21. Juni. Reichsprotektor Konstantin Freiherr von Neurath erläßt eine »Verordnung über die Entjudung der Wirtschaft« im Reichsprotektorat Böhmen und Mähren. Seit dem deutschen Einmarsch (→ 15.3./S.48) wird die jüdische Bevölkerung systematisch verfolgt und beraubt.
Jüdisches Eigentum an Geschäften, Grund und Boden sowie Kunst- und Schmuckgegenstände müssen nun angemeldet werden. Am 24. Juni werden alle seit 1935 von Juden abgeschlossenen Geschäfte überprüfungspflichtig. Um eine Bereicherung von Tschechen an jüdischem Eigentum zu verhindern, liegt die Kontrolle der »Arisierung« in der Hand des Reichsprotektors.
Neben solche scheinlegalen Mittel zur Ausschaltung der Juden aus dem öffentlichen Leben tritt die Gewalt: Gleich nach dem Einmarsch waren Tausende von tschechischen und deutschen Juden festgenommen worden. Die Synagogen in Brünn, Iglau, Vitkovice, Falkenau und Mährisch-Ostrau, wo am 2. Juni SA-Männer alle Löschversuche unterbanden, wurden niedergebrannt.

Kladno steht unter Ausnahmegesetz

8. Juni. Nach Ermordung des Polizeiwachtmeisters Wilhelm Kniest in der vorangegangenen Nacht wird die Stadt Kladno im Reichsprotektorat Böhmen und Mähren unter Ausnahmerecht gestellt.
Der Stadt wird eine Geldbuße auferlegt, Kinos, Theater und Schulen werden geschlossen, nachts gilt eine Ausgangssperre, der Bürgermeister wird seines Amtes enthoben.

Karl Hermann Frank, seit 19. März 1939 Staatssekretär beim Reichsprotektor, beeinflußt maßgeblich die deutsche Politik in Böhmen und Mähren. Er war 1937/38 stellvertretender Führer der Sudetendeutschen Partei (SdP)

Treibende Kraft bei den Zwangsmaßnahmen, die nicht zur Ergreifung der Täter führen, ist Staatssekretär Karl Hermann Frank, der am 4. Juni in Budweis erklärt hatte, die Tschechen müßten sich in den deutschen Lebensraum einfügen.

Hitler amnestiert politische Täter

7. Juni. Führer und Reichskanzler Adolf Hitler erläßt eine Amnestie für politisch motivierte Straftaten, die Volks- oder Reichsdeutsche vor dem 1. Dezember 1938 (Sudetenland) bzw. vor dem 16. März 1939 (Protektorat Böhmen und Mähren) auf dem Gebiet der früheren Tschechoslowakei begangen haben.
Die Amnestie gilt für Urteile tschechischer Gerichte wegen Mitgliedschaft in der Nationalsozialistischen Deutschen Arbeiterpartei (NSDAP), der Deutschen Nationalsozialistischen Arbeiterpartei (DNSAP), der Deutschen Nationalpartei (DNP) sowie der der Sudetendeutschen Heimatfront (SHF) und der Sudetendeutschen Partei (SdP).
Noch nicht vollstreckte Strafen wegen des Kampfes »für die Erhaltung des Deutschtums in den sudetendeutschen Gebieten oder für ihre Heimkehr ins Reich« werden ebenfalls erlassen. Mit Ausnahme von »Verrat« am Deutschen Reich werden auch andere politische Delikte von Deutschen, die mit Gefängnis bis zu zwei Jahren geahndet wurden, von Adolf Hitler amnestiert.

Verhandlungen in Moskau schwierig

14. Juni. Um die seit dem 13. März laufenden Verhandlungen zwischen Großbritannien, Frankreich und der UdSSR über den Aufbau eines kollektiven Sicherheitssystems gegen die deutsche Aggression zu beschleunigen, trifft der britische Sonderbotschafter William Strang in der sowjetischen Hauptstadt ein.
Nach wie vor bestehen tiefgreifende Diskrepanzen. Die UdSSR will die

Der als Sonderbeauftragter für die Verhandlungen mit der UdSSR nach Moskau entsandte William Strang ist Leiter der Mitteleuropa-Abteilung des Foreign Office und war 1932 Kanzler der Botschaft in Moskau

Einbeziehung von Lettland, Estland und Litauen in eine Sicherheitszone und das Durchmarschrecht durch Polen und Rumänien. Polen lehnt dies ab, während der Westen eine Annexion des Baltikums durch die UdSSR befürchtet.

Republik Hatay an Türkei

23. Juni. In Paris unterzeichnen Frankreichs Außenminister Georges Bonnet und der türkische Botschafter Suad Davaz eine Erklärung über gegenseitige Hilfeleistung. Sie entspricht im wesentlichen der britisch-türkischen Übereinkunft vom → 12. Mai (S.91). Gleichzeitig wird in Ankara ein Abkommen über die Auslieferung der Republik Hatay (Sandschak von Alexandrette, heute: Iskenderun) an die Türkei zum 21. Juli ausgefertigt.
Der seit 1920 autonome Regierungsbezirk (4700 km^2) hat 237 000 Einwohner. Frankreich kontrollierte das Gebiet im Rahmen seines syrischen Völkerbundmandats.

Verträge mit Baltenstaaten

7. Juni. Die Außenminister von Estland und Lettland, Karl Selter und Vilhelm Munters, unterzeichnen in Berlin Nichtangriffspakte mit dem Deutschen Reich. Nach dem Vertrag mit Dänemark (→ 9.5./S.91) sind diese Abkommen das zweite Ergebnis einer entsprechenden Offerte des Deutschen Reichs (→ 28.4./S.75).
Die Unterzeichnerstaaten erklären, in »keinem Falle zum Krieg oder zu einer anderen Art von Gewaltanwendung gegeneinander zu schreiten«. Estland und Lettland befürchten Konzessionen des Westens an die UdSSR und erhoffen sich von den Verträgen Rückhalt gegenüber einer sowjetischen Expansion.

Der türkische Botschafter Suad Davaz unterzeichnet am 23. Juni in Paris die französisch-türkische Erklärung über gegenseitigen Beistand im Fall eines Krieges im Mittelmeer, r. Frankreichs Außenminister Georges Bonnet

Unterzeichnung der Nichtangriffspakte zwischen dem Deutschen Reich sowie Lettland und Estland am 7. Juni im Auswärtigen Amt in Berlin: Am Tisch v. l. Vilhelm Munters (Lettland), Joachim von Ribbentrop, Karl Selter (Estland)

Parade der Legion Condor

6. Juni. Vor der Technischen Hochschule in Berlin paradiert die aus Spanien heimgekehrte Legion Condor vor Führer und Reichskanzler Adolf Hitler. Die »Freiwilligen« waren am 31. Mai in Hamburg ausgeschifft worden. Ausführliche Berichte in der deutschen Tagespresse machen das bis dahin geleugnete Ausmaß der deutschen Hilfe für das nationalistische Spanien deutlich.

Deutsche Propagandapostkarte zur Heimkehr der Legion Condor aus dem Bürgerkrieg in Spanien im Juni 1939

Am 25. Juli 1936 waren erste deutsche Flugzeuge in Spanisch-Marokko gelandet, zehn Tage später trafen die ersten deutschen Truppenverbände in Cadiz ein. Die Luftwaffen-, Nachrichten- und Transportverbände sowie eine Panzergruppe unterstanden dem Reichsluftfahrtministerium.
Die als Legion Condor operierenden Streitkräfte wurden von November 1936 bis Oktober 1937 von Generalmajor Hugo Sperrle befehligt, anschließend übernahmen Generalleutnant Erich Otto Volkmann und ab November 1938 Generalmajor Wolfram Freiherr von Richthofen das Oberkommando.
Im Rahmen des lange Zeit geheimgehaltenen Unternehmens kämpften über 6000 deutsche Soldaten im Spanischen Bürgerkrieg; 420 von ihnen fielen. Die Gesamtkosten für den Einsatz werden auf 232,5 Millionen Reichsmark (RM) beziffert, davon 4,5 Millionen RM Personalausgaben. Wichtiger als eine Rückzahlung dieser Schulden ist dem Deutschen Reich dabei die Lieferung von spanischem Eisenerz.
Weltweite Proteste hatte die Bombardierung der baskischen Stadt Guernica ausgelöst, bei der am 26. April 1937 mehrere hundert Menschen ums Leben gekommen waren.

Staatsakt für die Legion Condor mit Tafeln gefallener Spanienkämpfer

Hitlerjugend dient bei der Feuerwehr

30. Juni. Eine Absprache zwischen Heinrich Himmler, Reichsführer SS und Chef der Deutschen Polizei, und Reichsjugendführer Baldur von Schirach regelt den Einsatz von Hitlerjungen im Feuerlöschdienst.
Es sollen 300 Jugendfeuerwehren gebildet werden, in denen Hitlerjungen ab 15 Jahren unter Leitung von HJ-Führern im Feuerlöschwesen ausgebildet werden.
Bei Übung und Einsatz unterstehen die Hitlerjungen dem Befehl der Feuerschutzpolizei bzw. der Feuerwehr. Dabei gilt für die Hitlerjungen der Schutz der Reichsunfallversicherung. Die Abstellung zum Feuerlöschdienst ist in der Regel bis zum Ausscheiden aus der HJ im Alter von 18 Jahren möglich.
Der Feuerlöschdienst der HJ soll im Kriegsfall die zur Wehrmacht einberufenen Angehörigen der deutschen Feuerwehren ersetzen.

Widerstand gegen die HJ

Juni. Die dritte Nummer der illegalen »Störtebekerbriefe« wird von der Abschnittsleitung der Kommunistischen Partei Deutschlands (KPD) von Dänemark aus über die Grenze nach Norddeutschland geschmuggelt. Das Flugblatt betont, daß die seit dem →25. März (S.60) bestehende Dienstpflicht in der Hitlerjugend (HJ) nur die Konsequenz aus der bisherigen Praxis sei, Jugendliche durch Drohung mit schulischen oder beruflichen Nachteilen in die HJ zu zwingen.

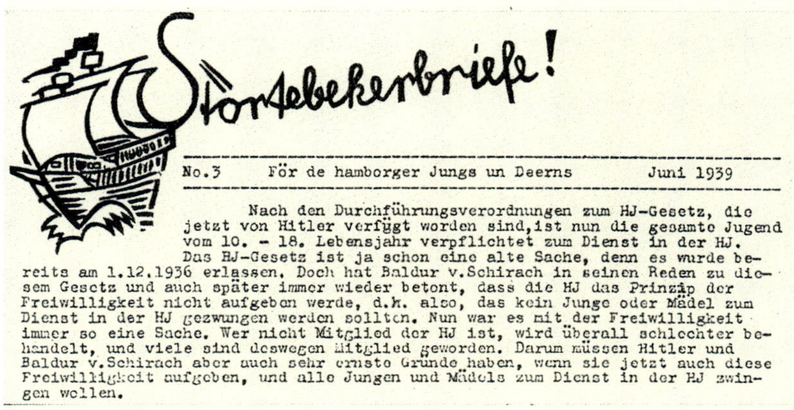

Störtebekerbriefe!

No.3 För de hamborger Jungs un Deerns Juni 1939

Nach den Durchführungsverordnungen zum HJ-Gesetz, die jetzt von Hitler verfügt worden sind, ist nun die gesamte Jugend vom 10. - 18. Lebensjahr verpflichtet zum Dienst in der HJ.
Das HJ-Gesetz ist ja schon eine alte Sache, denn es wurde bereits am 1.12.1936 erlassen. Doch hat Baldur v.Schirach in seinen Reden zu diesem Gesetz und auch später immer wieder betont, dass die HJ das Prinzip der Freiwilligkeit nicht aufgeben werde, d.h. also, das kein Junge oder Mädel zum Dienst in der HJ gezwungen werden sollten. Nun war es mit der Freiwilligkeit immer so eine Sache. Wer nicht Mitglied der HJ ist, wird überall schlechter behandelt, und viele sind deswegen Mitglied geworden. Darum müssen Hitler und Baldur v.Schirach aber auch sehr ernste Gründe haben, wenn sie jetzt auch diese Freiwilligkeit aufgeben, und alle Jungen und Mädels zum Dienst in der HJ zwingen wollen.

Titel der illegalen »Störtebekerbriefe« der KPD vom Juni 1939 mit einem Artikel über den im März eingeführten Pflichtdienst in der Hitlerjugend (HJ)

Ernteeinsatz der deutschen Jugend

19. Juni. Reichsjugendführer Baldur von Schirach ordnet für den Sommer den Erntehilfsdienst der deutschen Jugend an. Einzeln oder in Gruppen soll den Bauern geholfen werden. Schirach: »Wir wollen unserem Führer Freude machen!«
Angesichts des chronischen Arbeitermangels auf dem Lande hat der Sondereinsatz von Angehörigen der Hitlerjugend (HJ), von Studierenden und von Hilfstrupps des Reichsarbeitsdienstes schon Tradition. Die Bannführer der HJ sollen in Zusammenarbeit mit den Kreisbauernführern den Bau besonderer Ernte-Einsatzlager organisieren.
Landarbeit ist jedoch nicht populär: Im Frühjahr 1939 wurde aus Chemnitz gemeldet, daß von 6000 gemusterten Mädchen nur 200 ihr Pflichtjahr (→14.1./S.15) in der Landwirtschaft, 5800 hingegen in der Hauswirtschaft ableisten wollten.

Reichsbank unter Kontrolle Hitlers

15. Juni. Die Deutsche Reichsbank wird der direkten Aufsicht von Führer und Reichskanzler Adolf Hitler unterstellt. Damit ist nach dem Ausscheiden von Hjalmar Schacht als Präsident (→19.1./S.13) die unmittelbare Staatsabhängigkeit der Notenbank auch formal vollzogen.
Zwar gibt es weiterhin einen Präsidenten – Reichswirtschaftsminister Walther Funk – und ein Reichsbankdirektorium, doch die Geschäftsführung erfolgt »nach den Weisungen und unter Aufsicht« Hitlers, der den Präsidenten und die Präsidiumsmitglieder einsetzt und jederzeit auch wieder abberufen kann.
Eine fortan ungebremste deutsche Aufrüstung macht der §16 des neuen Reichsbankgesetzes möglich: »Die Deutsche Reichsbank darf dem Reich Betriebskredite gewähren, deren Höhe der Führer und Reichskanzler bestimmt.«

Ankunft in Washington: Georg VI. (l.) und Franklin Delano Roosevelt

Verstehen sich: Königin Elisabeth (l.) und »First Lady« Eleanor Roosevelt

Erster Aufenthalt eines britischen Herrscherpaares in den USA

8. Juni. *Von den Niagarafällen kommend, treffen König Georg VI. und Königin Elisabeth mit dem Zug auf dem Bahnhof Union Station in Washington ein. Es ist der erste Besuch eines britischen Herrscherpaares in den Vereinigten Staaten. US-Präsident Franklin Delano Roosevelt und seine Frau Eleanor begrüßen das Paar. Zum Besuch in Washington, der bis zum 11. Juni dauert, gehört auch ein Empfang im US-Kongreß. Die Hoheiten waren am 17. Mai auf der »Empress of Australia« in Quebec angekommen und hatten mehrere Städte Kanadas besucht. Von den USA geht es weiter nach Neufundland. Am 22. Juni wird das Paar in der Heimat zurückerwartet.*

Danzig im Zeichen des Hakenkreuzes

13. Juni. Im Danziger Stadtmuseum eröffnet NS-Gauleiter Albert Forster mit der Ausstellung »Kunst der Hansestädte« die Gaukulturwoche der Nationalsozialistischen Deutschen Arbeiterpartei (NSDAP). Sie steht unter dem Motto »Danzig ist deutsch, und Danzig will zu Deutschland« und wird als Zeichen des Bekenntnisses zum Deutschen Reich inszeniert.
Auf einer »spontanen« Kundgebung vor dem Stadttheater, für deren Besuch massiv von den Amtswaltern der NSDAP geworben worden war, erklärt Propagandaminister Joseph Goebbels am 17. Juni: »Ihr wollt zum großen Deutschen Reich gehören. Euer Wille ist verständlich, klar, eindeutig und, wie ich in eurer Haltung feststellen kann, unerschütterlich.« Goebbels wirft Polen »Scharfmacherei« vor und klagt die Briten an, diesen »Großsprechern« noch einen »Blankowechsel« gegeben zu haben.
Die »Anschluß«-Propaganda wird von einer zunehmenden Militarisierung begleitet. Beim Besuch von SA-Stabschef Viktor Lutze am 9./10. Juni marschierten erstmals über 6000 SA-Männer aus Danzig und Ostpreußen mit Stahlhelm und Gewehr durch die Straßen der Stadt.

Rettungsversuche mit Ruderbooten am Heck des britischen Unterseebootes »Thetis« in der Bucht von Liverpool, der Bug ragt noch 5 m aus dem Wasser

U-Boot-Unfälle auf allen Weltmeeren

15. Juni. In der Bucht von Cam Ranh vor der Küste Indochinas kommt das französische Unterseeboot »Phénix« nach einer Tauchübung nicht wieder an die Oberfläche. Das Unglück, bei dem 71 Marineangehörige ums Leben kommen, ist bereits der dritte U-Boot-Unfall innerhalb von drei Wochen.
Diese »Schwarze Serie«, bei der insgesamt 197 Menschen ihr Leben verlieren, begann am 23. Mai: Bei einer Tauchübung vor der US-amerikanischen Küste bei Portsmouth sank das US-U-Boot »Squalus« mit 59 Mann an Bord. Bis zum 25. Mai konnten aus dem Boot, das in über 70 m Tiefe auf dem Meeresgrund liegt, 33 Menschen mit Tauchglokken geborgen werden. Ursache des Unglücks war ein defektes Ventil.
Der nächste Unfall folgte am 1. Juni: Bei einer Werfterprobungsfahrt in der Bucht von Liverpool sank das fabrikneue britische U-Boot »Thetis«. An Bord befanden sich 106 Mann, neben der Besatzung noch zahlreiche Werftangestellte. Obwohl das Heck noch längere Zeit aus dem Wasser herausragte und versucht wurde, mit Schneidbrennern in das Innere zu gelangen, gab es nur sechs Überlebende, die übrigen erlagen einer Chlorgasvergiftung.

Flugboot der US-amerikanischen Luftfahrtgesellschaft Pan American Airways für den transatlantischen Verkehr

Erste Passagierflüge von USA nach Europa

28. Juni. Mit Flugbooten vom Typ Boeing B 314 nimmt die Pan American World Airways den Passagierverkehr USA–Europa auf. Nach 24 Stunden erreicht als erster regulärer Passagierflieger auf der Südatlantik-Route der »Dixie-Clipper« mit 22 Passagieren an Bord von Port Washington/Long Island kommend mit Zwischenlandung auf den Azoren Lissabon. Der »Yankee-Clipper« verbindet Port Washington und Southampton mit Zwischenlandungen in Shediac (New Brunswick/Kanada), Botwood (Neufundland) und Foynes (Irland). Die B 314 der Boeing Aircraft Company (Seattle) wiegt 42 t und hat eine Spannweite von 46 m bei einer Länge von 32 m. Neben zwölf Mann Besatzung finden bis zu 74 Fluggäste Platz.
Im Südamerika-Flugdienst absolvierte am 21. Juni die Ligne d'Air France sur l'Atlantique-Sud mit der »Ville de Dakar«, einer Farman 2210, die 400. Atlantiküberquerung auf der Strecke Dakar-Natal. Einer Focke-Wulf Fw 200 Condor mit Alfred Henke und Günther Schuster gelingt auf der Strecke Banjul-Natal am 29. Juni mit 9:47 h ein Rekordflug. Eine Premiere gab es am 20. Juni: Erich Warsitz steuerte die Heinkel He 176, das erste Raketenflugzeug der Welt.

Statue des Namensgebers des Kanals, König Albert I. (1875–1934)

Der Dammbruch des Albertkanals bei Godscheide, einem Vorort von Hasselt

Flutkatastrophe in Belgien

26. Juni. Auf einer Länge von 50 m bricht der Damm des Albertkanals in der Nähe von Hasselt in Belgien. Die Wasserstraße sollte am 1. Juli von Leopold III., dem König der Belgier, eingeweiht werden.
Die Wassermassen dringen in das Flußbett des Déner ein und überfluten die Felder der Umgebung. Der Ingenieur Ivan Cogean findet den Tod. Um weiteres Unglück zu verhüten, werden die Kanalschleusen sofort geschlossen.
Der Albertkanal zwischen Maas und Schelde ist 130 km lang, 4 m tief und überwindet mit sechs Schleusengruppen einen Höhenunterschied von 56 m.
In Lüttich, am Endpunkt der neuen Wasserstraße, hatte Leopold III. am 20. Mai eine Wassertechnikausstellung eröffnet.

Nylon-Strümpfe des US-Chemiekonzerns Du Pont Nemours, eine Sensation der Weltausstellung

Der Nylonstrumpf ziert Frauenbeine

Juni. Der US-Konzern Du Pont Nemours stellt in einer Fabrik in Seaford die ersten Strümpfe aus der vollsynthetischen Faser Nylon her.
Der US-Chemiker Wallace Hume Carothers hatte Nylon 1936 entwickelt. Doch die Konkurrenz schläft nicht: Am 29. Januar 1938 gelang dem Chemiker Paul Schlack vom Berliner Agfa-Werk (I. G. Farben) die Entwicklung der Polyamidfaser Perlon. 1939 entsteht in Berlin-Lichtenberg eine Perlon-Versuchsfabrik.

Von der Elbe an die Spree mit 215 km/h

23. Juni. Auf der Strecke Hamburg-Berlin verkehrt erstmals ein dreiteiliger Schnelltriebwagen. Das neue Schienenverkehrsmittel erreicht eine Dauergeschwindigkeit von 200 km/h bei einem Höchsttempo von 215 km/h. Wesentliche Voraussetzung für die hohe Geschwindigkeit ist eine auf der Grundlage von Strömungsmessungen entwickelte aerodynamisch günstige Form.
Der Triebwagen wurde nach Vorschlägen des deutschen Ingenieurs Franz Kruckenberg gebaut, der 1930 mit seinem Schienenzeppelin für Aufsehen gesorgt hatte.
Im Unterschied zum »Schienenzepp« hat der Schnelltriebwagen jedoch Achsenantrieb. Zwei Maybach-Dieselmotoren bringen eine Leistung von 1200 PS. Das Fahrzeug bietet 100 Sitzplätze 2. Klasse.

Wohnen und Design 1939:

Wohnungsnot bleibt größtes Problem

Als ideale Wohnumwelt gilt 1939 das »Haus nach Maß«, eine Verknüpfung individueller Vorlieben mit modernsten technischen Errungenschaften. Dazu erklärt der deutsche Architekt Fritz Breuhaus de Groot: »Haus und Wohnung sollen keine Wohnmaschine, keine Wohnwerkstätte in technischer Mode sein, sondern ein persönliches ... den Lebensgewohnheiten des Bewohners angepaßtes Heim.«

Während die Designer im westlichen Ausland bei der Gestaltung von Wohnlandschaften auch Ausgefallenes propagieren, gelten im Deutschen Reich andere Kriterien: Natürliche Gestaltung, landschaftliche Gebundenheit und volksmäßiges Erscheinungsbild sind die Maßstäbe des Kunsthandwerks.

Während für Repräsentativbauten viel Geld da ist, geht der Wohnungsbau fast leer aus. So erhält Berlin 1939 für Neubauten 300 Millionen Steine, wobei allerdings nur 60 Millionen dem Wohnungsbau zugute kommen.

95% aller bei der Stadt Berlin eingehenden Wohnungsanträge werden abgelehnt. Nur 14 671 Wohnungen kommen 1939 hinzu, 1936 waren es immerhin noch 24 038.

Bezeichnend für die Lage auf dem Lande ist eine Untersuchung im Bezirk Görlitz: 70% der Landarbeiterwohnungen waren unbewohnbar.

Zwar ist das Kündigungsrecht verbessert worden (→ 20.4./S.77), wobei diese Vergünstigung nicht für Juden gilt, aber die Mieten verschlingen regelmäßig oft bis zu einem Drittel des Einkommens einer normalen Arbeiterfamilie.

1939 werden im alten Reichsgebiet 206 229 Wohnungen neu gebaut, der geringste Zuwachs seit 1933 (178 038). 20,335 Millionen Privathaushalte verteilen sich 1939 auf über 18,325 Millionen Wohnungen, darunter sind 26,7% Neuwohnungen (nach 1918 erbaut) und 47,3% Kleinwohnungen mit max. drei Wohnräumen.

Zwar wurden seit 1933 insgesamt 95 867 sog. Kleinsiedlerstellen bewilligt, doch die vom Staat bewilligten 161,37 Milliarden Reichsmark an Darlehen deckten gerade 26% der Gesamtkosten.

Blick aus der Halle eines Landhauses auf die Terrasse, deren Fußboden aus Solnhofener Platten ausgeführt wurde

Der Große Salon mit Polstermöbeln und einem eingemauerten Kamin in einem französischen Musterhaus

Eine von dem französischen Innenarchitekten Auguste Perret gestaltete Küche für den modernen Haushalt, r. Herd, l. Geschirrspülmaschine

Komfortabel und chic zugleich ist die für den Fitneßraum konstruierte Dusche

Zeitlos schön: Mehrteiliges Eßservice der Königlich Dänischen Porzellanwerkstätten

Eine Teekanne, eine Zuckerschale, ein Sahnekännchen und eine Kanne für Getränke aus dem traditionsreichen Haus Georg Jensen

Komponist Richard Strauss wird 75

11. Juni. *Richard Strauss (Abb.) feiert seinen 75. Geburtstag. Auf einem Empfang zu Ehren des Jubilars im Wiener Hotel Imperial stiftet Reichspropagandaminister Joseph Goebbels einen mit 15 000 Reichsmark dotierten jährlich zu vergebenden Komponistenpreis zur Förderung zeitgenössischer Musik.*

Im Mittelpunkt des musikalischen Schaffens von Strauss standen bis etwa 1898 sinfonische Tondichtungen, z. B. »Don Juan« (1888) und »Also sprach Zarathustra« (1896). Danach widmete er sich der Gattung Oper und erzielte den Durchbruch mit »Salome« (1905) und »Elektra« (1909), die wie acht weitere Strauss-Opern in Zusammenarbeit mit Hugo von Hofmannsthal entstanden. Die Kompositionen von Strauss stehen in der klassisch-romantischen Tradition, erweitern aber die Dur-Moll-Tonalität durch provozierende Klangreibungen und orchestrale Überlagerungen. 1935 mußte Strauss die Leitung der Reichsmusikkammer wegen der Zusammenarbeit mit dem jüdischen Schriftsteller Stefan Zweig niederlegen.

Kunsthauptstadt durch Kunstraub

26. Juni. Führer und Reichskanzler Adolf Hitler erteilt den Sonderauftrag »Linz« und leitet damit eine umfassende Aktion zur Beschaffung von Kunstgegenständen ein.

Die Großstadt Linz an der Donau, unweit von Hitlers Heimatort Braunau, ist dazu ausersehen, eine Weltkunstmetropole zu werden. Neben der von Hitler am 25. März 1939 befohlenen Umgestaltung des Stadtbildes gehört dazu auch eine Erweiterung der Museen.

Im Auftrag Hitlers beginnt Hans Posse, der Direktor der Dresdner Gemäldegalerie, mit der Beschaffung von Kunstwerken. Den Auftakt bildet die Beschlagnahme bzw. der durch Drohungen erzwungene Verkauf von Werken aus jüdischem Besitz in Wien zu Schleuderpreisen.

Deutsche Bühnen gastieren in Wien

4. Juni. Mit der Oper »Giulio Cesare« von Georg Friedrich Händel in einer Aufführung der Hamburger Staatsoper (Musikalische Leitung: Hans Schmidt-Isserstedt) beginnt die Reichstheaterfestwoche in Wien. Zum Programm zählen u.a. Friedrich von Schillers »Maria Stuart« mit dem Ensemble des Burgtheaters (Titelrolle: Käthe Dorsch) am 5. Juni und am 6. Juni William Shakespeares »Richard II.« mit Gustaf Gründgens vom Preußischen Staatsschauspiel Berlin. Den Schlußpunkt setzt am 11. Juni das Burgtheater mit Johann Nepomuk Nestroys Posse »Einen Jux will er sich machen«.

Adolf Hitler (vorn, 4. v. l.) in der Ehrenloge des Wiener Burgtheaters

»Entartete Kunst« in Luzern versteigert

30. Juni. Im Luzerner Grand Hotel National versteigert der Galerist Theodor Fischer (Luzern) 125 Gemälde und Plastiken moderner Meister, die zuvor in den Museen des Deutschen Reiches als »entartet« beschlagnahmt worden waren. Die Exponate waren vorher in Zürich (17.5.-27.5.) und in Luzern (30.5.-29.6.) gegen Entgelt zu besichtigen. Unter den Hammer kommen u.a. Werke von Lovis Corinth, Ernst Barlach, Oskar Kokoschka, Paula Modersohn-Becker und Otto Dix (u.a. die Nietzsche-Büste und das Elternbild I), aber auch zahlreiche Werke namhafter ausländischer Künstler wie Henri Matisse, Paul Gauguin, Vincent van Gogh, Pablo Picasso und Marc Chagall.

Die Exponate werden zu einem Bruchteil ihres Wertes an die Käufer gebracht, darunter namhafte Museen der Schweiz wie das Kunstmuseum in Basel. Bilder von Chagall z.B. sind für 820 Franken (rund 464 Reichsmark) und 1600 Franken (905 Reichsmark) zu haben.

Seit dem Sommer 1937 waren in den deutschen Museen und Sammlungen rund 16 000 Werke beschlagnahmt worden. In Luzern wird ein Teil der bedeutendsten Werke verkauft, andere sind vorher verbrannt worden (→ 20.3./S.65). Einige ausgesuchte Werke wurden vom Staat direkt an ausländische Sammler verkauft. Der Erlös aus dem Kunstverkauf wird z.T. dafür verwandt, Werke alter deutscher Künstler für deutsche Museen zu erwerben.

»Die Windsbraut« (1914; Kunstmuseum Basel) von Oskar Kokoschka, von dem in Luzern mehrere Bilder zugunsten der Reichskasse versteigert werden

9:0 bringt Schalke die vierte Meisterschaft

18. Juni. Mit einem 9:0 (4:0) über Admira Wien gewinnt der FC Schalke 04 vor 100 000 Zuschauern im Berliner Olympia-Stadion seine vierte deutsche Fußballmeisterschaft.
Schalke spielt mit Hans Klodt, Hans Bornemann, Otto Schweißfurth, Rudi Gellesch, Ötte Tibulski, Walter Berg, Hermann Eppenhoff, Fritz Szepan, Ernst Kalwitzki, Ernst Kuzorra und Adolf Urban.
Überragender Mann ist Mittelstürmer »Kalli« Kalwitzki, der fünf Tore schießt. Weitere Treffer steuern Urban (zum 2:0), Tibulski durch einen verwandelten Freistoß zum 5:0, Kuzorra (zum 8:0) und Szepan zum Endstand von 9:0 bei.
Die Elf aus Wien, die mit Ersatztorwart Emil Buchberger für Stammtorhüter Peter Platzer und ohne Verteidiger Toni Schall antreten muß, hat nur nach dem Schalker 2:0 eine kurze Drangperiode. Linksaußen Franz Schilling kann in der 58. Minute einen Foulelfmeter nicht verwandeln. Negativer Höhepunkt des bislang torreichsten Finales ist eine Tätlichkeit von Wiens Mittelläufer Fritz Klacl an Szepan zu Beginn der zweiten Halbzeit. Klacl wird vom Platz gestellt und später, zunächst lebenslänglich, gesperrt.

◁ Ein weiteres Tor für Schalke 04 beim 9:0-Rekordsieg im Berliner Olympiastadion, r. der Wiener Ersatztorwart Emil Buchberger

▽ Nach dem 9:0: V. l. Otto Schweißfurth, Hans Bornemann, Hans Klodt, Ernst »Kalli« Kalwitzki, Adolf Urban, Walter Berg, Hermann Eppenhoff, Ernst Kuzorra

Fußball-Idole aus dem »Kohlenpott«

Der FC Schalke 04 ist das überragende deutsche Fußballteam der 30er Jahre. Das 9:0 (4:0) vom 18. Juni über Admira Wien im ersten »großdeutschen« Fußball-Endspiel ist der glanzvolle Abschluß einer langen Reihe großer Leistungen.
Dabei begann das Erfolgsjahrzehnt des am 4. Mai 1904 in Gelsenkirchen gegründeten Vereins mit einem Skandal: Am 25. August 1930 wurden 16 Schalker vom Westdeutschen Fußball-Verband wegen Verstoß gegen das Amateurstatut gesperrt, weil sie mehr als die erlaubten 5 Reichsmark an Spesen erhalten hatten.
Der umstrittene Spruch wurde revidiert, und ab 1. Juni 1931 durfte die Mannschaft wieder spielen. Das Erfolgsrezept der »Königsblauen« ist neben einer in langen Jahren gewachsenen Kameradschaft der »Schalker Kreisel«, das schnelle und präzise Flachpaßspiel, das den »Knappen« 1934, 1935, 1937 und 1939 die Meisterschaft und 1937 den Pokalsieg einbrachte.

Winterspiele 1940 erneut an Garmisch

9. Juni. Auf seiner 38. Session im Londoner Dorchester-Hotel vergibt das Internationale Olympische Komitee (IOC) die Olympischen Winterspiele 1940 wie schon 1936 nach Garmisch-Partenkirchen, weil dieser Ort »noch über alle Einrichtungen für die Spiele verfügt«.
Ursprünglich waren die Winterspiele an Sapporo, dann an Oslo, schließlich an Sankt Moritz vergeben worden. Die Japaner verzichteten bereits 1938 wegen des Krieges mit China, Oslo hatte schon die Ski-Weltmeisterschaften für 1940 übernommen, und die Schweizer lehnten es ab, beschlossene Ski-Vorführungen abzuwickeln.
Nachdem der Antrag des Norwegers Thomas Fearnley, die Spiele ausfallen zu lassen, mit 27 gegen zwei Stimmen abgelehnt worden ist, bietet das deutsche IOC-Mitglied Karl Ritter von Halt Garmisch als Austragungsort an, was per Zuschlag akzeptiert wird (→ 24.11./S.197).

Georg Meier siegt bei Tourist Trophy

16. Juni. Mit 143,723 km/h gewinnt Oberfeldwebel Georg »Schorsch« Meier (BMW) in der 500 ccm-Klasse als erster Nicht-Brite die seit 1907 auf der Isle of Man ausgetragene Tourist Trophy der Motorradfahrer.

Georg »Schorsch« Meier auf BMW nach Gewinn der Tourist Trophy

»Umbes« gewinnt Deutschlandfahrt

24. Juni. Der Nürnberger Georg (»Umbes«) Umbenhauer gewinnt die am 1. Juni gestartete Deutschlandrundfahrt über 5013 km in 20 Etappen mit Start und Ziel Berlin vor Robert Zimmermann (Schweiz) und Fritz Scheller (Schweinfurt).
Von 68 gestarteten Radrennfahrern aus Belgien, Frankreich, den Niederlanden, Dänemark, Spanien, dem Deutschen Reich und der Schweiz kommen 41 wieder in Berlin an. Umbenhauer hatte das »Gelbe Trikot« des Spitzenreiters auf der 5. Etappe Reichenberg-Chemnitz übernommen und hatte im Ziel schließlich knapp zehn Minuten Vorsprung in der Gesamtwertung.
Umbenhauer war 1934 Profi geworden und gewann im selben Jahr das Rennen Rund um Frankfurt. Weitere Siege feierte »Umbes« u.a. beim Großen Preis des Saarlandes (1935), beim Großen Sachsenpreis (1936) und bei Rund um Dortmund und Rund um die Hainleithe (1938).

Tod überschattet Langs Sieg in Spa

25. Juni. Beim Großen Preis von Belgien in Spa siegt Hermann Lang (Mercedes-Benz) in 3:20:21 h vor Rudolf Hasse auf Auto-Union (3:20:37 h) und Manfred von Brauchitsch (Mercedes-Benz) in 3:22:14 h.

Richard Seaman, der am 25. Juni in Spa im Alter von 26 Jahren tödlich verunglückte britische Automobilrennfahrer, kam 1937 zu Mercedes-Benz und siegte 1938 beim Großen Preis von Deutschland

Langs Erfolg auf dem 14,5 km-Rundkurs, sein vierter Sieg in diesem Jahr (→ 21.5./S.99), wird überschattet vom Tod des 26jährigen Richard Seaman. Der seit 1937 für Mercedes-Benz fahrende Brite prallt in der 23. Runde gegen einen Baum und erliegt seinen schweren Verbrennungen.

Juli 1939

Mo	Di	Mi	Do	Fr	Sa	So
					1	2
3	4	5	6	7	8	9
10	11	12	13	14	15	16
17	18	19	20	21	22	23
24	25	26	27	28	29	30
31						

1. Juli, Sonnabend

In Bremen läuft der Schwere Kreuzer »Lützow« (10 000 t) vom Stapel.

Frankreichs Außenminister Georges Bonnet warnt in Paris den deutschen Botschafter Johann Graf von Welczek vor einer gewaltsamen Lösung der Danzig-Frage. Frankreich werde einen solchen Schritt nicht dulden.

Das US-Abgeordnetenhaus billigt mit 200 zu 188 Stimmen ein neues Neutralitätsgesetz, das für den Handel mit kriegführenden Ländern ein Ausfuhrverbot für »tödliche Waffen«, jedoch nicht für Flugzeuge, Lastwagen u.ä. vorsieht.

Im Deutschen Reich tritt die Polizeiverordnung über die Preisauszeichnungspflicht von Gastzimmern in Kraft.

Auf Anordnung der Überwachungsstelle für Spinnstoffe dürfen Baumwolle und Leinen nur noch für die Herstellung von Berufskleidung, Bett- und Leibwäsche u.ä. verwendet werden. Geplant ist eine Steigerung der Zellwollproduktion von 200 Millionen (1938) auf 325 Millionen kg.

Eine Anordnung des Reichstreuhänders der Arbeit verbietet bei einem Arbeitsplatzwechsel von kaufmännischen weiblichen Angestellten eine Gehaltserhöhung vor Ablauf von sechs Monaten nach Antritt der neuen Arbeitsstelle.

Der Regisseur Carl Froelich wird Präsident der Reichsfilmkammer. →S.124

Der Filmschauspieler Heinz Rühmann heiratet seine Schauspielkollegin Hertha Feiler in Berlin-Wannsee. →S.123

In Garmisch-Partenkirchen wird Karl Ritter von Halt zum Präsidenten des Organisationskomitees für die dort geplanten Olympischen Winterspiele 1940 gewählt (→9.6./S.113).

2. Juli, Sonntag

Auf dem NS-Gautag der Saarpfalz in Kaiserslautern bezeichnet Rudolf Heß, der Stellvertreter des Führers, das Weltjudentum und die Freimaurer als die schärfsten Feinde des Deutschen Reiches.

Am Faaker See in Kärnten beginnt ein einwöchiges Sommerlager der Nationalpolitischen Erziehungsanstalten Großdeutschlands. →S.120

Durch k.o. in der 1. Runde gegen Titelverteidiger Adolf Heuser wird Max Schmeling in Stuttgart Schwergewichts-Europameister der Berufsboxer. →S.125

In drei Länderkämpfen bleiben deutsche Leichtathleten siegreich: Gegen Frankreich in München mit 126:45 Punkten, in Esch gegen Luxemburg mit 95:41 Punkten und in Kopenhagen gegen Dänemark mit 101:79 Punkten.

Vor 35 000 Zuschauern in Duisburg wird MTSA Leipzig mit 6:4 (2:1) über Spvg. Lintfort Deutscher Handballmeister.

3. Juli, Montag

Die Reichspropagandaleitung der NSDAP verfügt für Juli und August weitgehende Versammlungsruhe für die Partei.

Bei den Reichstagswahlen in Finnland bleiben die Sozialdemokraten mit 85 Sitzen (83 im Jahr 1936) vor der Bauernpartei mit 55 (53) Sitzen stärkste Partei.

Die neuen britisch-französischen Bündnisvorschläge vom 1. Juli werden von der Sowjetregierung skeptisch bewertet.

Die niederländische Regierung distanziert sich von der in den Moskauer Verhandlungen geplanten Garantie für ihr Land im Falle eines deutschen Angriffs.

Die Reichsmusik- und die Reichstheaterkammer kritisieren »Entartungen im Tanzwesen«. Als besonders anstößig gilt das Singen von ausländischen Texten bei der Intonierung von Musikstücken.

4. Juli, Dienstag

Aufgrund der Zehnten Verordnung zum Reichsbürgergesetz (15.9.1935) werden die deutschen Juden zu einer Reichsvereinigung zusammengeschlossen. →S.120

Das Schweizer Militärdepartement erläßt eine Anordnung über die Evakuierung der Zivilbevölkerung im Kriegsfall.

Die britische Regierung läßt 15 Millionen Exemplare einer Broschüre »Über einige Dinge, die man wissen muß, wenn Krieg kommen sollte« verteilen.

5. Juli, Mittwoch

Ein Reichsgesetz über die Vereinheitlichung im Behördenaufbau macht Länderbehörden zu Reichsbehörden.

Das Reichsbahngesetz vom 4. Juli 1939 tritt in Kraft. Es vereinheitlicht das Eisenbahnrecht im Deutschen Reich.

Bulgariens Regierungschef und Außenminister Georg Kiosse-Iwanow trifft zu einem zweitägigen Staatsbesuch in der Reichshauptstadt Berlin ein.

Der französische Dramatiker und Schauspieler Sacha Guitry heiratet in Fontenay-le-Fleury die Schauspielerin Geneviève de Sereville. →S.123

Die Schweizer Bergsteiger André Roch, David Zogg und Fritz Steuri erreichen als erste den Gipfel des 7066 m hohen Dunaghiri im zentralen Himalaja.

6. Juli, Donnerstag

In London wird die Erweiterung des Garantiegesetzes für Auslandskredite von zehn auf 60 Millionen Pfund (rund 700 Millionen Reichsmark) veröffentlicht. Die deutsche Presse wertet dies als neuen Versuch der »Einkreisungspolitik«.

Der am 1. Juli 1939 eröffnete Schweizer Kurzwellensender für den Auslandsdienst in Schwarzenburg brennt ab.

7. Juli, Freitag

Der Präsident von Syrien, Haschim Bey al-Atasi, erklärt aus Protest gegen die Abtretung des Sandschaks von Alexandrette an die Türkei (→23.6./S.107) seinen Rücktritt. Der französische Oberkommissar Gabriel Puaux löst die Kammer auf und übernimmt die Exekutivgewalt.

In Paris hat der Film »Die Spielregel« (La règle du jeu) von Jean Renoir Premiere. In den Hauptrollen sind Marcel Dalio, Roland Toutain und Julien Carette zu sehen.

Marcel Carnés Film »Hafen im Nebel« (Quai des brumes) wird mit dem Nationalen französischen Filmpreis geehrt.

Das im August 1936 geschlossene Prado-Museum in der spanischen Hauptstadt Madrid wird wiedereröffnet.

8. Juli, Sonnabend

Die Reichsautobahn Elbing-Königsberg wird unter Bewachung gestellt, nachdem in der ersten Juliwoche fünfmal Öl auf die Fahrbahn gegossen wurde. Als Verdächtige sind 23 Polen verhaftet worden.

In Brüssel wird die zweite internationale Luftfahrtausstellung eröffnet. →S.124

In Zürich endet ein dreitägiger Kongreß des Internationalen Gewerkschaftsbundes. Die 106 Delegierten bestätigen Walter McLennan Citrine (Großbritannien) als Präsidenten und wenden sich gegen Gewaltpolitik und Antisemitismus.

Aus dem in der »Frankfurter Zeitung« veröffentlichten Geschäftsbericht der Rheinischen Stahlwerke 1938/39 geht hervor, daß die Krankenquote einschließlich der Unfallopfer zeitweise bei 10% lag.

9. Juli, Sonntag

Beim achten ergebnislosen Treffen mit den britischen und französischen Unterhändlern regt der sowjetische Außenminister Wjatscheslaw M. Molotow an, nach Einigung über ein politisches Bündnis Gespräche der Generalstäbe einzuleiten.

In Wimbledon enden die am 26. Juni eröffneten Offenen englischen Tennismeisterschaften. In den rein US-amerikanischen Einzel-Endspielen setzen sich Robert Riggs mit 2:6, 8:6, 3:6, 6:3, 6:2 gegen Elwood Cooke und Alice Marble mit 6:2, 6:0 gegen Katherine Stammers durch.

Beim Großen Preis von Frankreich für Automobile in Reims siegt Hermann P. Müller (Auto-Union) vor seinem Markengefährten Georg Meier. Die Fahrer von Mercedes-Benz sind ausgefallen.

In Berlin enden die zweitägigen Deutschen Leichtathletik-Meisterschaften.

In Hamburg enden nach drei Tagen die Deutschen Schwimmeisterschaften.

10. Juli, Montag

Der Reichsprotektor von Böhmen und Mähren Konstantin Freiherr von Neurath ersetzt die Stadtvertretungen von Brünn, Iglau, Mährisch-Ostrau (Ostrau), Böhmisch-Budweis und Olmütz bis auf weiteres durch Regierungskommissare, um die tschechischen »Entdeutschungsmaßnahmen« rückgängig zu machen.

Der Berliner Volksgerichtshof begeht sein fünfjähriges Bestehen.

Vor dem Unterhaus in London warnt der britische Premierminister Arthur Neville Chamberlain das Deutsche Reich vor der Schaffung von »vollendeten Tatsachen« in der Freien Stadt Danzig.

11. Juli, Dienstag

Das Begabtenförderungswerk des Deutschen Volkes wird gegründet. Es soll in Zusammenwirken von Partei, Staat und Wirtschaft die Besten aus den Reichsberufswettkämpfen fördern (Leitung: HJ-Obergebietsführer Artur Axmann).

Eine Verordnung des Reichsarbeitsministeriums schränkt den Arbeitsplatzwechsel im Steinkohlenbergbau ein.

Der Außenpolitische Ausschuß des US-Kongresses vertagt mit zwölf gegen elf Stimmen die von Präsident Franklin Delano Roosevelt gewünschte Revision des Neutralitätsgesetzes bis 1940.

12. Juli, Mittwoch

Im deutschen Heer wird die Waffengattung Schnelle Truppen gebildet. →S.120

In Frankfurt am Main eröffnet Reichserziehungsminister Bernhard Rust das erste deutsche Musische Gymnasium.

Mit einer Aufführung von William Shakespeares »Sommernachtstraum« beginnen die Reichsfestspiele Heidelberg. Sie dauern bis zum 20. August.

13. Juli, Donnerstag

Reichsgesundheitsführer Leonardo Conti eröffnet in Berlin eine Kampagne gegen hohen Tabak- und Alkoholkonsum.

14. Juli, Freitag

Im »Völkischen Beobachter« antwortet Propagandaminister Joseph Goebbels auf die Briefe des britischen Publizisten Stephen King-Hall. →S.120

Mit einer Militärparade wird in Paris der Nationalfeiertag begangen. →S.119

Wegen guter Meldeergebnisse für die Erntehilfe wird das Sommersemester an deutschen Hoch- und Fachschulen vorzeitig beendet.

15. Juli, Sonnabend

Die Verordnung über die Aberkennung der Staatsbürgerschaft in der Ostmark vom 11. Juli tritt in Kraft. Unerwünschte Personen, die zwischen 1918 und 1938 in Österreich eingebürgert worden sind, können nunmehr ausgebürgert werden.

In Großbritannien werden die ersten Milizsoldaten eingezogen. →S.119

L'ILLUSTRATION

N°5028
15 JUILLET 1939

PRIX : 10 Fr.
avec le supplément
sur la Défense Passive

Le 150e Anniversaire
de la Révolution Française

DANS CE NUMÉRO UNE IMPORTANTE DOCUMENTATION
SUR LA DÉFENSE PASSIVE

Auf ihrer Titelseite vom 15. Juli 1939 erinnert die französische »L'Illustration« an den 150. Jahrestag des Ausbruchs der Französischen Revolution am 14. Juli 1789

In Mailand läuft Rudolf Harbig (Dresden) mit 1:46,6 min Weltrekord über 800 m. Die Zeit des Briten Sydney Wooderson von 1938 lag bei 1:48,4 min. →S.125

16. Juli, Sonntag

Zum Abschluß des zweitägigen »Tages der deutschen Kunst« wird in München die dritte Große Deutsche Kunstausstellung eröffnet. →S.124

Der zweitägige Leichtathletik-Länderkampf in Mailand endet mit einem Erfolg der deutschen Sportler über Italien mit 110,5:67,5 Punkten (→15.7./S.125).

17. Juli, Montag

Die Reichsregierung erläßt eine Bestallungsordnung für Ärzte. Darin wird u.a. neben dem Studium von zehn Semestern ein sechsmonatiger Krankenpflegedienst, ein sechswöchiger Fabrik- oder Landdienst und eine sechsmonatige Tätigkeit als Famulus obligatorisch.

In London fordert der britische Faschistenführer Sir Oswald Ernald Mosley unter dem Motto »England first« den weitgehenden Verzicht Großbritanniens auf eine aktive Außenpolitik und die Rückgabe der deutschen Kolonien.

18. Juli, Dienstag

Das faschistische Spanien begeht den Jahrestag der »Nationalen Erhebung« von 1936 und den »Tag der nationalen Arbeit« als Feiertag.

Zur Auswertung der Forschungsergebnisse des deutschen Forschungsreisenden Wilhelm Filchner wird in Berlin eine Stiftung gleichen Namens gegründet.

Das Hauptamt Technik der Nationalsozialistischen Deutschen Arbeiterpartei (NSDAP) führt im Berliner Titania-Palast den Metallfilm vor, bei dem eine fotografische Schicht auf ein elastisches Metallband aufgetragen wird.

19. Juli, Mittwoch

Am Tannenberg-Ehrenmal in Ostpreußen erklärt Heeres-Oberbefehlshaber Walter von Brauchitsch seinen Offiziersschülern: »Wir suchen den Kampf nicht, wir fürchten ihn aber noch viel weniger.«

In der polnischen Hauptstadt Warschau erklärt General Sir Edmund Ironside, Generalinspekteur der britischen Überseetruppen, daß sich Polen im Kriegsfall auf britische Hilfe verlassen könne.

Hans-Joachim Ernst Riecke, Ministerialdirektor im Reichsministerium für Ernährung und Landwirtschaft, weiht das Neubauerndorf Wittstock ein. →S.120

20. Juli, Donnerstag

Vertreter des Deutschen Reiches und Rumäniens vereinbaren in Bukarest die Zusammenarbeit in der Landwirtschaft.

In Rom kündigt Italiens Ministerpräsident und Duce Benito Mussolini die Aufteilung von 500 000 ha Großgrundbesitz in Sizilien auf 20 000 Bauernstellen an.

Bei Konstanz stürzt eine Maschine der SwissAir auf dem Flug von Wien nach Zürich ab. Sechs Menschen sterben.

Der schwedische König Gustav V. eröffnet in Stockholm die Lingiade, ein bis zum 4. August dauerndes internationales Sportfest aus Anlaß des 100. Todestages von Per Henrik Ling, des Gründers der schwedischen Gymnastik.

21. Juli, Freitag

Am ersten Tag der dritten Reichswettkämpfe der Sturmabteilung (SA) auf dem Berliner Reichssportfeld erklärt SA-Stabschef Viktor Lutze vor 20 000 SA-Führern auf der Dietrich Eckart-Bühne, der SA-Mann sei der »politische Soldat«.

In Hamburg beginnt die fünfte Reichstagung der NS-Gemeinschaft »Kraft durch Freude«. Sie dauert bis zum 25. Juli und wird mit einem Rechenschaftsbericht von Robert Ley, dem Leiter der Deutschen Arbeitsfront (DAF), eröffnet. →S.121

Das Parlament der Slowakei billigt in Preßburg eine berufsständisch geprägte Verfassung der Republik Slowakei.

Frankreich übergibt der Türkei den Sandschak von Alexandrette (→23.6./S.107).

22. Juli, Sonnabend

Ein Kommuniqué des Außenministeriums meldet die Bereitschaft der UdSSR zur Wiederaufnahme der Handelsgespräche mit dem Deutschen Reich.

In Prag wird eine Zentrale für jüdische Auswanderung eingerichtet.

Die deutschen Teilnehmer der Tannenberg-Schlacht von 1914 werden am 27. August zur 25-Jahr-Feier eingeladen. Der sechstägige Aufenthalt ist kostenlos, die Reichsbahn gewährt 75% Rabatt.

Die britische Presse berichtet über ein Kreditangebot von einer Milliarde Pfund (rund 11,6 Milliarden Reichsmark) an das Deutsche Reich. →S.118

In Tokio erkennt Großbritannien die »besonderen Rechte« japanischer Truppen in China an. →S.119

23. Juli, Sonntag

In der Arena di Verona beginnen die bis 16. August dauernden Opernfestspiele unter musikalischer Leitung von Franco Capuana und Riccardo Zandonai.

Bei den am 15. Juli eröffneten Internationalen Deutschen Tennismeisterschaften in Hamburg siegen in den Einzeln der Deutsche Henner Henkel und die Dänin Hilde Sperling-Krahwinkel.

In Garmisch-Partenkirchen verbessert Claudia Testoni (Italien) mit 11,3 sec den Weltrekord der Deutschen Ruth Engelhard über 80 m Hürden (1934) um 0,3 sec.

Beim Großen Preis von Deutschland auf dem Nürburgring siegt zum sechsten Mal Rudolf Caracciola (Mercedes-Benz) vor Hermann P. Müller (Auto-Union) und Paul Pietsch (Maserati).

24. Juli, Montag

In Moskau wird eine britisch-französisch-sowjetische Übereinkunft über einen Beistandspakt paraphiert, die weitgehend den Wünschen der UdSSR entgegenkommt. →S.118

Beim wöchentlichen Appell der Nationalen Volkspartei Kuomintang erklärt der chinesische Marschall Chiang Kai-shek, China werde auch ohne ausländische Hilfe weiter gegen die Japaner kämpfen.

25. Juli, Dienstag

Infolge eines plötzlichen Kälteeinbruchs sinken die Temperaturen auf der Zugspitze auf minus 7 °C.

Führer und Reichskanzler Adolf Hitler besucht die Eröffnungsveranstaltung der Bayreuther Festspiele. →S.124

26. Juli, Mittwoch

Das Reichspropagandaministerium erläßt die Presseweisung: »Die Meldungen über die Zwischenfälle in Polen sind weiter gut herauszubringen … aber nur zweite Seite und ohne jede Aufmachung.«

Die Regierung der Vereinigten Staaten kündigt mit Wirkung zum 26. Januar 1940 den Handelsvertrag mit Japan vom 21. Februar 1911.

Der indische Bürgerrechtler Mohandas Karamchand (Mahatma) Gandhi fordert von den indischen Fürsten Minimalrechte für deren Untertanen.

Im Londoner Unterhaus wird mitgeteilt, daß die britische Verwaltung und das Heer im Verlauf der letzten sieben Monate in Palästina 141 Tote und 456 Verwundete verzeichnen mußten.

27. Juli, Donnerstag

In der Berliner Weinstube Ewest informiert Legationsrat Julius Schnurre den sowjetischen Geschäftsträger Georgi A. Astachow und den Leiter der sowjetischen Handelsmission, Jewgeni I. Babarin, über die Chancen einer Verständigung mit dem Deutschen Reich.

Der seit 1933 mit wechselnden Krisenkabinetten als niederländischer Ministerpräsident amtierende Hendrikus Colijn stürzt durch ein Mißtrauensvotum.

Angehörige der Rettungsstelle Berchtesgaden und Gebirgsjäger retten vier schon fast aufgegebene deutsche Touristen, die 64 Stunden in der Hochkalter-Ostwand eingeschlossen waren.

28. Juli, Freitag

Reichspropagandaminister Joseph Goebbels eröffnet die 16. Große Deutsche Rundfunk- und Fernseh-Rundfunkausstellung Berlin 1939 (bis 6.8.). →S.121

Beide Häuser des britischen Parlaments billigen ein am 24. Juli im Unterhaus von Innenminister Samuel Hoare Templewood of Chelsea eingebrachtes Ausnahmegesetz gegen die Gewalttaten der Irisch-Republikanischen Armee (IRA). Seit Januar 1939 sind von der IRA 127 Bombenanschläge verübt worden.

29. Juli, Sonnabend

Der französische Ministerrat billigt 80 neue Notverordnungen. Sie betreffen u.a. die Verschiebung der für 1940 fälligen Kammerwahlen um zwei Jahre und die Einführung von Geburtenprämien.

In Bangkok landet die am 25. Juli in Berlin gestartete Junkers Ju 52 »Hans Loeb« der Deutschen Lufthansa AG. Der Flug soll die Chancen des Linienverkehrs Berlin-Bangkok erproben.

Bei Aufnahmen zum Film »Der letzte Appell« wird vor Swinemünde das Bäderschiff »Reiher« leckgeschossen. →S.121

30. Juli, Sonntag

In einem Gespräch mit der Nachrichtenagentur Reuter erklärt Carl Jacob Burckhardt, Hoher Kommissar des Völkerbundes für Danzig, es müsse wegen Danzig keinen Krieg geben. →S.118

In Lüttich wird der Albertkanal symbolisch eingeweiht (→26.6./S.110).

Ein zweimotoriger Junkers-Bomber mit den Piloten Ernst Seibert und Kurt Heintz stellt mit einer Geschwindigkeit von 501 km/h über 2000 km bei 2000 kg Nutzlast auf der Strecke Dessau-Zugspitze-Dessau einen Rekord auf.

Sylvère Maes (Belgien) gewinnt die Tour de France vor René Vietto (Frankreich) und Lucien Vlaemynck (Belgien). →S.125

In Berlin springt die Deutsche Christel Schulz mit 6,12 m Weltrekord. →S.125

Die deutsche Davispokal-Mannschaft Henner Henkel/Rolf Göpfert/Roderich Menzel scheitert in Zagreb mit 2:3 an den Jugoslawen Franta Puncec/Dragutin Mitic/Franta Kukuljevic.

31. Juli, Montag

Die tschechische Armee ist bis auf eine Regierungstruppe von 7000 Mann aufgelöst.

Der britische Premierminister Arthur Neville Chamberlain kündigt die Entsendung einer britisch-französischen Militärmission nach Moskau an.

Die Falange, die faschistisch geprägte Staatspartei Spaniens, erhält ein Statut. Oberstes Gremium ist der (zunächst 50köpfige) Nationalrat mit dem auf Lebenszeit gewählten Francisco Franco Bahamonde an der Spitze.

In Paris spricht Oberst Eduard Petitpierre, Stabschef im 1. Schweizer Armeekorps, mit den französischen Generälen Maurice Gustave Gamelin und Alphonse Georges über militärische Koordination im Fall eines deutschen Angriffs.

Das Wetter im Monat Juli

Station	Mittlere Lufttemperatur (°C)	Niederschlag (mm)	Sonnenscheindauer (Std.)
Aachen	17,2 (17,5)	83 (75)	– (190)
Berlin	18,6 (18,3)	80 (70)	– (242)
Bremen	17,5 (17,4)	115 (92)	– (207)
München	17,1 (17,5)	128 (137)	– (226)
Wien	19,7 (19,5)	– (84)	– (265)
Zürich	17,1 (17,2)	132 (139)	237 (238)

( ) Langjähriger Mittelwert für diesen Monat
– Wert nicht ermittelt

Aktuelle Sommermode präsentiert die britische Zeitschrift »Harper's Bazaar« im Juli 1939

Vertrauliche Gespräche Berlin-London

22. Juli. In großer Aufmachung berichtet die britische Presse über ein angebliches Friedensangebot an das Deutsche Reich, das mit einem Kredit in Höhe von einer Milliarde Pfund (rund 11,6 Milliarden Reichsmark) verbunden sein soll.
Bedingung für den Kredit, mit dem die deutsche Industrie von Kriegs- auf Friedensproduktion umgestellt werden soll, sei das deutsche Einverständnis, sich bei Abrüstungsverhandlungen internationaler Kontrolle zu unterwerfen. Dieser Vorschlag sei Helmut Wohlthat, dem deutschen Vertreter bei der Londoner Walfangkonferenz (17.-20.7.), gemacht worden. Wohlthat ist Ministerialdirektor im Stab des Vierjahresplan-Beauftragten.
Die britische Regierung erklärt zunächst, daß keine verantwortliche Persönlichkeit von einem derartigen Plan wisse. Der Staatssekretär für den Überseehandel, Robert S. Hudson, räumt hingegen gegenüber dem »Daily Express« eine derartige Möglichkeit ein. Allerdings sei ein Kredit abhängig von der deutschen Bereitschaft zur Abrüstung sowie zum Abzug aus der Tschechoslowakei.

Helmut Wohlthat, Ministerialdirektor bei der Vierjahresplan-Behörde

Robert S. Hudson, britischer Staatssekretär für den Handel mit Übersee

Offiziell streiten London und Berlin jeden ernsthaften Kontakt in dieser Richtung ab. Die deutsche Presse reagiert empört auf diese »unerhörten Zumutungen«, und der britische Premierminister Arthur Neville Chamberlain erklärt am 24. Juli vor dem Unterhaus, daß ein solcher Vorschlag nicht erfolgt sei.
Tatsächlich jedoch sind Deutsche und Briten daran interessiert, den Kontakt nicht abbrechen zu lassen. So hatten sich am 15./16. März in Düsseldorf Vertreter der Reichsgruppe Industrie und der Federation of British Industries getroffen und übereinstimmend eine Kooperation auf den Weltmärkten für wünschenswert erklärt. Mit Wissen des Vierjahresplan-Beauftragten Hermann Göring und des deutschen Botschafters Herbert von Dirksen sondierte Wohlthat bei britischen Regierungsvertretern Möglichkeiten einer Verständigung.
Voraussetzungen dafür sind für die Briten jedoch ein Nichtangriffspakt und Rüstungsbeschränkungen. Beides ist mit dem deutschen Hegemonialinteresse auf dem Kontinent jedoch unvereinbar.

C. J. Burckhardt, ab 1937 Hoher Kommissar des Völkerbundes in Danzig

Burckhardt: »Um Danzig kein Krieg«

30. Juli. In einem Gespräch mit der britischen Nachrichtenagentur Reuter betont der Schweizer Diplomat Carl Jacob Burckhardt, Hoher Kommissar des Völkerbunds für Danzig, der deutsch-polnische Streit um den Status der Freien Stadt müsse nicht zum Krieg führen.
Burckhardt erklärt, er könne zwar keinen Blankoscheck für die Zukunft geben, aber kein vernünftiger Mensch könne die Behauptung aufstellen, daß um Danzig ein allgemeiner Konflikt ausbrechen müsse. Das Interview schließt mit den Worten: »Wenn nicht einige Ihrer Kollegen etwas zurückhaltender sind, so wird Danzig als eine Journalistenfabel in die Geschichte eingehen.«
Doch ungeachtet der beruhigenden Worte Burckhardts hat sich die Lage in Danzig seit der NS-Kulturwoche (→13.6./S.109) weiter zugespitzt. Am 29. Juni betonte Polens Staatspräsident Ignacy Mościcki in einer Rede zum »Tag des Meeres« das Interesse Polens an Danzig. Am selben Tag erklärte die polnische Regierung, sie habe Beweise für die Existenz eines Danziger Freikorps und die Anwesenheit reichsdeutscher Militärpersonen. Die Stimmung wurde angeheizt durch Presseberichte über einen angeblich für den 2. Juli zu erwartenden nationalsozialistischen Putsch. Am 10. Juli warnte der britische Premierminister Arthur Neville Chamberlain vor dem Unterhaus die deutsche Regierung energisch vor der Schaffung »vollendeter Tatsachen« in Danzig.

Westmächte vor einem Pakt mit Moskau

24. Juli. In Moskau einigen sich in der elften Verhandlungsrunde die Vertreter der Sowjetunion, Frankreichs und Großbritanniens auf eine Übereinkunft zum gegenseitigen Beistand bei direkter oder indirekter Aggression. Damit scheinen die nach der Zerschlagung der Tschechoslowakei aufgenommenen Kontakte über eine kollektive Abwehrfront gegen die deutsche Expansion doch noch ein für den Westen positives Ende zu finden (→31.3./S.56; 13.4./S.72; 3.5./S.93; 14.6./S.107).

Bündnisgespräche: V. l. Georges Bonnet (Frankreich), Botschafter Ivan M. Maiski (UdSSR), Edward Frederick Lindley Wood Halifax (Großbritannien)

Die Übereinkunft kommt den Wünschen der UdSSR entgegen: Einbezogen in den Beistandsfall werden in einem nicht veröffentlichten Protokoll Estland, Finnland, Lettland, Litauen, Polen, Rumänien, die Türkei, Griechenland und Belgien.
Bis dahin hatten die Westmächte die Wünsche der Sowjets nach Beistandsgarantien für ihre Nachbarstaaten auch bei »indirekter Aggression« – worunter auch ein von der UdSSR inszenierter Putschversuch verstanden werden könnte – als Versuch gewertet, den Status quo in Osteuropa zu verändern.
In Kraft treten soll der Vertrag allerdings erst nach Abschluß eines Militärabkommens, wobei beide Seiten auf Zeit spielen: Großbritannien wartet ab, wie sich die vertraulich mit dem Deutschen Reich geführten Verhandlungen entwickeln, während die Sowjetregierung gleichfalls die deutschen Pläne zu erkunden versucht, wobei zunächst die am 22. Juli erneut aufgenommenen Handelsgespräche in Moskau als Plattform dienen (→23.8./S.134).

Konflikt zwischen London und Tokio

22. Juli. Das japanische Außenministerium veröffentlicht ein von Außenminister Hachiro Arita und dem britischen Botschafter Sir Robert Craigie unterzeichnetes Memorandum. Darin muß Großbritannien die »besonderen Rechte« japanischer Truppen in China anerkennen und zusichern, in der Zukunft »alle Handlungen zu unterlassen«, die »geeignet sind, den japanfeindlichen Chinesen zu helfen«.
Die am 15. Juli begonnenen Gespräche, die nach Veröffentlichung des Memorandums fortgesetzt werden, finden vor dem Hintergrund des Konflikts um Tientsin statt: Nachdem am 9. April der japanfreundliche Oberkommissar der Zölle und Leiter der Zweigstelle der Federal Reserve Bank in der britischen Konzession Tientsin ermordet worden war, hatte Japan die Auslieferung von vier der Tat verdächtigen Chinesen verlangt.
Da sich die britischen Konzessionsbehörden weigerten, ordneten die Japaner am 14. Juni eine strikte Kontrolle des britischen und französischen Konzessionsgebietes für alle ein- und ausgehenden Personen an, die praktisch einer Blockade der Ausländersiedlung gleichkam.
Zunehmend entwickelte sich die Auseinandersetzung um Tientsin durch immer neue japanische Forderungen zu einem Streit um die gesamte britische China-Politik, vor allem um die britischen Kredite für die nationalchinesische Regierung des Marschalls Chiang Kai-shek.

Japans Außenminister Hachiro Arita (l.) und Botschafter Sir Robert Craigie

Militärparade zum 150. Jahrestag der Französischen Revolution

14. Juli. *Mit einer Parade auf der Champs-Élysées in Paris begeht Frankreich den 150. Jahrestag des Sturms auf die Bastille, der die Französische Revolution einleitete. Die Anwesenheit des britischen Kriegsministers Leslie Hore-Belisha und des Generalstabschefs John Standish Surtees Prendergast Vereker Gort sowie die Beteiligung britischer Gardetruppen demonstrieren die britisch-französische Waffenbrüderschaft. 30 000 französische Soldaten einschließlich der Kolonialtruppen und der Fremdenlegion, 350 Flugzeuge, 120 motorisierte Geschütze und 350 Panzerfahrzeuge nehmen an der Parade teil.*
In Paris wird mit einer Feier vor dem Rathaus auch der Schaffung der dreifarbigen französischen Nationalflagge, der Trikolore, gedacht, die dort an einem 37 m hohen Mast weht (Abb.). Éduard Marie Herriot, Ex-Ministerpräsident und Führer der regierenden Radikalsozialisten, erklärt dazu: »Mögen unsere drei Farben zum Symbol der Brüderlichkeit werden.«

Dienstpflichtige Briten rücken ein

15. Juli. Die ersten von über 30 000 Männern im Alter von 20 und 21 Jahren, die aufgrund der Einführung einer beschränkten Dienstpflicht in Großbritannien ein halbes Jahr dienen müssen, rücken in die Kasernen ein. Angesichts der krisenhaften Lage in Europa zeigt Großbritannien seine Kriegsbereitschaft.
Die am →26. April (S.73) von Premierminister Arthur Neville Chamberlain eingebrachten Vorlagen sind nach heftigen Debatten und der Erklärung der Regierung vom 4. Mai über die Nichtanwendung der Dienstpflichtverordnung in Nordirland am 9. Mai vom Unterhaus in zweiter Lesung gebilligt worden. Am 3. Juni hatte die Registrierung der Dienstpflichtigen begonnen. In Guildford erklärt Kriegsminister Leslie Hore-Belisha: »Für Sie und für das Land ist dies ein historischer Tag. Es ist ein Meilenstein in der Geschichte des Britischen Empire.«

Männliche und weibliche Angehörige des freiwilligen Luftschutzhelferdienstes mit ihren Stahlhelmen in der Parade am 2. Juli im Londoner Hyde Park

Auch die zivile Verteidigung, für deren Aufbau Chamberlain am 23. Januar 1939 in einer Rundfunkansprache geworben hatte, ist im Entstehen begriffen: Am 2. Juli paradieren im Londoner Hydepark über 20 000 Angehörige der Zivilverteidigung vor König Georg VI. Krankenschwestern, Luftwaffenhelfer, Freiwillige Polizeireserve, Rot-Kreuz-Helfer, Freiwillige Feuerwehrmänner sowie die Freiwilligenreserve der drei Teilstreitkräfte Heer, Luftwaffe und Marine demonstrieren so Verteidigungsfähigkeit und nationale Einheit.

Staat kontrolliert das jüdische Leben

4. Juli. Durch die Zehnte Verordnung zum Reichsbürgergesetz vom 15. September 1935 werden die im Deutschen Reich lebenden Juden in einer Reichsvereinigung zusammengeschlossen. Sie ersetzt die bisherige Reichsvertretung und hat vor allem die Aufgabe, die Auswanderung der Juden zu fördern.

Die bestehenden jüdischen Kultusvereinigungen werden Zweigstellen der Reichsvereinigung, die auch Träger des jüdischen Schulwesens und der freien jüdischen Wohlfahrtspflege wird und in Berlin unter direkter Aufsicht der Geheimen Staatspolizei (Gestapo) arbeitet.

Ihre Gründung geht auf einen Befehl des Vierjahresplan-Beauftragten Hermann Göring vom 24. Januar 1939 zurück (→31.1./S.16). War die Reichsvertretung noch eine autonome Organisation, so gewährt der Status der Reichsvereinigung dem Staat direkten Zugriff auf jüdische Einrichtungen. Der Reichsminister des Innern wird ermächtigt, jüdische Vereine, Stiftungen und Organisationen aufzulösen oder in die Reichsvereinigung einzugliedern.

Die neue Waffengattung Schnelle Truppen beim Manöver; vor allem die schnellen Panzer sollten später eine große Rolle spielen

Schnelle Truppen gebildet

12. Juli. Der Oberbefehlshaber des Heeres, Generaloberst Walter von Brauchitsch, gibt in einem Erlaß die Bildung der Waffengattung Schnelle Truppen mit Wirkung vom 19. September 1939 bekannt.

Zu den Schnellen Truppen zählen fortan Panzerregimenter, Panzerabwehrabteilungen und motorisierte Schützenregimenter, Kradschützenbataillone sowie Kavallerieregimenter, Radfahrabteilungen und motorisierte Aufklärungsabteilungen. Bei Reitern und Radfahrern gilt die Bezeichnung Schwadron, die übrigen Einheiten heißen Kompanie.

Propaganda feiert deutsche Bauern

19. Juli. Bei der Einweihung des Neubauerndorfes Wittstock äußert sich Hans-Joachim Ernst Riecke, Ministerialdirektor im Reichsministerium für Ernährung und Landwirtschaft, positiv zur Neubildung des deutschen Bauerntums.

Nach offiziellen Angaben sind zwischen 1933 und 1938 20 408 neue Bauernstellen mit 328 615 ha Grundfläche entstanden. Dies entspricht etwa 80 Bauerndörfern.

Diese Erfolgsmeldungen können jedoch nicht über die kritische Lage des Reichsnährstandes hinwegtäuschen. An der überkommenen Besitzstruktur hat sich seit 1933 wenig geändert. 1939 sind 87,7% der Bauernhöfe im Altreich unter 20 ha groß, den Großbetrieben von über 100 h (Anteil 0,8%) gehören 17,5% der Grundfläche. Etwa ein Viertel der bäuerlichen Anwesen mit rund einem Drittel der Fläche sind Erbhöfe, die nicht veräußert werden dürfen. Die Bauern leisten 24% der volkswirtschaftlichen Arbeit und beziehen 17% des Gesamteinkommens. Niedrigere Einkünfte trotz Mehrarbeit sind die Regel.

Goebbels verhöhnt Friedensbereitschaft

14. Juli. Im »Völkischen Beobachter« attackiert unter der Überschrift »Antwort an England« Reichspropagandaminister Joseph Goebbels in scharfer Form die sog. King-Hall-Briefe.

Als Verfasser dieser Briefe, die aus Großbritannien an Empfänger im Deutschen Reich geschickt werden, gilt der britische Publizist und pensionierte Marineoffizier Stephen King-Hall.

Für Goebbels sind die King-Hall-Briefe, die zu Frieden und Verständigung zwischen beiden Völkern mahnen, ein »Machwerk aus der Propagandawerkstatt Downing Street« und der Autor ein bezahlter Handlanger des britischen Außenministers Edward Frederick Lindley Wood Halifax.

Goebbels zählt in seiner Antwort die britischen Greuel im Burenkrieg und die Blockade gegen das Deutsche Reich im Weltkrieg auf und weist Großbritannien die Schuld an einem eventuellen neuen Krieg zu. Goebbels erklärt: »Wenn Dummheit weh täte, dann müßte Ihr Geschrei durch das ganze englische Weltreich zu vernehmen sein... Wir wissen, worum es geht. Mit Mätzchen, wie Ihren Briefen, benebelt man das deutsche Volk nicht mehr. Sie oller, ehrlicher britischer Seemann, Sie.«

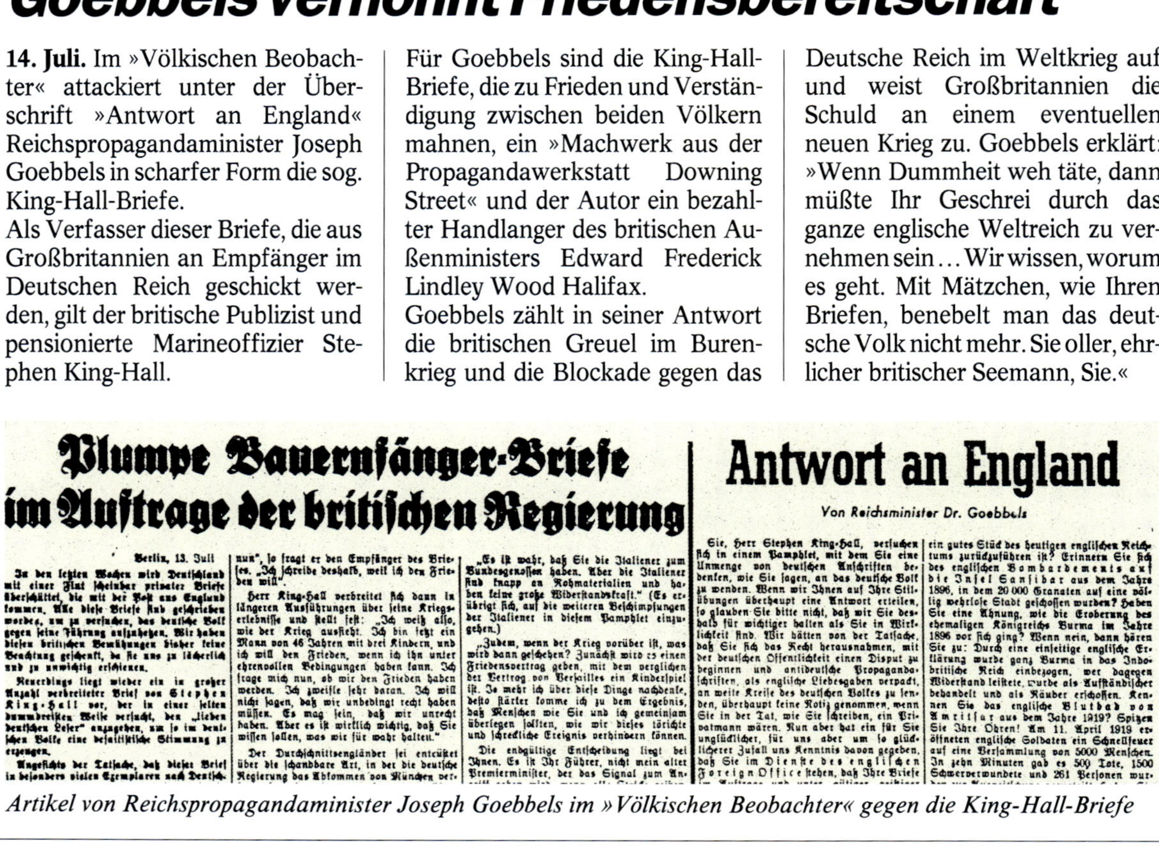

Plumpe Bauernfänger-Briefe im Auftrage der britischen Regierung

Berlin, 13. Juli

In den letzten Wochen wird Deutschland mit einer Flut scheinbar privater Briefe überschüttet, die mit der Post aus England kommen. Alle diese Briefe sind geschrieben worden, um zu versuchen, das deutsche Volk gegen seine Führung aufzuhetzen. Wir haben diesen britischen Bemühungen bisher keine Beachtung geschenkt, da sie uns zu lächerlich und zu unwichtig erschienen.

Neuerdings liegt wieder ein in großer Anzahl verbreiteter Brief von Stephen King-Hall vor, der in einer selten dummdreisten Weise versucht, den „lieben deutschen Leser" anzugehen, um so im deutschen Volke eine defaitistische Stimmung zu erzeugen.

Angesichts der Tatsache, daß dieser Brief in besonders vielen Exemplaren nach Deutsch- [...] nun", so fragt er den Empfänger des Briefes. „Ich schreibe deshalb, weil ich den Frieden will".

Herr King-Hall verbreitet sich dann in längeren Ausführungen über seine Kriegserlebnisse und stellt fest: „Ich weiß also, wie der Krieg aussieht. Ich bin jetzt ein Mann von 46 Jahren mit drei Kindern, und ich will den Frieden, wenn ich ihn unter ehrenvollen Bedingungen haben kann. Ich frage mich nun, ob wir den Frieden haben werden. Ich zweifle sehr daran. Ich will nicht sagen, daß wir unbedingt recht haben müssen. Es mag sein, daß wir unrecht haben. Aber es ist wirklich wichtig, daß Sie wissen sollen, was wir für wahr halten."

Der Durchschnittsengländer sei entrüstet über die schandbare Art, in der die deutsche Regierung das Abkommen von München ver- [...]

„Es ist wahr, daß Sie die Italiener zum Bundesgenossen haben. Aber die Italiener sind knapp an Rohmaterialien und haben keine große Widerstandskraft." (Es erübrigt sich, auf die weiteren Beschimpfungen der Italiener in diesem Pamphlet einzugehen.)

„Zudem, wenn der Krieg vorüber ist, was wird dann geschehen? Zunächst wird es einen Friedensvertrag geben, mit dem verglichen der Vertrag von Versailles ein Kinderspiel ist. Je mehr ich über diese Dinge nachdenke, desto stärker komme ich zu dem Ergebnis, daß Menschen wie Sie und ich gemeinsam überlegen sollten, wie wir dieses törichte und schreckliche Ereignis verhindern können.

Die endgültige Entscheidung liegt bei Ihnen. Es ist Ihr Führer, nicht mein alter Premierminister, der das Signal zum An- [...]

Antwort an England

Von Reichsminister Dr. Goebbels

Sie, Herr Stephen King-Hall, versuchen sich in einem Pamphlet, mit dem Sie eine Unmenge von deutschen Anschriften bedenken, wie Sie sagen, an das deutsche Volk zu wenden. Wenn wir Ihnen auf Ihre Stilübungen überhaupt eine Antwort erteilen, so glauben Sie bitte nicht, daß wir Sie deshalb für wichtiger halten als Sie in Wirklichkeit sind. Wir hätten von der Tatsache, daß Sie sich das Recht herausnahmen, mit der deutschen Öffentlichkeit einen Disput zu beginnen und antideutsche Propagandaschriften, als englische Liebesgaben verpackt, an weite Kreise des deutschen Volkes zu senden, überhaupt keine Notiz genommen, wenn Sie in der Tat, wie Sie schreiben, ein Privatmann wären. Nun aber hat ein für Sie unglücklicher, für uns aber um so glücklicherer Zufall uns Kenntnis davon gegeben, daß Sie im Dienste des englischen Foreign Office stehen, daß Ihre Briefe [...]

[...] ein gutes Stück des heutigen englischen Reichtums zurückzuführen ist? Erinnern Sie sich des englischen Bombardements auf die Insel Sansibar aus dem Jahre 1896, in dem 20 000 Granaten auf eine völlig wehrlose Stadt geschossen wurden? Haben Sie eine Ahnung, wie die Eroberung des ehemaligen Königreichs Burma im Jahre 1896 vor sich ging? Wenn nein, dann hören Sie zu: Durch eine einseitige englische Erklärung wurde ganz Burma in das Indobritische Reich einbezogen, wer dagegen Widerstand leistete, wurde als Aufständischer behandelt und als Räuber erschossen. Kennen Sie das englische Blutbad von Amritsar aus dem Jahre 1919? Spitzen Sie Ihre Ohren! Am 11. April 1919 eröffneten englische Soldaten ein Schnellfeuer auf eine Versammlung von 5000 Menschen. In zehn Minuten gab es 509 Tote, 1500 Schwerverwundete und 261 Personen wur- [...]

Artikel von Reichspropagandaminister Joseph Goebbels im »Völkischen Beobachter« gegen die King-Hall-Briefe

NAPOLA-Lager für NS-Nachwuchs

2. Juli. Am Faaker See in Kärnten beginnt ein einwöchiges Sommerlager der Nationalpolitischen Erziehungsanstalten Großdeutschlands (NAPOLA, offiziell N.P.E.A.).

Der Inspekteur der NAPOLA, SS-Obergruppenführer August Heissmeyer, mahnt die Erzieher, sie müßten eine »Bestenauslese der deutschen Jungmannschaft« heranbilden. Der ideale NAPOLA-Erzieher ist verheirateter Reserveoffizier, aktives Mitglied der Partei und Inhaber des Sportabzeichens.

Die ersten drei NAPOLA wurden 1933 von Reichserziehungsminister Wilhelm Rust gegründet. Auf diesen Internatsoberschulen mit dem Abschluß der Hochschulreife soll eine künftige Führergeneration herangebildet werden. Neben dem Fächerkanon der humanistischen Gymnasien und vormilitärischer Ausbildung stehen z.T. auch Reiten, Auto- und Motorradfahren, Fliegen oder Seefahrt auf dem Lehrplan. Die Schulzeit dauert in der Regel vom 10. bis zum 18. Lebensjahr.

KdF-Parole 1939: »Kraftvolle Männer und schöne anmutige Frauen«

21. Juli. *Mit dem Rechenschaftsbericht und einer Rede von Robert Ley, dem Leiter der Deutschen Arbeitsfront (DAF), beginnt in Hamburg die Reichstagung der NS-Gemeinschaft »Kraft durch Freude« (KdF).*
Vertreter von 21 Nationen sind zur fünften KdF-Tagung in die Hansestadt gekommen, die am 23. Juli mit dem Festzug »Schönheit und Freude« ihren Höhepunkt erlebt.
Der Rechenschaftsbericht des KdF-Leiters Bodo Lafferentz verzeichnet für das laufende Jahr mit über zehn Millionen KdF-Urlaubern einschließlich Kurz- und Seefahrten eine Rekordmarke. Im Jahr 1940 ist auch mit der Fertigstellung des KdF-Bades auf der Insel Rügen zu rechnen.
Im Anschluß an die Bilanz der KdF-Arbeit, die durch ein weitgefächertes Urlaubs-, Unterhaltungs- und Sozialprogramm einen Großteil der Freizeitaktivitäten organisiert, gibt Ley die Parole für das neue Jahr aus: »Kraftvolle Männer und schöne anmutige Frauen«. Er fügt hinzu: »Mann und Frau sind jedes für sich nichts, doch beide zusammen bilden sie eine Ganzheit ... Wir wollen das Glück des Volkes, seine Gesundheit, seinen Fortschritt ... Wir wollen nicht nur ein kraftvolles Volk, sondern auch ein schönes Volk, ein kulturmäßig hochstehendes Volk ... Dann wird das deutsche Volk die höchsten Kulturgüter erreichen« (Abb.: Urlauber auf einem KdF-Dampfer).

Volltreffer auf Film-Hilfskreuzer

29. Juli. Bei Dreharbeiten vor Swinemünde unter aktiver Beteiligung der deutschen Kriegsmarine wird der Bäderdampfer »Reiher« leckgeschossen. Die an Bord der »Reiher« anwesenden Filmschauspieler, u.a. Emil Jannings, Werner Krauss und Joseph Sieber, bleiben unverletzt.
Im Tobis-Film »Der letzte Appell« stellt der »Reiher« den Hilfskreuzer »Königin Luise« dar, der im August 1914 in der Themsemündung von den Briten versenkt wurde.

Joseph Goebbels und Heinrich Glasmeier (r.), Intendant des Rundfunks

Berliner Debüt für Einheitsfernseher

28. Juli. Reichspropagandaminister Joseph Goebbels eröffnet die 16. Große deutsche Rundfunk- und Fernseh-Rundfunkausstellung Berlin 1939. Im Mittelpunkt des Interesses steht der Einheitsfernseher E 1.
Der Auftakt in der Masurenhalle am Kaiserdamm steht unter dem Motto »Der Rundfunk ist das Band, das alle Deutschen diesseits und jenseits der Grenzen geistig und seelisch umschließt«. Erster Preisträger des Rundfunkpreises ist Otto Griesing, Schöpfer des Volksempfängers.
Erster deutscher Fernsehsender ist die Anlage in Berlin-Witzleben, die bis zu 100 km weit ausstrahlt. Der E 1, der 650 Reichsmark kosten soll, ist eine Gemeinschaftsleistung der Reichspost und fünf großer Firmen.
Der Einheitsfernseher hat die Größe eines Radiogerätes, links befindet sich der Lautsprecher, rechts der 18 mal 20 cm große Bildschirm. Die 441 Zeilen der Braunschen Röhre werden 25mal in der Sekunde mit einem Elektronenstrahl abgetastet und ergeben das Fernsehbild.

Urlaub und Freizeit 1939:

Kaum Zeit und Geld für weite Reisen

Der Urlaub im Deutschen Reich wird vor allem durch die NS-Organisation Kraft durch Freude (KdF) organisiert, die ihre günstigen Preise in erster Linie durch Großabschlüsse bei Hotels und Gaststätten erzielt, wobei der KdF-Fahrer jedoch vielfach geringere Qualität bei Unterbringung und Verpflegung in Kauf nehmen muß.

Auf der Reichstagung in Hamburg (→21.7./S.121) verweist der Leiter der Deutschen Arbeitsfront (DAF), Robert Ley, stolz auf die für 1938/39 veranschlagten über 10 Millionen Teilnehmer an den von KdF organisierten Urlaubsreisen einschließlich Kurzfahrten, Seefahrten und Wanderungen. Besonders attraktiv sind die nur in begrenzter Zahl verfügbaren Auslandsreisen nach Italien und zu den italienischen Besitzungen in Afrika sowie nach Griechenland, Jugoslawien, Spanien, Portugal oder ins Nordmeer. Im Winter 1938/39 besuchen 57 600 Urlauber auf KdF-eigenen Schiffen Italien, im Frühjahr 1939 erholen sich erstmals 26 000 KdF-Urlauber an der italienischen Riviera und am Gardasee.

Für das deutsche Fremdengewerbe bringen die Monate bis Kriegsausbruch eine rückläufige Tendenz: Der ohnehin knapp bemessene Urlaub (Erwachsene in der Regel 6 bis 12 Tage, Jugendliche bis zu 15 Tage) wird durch Dienstverpflichtungen und Überstunden reduziert. Weite Reisen können sich die meisten Arbeiter ohnehin nicht leisten und viele nutzen die freien Tage, um sich daheim zu erholen. Zahlreiche Großstädter fahren aufs Land und helfen den Bauern bei der Ernte, um sich »Beziehungen« zu sichern. Nur ein Traum bleiben für die meisten Volksgenossen Reisen wie die 35tägige Südamerika-Kreuzfahrt auf der »Cap Arcona« für 1410 Reichsmark.

Die Statistik meldet für 1938/39 im Altreich 110,75 Millionen Fremdenübernachtungen (1937/38 waren es 114,84 Millionen), darunter 3,2 Millionen Übernachtungen von Ausländern (5,3). Die 122 statistisch erfaßten Seebäder verzeichnen 15,5 Millionen Übernachtungen (15,4), davon 68 000 von Ausländern (1937/38 noch 182 000).

Uferstraße auf der jugoslawischen Insel Rab in Norddalmatien, im Hintergrund ein Adriadampfer. Das Mittelmeer gehört neben der Schärenküste Norwegens und der Insel Madeira zu den begehrtesten Reisezielen im Ausland

Die weiße Brandung unter südlicher Sonne an der Küste Teneriffas, Traumziel für viele Deutsche

Sommeridylle am Berliner Wannsee am 27. August. Trotz der alarmierenden Zeitungsmeldungen denkt noch keiner an Krieg

Ein neuer Wochenendtourismus: Mit dem Auto ins Hochgebirge

Angeseilt und mit dem notwendigen Kletterzeug auf den Fels hinauf

Zünftiges Frühstück mit Musikbegleitung im eigenen Zelt in alpinen Höhen

Eine Schönheit im Badeanzug wirbt für den Urlaub in Belgien

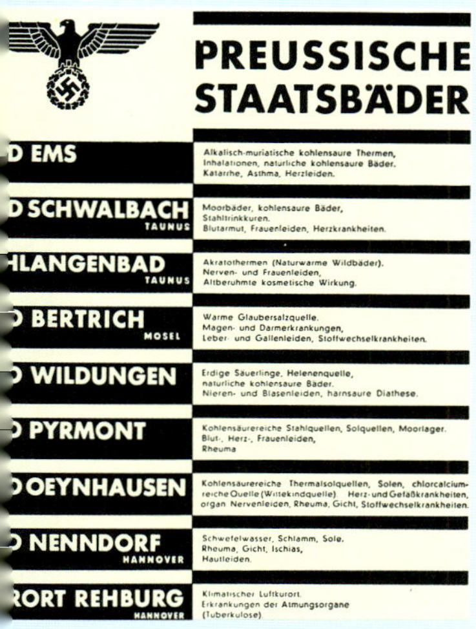

Werbeanzeige für einen Kuraufenthalt in preußischen Staatsbädern

Der »Urlaub des Jahres«: Eine Reise zur Weltausstellung

Traumpaar Heinz Rühmann/Hertha Feiler

1. Juli. In Berlin-Wannsee heiratet im Beisein seines Bruders Hermann der beliebte deutsche Filmschauspieler Heinz Rühmann seine Schauspielkollegin Hertha Feiler.
Auf der Hochzeitsfeier sitzt Rühmann zwischen seiner ersten Ehefrau Maria und seiner zweiten Frau Hertha. Nach einer Hochzeitsreise nach Dänemark bezieht das Paar Rühmanns in norwegischem Stil erbautes Holzhaus Am kleinen Wannsee 15, das er 1938 mitsamt 5000 m² Garten für 100 000 Reichsmark gekauft hat. Es liegt praktischerweise nur fünf Minuten vom Berliner Filmzentrum Babelsberg entfernt.
Rühmann und Feiler hatten sich 1937 bei Rühmanns erster Regiearbeit zu dem Film »Lauter Lügen« kennengelernt. In dieser Komödie der Terra verkörperte die damals 22jährige Wienerin die Frau des Rennfahrers Andreas (Albert Matterstock), die ihn von einer Sanatoriumsliebe kuriert. Bei seiner ersten Regie stand Rühmann als Assistent Paul Hoffmann zur Seite. Die Kritik hatte Hertha Feiler als »bemerkenswerte Neuerscheinung im deutschen Film« gefeiert.

Hertha Feiler und Heinz Rühmann beim Badevergnügen auf der Titelseite der »Berliner Illustrirten Zeitung« vom 27. Juli 1939. Als Auslöser für die Bindung der beiden Schauspieler gilt Rühmanns Mangel an Kleingeld: Er hatte sich bei den Dreharbeiten zu seiner ersten Regiearbeit bei »Lauter Lügen« 1937 20 Reichsmark geborgt, die Hertha Feiler ein Jahr später zurückhaben wollte. Daraus entwikkelte sich eine Beziehung, die schließlich zur großen Überraschung zum Standesamt führte

Auch im Pool an der Spitze

Juli. Die Hauptattraktion eines Schwimmfestes in der britischen Hauptstadt London ist das Mitwirken der beiden Töchter des britischen Königs Georg VI.
Auch im Wasser machen die 13jährige Elisabeth, Kronprinzessin von Großbritannien und Nordirland, und ihre um vier Jahre jüngere Schwester, Prinzessin Margaret-Rose, eine gute Figur und werden in ihren Altersklassen Siegerinnen.
Zu dem umfangreichen Wettbewerbsprogramm zählt auch das Rettungsschwimmen, bei dem es darum geht, eine Kameradin möglichst schnell und kunstgerecht an den Beckenrand zu bringen.
Nach den Turbulenzen um die Hochzeitspläne und plötzliche Abdankung von Eduard VIII., der am 10. Dezember 1936 nach knapp einjähriger Herrschaft den Thron verlassen hatte, war mit der Krönung von Georg VI. am 12. Mai 1937 wieder Ruhe im britischen Herrscherhaus Windsor eingetreten, das sich in Großbritannien einer fast uneingeschränkten Sympathie erfreut.
Zur Popularität der Monarchie trägt nicht zuletzt auch das Auftreten von Angehörigen des Königshauses bei sportlichen Wettkämpfen bei, das die Presse besonders würdigt.

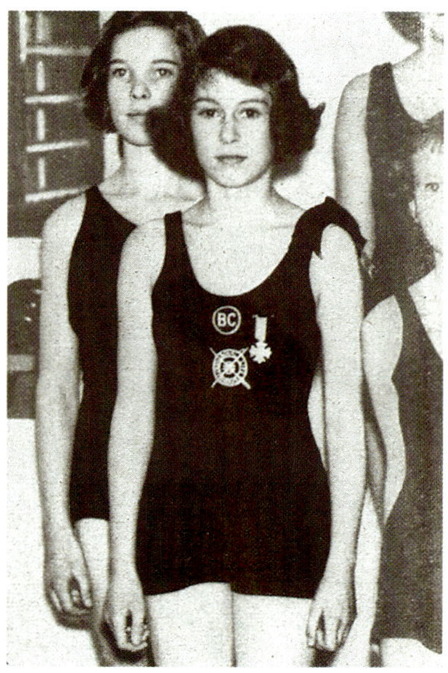
Elisabeth (vorn), Kronprinzessin von Großbritannien und Nordirland, mit der Siegesplakette

Viertes Eheglück für Sacha Guitry

5. Juli. In der Kirche Fontenay-le-Fleury bei Versailles geben sich Sacha Guitry und die junge Schauspielerin Geneviève de Sereville das Jawort. Nach der Trauung fährt das frischvermählte Paar mit seinen Gästen zum kürzlich von Guitry erworbenen Schloß Ternay.
Für den am 21. Februar 1885 als Alexandre Pierre Georges Guitry geborenen Theater- und Filmregisseur, Dramatiker und Schauspieler ist es die vierte Ehe. Der Sohn des bekannten Charakterdarstellers Lucien Guitry trat schon mit fünf Jahren in einer Pantomime auf der Bühne auf. Mit 17 schrieb er seine ersten Komödien, 32jährig kam er 1917 mit dem Film in Berührung. Mit Beginn der Tonfilmära wurde er Filmregisseur, wobei er in fast allen seinen Filmen, die zumeist auf eigenen Theaterstükken beruhen, auch selbst die Hauptrolle übernahm.
In Anerkennung seiner Biographie »Lucien Guitry raconté par son fils« ist Guitry seit dem 28. Juni 1939 Mitglied der Académie Goncourt.

Junkers Ju 87 in Brüssel vorgestellt

8. Juli. In Brüssel wird die zweite internationale Luftfahrtausstellung eröffnet. Ihre Bedeutung dokumentiert die Anwesenheit von drei Spitzenmilitärs: Erhard Milch, Generalinspekteur der deutschen Luftwaffe, Joseph Vuillemin, Generalstabschef der französischen Luftwaffe und der britische Luftmarschall Sir Cyrill Newall sind in Brüssel erschienen.
Die Flugzeugindustrien Belgiens, Frankreichs, Großbritanniens sowie des Deutschen Reichs und des Reichsprotektorats Böhmen und Mähren sind vertreten. Im Mittelpunkt der deutschen Ausstellung steht der Sturzkampfbomber Junkers Ju 87. Die Entwicklung dieses Flugzeugs wurde entscheidend durch den Generalluftzeugmeister Ernst Udet vorangetrieben. Das neue Muster Ju 87 B hat einen Jumo 211 DA-Motor mit 1150 PS, der das Flugzeug auf rund 300 km/h bringt. Mit einer Bombenlast von 500 kg hat die Ju 87 B einen Aktionsradius von 200 km.

Auf der Brüsseler Luftfahrtausstellung im Mittelpunkt des Interesses in der deutschen Ausstellungshalle: Der Sturzkampfbomber Typ Junkers Ju 87

Der Standardjäger der Royal Air Force, eine Supermarine Spitfire

Eine Schwadron britischer Bomber Wellington 1 beim Start in Brüssel

Froelich übernimmt Reichsfilmkammer

1. Juli. Der Regisseur Carl Froelich wird zum neuen Präsidenten der Reichsfilmkammer berufen.

Carl Froelich, Präsident der Reichsfilmkammer. Er war während des Weltkriegs 1914–1918 auf dem Gebiet der Flugzeugkinematographie tätig und wurde als Regisseur u.a. bekannt durch seine Arbeit mit Henny Porten

Froelich löst SS-Oberführer Oswald Lehnich ab, der die Filmkammer seit 1935 geleitet hatte und am 30. Juni aus dem Amt geschieden war, um sich »wieder wirtschaftlichen und wirtschaftswissenschaftlichen Arbeiten« zu widmen.
Die Reichsfilmkammer untersteht wie die übrigen sechs Kammern der 1933 gegründeten Reichskulturkammer dem Reichspropagandaministerium. Ein Ausschluß aus der Kammer entspricht einem totalen Berufsverbot im Deutschen Reich.

»Anständiges Können« ersetzt »Modekunst«

16. Juli. Am Vormittag eröffnet Führer und Reichskanzler Adolf Hitler im Haus der Deutschen Kunst in München die dritte Große Deutsche Kunstausstellung; am Nachmittag beschließt der große Festzug »2000 Jahre deutsche Kultur« den zweitägigen »Tag der Deutschen Kunst«.
Hitler erklärt u.a.: »Der ganze Schwindelbetrieb einer dekadenten oder krankhaften, verlogenen Modekunst ist hinweggefegt. Ein anständiges allgemeines Niveau wurde erreicht.« Die Ausstellung vereint 770 Künstler mit rund 1300 Werken. Eine Sonderschau ehrt den Maler Arthur Kampf.

Führer und Reichskanzler Adolf Hitler (2. v. r.), Reichspropagandaminister Joseph Goebbels (l.), daneben Kulturminister Dino Alfieri (Italien)

»Bäuerliche Venus« von Sepp Hilz auf der Münchner Kunstausstellung

Bühnenfestspiele in Bayreuth 1939

25. Juli. In Anwesenheit von Führer und Reichskanzler Adolf Hitler werden die Bayreuther Bühnenfestspiele 1939 mit einer Aufführung von Richard Wagners »Der fliegende Holländer« (Musikalische Leitung Karl Elmendorff) eröffnet.

In Bayreuth: V.l.: Minister Joseph Goebbels, Verena Wagner (Enkelin von R. Wagner), Magda Goebbels

Heuser verliert durch Blitz-k.o.

2. Juli. *Vor 60 000 Zuschauern in der Stuttgarter Adolf-Hitler-Kampfbahn nimmt der Kampf zwischen Ex-Weltmeister Max Schmeling und dem Europameister im Schwergewicht, Erich Heuser, ein sensationelles Ende: Nach 71 Sekunden wird Heuser von Ringrichter Otto Griese ausgezählt. Eine trockene Rechte Schmelings hatte nach 61 Sekunden das Kinn des Titelverteidigers getroffen, der sofort zu Boden ging. Es ist Schmelings erster Kampf seit der Niederlage gegen Joe Louis am 22. Juni 1938. Er wird damit erstmals in seiner Karriere auch Europameister im Schwergewicht (Abb.: Heuser (l.) wird getroffen; er geht zu Boden; Schmeling hilft, ihn wieder auf die Beine zu bringen).*

Harbig der Schnellste über 800 m

15. Juli. Am ersten Tag des Leichtathletik-Länderkampfs Deutsches Reich–Italien in Mailand läuft Rudolf Harbig (Dresden) die 800 m in der Weltrekordzeit von 1:46,6 min. Er deklassiert dabei in einem fulminanten Schlußspurt seinen italienischen Rivalen Mario Lanzi, der nach 400 und 700 m noch vorn gelegen hatte und mit 1:49,0 min noch italienischen Rekord läuft.

Harbig verbessert die am 20. August 1938 gelaufene Bestmarke des Briten S. Wooderson um 1,8 sec und hat sich damit auf der 800 m-Distanz in knapp zwei Monaten um fast vier Sekunden gesteigert: Am 21. Mai lief er in Mannheim 1:50,5 min und am 9. Juli in Berlin 1:49,4 min.

Rudolf Harbig im Ziel nach 800 m mit dem Weltrekord von 1:46,6 min vor seinem italienischen Rivalen Mario Lanzi

Sylvère Maes erneut Tour-Sieger

30. Juli. Wie 1936 gewinnt Sylvère Maes aus Belgien die Tour de France. Mit 132:03:17 h liegt er eine halbe Stunde vor René Vietto (Frankreich) und Lucien Vlaemynck (Belgien). Von 79 am 10. Juli gestarteten Fahrern erreichen 49 nach 28 Etappen über 4224 km Paris.

Fahrer aus Italien, dem Deutschen Reich und Spanien fehlen. Vietto hatte sich nach der 3. Etappe das Gelbe Trikot geholt und trug es trotz Knieverletzung bis zur 15. Etappe, die von Digne nach Briançon über den Izoard führte, wo sich Maes 17 Minuten von Vietto absetzte.

Sylvère Maes, Sieger der Tour de France vor dem überraschend starken Bergspezialisten René Vietto aus Cannes

Christel Schulz springt 6,12 m weit

30. Juli. Am zweiten Tag eines von Sportlern aus zwölf Nationen besuchten Leichtathletik-Sportfestes im Berliner Olympia-Stadion fällt vor 30 000 begeisterten Zuschauern eine »Traumgrenze« in der Frauen-Leichtathletik: Christel Schulz aus Münster erreicht im Weitsprung 6,12 m. Sie verbessert damit die elf Jahre alte Bestleistung der Japanerin Kinue Hitomi um 14 cm.

Zwei Sprünge über 6 m waren 1938 nicht in die offizielle Rekordliste aufgenommen worden: Die Polin Stanislawa Walasiewicz hatte am 28. August in Łódź 6,04 m geschafft; der Deutschen Erika Junghanns aus Naumburg wurden die 6,07 m (Weißenfels, 2. 10. 1938) nicht anerkannt, da nur zwei Kampfrichter anwesend waren.

Christel Schulz beim Weltrekordsprung von 6,12 m, den zweiten Platz belegt Fanny Koen (Niederlande) mit 5,97 m

August 1939

Mo	Di	Mi	Do	Fr	Sa	So
	1	2	3	4	5	6
7	8	9	10	11	12	13
14	15	16	17	18	19	20
21	22	23	24	25	26	27
28	29	30	31			

1. August, Dienstag

Über Norddeutschland beginnen dreitägige Luftmanöver. Sie werden geleitet vom General der Flieger Helmut Felmy.

Im Deutschen Reich werden dem Weizenmehl Type 812 statt 4% Kartoffelmehl 10% Roggenmehl beigemischt.

Mit dem »Rosenkavalier« von Richard Strauss werden die Salzburger Festspiele 1939 eröffnet. →S.148

2. August, Mittwoch

Mit Gedenkfeiern an den Kriegsbeginn 1914 wird der Tag der deutschen Wehrmacht im Deutschen Reich begangen.

Durch Führererlaß werden die Hochschulen in Böhmen und Mähren zum 1. September 1939 vom Deutschen Reich übernommen.

Reichsorganisationsleiter Robert Ley legt den Grundstein für das Berliner Wohnviertel Charlottenburg-Nord mit 11500 Wohnungen für 40000 Menschen.

Großbritannien gewährt Polen eine Exportkreditgarantie in Höhe von 8,1 Millionen Pfund (94 Millionen Reichsmark).

US-Präsident Franklin Delano Roosevelt unterzeichnet den Hatch Act, der politische Rechte des Bundespersonals in Bundesangelegenheiten einschränkt.

Der Physiker Albert Einstein warnt US-Präsident Franklin Delano Roosevelt vor einer deutschen Atombombe. →S.146

3. August, Donnerstag

In Moskau erläutert der deutsche Botschafter Friedrich Werner Graf von der Schulenburg Außenkommissar Wjatscheslaw M. Molotow die deutsche Bereitschaft zur Anerkennung sowjetischer Interessen im Baltikum und in Polen.

Frankreichs Kabinett beruft den Diplomaten und Dramatiker Jean Giraudoux zum Generalkommisar für Information.

Die Junkers Ju 52 »Hans Loeb« der Deutschen Lufthansa AG stürzt auf dem Rückflug nach Berlin in Rangun ab.

4. August, Freitag

Polens Generalkommissar Marjan Chodacki protestiert beim Danziger Senat gegen Behinderungen der in Danzig tätigen polnischen Zollbeamten. →S.130

Der Führerrat des Nationalsozialistischen Reichsbundes für Leibesübungen (NSRL) teilt mit, daß ab der Fußball-Gauligasaison 1939/40 über Meisterschaft und Abstieg bei Punktegleichheit nicht mehr das Torverhältnis, sondern die Tordifferenz entscheiden soll.

5. August, Sonnabend

Reichsamtsleiter Paul Walter wird zum Beauftragten für die Leistungssteigerung im deutschen Kohlenbergbau ernannt.

Eine 26köpfige britisch-französische Militärdelegation reist von Tilbury/Essex nach Leningrad ab (→21.8./S.133).

Die niederländische Kronprinzessin Juliana bringt ihre zweite Tochter zur Welt. Sie wird Irene Emma Elisabeth getauft.

6. August, Sonntag

Zur 25-Jahr-Feier der Gründung der polnischen Legion sagt Marschall Edward Rydz-Smigly, das jahrhundertelang mit Polen verknüpfte Danzig sei die »Lunge des polnischen Wirtschaftsorganismus«.

Hermann Lang (Mercedes-Benz) wird am Großglockner Deutscher Automobil-Bergmeister vor Hans Stuck und Hermann P. Müller (beide Auto-Union).

7. August, Montag

Auf dem Sönke Nissen Koog in Nordfriesland verabreden Generalfeldmarschall Hermann Göring und sieben britische Industrielle, darunter der Konservative Charles F. Spencer, Bemühungen um deutsch-britische Regierungskontakte.

Der Danziger Senatspräsident Arthur Greiser protestiert beim polnischen Generalkommissar für Danzig, Marjan Chodacki, gegen die Bewaffnung der polnischen Zollbeamten (→4.8./S.130).

Der britische Sonderbotschafter William Strang verläßt Moskau nach 14 Besprechungen mit der sowjetischen Führung.

8. August, Dienstag

In der Pressekonferenz beim Reichspropagandaministerium ergeht die Presseweisung: »Die polnischen Greuel gegenüber Volksdeutschen sind nach wie vor auf der zweiten Seite zu bringen.«

Irland beruft seinen Botschafter in Berlin Charles Bewley wegen dessen angeblich profaschistischer Haltung ab.

Mit der Aufführung des Films »Robert Koch, der Bekämpfer des Todes« beginnt die Biennale in Venedig. →S.148

9. August, Mittwoch

Staatssekretär Ernst Freiherr von Weizsäcker warnt Polens Geschäftsträger in Berlin, Stefan Fürst Lubomirski, vor Übergriffen auf Danzig (→8.8./S.130).

Der Führer der Christlich-Historischen Union der Niederlande, Jan de Geer, bildet als Nachfolger des am 27. Juli gestürzten Hendrikus Colijn ein neues Kabinett.

Spaniens Staatschef Francisco Franco Bahamonde verkündet ein Gesetz über die Umgestaltung der spanischen Regierung, das seinen Einfluß erhöht.

Regisseur Karl Ritter beginnt mit den Dreharbeiten für den Film »Legion Condor« über den Spanischen Bürgerkrieg. Bei Kriegsausbruch wird das Projekt wegen des Bedarfs an Flugzeugen gestoppt.

10. August, Donnerstag

Das Reichsgesetzblatt veröffentlicht einen Führererlaß über die Stiftung des Spanien-Kreuzes, des Ehrenkreuzes für Spanien-Hinterbliebene und des Schutzwall-Ehrenzeichens.

Der Unterstaatssekretär im polnischen Außenministerium, Miroslaw Arciszewki, übergibt in Warschau dem deutschen Geschäftsträger Johann von Wühlisch die Antwort auf eine deutsche Note vom Vortag (→8.8./S.130).

Bei einer Kundgebung auf dem Langen Markt in Danzig bekennt sich der nationalsozialistische Gauleiter Albert Forster zum Deutschen Reich. →S.130

Das Reichspropagandaministerium weist die Presse an: »Verbürgte Greuelmeldungen, wie sie vom DNB (Deutsches Nachrichtenbüro) kommen, müssen ab heute groß auf der ersten Seite erscheinen.«

Die deutschen Kinos zeigen statt der Wochenschau den Dokumentarfilm »Der Westwall« von Fritz Hippler.

Vor Arbeitern der Düsseldorfer Rheinmetall-Borsig Werke erklärt Heeres-Oberbefehlshaber Generaloberst Walter von Brauchitsch, der Führer werde »niemals das Leben eines deutschen Menschen leichtfertig aufs Spiel setzen«.

11. August, Freitag

Führer und Reichskanzler Adolf Hitler empfängt in Berchtesgaden Carl Jacob Burckhardt, den Hohen Kommissar des Völkerbundes in Danzig. →S.131

12. August, Sonnabend

Das Oberkommando der Wehrmacht und die Reichsjugendführung veröffentlichen eine Vereinbarung über 14tägige Geländeausbildungen von Absolventen der Führerschulen der Hitlerjugend (HJ).

Die Regierung der Sowjetunion eröffnet Militärgespräche mit Briten und Franzosen (→21.8./S.133).

In Frankfurt am Main läuft der Dresdner Rudolf Harbig mit 46,0 sec Weltrekord über 400 m. →S.149

Robert Zimmermann (Schweiz) gewinnt die Tour de Suisse. →S.149

13. August, Sonntag

Italiens Außenminister Galeazzo Ciano, Graf von Cortellazzo, beendet dreitägige Konsultationen mit der deutschen Reichsregierung. →S.131

Im Deutschen Reich beginnen die Eintragungen in die Volkskartei (bis 19.8.).

14. August, Montag

Vor hohen Militärs erklärt Führer und Reichskanzler Adolf Hitler in Berchtesgaden, das britische Hilfsversprechen für Polen sei nicht ernst gemeint.

Das am 13. Juni gestohlene Gemälde »L'Indifférent« von Antoine Watteau ist wieder im Pariser Louvre. →S.149

15. August, Dienstag

Auf dem Truppenübungsplatz Neuhammer in Schlesien stürzen 13 Sturzkampfbomber vom Typ Junkers Ju 87 des 1. Sturzkampfgeschwaders 76 ab.

Indische Einheiten verstärken die britischen Truppen am Sueskanal.

In Berlin wird der Film »Es war eine rauschende Ballnacht« von Carl Froelich mit Zarah Leander, Marika Rökk, Hans Stüwe, Leo Slezak u.a. uraufgeführt.

16. August, Mittwoch

Das Infanterieregiment 19 in München feiert den 25. Jahrestag des Eintritts von Adolf Hitler als Kriegsfreiwilliger in das 16. Bayerische Infanterieregiment »List«.

Reichsaußenminister Joachim von Ribbentrop beauftragt den deutschen Botschafter in Moskau, Friedrich Werner Graf von der Schulenburg, der UdSSR das deutsche Interesse an einem 25jährigen Nichtangriffspakt vorzutragen.

Vor dem 21. Zionistischen Weltkongreß in Genf beklagt Chaim Weizmann, Vorsitzender der Jewish Agency, die Weigerung der Briten, 100000 jüdische Flüchtlinge nach Palästina einreisen zu lassen.

In das Berliner Handelsregister wird die Reichspost-Fernseh-GmbH eingetragen.

17. August, Donnerstag

In Moskau vertagt Verteidigungsminister Kliment J. Woroschilow das Gespräch mit der britisch-französischen Delegation auf den →21. August (S.133).

Polen sperrt den sog. Kleinen Grenzverkehr zum Deutschen Reich. Nach deutschen Angaben sind bisher 76000 Volksdeutsche aus Polen geflohen.

Die neunte Durchführungsverordnung zum Luftschutzgesetz verpflichtet die deutschen Hausbesitzer, in Häusern ohne Luftschutzkeller behelfsmäßige Luftschutzmaßnahmen vorzunehmen.

18. August, Freitag

In Danzig marschiert erstmals die SS-Heimwehr auf. →S.132

Das Reichsinnenministerium verpflichtet Ärzte und Hebammen, den Gesundheitsämtern alle »idiotischen, mißgebildeten oder gelähmten« Neugeborenen zu melden (→1.9./S.169).

19. August, Sonnabend

Der sowjetische Außenminister Wjatscheslaw M. Molotow lädt Reichsaußenminister Joachim von Ribbentrop für den 26. oder 27. August nach Moskau ein.

Polens Marschall Edward Rydz-Smigly teilt dem französischen Botschafter in Warschau, Léon Noël, offiziell die polnische Weigerung mit, fremden Truppen Durchmarschrecht zu gewähren.

Die ersten 14 deutschen U-Boote des Typs VII und IX verlassen Kiel und Wilhelmshaven mit Ziel Atlantik.

Titel des »Kladderadatsch« zu den Bemühungen von US-Präsident Roosevelt um eine Lockerung der US-Exportregelungen für Kriegsgerät, die von der NS-Presse als Teil der »jüdischen Weltverschwörung« dargestellt werden

20. August, Sonntag

In Berlin wird mit Datum vom 19. August ein deutsch-sowjetisches Handels- und Kreditabkommen unterzeichnet. Es gewährt der UdSSR einen Warenkredit in Höhe von 200 Millionen Reichsmark.

In einem Telegramm an den sowjetischen Parteichef Josef W. Stalin regt Führer und Reichskanzler Adolf Hitler an, Außenminister Joachim von Ribbentrop am 22. oder 23. August in Moskau zu empfangen (→23.8./S.134).

Beim Großen Preis der Schweiz für Automobile in Bern-Bremgarten siegt Hermann Lang (Mercedes-Benz). →S.149

21. August, Montag

Bei der Wiederaufnahme der Gespräche mit der britisch-französischen Militärmission schlägt Kliment J. Woroschilow, der sowjetische Verteidigungsminister, eine Vertagung bis zum Eintreffen einer polnischen Stellungnahme vor. →S.133

In den Regierungsbezirken Düsseldorf, Köln, Arnsberg und Münster wird in der ersten von drei Nächten verdunkelt.

22. August, Dienstag

Vor hohen Offzieren der deutschen Wehrmacht in Berchtesgaden betont Führer und Reichskanzler Adolf Hitler seinen Willen zum Krieg. →S.138

Das Deutsche Nachrichtenbüro (DNB) meldet, daß bei den 22 000 Befestigungsanlagen am Westwall sechs Millionen t Zement, 695 000 m^3 Holz und drei Millionen Rollen Stacheldraht verbaut wurden.

Großbritannien läßt Führer und Reichskanzler Adolf Hitler wissen, der am Vortag bekanntgegebene deutsch-sowjetische Pakt werde am britischen Beistand für Polen nichts ändern. →S.138

Die polnische Telegrafenagentur meldet, der deutsch-sowjetische Pakt habe hier »keinen großen Eindruck gemacht«.

Das Oberkommando des Heeres und der NS-Lehrerbund vereinbaren die wehrgeistige Erziehung in der Schule.

23. August, Mittwoch

In Moskau werden der deutsch-sowjetische Nichtangriffspakt und ein Geheimprotokoll unterzeichnet. →S.134

In Berchtesgaden empfängt Führer und Reichskanzler Adolf Hitler den britischen Botschafter Neville Meyrick Henderson und übergibt ihm die Antwort auf die britische Erklärung vom Vortag: Sie hindere die Reichsregierung nicht, ihre Interessen wahrzunehmen.

Vor dem Nationalen Verteidigungsrat in Paris betont General Maurice Gustave Gamelin, Chef des Generalstabs der Nationalen Verteidigung, er glaube an einen längeren Widerstand Polens.

Der Senat von Danzig ernennt NS-Gauleiter Albert Forster zum Staatsoberhaupt der Freien Stadt; Senatspräsident Arthur Greiser wird Ministerpräsident.

Am Ende eines Treffens der sieben Oslo-Staaten (nordische und Benelux-Länder) in Brüssel ruft Leopold III., König der Belgier, zum Frieden auf (→26.8./S.141).

In Buenos Aires beginnt die Schach-Olympiade (bis zum 19.9.).

24. August, Donnerstag

Generalfeldmarschall Hermann Göring teilt Polens Botschafter Josef Lipski mit, das »Haupthindernis für die Beseitigung der deutsch-polnischen Spannungen bilde die Allianz Polen-Großbritannien«.

Generalfeldmarschall Hermann Göring bittet den mit ihm befreundeten schwedischen Industriellen Birger Dahlerus, mit London Kontakt aufzunehmen. →S.140

Vor dem zu einer Sondersitzung zusammengerufenen Unterhaus erklärt der britische Premierminister Arthur Neville Chamberlain, Großbritannien stehe zu seinen Vereinbarungen mit Polen.

Papst Pius XII. ruft im Rundfunk die Welt zum Frieden auf. →S.141

US-Präsident Franklin Delano Roosevelt ruft Führer und Reichskanzler Adolf Hitler und den polnischen Staatspräsidenten Ignacy Mościcki zum Frieden auf. Eine ähnliche Botschaft erhält Viktor Emanuel III. von Italien (→26.8./S.141).

Die Deutsche Wochenschau zeigt Bilder von Lagern für Polenflüchtlinge.

In Böhmen und Mähren wird für 16- bis 25jährige die einjährige Arbeitsdienstpflicht wie im Reichsgebiet eingeführt.

25. August, Freitag

Führer und Reichskanzler Adolf Hitler empfängt den britischen Botschafter Neville Meyrick Henderson. →S.139

Um 15.02 Uhr befiehlt Führer und Reichskanzler Adolf Hitler der Wehrmacht den Angriff auf Polen für den 26. August um 4.30 Uhr. →S.139

Das Linienschiff »Schleswig-Holstein« läuft um 16 Uhr zum Freundschaftsbesuch in Danzig ein (→1.9./S.154).

Führer und Reichskanzler Adolf Hitler empfängt um 17 Uhr Frankreichs Botschafter Robert Coulondre. →S.139

In London wird ein britisch-polnisches Militärbündnis geschlossen. →S.139

Italiens Ministerpräsident und Duce Benito Mussolini teilt Führer und Reichskanzler Adolf Hitler brieflich mit, daß Italien nicht Krieg führen könne. →S.139

Führer und Reichskanzler Adolf Hitler stoppt kurz nach 18 Uhr den Angriff auf Polen. →S.139

Japan protestiert bei der Reichsregierung gegen den deutsch-sowjetischen Pakt.

Die britisch-französisch-sowjetischen Beratungen in Moskau werden beendet.

Die in fremden Häfen und auf hoher See stehenden deutschen Handelsschiffe erhalten Befehl, sich von den normalen Schiffahrtswegen abzusetzen.

Die für den 27. August angesetzte Tannenbergfeier fällt aus (→26.8./S.146).

Ein Bombenanschlag der Irisch-Republikanischen Armee (IRA) in Coventry fordert fünf Tote und 35 Verletzte. →S.146

Das Zentralkomitee der Kommunistischen Partei Deutschlands begrüßt den Nichtangriffspakt mit dem Deutschen Reich vom 23. August als »erfolgreiche Friedenstat« der UdSSR.

26. August, Sonnabend

Die Reichsregierung teilt der Schweiz und den Benelux-Ländern die Achtung ihrer Neutralität im Kriegsfall mit.

Der geplante »Reichsparteitag des Friedens« (2.-11.9.) wird abgesagt. →S.146

Frankreichs Ministerpräsident Édouard Daladier mahnt Führer und Reichskanzler Adolf Hitler zum Frieden. →S.140

US-Präsident Franklin Delano Roosevelt ruft erneut zu deutsch-polnischen Verhandlungen auf. →S.141

Italiens Ministerpräsident und Duce Benito Mussolini schickt Führer und Reichskanzler Adolf Hitler eine Liste über den Bedarf Italiens an Kriegsmaterial und Rohstoffen (→25.8./S.139).

Am Abend trifft Birger Dahlerus, der schwedische Vertraute von Generalfeldmarschall Hermann Göring, aus London wieder in Berlin ein (→24.8./S.140)

Zur Entschärfung des Nationalitätenkonflikts treten fünf kroatische Minister in die jugoslawische Regierung ein.

27. August, Sonntag

Führer und Reichskanzler Adolf Hitler beantwortet den Brief des französischen Ministerpräsidenten Édouard Daladier vom →26. August (S.140).

Das Reichspropagandaministerium weist die deutsche Presse an: »Aufmachung weiterhin Polen. In der Stärke keinesfalls nachlassen, es gibt genügend Meldungen über Kriegsvorbereitungen, Panikstimmung, kleinere Unruhen ... u.s.w.«

Für die deutsche Luftwaffe und Teile des deutschen Heeres tritt eine etwa zehntägige Postsperre in Kraft.

Vor den Mitgliedern des Reichstags in der Neuen Reichskanzlei erklärt Führer und Reichskanzler Adolf Hitler, der Bund mit Moskau sei ein »Pakt mit dem Satan, um den Teufel auszutreiben«.

Im Deutschen Reich werden für bestimmte Lebensmittel sowie für Seife und Hausbrandkohle Bezugsscheine eingeführt (→30.8./S.142).

In Rostock startet das Strahlturbinenflugzeug Heinkel He 178. →S.146

Das für diesen Tag geplante Fußball-Länderspiel Deutschland-Schweden in Stockholm fällt aus. Eine zweite deutsche Elf unterliegt vor 13 000 Zuschauern der Slowakei in Preßburg 0:2 (0:1).

28. August, Montag

In Berlin übergibt der britische Botschafter Neville Meyrick Henderson die Antwort seiner Regierung auf die deutschen Angebote (→29.8./S.141).

Die Grenze zwischen dem Deutschen Reich und Frankreich wird geschlossen.

29. August, Dienstag

Das Reichspropagandaministerium weist die Presse an: »Das Maß der Herausstellung der polnischen Terrormeldungen ist für das Ausland der Maßstab, an dem man die Festigkeit der deutschen Haltung mißt... Es ist gleichgültig, was von diesen Meldungen geglaubt wird.«

Adolf Hitler erklärt dem britischen Botschafter Neville Meyrick Henderson seine Bereitschaft zu Verhandlungen, falls am 30. August ein polnischer Unterhändler in Berlin erscheine. →S.141

30. August, Mittwoch

Der schwedische Industrielle Birger Dahlerus fliegt zum dritten Mal nach London und informiert die britische Regierung über die Ausarbeitung eines deutschen 16-Punkte-Plans im Laufe des Tages.

In Berlin wird ein Ministerrat für die Reichsverteidigung gebildet. →S.142

In Polen wird die Generalmobilmachung bekanntgegeben. →S.143

Noboyuki Abe wird für Kiichiro Freiherr Hiranuma Ministerpräsident Japans.

Die Schweizer Bundesversammlung in Bern wählt den Oberstkorpskommandanten Henri Guisan zum General der Armee. →S.143

31. August, Donnerstag

Um 12.40 Uhr befiehlt Adolf Hitler den Angriff auf Polen für den 1. September um 4.45 Uhr. →S.144

Um 18 Uhr spricht Reichsaußenminister Joachim von Ribbentrop kurz mit Polens Botschafter Josef Lipski, der aber keine Verhandlungsvollmacht hat. →S.144

Der Oberste Sowjet ratifiziert den Nichtangriffspakt mit dem Deutschen Reich.

Um 20 Uhr wird der Sender Gleiwitz von Männern des Sicherheitsdienstes in polnischen Uniformen überfallen. →S.143

Um 21 Uhr verliest der Reichsrundfunk den 16-Punkte-Plan für Polen. →S.144

Das Wetter im Monat August

Station	Mittlere Lufttemperatur (°C)	Niederschlag (mm)	Sonnenscheindauer (Std.)
Aachen	17,5 (17,2)	– (82)	– (188)
Berlin	19,1 (17,2)	73 (68)	– (212)
Bremen	18,0 (17,1)	109 (79)	– (182)
München	17,0 (16,6)	90 (96)	– (211)
Wien	19,3 (18,6)	– (68)	– (242)
Zürich	17,8 (16,6)	123 (132)	203 (219)

( ) Langjähriger Mittelwert für diesen Monat
– Wert nicht ermittelt

Paula Wessely auf dem Titel der »Film Illustrierte« vom 13. August 1939

Zollstreit gibt Anlaß für die Zuspitzung der Danzig-Krise

Anfang August spitzt sich die seit längerem krisenhafte Lage in Danzig weiter zu. Anlaß ist ein Streit um die Zahl der polnischen Zollinspektoren, der sich innerhalb kurzer Zeit infolge von Mißverständnissen und bewußten Provokationen zu einem ernsten Konflikt zwischen dem Deutschen Reich und Polen ausweitet. Beide Staaten erklären, daß jede einseitige Veränderung des Status quo in Danzig als Kriegsgrund anzusehen sei. Währenddessen bemühen sich beide Regierungen um Bündnispartner, wobei die UdSSR, die mit beiden Seiten verhandelt, zum ausschlaggebenden Faktor wird.

4. August 1939:

Polnisches Ultimatum an Danzig

Polens Generalkommissar in Danzig, Marjan Chodacki, fordert den Danziger Senatspräsidenten Arthur Greiser auf, bis 18 Uhr des folgenden Tages die ständigen Behinderungen der polnischen Zollbeamten in Danzig zu unterbinden.

Ferner teilt Chodacki mit, daß »alle polnischen Zollbeamten den Befehl erhalten haben, ihren Dienst vom 6. August an in Uniform und bewaffnet auszuüben... Jeder... Versuch, sie in der Erfüllung ihrer Pflicht zu behindern ... [wird] als Gewaltakt gegen Beamte des polnischen Staates« gewertet werden.

Die Zahl der polnischen Zollinspektoren, deren Arbeit schon mehrfach Anlaß zu Konflikten geboten hatte (→20.5./S.92), war während des Sommers erhöht worden.

Anlaß für das Ultimatum sind Meldungen über angeblich befohlene Dienstbehinderungen durch Danziger Behörden. Auf Bitte des Völkerbundskommissars Carl Jacob Burckhardt ruft Greiser Chodacki an und teilt ihm mit, diese Befehle seien nie gegeben worden. Doch Chodacki verlangt eine schriftliche Erklärung. Am 7. August protestiert Greiser bei Chodacki gegen die Bewaffnung der Beamten, die nur als »beabsichtigte Provokation« polnischerseits aufgefaßt werden könne.

Der 53jährige Edward Rydz-Smigly, als Marschall höchster Soldat Polens

Die abendliche Großkundgebung auf dem Danziger Langen Markt mit Albert Forster, dem Gauleiter der Nationalsozialistischen Deutschen Arbeiterpartei

8. August 1939:

Neue Direktiven von Hitler für Danzigs Gauleiter Albert Forster

Auf dem Obersalzberg empfängt Führer und Reichskanzler Adolf Hitler den Danziger Gauleiter der Nationalsozialistischen Deutschen Arbeiterpartei (NSDAP), Albert Forster. Anlaß ist die Zuspitzung der Krise um die Freie Stadt.

Nach seiner Rückkehr nach Danzig erklärt Forster, der Führer sei nun an den Grenzen seiner Geduld angelangt und habe wissen wollen, welches die Gründe für den »so vollkommenen Mißerfolg« seiner Entspannungsversuche seien.

Durch das persönliche Eingreifen Hitlers führt der Streit um die Zollbeamten zu einer Verhärtung der schon länger belasteten Beziehungen zwischen dem Deutschen Reich und Polen (→26.3./S.56).

Am 9. August liest der Staatssekretär im Reichsaußenministerium, Ernst Freiherr von Weizsäcker, dem polnischen Geschäftsträger in Berlin, Stefan Fürst Lubomirski, eine Note zur Erklärung des Danziger Senatspräsidenten Arthur Greiser vom 7. August vor. Darin wird bei erneuten polnischen Drohungen gegen Danziger Behörden mit einer Verschärfung der deutsch-polnischen Beziehungen gedroht.

Obwohl die Botschafter Großbritanniens und Frankreichs, Sir Howard Kennard und Léon Noël, Polens Außenminister Oberst Józef Beck zur Mäßigung raten, fällt die am 10. August dem deutschen Geschäftsträger in Danzig, Johann von Wühlisch, übergebene Antwort sehr scharf aus: Die polnische Regierung werde weiterhin gegen jede Schmälerung ihrer Rechte vorgehen, und »zwar durch Mittel und Maßnahmen, die sie allein für angebracht hält«. Jede diesbezügliche Einmischung der Reichsregierung werde »als Angriffshandlung« angesehen.

10. August 1939:

Forster: »Reich schützt Danzig«

Bei einer abendlichen Kundgebung auf dem Langen Markt in Danzig betont der Gauleiter der Nationalsozialistischen Deutschen Arbeiterpartei (NSDAP), Albert Forster, die enge Bindung der Freien Stadt an das Deutsche Reich.

Der aus Fürth stammende Forster, der am 8. August mit Führer und Reichskanzler Adolf Hitler konferiert hatte, gilt als eigentlicher Leiter der Danziger Politik. In seiner Rede, die von der reichsdeutschen Presse auf den Titelseiten abgedruckt wird, erklärt er u. a.: »Polen mag folgendes zur Kenntnis nehmen: 1. Kriegsdrohungen, und mögen sie noch so herausfordernd sein, schrecken uns keineswegs und werden in Danzig keinerlei Anzeichen von Angst hervorrufen ... 3. Wir haben in Danzig in den letzten Wochen nämlich alles getan, um jeden Überfall oder Handstreich, ganz gleich welcher Art, auf Danzig abzuwehren und entsprechend zu beantworten. 4. Polen mag sich darüber im klaren sein, daß Danzig nicht allein und verlassen auf dieser Welt steht, sondern daß das Großdeutsche Reich, unser Mutterland, und unser Führer Adolf Hitler jederzeit entschlossen sind, im Falle eines Angriffes von polnischer Seite in der Abwehr desselben zur Seite zu stehen.«

Gauleiter Albert Forster erklärt bei seiner Ansprache am 10. August: »Die Danziger Bevölkerung glaubt felsenfest, daß die Stunde der Befreiung kommt.«

11. August 1939:

Hitler empfängt Carl J. Burckhardt

Führer und Reichskanzler Adolf Hitler empfängt den Hohen Kommissar des Völkerbundes in Danzig, Carl Jacob Burckhardt, auf dem Obersalzberg. Für die Anreise hat Hitler seine Focke-Wulf Fw 200 »Condor« nach Danzig geschickt. Burckhardt wird begleitet vom Danziger Gauleiter Albert Forster.

Hitler weist zunächst den Polen die Schuld an der Krise um Danzig zu und erklärt Burckhardt: »Wenn ich Krieg zu führen habe, würde ich lieber heute als morgen Krieg führen.«

Der 1891 in Basel geborene Carl Jacob Burckhardt lehrte als Professor an der Universität Zürich (1932–1937); er war Völkerbundsdelegierter (1929–1937) und ging im Jahre 1937 als Hoher Kommissar nach Danzig

Hitler fährt fort: »Dank meiner Befestigungen werde ich den Westen mit 74 Divisionen halten. Der Rest wird gegen die Polen geworfen, die in drei Wochen liquidiert sein werden. Die Schweiz hat nichts zu fürchten. Ich werde ihre Neutralität achten… Dieses ewige Gerede über den Krieg ist Narrheit und macht die Völker wahnsinnig. Was ist denn die Frage? Nur daß wir Korn und Holz brauchen. Des Getreides wegen brauche ich Raum im Osten, des Holzes wegen brauche ich eine Kolonie, nur eine… Alles, was ich unternehme, ist gegen Rußland gerichtet. Wenn der Westen zu dumm und zu blind ist, um das zu begreifen, werde ich gezwungen sein, mich mit den Russen zu verständigen, den Westen zu schlagen, und dann nach seiner Niederlage mich mit meinen versammelten Kräften gegen die Sowjetunion zu wenden.«

Burckhardt erwidert, er sei hier, um über Danzig zu sprechen und betont, Briten und Franzosen würden seines Wissens mäßigenden Einfluß auf Warschau ausüben. Hitler widerspricht, deutet aber die Möglichkeit von Verhandlungen an. Zum Ende des Gesprächs, über das Burckhardt ein ausführliches Protokoll anfertigt und über dessen Inhalt er am 15. August die britische und polnische Regierung informiert, empfiehlt Hitler seinem Gast auf dessen Frage hin, seine Kinder in die Schweiz zu bringen.

Nach Abschluß der deutsch-italienischen Gespräche: In weißen Uniformen v. l. Galeazzo Ciano, Graf von Cortellazzo, Adolf Hitler, Joachim von Ribbentrop

13. August 1939:

Hitler informiert Graf Ciano über den baldigen Angriff auf Polen

Nach dreitägigen Gesprächen mit Reichsaußenminister Joachim von Ribbentrop in Salzburg und mit Adolf Hitler auf dem Obersalzberg bei Berchtesgaden kehrt Italiens Außenminister Galeazzo Ciano, Graf von Cortellazzo, nach Rom zurück. Die Beratungen enden ohne ein gemeinsames Kommuniqué.

Aufgeschreckt durch Berichte seines Botschafters in Berlin, Bernardo Attolico, und des dortigen Militärattachés, General Mario Roatta, über die deutschen Kriegsvorbereitungen will Ciano endlich erfahren, was die Deutschen vorhaben.

Unverhüllt erklärt Ribbentrop seinem italienischen Gast, daß ein Krieg mit Polen unvermeidlich sei. Ribbentrop äußert jedoch die Erwartung, daß sich dieser Konflikt lokalisieren lasse und deutet eine mögliche Verständigung mit der UdSSR an (→ 13.8./S.134).

Bei seinen Gesprächen mit Hitler am 12. und 13. August wiederholt Ciano, was der deutschen Führung bereits seit längerem bekannt ist: Italien wird erst 1942/43 kriegsbereit sein. Er schlägt eine Verzögerung des Konflikts vor, bleibt jedoch von Hitlers Zuversicht nicht unbeeindruckt und erklärt schließlich nach Aussage des Chefdolmetschers Paul Schmidt: »Sie haben schon so oft recht behalten, wenn wir anderen gegenteiliger Meinung waren, so daß ich es für sehr gut möglich halte, daß Sie auch dieses Mal die Dinge richtiger sehen« (→ 25.8./S.139).

Ciano-Notiz zum Salzburger Treffen

Italiens Außenminister Galeazzo Ciano, Graf von Cortellazzo, notiert über die Gespräche vom 11. bis 13. August in sein Tagebuch:

»11. August 1939 … Ribbentrop weicht jedesmal aus, wenn ich Einzelheiten über die nächste deutsche Unternehmung erfahren möchte … Der Wille zum Krieg ist unerschütterlich … 12. August 1939. Hitler ist sehr herzlich, aber … unerschütterlich in seinem Entschluß … Ich bin mir bald klar, daß nichts mehr zu machen ist. Er hat beschlossen, zuzuschlagen, und er wird zuschlagen. Unsere Einwände vermögen ihn nicht im geringsten davon abzuhalten … Er wiederholt immer wieder, daß er den Krieg mit Polen lokalisieren wird; aber seine Behauptung, der große Krieg müsse geführt werden, solange er und der Duce noch jung seien, bestärkt mich neuerdings in meiner Vermutung, daß er unaufrichtig ist … 13. August 1939. Die zweite Unterredung mit Hitler ist kürzer und schärfer … Der Abschied ist herzlich, aber zurückhaltend auf beiden Seiten. Im Palazzo Venezia berichte ich dem Duce … Ich kehre nach Rom zurück, angeekelt von Deutschland, von seinen Führern, von seiner Handlungsweise. Sie haben uns belogen und betrogen. Und heute sind sie im Begriff, uns in ein Abenteuer hineinzureißen, das wir nicht gewollt haben …«

Zentrale der Politik auf Hitlers Berghof

Während sich die Krise um Danzig zuspitzt, weilt Führer und Reichskanzler Adolf Hitler in seiner Residenz auf dem Obersalzberg bei Berchtesgaden.

Der 1936 zu einem großen Anwesen ausgebaute Berghof (Abb.) unweit des Watzmann ist Anfang August die eigentliche Machtzentrale des Dritten Reiches, wo Hitler Politiker empfängt wie am 11. August den Hohen Kommissar des Völkerbundes für Danzig, Carl Jacob Burckhardt, oder am 12./13. August Italiens Außenminister Galeazzo Ciano, Graf von Cortellazzo.

Angehörige der in Danzig aufgestellten SS-Heimwehr in feldmarschmäßiger Ausrüstung mit Maschinengewehren

Pressehetze gegen Polen intensiviert

17. August. Auf Anweisung des Reichspropagandaministeriums wird die Pressekampagne gegen Polen verschärft. Unter der Überschrift »Unerträglicher Terror über Ostoberschlesien« prangern die »Düsseldorfer Nachrichten« auf ihrer Titelseite die Festnahme von Mitgliedern volksdeutscher Organisationen im Raum Kattowitz an.
Schon bei der Vorbereitung der Annexion des Sudetenlandes im September 1938 hatte die reichsdeutsche Presse wichtige Schützenhilfe geleistet. Ein wesentliches Steuerungselement sind die täglichen Pressekonferenzen beim Propagandaministerium, wo, je nach Entwicklung der politischen Lage, präzise Weisungen über die Plazierung und Behandlung bedeutsamer Meldungen an die Presse ergehen.

Heimwehr der SS soll Danzig verteidigen

18. August. Auf dem Danziger Maifeld tritt erstmals die SS-Heimwehr an, die nach den Worten von Gauleiter Albert Forster »die schöne alte deutsche Stadt und ihre Menschen im Falle eines polnischen Übergriffs« verteidigen soll.
Forster übergibt der Heimwehr eine Fahne mit dem Runenzeichen der SS und dem Danziger Wappen. Die Truppe ist mit Handfeuerwaffen, schweren Maschinengewehren sowie leichten Geschützen bewaffnet und verfügt über geländegängige Fahrzeuge. Kommandant der Danziger Heimwehr ist SS-Obersturmbannführer Joachim Goetze.
Die unter dem Motto »Lieber sterben als polnisch werden« stehende Parade der SS-Heimwehr macht schlagartig den Umfang der in den vorangegangenen zwei Monaten heimlich in Danzig durchgeführten Aufrüstung deutlich.
Die Truppe rekrutiert sich vor allem aus reichsdeutschen SS-Männern, die als Touristen getarnt in die Freie Stadt eingereist waren.

Parade der SS-Heimwehr auf dem Maifeld am 18. August, SS-Obersturmbannführer Joachim Goetze (l.) und Gauleiter Albert Forster inspizieren die Soldaten

An den Grenzen Danzigs waren in aller Eile Befestigungsanlagen gebaut worden. Waffen aller Art waren zu Lande und zu Wasser in die Stadt transportiert und militärische Verbände in verschiedener Tarnung zusammengezogen worden. Mitte Juli war das bisher in einer Kaserne untergebrachte Städtische Versorgungsamt in ein Hotel umquartiert worden, um Platz für Soldaten zu schaffen. Auch die Städtische Messehalle, wo 600 Mann untergebracht wurden, und die Arbeitsfrontschule in Wordel, Kreis Danziger Nehrung, erhielten Einquartierung. Schulen und Polizeikasernen wurden für die Soldaten geräumt, hinzu kamen zahlreiche neue Barackenlager.
Die Waffen wurden meist über die ostpreußische Grenze bei Dubbashaken und über den Hafen in die Stadt gebracht. Am 19. August wird eine in acht Wochen fertiggestellte neue Pontonbrücke über die Weichsel bei Käsemark eingeweiht.
Neben die Verlegung von reichsdeutschen SS-Leuten, vor allem aus Ostpreußen und Pommern, trat im Rahmen der Mobilmachung auch die Einberufung von Danziger Männern im Alter von 17 bis 25 Jahren aufgrund des Danziger Polizeidienstpflichtgesetzes sowie aller unverheirateten SA- und SS-Männer zur sechswöchigen militärischen Ausbildung im Reichsgebiet.

Deutsche Beratungsstelle im Grenzgebiet für Flüchtlinge aus Polen

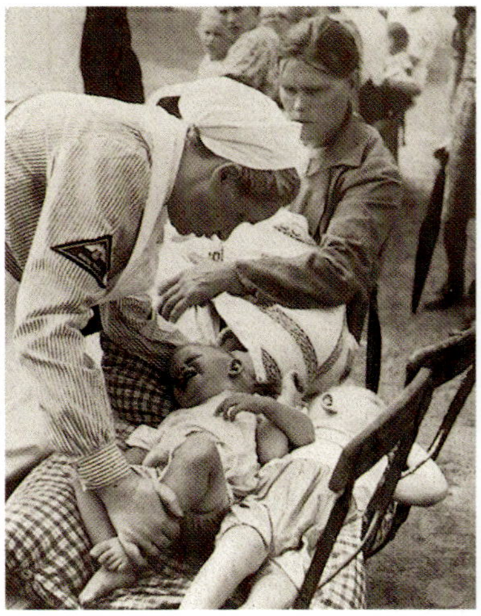

Ein Bild aus der deutschen Presse: Versorgung deutscher Flüchtlinge

Verhandlungen der Westmächte mit der UdSSR gescheitert

21. August. In Moskau vertagt der sowjetische Chefdelegierte, Marschall Kliment J. Woroschilow, die am 17. August schon einmal unterbrochenen Gespräche mit der britisch-französischen Militärmission auf unbestimmte Zeit. Am gleichen Tag wird der baldige Abschluß eines deutsch-sowjetischen Abkommens bekannt (→ 23.8./S.134).

Nachdem der britische Premierminister Arthur Neville Chamberlain am 31. Juli die Entsendung einer Militärmission angekündigt hatte, dauerte es bis zum 5. August, ehe der Dampfer »City of Exeter« mit den Offizieren an Bord von Tilbury auslief. Zwei nachrangige Militärs wurden zu Verhandlungsführern ernannt: Admiral Sir Reginald Drax, Chefadjutant des britischen Königs und der französische General Joseph Doumenc. Das mit 13 Knoten (rund 24 km) pro Stunde Richtung Leningrad dampfende Schiff kam dort am 11. August an. Einen Tag später konnten endlich die Gespräche mit den Sowjets in Moskau beginnen.

Ankunft der britisch-französischen Militärmission in Moskau: L. General Joseph Doumenc, r. Admiral Sir Reginald Drax

Es stellte sich jedoch heraus, daß der Verhandlungsspielraum stark eingeschränkt war: Admiral Drax hatte strikte Anweisung, keine Verpflichtungen einzugehen, die der britischen Regierung die Hände binden könnten, und vor allem keinesfalls die Stellung der baltischen Staaten sowie Polens und Rumäniens zu erörtern (→ 24.7./S.118).

Demgegenüber beharrten die Sowjets auf dem Durchmarschrecht durch Polen, um das Deutsche Reich im Kriegsfall angreifen zu können. Da die Polen trotz Überredungsversuchen aus Paris und London ihre Zustimmung verweigerten, mußten die Verhandlungen scheitern. Am 25. August verlassen Briten und Franzosen enttäuscht Moskau.

Moskau weist Westmächten die Schuld zu

Das sowjetische Protokoll der Militärberatungen zwischen der UdSSR, Frankreich und Großbritannien vom 21. August macht die Westmächte für das Scheitern der Gespräche verantwortlich:

»In seiner Erklärung hat der Leiter der englischen Delegation, Admiral Drax, im Namen der englischen und französischen Militärmission einige Fragen gestellt. Die sowjetische Militärmission hält es für notwendig, ihre Erklärung dazu zu geben ... Die gegenwärtige Beratung der Militärmissionen Englands, Frankreichs und der UdSSR war die natürliche Fortsetzung der politischen Verhandlungen, die ... mit dem Ziel geführt wurden, einen gemeinsamen Plan für den Widerstand gegen eine Aggression in Europa auszuarbeiten. In diesem Zusammenhang hat die sowjetische Regierung wiederholt erklärt, daß sie einen politischen Pakt und eine militärische Konvention ... nicht voneinander trennen kann.

Die Absicht der sowjetischen Militärmission bestand und besteht darin, mit der englischen und französischen Militärmission Vereinbarungen über die praktische Organisation einer militärischen Zusammenarbeit der bewaffneten Kräfte der drei verhandelnden Seiten zu treffen.

Die sowjetische Mission ist der Meinung, daß die UdSSR, die keine gemeinsame Grenze zu Deutschland hat, Frankreich, England, Polen und Rumänien nur dann Hilfe leisten kann, wenn ihren Truppen der Durchzug durch polnisches und rumänisches Territorium gewährt wird, da es keine anderen Wege gibt, mit den Truppen des Aggressors in Fühlung zu treten. Das ist ein militärisches Axiom. Dieses ist die feste Überzeugung der sowjetischen Militärmission. Die englische und die französische Militärmission stimmen darin zu unserer Verwunderung nicht mit der sowjetischen Militärmission überein. Darin gehen unsere Meinungen auseinander. Die sowjetische Militärmission kann sich nicht vorstellen, wie die Regierungen und Generalstäbe Englands und Frankreichs, als sie ihre Missionen zu Verhandlungen über den Abschluß einer Militärkonvention in die UdSSR entsandten, keine genauen und positiven Weisungen zu dieser elementaren Frage geben konnten ... Wenn aber die Franzosen und Engländer diese axiomatische Frage zu einem großen Problem machen, das eine längere Untersuchung erfordert, so geht daraus hervor, daß aller Grund vorhanden ist, um an ihrem Streben nach einer echten und ernsten militärischen Zusammenarbeit mit der UdSSR zu zweifeln. In Anbetracht des Dargelegten fällt die Verantwortung für die Verzögerung der militärischen Verhandlungen sowie für die Unterbrechung ... auf die französische und englische Seite.«

Kliment J. Woroschilow, seit 1925 Volkskommissar für Verteidigung

K. J. Woroschilow Vertrauter Stalins

Sowjetischer Verhandlungsführer bei den Militärgesprächen mit den Westmächten war Kliment J. Woroschilow, seit 1925 Volkskommissar für Verteidigung. Er gilt als enger Vertrauter von Parteichef Josef W. Stalin. Woroschilow läßt die Verhandlungen scheitern, nachdem sich Stalin für ein Bündnis mit den Deutschen entschieden hat.

Mit ihm am Tisch saßen Generalstabschef und Armeekommandeur I. Ranges Boris M. Schaposchnikow und Nikolai G. Kusnezow, Volkskommissar für die Seestreitkräfte.

Deutsch-sowjetischer Nichtangriffspakt unterzeichnet

23. August. In Moskau wird ein Nichtangriffspakt zwischen dem Deutschen Reich und der Sowjetunion unterzeichnet. Ein geheimes Zusatzabkommen regelt die Aufteilung der Interessensphären in Osteuropa. Damit hat das Deutsche Reich das Wettrennen mit Großbritannien und Frankreich um ein Bündnis mit der Sowjetunion gewonnen. Anders als die Westmächte erfüllt die deutsche Reichsregierung die Expansionsansprüche der UdSSR im Baltikum und in Finnland, in Ostpolen sowie im rumänischen Bessarabien. Die Weltöffentlichkeit reagiert bestürzt auf den deutsch-sowjetischen Pakt.

Reichsaußenminister Joachim von Ribbentrop (2. v. r.) unterzeichnet im Kreml den deutsch-sowjetischen Nichtangriffspakt. Ribbentrop war mit einer Generalvollmacht für den Abschluß von sofort in Kraft tretenden Verträgen mit der UdSSR von Berlin via Königsberg in die sowjetische Hauptstadt geflogen

Der sowjetische Außenkommissar und Regierungschef Wjatscheslaw M. Molotow bei der Unterzeichnung des Nichtangriffspaktes, l. mit verschränkten Armen Reichsaußenminister Joachim von Ribbentrop. Molotow leitet seit dem 3. Mai 1939 als Nachfolger von Maxim M. Litwinow die Außenpolitik der Sowjetunion

Gegen 13 Uhr landet auf dem Moskauer Flughafen eine Focke-Wulf Fw 200 »Condor«. An Bord ist Reichsaußenminister Joachim von Ribbentrop, der einen Nichtangriffspakt unterzeichnen soll.
Nach einem Frühstück in der deutschen Botschaft treffen Ribbentrop und sein Amtskollege, der sowjetische Außenkommissar Wjatscheslaw M. Molotow, erstmals für rund drei Stunden im Kreml zusammen.
Nach einem kurzen Essen werden die Beratungen fortgesetzt. Währenddessen ist mit dem deutschen Einverständnis, auch die Ostseehäfen Libau und Windau der sowjetischen Einflußsphäre zuzuschlagen, ein wichtiges Hindernis aus dem Weg geräumt worden. Im Verlauf der Gespräche versichert Ribbentrop Parteichef Josef W. Stalin der deutschen Sympathie für die Sowjetunion. Nachdem der Vertrag und das Zusatzprotokoll lange nach Mitternacht unterzeichnet worden sind, bringt Stalin einen Trinkspruch auf Führer und Reichskanzler Adolf Hitler aus und erklärt abschließend: »Die sowjetische Regierung nimmt den neuen Pakt sehr ernst. Sie kann mit ihrem Ehrenwort versichern, daß die Sowjetunion ihren Genossen nicht hintergehen wird.«

Josef W. Stalin, seit 1922 Zentralsekretär der KPdSU, und Reichsaußenminister Joachim von Ribbentrop. Obwohl formell kein Regierungsmitglied, nimmt Stalin an den deutsch-sowjetischen Gesprächen teil. Ribbentrop sagt seinem Gastgeber, daß »alle Schichten des deutschen Volkes die Verständigung mit der Sowjetunion auf das lebhafteste begrüßen«

Die deutsche Delegation ist bei internen Beratungen unter sich: V. l. Unterstaatssekretär und juristischer Berater Friedrich Gaus, Reichsaußenminister Joachim von Ribbentrop, Legationsrat und Dolmetscher Gustav Hilger und Botschafter Friedrich Werner Graf von der Schulenburg

Gesprächspartner bei den deutsch-sowjetischen Gesprächen in Moskau: Reichsaußenminister Joachim von Ribbentrop, der als juristischer Berater tätige Unterstaatssekretär Friedrich Gaus, KPdSU-Generalsekretär Josef W. Stalin und Außenkommissar Wjatscheslaw M. Molotow

Die deutsche Delegation am 24. August nach ihrem 22stündigen Aufenthalt vor dem Besteigen der Focke-Wulf Fw 200 »Condor« zum Rückflug nach Berlin über Königsberg, wo Ribbentrop von Gauleiter Erich Koch begrüßt wird. Über Polen fliegt die »Condor« mit Jagdschutz

Maßgeblich am Zustandekommen der deutsch-sowjetischen Nichtangriffs-Vereinbarung beteiligt: Der deutsche Botschafter in Moskau, Friedrich Werner Graf von der Schulenburg

Reichsaußenminister Joachim von Ribbentrop (l.) wird nach seiner Rückkehr aus Moskau von Adolf Hitler und Hermann Göring (r.) in der Neuen Reichskanzlei in Berlin empfangen

»Der letzte Faden, an dem der Friede hing, ist gerissen...«

23. August. Der in Moskau von Reichsaußenminister Joachim von Ribbentrop und Außenkommissar Wjatscheslaw M. Molotow unterzeichnete deutsch-sowjetische Nichtangriffspakt besteht aus zwei Teilen, dem eigentlichen Vertragstext und einem Zusatzprotokoll.

Das Zusatzabkommen, von dessen Existenz die Weltöffentlichkeit nichts erfährt, macht deutlich, daß der Moskauer Vertrag tatsächlich ein Abkommen über ein Militärbündnis und die Einflußsphären in Europa ist. Der Vertrag selber hat folgenden Wortlaut:

»Die deutsche Regierung und die Regierung der Union der Sozialistischen Sowjetrepubliken, geleitet von dem Wunsche, die Sache des Friedens zwischen Deutschland und der UdSSR zu festigen und ausgehend von den grundlegenden Bestimmungen des Neutralitätsvertrages, der im April 1926 zwischen Deutschland und der UdSSR geschlossen worden ist, sind zu nachstehender Vereinbarung gelangt:

Artikel 1. Die beiden vertragschließenden Teile verpflichten sich, sich jeden Gewaltaktes und jeden Angriffs gegeneinander, und zwar sowohl einzeln als auch gemeinsam mit anderen Mächten, zu enthalten.

Artikel 2. Falls einer der vertragschließenden Teile Gegenstand kriegerischer Handlungen seitens einer dritten Macht werden sollte, wird der andere vertragsschließende Teil in keiner Form diese dritte Macht unterstützen.

Artikel 3. Die Regierungen der beiden vertragschließenden Teile werden künftig fortlaufend mit Konsultation in Fühlung miteinander bleiben, um sich gegenseitig über Fragen zu informieren, die ihre gemeinsamen Interessen berühren. Artikel 4. Keiner der beiden vertragschließenden Teile wird sich an irgendeiner Mächtegruppierung beteiligen, die sich mittelbar oder unmittelbar gegen den anderen Teil richtet.

Artikel 5. Falls Streitigkeiten oder Konflikte zwischen den vertragschließenden Teilen über Fragen dieser oder jener Art entstehen sollten, würden beide Teile diese Streitigkeiten oder Konflikte ausschließlich auf dem Wege freundschaftlichen Meinungsaustausches oder, nötigenfalls, durch Einsetzung von Schlichtungskommissionen bereinigen. Artikel 6. Der gegenwärtige Vertrag wird auf die Dauer von zehn Jahren abgeschlossen mit der Maßgabe, daß, soweit nicht einer der vertragsschließenden Teile ihn ein Jahr vor Ablauf dieser Frist kündigt, die Dauer der Wirksamkeit dieses Vertrages automatisch für weitere fünf Jahre als verlängert gilt.

Artikel 7. Der gegenwärtige Vertrag soll innerhalb möglichst kurzer Frist ratifiziert werden. Die Ratifikationsurkunden sollen in Berlin ausgetauscht werden. Der Vertrag tritt sofort mit seiner Unterzeichnung in Kraft. Ausgefertigt in doppelter Urschrift, in deutscher und russischer Sprache. Moskau, am 23. August 1939.«

Einen Tag später würdigt Ribbentrop vor der Presse den Pakt als den vielleicht »bedeutsamsten Wendepunkt in der Geschichte zweier Völker. Man hat versucht, Deutschland und Rußland einzukreisen, und gerade aus dieser Einkreisung ist nun die deutsch-russische Verständigung entstanden«.

Obwohl sich Ribbentrop zuversichtlich über die Wirkungen äußert, die das sowjetisch-japanische Verhältnis durch den Moskauer Vertrag erfahren wird, ist der Eindruck bei den mit dem Deutschen Reich durch den Antikominternpakt (→24.2./S.33) verbundenen Staaten Japan und Italien wenig positiv: In Tokio führt der Pakt zur Regierungskrise, Japans Botschafter in Berlin, Hiroshi Oshima, legt offiziell Protest ein (→11.5./S.93), und Italien, das über die Absprachen mit Moskau bewußt im Unklaren gelassen wurde, sieht durch den Nichtangriffspakt seine Interessen auf dem Balkan beeinträchtigt.

Bestürzt äußert sich auch NS-Reichsleiter Alfred Rosenberg, der am 25. August in sein Tagebuch schreibt: »Ich habe das Gefühl, als ob sich dieser Moskau-Pakt irgendwann am Nationalsozialismus rächen wird. Das war nicht ein Schritt aus freiem Entschluß, sondern die Handlung einer Zwangslage, ein Bittgesuch seitens einer Revolution gegenüber dem Haupt einer anderen, die niederzukämpfen das vorgehaltene Ideal eines 20jährigen Kampfes gewesen ist. Wie können wir noch von der Rettung und Gestaltung Europas sprechen, wenn wir den Zerstörer Europas um Hilfe bitten müssen?«

Die deutsche Führung verwirft solche grundsätzlichen Bedenken. Die deutsche Presse ist angewiesen, den Nichtangriffspakt als »sensationellen Wendepunkt« und »eine grundsätzliche Schwenkung« zu feiern. Es ist gelungen, Polen zu isolieren, und der seit langem vorbereitete Angriff kann nun beginnen (→22.8./S.138).

Typisch für die Reaktionen im westlichen Ausland sind die Aufzeichnungen des französischen Botschafters in Berlin, Robert Coulondre: »Die Nachricht wirkt auf mich wie ein Schlag ins Gesicht. Wir sind also überspielt worden! Damit ist der letzte Faden, an dem der Friede noch hing, gerissen ...«

Protokoll zur Abgrenzung der »beiderseitigen Interessensphären«

Zur strengsten Geheimhaltung ihrer territorialpolitischen Ziele verpflichten sich das Deutsche Reich und die Sowjetunion im geheimen Zusatzprotokoll zum Nichtangriffspakt vom 23. August. Der vollständige Text lautet:

»Aus Anlaß der Unterzeichnung des Nichtangriffsvertrages zwischen dem Deutschen Reich und der Union der Sozialistischen Sowjetrepubliken haben die unterzeichneten Bevollmächtigten der beiden Teile in streng vertraulicher Aussprache die Frage der Abgrenzung der beiderseitigen Interessensphären in Osteuropa erörtert. Diese Aussprache hat zu folgendem Ergebnis geführt: 1. Für den Fall einer territorial-politischen Umgestaltung in den zu den baltischen Staaten (Finnland, Estland, Lettland, Litauen) gehörenden Gebieten bildet die nördliche Grenze Litauens zugleich die Grenze der Interessensphären Deutschlands und der UdSSR. Hierbei wird das Interesse Litauens am Wilnaer Gebiet beiderseits anerkannt.

2. Für den Fall einer territorial-politischen Umgestaltung der zum polnischen Staate gehörenden Gebiete werden die Interessensphären Deutschlands und der UdSSR ungefähr durch die Linie der Flüsse Narew, Weichsel und San abgegrenzt. Die Frage, ob die beiderseitigen Interessen die Erhaltung eines unabhängigen polnischen Staates erwünscht erscheinen lassen und wie dieser Staat abzugrenzen wäre, kann endgültig erst im Laufe der weiteren politischen Entwicklung geklärt werden. In jedem Falle werden beide Regierungen diese Frage im Wege einer freundschaftlichen Verständigung lösen.

3. Hinsichtlich des Südostens Europas wird von sowjetischer Seite das Interesse an Bessarabien betont. Von deutscher Seite wird das völlige politische Desinteresse an diesen Gebieten erklärt.

4. Dieses Protokoll wird von beiden Seiten streng geheim behandelt. Moskau, 23. August 1939.«

Der Vertragspartner der Sowjets

Der am 22. August mit der Generalvollmacht von Führer und Reichskanzler Adolf Hitler, sowohl einen »Nichtangriffspakt als auch andere sich aus den Verhandlungen ergebende Vereinbarungen zu unterzeichnen«, nach Moskau geflogene Joachim von Ribbentrop ist seit dem 4. Februar 1938 als Nachfolger von Konstantin Freiherr von Neurath Außenminister. Ribbentrop, als Sohn eines preußischen Offiziers am 30. April 1893 in Wesel geboren, war Kriegsteilnehmer und erhielt sein Adelsprädikat 1925 durch Adoption. Von 1936 bis 1938 war er Botschafter in London.

△ *Propagandistisches Werbeplakat für die »Große antibolschewistische Ausstellung«, die im Deutschen Reich im Januar 1939 gezeigt wurde. Zu dieser Zeit galt die Sowjetunion noch als militärischer und ideologischer Gegner*

◁ *Einst war der Nationalsozialismus unter dem Banner angetreten, die Welt nicht nur von dem »jüdisch infiltrierten Kapitalismus«, sondern auch von der »drohenden bolschewistischen Weltgefahr« zu befreien. Dementsprechend prägten lange Zeit solche und ähnliche Plakate die Einstellung zur Sowjetunion. Das wird, wenn auch nur für kurze Zeit, mit dem deutsch-sowjetischen Nichtangriffspakt vom 23. August 1939 anders*

Ein »Weltfeind« wird Verbündeter – der Weg zum Nichtangriffsvertrag

Der deutsch-sowjetische Nichtangriffspakt beendet das diplomatische Doppelspiel der UdSSR (→ 21.8./S.133). Gleichzeitig ist er für die Weltöffentlichkeit sichtbares Zeichen einer unbegreiflichen Übereinstimmung zweier gegensätzlicher Gesellschaftssysteme.

Ein Blick zurück zeigt jedoch, daß enge deutsch-sowjetische Beziehungen nichts Ungewöhnliches sind: 1922 hatten in Rapallo die beiden Verlierer des Weltkriegs 1914 bis 1918 die Aufnahme diplomatischer und wirtschaftlicher Beziehungen vereinbart. Vier Jahre später folgte ein Neutralitätspakt. Von der Kooperation profitierte die Reichswehr, die in der UdSSR moderne Waffen erproben konnte, die ihr der Versailler Vertrag verbot.

Daran erinnert der sowjetische Außenkommissar Wjatscheslaw M. Molotow vor dem Obersten Sowjet bei der Ratifizierung des Moskauer Vertrages am 31. August: »Die sowjetische Regierung hielt es auch schon früher für wünschenswert, einen weiteren Schritt zur Verbesserung der politischen Beziehungen zu Deutschland zu machen, aber die Umstände erlaubten, daß das erst jetzt möglich wurde.«

Ein Auslöser für die Annäherung der UdSSR an das Dritte Reich war das Nachgeben des Westens gegenüber den territorialen Forderungen von Führer und Reichskanzler Adolf Hitler auf der Münchener Konferenz (29.9.1938). Mußte Parteichef Josef W. Stalin zunächst eine antisowjetische Koalition der kapitalistischen Staaten befürchten, so ging es ab Frühjahr 1939 vor allem darum, die UdSSR vorerst aus dem bevorstehenden Krieg herauszuhalten und gleichzeitig ihre Einflußsphäre nach Westen vorzuschieben. Zunächst sahen sich Briten und Franzosen im Vorteil: Nach der Auflösung der Tschechoslowakei, bei der die »Nichteinmischungspolitik« des Westens ihr durch Stalin schon vorhergesagtes Fiasko erlitt (→ 10.3./S.54), schlug ihnen die UdSSR einen kollektiven Sicherheitspakt vor (→ 31.3./S.56), zugleich wurden Fühler in Richtung Berlin ausgestreckt. Am → 17. April (S.72) deutete der sowjetische Geschäftsträger in Berlin, Alexei N. Merekalow, gegenüber dem Staatssekretär im Reichsaußenministerium, Ernst Freiherr von Weizsäcker, eine mögliche Besserung der Beziehungen an. Zu Hauptfiguren bei der deutsch-sowjetischen Annäherung wurden in Berlin Legationsrat Julius Schnurre und der sowjetische Botschaftsrat Georgi Astachow, deren Gespräche über einen Handelsvertrag zur Debatte über eine politische Annäherung wurden, und in Moskau Molotow und der deutsche Botschafter Friedrich Werner Graf von der Schulenburg.

Am 20. Mai teilte Molotow dem Botschafter mit, eine Wiederaufnahme der Wirtschaftsverhandlungen sei von einer noch zu schaffenden »politischen Grundlage« abhängig, woraufhin Schulenburg nach längerem Zögern am 30. Mai angewiesen wurde, »jetzt doch gewisse Fühlung mit der Sowjetunion aufzunehmen«.

Ein deutlicheres Signal war eine Äußerung von Astachow am 15. Juni gegenüber dem bulgarischen Gesandten Parvan Draganow: Von den drei der UdSSR zur Verfügung stehenden Möglichkeiten – ein Bündnis mit Frankreich und Großbritannien, die Verzögerung der Verhandlungen oder eine Übereinkunft mit dem Deutschen Reich – würde die Sowjetregierung die dritte vorziehen. Wie von Astachow erwartet, informierte Draganow das Auswärtige Amt.

Am 14. August teilte Schnurre Schulenburg mit, er habe von Astachow erfahren, daß die UdSSR an Beratungen über alle Fragen, die beide Seiten betreffen, interessiert sei. Als Tagungsort wurde Moskau vorgeschlagen, worauf Schulenburg eine Weisung von Reichsaußenminister Joachim von Ribbentrop für ein Gespräch mit Molotow erhielt: Reale Gegensätze zwischen beiden Ländern bestünden nicht, beide Staaten hätten die kapitalistischen Demokratien zu Feinden, Ribbentrop sei zu einer Moskaureise bereit.

Schulenburg übermittelte diese Vorschläge am 16. August, worauf Molotow die sowjetischen Wünsche wie folgt präzisierte: Abschluß eines Nichtangriffspakts, deutsches Einwirken auf Japan (→ 11.5./S.93), Garantien für die baltischen Staaten. Am gleichen Tag erhielt Schulenburg Weisung, Molotow einen 25jährigen Nichtangriffspakt und einen Ribbentrop-Besuch nach dem 18. August vorzuschlagen. Bei Übergabe dieser Erklärung am 17. August stellte Molotow für die Zeit nach Abschluß eines Handelsvertrages einen Nichtangriffspakt in Aussicht. Am 19. August fiel die Entscheidung: Zunächst vertröstete Molotow Schulenburg wegen des Besuchstermins, erklärte dann auf Weisung Stalins, Ribbentrop könne etwa eine Woche nach Abschluß des Wirtschaftspaktes in Moskau erscheinen und übergab einen Vertragsentwurf mit der Maßgabe der Aushandlung einer Sonderklausel.

Am 20. August wurde der Wirtschaftsvertrag unterzeichnet, am selben Tag bat Hitler »Herrn J. W. Stalin, Moskau« telegrafisch um eine Einladung für Ribbentrop für den 22. oder 23. August, da zwischen dem Deutschen Reich und Polen »jeden Tag eine Krise ausbrechen« könnte. Stalins Antwort fiel positiv aus: Er war bereit, Ribbentrop am 23. August zu empfangen und erklärte ergänzend: »Ich hoffe, daß ein deutsch-sowjetischer Nichtangriffspakt eine Wendung zur ernsthaften Besserung der politischen Beziehungen zwischen unseren Ländern schaffen wird.«

Oberster Befehlshaber Adolf Hitler (M.), Heeres-Oberbefehlshaber Walter v. Brauchitsch (3. v. r.) und Wilhelm Keitel, Chef des Oberkommandos der Wehrmacht (r.)

Hitler bekräftigt seinen Willen zum Überfall auf Polen

22. August. Vor den Oberbefehlshabern der drei Wehrmachtsteile und der Mehrzahl der Generäle und Admiräle bekräftigt Führer und Reichskanzler Adolf Hitler auf dem Berghof bei Berchtesgaden seine Entschlossenheit, Polen in kürzester Zeit anzugreifen.

Durch den erst am Abend zuvor der Öffentlichkeit bekanntgegebenen Nichtangriffspakt mit der Sowjetunion, der am → 23. August (S.134) unterzeichnet wird, hat Hitler Polen isoliert. Dies war vorrangiges Ziel seiner Außenpolitik seit dem Scheitern der Gespräche mit dem östlichen Nachbarn (→ 26.3./S.56) und der polnischen Anlehnung an Großbritannien (→ 31.3./S.56).

Erneut betont Hitler seine Überzeugung, die Wahrscheinlichkeit eines Eingreifens der Westmächte in einen deutsch-polnischen Konflikt sei nicht besonders groß. Am selben Tag formuliert jedoch Großbritanniens Premierminister Arthur Neville Chamberlain einen Brief an Hitler, der diesem am 23. August durch Botschafter Neville Meyrick Henderson übergeben wird und in dem es heißt: »Welcher Art auch immer das deutsch-sowjetische Abkommen sein wird, so kann es nicht Großbritanniens Verpflichtung gegenüber Polen ändern.«

In diesem Brief an Hitler, der das Ergebnis längerer Beratungen des britischen Kabinetts ist, warnt Premierminister Chamberlain: »Nötigenfalls ist Seiner Majestät Regierung entschlossen und bereit, alle ihr zu Verfügung stehenden Kräfte unverzüglich einzusetzen, und es ist unmöglich, das Ende einmal begonnener Feindseligkeiten abzusehen. Es würde eine gefährliche Täuschung sein zu glauben, daß ein einmal begonnener Krieg frühzeitig enden würde, selbst wenn ein Erfolg auf einer der verschiedenen Fronten, an denen er geführt werden wird, erzielt werden sollte.«

Chamberlain sei jedoch, wie Hitler seinen Zuhörern auf dem Berghof erläutert, ebenso wie andere westliche Staatsmänner keine Persönlichkeit von Format, während er selbst und Italiens Ministerpräsident und Duce Benito Mussolini wesentliche politische Faktoren seien.

Im Rahmen einer Gesamtschau der politischen Lage in Europa versucht Hitler seinen Zuhörern deutlich zu machen, daß jetzt der geeignete Moment zur Entfesselung des Krieges gekommen sei. Während die Kolonialreiche Frankreichs und Großbritanniens Auflösungserscheinungen zeigten und die meisten übrigen europäischen Staaten vom inneren Verfall bedroht seien, habe Deutschland durch seine Politik eine hervorragende Stellung erreicht. Hitler kündigt eine propagandistische Aktion an, die – glaubhaft oder nicht – einen Anlaß zur Auslösung des Krieges geben werde.

Zu den weiteren Ausführungen Hitlers notiert sich einer der Zuhörer, Admiral Hermann Boehm: »Es erscheint auch vom Standpunkt einer späteren großen Auseinandersetzung im Westen, die er für unvermeidlich halte, militärisch richtig, die Wehrmacht in einer einzelnen Aufgabe zu erproben... Nun bestand bei den Westmächten die Hoffnung auf das Mitmachen von Rußland, was neben der materiellen Unterstützung auch ein wichtiges psychologisches Moment war... Aber nur ein blinder Optimist konnte glauben, Stalin würde so wahnsinnig sein, den Gedanken Englands nicht zu durchschauen: nämlich wie im Weltkrieg im Westen eine Art Stellungskrieg zu führen und im Osten Rußland die Blutlast des Krieges tragen zu lassen.«

Zum Wesen eines künftigen Krieges erklärt Hitler: »Wir müssen unser Herz verschließen und hart machen. Wer über diese Weltordnung nachgedacht hat, ist sich klar, daß ihr Sinn im kämpferischen Durchsetzen des Besten liegt. Das deutsche Volk aber gehört zu den besten Völkern der Erde. Uns hat die Vorsehung zu Führern dieses Volkes gemacht, wir haben damit die Aufgabe, dem deutschen Volke, das mit 140 Menschen auf den Quadratkilometer zusammengedrängt ist, den nötigen Lebensraum zu geben. Größte Härte kann bei Durchführung einer solchen Aufgabe größte Milde sein.«

Überfall auf Polen am 26. August

25. August. Um 15.02 Uhr gibt Führer und Reichskanzler Adolf Hitler den Befehl zum Angriff auf Polen (»Fall Weiß«). General Nikolaus von Vormann, der Verbindungsoffizier des Heeres bei Hitler, leitet die Weisung an Heer, Marine und Luftwaffe weiter. Um 4.30 Uhr am 26. August soll der Überfall erfolgen.

In der Neuen Reichskanzlei, wohin Hitler erst tags zuvor aus Berchtesgaden zurückgekehrt war, ist der 25. August ein Tag höchster Spannung. Alles wartet auf die Nachricht, ob Italien auf seiten des Deutschen Reichs in den Krieg eintritt.

Zugleich versucht Hitler in Gesprächen mit den Westmächten, deren Unterstützung für Polen zu erschüttern. Um 13.30 Uhr empfängt er den britischen Botschafter Neville Meyrick Henderson zu einer einstündigen Unterredung und erklärt ihm, angesichts der »polnischen Provokationsakte« müsse das Deutsche Reich die »mazedonischen Zustände« an seiner Ostgrenze beseitigen und das Problem Danzig und »Polnischer Korridor« in seinem Sinne lösen. Dies müsse jedoch keinen Krieg mit den Briten bedeuten. Er bietet Großbritannien deutsche Hilfe bei der Erhaltung seines Empire an, sofern die deutschen kolonialen Forderungen erfüllt und die Verpflichtungen des Reiches gegenüber Italien und der Nichtangriffspakt mit der Sowjetunion davon nicht berührt würden.

Während die Angriffsvorbereitungen gegen Polen auf vollen Touren laufen und aus Rom immer noch keine Nachrichten eingetroffen sind, empfängt Hitler um 17.30 Uhr den französischen Botschafter Robert Coulondre zu einer halbstündigen Unterredung und versichert ihm, er hege keine feindseligen Gefühle gegen Frankreich und wolle seinen westlichen Nachbarn nicht angreifen. Coulondre erklärt Hitler mit allem Nachdruck, daß die französische Armee im Falle eines Angriffs auf Polen kämpfen werde.

Bündnis zwischen London und Warschau

25. August. In London unterzeichnen um 17.35 Uhr Außenminister Edward Frederick Lindley Wood Halifax und Botschafter Edward Graf Raczynski einen britisch-polnischen Beistandspakt (→ 31.3./S.56). Er sieht gegenseitige Hilfe für den Fall vor, daß einer der beiden Partner von einer anderen europäischen Macht angegriffen oder aufgrund anderer Maßnahmen des Aggressors in einen Krieg verwickelt wird. Ein Geheimprotokoll nennt in diesem Zusammenhang ausdrücklich das Deutsche Reich.

Als aggressive Handlungen gelten ein deutscher Überfall auf Danzig oder Belgien, die Niederlande und Litauen. Das Abkommen soll fünf Jahre in Kraft bleiben.

Edward F. Lindley Wood Halifax, seit 1938 britischer Außenminister

Edward Graf Raczynski, der polnische Botschafter in Großbritannien

Aufmarsch an Ostgrenze gestoppt

25. August. Kurz nachdem gegen 18 Uhr Botschafter Bernardo Attolico Italiens Nein zum Kriegseintritt überbracht hat, widerruft Führer und Reichskanzler Adolf Hitler den für 4.30 Uhr am 26. August befohlenen Angriff auf Polen.

Neben der Nachricht aus Rom hat der Abschluß des britisch-polnischen Beistandspaktes die Entscheidung Hitlers herbeigeführt. Zuvor waren entsprechend der lange vorbereiteten Pläne für den »Fall Weiß« die deutschen Truppen in ihre Bereitstellungen eingerückt.

Zugleich waren die Verkehrsflughäfen gesperrt und die Telefonverbindungen ins Ausland gekappt worden. Ausländische Militärattachés durften ohne eine Erlaubnis des Oberkommandos der Wehrmacht (OKW) Berlin nicht verlassen.

Nach Hitlers Haltebefehl beginnt im OKW, in den Führungsstäben von Heer, Luftwaffe und Marine, bei den Armee- und Divisionsstäben ein fieberhafter Nachrichtenverkehr, um den Befehl zum Angriffsstopp bis zu den vordersten Einheiten rechtzeitig durchzubringen.

Erschwerend wirkt sich aus, daß die meisten Stäbe auf dem Weg in ihre Kriegsstandorte sind. So erhält der Befehlshaber der 10. Armee, General Walter von Reichenau, erst gegen 23 Uhr den Haltebefehl.

Gänzlich gelingt die Einstellung des Angriffs jedoch nicht: Pünktlich um 4.30 Uhr am 26. August eröffnet ein dreißigköpfiger Stoßtrupp der 46. Infanterie-Division bei Lublinitz das Feuer auf die Polen und wird, da der erwartete Entsatz ausbleibt, stark dezimiert. Einheiten der 14. Armee besetzen im Handstreich einen Eisenbahntunnel. Die Soldaten werden zum Rückzug in die Slowakei gezwungen. Durch diese beiden Pannen ist eine Überrumpelung Polens nicht mehr möglich.

Bereits am nächsten Tag meldet die deutsche Luftaufklärung, daß die Polen damit beginnen, ihre Grenzsicherung erheblich zu verstärken.

Mussolini lehnt Kriegseintritt ab

25. August. Kurz nach 18 Uhr übergibt Italiens Botschafter Bernardo Attolico in der Neuen Reichskanzlei in Berlin ein Schreiben von Ministerpräsident und Duce Benito Mussolini an Führer und Reichskanzler Adolf Hitler, das die Gründe für den Nichteintritt Italiens in den Krieg auf seiten des Reiches erläutert.

Das schon in Salzburg (→ 13.8./S.131) spürbare italienische Mißtrauen war verstärkt worden durch den Vertrag von Moskau (→ 23.8./S.134), über den Mussolini von Hitler erst durch einen am 25. August gegen 15 Uhr von Botschafter Hans Georg von Mackensen überbrachten Brief in groben Zügen informiert worden war. Darin behauptete Hitler, obwohl der Angriff auf Polen beschlossen ist: »Niemand kann unter diesen Umständen voraussagen, was die nächste Stunde bringt.«

Zwar erklärte Mussolini dem Botschafter, Italien stünde bedingungslos »neben Deutschland«, doch nach erregten Diskussionen mit Mussolini rief Außenminister Galeazzo Ciano, Graf von Cortellazzo, um 17.30 Uhr in Berlin an und diktierte Attolico die Antwort des Duce, die vorwiegend technische Gründe enthält. Die Kernsätze lauten: »Die Intervention kann jedoch unverzüglich erfolgen, wenn Deutschland uns sofort das Kriegsmaterial und die Rohstoffe liefert, um den Angriff aushalten zu können, den die Franzosen und Engländer vorwiegend gegen uns richten werden. Bei unseren Begegnungen ist der Krieg für 1942 vorgesehen gewesen.«

Von Hitlers Ärger über den Achsenpartner ist in der am selben Abend ergehenden Antwort mit der Bitte um eine Auflistung der italienischen Wünsche nichts zu spüren. Die am 26. August verlangte Menge – sie würde laut Cianos Tagebuch-Eintrag »einen Stier töten, wenn er sie lesen könnte« – würde über 17 000 Güterzüge füllen und umfaßt neben sechs Millionen t Kohle wertvolle Rohstoffe wie Molybdän (600 t) sowie einen großen Posten Werkzeugmaschinen und 150 Flakbatterien.

Die Liste erfüllt ihren Zweck; Hitler erklärt die sofortige Lieferung für unmöglich und bittet Mussolini am 27. August, den Entschluß geheimzuhalten, ihn propagandistisch zu unterstützen und Italiens Streitkräfte zum Schein mobil zu machen.

Verzweifelte Bemühungen um Vermeidung des Krieges

26. August. Während die deutschen Truppen nach der kurzfristigen Absage des für den 26. August um 4.30 Uhr angesetzten Angriffs auf Polen in ihre Ausgangsstellungen zurückverlegt werden, laufen über offizielle und inoffizielle Kanäle fieberhafte Bemühungen, den drohenden Krieg, von dem in der Öffentlichkeit kaum jemand ahnt, wie nahe er schon gewesen ist, doch noch abzuwenden. US-Präsident Franklin Delano Roosevelt, Papst Pius XII. und, im Auftrag der Neutralen, Leopold III., König der Belgier, beschwören die verantwortlichen Staatsmänner, den Frieden in Europa zu erhalten.

Frankreichs radikalsozialistischer Ministerpräsident Édouard Daladier bei seiner Rundfunkansprache am 25. August

Daladier mahnt Hitler zu nochmaligen Verhandlungen mit Polen

26. August. Frankreichs Ministerpräsident Édouard Daladier antwortet in einem persönlichen Schreiben an Führer und Reichskanzler Adolf Hitler auf dessen Erklärung gegenüber Botschafter Robert Coulondre vom Vortag (→25.8./S. 139). Daladier versichert Hitler, daß Polen zu einer friedlichen Regelung des Konflikts bereit sei.

Daladier, im Weltkrieg 1914 bis 1918 an der Westfront, appelliert an Hitler, den Völkern ein neues Massenmorden zu ersparen.

Während Daladier seinen Brief entwirft, rollen französische Truppentransporte an die Maginotlinie zwischen Montmédy und Belfort, die Frankreichs Sicherheit garantieren soll. Frankreichs Militärführung ist überzeugt, daß auch in einem künftigen Krieg die Infanterie die Entscheidung bringen wird, während moderne Waffen wie Panzer und Flugzeuge keine wesentliche Rolle spielen werden. Darüber hinaus glaubt General Maurice Gustave Gamelin, der Chef des Generalstabs der Nationalen Verteidigung, fest an einen längeren und ehrenvollen Widerstand Polens.

Auf den Appell Daladiers erwidert Hitler am 27. August, er sehe keine Möglichkeit mehr, auf Polen noch friedlich einzuwirken und bezeichnet es als »schmerzlich«, daß »nun dafür unsere beiden Völker in einen neuen, blutigen Vernichtungskrieg eintreten sollen«.

Daladier: »Sie waren wie ich selbst Frontkämpfer im letzten Kriege!«

In dem Handschreiben von Édouard Daladier an Führer und Reichskanzler Adolf Hitler heißt es:

»... In der Stunde, wo Sie von der schwersten Verantwortung sprechen, die zwei Regierungschefs unter Umständen übernehmen könnten, das heißt, das Blut von zwei großen Völkern, die sich nur nach Frieden und Arbeit sehnen, zu vergießen, bin ich Ihnen persönlich und unseren beiden Völkern schuldig zu sagen, daß das Schicksal des Friedens noch in Ihren Händen liegt...

Auf meine Ehre kann ich bekunden, daß es in der klaren und aufrichtigen Solidarität Frankreichs mit Polen und seinen Verbündeten nichts gibt, das die friedliche Gesinnung meines Vaterlandes irgendwie beinträchtigen könnte. Diese Solidarität hat uns niemals daran gehindert und hindert uns auch heute nicht, Polen in dieser Gesinnung zu erhalten... Sie waren selbst Frontkämpfer im letzten Kriege. Sie wissen wie ich, welche Abscheu und Verurteilung die Verwüstungen des Krieges im Gewissen der Völker hinterlassen haben, ganz gleich, wie der Krieg endet ... Ihr Friedenswille könnte sich in aller Bestimmtheit dafür einsetzen, ohne der deutschen Ehre ... Abbruch zu tun ... Siegen werden am sichersten die Zerstörung und die Barbarei.«

Der »Neutrale D.« als Sonderbotschafter

24. August. Der schwedische Großindustrielle Birger Dahlerus trifft in Berlin ein. Auf Bitte von Hermann Göring soll er nach London fliegen. Dahlerus, der über Kontakte in Großbritannien verfügt, ist am 25. August in London und wird von Außenminister Edward Frederick Lindley Wood Halifax empfangen. Am 26. August übergibt Dahlerus Göring in der Neuen Reichskanzlei einen Brief von Halifax, der ihn darin bittet, die Stimmung in Berlin zu beruhigen, um noch Zeit zu gewinnen.

Der 44jährige schwedische Industrielle Birger Dahlerus vermittelt auf Initiative von Feldmarschall Hermann Göring, den er seit 1934 kennt, in der letzten Augustwoche als Sonderbotschafter vertrauliche Kontakte zwischen Berlin und London

Führer und Reichskanzler Adolf Hitler formuliert ein Sechs-Punkte-Programm, das Dahlerus auswendig lernen und London vortragen soll. Es enthält ein Bündnisangebot an Großbritannien und eine Grenzgarantie für Polen, sofern das Deutsche Reich Danzig, den Korridor und seine Kolonien erhalte.

Nach Empfang der Botschaft am 27. August sagt Halifax, Voraussetzung für alles Weitere seien direkte Verhandlungen zwischen Berlin und Warschau. Großbritannien erklärt sich grundsätzlich zum Abschluß eines Vertrages mit dem Deutschen Reich bereit, allerdings sollten die Einzelheiten in besonderen Gesprächen erörtert werden. Die Forderung nach Rückgabe der Kolonien wird ebenso zurückgewiesen wie das Angebot militärischer Hilfe. Noch zweimal, am Abend des 27. August und am 30. August, fliegt der »Neutrale D.« von Berlin nach London, ohne jedoch angesichts der konsequent zum Krieg drängenden deutschen Politik eine Verständigung bewirken zu können.

Der Demokrat Franklin Delano Roosevelt, seit 1933 Präsident der USA

Friedensappell der USA und Neutraler

26. August. US-Präsident Franklin Delano Roosevelt, der am 24. August Führer und Reichskanzler Adolf Hitler und Polens Staatspräsidenten Ignacy Mościcki zur Verständigung gemahnt hatte, richtet einen zweiten Aufruf an Hitler.

Nachdem Mościcki seine Verhandlungsbereitschaft bekundet hat, bittet Roosevelt den Führer, Polen entgegenzukommen. Hitler läßt beide Appelle unbeantwortet.

Am 23. August hatte Leopold III., König der Belgier, im Namen der Oslo-Staaten (die vier skandinavischen und die Benelux-Länder) erklärt ein dauerhafter Friede müsse ohne Gewalt und durch Achtung der Rechte der Nationen entstehen.

Leopold III., seit 1934 König der Belgier, ruft zum Frieden auf

Pius XII. mahnt die Welt zum Frieden

24. August. Am Abend richtet Papst Pius XII. über den Vatikanischen Rundfunk einen beschwörenden Appell an die verantwortlichen Politiker der Welt, in diesen krisenhaften Stunden ihren Völkern den Frieden zu bewahren.

Der Papst erklärt: »Eine schwere Stunde, die Stunde furchtbar großer Entschlüsse, ist wieder einmal an die große Familie des Menschengeschlechtes herangetreten, und diese Stunde kann Unser Herz, Unseren Geist und Unsere Autorität, die Wir von Gott erhielten, um die Völker dem Wege der Gerechtigkeit und des Friedens zuzuführen, nicht gleichgültig lassen. Wir fühlen jetzt eins mit allen, auf denen in diesem Augenblick die Verantwortung lastet, auf daß sie durch Uns die Worte jenes Christus erhören, auf den Millionen und Millionen Menschen vertrauen und dessen einziges Wort Herr über jedem Getöse dieser Erde sein könnte.«

In seiner Ansprache, die von der deutschen Presse nur mit einer kurzen Notiz gewürdigt wird, fährt das Oberhaupt der römisch-katholischen Kirche fort: »Wir sind mit Euch, Führer der Völker, Menschen der Politik und der Waffen, Schriftsteller und Redner und mit Euch allen, die Ihr Einfluß auf die Gedanken und Taten der Brüder habt und die Ihr für ihr Schicksal verantwortlich seid ... Heute, da trotz Unserer wiederholten Aufforderung und trotz Unseres väterlichen Interesses blutige zwischenstaatliche Konflikte zu befürchten sind, heute, da die Spannung der Seelen so groß ist, daß man befürchten muß, die furchtbare Maschinerie des Krieges werde sich in Gang setzen, heute wenden Wir Uns aus väterlicher Seele mit einem noch heißeren Aufruf an Regierungen und Völker, sie mögen doch Beschuldigungen und Drohungen beiseite legen und versuchen, die bestehenden Gegensätze durch eine gemeinsame und loyale Vereinbarung zu beseitigen.«

Die Rundfunkansprache, die von mehreren europäischen und außereuropäischen Rundfunkanstalten übernommen wird, schließt mit dem päpstlichen Aufruf, nochmals zu verhandeln, um damit Blutvergießen doch noch zu vermeiden.

Papst Pius XII. bei seiner Rundfunkansprache. Das Oberhaupt der römisch-katholischen Kirche mahnt die Verantwortlichen in aller Welt zum Frieden

Hitler spricht mit Henderson – Polen soll Beauftragten schicken

29. August. Um 18.45 Uhr empfängt Führer und Reichskanzler Adolf Hitler in der Neuen Reichskanzlei erneut den britischen Botschafter Neville Meyrick Henderson.

Am 28. August hatte Henderson die britische Antwort auf die deutschen Vorschläge vom → 25. August (S.139) überreicht. Als Voraussetzung für ein verbessertes deutsch-britisches Verhältnis wurden darin direkte deutsch-polnische Kontakte genannt, wozu Polen bereit sei. Im weiteren Gesprächsverlauf hatte Hitler plötzlich neue Forderungen gestellt und die Rückgabe Danzigs, des ganzen »Polnischen Korridors« sowie Grenzberichtigungen in Oberschlesien verlangt.

Am Abend des 29. August übergibt Hitler zunächst die Antwort auf die britischen Vorschläge: Rückkehr Danzigs und des Korridors, Bereitschaft zu direkten Verhandlungen, Entsendung eines polnischen Bevollmächtigten bis zum 30. August.

Als Henderson erklärt, dies sei ein Ultimatum, schreit Hitler, daß sich die britische Regierung »nicht einen Pfifferling« darum kümmere, wieviel Deutsche in Polen ermordet würden, worauf Henderson zurückschreit, eine solche Behauptung wäre unerträglich. Nach weiteren erregten Wortwechseln verläßt Henderson die Neue Reichkanzlei.

Sir Neville Meyrick Henderson, der britische Botschafter in Berlin, beim Abflug vom Londoner Flughafen Heston am 28. August. Über den Streit mit Adolf Hitler berichtet er nach London: »Es ist natürlich nicht die Pflicht eines diplomatischen Vertreters Englands, zu schreien. Aber Hitler ist eine Anomalität ...«

Vorbereitung für den Kriegsbeginn

30. August. Führer und Reichskanzler Adolf Hitler befiehlt die Bildung eines Ministerrats für die Reichsverteidigung aus dem bereits bestehenden Reichverteidigungsrat.

Dieses neue Gremium kann »Verordnungen mit Gesetzeskraft erlassen, falls ich [Hitler] nicht die Verabschiedung eines Gesetzes durch die Reichsregierung oder den Reichstag anordne«.

Der sechsköpfige Ministerrat wird von Generalfeldmarschall Hermann Göring als Vorsitzendem geleitet. Ziel ist die »einheitliche Leitung von Verwaltung und Wirtschaft« in der »Zeit der gegenwärtigen außenpolitischen Spannung«.

Währenddessen läuft im Deutschen Reich die Vorbereitung des Angriffs auf Polen auf Hochtouren. Einen Vorgeschmack auf künftiges Luftabwehrverhalten erhielten die Einwohner der Regierungsbezirke Düsseldorf, Köln, Arnsberg und Münster bereits am 21. August, als dort eine auf drei Nächte angesetzte Verdunkelungsübung begann.

Schon Anfang August sind umfangreiche Truppenverlegungen in die Grenzgebiete des Reiches vorgenommen worden. Während auf den Bahnhöfen die Reservisten mit Rucksack und Pappkarton auf die Züge in ihre Standorte warten und für die Einberufenen Urlaubssperre gilt, rollen auch Transporte in die umgekehrte Richtung: Am 25./26. August sind die Einwohner von Kehl und anderen unmittelbar am Rhein liegenden Gemeinden in den Raum Ulm und Augsburg evakuiert worden. Für Hamburg und andere Großstädte wurden Evakuierungspläne ausgearbeitet.

Am 27. August wurde im Deutschen Reich die Bezugsscheinpflicht für den Grundbedarf an Lebensmitteln, Seife, bestimmten Textilien und Schuhen sowie Hausbrandkohle eingeführt. Der Bezugsschein enthält Abschnitte für Brot, Kartoffeln, Fleisch, Milch, Eier, Zucker, Hülsenfrüchte, Nährmittel sowie Kaffee, Tee und Kakao.

Während auf die Rationierung von Brot, Kartoffeln und Mehl noch verzichtet wird, sehen die für vier Wochen gültigen Ausweiskarten u. a. pro Person und Woche den Bezug von 700 g Fleisch, 110 g Marmelade, 280 g Zucker, 63 g Kaffee oder Kaffee-Ersatz und 1,4 l Milch vor.

Generalfeldmarschall Hermann Göring, Beauftragter für den Vierjahresplan und Vorsitzender des Ministerrats für die Reichsverteidigung

Reichsminister Rudolf Heß, SS-Obergruppenführer und seit 1933 offiziell Stellvertreter des Führers, Mitglied des am 30. August gebildeten sechsköpfigen Ministerrats für die Reichsverteidigung

Heinrich Lammers, früherer Richter und seit 1937 Reichsminister und Chef der Reichskanzlei, geschäftsführendes Mitglied des Ministerrats für die Reichsverteidigung

Walther Funk, Ex-Journalist, seit 1938 Reichswirtschaftsminister und seit Januar 1939 Präsident der Reichsbank, Mitglied des Ministerrats für die Reichsverteidigung

Wilhelm Frick, seit 1933 Reichs- und Preußischer Minister des Innern, Mitglied des Ministerrats für die Reichsverteidigung und zum Generalbevollmächtigten für die Reichsverwaltung ernannt

General Wilhelm Keitel, seit 1938 Chef des Oberkommandos der Wehrmacht (OKW), Mitglied des Ministerrats für die Reichsverteidigung

Polen ordnet Generalmobilmachung an

30. August. Um 14.30 Uhr wird in Polen die Generalmobilmachung verkündet. Große Plakate an allen Straßenecken künden die Einberufung aller wehrfähigen Männer im Alter von bis zu 40 Jahren und die Beschlagnahme von Pferden und anderen Transportmitteln an.

Polen hatte schon am vorhergehenden Tag zu dieser Maßnahme greifen wollen, da – wie den Botschaftern Frankreichs und Großbritanniens in Warschau erklärt wurde – angesichts der »andauernden Grenzzwischenfälle und der deutlich aggressiven Umtriebe in Danzig« kein Zweifel »über die Angriffsabsichten des Deutschen Reiches gegenüber Polen« bestehen könne. Auf Bitte der Westmächte war die Mobilmachung mit Blick auf die noch laufenden Gespräche zwischen Berlin und London hinausgeschoben worden (→29.8./S.141).

Währenddessen läuft die Frist, die Führer und Reichskanzler Adolf Hitler der britischen Regierung am 29. August für die Entsendung eines polnischen Sonderbotschafters gesetzt hat, ab. Es erscheint kein Bevollmächtigter bei Hitler.

Polens Außenminister Oberst Józef Beck verweigert die Reise nach Berlin, um sich dort nicht wie am →15. März (S.48) der damalige Staatspräsident der Tschechoslowakei, Emil Hácha, das Jawort zum deutschen Einmarsch abringen zu lassen.

Der Stolz des polnischen Heeres: Die mit Schwert, Lanze und Handfeuerwaffen bewaffneten elf Kavalleriebrigaden gelten als die besten in Europa und sollen auf unwegsamem Terrain beweglicher sein als motorisierte Verbände

Leichte Panzerkampfwagen der polnischen Armee. Im polnischen Heer ist im August 1939 eine motorisierte Brigade ausgerüstet und eine zweite in Aufstellung

Schweiz schützt Neutralität mit Waffen

30. August. In Bern tritt um 17 Uhr die Bundesversammlung (National- und Ständerat) zusammen. Sie erteilt dem Bundesrat die von der Regierung erbetenen außerordentlichen Vollmachten und wählt den Oberstkorpskommandanten Henri Guisan zum General der Armee.

Zur Kontrolle des Bundesrates werden zwei unter Beachtung der Parteistärken zusammengesetzte Vollmachtenkommissionen gebildet.

Am 28. August war bereits der Grenzschutz einberufen worden. Am 31. August wird der bisherige Chef der Generalstabsabteilung, Jakob Labhart, zum Generalstabschef gewählt. Die Schweizer Armee hat eine Stärke von 430 000 Mann. Am gleichen Tag ergeht an 36 Staaten für den Fall eines Krieges die übliche Neutralitätserklärung.

Wahl und anschließende Eidesleistung des zum General der Schweizer Armee gewählten Oberstkorpskommandanten Henri Guisan vor der Vereinigten Bundesversammlung in Bern. Auf Guisan entfallen 204 von 229 Stimmen, 21 Stimmen erhält der Oberstdivisionär Jules Borel. In der Schweiz wird nur im Verteidigungsfall ein General gewählt

Aktion in Gleiwitz als Kriegsvorwand

31. August. Um 20 Uhr überfallen Angehörige des Sicherheitsdienstes (SD) in polnischen Uniformen unter Führung von SS-Sturmbannführer Alfred Naujocks den Sender Gleiwitz in Oberschlesien und lassen eine Botschaft über den Rundfunk verlesen. Die Aktion soll den Vorwand für den Überfall auf Polen liefern und war von Führer und Reichskanzler Adolf Hitler am →22. August (S.138) der Wehrmachtsführung angekündigt worden.

Der Reichsrundfunk verbreitet die Meldung, »polnische Banden« hätten den Überfall verübt und versucht, den Sender zu besetzen, seien aber – so die Mitteilung des Gleiwitzer Polizeipräsidenten – »durch deutsche Grenzpolizeibeamte vertrieben« worden, wobei »ein Aufständischer tödlich verletzt« und die übrigen gefangengenommen worden seien. Ergänzend wird mitgeteilt, dies sei offenbar der Auftakt zu einem polnischen Aufstandsversuch gewesen, da später auch reguläre polnische Soldaten die Grenze überschritten hätten.

Die Idee zu der »Aktion Birke« war von SS-Gruppenführer Reinhard Heydrich, dem Chef der Sicherheitspolizei und des SD, entwickelt worden. Um einen »Beweis« für polnische Übergriffe zu haben, wurde Naujocks befohlen, mit fünf bis sechs SD-Männern nach Gleiwitz zu fahren und auf das Stichwort »Großmutter gestorben« den Überfall durchzuführen.

Die Aktion läuft wie geplant ab: Die SD-Männer dringen in den Senderaum ein, das Programm – eine vom Sender Breslau übernommene Sendung des deutschen Reichsrundfunks – wird unterbrochen und der Sprecher meldet sich als »Polnischer Sender Gleiwitz« und erklärt, er spräche im Namen des »Polnischen Freiwilligenkorps Oberschlesischer Aufständischer«. In der Meldung, die teils auf polnisch, teils auf deutsch verlesen wird, heißt es, Sender und Stadt Gleiwitz befänden sich in polnischer Hand.

Zum Beweis für die polnischen Angriffe werden angeblich erschossene polnische »Insurgenten« vorgezeigt. Dabei handelt es sich um Konzentrationslagerhäftlinge, die mit einer Giftspritze getötet und denen zusätzlich mehrere Schußwunden zugefügt worden sind.

Der deutsche Überfall auf Polen steht unmittelbar bevor

31. August. Während noch in letzter Minute auf offiziellen und inoffiziellen diplomatischen Kanälen fieberhafte Versuche unternommen werden, den drohenden Krieg mit allen Mitteln noch aufzuhalten, vollzieht sich seit 12.40 Uhr planmäßig der deutsche Aufmarsch an der Ostgrenze. In Danzig-Neufahrwasser liegt seit dem 25. August das Linienschiff »Schleswig-Holstein«, das am 1. September um 4.45 Uhr die ersten Schüsse abgeben soll.

Um 12.40 Uhr erteilt Führer und Reichskanzler Adolf Hitler als oberster Befehlshaber der deutschen Wehrmacht die Weisung zum Überfall auf Polen (»Fall Weiß«).

Hitler befiehlt, den Angriff auf Polen am 1. September um 4.45 Uhr zu eröffnen, im Westen die Verantwortung für eventuelle Kampfhandlungen Briten und Franzosen zu überlassen und die Neutralität Belgiens, Luxemburgs, der Schweiz und der Niederlande zu achten.

Währenddessen sind die diplomatischen Kontakte noch nicht abgerissen. Am 30. August hatte Reichsaußenminister Joachim von Ribbentrop kurz vor Mitternacht den britischen Botschafter Neville Meyrick Henderson empfangen und ihn über ein deutsches 16-Punkte-Programm für Verhandlungen mit Polen informiert (Rückgabe Danzigs, Volksabstimmung im »Polnischen Korridor«, Demilitarisierung der Städte Danzig und Gdingen, Einsetzung einer internationalen Kommission zur Überprüfung der Lage der Minderheiten). Zum Eklat war es gekommen, als Ribbentrop sich weigerte, Henderson das Programm zu übergeben, da sein Inhalt wegen Ausbleibens eines polnischen Beauftragten (→ 30.8./S.143) überholt sei.

Trotzdem versuchen Briten und Franzosen, Polens Außenminister Oberst Józef Beck zu einer Stellungnahme zu bewegen, während Italiens Ministerpräsident und Duce Benito Mussolini in Berlin, London und Paris für eine Friedenskonferenz am 5. September wirbt.

Am 31. August um 18 Uhr erscheint schließlich auf Weisung von Beck der polnische Botschafter in Berlin, Josef Lipski, bei Reichsaußenminister Joachim von Ribbentrop, der ihn jedoch nach fünf Minuten, da er ohne Verhandlungsvollmacht gekommen ist, wieder entläßt.

Um 21 Uhr gibt der Reichsrundfunk schließlich den Text des deutschen 16-Punkte-Plans bekannt, der dann auch dem britischen und französischen Botschafter übergeben wird. Dies hat jedoch nur noch propagandistischen Wert für Hitler, der behaupten kann, bis zur letzten Minute um den Erhalt des Friedens gekämpft zu haben.

Gegen 16 Uhr am 25. August läuft das Linienschiff »Schleswig-Holstein« in Danzig-Neufahrwasser ein. Der als Freundschaftsbesuch deklarierte Flottenaufenthalt gilt offiziell dem Gedenken der in Danzig beigesetzten Besatzung des 1914 gesunkenen Kreuzers »Magdeburg«

Gauleiter Albert Forster (l.) begrüßt die deutschen Marineoffiziere. Die »Schleswig-Holstein« soll bei Beginn des »Falls Weiß« die in Reichweite liegenden polnischen Landbatterien beschießen. Der Marinestoßtrupp Hennigsen hat die Aufgabe, die Westerplatte zu besetzen

Festlich geschmückte Straße in Danzig zur Begrüßung der »Schleswig-Holstein« am 25. August. Das Linienschiff der Kaiserlichen Marine wird als Artillerieschulschiff eingesetzt. Ursprünglich sollte der Kreuzer »Königsberg« nach Danzig fahren, aber die »Schleswig-Holstein« verfügt mit ihren 28 cm-Geschützen über die weitaus größere Feuerkraft

Kriegsvorbereitungen in London: Flugabwehrgeschütze werden in öffentlichen Parks in Stellung gebracht. Am 24. August haben beide Häuser des Parlaments ein Notstands-Vollmachten-Gesetz angenommen, das die Regierung ermächtigt, eine Reihe bestehender Gesetze zum Schutz des Landes außer Kraft zu setzen

Wartende Menschen vor dem Parlament in London. Am 24. August erklärt Premierminister Arthur Neville Chamberlain vor dem Unterhaus, sein Land werde, wenn nötig, für »die Aufrechterhaltung jener Prinzipien kämpfen ... deren Zerstörung die Vernichtung aller Möglichkeiten des Friedens und der Sicherheit für den Weltfrieden nach sich ziehen würde«. Nicht nur in London, allenthalben ist die Angst angesichts der drohenden Kriegsgefahr spürbar

Verladung von Kunstgegenständen des Pariser Louvre. Am 27. August werden sämtliche öffentliche Museen der Hauptstadt geschlossen und die kostbarsten Werke in die Provinz ausgelagert. In den Niederlanden werden die Museen am 28. August geschlossen, am gleichen Tag wird dort die Mobilmachung verfügt

Kennzeichnung der Pariser Bürgersteige mit Leuchtfarbe, damit sich die Verkehrsteilnehmer bei Verdunkelung orientieren können. In London wurden im September 1938 Bäume und Hydranten auf ähnliche Weise markiert

Sandsackbarrikaden zum Schutz von Kunstwerken gegen Bombenangriffe am Place de la Concorde in Paris. Mit Sandsäcken verkleidet werden neben Statuen der Könige von Frankreich u. a. auch der berühmte Obelisk

Ein Beauftragter der Berliner Stadtverwaltung übergibt Mitgliedern der Nationalsozialistischen Arbeiterpartei (NSDAP) Kartons mit frischgedruckten Bezugsscheinen, um sie durch die NS-Organisationen an die Haushalte der Reichshauptstadt verteilen zu lassen. Um die am 27. August verfügte Bezugsscheinpflicht für wichtige Lebensmittel, Seife, Textilien, Schuhe und Hausbrandkohle zu organisieren, werden in aller Eile Ernährungs- und Wirtschaftsämter geschaffen. Die Einführung der Bezugsscheine macht schlagartig die drohende Kriegsgefahr deutlich ▷

Einstein warnt vor Nazi-Atombombe

2. August. Der 1933 in die USA emigrierte deutsche Physiker Albert Einstein unterzeichnet eine Warnung an US-Präsident Franklin Delano Roosevelt vor der Gefahr einer deutschen Atombombe.

Der deutsche Physiker Albert Einstein lebt seit seiner Emigration in die USA in Princeton, wo er am Institute for Advanced Study forscht. Für seine Arbeiten zur Quantentheorie hatte Einstein 1921 den Nobelpreis für Physik erhalten

In dem gemeinsam mit den emigrierten ungarischen Wissenschaftlern Leo Szilard, Eugene Paul Wigner und Edward Teller formulierten Schreiben heißt es u.a.: »Es ist denkbar... daß extrem starke Bomben eines neuen Typs gebaut werden... Eine einzige Bombe dieses Typs, per Schiff transportiert und in einem Hafen zur Explosion gebracht, könnte sehr wohl den gesamten Hafen und Teile des ihn umgebenden Territoriums zerstören.«

Ende 1938 war den deutschen Wissenschaftlern Otto Hahn und Friedrich Straßmann in Berlin der Nachweis der Kernspaltung gelungen.

Reichsparteitag findet nicht statt

26. August. Die Reichspressestelle der Nationalsozialistischen Deutschen Arbeiterpartei (NSDAP) gibt bekannt, daß der »Reichsparteitag des Friedens« 1939 vorerst ausfällt. Er sollte vom 2. bis 11. September in

Postkarte von Richard Klein für den am 26. August überraschend wegen der »Zeitumstände« abgesagten »Reichsparteitag des Friedens« 1939 der Nationalsozialistischen Deutschen Arbeiterpartei vom 2. bis 11. September in Nürnberg

Nürnberg stattfinden. »Ob seine spätere Abhaltung ins Auge gefaßt werden kann«, so heißt es in der Pressemitteilung weiter, »hängt von den Zeitumständen ab.«

Der Reichsparteitag ist das wichtigste, aber nicht das einzige Ereignis, das wegen der Kriegsgefahr ausfällt: Am selben Tag wird ein Fußball-Länderspiel gegen Schweden in Stockholm abgesagt, zwei Tage zuvor war die für den 27. August geplante Tannenbergfeier abgesetzt worden. Zum Gedenken an den deutschen Sieg über Rußland im August 1914 waren alle deutschen Tannenberg-Veteranen geladen worden.

Neuer IRA-Bombenanschlag

25. August. Fünf Tote und 35 Verletzte fordert ein Bombenanschlag der Irisch-Republikanischen Armee (IRA) im Zentrum von Coventry.

Seit Jahresbeginn versucht die illegale IRA durch eine Serie von Anschlägen, die britische Regierung zur Räumung Nordirlands zu zwingen (→16.1./S.22). Um die Arbeit der Polizei zu erleichtern, hatte der britische Innenminister Samuel Hoare Templewood of Chelsea am 24. Juli dem Unterhaus den Entwurf eines Ausnahmegesetzes vorgelegt und mitgeteilt, daß seit Januar 127 Anschläge verübt worden seien, davon 57 in London und 70 in der Provinz. Sie forderten einen Toten und 55 Verletzte. Die Polizei habe 66 Personen festgenommen und u.a. 55 Pakete mit Sprengstoff und 1000 Zünder sichergestellt.

Die IRA beantwortete den Gesetzentwurf am 26. Juli durch Bombenanschläge auf die Londoner Bahnhöfe Kings Cross und Victoria, die einen Toten und mehrere Verletzte forderten. Am 28. Juli wurde das neue Gesetz zur Verhütung von Gewalttätigkeiten vom Unter- und Oberhaus gebilligt. Es ermächtigt die Regierung zur Verhinderung der Niederlassung von Fremden, zur Deportierung unerwünschter Fremder und zur Ausweitung der Meldepflicht auf Iren in Großbritannien.

Wirkung des Anschlags vom 25. August im Zentrum der Industriestadt Coventry

Das erste Strahlturbinenflugzeug startet

27. August. Mit dem Piloten Erich Warsitz am Steuer startet bei Rostock das erste Strahlturbinenflugzeug der Welt, die Heinkel He 178, zu ihrem ersten Probeflug.

Der Düsenjäger bleibt über sechs Minuten in der Luft und erzielt eine Geschwindigkeit von fast 700 km/h. Das mit Benzin betriebene Strahltriebwerk HeS 3 wurde vom Physiker Hans Papst von Ohain entwickelt. Trotz dieses Erfolges zeigt die deutsche Luftwaffenführung kein Interesse an Ernst Heinkels Düsenjägerprojekt.

Die Heinkel He 178, das von dem Konstrukteur Ernst Heinkel gebaute erste Strahlturbinenflugzeug der Welt

US-Gangster stellt sich dem FBI-Chef

24. August. An der Ecke 28th Street und Fifth Avenue in New York stellt sich der langgesuchte US-Gangster Louis (Lepke) Buchalter dem Chef der US-amerikanischen Bundespolizei FBI (Federal Bureau of Investigation), J. Edgar Hoover.

Auf Buchalters Ergreifung, tot oder lebendig, waren 50 000 US-Dollar (rund 125 000 Reichsmark) als Belohnung ausgesetzt worden. Ihm und seiner Bande werden verschiedene Morde sowie die Erpressung von Schutzgeldern aus New Yorker Großbäckereien vorgeworfen.

Den Kontakt zwischen Buchalter und Hoover, dessen Popularität durch die ungewöhnliche Festnahme wächst, hatte der Rundfunkjournalist Walter Winchell hergestellt, der Buchalter versichern konnte, das FBI werde sich für ein faires Gerichtsverfahren einsetzen.

Watteau-Gemälde wieder im Louvre

14. August. Im Pariser Justizpalast erscheint der 25jährige Serge Bogouslawsky und gibt ein am 13. Juni aus dem Louvre gestohlenes Bild des Malers Antoine Watteau zurück.

Der 25jährige Serge Bogouslavsky, der das Gemälde »L'Indifférent« aus dem Louvre entwendete und nach zwei Monaten zurückbringt. In einer Broschüre hat er die Gründe für seine Tat dargelegt und seine Arbeit an dem Bild erläutert

Monatelang hatte die Polizei nach dem Gemälde »L'Indifférent« (Der Gleichgültige) des Franzosen Watteau (1684-1721) vergeblich gesucht. Der Täter, der sich als Kunstmaler bezeichnet, erklärt, er habe das Bild in der Zwischenzeit restauriert und mit dem Diebstahl auf Mängel im Louvre hinweisen wollen.
Fachleute erklären jedoch, das Gemälde sei dabei durch Bogouslawsky schwer beschädigt worden.

Neuer Weltrekord von Rudolf Harbig

12. August. Bei einem Sportfest in Frankfurt am Main läuft Rudolf Harbig mit 46,0 sec Weltrekord über 400 m und verbessert die Leistung von Archie Williams (USA) aus dem

Rudolf Harbig nach seinem 400 m-Lauf in Frankfurt am Main. Der am 8. November 1913 in Dresden geborene Mittelstreckler und Doppel-Europameister von 1938 (800 m und 4 × 400 m) läuft 1939 im Duell mit Mario Lanzi Weltrekord über 400 und 800 m

Jahr 1936 um 0,1 sec. Wie bei seinem Weltrekordlauf von 1:46,6 min über 800 m in Mailand am → 15. Juli (S.125) deklassiert der Dresdner Mittelstreckler auch bei dem Rennen in Frankfurt seinen italienischen Rivalen Mario Lanzi durch einen beispiellosen Endspurt.
Lanzi, der beim Einlauf in die Zielkurve noch etwa fünf Meter vor Harbig gelegen hatte, wird mit 47,2 sec Zweiter hinter Harbig.

Schweizer Sieg bei der Tour de Suisse

12. August. Nach 1724 km und acht Etappen heißt der Sieger der Tour de Suisse Robert Zimmermann. Es ist der zweite eidgenössische Tour-Sieg. Als erster Schweizer hatte 1937

Robert Zimmermann, der Sieger der Tour de Suisse 1939. Der Schweizer Radsportler feiert damit seinen bisher größten Erfolg. Bei der Deutschland-Rundfahrt 1939 hatte er hinter Georg Umbenhauer (Nürnberg) den zweiten Platz belegen können

Karl Litschi die Radrundfahrt gewonnen, die erstmals 1933 aus Anlaß des 50jährigen Jubiläums des Schweizer Radsportverbandes ausgetragen worden war.
Im Endklassement der am 5. August gestarteten Tour liegt Zimmermann (→ 24.6./S.113), der in einer Gesamtzeit von 48:55:06 h das Ziel erreicht, um 29 sec vor Max Bolliger (Schweiz) und 36 sec vor Christoph Didier aus Luxemburg.

Sieg für Lang beim Berner Grand Prix

20. August. Vor 45 000 Zuschauern auf der Rennstrecke Bern-Bremgarten gewinnt Hermann Lang auf Mercedes-Benz den sechsten Großen Preis der Schweiz.

Hermann Lang, der erfolgreiche Fahrer aus dem Rennteam von Mercedes-Benz. Als Nachfolger des 1935, 1937 und 1938 siegreichen Rudolf Caracciola wird Lang in der Rennsaison 1939 überlegen Europameister der Automobilrennfahrer

Bei seinem siebenten Sieg 1939 liegt Lang mit 1:24:47 h vor seinen Markengefährten Rudolf Caracciola (1:24:50 h) und Manfred von Brauchitsch (1:25:57 h).
Der Titel eines Automobil-Europameisters ist Lang damit nicht mehr zu nehmen, nachdem er in Pau (→ 2.4./S.85), Tripolis (7.5.) und Spa (→ 25.6./S.113) gewonnen hat und auch das Eifelrennen (→ 21.5./S.99) für sich entscheiden konnte.

»Lebensabend« (La fin du jour) von Julien Duvivier mit Louis Jouvet und Michel Simon sowie Victor Francen, Madeleine Ozeray und Gabrielle Dorziat

Merle Oberon, G. Fitzgerald, David Niven (»Stürmische Höhen«)

Zarah Leander in dem Film »Es war eine rauschende Ballnacht« von Carl Froelich

neigt, große Freiheit im Drehbuchaufbau, eine enorm leichte Erzählweise, Abkehr vom Rezept eines Ausstattungsfilms ... Vorliebe ... für Gestalten, die auf seltsame Weise vom Schicksal verfolgt werden.«
Nach Kriegsausbruch entstehen in Frankreich mehrere anspruchslose Militär- und Propagandafilme. In Großbritannien hingegen bemüht sich Alexander Korda mit dem in fünf Wochen gedrehten Luftwaffen-Film »Der Löwe hat Flügel« (The Lion has Wings) um eine Mischung aus Spiel- und Dokumentarfilm. Kassenerfolge sind »Französisch ohne Tränen« (French without Tears) von Anthony Asquith nach Terence Rattigan und »Die Sterne blicken herab« (The Stars look down) von Carol Reed nach A.J. Cronin sowie »Goodbye Mr. Chips« von Sam Wood mit Robert Donat und Greer Carson.
In den USA finden neben »Vom Winde verweht« (Gone with the Wind; → 15.12./S.209) Liebesdramen wie »Opfer einer großen Liebe« (Dark Victory) von Edmund Goulding mit Bette Davis oder William Wylers »Stürmische Höhen« (Wuthering Heights) nach Emily Jane Brontë mit Laurence Olivier ihr Publikum. Beliebt sind Komödien wie Ernst Lubitschs »Ninotschka« (Ninotchka) mit Greta Garbo, Historienfilme wie »Der junge Mr. Lincoln« (Young Mr. Lincoln) von John Ford mit Henry Fonda und Western wie »Höllenfahrt nach Santa Fé« (Stagecoach; → 3.3./S.65) und »Jesse James, Mann ohne Gesetz« (Jesse James) von Henry King mit Tyrone Power.

September 1939

Mo	Di	Mi	Do	Fr	Sa	So
				1	2	3
4	5	6	7	8	9	10
11	12	13	14	15	16	17
18	19	20	21	22	23	24
25	26	27	28	29	30	

1. September, Freitag

Um 4.45 Uhr beginnt der deutsche Angriff auf Polen. →S.154

Führer und Reichskanzler Adolf Hitler spricht vor dem Deutschen Reichstag. Einstimmig billigt das Parlament das Gesetz über die Wiedervereinigung Danzigs mit dem Deutschen Reich. →S.156

Carl Jacob Burckhardt, der Hohe Kommissar des Völkerbundes, muß gegen 9 Uhr Danzig verlassen. →S.156

In Großbritannien beginnt die Mobilmachung. In London und anderen Städten werden Kinder evakuiert. →S.166

Großbritannien und Frankreich fordern die Reichsregierung zum Rückzug der Wehrmacht aus Polen auf (→3.9./S.158).

Marschall Edward Rydz-Smigly wird Oberbefehlshaber der polnischen Streitkräfte und Vertreter des Präsidenten.

Ministerpräsident und Duce Benito Mussolini kündigt dem Ministerrat die Nichtkriegführung Italiens an.

Die UdSSR erläßt ein Gesetz über die allgemeine Wehrpflicht. Für Mannschaften dauert sie zwei Jahre (Bodentruppen), vier Jahre (Luftwaffe und Küstenverteidigung) und fünf Jahre (Marine).

In einer geheimen Weisung ordnet Führer und Reichskanzler Adolf Hitler ein Euthanasieprogamm an. →S.169

Durch Verordnung des Ministerrats für die Reichsverteidigung wird das Abhören feindlicher Sender und das Verbreiten ihrer Meldungen verboten. →S.166

Durch eine Polizeiverordnung wird für Juden im Deutschen Reich eine Ausgangssperre eingeführt. →S.166

Ein Führererlaß sieht Straffreiheit für aktive Wehrmachtsangehörige vor, die zu Geldstrafen, Haft, Arrest, Festungshaft oder zu Gefängnis bis zu sechs Monaten verurteilt worden sind.

Die 18 deutschen Wehrkreise erhalten Reichsverteidigungskommissare.

Die 10. Verordnung zum Luftschutzgesetz legt das Verhalten der deutschen Bevölkerung bei Luftalarm fest.

Durch Führerverordnung werden das erstmals im Jahr 1813 gestiftete Eiserne Kreuz (in zwei Stufen) erneuert und das Ritter- und Großkreuz des Eisernen Kreuzes sowie ein Verwundetenabzeichen (in drei Stufen) geschaffen.

Eine Verordnung über den Arbeitsplatzwechsel macht im Deutschen Reich jede Kündigung von der Zustimmung des zuständigen Arbeitsamtes abhängig.

In Stutthof (Danzig) wird ein Zivilgefangenenlager eingerichtet, das später als SS-Sonderlager in ein Konzentrationslager umgewandelt wird.

2. September, Sonnabend

Italiens Botschafter Bernardo Attolico übergibt in Berlin eine Note von Ministerpräsident und Duce Benito Mussolini, der einen Waffenstillstand und eine Friedenskonferenz vorschlägt (→3.9./S.158).

In Beantwortung einer Note von US-Präsident Franklin Delano Roosevelt erklären das Deutsche Reich und Polen, keine zivilen Ziele bombardieren zu wollen.

In Frankreich beginnt die Generalmobilmachung. Die Kammer in Paris billigt einstimmig die Kriegskredite.

Während die Schweizer Armee in ihre Bereitstellungsräume einrückt, beschließt der Bundesrat die Dienstpflicht für Schweizer von 16 bis 65 Jahren und für Schweizerinnen von 16 bis 60 Jahren.

Der deutsche Industrielle Fritz Thyssen flieht mit seiner Frau in die Schweiz.

3. September, Sonntag

Die Botschafter Frankreichs und Großbritanniens übergeben in Berlin die Kriegserklärungen ihrer Regierungen an das Deutsche Reich. →S.158

Die Regierungen von Australien und Neuseeland erklären, es sei ihre Pflicht, dem britischen Mutterland zu folgen und in den Krieg gegen das Deutsche Reich einzutreten. →S.159

Führer und Reichskanzler Adolf Hitler erläßt die Weisung Nr. 2 für die Kriegführung. Ziel bleibt der schnelle Sieg über Polen. Gegenüber Großbritannien wird der Seekrieg nach Prisenordnung freigegeben, ansonsten soll die Initiative dem Gegner überlassen werden. →S.160

In Berlin trifft der neue sowjetische Botschafter Alexander Schkwarzew ein.

Großbritanniens Premierminister Arthur Neville Chamberlain bildet ein Kriegskabinett (→13.9./S.162).

In Bromberg (Polen) werden mehrere tausend Volksdeutsche ermordet. →S.157

Das deutsche Unterseeboot U 30 torpediert den britischen Passagierdampfer »Athenia«. →S.160

Reinhard Heydrich, Chef der Sicherheitspolizei und des Sicherheitsdienstes der SS, veröffentlicht einen Runderlaß über »Grundsätze der inneren Staatssicherung während des Krieges«. Es ist u.a. gegen jedermann einzuschreiten, der öffentlich am deutschen Sieg zweifelt (→1.9./S.166).

Das Reichsgesetzblatt vom 3. September enthält u.a. die auf den 28. August datierte Prisenordnung für die deutsche Kriegführung auf See. →S.160

Tazio Nuvolari (Auto-Union) gewinnt vor Manfred von Brauchitsch (Mercedes-Benz) und Hermann P. Müller (Auto-Union) das Autorennen von Belgrad.

4. September, Montag

Während eines britischen Luftangriffs auf Wilhelmshaven und Brunsbüttel werden von 24 Bombern der Royal Air Force sieben abgeschossen.

Die britische Regierung veröffentlicht eine Liste mit Konterbande. Für den Gegner bestimmte Kriegs- und Hilfsgüter können fortan als Bannware beschlagnahmt werden (→3.9./S.160).

US-Außenminister Cordell Hull ruft die Bürger der USA auf, nur noch in dringenden Fällen nach Europa zu reisen.

Das Königreich Ägypten bricht diplomatische Beziehungen zum Deutschen Reich ab (→3.9./S.159).

In der Schweiz wird eine weitgehende Preiskontrolle eingeführt.

Durch Verordnung des Ministerrats für die Reichsverteidigung wird die Stärke des Reichsarbeitsdienstes für die weibliche Jugend zwischen 17 und 25 Jahren auf 100000 erhöht.

Der Ministerrat für die Reichsverteidigung erläßt eine Kriegswirtschaftsverordnung. Sie bringt u.a. Zuschläge auf die Einkommensteuer sowie auf Bier, Tabak, Brannt- und Schaumwein.

5. September, Dienstag

Die deutsche Reichsregierung veröffentlicht ein Weißbuch über die letzte Phase der polnisch-deutschen Krise. Polen und Großbritannien werden darin als »Kriegshetzer« bezeichnet.

Polen und Frankreich unterzeichnen ein Protokoll, das dem britisch-polnischen Abkommen vom →25. August (S.139) entspricht.

Die USA und Japan erklären ihre Neutralität im europäischen Krieg (→3.9./S.159).

Der Schweizer Bundesrat beschließt die Visumpflicht für Ausländer. Etwa 8000 Flüchtlinge befinden sich in der Schweiz.

Eine Verordnung des Reichsarbeitsministers Franz Seldte macht die Zahlung des Arbeitslosengeldes von der Bedürftigkeit des Arbeitslosen abhängig.

Eine Verordnung des Ministerrats für die Reichsverteidigung gegen »Volksschädlinge« bedroht Plünderungen in geräumten Gebieten, Brandstiftungen sowie in schweren Fällen auch Verbrechen bei Fliegeralarm mit dem Tode.

Von den Universitäten im Reichsgebiet sollen auf Anordnung von Reichsbildungsminister Bernhard Rust nur die Hochschulen in Berlin, Wien, München, Leipzig und Jena ihren normalen Betrieb am 11. September aufnehmen.

6. September, Mittwoch

Deutsche Truppen besetzen Krakau. Die polnische Regierung und die obersten Behörden werden nach Lublin evakuiert.

Die Regierung der Südafrikanischen Union (Dominion im britischen Commonwealth) erklärt dem Deutschen Reich den Krieg. Auch der Irak stellt sich hinter Großbritannien (→3.9./S.159).

Der erste britische Geleitzug sticht in See. Die Reise geht vom ostenglischen Orford Ness nach Methil (Schottland).

Der deutsche Passagierdampfer »Bremen« läuft aus New York kommend im sowjetischen Hafen Murmansk ein (→19.12./S.203).

Reichsverkehrsminister Julius Dorpmöller verbietet ab 20. September im Deutschen Reich die Benutzung privater Kraftfahrzeuge. Liegt die Weiterbenutzung im öffentlichen Interesse, sind Ausnahmegenehmigungen möglich.

7. September, Donnerstag

Die polnische Besatzung der Befestigung auf der Westerplatte vor Danzig kapituliert (→1.9./S.154).

Die französische Armee eröffnet eine begrenzte Offensive an der Saar. →S.161

Im besetzten ostoberschlesischen Gebiet wird die Reichsmarkwährung eingeführt.

8. September, Freitag

Vorausabteilungen der deutschen 4. Panzerdivision (Generalleutnant Georg-Hans Reinhardt) erreichen den Stadtrand von Warschau. Teile der deutschen 10. Armee (General Walter von Reichenau) beginnen bei Radom mit der Einkesselung von Teilen der polnischen Armee »Pruzy« (General Stefan Dab-Biernacki).

Durch Erlaß von Reichsbildungsminister Bernhard Rust erhalten zur Wehrmacht eingezogene Primaner den Reifevermerk. Auch Primanerinnen wird der Abschluß gewährt, sofern sie bis April 1940 im Kriegshilfsdienst tätig sind.

9. September, Sonnabend

In der Weisung Nr. 3 für die Kriegführung befiehlt Führer und Reichskanzler Adolf Hitler die Fortführung der militärischen Operationen gegen Polen.

Mit dem Angrifff der polnischen Armee »Poznan« (General Tadeusz Kutrzeba) auf die deutsche 8. Armee (General der Infanterie Johannes Blaskowitz) beginnt die Schlacht an der Bzura (→27.9./S.164).

In einer von allen deutschen Sendern übertragenen Rede vor Arbeitern der Rheinmetall-Borsig-Werke in Berlin-Tegel erklärt Generalfeldmarschall Hermann Göring u.a., das Deutsche Reich sei der am besten gerüstete Staat der Erde.

Das Geheime Staatspolizeiamt (Gestapa) weist die Dienststellen der Geheimen Staatspolizei an, alle polnischen Staatsbürger im Reichsgebiet, die sich »in irgendeiner Form ungebührlich verhalten«, in das KZ Dachau einzuliefern.

10. September, Sonntag

Auf dem Marktplatz von Bromberg werden polnische Geiseln erschossen.

Kanada erklärt dem Deutschen Reich den Krieg (→3.9./S.159).

Als »Gegenangriff« zum Schutz deutscher »Ehre« verschleiern die »Düsseldorfer Nachrichten« vom 1. September 1939 den Überfall der deutschen Wehrmacht auf Polen

Einzelpreis 10 Rpf. Ausgabe: A 2× täglich

Düsseldorfer Nachrichten

Düsseldorfer General-Anzeiger
Die Wochenschau — Westd. Schiffahrts-Zeitung

Anzeigenpreis
1 mm hoch und 22 mm breit im Anzeigenteil . . . . 18 Rpf.
Familienanzeigen, Stellengesuche, amtliche Bekanntmachungen, Vereinsanzeigen, die nicht der Wirtschaftswerbung dienen, ein- und zweispaltige Anzeigen in der Rubrik Verloren und Gefunden, Bezugsquellenangaben . . . . 8 Rpf.
1 mm im Textanzeigenteil (72 mm breit) . . . . 120 Rpf.
Nachlaßstaffel B Preisl. 9. — Postsch. Köln: 101 03, Essen: 7920. — Für die Aufnahme von Anzeigen an bestimmten Tagen und bestimmter Stelle wird keine Gewähr übernommen. Fernsprech-Sammelruf 103 11. — Hauptgeschäftsstelle: Albert-Leo-Schlageter-Allee 27.

Düsseldorfer Neueste Nachrichten
Handels- und Wirtschaftszeitung — Frauen-Rundschau

Bezugspreis
Durch Boten bei freier Zustellung ins Haus dreizehnmal wöchentlich mit der Tiefdruckzeitschrift „Wochenschau" . . . monatlich RM. 3.10
halbmonatlich „ 1.55
(einschließlich Traglohn)
Durch die Post dreizehnmal wöchentlich mit der Tiefdruckzeitschrift monatlich „ 2.80
(einschließlich 67.34 Rpf. Postzeitungsgebühr und ausschl. 72 Rpf. Bestellgeld).
Geschäftszeit von 8—19 Uhr durchgehend. — Bei Betriebsstörungen durch höhere Gewalt oder sonstige Ereignisse können Ersatzansprüche nicht berücksichtigt werden.

Freitag, den 1. September 1939 — Abend-Ausgabe — 64. Jahrgang – Nr. 441

Deutschland wahrt entschlossen seine Ehre

Der Führer appelliert an die Nation: eine historische Reichstagssitzung — Danzig kehrt zum Reiche zurück

Das Reich im Schutze der Wehrmacht

Gegenangriff über alle deutsch-polnischen Grenzen

Berlin, 1. September. (Drahtb.) Das Oberkommando der Wehrmacht gibt bekannt: Auf Befehl des Führers und Obersten Befehlshabers hat die Wehrmacht den aktiven Schutz des Reiches übernommen. In Erfüllung ihres Auftrages, der polnischen Gewalt Einhalt zu gebieten, sind Truppen des deutschen Heeres heute früh über alle deutsch-polnischen Grenzen zum Gegenangriff angetreten. Gleichzeitig sind Geschwader der Luftwaffe zum Niederkämpfen militärischer Ziele in Polen gestartet. Die Kriegsmarine hat den Schutz der Ostsee übernommen.

Die Reichstagssitzung

Berlin, 1. September. (Drahtb.) Der Sitzungssaal des Reichstags bietet an diesem Tage, an dem das ganze deutsche Volk von dieser Stelle die bedeutsamen Erklärungen des Führers erwartet, das Bild ganz großer entscheidungsreicher Stunden. Schon lange, bevor die Stunde des Sitzungsbeginns herannaht, sind die Abgeordneten des Großdeutschen Reichstags fast vollzählig versammelt. In lebhafter Unterhaltung stehen die Männer des Deutschen Reiches in kleinen Gruppen beieinander, der Ernst und die Bedeutung dieser Stunde ist von ihren Gesichtern abzulesen, man vernimmt ihn aus ihren Worten, die man gelegentlich auffängt. Im Sitzungssaal herrscht, wie immer, die Uniform vor; diesmal sieht man aber ganz besonders viel Feldgrau, eine große Anzahl von Abgeordneten trägt schon das Ehrenkleid des deutschen Soldaten, andere wieder sind schon zu den Waffen eingezogen und müssen dieser historischen Sitzung fernbleiben.

Eine erwartungsvolle Spannung liegt über dem Hause, das schon lange vor Beginn der Sitzung bis auf den letzten Platz besetzt ist. In der Diplomatenloge finden sich zahlreiche Vertreter der in Berlin beglaubigten Mächte ein. Nach und nach füllen sich auch die Ministerbänke. Alle Reichsminister sind bei dieser denkwürdigen Sitzung zugegen. Wie immer präsidiert auch an diesem Tage Generalfeldmarschall Göring den Deutschen Reichstag.

In der ersten Reihe sitzt der Stellvertreter des Führers, Reichsminister Rudolf Heß, neben ihm der Reichsminister des Auswärtigen, von Ribbentrop, daran schließen sich Großadmiral Dr. h. c. Raeder, Reichsminister Dr. Goebbels, Reichsminister Frick und der Reichsprotektor Freiherr von Neurath an. Besondere Aufmerksamkeit widmen die Abgeordneten den Befehlshabern der einzelnen Wehrmachtteile, deren Haltung Sicherheit, Ruhe und Zuversicht ausströmt.

Der Sitzungssaal bietet, wie in allen früheren entscheidungsreichen Stunden, wo über das Schicksal der deutschen Nation entschieden wurde, ein wundervolles Bild der Geschlossenheit und der Disziplin. Millionen von Deutschen warten in dieser Stunde auf das Wort. Hier sind sie mit ihren Gedanken, hier sind sie mit ihrem Herzen und harren des Wortes, das der Führer in dieser ernsten Stunde sprechen wird und das die ungeheure Spannung, die über der Nation liegt, lösen soll. An dieser Stätte aber weilen zu gleicher Zeit im Geiste ungezählte Millionen in aller Welt.

Der Führer betritt den Sitzungssaal

Um 10.07 Uhr betritt der Führer, der die feldgraue Uniform trägt, den Sitzungssaal. Die Abgeordneten und die Tribünenbesucher erheben sich von den Plätzen. Dem Führer folgen der Präsident des Deutschen Reichstags, Generalfeldmarschall Göring, der Stellvertreter des Führers, Rudolf Heß, Reichsminister Dr. Frick sowie die Adjutanten. Kaum hat der Führer seinen Platz eingenommen, als die bis dahin mühsam zurückgehaltene Begeisterung sich Luft macht. Ein Orkan von Heilrufen und Händeklatschen schlägt dem Führer entgegen, und dieser ungeheure minutenlange Begeisterungssturm, der in solcher Stärke noch niemals erlebt wurde, ist ein neuer Beweis des tiefen Vertrauens des deutschen Volkes in die Entscheidung seines Führers, insbesondere in dieser ernsten und stolzen Stunde.

Reichstagspräsident Göring

eröffnet die Sitzung mit einer kurzen Ansprache.

„Die Reichstagssitzung ist eröffnet.

Meine Herren Abgeordneten!

Ich habe Sie erst heute um 8 Uhr einberufen können. Dank der Organisation, der Flugzeuge, der Bereitstellung von Kraftwagen ist es gelungen, einen großen Teil der Abgeordneten rechtzeitig heranzubringen: über hundert Abgeordnete sind heute nicht unter uns, weil sie dort stehen, wo heute der deutsche Mann am besten seine Haltung dokumentieren wird: als Soldaten der deutschen Wehrmacht. Sie werden dort ihre Pflicht tun, wie sie der gesamte Reichstag tun wird.

Das Wort hat jetzt unser Führer."

Der Führer spricht

Als der Führer nach den kurzen Einführungsworten des Reichstagspräsidenten Hermann Göring die Rednertribüne betritt, schlägt ihm der Beifall stürmisch entgegen. Die verantwortungsbewußten Darlegungen des Führers werden von dem Hause mit einer Spannung verfolgt, wie sie nicht stärker denkbar ist. Die Abgeordneten hängen an den Lippen des Führers, der eingangs die deutsch-polnischen Probleme aufzeigt und vor allen Dingen in schonungsloser Offenheit die Entwicklung der letzten Wochen und Monate darstellt. Als der Führer erklärt, daß das Diktat von Versailles für Deutschland niemals Gesetz sein könne, umbrandet ihm zum erstenmal der Beifallssturm der Abgeordneten. Immer heftiger äußert sich die Zustimmung des Hauses, als der Führer von den Schritten Kenntnis gibt, die er zur friedlichen Lösung der deutsch-polnischen Spannung unternommen hat.

Ein Sturm der Entrüstung erhebt sich im Hause, als der Führer erklärt, daß es keine Großmacht gibt, die auf die Dauer solchen Zuständen, wie sie in der letzten Zeit an den deutschen Ostgrenzen geherrscht haben, zusehen würde. Nicht zu überbieten ist die beifällige Zustimmung, die sich erhebt, als der Führer erklärt, daß das deutsche Volk wie auch das deutsche Staatsoberhaupt es sich nicht bieten lassen können, vergeblich zwei Tage auf eine Antwort der polnischen Regierung zu warten. Ungeheuer ist bei den Abgeordneten der Eindruck, den der Führer mit dem Hinweis auf die deutschen Rüstungen hervorruft, an die das deutsche Volk in sechsjähriger rastloser opferbereiter Arbeit 90 Milliarden gewendet hat. Aus diesen Worten erfährt die deutsche Nation, wie umfassend der Führer und seine Regierung für die Sicherheit der Nation gesorgt haben.

Hingerissen folgt das Haus den Sätzen des Führers, in denen er auf das persönliche Beispiel hinweist, das er selbst zu allen Zeiten — im Kriege wie im Frieden — der Nation gegeben hat und das er als erster Soldat in jeder weiteren Stunde dem deutschen Volk zu geben gewillt ist. Ergreifend die Sätze, in denen er von seinem unerschütterlichen Willen spricht, bis zum letzten Atemzuge diesem seinem Volke zu dienen.

Zuversicht, Mut und Entschlossenheit erfüllt alle. Hier gibt es keinen Mann und keine Frau in Deutschland, die sich nicht bedingungslos dem Führer zur Verfügung gestellt hätten, gelobt hätten, sich mit Gut und Blut dem Ziele zu weihen, das er in dieser Stunde allen vorangestellt hat. So ist der Appell des Führers an die Opferbereitschaft der gesamten Nation auf einen fruchtbaren Boden gefallen. Wenn je es notwendig gewesen wäre,

in dieser Stunde schweißt er 80 Millionen zu einem einzigen Block zusammen,

der jeder Not und jeder Gefahr trotzen wird, komme was da wolle, der niemals einem Feinde weichen wird und ein Ergebnis, wie das des 9. November 1918, für alle Zeiten unmöglich machen wird. Die stürmischen Huldigungen, die die Abgeordneten am Schluß seiner Rede dem Führer entgegenbrachten, waren Ausdruck der Stimmung, die am heutigen Tage das ganze deutsche Volk erfüllt: Es ist die Stimmung der Zuversicht, des Mutes und der Entschlossenheit.

Wortlaut der Führerrede 3. Seite

Heute 18 Uhr Parlamentssitzung in London

London, 1. September. (Drahtb.) Wie amtlich bekanntgegeben wird, wird das Parlament heute um 18 Uhr zusammentreten.

Straßen frei bei Luftangriffen!

Volksgenossen!

Macht die Straßen frei, wenn feindliche Flugzeuge in der Luft sind. Jede Neugier rächt sich bitter! Um euch vor dem Abwurf feindlicher Bomben zu schützen, muß die Flak schießen. Dabei könnten stets Geschoßsplitter und auch größere Teile herunterfallen und euch auf den Straßen gefährden.

Also: Herunter von den Straßen und hinein in die Luftschutzräume!

Der Polizeipräsident
als örtlicher Luftschutzleiter.
Weitzel, SS-Obergruppenführer.

Verdunkelung in Düsseldorf

Im Innern des Blattes veröffentlichen wir eine Bekanntmachung, nach der ab sofort im Ortspolizeibezirk Düsseldorf dauernd die vollständige Verdunkelung durchzuführen ist.

Führer und Nation eins

Die historische Reichstagssitzung

Berlin, 1. September 1939.

Ernst und blaß, im feldgrauen Rock, steht der Führer auf der Tribüne des Reichstages. Das ganze Haus empfindet die Bedeutung dieser entscheidenden Stunde, da der unbekannte Soldat des Krieges, in dessen Hand heute das Schicksal von Reich und Volk liegt, zu seinem Volke spricht. Es ist keine Rechtfertigung, die Adolf Hitler vorträgt, denn einer solchen bedarf es nicht. Seine unendliche Geduldsprobe und loyale Verhandlung sprechen für ihn, der bis zum letzten Augenblick bemüht war, den Frieden zu erhalten und das Äußerste von Deutschland abzuwenden. Jetzt hat der Kriegsgott Mars mit harter Faust an die Tore des Reiches gepocht — — — noch sind die Schwerter nicht gezogen, aber der Wille zur Gegenwehr ist gespannt und harrt des Befehls zum Einsatz. Wer in dieser denkwürdigen Stunde das Glück hat, den Führer reden zu hören und mit eigenen Augen zu sehen, wie viel gesammelte Kraft und feste Entschlossenheit von seinem charakterharten Gesicht ausstrahlt, der nimmt die Überzeugung mit sich, daß es Adolf Hitler ernst ist mit dem Gelöbnis, für Deutschland nicht nur zu leben, sondern auch sterben zu wollen, wie die Millionen tapferer Soldaten, in deren Reihen er im Weltkriege gefochten hat.

Wieder durchlebt das deutsche Volk schicksalsschwere Stunden, wie einst vor 25 Jahren, an die eine stolze Erinnerung bei denen wieder geweckt wird, die damals Zeugen der Begeisterung eines für seine nationale Sicherheit kämpfenden Volkes waren. Heute ist die Lage anders. Nicht daß wir weniger einig und bewußt der drohenden Gefahr ins Auge sähen als damals — wir sind bereit, wie der Führer sagte, die gleichen

11. September, Montag

Wegen der fortdauernden Offensive der polnischen Armee »Poznan« an der Bzura fordert Generaloberst Gerd von Rundstedt, Befehlshaber der Heeresgruppe Süd, Schlachtfliegerverbände an.

12. September, Dienstag

Bei der Kapitulation der Armee »Pruzy« (General Stefan Dab-Biernacki) im Kessel von Radom geraten rund 60 000 Polen in deutsche Gefangenschaft.

In Abbéville tagt erstmals der Oberste Alliierte Kriegsrat (→ 13.9./S.162).

Durch Inkrafttreten einer Verordnung des Reichsinnenministeriums vom 10. September ist für Ein- und Ausreise ein Paß mit Sichtvermerk nötig; deutsche Staatsangehörige und Einwohner des Protektorats Böhmen und Mähren über 15 Jahren müssen sich stets durch einen Personalausweis ausweisen können.

13. September, Mittwoch

Warschau ist von deutschen Truppen völlig eingeschlossen (→ 27.9./S.164).

Führer und Reichskanzler Adolf Hitler, der am 3. September abends aus Berlin nach Polen abgereist ist, besichtigt Lodz, das am 9. September besetzt worden ist.

Der französische Ministerpräsident Édouard Daladier bildet ein Kriegskabinett. → S.162

14. September, Donnerstag

An der Bzura tritt die polnische Armee »Pomorze« (General Wladyslaw Bortnowski) im Raum Lowicz zum Angriff an. Deutsche Truppen erobern Gdingen. Bei Annapol überquert das deutsche IV. Armeekorps (General der Infanterie Viktor von Schwedler) die Weichsel, im Südabschnitt hat die 14. Armee (Generaloberst Wilhelm List) den San überschritten.

Nach einem vergeblichen Torpedoangriff auf den britischen Flugzeugträger »Ark Royal« wird das deutsche U-Boot U 39 bei den Hebriden vor der Küste Schottlands durch Wasserbomben versenkt.

Im Reichsgesetzblatt werden u.a. ein Führererlaß über Straffreiheit für Zivilpersonen, die zu geringen Geld- oder Haftstrafen verurteilt sind (9.9.1939) und eine Verordnung über Gewährung von Schadenersatz bei Kriegsschäden (8.9.1939) veröffentlicht.

15. September, Freitag

An der Südfront nehmen die deutschen Truppen Przemysl und Bialystok ein.

In Moskau vereinbaren die UdSSR, Japan und die Mongolische Volksrepublik einen Waffenstillstand zum 16. September und eine friedliche Beilegung des Grenzkonfliktes zwischen der Mongolei und Mandschukuo (→ 11.5./S.93).

Im Reichsgesetzblatt erscheint u.a. eine Verordnung (1.9.1939) über Hilfen für Familien, die ihre Wohnung aufgrund von Evakuierungen räumen mußten.

16. September, Sonnabend

Teile der Heeresgruppe Süd (Generaloberst Gerd von Rundstedt) beginnen an der Bzura die Umfassung der polnischen Armeen »Poznan« und »Pomorze«.

Durch das Reichsgesetz über die Änderung des Strafverfahrens erhält ein besonderer Strafsenat des Reichsgerichts das Recht zur Wiederaufnahme von Fällen bei zu milden Urteilen.

Die Sowjetregierung teilt dem polnischen Botschafter Waclaw Grzybowski mit, daß sie die Republik Polen als nicht mehr existent ansehe und daher das Leben der Weißrussen und Ukrainer in Polen schützen müsse (→ 17.9./S.163).

In Paris stirbt 66jährig Otto Wels, seit 1913 Mitglied des Vorstandes der Sozialdemokratischen Partei Deutschlands.

17. September, Sonntag

Um 6 Uhr überschreitet die sowjetische Armee die polnische Grenze. → S.163

Um 19.30 Uhr treten Polens Staats- und Armeeführung bei Kutny nach Rumänien über (→ 30.9./S.168).

U 29 versenkt den britischen Flugzeugträger »Courageous«. → S.161

In Helsinki läuft der Finne Taisto Mäki die 10 000 m in der Weltrekordzeit von 29:52,6 min. → S.171

18. September, Montag

Bei Brest (bis 1921: Brest-Litowsk) treffen erstmals deutsche und sowjetische Truppen aufeinander. In einem deutsch-sowjetischen Kommuniqué wird festgehalten, daß ihre Truppen in Polen keine gegensätzlichen Interessen verfolgen.

Das britische Handelsministerium legt die erste »Schwarze Liste« an. Sie enthält 278 Firmen neutraler Länder, die mit dem Deutschen Reich Handel treiben.

Bei den Internationalen US-amerikanischen Tennismeisterschaften in New York siegen in den Einzeln Robert Riggs 6:4, 6:2, 6:4 über Welby van Horn (Herren) und Alice Marble 6:0, 8:10, 6:4 über Helen Jacobs (Damen; alle USA).

19. September, Dienstag

Im Kessel an der Bzura kapitulieren die polnischen Armeen »Poznan« und »Pomorze« mit rund 170 000 Mann.

Im Artushof in Danzig spricht Führer und Reichskanzler Adolf Hitler über das Ende des »Feldzugs der 18 Tage«.

Die Schweizer Nationalräte Albert Maag-Socin (Zürich) und Ludwig Rittmeyer (St. Gallen) kritisieren in einer Anfrage an das Parlament das rigorose Vorgehen der Fremdenpolizei gegen illegal Eingereiste.

20. September, Mittwoch

Bei Szamow und Tomaszow kapituliert die rund 60 000 Mann starke polnische Armee »Lublin« (General Tadeusz Piskor) vor den deutschen Truppen.

Juden deutscher Staatsangehörigkeit und staatenlosen Juden im Deutschen Reich wird der Besitz von Rundfunkempfängern verboten.

Im Deutschen Reich und im Protektorat Böhmen und Mähren gilt eine neue Wehrbezirkseinteilung.

Durch k.o. in der 11. Runde über Bob Pastor in Detroit bleibt Joe Louis Boxweltmeister in Schwergewicht. → S.171

21. September, Donnerstag

Reinhard Heydrich, Chef der Sicherheitspolizei und des Sicherheitsdienstes der SS, legt die Polenpolitik fest: Liquidierung der Intelligenz, Ghettoisierung der Juden, Umsiedlung der Polen in einen eigenen Gau mit der Hauptstadt Krakau.

Der rumänische Ministerpräsident Armand Călinescu wird in Bukarest Opfer eines Attentats. → S.168

22. September, Freitag

Die deutschen Truppen beginnen in Polen mit dem Rückzug auf die mit den Sowjets vereinbarte Linie entlang von Narew, Weichsel und San (→ 17.9./S.163).

Vor Warschau fällt 59jährig Generaloberst Werner Freiherr von Fritsch, bis 1938 Heeres-Oberbefehlshaber. Er erhält am 26. September ein Staatsbegräbnis.

In London tagt erneut der am 12. September in Abbéville erstmals zusammengetretene Oberste Alliierte Kriegsrat.

Durch Verordnung des Ministerrats für Reichsverteidigung leisten im Deutschen Reich Schüler ab 16 Jahren in den Ferien Erntedienste.

23. September, Sonnabend

Das Oberkommando der Wehrmacht gibt eine Zusammenfassung der Lage in Polen. Der Bericht beginnt mit den Worten: »Der Feldzug in Polen ist beendet.«

In London stirbt der österreichische Arzt und Psychologe Sigmund Freud. → S.169

24. September, Sonntag

Zwischen französischen und schweizerischen Militärs beginnen Kontaktgespräche über eine Unterstützung der Schweiz im Fall eines deutschen Angriffs.

Vor 25 000 Zuschauern unterliegt in Budapest die deutsche Fußball-Nationalmannschaft Ungarn 1:5 (1:2).

25. September, Montag

Die deutsche Luftwaffe fliegt einen Großangriff auf Warschau. → S.165

In der Weisung Nr. 4 für die Kriegführung gibt Führer und Reichskanzler Adolf Hitler den Seekrieg nach Prisenordnung gegen Frankreich frei. Angriffe auf Passagierdampfer sind nach dem »Athenia«-Fall verboten (→ 3.9./S.160)

Im Deutschen Reich werden für die Zeit vom 25. September bis 22. Oktober neue Lebensmittelkarten verteilt. → S.168

26. September, Dienstag

13 deutsche Bomber attackieren in der Nordsee einen britischen Flottenverband. Dabei wird angeblich der Flugzeugträger »Ark Royal« versenkt. → S.161

Im Unterhaus in London kündigt Marineminister Winston Churchill die Bewaffnung britischer Handelsschiffe an.

Durch Kabinettsbeschluß wird die Kommunistische Partei Frankreichs wegen ihres Eintretens für den deutsch-sowjetischen Nichtangriffspakt verboten.

Im Berliner Heereswaffenamt wird durch Militärs und führende deutsche Kernforscher ein Uran-Verein gegründet, der Möglichkeiten der Energiegewinnung durch Kernspaltung prüfen soll.

27. September, Mittwoch.

Warschau kapituliert bedingungslos vor den deutschen Truppen. → S.164

Generaloberst Gerd von Rundstedt wird zum Führer der Militärverwaltung im besetzten Polen ernannt.

Der britische Schatzkanzler John Allsebrock Simon legt im Unterhaus ein Kriegsbudget vor. Die Einkommensteuer soll um 12% auf 37,5% erhöht werden.

28. September, Donnerstag

Ein in Moskau vereinbarter Grenzvertrag zwischen dem Deutschen Reich und der UdSSR legt die deutsch-sowjetische Demarkationslinie in Polen entlang von Pissa, Narew, Bug und San fest. → S.163

Die Festung Modlin kapituliert nach wiederholten deutschen Luftangriffen.

Die UdSSR und Estland schließen einen Beistands- und Handelsvertrag. → S.168

29. September, Freitag

Reichsminister Hans Frank richtet in Posen eine deutsche Zivilverwaltung ein.

30. September, Sonnabend

In seiner Weisung Nr. 5 zur Kriegsführung befiehlt Führer und Reichskanzler Adolf Hitler die Befriedung des zum Militärverwaltungsgebiet erklärten Polen.

Der vom zurückgetretenen Staatspräsidenten Polens, Ignacy Mościcki, zum Staatschef ernannte Senatsmarschall Władysław Raczkiewicz betraut General Władysław Eugeniusz Sikorski mit der Bildung einer Exilregierung. → S.168.

Das am 4. September im Deutschen Reich verfügte Verbot öffentlicher Tanzveranstaltungen wird aufgehoben.

Das Wetter im Monat September

Station	Mittlere Lufttemperatur (°C)	Niederschlag (mm)	Sonnenscheindauer (Std.)
Aachen	14,0 (14,5)	44 (68)	— (160)
Berlin	14,3 (13,8)	74 (46)	— (194)
Bremen	14,3 (14,0)	32 (60)	— (164)
München	12,4 (13,4)	176 (84)	— (176)
Wien	14,6 (15,0)	— (56)	— (184)
Zürich	13,4 (13,5)	123 (101)	123 (166)

( ) Langjähriger Mittelwert für diesen Monat
– Wert nicht ermittelt

In zahllosen deutschen Amtsstuben ersetzt dieses Plakat von Führer und Reichskanzler Adolf Hitler religiöse Bildnisse und Kruzifixe

Linienschiff »Schleswig-Holstein« feuert auf Westerplatte

1. September. Um 4.45 Uhr eröffnet das Linienschiff »Schleswig-Holstein« das Feuer auf die polnischen Befestigungen auf der Westerplatte vor Danzig. Planmäßig beginnt der von Führer und Reichskanzler Adolf Hitler am →31. August (S.144) befohlene Angriff der deutschen Wehrmacht auf Polen.

Schon um 4.34 Uhr war die Weichselbrücke bei Dirschau (Tczew) Ziel von Sturzkampfbombern des Typs Junkers Ju 87 der 3. Staffel des Stukageschwaders 1 gewesen. Sie hatten die Zündleitungen der Sprengladung an der Brücke, über die der Nachschub der deutschen 3. Armee laufen soll, bombardiert. Den Polen gelingt es jedoch, die Leitungen zu reparieren und die Brücke um 6.30 Uhr zu sprengen.

Zu dieser Zeit läuft bereits die deutsche Offensive gegen Polen. Am »Fall Weiß« sind zwei deutsche Heeresgruppen und zwei Luftflotten beteiligt. Die 630000 Mann starke Heeresgruppe Nord (Generaloberst Fedor von Bock) besteht aus der 3. Armee (General der Artillerie Georg von Küchler) in Ostpreußen und der 4. Armee (General der Artillerie Hans Günther von Kluge) in Pommern. Die Heeresgruppe Süd (Generaloberst Gerd von Rundstedt) mit rund 886000 Mann setzt sich zusammen aus der 8. Armee (General der Infanterie Johannes Albrecht Blaskowitz) bei Breslau, der 10. Armee (General der Artillerie Walter von Reichenau) in Oberschlesien und der 14. Armee (Generaloberst Wilhelm List) in den Karpaten.

Auf deutscher Seite kämpfen sechs Panzerdivisionen, vier motorisierte Divisionen, vier leichte Divisionen, drei Gebirgs- und 37 Infanteriedivisionen mit 3195 Panzern.

Die Polen, die erst am →30. August (S.143) mobil gemacht haben, können 38 Infanteriedivisionen, eine motorisierte und elf Kavalleriebrigaden sowie 1134 Panzer aufbieten.

Den deutschen Luftflotten 1 (General der Flieger Albert Kesselring) in Hennigsholm/Stettin und 4 (General der Flieger Alexander Löhr) in Reichenbach/Schlesien stehen 1929 Flugzeuge zur Verfügung. Die Polen haben 397 Flugzeuge an der Front und 348 in Reserve.

Soldaten der deutschen Wehrmacht reißen am 1. September die polnischen Schlagbäume nieder ▷

die deutsche Wehrmacht eröffnet den Angriff auf Polen

Führer und Reichskanzler Adolf Hitler in Soldatenuniform bei seiner Rede vor dem Deutschen Reichstag am 1. September

Hitler begründet den Überfall auf Polen

1. September. Um 10 Uhr beginnt in Berlin eine Sitzung des Reichstags. Führer und Reichskanzler Adolf Hitler begründet – in Soldatenuniform – den ohne vorherige Kriegserklärung erfolgten Angriff auf Polen. Für den Fall seines Todes ernennt er Hermann Göring und, falls dieser sterben sollte, Rudolf Heß zu seinen Nachfolgern. Hitler vermeidet in seiner Rede, die von allen deutschen Sendern übertragen wird, das Wort Krieg. Ziel sei die Lösung der Probleme Danzig und »Polnischer Korridor« sowie die Herbeiführung eines »friedlichen Zusammenlebens« beider Völker. Der fingierte Überfall auf den Sender Gleiwitz (→ 31.8./S.143) dient als Rechtfertigung dafür, daß nun endlich »zurückgeschossen« werden müsse.

Auch die Presse folgt dieser Linie. Das Reichspropagandaministerium gibt die Parole aus: »Keine Überschriften, in denen das Wort Krieg vorkommt. Der Rede des Führers zufolge schlagen wir nur zurück«.

Der erste vom Oberkommando der Wehrmacht herausgegebene Wehrmachtbericht hat folgenden Wortlaut: »Auf Befehl des Führers und Obersten Befehlshabers hat die Wehrmacht den aktiven Schutz des Reiches übernommen. In Erfüllung des Auftrages, der polnischen Gewalt Einhalt zu gebieten, sind Truppen des deutschen Heeres heute früh über alle deutsch-polnischen Grenzen zum Gegenangriff angetreten. Gleichzeitig sind Geschwader der Luftwaffe zum Niederkämpfen militärischer Ziele in Polen gestartet. Die Kriegsmarine hat den Schutz der Ostsee übernommen.«

»Seit 5.45 Uhr wird jetzt zurückgeschossen«

In seiner Reichstagsrede erklärt Führer und Reichskanzler Adolf Hitler am 1. September zum Angriff auf Polen (Auszug):

»Abgeordnete, Männer des Deutschen Reichstags. Seit Monaten leiden wir alle unter der Qual eines Problems, das uns einst das Versailler Diktat beschert hat und das nunmehr in seiner Ausartung und Entartung unerträglich geworden war. Danzig war und ist eine deutsche Stadt. Der Korridor war und ist deutsch ... Ich habe mich daher nun entschlossen, mit Polen in der gleichen Sprache zu reden, die Polen seit Monaten gegen uns anwendet ... Polen hat nun heute nacht zum erstenmal auf unserem eigenen Territorium auch durch reguläre Soldaten geschossen. Seit 5.45 Uhr wird jetzt zurückgeschossen. Und von jetzt ab wird Bombe mit Bombe vergolten. Wer mit Gift kämpft, wird mit Giftgas bekämpft ... Ich werde diesen Kampf, ganz gleich gegen wen, so lange führen, bis die Sicherheit des Reiches und seine Rechte gewährleistet sind ... Mein ganzes Leben gehört von jetzt an erst recht meinem Volke! Ich will jetzt nichts anderes sein, als der erste Soldat des Deutschen Reiches. Ich habe damit wieder jenen Rock angezogen, der mir selbst der heiligste und teuerste war. Ich werde ihn nur ausziehen nach dem Siege – oder ich werde dieses Ende nicht erleben ... Ein Wort habe ich niemals kennengelernt, es heißt: Kapitulation ... Ein November 1918 wird sich niemals mehr in der deutschen Geschichte wiederholen ...«

Burckhardt muß Danzig verlassen

1. September. Gegen 9 Uhr verläßt Carl Jacob Burckhardt, der Hohe Kommissar des Völkerbundes, die Freie Stadt Danzig, die offiziell wieder zum Deutschen Reich gehört.

Gegen 7.25 Uhr war der Danziger Gauleiter der Nationalsozialistischen Deutschen Arbeiterpartei (NSDAP), Albert Forster, bei Burckhardt erschienen und hatte erklärt, er habe binnen zwei Stunden die Stadt zu verlassen. Auf Burckhardts Proteste erwiderte Forster: »Persönlich habe ich nichts gegen Sie.«

Während auf seinem Amtssitz die Hakenkreuzflagge gehißt wird, werden der Hohe Kommissar und seine Begleitung von Polizei zur Weichselfähre eskortiert. Über Königsberg und Stockholm erreicht Burckhardt am 3. September London und von dort aus die Schweiz.

Am selben Tag unterzeichnet Forster ein »Staatsgrundgesetz über die Wiedervereinigung Danzigs mit dem Reich«, das Führer und Reichskanzler Adolf Hitler billigt. Er ernennt Forster zum Chef der Zivilverwaltung. Der Reichstag stimmt dem Anschluß Danzigs zu.

Währenddessen erwehrt sich die polnische Besatzung der Westerplatte (→ 1.9./S.154) weiterhin der deutschen Angriffe. Unterdessen wird das polnische Postamt von SS-Heimwehr angegriffen und gestürmt, nachdem das Gebäude mit Benzin in Brand gesteckt worden ist. Die überlebenden polnischen Postbeamten werden nach ihrer Gefangennahme erschossen.

Der Diplomat Carl Jacob Burckhardt an Bord der »Schleswig-Holstein«

Die brennende Westerplatte im Danziger Hafen unter dem Feuer der »Schleswig-Holstein«. Die sich heftig wehrende polnische Besatzung kapituliert am 7. September

Die Weichselbrücke bei Dirschau, die von polnischen Einheiten am 1. September gesprengt wird, um die deutschen Invasoren aufzuhalten

Im Schutz von Panzerwagen greift die Danziger SS-Heimwehr das polnische Postamt an. Die überlebenden Polen werden nach der Kapitulation ohne Ausnahme erschossen

Erbitterung der Polen entlädt sich in blutigen Racheakten

3. September. Vor der Halbinsel Hela werden der polnische Minenleger »Gryf« und der Zerstörer »Wichr« von Junkers Ju 87-Sturzkampfbombern versenkt.

Während der deutsche Vormarsch weitergeht, macht sich die Erbitterung der Polen gegenüber den dort lebenden Deutschen in blutigen Übergriffen Luft. Getötet werden Volksdeutsche, die ins Landesinnere abtransportiert werden, sowie Einwohner von Bromberg und Thorn.

Ein Gerücht über die Beschießung polnischer Soldaten durch volksdeutsche Heckenschützen führt zum »Bromberger Blutsonntag« – einem Massaker unter den deutschen Einwohnern von Bromberg, die verdächtigt werden, mit der Wehrmacht zu paktieren.

Ein Weißbuch des deutschen Auswärtigen Amtes beziffert die Gesamtzahl der Opfer im Dezember 1939 auf 5437, später jedoch ist von 58000 Ermordeten und Vermißten die Rede. Den deutschen Besatzern liefern die polnischen »Septembermorde« eine willkommene Begründung für Gegenterror. So werden, nachdem die deutsche Presse am 8. September über die »Massenermordung von Volksdeutschen in Bromberg« berichtet hat, am 10. September auf dem Bromberger Marktplatz polnische Geiseln erschossen.

Ein deutsches Illustriertenfoto: Weinende Frau vor der Tür ihres Hauses, im Flur ihr von Polen ermordeter Mann

Illustriertenfoto mit folgender Originalunterschrift: »Hier liegt ein Teil der Opfer des polnischen Blutrausches«

Großbritannien und Frankreich treten in den Krieg ein

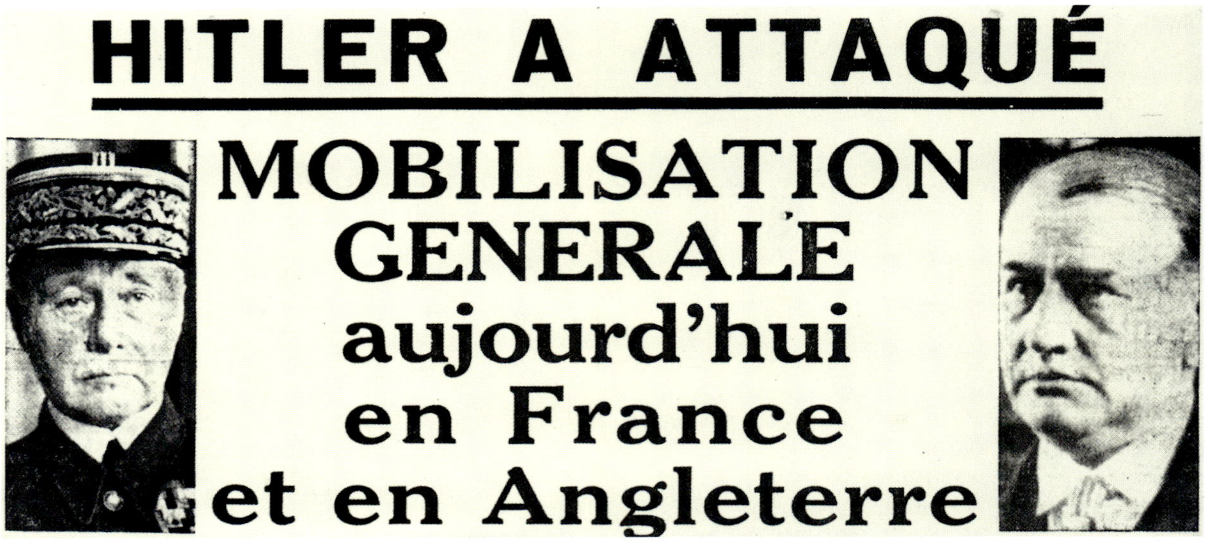
HITLER A ATTAQUÉ

MOBILISATION GENERALE aujourd'hui en France et en Angleterre

Schlagzeile aus der französischen Presse am 2. September: »Heute Mobilmachung in Frankreich und Großbritannien«

3. September. Um 12.20 Uhr übergibt Botschafter Robert Coulondre die französische Kriegserklärung an Reichsaußenminister Joachim von Ribbentrop. Damit befindet sich Frankreich ab 17 Uhr im Kriegszustand mit dem Deutschen Reich. Bereits seit 11 Uhr ist Krieg zwischen dem Deutschen Reich und Großbritannien, nachdem Botschafter Neville Meyrick Henderson um 9 Uhr eine entsprechende britische Note übergeben hat.

In Polen löst die Nachricht Jubel aus; das Mißtrauen gegen die Verbündeten, die nach dem deutschen Überfall am →1. September (S.154) mit der Kriegserklärung gezögert hatten, weicht Optimismus.

Zwar machten Großbritannien und Frankreich sofort mobil, doch erst um 21 Uhr am 1. September wurde in Berlin eine Note der britischen Regierung überreicht, in der mit Erfüllung der britischen Verpflichtungen gegenüber Polen (→25.8./S.139) gedroht wurde, sofern die Reichsregierung nicht »bereit [wäre], ihre Truppen unverzüglich aus polnischem Gebiet zurückzuziehen«.

Eine gleichlautende Note übergab eine Stunde später Coulondre, worauf Ribbentrop erklärte, nicht das Deutsche Reich habe angegriffen, sondern Polen habe mobilisiert.

Während am folgenden Tag die polnische Regierung in Paris und London energisch auf ein militärisches Eingreifen drängte, unternahm Italiens Ministerpräsident und Duce Benito Mussolini noch einen Friedensversuch. Er schlug einen sofortigen Waffenstillstand und die Einberufung einer Konferenz innerhalb von drei Tagen vor. Damit würde – so erklärte Mussolini seinem deutschen Verbündeten – das Reich »alle seine Ziele erreichen und gleichzeitig einen Krieg vermeiden, der heute schon als allgemein und nach außerordentlich langer Dauer aussieht«.

Doch Führer und Reichskanzler Adolf Hitler verzögerte eine Antwort auf diese Initiative seines »Achsenpartners«, die infolge des Fortschreitens der deutschen Offensive ohnehin aussichtslos bleibt.

»Der Führer saß völlig still und regungslos an seinem Platz«

Am 3. September um 9 Uhr übergibt Botschafter Neville Meyrick Henderson Paul Schmidt, dem Dolmetscher des Auswärtigen Amtes, die endgültige britische Note. Reichsaußenminister Joachim von Ribbentrop hatte es abgelehnt, Henderson zu empfangen:

»Obwohl diese Mitteilung [die Note vom 1. September] vor mehr als 24 Stunden erfolgte, ist keine Antwort eingegangen; hingegen wurden die deutschen Angriffe auf Polen fortgesetzt und verstärkt. Ich habe demgemäß die Ehre, Sie davon zu unterrichten, daß, falls nicht bis 11 Uhr vormittags britischer Sommerzeit am heutigen Tage, dem 3. September, eine befriedigende Zusicherung im obenerwähnten Sinne von der Deutschen Regierung erzielt wird und bei Seiner Majestät Regierung in London eintrifft, der Kriegszustand zwischen beiden Ländern von dieser Stunde an bestehen wird...«

Über die Wirkung der britischen Note notiert sich Chefdolmetscher Paul Schmidt (Auszug):

»... Ich blieb in einiger Entfernung vor Hitlers Tisch stehen und übersetzte ihm dann langsam das Ultimatum der britischen Regierung. Als ich geendet hatte, herrschte völlige Stille... Wie versteinert saß Hitler da und blickte vor sich hin ... Er saß völlig still und regungslos an seinem Platz. Nach einer Weile, die mir wie eine Ewigkeit vorkam, wandte er sich Ribbentrop zu, der wie erstarrt am Fenster stehen geblieben war: ›Was nun?‹ fragte Hitler seinen Außenminister mit einem wütenden Blick in den Augen, als wolle er zum Ausdruck bringen, daß ihn Ribbentrop über die Reaktion der Engländer falsch informiert habe. Ribbentrop erwiderte mit leiser Stimme: ›Ich nehme an, daß die Franzosen uns in der nächsten Stunde ein gleichlautendes Ultimatum überreichen werden.‹«

Robert Coulondre vor der französischen Botschaft am Pariser Platz

Um 11.30 Uhr wird die deutsche Antwort dem britischen Botschafter Neville Meyrick Henderson übergeben (Auszug):

»... Die Deutsche Reichsregierung und das deutsche Volk lehnen es ab, von der Britischen Regierung ultimative Forderungen entgegenzunehmen, anzunehmen oder gar zu erfüllen. Seit vielen Monaten herrscht an unserer Ostgrenze der ... Zustand des Krieges ... Die britische Regierung hat – ein einmaliger Vorgang in der Geschichte – dem polnischen Staat eine Generalvollmacht erteilt für alle Handlungen gegen Deutschland, die dieser Staat etwa vorzunehmen beabsichtigen würde ... Die Drohung, Deutschland ansonsten im Krieg zu bekämpfen, entspricht der seit Jahren proklamierten Absicht zahlreicher britischer Politiker ... [Wir] werden ... jede Angriffshandlung Englands mit den gleichen Waffen und in der gleichen Form beantworten.«

Um 12.20 Uhr übergibt der französische Botschafter Robert Coulondre das Ultimatum seiner Regierung(Auszug):

»Die Regierung der Französischen Republik betrachtet es als ihre Pflicht, ein letztes Mal an die schwere Verantwortung zu erinnern, die von der Reichsregierung dadurch übernommen wurde, daß sie ohne Kriegserklärung die Feindseligkeiten gegen Polen eröffnete ... Die Regierung ... hat daher die Ehre, der Reichsregierung zur Kenntnis zu bringen, daß sie sich verpflichtet sieht, von heute, dem 3. September, 17 Uhr ab, die vertraglichen Bindungen zu erfüllen, die Frankreich gegenüber Polen eingegangen ist und die der Deutschen Regierung bekannt sind.«

Das Commonwealth stellt sich hinter Großbritannien

Auf den deutschen Überfall auf Polen am 1. September und den Kriegseintritt von Großbritannien und Frankreich am 3. September reagieren die übrigen europäischen Staaten mit der Erklärung ihrer Neutralität, während sich viele Mitglieder des Britischen Commonwealth und die von Frankreich abhängigen Staaten in Afrika und Asien auf die Seite ihrer Mutterländer stellen. Dem Krieg fernbleiben wollen neben den USA u. a. auch die durch den Antikominternpakt (→ 24.2./S.33) mit dem Deutschen Reich verbundenen Staaten Italien, Japan, Ungarn und Spanien sowie das Kaiserreich Mandschukuo.

3. September. Australien und Neuseeland treten in den Krieg ein. Für Indien gibt der britische Vizekönig Victor Alexander John Hope 2nd Marquess of Linlithgow eine entsprechende Erklärung ab, ohne jedoch die indische Kongreßpartei zu befragen (→ 27.10./S.184).

Am 4. September brechen Ägypten und am 6. September der Irak die diplomatischen Beziehungen zum Deutschen Reich ab. Am 6. September erklärt die Südafrikanische Union dem Deutschen Reich den Krieg. Einen Tag später übernimmt Kriegsminister Jan Christiaan Smuts für James Barry Munnick Hertzog die Regierung. Am 10. September folgt Kanada. Das französische Protektorat Marokko stellt sich hinter Frankreich, während die mit Briten und Franzosen verbundene Türkei (→ 23.6./S.107) neutral bleibt (11.9.). Wichtigstes neutrales Land sind die USA; neutral bleiben auch die übrigen nicht paktgebundenen selbständigen Staaten in Amerika, Asien und Europa. Während Rumänien und die Benelux-Staaten sowie die Schweiz schon vor Kriegsausbruch ihren Neutralitätswillen bekunden und dafür vom Deutschen Reich am 26. August entsprechende Garantien erhalten hatten, erklären sich die meisten übrigen Länder am 2. September für neutral: Die vier skandinavischen und die drei baltischen Staaten, Bulgarien, Jugoslawien, Portugal und das außenpolitisch von der Schweiz vertretene Großherzogtum Liechtenstein sowie Irland, das zum Britischen Commonwealth gehört.

Für das mit dem Deutschen Reich verbündete Italien bittet Ministerpräsident und Duce Benito Mussolini bei Führer und Reichskanzler Adolf Hitler um eine entlastende Erklärung für seine Nichtteilnahme am Krieg (→ 25.8./S.139), die er am 1. September erhält und in allen italienischen Zeitungen abdrucken läßt: »Ich glaube daher, daß unter diesen Umständen die italienische Waffenhilfe nicht nötig ist. Ich danke Ihnen, Duce, für alles, was Sie in Zukunft für die gemeinsame Sache des Faschismus und Nationalsozialismus tun werden.«

Michael Joseph Savage, seit 1935 der Premierminister von Neuseeland, das als Mitglied des Commonwealth dem Deutschen Reich den Krieg erklärt

William Lyon Mackenzie King, der Außen- und Premierminister von Kanada, das am 10. September dem Deutschen Reich den Krieg erklärt

Cordell Hull, der Außenminister der Vereinigten Staaten, am 5. September in Washington D. C. bei der Unterzeichnung der Neutralitätsakte

Robert Gordon Menzies, seit April 1939 Premierminister von Australien, das sich am 3. September auf die Seite Großbritanniens stellt

König Faruk I., seit 1936 Staatsoberhaupt von Ägypten, das am 4. September die diplomatischen Beziehungen zum Deutschen Reich abbricht

Eamon de Valera, Regierungschef von Irland, der am 2. September die Neutralität seines zum Commonwealth gehörenden Landes erklärt

Emir Abd Allah, Prinzregent des britischen Verbündeten Irak, bricht am 6. September die diplomatischen Beziehungen zum Deutschen Reich ab

Der Maharadscha von Bikaner unterstützt den britischen Vizekönig von Indien, Victor Alexander John Hope Marquess of Linlithgow

Wilhelmina, Königin der Niederlande, die 1890 den Thron bestieg und ihrem Land durch strikte Neutralität seither den Frieden bewahrt hat

Deutsches Reich eröffnet Seekrieg gegen Großbritannien

3. September. Nach der Kriegserklärung Großbritanniens und Frankreichs an das Deutsche Reich beginnt der Konflikt auf den Meeren. Die zahlenmäßig unterlegene deutsche Kriegsmarine hat die Aufgabe, den Seeverkehr nach Großbritannien möglichst nachhaltig zu stören und die britische Flotte zu dezimieren. Die Royal Navy soll demgegenüber die zur Versorgung wichtigen Seeverbindungen gegen deutsche U-Boote und Kriegsschiffe sichern, den Ausbruch von Überwasserstreitkräften aus der Nordsee verhindern und den Handel neutraler Staaten mit dem Deutschen Reich kontrollieren.

In seiner Weisung Nr. 1 für die Kriegführung vom 31. August 1939 hatte der Oberste Befehlshaber der Wehrmacht, Führer und Reichskanzler Adolf Hitler, die Kriegsmarine angewiesen, den »Handelskrieg mit Schwerpunkt gegen England« zu führen. Am 3. September wird mit der Weisung Nr. 2 ergänzend angeordnet, daß der Handelskrieg »vorläufig auch von den U-Booten nach Prisenordnung zu führen« ist. Die bei Kriegsbeginn gültige Prisenordnung wurde am 28. August 1939 erlassen. Feindliche Handelsschiffe sowie neutrale Fahrzeuge mit Banngut (für den Gegner bestimmtes Kriegsgut sowie weitere auf einer Banngutliste enthaltene Güter) werden demnach aufgebracht und eingezogen. Nur bewaffnete oder von feindlichen Kriegsschiffen begleitete Handelsschiffe dürfen ohne Warnung angegriffen werden, während die übrigen anzuhalten, zu kontrollieren und dann als Prise aufzubringen oder zu versenken sind.

Für die deutschen U-Boote bedeutet dies, daß sie auftauchen und sich der Gefahr aussetzen müssen, vom Handelsschiff durch versteckte Waffen versenkt oder Opfer eines durch Funk alarmierten Kriegsschiffs zu werden.

Die britische Regierung veröffentlicht am 4. September eine Liste mit Konterbande. Darunter fallen für den Gegner bestimmte Waffen, Munition und Sprengstoffe sowie u.a. Brennstoffe, Transport- und Nachrichtenmittel sowie Landkarten. Im September geraten durch Aufbringen deutscher Schiffe oder von Schiffen neutraler Staaten mit Waren, die für das Deutsche Reich bestimmt sind, rund 300 000 t Güter in britische Hände.

Neben Kriegsgütern beschlagnahmen die Briten z.T. auch Lebens- und Futtermittel sowie Textilien. Die deutsche Reichsregierung verschärft daraufhin am 12. September die Prisenordnung und erklärt Nahrungs-, Genuß- und Futtermittel sowie Kleidung zu bedingtem Banngut, das beschlagnahmt werden kann, soweit der Verdacht besteht, daß die Güter zur Versorgung der feindlichen Truppen bestimmt sind.

U-Boote der Flottille Weddigen, benannt nach dem im Ersten Weltkrieg erfolgreichen U-Boot-Fahrer Otto Weddigen

Passagierdampfer »Athenia« torpediert

3. September. Rund 300 km nordwestlich der Küste Schottlands sichtet das deutsche U-Boot U 30 unter Kapitänleutnant Fritz Lemp gegen 21 Uhr den britischen Passagierdampfer »Athenia«. In der Annahme, es handele sich um einen Hilfskreuzer, läßt der deutsche Kommandant das Schiff torpedieren. Von den über 1400 Passagieren kommen 128 ums Leben, darunter 28 Bürger der USA. Die »Athenia« (13 581 Bruttoregistertonnen) der Cunard-White-Star-Line war auf dem Weg von Glasgow nach Montreal. Sie fuhr abgeblendet im Zick-Zack-Kurs und bewegte sich außerhalb der üblichen Schiffahrtswege.

Während die britische Admiralität meldet, die »Athenia« sei ohne Warnung durch ein deutsches U-Boot versenkt worden, lehnt die deutsche Führung jede Verantwortung ab. Das Oberkommando der Kriegsmarine erklärt, daß sich in dem fraglichen Gebiet keine deutschen Schiffe befunden hätten. Propagandaminister Joseph Goebbels klagt Winston Churchill, seit dem 1. September (→13.9./S.162) Erster Lord der Admiralität, an, die »Athenia« mit einer Höllenmaschine in die Luft gejagt zu haben. Goebbels will einen neuen »Lusitania«-Fall vermeiden: Bei der Versenkung der »Lusitania« durch das deutsche U-Boot U 20 waren 1915 124 Bürger der neutralen USA getötet worden.

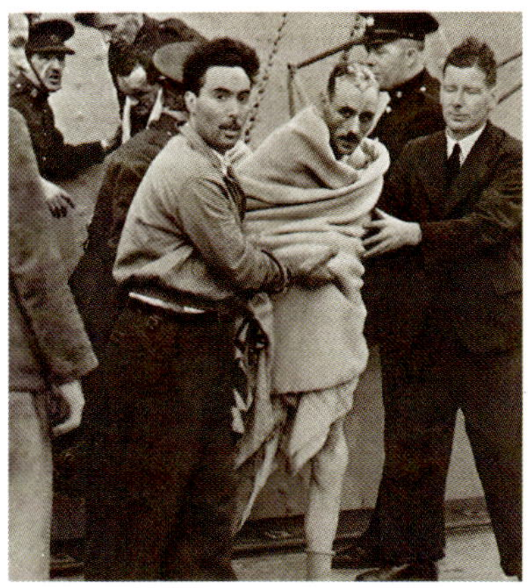

Ein »Athenia«-Passagier, gerettet vom norwegischen Tanker »Knute Nelson«

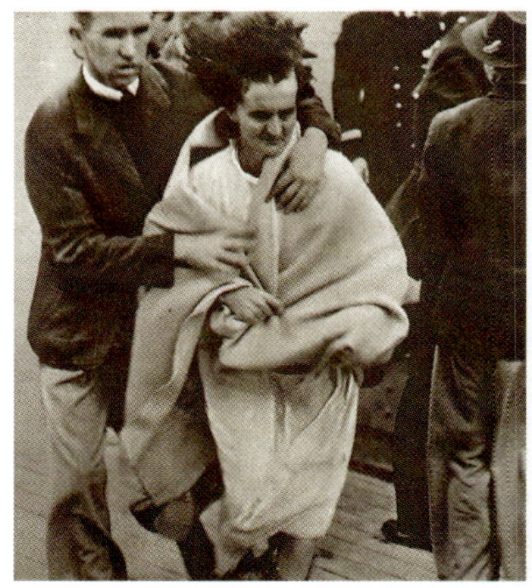

Eine Überlebende der »Athenia« bei ihrer Ankunft in Galway (Irland)

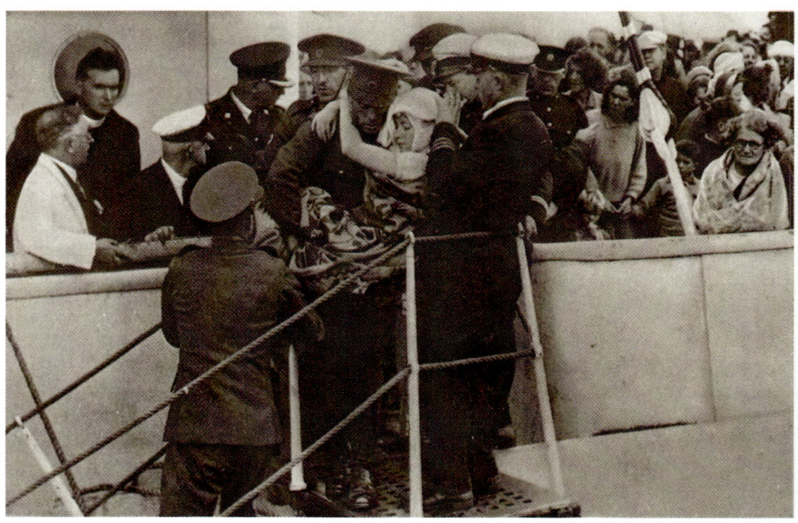

Einige der über 450 Passagiere des Passagierdampfers »Athenia«, die vom norwegischen Tanker »Knute Nelson« gerettet und nach Galway gebracht werden

»Courageous« in 20 Minuten gesunken

17. September. Der britische Flugzeugträger »Courageous« (22 500 t) wird westlich von Irland durch U 29 (Kapitänleutnant Otto Schuhart) versenkt. Von der 1260 Mann starken Besatzung kommen 578 ums Leben; die Überlebenden werden von britischen Zerstörern sowie Handelsschiffen aufgenommen.
Der frühere Kreuzer war kurz vor Kriegsausbruch zum Flugzeugträger umgebaut worden und für die Beförderung von 52 Flugzeugen ausgelegt. Als die »Courageous« getroffen wurde, hatte sich das Schiff gerade in den Wind gelegt, um Flugzeuge aufzunehmen.
Die »Courageous« sinkt innerhalb von 20 Minuten. Nach diesem Verlust zieht die britische Admiralität die übrigen bei der U-Boot-Jagd eingesetzten Flugzeugträger zurück.

Das vom Kreuzer zum Flugzeugträger umgebaute Kriegsschiff »Courageous«

Träger »Ark Royal« angeblich versenkt

26. September. In der Nordsee greifen deutsche Bomber Schiffe der Royal Navy an. Der Träger »Ark Royal« wird angeblich versenkt.
Der neben der »Ark Royal« aus den Schlachtschiffen »Nelson« und »Rodney«, den Schlachtkreuzern »Hood« und »Renown« sowie drei Kreuzern bestehende Verband war von Aufklärern gesichtet worden. Den Angriff fliegen vier Junkers Ju 88 und neun Heinkel He 111. Aus der Aussage des Gefreiten Carl Francke, der glaubt, den Träger getroffen zu haben, macht die deutsche Propaganda die Versenkung des Flugzeugträgers »Ark Royal«.

Flugzeugführer Carl Francke (2. v. r.), der wegen der angeblichen Versenkung der »Ark Royal« vom Gefreiten zum Leutnant befördert wird, mit Kameraden

Franzosen rücken in Reichsgebiet ein

7. September. Im Vorfeld des Westwalls bei Saarbrücken kommt es zu einer eher symbolischen Offensive der französischen Truppen. Ihrer Verpflichtung, vom vierten Mobilmachungstag an begrenzte Offensiven zu beginnen und spätestens am 15. Tag nach der polnischen Mobilmachung das Deutsche Reich anzugreifen (→ 19.5./S.91), kommen die Franzosen nicht nach.
An der Front der französischen 4. Armee (General Édouard Réquin) überschreiten Aufklärer der 3., 4. und 5. Armee westlich der Vogesen die Reichsgrenze im Raum Saarbrükken, Saarlouis und Zweibrücken. Die deutschen Truppen gehen auf die Hauptstellungen zurück.
An der übrigen Westfront herrscht weitgehend Ruhe. Wie von der deutschen Führung erwartet, greifen die Franzosen nicht an, obwohl ihnen nur elf aktive Divisionen fast ohne Panzer und motorisierte Verbände sowie eine Division Festungstruppen gegenüberstehen.
Die Armee Frankreichs zählt 108 Divisionen, davon 65 aktive einschließlich der Festungstruppen; der Rest sind Ausbildungsdivisionen, davon 37 in Frankreich und sechs in Nordafrika. Die Franzosen verfügen über 2475 Panzer und 240 Panzerspähwagen.
Die französische Luftwaffe kommt bei Kriegsbeginn auf knapp 1700 Flugzeuge moderner Bauart; der deutschen Luftwaffe stehen im Westen knapp 800 Flugzeuge zur Verfügung, der Rest der 1929 einsatzbereiten Maschinen kämpft über Polen.

Handelsschiffe werden markiert

3. September. Der Ausbruch des Krieges zwischen Großbritannien und dem Deutschen Reich gefährdet auch die Fracht- und Passagierschiffahrt rund um die Britischen Inseln. Am 4. September ruft US-Außenminister Cordell Hull die Bürger seines Landes auf, nur noch in dringenden Fällen nach Europa zu reisen. Um der Gefahr zu entgehen, torpediert oder bombardiert zu werden, gehen die neutralen Staaten dazu über, ihre Handels- und Passagierschiffe weithin sichtbar zu markieren.

Der Passagierdampfer »Manhattan« der United States Lines, wegen der U-Boote mit Namen und Flagge markiert

Kriegskabinette führen Frankreich und Großbritannien

13. September. Frankreichs Ministerpräsident Édouard Daladier übernimmt anstelle von Georges Bonnet, der in das Justizressort wechselt, zusätzlich das Außenministerium. Neu im französischen Kabinett sind Ministerien für Blockade (Georges Pernot) und Rüstung (Raoul Dautry). In Grobritannien wurde am 3. September ein Kriegskabinett gebildet.

Das britische Kriegskabinett besteht aus Premierminister Arthur Neville Chamberlain, Außenminister Edward Frederick Lindley Wood Halifax, Schatzkanzler John Allsebrook Simon, Lordsiegelbewahrer Samuel Hoare Templewood of Chelsea, Kriegsminister Leslie Hore-Belisha, Luftfahrtminister Howard Kingsley-Wood, Flottenadmiral Alfred E. M. Lord Chatfield of Ditchling als Verteidigungs-Koordinator, Minister Lord Maurice P. A. Hankey und Winston Churchill als Erstem Lord der Admiralität. Zutritt zu den Sitzungen haben auch Dominion-Minister Robert Anthony Eden, Kabinettssekretär Edward Bridges und John Anderson Waverly, der Minister für Innere Sicherheit.

Überraschend kam die Berufung von Churchill, einem der schärfsten konservativen Kritiker Chamberlains. Churchill hatte bereits von 1911 bis 1915 das Marineministerium geführt. Eine Allparteienregierung scheiterte, da die Labour Party unter Clement Richard Attlee und die Liberalen unter Archibald H. M. Sinclair, Viscount Thurso, den Regierungseintritt ablehnten.

Am 9. September billigte das Kabinett einen sog. Grundkriegsplan für die Dauer von drei Jahren. Für das erste Jahr ist eine allgemeine strategische Defensive vorgesehen.

Das Stärkeverhältnis zwischen der britischen und der deutschen Flotte liegt ohne U-Boote bei 7,5:1; die Royal Air Force verfügt über 4178 Flugzeuge, davon 2200 in Reserve.

Oberkommandierender der britischen Streitkräfte in Übersee ist John Standish Surtees Prendergast Vereker Gort, der am 15. September in Le Mans Quartier nimmt, während die ersten der über 300 000 Soldaten des Britischen Expeditionskorps den Ärmelkanal überqueren. Die gemeinsame Kriegführung soll der Oberste Allierte Kriegsrat festlegen, der erstmals am 12. September in Abbéville tagte.

◁ Das britische Kriegskabinett stellt sich dem Fotografen: Obere Reihe v. l. John Anderson Waverly, Lord Maurice P. A. Hankey, Leslie Hore-Belisha, Winston Churchill, Howard Kingsley-Wood, Robert Anthony Eden und Edward Bridges. Untere Reihe v. l. Edward Frederick Lindley Wood Halifax, John Allsebrook Simon, Arthur Neville Chamberlain, Samuel Hoare Templewood of Chelsea und Alfred E. M. Lord Chatfield of Ditchling. Am 3. September hatte Chamberlain den Kriegsbeginn im Unterhaus bekanntgegeben und hinzugefügt: »Sie können sich denken, welcher Schlag das für mich ist«

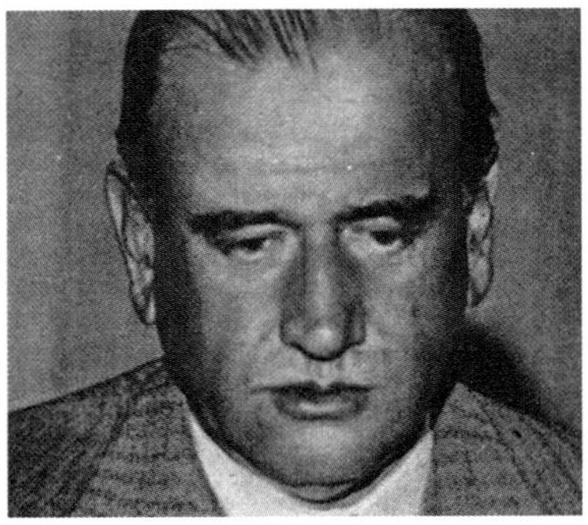

◁◁ Édouard Daladier, radikalsozialistischer Ministerpräsident Frankreichs in den Jahren 1933 (31.1.–23.10.) und 1934 (30.1.–7.2.) sowie erneut seit dem 10. April 1938

◁ Winston Churchill, Erster Lord der Admiralität im britischen Kriegskabinett. Churchill zählte zu den schärfsten Kritikern der Appeasement-Politik von Premierminister Arthur Neville Chamberlain

◁ Die Teilnehmer am ersten Obersten Alliierten Kriegsrat am 12. September im französischen Abbéville auf der Titelseite der französischen Illustrierten »L'Illustration« vom 23. September: V. l. der britische Verteidigungs-Koordinator, Flottenadmiral Alfred E. M. Lord Chatfield of Ditchling, der britische Premierminister Arthur Neville Chamberlain, Frankreichs Ministerpräsident Édouard Daladier und General Maurice Gustave Gamelin, der französische Generalstabschef. Zu den Ergebnissen der Konferenz führt Chamberlain am nächsten Tag vor dem britischen Unterhaus u. a. aus: »Das französische und das englische Volk sind … entschlossen, nicht nur ihre Pflicht gegenüber Polen zu erfüllen, sondern auch ein für allemal der unerträglichen Drohung der nationalsozialistischen Angriffspolitik ein Ende zu setzen.« Tatsächlich jedoch sind beide Seiten mittlerweile zu der Überzeugung gekommen, daß – entgegen der ursprünglichen französischen Annahme – der Krieg für Polen schon nach knapp zwei Wochen deutscher Offensive verloren ist und die bisherigen, allerdings sehr geringen offensiven Anstrengungen zur Unterstützung Polens daher eingestellt werden sollten

Deutsche Offiziere und ein Kommissar der Roten Armee in Brest, das nach deren Einmarsch von der Wehrmacht übergeben wird

Sowjetischer Panzerwagen im eroberten Brest, wo am 18. September die Soldaten der Wehrmacht und der Roten Armee erstmals im Feldzug gegen Polen direkt aufeinandertreffen

Sowjettruppen marschieren in Polen ein

17. September. Um 6 Uhr dringen die beiden sowjetischen Heeresgruppen Weißrussische (Armeegeneral Michail P. Kowalew) und Ukrainische Front (Armeegeneral Semjon K. Timoschenko) in Polen ein.

Tags zuvor hatte die Sowjetregierung Polens Botschafter Waclaw Grzybowski erklärt, die UdSSR müsse die dort lebenden Ukrainer und Weißrussen schützen, da Polen als Staat nicht mehr existiere.

Deutsche und sowjetische Offiziere bei der Abnahme einer Truppenparade

Deutsch-sowjetische Truppenparade am 22. September im eroberten Brest

Panzerkampfwagen der Roten Armee werden bei ihrem Einmarsch in den östlichen Teil Polens bei Grodezk von der Zivilbevölkerung willkommen geheißen

Die sieben sowjetischen Armeen stoßen nur auf geringen Widerstand. Die unmittelbar an der Grenze liegenden polnischen Garnisonen werden in kurzer Zeit überrollt. Viele der im Nordosten stehenden Truppen können sich nach Litauen durchschlagen. Den Verbänden aus Südostpolen gelingt z.T. die Flucht nach Ungarn und Rumänien, wohin am Abend des 17. September auch Staatspräsident Ignacy Mościcki, die Regierung und die Oberste Armeeführung emigrieren.

Bewußt hat die sowjetische Führung die Entwicklung der deutschen Offensive abgewartet, von deren Schnelligkeit sie überrascht wurde. Auf deutschen Wunsch wird am 18. September eine gemeinsame Erklärung veröffentlicht, wonach die auf polnischem Boden operierenden Truppen »keinerlei Ziele verfolgen, die den Interessen Deutschlands oder der Sowjetunion zuwiderlaufen«. Am selben Tag treffen Sowjets und Deutsche in Brest (bis 1921: Brest-Litowsk) erstmals aufeinander. Am 22. September kapituliert die Festung Lemberg vor der Roten Armee, während sich die deutschen Truppen schon auf die mit den Sowjets vereinbarte Demarkationslinie entlang von Narew, Weichsel und San zurückziehen.

Um die Geheimabsprachen vom → 23. August (S.136) der neuen Lage anzupassen, reist Reichsaußenminister Joachim von Ribbentrop nach Moskau, wo am 28. September eine neue Grenze vereinbart wird.

Polen besteht als Staat nicht mehr

28. September. In Moskau werden ein deutsch-sowjetischer Grenz- und Freundschaftsvertrag und zwei geheime Zusatzprotokolle unterzeichnet.

In dem Grenzvertrag erklären beide Staaten es »nach dem Auseinanderfallen des bisherigen polnischen Staates ausschließlich als ihre Aufgabe, in diesen Gebieten die Ruhe und Ordnung wiederherzustellen«.

Die als endgültig anerkannte Grenze verläuft von der Südspitze Litauens westlich bis zur Reichsgrenze und an dieser entlang bis zur Pissa. Sie folgt dem Fluß bis Ostrołeka, wendet sich nach Südosten bis zum Bug und folgt ihm bis Krystnopol, biegt nach Westen ab bis zum San und folgt seinem Lauf.

Das erste Geheime Zusatzprotokoll legt fest, daß in Abänderung der Ziffer 1 der Geheimabsprachen vom 23. August Litauen an die UdSSR fallen soll, während das Deutsche Reich die Woiwodschaft Lublin und Teile der Woiwodschaft Warschau erhält. Die Interessengrenze wird auf Wunsch der UdSSR von der Weichsel ostwärts an den Bug verschoben.

Weiterhin wird festgelegt, daß »beide Teile auf ihren Gebieten keine polnische Agitation dulden, die auf das Gebiet des anderen Teils hinüberwirkt«.

Bedingungslose Kapitulation der polnischen Hauptstadt

27. September. Zwei Tage nach einem schweren deutschen Luftangriff kapitulieren die Verteidiger Warschaus. Rund 140 000 Polen geraten in Gefangenschaft. Am 28. September ergibt sich auch die Festung Modlin. Damit ist der Polenfeldzug fast beendet (→ 6.10./S.177). Am → 1. September (S.154) waren zwei deutsche Heeresgruppen zum Angriff angetreten. Während die Heeresgruppe Süd unter Führung von Generaloberst Gerd von Rundstedt von Schlesien und der Slowakei aus in Richtung Warschau vorstoßen sollte, hatte die Heeresgruppe Nord (Generaloberst Fedor von Bock) die Aufgabe, die Verbindung zwischen Ostpreußen und dem Reich herzustellen und dann auf Warschau einzuschwenken.

Zunächst war der deutsche Vorstoß weitgehend nach Plan verlaufen. Im Norden hatte die 4. Armee die Weichsel erreicht und das Westufer bis zur Höhe von Thorn besetzt, während die 3. Armee am 4. September die Mlawa-Stellung durchstieß.

Die deutsche 14. Armee eroberte am 6. September Krakau und versperrte den nach Süden drängenden polnischen Truppen den Weg zur rumänischen Grenze. Zur größten Schlacht des Polenfeldzugs kam es ab 9. September an der Bzura.

Die sich von Posen zurückziehende Armee »Poznan« unter General Tadeusz Kutrzeba faßte die in Richtung Warschau vorrückende 8. Armee in der Flanke, wodurch die Lage der deutschen Truppen bedrohlich wurde. Doch die polnischen Verbände wurden durch die aus Norden vorstoßende 4. Armee und Teile der weiter südlich operierenden 10. Armee, die über zahlreiche Panzer und außerordentlich schnelle Verbände verfügte, eingekesselt.

Nachdem am 12. September bei der Kapitulation der Armee »Pruzy« (General Stefan Dab-Biernacki) bei Radom 60 000 Gefangene gemacht worden waren, ergaben sich am 19. September die Armeen »Poznan« und »Pomorze« (General Władysław Bortnowski) im Kessel an der Bzura mit rund 170 000 Mann.

Polens Regierung war am 17. September nach Rumänien geflüchtet. Unterdessen war der Ring um das von General Juliusz Rómmel verteidigte Warschau, das am 8. September von deutschen Truppen erreicht worden war, immer enger geworden.

Deutsches Illustriertenfoto über den Vormarsch in Polen: Infanteristen mit einem leichten Maschinengewehr beim Eingraben in einer vorgeschobenen Stellung. Die Berichte der deutschen Presse vermitteln ganz bewußt den Eindruck eines zwar blutigen, aber dennoch »frisch-fröhlichen« Krieges. Der Wehrmachtsbericht meldet am 8. September: »Die Operationen in Polen nahmen gestern an vielen Stellen den Charakter einer Verfolgung an, nur an einzelnen Stellen kam es noch zu ernsthaften Kämpfen.« Bereits am 18. September heißt es weiter: »Der Feldzug in Polen geht seinem Ende entgegen«

Berittene deutsche Einheiten überqueren eine notdürftig von Pionieren wieder hergerichtete Brücke. Die Originalunterschrift unter diesem Foto aus der deutschen Illustrierten »Die Woche« Nr. 37 vom 13. September lautet: »Unaufhaltsam geht der deutsche Vormarsch voran. Nichts vermag unsere tapferen Truppen aufzuhalten«

Das Hakenkreuz über der zerschossenen Westerplatte in Danzig nach der polnischen Kapitulation am 7. September um 10.30 Uhr. Sieben Tage hielt die 218köpfige Besatzung der Danziger SS-Heimwehr und dem Marine-Stoßtrupp Hennigsen stand

Deutsche Soldaten zu Fuß, zu Pferd und im Auto auf polnischen Straßen. Zusammen mit der kämpfenden Truppe rücken Einsatzgruppen aus Sicherheits- und Ordnungspolizei in den Uniformen der SS-Verfügungstruppe in Polen ein, um politische Gegner und die gesamte polnische Führungsschicht zu verhaften. Die Erschießungen durch die Einsatzgruppen führen zu Protesten der Armee

Einmarsch deutscher Infanterie und Kavallerie durch die Aleja Ujazdowska in Warschau. Die polnische Hauptstadt kapituliert nach einem eintägigen Bombenangriff am 27. September. Der Einzug der deutschen Truppen beginnt am 1. Oktober, nachdem die rund 140 000 polnischen Soldaten ab dem 29. September Warschau verlassen haben und in die Kriegsgefangenschaft marschiert sind

Opfer des Kampfes: Obdachlos gewordene polnische Zivilisten vor der Warschauer Oper. Am 25. September fliegt die Luftwaffe einen eintägigen Angriff auf die Stadt, die schon tagelang unter Artilleriebeschuß lag

Luftwaffe erzwingt den Fall Warschaus

25. September. Bei einem Angriff der deutschen Luftwaffe werfen über 400 Kampf-, Sturzkampf- und Schlachtflugzeuge in mehreren Angriffswellen insgesamt 560 t Sprengbomben und 72 t Brandbomben auf Warschau.
Am Tag nach dem Luftangriff bieten die Verteidiger Warschaus die Kapitulation an. Die Verluste der Zivilbevölkerung belaufen sich auf über 10 000 Tote und rund 35 000 Verwundete. Hinzu kommen rund 2000 gefallene und 16 000 verwundete Soldaten. Rund 12% aller Gebäude im Stadtgebiet sind zerstört.

Durch Bombentreffer zerstörtes Haus in einer der hartumkämpften Vorstädte von Warschau

Ein Warschauer Junge in den Trümmern seines Elternhauses. Rund 12% der Gebäude im Warschauer Stadtgebiet, darunter auch viele wertvolle Baudenkmäler, werden am 25. September, dem »Schwarzen Montag«, durch die Bomben der Luftwaffe und die Granaten der deutschen Artillerie zerstört

Verkündung der Allgemeinen Mobilmachung für die französische Armee am 1. September durch Plakatanschläge. Am 2. September billigt die französische Kammer einstimmig Kredite für die Führung des Krieges

Britische Marinesoldaten begeben sich nach einem Freundschaftsbesuch in Frankreich in der Hafenstadt Dieppe an Bord des Dampfers »Brighton«, der sie in ihre Standorte zurückbringt. Die Royal Navy ist die wichtigste Teilstreitmacht Großbritanniens, sie soll die Seewege und damit die dringend erforderliche Versorgung des Inselreiches gegen die Bedrohung durch deutsche U-Boote und Kriegsschiffe sichern

Krieg ändert Alltagsleben

1. September. Der Einmarsch in Polen und die Kriegserklärungen Frankreichs und Großbritanniens (→ 3.9./S.158) verändern schlagartig das Leben im Deutschen Reich.
Mit dem 1. September wird die vollständige Verdunkelung angeordnet (→ 23.5./S.96). Die Bevölkerung wird aufgerufen, Gasmasken mit sich zu führen und bei Fliegeralarm die Schutzräume aufzusuchen. Doch noch fallen keine Bomben auf bewohntes Gebiet, vielmehr werfen britische und französische Flugzeuge Propagandaflugblätter ab.
Seit dem 1. September drohen beim Abhören von Feindsendern Zuchthaus oder Todesstrafe, weil jedes Wort »selbstverständlich verlogen« und dazu bestimmt sei, »dem deutschen Volke Schaden zuzufügen«.
Viele deutsche Rundfunksender reduzieren bei Anbruch der Dunkelheit ihr Programm, um Feindflugzeugen keine Orientierungshilfe zu leisten, während die British Broadcasting Corporation (BBC) durch Umstellung auf neue Mittelwellenfrequenzen auch bei Fliegeralarm sendet. Die BBC-Fernsehzentrale in London verabschiedet sich am Morgen des 1. September mit einem Mikkey-Mouse-Film von ihren rund 25 000 Zuschauern.
In Frankreich und Großbritannien schließen zunächst Theater und Kinos, im Deutschen Reich geht der Betrieb – wegen Verdunkelung ohne Spätvorstellungen – weiter. Tanzveranstaltungen sind vom 4. bis zum 30. September verboten.
Die Benutzung privater Kfz im Deutschen Reich bedarf ab dem 20. September einer Ausnahmegenehmigung; ab → 25. September (S.168) ersetzen Lebensmittelkarten z.T. die bisherigen Bezugscheine.
Nach dem Kriegseintritt Frankreichs werden an der Westgrenze in großem Umfang Zivilisten evakuiert. Aus London werden zwischen dem 31. August und dem 4. September rund 600 000 Menschen, vor allem Schulkinder, Frauen und ältere Menschen, evakuiert, in Paris begann am 30. August mit der Verschickung von 16 313 Schulkindern die Evakuierung.
Für die politisch und rassisch Verfolgten des NS-Regimes bedeutet der Kriegsausbruch neue Drangsalierungen: Juden müssen ab dem 1. September abendliche Ausgehverbote beachten (im Sommer ab 21 Uhr, im Winter ab 20 Uhr) und ab dem 20. September ihre Rundfunkgeräte abgeben. Zahlreiche Mitglieder der verbotenen Gewerkschaften und Arbeiterparteien werden verhaftet, darunter die Sozialdemokraten Wilhelm Leuschner und Julius Leber. Ab dem 3. September gelten verschärfte Strafen für sog. Staatsfeinde: Schon wer öffentlich am deutschen Sieg zweifelt, kann auf Anordnung des Chefs der Sicherheitspolizei und des Sicherheitsdienstes (SD), Reinhard Heydrich, »liquidiert« werden. Erstes Opfer einer standrechtlichen Erschießung ist am 7. September der staatenlose Wilhelm Heinen aus Dessau.

Französische Reservisten am Pariser Bahnhof Gare de l'Est auf dem Weg zu ihren Kriegsstandorten an der Ostgrenze. Am 3. September richtet Ministerpräsident Édouard Daladier einen Aufruf an das französische Volk, in dem es u. a. heißt: »Wir führen Krieg, weil man uns den Krieg aufgezwungen hat«

Einsatz sog. Sperrballone bei der Flugabwehr durch Sonderformationen der deutschen Wehrmacht an der Ostgrenze des Deutschen Reiches

Ausrüstung der Schweizergarde, der traditionsreichen Schutztruppe des Vatikan, mit den schon für die Bewohner Roms obligatorischen Gasmasken

Mit Sandsäcken gegen die Wirkung von Bombensplittern verkleideter Feuermelder in einem der Vororte der britischen Hauptstadt London

Start zum »großen Ausflug« nach East- und West-Sussex, nach Kent oder Surrey: Einige der rund 400 000 evakuierten Londoner Schulkinder, die mit Bus und Bahn gemeinsam mit 22 000 Lehrern bereits am 1. September aus der von Luftangriffen bedrohten Hauptstadt aufs Land geschickt werden. Später folgen noch mehr

Der britische Premierminister Arthur Neville Chamberlain und seine Frau mit umgehängter Gasmaske auf den Straßen der Hauptstadt London

Aufstellung von privaten Kraftfahrzeugen in Paris, die für den Transport von Soldaten, Waffen und Munition requiriert worden sind

Anmeldung von weiblichen Freiwilligen in Paris für den Dienst im Französischen Roten Kreuz. In allen kriegführenden Ländern gewinnt der Einsatz von Frauen große Bedeutung. Weil viele Ärzte einberufen werden, übernimmt weibliches Hilfspersonal viele Arbeiten in den Krankenhäusern und anderen Pflegestationen

Einschreibung von Freiwilligen für den Dienst im französischen Frauen-Flieger-Hilfskorps. Eine ähnliche Einrichtung besteht in Großbritannien

Die Verdunkelung der deutschen Städte seit Kriegsausbruch schafft neue Probleme: Der Verdunkelungs-Lotse eines Berliner SA-Sturms auf Posten für eine kostenlose Begleitung durch die dunklen Straßen

In der deutschen Presse als nachahmenswertes Beispiel angepriesen: Ein selbstgebauter Splitterschutz vor den Kellerfenstern an der Straßenseite wird zur Freude der Passanten durch Blumen verschönt

Eine der beiden Zentralsammelstellen für Gummireifen in Berlin. Ab dem 11. September gilt im gesamten Reichsgebiet eine Beschlagnahmeverordnung für die Fahrzeugbereifungen aus Naturkautschuk

Einige Lebensmittel nur noch auf Karte

25. September. Im Deutschen Reich treten die Verordnungen über die öffentliche Bewirtschaftung von Nahrungs- und Genußmitteln vom 7. September 1939 in Kraft.
Für die erste Zuteilungsperiode vom 25. September bis 22. Oktober werden Karten für Brot, Milch, Fleisch, Fett, Marmelade und Zucker verteilt. Ferner gibt es eine allgemeine Lebensmittelkarte und eine Seifenkarte (vom 25.9.-31.10. erhält jeder Karteninhaber 75 g Fein-oder 125 g Kernseife sowie 250 g Waschpulver oder 200 g Schmierseife bzw. 125 g Kernseife oder ein Kleinpaket Waschmittel). Brot und Mehl, bislang frei verkäuflich (→30.8./ S.142), sind nun rationiert. Vollmilch gibt es nur noch für Kinder, werdende oder stillende Mütter sowie Schwer- und Schwerstarbeiter, für die besondere Karten gelten. Die übrigen Verbraucher erhalten lediglich kartenfreie Magermilch.
Die allgemeine Lebensmittelkarte ist bestimmt für Nährmittel und rationierte Nahrungsmittel, für die andere Karten nicht gelten, z.B. Kunsthonig. Die Zuteilung erfolgt auf einzelne Kartenabschnitte nach Ankündigung in der Tagespresse.
Der Normalverbraucher erhält zunächst (ohne Nährmittel):
- ▷ Brotkarte: 2400 g Brot oder 1900 g Brot und 375 g Mehl pro Woche
- ▷ Fleischkarte: 500 g Fleisch oder Fleischwaren pro Woche
- ▷ Milchkarte: Vollmilch für Bezugsberechtigte 0,5 l pro Tag (Kinder bis 6 Jahre 0,75 l, bis 14 Jahre 0,25 l)
- ▷ Fettkarte: 80 g Butter, 125 g Margarine bzw. Pflanzen- oder Kunstspeisefett oder Speiseöl, 65 g Schweineschmalz oder Speck und Talg, 62,5 g Käse oder Quark
- ▷ Zucker und Marmelade: 250 g Zucker und 100 g Marmelade.

EA: München-Stadt
Bestellschein für Butter oder Butterschmalz
25. IX.—22. X. 1939

EA: München-Stadt
Bestellschein für Käse und Quarg
25. IX.—22. X. 1939

EA: München-Stadt | EA: München-Stadt
Bestellschein für Margarine oder Pflanzen- oder Kunstspeisefett oder Speiseöl
25. IX.—22. X. 1939 | 25. IX.—22. X. 1939

EA: München-Stadt
Bestellschein für Schweineschmalz oder Speck oder Talg
25. IX.—22. X.

Butter oder Butterschmalz 1 — 25. IX.—1. X. 1939
Butter oder Butterschmalz 3 — 9. X.—15. X. 1939
Butter oder Butterschmalz 2 — 2. X.—8. X. 1939
Butter oder Butterschmalz 4 — 16. X.—22. X. 1939
Käse oder Quarg 2
Käse oder Quarg 4

Gültig vom 25. IX. bis 22. X. 1939
Reichsfettkarte
EA: München-Stadt
Name:

Margarine oder Pflanzen- oder Kunstspeisefett oder Speiseöl a2 — 9. X.—22. X. 1939
Margarine oder Pflanzen- oder Kunstspeisefett oder Speiseöl a1 — 25. IX.—8. X. 1939
Margarine oder Pflanzen- oder Kunstspeisefett oder Speiseöl b4 — 9. X.—22. X. 1939
Margarine oder Pflanzen- oder Kunstspeisefett oder Speiseöl b3 — 25. IX.—8. X. 1939
Schweineschmalz oder Speck oder Talg 4
Schweineschmalz oder Speck oder Talg 2

Eine der am 25. September im Deutschen Reich eingeführten Lebensmittelkarten, die für zehn Jahre jeden Deutschen begleiten werden: Die Reichsfettkarte (im Bild eine Karte aus München für die Zuteilungsperiode vom 25. September bis zum 22. Oktober 1939) berechtigt zum Bezug von Butter, Margarine, Käse oder Quark sowie Schweineschmalz, Speck oder Talg

Die hingerichteten Mörder des Ministerpräsidenten Armand Călinescu

Eiserne Garde läßt Călinescu ermorden

21. September. In der Nähe seiner Bukarester Wohnung wird gegen 14.30 Uhr der rumänische Ministerpräsident Armand Călinescu von Angehörigen der faschistischen Geheimorganisation Eiserne Garde hinterrücks erschossen.
Im Februar 1938 war die Eiserne Garde aufgelöst worden. Ihr Führer und Gründer, Corneliu Codreanu, wurde verhaftet und im November 1938 »auf der Flucht« erschossen.

Der 46jährige Armand Călinescu, der am 21. September von Mitgliedern der Eisernen Garde umgebracht wird. Călinescu war seit dem 6. März 1939 Ministerpräsident von Rumänien und galt als der starke Mann von König Karl II.

Dennoch blieb die Garde aktiv: Eine für den 6. Januar 1939 geplante Erhebung wurde zwei Tage vorher von der Regierung aufgedeckt.
Den Anschlag auf Călinescu beantwortet die Regierung mit Gegenterror: Rund 100 Mitglieder der Garde werden verhaftet und mit dem Tode bestraft. Einige Unterführer der Geheimorganisation, darunter Codreanus Stellvertreter Horia Sima, fliehen ins Deutsche Reich. Das Deutsche Nachrichtenbüro (DNB) behauptet, der Călinescu-Mord sei vom britischen Geheimdienst Secret Service inszeniert worden.

UdSSR sichert sich Einfluß in Estland

28. September. In Moskau unterzeichnen Außenkommissar Wjatscheslaw M. Molotow und der estländische Außenminister Karl Selter einen auf sowjetischen Druck zustandegekommenen Beistandspakt.
Neben der Beistandsverpflichtung im Falle eines Angriffs von außen sieht der auf zehn Jahre abgeschlossene Vertrag die Stationierung sowjetischer Truppen auf estländischem Territorium vor.
Die UdSSR darf auf den Inseln Ösel und Dagö sowie in Baldiski (Baltischport) Stützpunkte errichten und dort Marine- und Luftwaffeneinheiten stationieren. Der Vertrag ist ein erster Schritt hin zu der im deutsch-sowjetischen Geheimabkommen vom →23. August (S.136) vorgesehenen Eingliederung des Baltikums in die Interessensphäre der Sowjetunion (→11.10./S.183).

Polnische Exilregierung

30. September. In Paris bildet General Władysław Eugeniusz Sikorski eine polnische Exilregierung. Sie wird von Großbritannien, Frankreich und den USA anerkannt. Am 17. September war die polnische Staatsführung nach Rumänien emigriert und auf deutschen Druck hin interniert worden. Staatspräsident Ignacy Mościcki hatte sein Amt Senatsmarschall Władysław Raczkiewicz in Paris übertragen.

Bei einer Messe in der polnischen Kirche in Paris: Staatsoberhaupt Władysław Raczkiewicz (2. v. l.) und Władysław Eugeniusz Sikorski (vorn, 2. v. r.)

Mord an »unheilbar« Kranken befohlen

1. September. Ein Ende Oktober verfaßtes und auf den Tag des Kriegsbeginns zurückdatiertes Ermächtigungsschreiben von Führer und Reichskanzler Adolf Hitler leitet den organisierten Massenmord an angeblich unheilbar Kranken ein. Hitler ordnet an, »die Befugnisse namentlich zu bestimmender Ärzte so zu erweitern, daß nach menschlichem Ermessen unheilbar Kranken bei kritischster Beurteilung ihres Krankheitszustandes der Gnadentod gewährt werden kann«.

Der Begriff des Gnadentodes oder Euthanasie (griech.; schöner Tod) soll verschleiern, daß es sich dabei um eine auch nach nationalsozialistischer Rechtsordnung ungesetzliche Tötungsaktion handelt.

Krankenhaus Gilead in der Heil- und Pflegeanstalt Bethel bei Bielefeld, von wo aufgrund des Euthanasiebefehls »unheilbar« Kranke abgeholt werden

Mit der Durchführung des Mordprogramms, das unter dem Namen T 4 läuft (die zuständige Dienststelle ist in der Tiergartenstraße 4 in Berlin), wird die Kanzlei des Führers unter Leitung von NS-Reichsleiter Philipp Bouhler beauftragt.

Weitere Verantwortliche sind Hitlers Leibarzt Karl Brandt, Reichsgesundheitsführer Leonardo Conti und Oberdienstleiter Viktor Brack.

Für die vorgesehene Tötung von 65 000 bis 70 000 Menschen werden drei Tarnorganisationen gegründet. Die Auswahl der Opfer erfolgt durch die Reichsarbeitsgemeinschaft Heil- und Pflegeanstalten. Sie versendet durch das Reichsinnenministerium Fragebögen an alle deutschen Pflege- und Heilanstalten. Gefragt wird nach allen Insassen, die an Schizophrenie, Epilepsie, senilen Erkrankungen, Syphilis, Schwachsinn sowie Gehirnhautentzündungen und Veitstanz leiden, ferner nach Patienten, die seit fünf Jahren dort leben, als kriminell gelten oder nicht arisch sind.

Aufgrund dieser Meldungen entscheiden die der Arbeitsgemeinschaft angehörenden Ärzte über Leben und Tod der Pfleglinge. Der Transport erfolgt in den grauen Bussen der Gemeinnützigen-Krankentransport GmbH in die Anstalten, die mit der Tötung beauftragt wurden. Es sind: Hadamar bei Limburg, Grafeneck in Württemberg, Sonnenstein bei Pirna, Hartheim bei Linz sowie Brandenburg, Bernburg und Kaufbeuren. Sie werden von der Gemeinnützigen Stiftung für Anstaltspflege betrieben.

Während Kinder vor allem durch Tabletten umgebracht werden, sterben Erwachsene an Gas. Die Leichen werden verbrannt und die Urnen den Angehörigen zugestellt.

Tarnmaßnahmen für Massenmord

Weder die Anstalten, aus denen die »unheilbar« Kranken abtransportiert werden, noch die Angehörigen sollen etwas von den staatlich organisierten Morden im Rahmen des Euthanasieprogramms erfahren.

Den Anstalten wird in der Regel nur mitgeteilt, daß die »aus ihrer Anstalt verlegten Pfleglinge« alle verstorben sind. Die Angehörigen erhalten Formbriefe wie diesen: »Es tut uns aufrichtig leid, Ihnen mitteilen zu müssen, daß ... die am ... im Rahmen von Maßnahmen des Reichsverteidigungskommissars in diese Anstalt verlegt werden mußte, hier am ... plötzlich und unerwartet an einer Hirnschwellung verstorben ist. Bei der schweren geistigen Erkrankung bedeutete für die Verstorbene das Leben eine Qual. So müssen Sie ihren Tod als Erlösung auffassen. Da in der hiesigen Anstalt z. Z. Seuchengefahr herrscht, ordnete die Polizeibehörde die sofortige Einäscherung des Leichnams an. Wir bitten um Mitteilung, auf welchen Friedhof wir die Übersendung der Urne... durch die Polizeibehörde veranlassen sollen.«

Psychologe Freud stirbt in London

23. September. Der österreichische Arzt und Psychologe Sigmund Freud, Begründer der Psychoanalyse, stirbt mit 83 Jahren im Londoner Exil. Er hatte Österreich nach dem »Anschluß« an das Deutsche Reich 1938 wegen seiner jüdischen Abstammung verlassen müssen.

Freud, zunächst Dozent für Neuropathologie an der Universität Wien, eröffnete 1886 in Wien eine psychiatrische Praxis. In Zusammenarbeit mit Josef Breuer konzipierte er hier Behandlungsmethoden der Hysterie, aus denen er sein grundlegendes psychoanalytisches Therapieverfahren entwickelte.

Als Hauptrieb des Menschen gilt Freud der Geschlechtstrieb, dessen Ausleben vielfach durch gesellschaftliche Normen und Tabus unterdrückt werde. Nach Freuds

Der Psychologe Sigmund Freud in seinem Sprechzimmer in Wien

DREI ABHANDLUNGEN ZUR

SEXUALTHEORIE

VON

PROF. DR. SIGM. FREUD

IN WIEN

Titelblatt von »Drei Abhandlungen zur Sexualtheorie«, erschienen 1905

Sigmund Freund und seine Tochter Anna 1938 bei der Ankunft in Paris

Theorie entstehen aus diesem Mißverhältnis menschliche Fehlentwicklungen, die sich zu Neurosen ausweiten können.

Ausgangspunkt solcher Fehlentwicklungen seien verschüttete Kindheitserlebnisse, die Freud dem Patienten durch die Analyse wieder zugänglich machen will, um ihm eine bewußte Verarbeitung des Geschehenen zu ermöglichen.

Die von Freud entwickelte theoretische und praktische Psychoanalyse wird in der Fachwelt vielfach kritisiert und abgelehnt. Sie bildet jedoch eine wesentliche Grundlage der modernen Psychologie und übt beträchtlichen Einfluß auf andere Wissenschaften, die Literatur und die bildenden Künste aus. Zu seinen Werken zählen »Die Traumdeutung« (1900), »Zur Psychopathologie des Alltagslebens« (1901) und »Totem und Tabu« (1913).

Bildungswesen 1939:

Kriegsbedingte Bildungsprobleme

Mangel an geeigneten Ausbildern und Erziehern, Verkürzung des Lehr- und Unterrichtsstoffs, weitere Beeinflussung der Lehrinhalte durch den nationalsozialistischen Staat und Einschränkungen des Lehrangebots durch die Kriegsereignisse prägen die Bildungssituation im Deutschen Reich 1939.

Der Mangel an Lehrern und Hochschuldozenten wird durch die Einberufungen noch stärker spürbar. Im Altreich kommt an Volksschulen im Durchschnitt ein Lehrer auf 42 Schüler, an den Mittelschulen beträgt dieses Verhältnis 1:27 und an Höheren Schulen 1:15.

Um mehr Volksschullehrer zu erhalten, werden im Frühjahr durch das Reichserziehungsministerium vier- bzw. zweijährige Sonderkurse für begabte Volks- und Mittelschüler eingeführt. Nach Kriegsausbruch werden vielerorts Lehrer aus dem Ruhestand zurückgeholt, und begabte Laien oder Primaner und Primanerinnen in Schnellkursen zu Hilfslehrern ausgebildet. In den ersten drei Wochen nach Kriegsbeginn fällt an den meisten deutschen Schulen der Unterricht ganz aus.

Die Studentenzahl geht im Herbst-Trimester 1939 gegenüber dem Winterhalbjahr 1938/39 um ein Drittel auf 44 659 zurück, darunter 7560 Frauen. Verstärkt drängen Studienanfänger in die Fachbereiche Medizin und Chemie, weil ein solches Studium in der Regel vor der Einberufung schützt. Allerdings ist das Medizinstudium ebenso wie andere Studiengänge verkürzt worden (→ 1.4./S.77). Vielfach werden deshalb Klagen über einen zu geringen Wissensstand sowie – nach Kriegsausbruch – über geringe Lernmotivation der Studenten laut.

Das Studienjahr an den deutschen Hochschulen dauert auf Anordnung des Reichserziehungsministeriums künftig vom 1. April bis zum 30. März, wobei das Sommersemester bis zum 30. September reicht.

Deutsche Studenten am 4. November in Prag auf dem Weg zur Universität, die nach ihrer Übernahme durch das Reich nun Deutsche Karls-Universität heißt

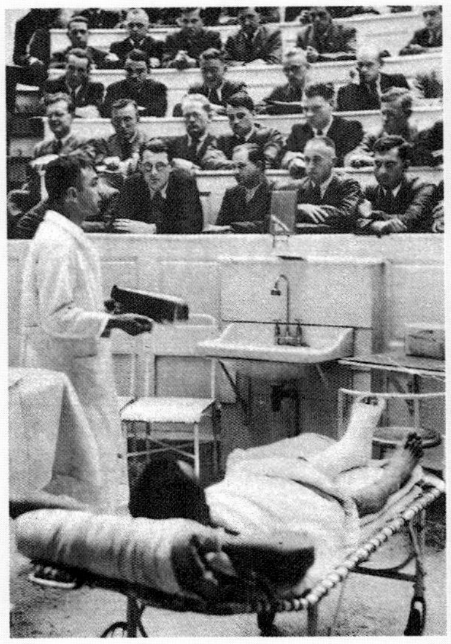

Deutsche Studenten im Orthopädischen Institut der Universität Prag

Wissenschaft und Technik 1939:

Neuentwicklungen in der militärischen und zivilen Technik

Zwei der herausragenden technisch-wissenschaftlichen Innovationen des Jahres 1939 kommen aus der militärisch nutzbaren Forschung: Am 6. Januar erscheint in der Zeitschrift »Naturwissenschaft« der Bericht der deutschen Wissenschaftler Otto Hahn und Friedrich Straßmann über die erste Kernspaltung. Über ihre Nutzung für den Bau von Atombomben wird am → 2. August (S.146) als erstes Staatsoberhaupt US-Präsident Franklin Delano Roosevelt informiert. Am → 27. August (S.146) startet mit der Heinkel He 178 das erste Strahlturbinenflugzeug.

Sowohl die Kernforschung als auch der Bau von Düsenjägern und Raketen in Peenemünde werden in der Folge im Deutschen Reich vernachlässigt, da die politische Führung auf die Entwicklung kurzfristig verfügbarer Waffensysteme setzt.

In der Schweiz wird eine neue Ära in der Entwicklung der Schädlingsbekämpfung eingeleitet: Der Mediziner Paul Hermann Müller beendet seine Forschungen über das Kontaktgift DDT (Dichlordiphenyltrichloräthan), das auch noch in einer schwachen Konzentration Insekten töten soll.

Für den Alltag bedeutsame Innovationen kommen aus der Chemie: Die US-Firma DuPont Nemours stellt die ersten Nylon-Strümpfe vor; die deutsche I.G. Farbenindustrie beginnt in Berlin-Lichtenberg mit der Herstellung von Perlon-Borsten. In der Druckindustrie leitet die Fotosetzmaschine des US-Amerikaners William C. Huebner den Abschied vom seit dem Spätmittelalter üblichen Bleisatz ein.

Ernst Heinkel, der erfolgreiche Konstrukteur von Flugzeugen mit Raketen- und Strahlturbinenantrieb

Die noch verkannte Heinkel He 176, das von einer Flüssigkeitsrakete HWK R-I 203 angetriebene erste Raketenflugzeug der Welt, das am 20. Juni 1939 zum erfolgreichen Erstflug startet. Die Spannweite beträgt 5 m und die Länge 5,20 m

Angehörige der Deutschen Studentenschaft an der nunmehrigen Deutschen Karls-Universität Prag im Aufenthaltsraum des Deutschen Studentenheims

Ab 1. Oktober treten Trimester an die Stelle der Semester, das erste Kriegstrimester dauert bis Weihnachten 1939.
Neben allgemeinbildenden Schulen bestehen im Deutschen Reich Adolf-Hitler-Schulen für 12- bis 18jährige und die Nationalpolitischen Erziehungsanstalten (→ 2.7./S.120). In den Schulen soll aufgrund eines Abkommens zwischen dem Oberkommando des Heeres und dem NS-Lehrerbund die wehrgeistige Erziehung verstärkt werden. Der schon seit Jahren vom NS-Regime geführte Kampf gegen Privat- und Bekenntnisschulen wird fortgesetzt (→ 26.2./S.38).

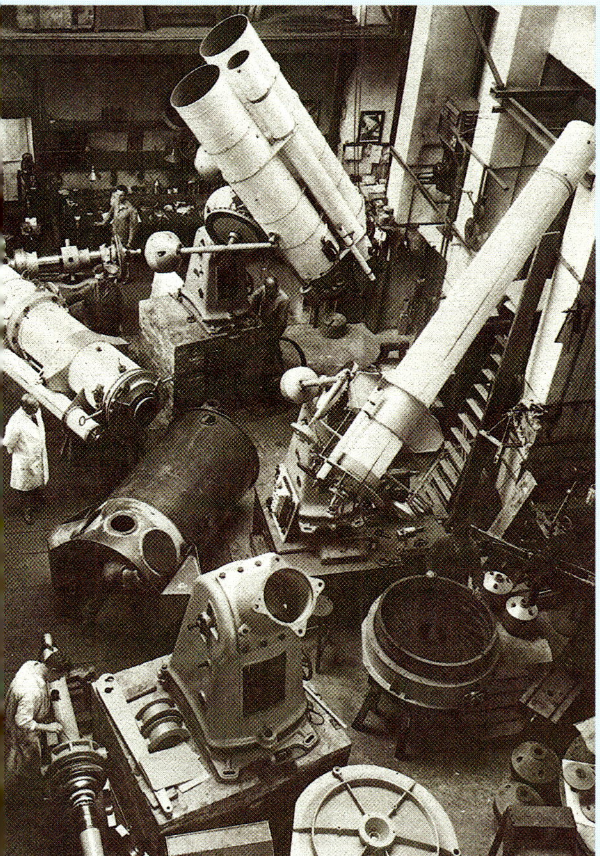

Fernrohre für drei Erdteile in der Astro-Montagehalle der Firma Carl Zeiss in Jena: Das Doppelfernrohr im Hintergrund geht an die Brüsseler Sternwarte; l. ein Spielgelfernrohr für die Sternwarte in Nanking; das lange Rohr eines Refraktors (r.) ist für das Franklin-Memorial-Museum in Philadelphia bestimmt und vor allem für die Sonnenbeobachtung geeignet. Durch höchste Anforderungen an Material und Verarbeitung behauptet auch 1939 die deutsche optische Industrie ihre Weltgeltung

10 000 m unter 30 Minuten

17. September. Im Olympiastadion von Helsinki bleibt der Finne Taisto Mäki über 10 000 m in 29:52,6 min erstmals unter der 30-Minuten-Marke und verbessert seinen eigenen Weltrekord von 1938 um 9,4 sec.
Entscheidend unterstützt wurde Mäki beim Gelingen seines zuvor angekündigten Weltrekordversuchs von seinem Landsmann Ilmari Salminen, dem Olympiasieger von 1936 über diese Distanz. Die Zwischenzeiten Mäkis lauten: 2:55,5 min nach 1000 m, 8:57,6 min nach 3000 m, 14:58,2 min nach 5000 m und 23:58,0 min nach 8000 m. Die Zwischenzeit von 28:55,6 min über sechs Meilen (9656,07 m) ist ebenfalls neue Weltbestzeit (vorher Salminen 29:08,4 min am 18.7.1937).
Erst am 16. Juni lief Mäki mit 14:08,8 min Weltrekord über 5000 m.
Seit 1912 fielen bei den olympischen Wettbewerben über 5000 m und 10 000 m nur je einmal die Goldmedaillen an einen Nicht-Finnen.

Der Langstreckler Taisto Mäki, Weltrekordhalter über 5000 und 10 000 m

Louis bleibt Weltmeister

20. September. Vor 50 000 Zuschauern in Detroit verteidigt der farbige US-Amerikaner Joe Louis durch k.o. in der 11. Runde über Bob Pastor den 1937 gewonnenen Titel des Boxweltmeisters im Schwergewicht. Pastor hat gegen den in Bestform antretenden Louis keine Chance und geht im Verlauf des Kampfes sechsmal zu Boden. Es ist Louis' vierter Titelkampf 1939: Am 25. Januar besiegte er in New York John H. Lewis durch k.o. in der 1. Runde, das gleiche gelang ihm am 17. April in Los Angeles gegen Jack Ropper, in New York wurde am 28. Juni Tony Galento in der 4. Runde vom »Braunen Bomber« ausgeknockt.

Der »Braune Bomber« Joe Louis vor seinem Kampf gegen Tony Galento

Joe Louis, der US-amerikanische Boxweltmeister im Schwergewicht (seit 1937) betrachtet die Rechte seines Herausforderers Tony Galento

Oktober 1939

Mo	Di	Mi	Do	Fr	Sa	So
						1
2	3	4	5	6	7	8
9	10	11	12	13	14	15
16	17	18	19	20	21	22
23	24	25	26	27	28	29
30	31					

1. Oktober, Sonntag

Die polnischen Marineverbände auf der Halbinsel Hela (Konteradmiral Józef Unrug) unterzeichnen die am nächsten Tag in Kraft tretende Kapitulation.

Die britische Admiralität gibt bekannt, daß Handelsschiffe Befehl zum Rammen feindlicher U-Boote erhalten hätten.

Der Erlaß des Reichsführers SS und Chefs der Deutschen Polizei, Heinrich Himmler, zur Bildung des Reichssicherheits-Hauptamtes tritt in Kraft. →S.181

Im Deutschen Reich wird die Einheitsmargarine (Tafelmargarine) zu 0,98 Reichsmark (RM) eingeführt. Die bis dahin ebenfalls erhältliche Konsummargarine kostete 0,63 RM.

Zum Erntedankfest wird in den evangelischen Kirchen des Deutschen Reiches eine Kanzelabkündigung mit einem Dank für die »reiche Ernte« auf den »polnischen Schlachtfeldern« verlesen.

Das erste Wunschkonzert für die Soldaten der Wehrmacht wird vom deutschen Rundfunk ausgestrahlt. →S.182

Ein neues japanisches Filmgesetz verpflichtet alle Filmschaffenden zum aktiven Dienst für den Kaiserthron.

In Paris sind von 350 Kinos nur 159 bei reduzierter Vorstellungszahl geöffnet. Bei Kriegsausbruch waren alle Kinos wegen Fliegergefahr geschlossen worden.

2. Oktober, Montag

Italiens Außenminister Galeazzo Ciano, Graf von Cortellazzo, beendet einen zweitägigen Besuch in Berlin.

Auf einer am 23. September in Panama eröffneten Panamerikanischen Konferenz wird eine neutrale Zone von 300 bis 600 Seemeilen (540 bis 1080 km) um den Kontinent herum proklamiert. →S.183

Im Deutschen Reich wird an den Hochschulen Königsberg, Breslau, Göttingen, Erlangen und Marburg sowie an einigen technischen und sonstigen Hochschulen der Lehr- und Lernbetrieb mit einer Trimestereinteilung fortgesetzt.

In deutschen Gaststätten muß mindestens ein markenfreies Eintopf- oder Tellergericht als Stammessen angeboten werden. Im übrigen können dort Brot, Fleisch und Nährmittel auf Haushalts- bzw. Reisekarten bezogen werden.

3. Oktober, Dienstag

Bis auf 30 Divisionen werden die in Polen eingesetzten deutschen Streitkräfte an die Westfront bzw. ins Reich verlegt.

Das 1. Korps der britischen Expeditionsstreitkräfte übernimmt einen Abschnitt an der französisch-belgischen Grenze.

Die »Parole der Woche«, die Wandzeitung der Nationalsozialistischen Deutschen Arbeiterpartei (NSDAP), zeigt unter der Überschrift »Ein Kriegshetzer – Ein Frontsoldat« Fotos des britischen Premierministers Arthur Neville Chamberlain in Zivil und des Führers und Reichskanzlers Adolf Hitler in Uniform.

Im Deutschen Reich wird die Höchstgeschwindigkeit weiter herabgesetzt: Innerhalb geschlossener Ortschaften gilt ein Höchsttempo von 40 km/h, außerhalb geschlossener Ortschaften dürfen Lkw höchstens 60 km/h und Pkw und Krafträder 80 km/h fahren.

Am Staatstheater Berlin wird Gerhart Hauptmanns Lustspiel »Die Tochter der Kathedrale« in der Inszenierung von Wolfgang Liebeneiner uraufgeführt.

4. Oktober, Mittwoch

Ein deutsch-sowjetisches Protokoll zum Vertrag vom →28. September (S.163) setzt die gemeinsame Grenze entlang der Flüsse Pissa, Narew, Bug und San fest.

Aus Anlaß des Sieges über Polen beginnt im Deutschen Reich eine siebentägige Beflaggung. Zur Trauer um die Gefallenen werden in dieser Zeit täglich von 12 bis 13 Uhr die Kirchenglocken geläutet.

Das SS-Regiment »Leibstandarte Adolf Hitler« wird von Berlin nach Prag verlegt.

Ein Geheimerlaß von Führer und Reichskanzler Adolf Hitler amnestiert die von Reichsdeutschen in Polen seit 1. September 1939 verübten Straftaten.

Durch eine Verordnung zum Schutz gegen jugendliche Schwerverbrecher können Jugendliche über 16 Jahren bei »verwerflichen« Taten im Strafmaß einem über 18jährigen gleichgestellt werden.

Vom Berliner Flugplatz Rangsdorf aus wird der am 1. September eingestellte Zivilluftverkehr nach Kopenhagen, Stockholm, Rom, Budapest und Sofia eröffnet.

5. Oktober, Donnerstag

In Moskau unterzeichnen die UdSSR und Lettland einen Beistandspakt, der den Sowjets militärische Stützpunkte in Lettland einräumt (→11.10./S.183).

An der Medizinischen Fakultät der Wiener Universität kommt es zu einem Studentenkrawall. Grund ist die Einführung der im Altreich geltenden Prüfungsordnungen für Ärzte: Die Vorlage von Pflichtdissertationen als Voraussetzung für eine Approbation ist mit Kosten von bis zu 800 Reichsmark verbunden.

6. Oktober, Freitag

Bei Kock und Lublin kapitulieren die letzten polnischen Truppen. →S.177

Vor dem Deutschen Reichstag macht Führer und Reichskanzler Adolf Hitler dem Westen ein Friedensangebot unter Anerkennung des Status quo. →S.176

Der Reichssender Berlin beginnt mit der Ausstrahlung von Suchberichten. Darin werden evakuierte Personen aus den Gebieten hinter der Westfront um Angabe ihres Aufenthaltsortes gebeten.

7. Oktober, Sonnabend

Heinrich Himmler, Reichsführer SS und Chef der Deutschen Polizei, wird mit den Aufgaben eines Reichskommissars für die »Festigung des deutschen Volkstums« betraut. Himmler soll die Zwangsumsiedlung von Polen in das Generalgouvernement organisieren. →S.177

Eine Verordnung des Reichsverkehrsministeriums verpflichtet alle Binnen- und Hochseeschiffe zur Einhaltung von Luftschutzbestimmungen.

8. Oktober, Sonntag

In Moskau trifft eine deutsche Wirtschaftsdelegation ein. Es wird vereinbart, den bilateralen Warenaustausch so schnell wie möglich in Gang zu setzen.

In Lhasa/Tibet wird Tenzin Gjatso als 14. Dalai Lama inthronisiert. →S.183

9. Oktober, Montag

Führer und Reichskanzler Adolf Hitler befiehlt in der Weisung Nr. 6 für die Kriegführung die Vorbereitung zum Angriff auf Frankreich durch die Niederlande und Belgien (→19.10./S.179).

Ein deutscher Flottenverband (Schlachtschiff »Gneisenau«, Leichter Kreuzer »Köln« und neun Zerstörer) unternimmt einen Vorstoß zur norwegischen Küste. Das Ziel, die britische Flotte herauszulokken, damit die Luftwaffe sie angreifen kann, wird verfehlt.

In der Kanzlei von Führer und Reichskanzler Adolf Hitler findet eine Besprechung der am Euthanasieprogramm beteiligten Behörden statt. Die Zahl der zu ermordenden Menschen wird mit 65 000 bis 70 000 angegeben (→1.9./S.169).

In Berlin wird mit der Fertigstellung der unterirdisch verlaufenden S-Bahn-Strecke zwischen Anhalter Bahnhof und Potsdamer Platz das letzte Teilstück der Nordsüdbahn vollendet.

10. Oktober, Dienstag

In einem Gespräch zwischen Führer und Reichskanzler Adolf Hitler und den Oberbefehlshabern der drei Wehrmachtsteile weist Großadmiral Erich Raeder auf die strategische Bedeutung Norwegens hin (→14.12./S.205).

Im Reichsgebiet verbreitet sich das Gerücht, der britische König Georg VI. sei zurückgetreten und ein Waffenstillstand abgeschlossen worden. →S.176

In einer Rede im französischen Rundfunk lehnt Frankreichs Ministerpräsident Édouard Daladier das deutsche Friedensangebot vom →6. Oktober (S.176) ab.

Beim Abschluß eines Beistandspaktes mit Litauen tritt die UdSSR das zuvor polnische Wilna und das Wilnagebiet an Litauen ab (→11.10./S.183).

Im Deutschen Reich wird das Kriegswinterhilfswerk 1939/40 eröffnet. →S.181

Durch eine Verordnung über die Kraftfahrzeug-Kasko-Versicherung ruht für diejenigen Fahrzeuge, die für die Landesverteidigung requiriert wurden, die Haftpflichtversicherung. Die Teilkasko-Versicherung wird stark ermäßigt.

11. Oktober, Mittwoch

Wilhelm Ritter von Leeb, Befehlshaber der Heeresgruppe C, äußert in einem Memorandum an Heeres-Oberbefehlshaber Walter von Brauchitsch Bedenken gegen einen Angriff im Westen. →S.179

Amtliche deutsche Stellen geben die Verwendung von Gelbkreuzgas durch die polnische Armee während des Krieges bekannt. →S.179

Seit dem 8. Oktober sind im Reichsgebiet 173 Personen wegen Vergehens gegen das sog. Heimtückegesetz und 46 Personen wegen marxistischer Betätigung festgenommen worden.

Eine finnische Delegation trifft zu Grenzverhandlungen in Moskau ein. →S.183

12. Oktober, Donnerstag

Führer und Reichskanzler Adolf Hitler unterzeichnet einen Erlaß über die Verwaltung der eroberten polnischen Gebiete. Das besetzte und nicht dem Reich angegliederte Territorium Restpolens wird zum Generalgouvernement unter Leitung von Reichsminister Hans Frank zusammengefaßt (→31.10./S.178).

Aus verschiedenen Orten des ehemaligen Österreich und des Protektorats Böhmen und Mähren werden Juden in das Generalgouvernement deportiert.

Vor dem Unterhaus lehnt der britische Premierminister Arthur Neville Chamberlain das deutsche Friedensangebot vom →6. Oktober (S.176) ab.

13. Oktober, Freitag

Dänemark, Norwegen und Schweden äußern in gleichlautenden Noten an die UdSSR die Erwartung, daß die Verhandlungen zwischen Finnland und der UdSSR nichts an der neutralen Position Finnlands ändern (→11.10./S.183).

In Zürich hat der Film »Wachtmeister Studer« von Leopold Lindtberg mit Heinrich Gretler in der Titelrolle nach dem gleichnamigen Kriminalroman von Friedrich Glauser Premiere.

14. Oktober, Sonnabend

In Scapa Flow versenkt U 47 (Kapitänleutnant Günther Prien) das britische Schlachtschiff »Royal Oak«. →S.180

15. Oktober, Sonntag

Zwischen der Reichsregierung und der Regierung Estlands wird ein Protokoll über die Umsiedlung der Baltendeutschen unterzeichnet (→30.10./S.178).

In Zagreb schlägt die deutsche Fußball-Nationalelf Jugoslawien 5:1 (1:0).

Das siegreiche Ende des »Blitzkrieges« gegen Polen ist der Aufmacher der Berliner »Woche« vom 18. Oktober 1939

HEFT 42 / JAHRG. 41 / BERLIN, 18. OKTOBER **DIE WOCHE** PREIS 40 PFENNIG (FREI HAUS 45 PFENNIG)

Ein historisches Bilddokument vom Ende des polnischen Krieges

Zwei Züge begegnen einander in den Straßen von Warschau: die Sieger rücken ein, das geschlagene polnische Heer marschiert in die Gefangenschaft *Aufnahme Udo Wolter*

16. Oktober, Montag

Bei einem deutschen Luftangriff auf die britische Flottenbasis Rosyth im Firth of Forth werden drei Schiffe leicht beschädigt und zwei Junkers Ju 88 abgeschossen (→17.10/S.180).

Durch einen Erlaß von Reichsjustizminister Franz Gürtner wird im Justizministerium ein Referat für die Tätigkeit der Sondergerichte geschaffen. →S.181

Der deutsche Rundfunk geht dazu über, nach den Nachrichten nicht mehr den »Marsch der Deutschen in Polen« zu spielen, sondern »Denn wir fahren gegen Engelland« von Hermann Löns.

In Soest verteilen Anhänger der Bekennenden Kirche in den Morgenstunden Flugblätter mit dem Text: »Morgenrötchen, Morgenrötchen. Die Nazis backen kleine Brötchen. Forderung an die Bonzenpartei: Gebt uns Niemöller frei.«

17. Oktober, Dienstag

Deutsche Zerstörer beginnen mit der Verlegung von Minen auf den Schifffahrtswegen unter der englischen Küste von der Themse bis hinauf zum Tyne.

Bei einem Angriff deutscher Bomber auf die britische Flottenbasis Scapa Flow wird das Schul- und Depotschiff »Iron Duke« schwer beschädigt. →S.180

Eine Verordnung des Ministerrats für die Reichsverteidigung unterstellt Angehörige der SS und der Polizeiverbände in besonderem Einsatz einer Sondergerichtsbarkeit und entzieht sie damit einer Verurteilung durch ordentliche oder Wehrmachtgerichte (→18.11./S.191).

Der Schweizer Bundesrat beschließt die Abschiebung illegal in die Schweiz eingereister Ausländer. Ausnahmen gelten für Deserteure und als politische Flüchtlinge anerkannte Personen.

18. Oktober, Mittwoch

Führer und Reichskanzler Adolf Hitler erläßt die Weisung Nr. 7 für die Kriegführung. Das Heer erhält die Erlaubnis, Spähtrupps auf französisches Gebiet zu entsenden; die Kriegsmarine darf feindliche Passagierdampfer angreifen, die abgeblendet oder im Geleit fahren.

Im Reichsgesetzblatt erscheint die Vierte Verordnung über den Neuaufbau des Reiches vom 28. September 1939, wonach die Stadt Bremerhaven in die Stadt Wesermünde eingegliedert wird.

Führer und Reichskanzler Adolf Hitler stiftet das Kriegsverdienstkreuz für Leistungen, die »keine Würdigung durch das Eiserne Kreuz finden können«.

Ein Runderlaß des Reichssicherheits-Hauptamtes (Abteilung V, Reichskriminalpolizeiamt) ordnet an, daß künftig alle vorbestraften Personen, die wegen »Arbeitsbummelei« aufgegriffen werden, in Konzentrationslager überführt werden.

Durch eine Polizeiverordnung im Deutschen Reich kann gegen alkoholabhängige Personen ein Wirtshausverbot bis zu einem Jahr verhängt werden.

19. Oktober, Donnerstag

Sämtliche französischen Truppen haben das Reichsgebiet verlassen. →S.179

Generalfeldmarschall Hermann Göring ernennt SS-Obergruppenführer Kajetan Mühlmann zum Sonderbeauftragten für die Erfassung und Sicherung der Kunst- und Kulturschätze Polens.

Durch die Zweite Durchführungsverordnung über die Sühneleistung von Juden vom 12. November 1938 wird die Abgabe von 20% auf 25% des Vermögens erhöht.

In Ankara wird ein britisch-französisch-türkischer Pakt unterzeichnet. →S.183

20. Oktober, Freitag

Reinhard Heydrich, SS-Gruppenführer, empfiehlt in einer Denkschrift über »Die gegenwärtige Haltung der Kirche und der Sekten« im Deutschen Reich rücksichtsloses Durchgreifen der Geheimen Staatspolizei gegenüber dem katholischen Klerus überall da, wo Sabotageabsicht, Aufwiegelung u.ä. erkennbar seien.

Rund 2000 Juden, vor allem Einwanderer aus Polen, werden von Wien nach Lublin ins Generalgouvernement deportiert.

Großadmiral Erich Raeder stiftet ein U-Boot-Kriegsabzeichen 1939 für U-Boot-Fahrer mit mehr als zwei Feindfahrten.

Bei den Reichswerken Hermann Göring in Salzgitter werden die ersten beiden Hochöfen in Betrieb genommen. →S.184

An deutschen Hochschulen dürfen in Dissertationen jüdische Autoren nur dann zitiert werden, wenn dies wissenschaftlich unumgänglich ist. Im Literaturverzeichnis sind deutsche und jüdische Autoren zu trennen.

21. Oktober, Sonnabend

In Rom einigen sich Italiens Außenminister Galeazzo Ciano, Graf von Cortellazzo, und der deutsche Botschafter Hans Georg von Mackensen auf die Umsiedlung von Reichs- und Volksdeutschen aus Südtirol. →S.184

Der US-Dampfer »City of Flint« trifft mit einer Prisenmannschaft des Panzerschiffes »Deutschland« im Hafen von Tromsø in Norwegen ein. In den USA erregt die Kaperung des Schiffes, das am 3. Oktober mit Ziel Liverpool und Glasgow New York verlassen hatte, großes Aufsehen.

22. Oktober, Sonntag

Im Deutschen Reich findet der erste Eintopfsonntag des Winters 1938/39 statt.

Im sowjetischen Besatzungsgebiet in Polen finden Wahlen zu einer westweißrussischen und westukrainischen Nationalversammlung statt (→2.11./S.191).

Die deutsche Fußball-Nationalelf besiegt in Sofia Bulgarien 2:1 (2:0).

23. Oktober, Montag

Arthur Greiser, früher Senatspräsident von Danzig, wird Gauleiter von Posen.

In Warschau sind 127 der 191 öffentlichen Volksschulen und 17 der staatlichen Mittel- und Berufsschulen geöffnet.

Im Deutschen Reich werden Lebensmittelkarten für die Zeit bis zum 19. November und Kohlenkundenlisten ausgegeben. Auf Antrag erhalten Personen über 70 Jahren pro Tag 0,25 l Vollmilch.

Der Gerhard Stalling Verlag in Oldenburg begeht sein 150jähriges Bestehen.

24. Oktober, Dienstag

In einer vom Rundfunk übertragenen Rede betont Reichsaußenminister Joachim von Ribbentrop in Danzig die Schuld Großbritanniens am Kriegsausbruch.

In Paris treffen 70 t Gold aus dem polnischen Staatsschatz ein. Sie sind über Rumänien per Schiff durch das Mittelmeer nach Frankreich gebracht worden.

Durch eine Verordnung über die Organisation der Freiwilligen Feuerwehr im Deutschen Reich wird Juden die Mitgliedschaft verboten. Jüdische Mischlinge können hingegen Mitglied werden, dürfen aber keine Vorgesetzten sein.

25. Oktober, Mittwoch

Die Militärverwaltung in den von den deutschen Truppen besetzten polnischen Gebieten wird aufgehoben.

Im Booth Theatre in New York wird das Schauspiel »Ein Leben lang« (Time of your Life) des US-amerikanischen Autors William Saroyan uraufgeführt.

26. Oktober, Donnerstag

Ein Erlaß von Führer und Reichskanzler Adolf Hitler über die Verwaltung der in das Deutsche Reich eingegliederten Ostgebiete – Reichsgaue Posen und Westpreußen (ab 2.11.1939: Danzig-Westpreußen) – vom 8. Oktober tritt in Kraft.

Im Generalgouvernement werden alle polnischen Einwohner von 18 bis 60 Jahren unter Arbeitsdienstpflicht und alle Juden unter Arbeitszwang gestellt.

In Preßburg wird Jozef Tiso erster Präsident der Slowakei. →S.182

Die Sowjetregierung protestiert in London gegen die aufgrund der britischen Banngutverordnung vom 4. September angeordneten Durchsuchungen sowjetischer Schiffe in britischen Häfen.

In Stralsund wird der Fliegerfilm »D III 88« von Herbert Maisch mit Christian Kayssler, Heinz Welzel u.a. uraufgeführt.

27. Oktober, Freitag

In der Neuen Reichskanzlei zeichnet Führer und Reichskanzler Adolf Hitler elf Generäle und drei Offiziere mit dem Ritterkreuz des Eisernen Kreuzes aus.

Papst Pius XII. erläßt seine erste Enzyklika, »Summi pontificatus«, in der zu einem ehrlichen Frieden aufgerufen wird.

Litauische Truppen besetzen das ihnen von der UdSSR abgetretene Wilnagebiet.

Aus Protest gegen den ohne ihr Befragen am 3. September erklärten Kriegseintritt Indiens treten in der Provinz Madras die der Kongreß-Partei angehörenden Regierungsmitglieder zurück. →S.184

28. Oktober, Sonnabend

In Prag wird gegen die deutsche Besatzungsmacht demonstriert. →S.181

Ein Befehl von Heinrich Himmler, Reichsführer SS und Chef der Deutschen Polizei, fordert unverheiratete Angehörige der SS vor dem Ausrücken ins Feld zur Zeugung von Nachwuchs auf.

Durch Verfügung von Reichspropagandaminister Joseph Goebbels wird die Reichsrundfunkkammer aufgelöst; ihre Rechte und Pflichten gehen an die Reichsrundfunkgesellschaft über.

29. Oktober, Sonntag

Bei den Wahlen zum Schweizer Nationalrat werden die Freisinnigen (51 Sitze) vor den Sozialdemokraten (45 Sitze) die stärkste Partei. →S.182

Italiens Ministerpräsident und Duce Benito Mussolini weiht das Dorf Pomezia in den trockengelegten Pontinischen Sümpfen ein (→31.10./S.184).

30. Oktober, Montag

Das Deutsche Reich und Lettland schließen ein Umsiedlungsabkommen. →S.178

Westlich der Orkneyinseln torpediert das deutsche U-Boot U 56 das britische Schlachtschiff »Nelson« mit dem britischen Marineminister Winston Churchill an Bord. Alle drei Torpedotreffer sind Zündversager.

Heinrich Himmler, Reichsführer SS und Chef der Deutschen Polizei, befiehlt die Umsiedlung der jüdischen Bevölkerung aus Pommern, Posen und Oberschlesien ins Generalgouvernement.

In der Schweiz werden die ersten Lebensmittel rationiert.

31. Oktober, Dienstag

Der Generalgouverneur für die besetzten polnischen Gebiete, Hans Frank, und Reichspropagandaminister Joseph Goebbels legen in Łódź die Kulturpolitik im Generalgouvernement fest. →S.178

In Italien vollzieht sich eine Umbildung in Regierung, Partei und Armee. →S.184

Im Generalgouvernement wird eine Verordnung über die Arbeitsbedingungen erlassen. Nur »tatsächlich geleistete Arbeit« soll entlohnt werden.

Das Wetter im Monat Oktober

Station	Mittlere Lufttemperatur (°C)	Niederschlag (mm)	Sonnenscheindauer (Std.)
Aachen	7,8 (10,0)	119 (64)	– (123)
Berlin	6,8 (8,8)	101 (58)	– (123)
Bremen	6,4 (9,4)	82 (47)	– (104)
München	6,8 (7,9)	153 (62)	– (130)
Wien	8,0 (9,6)	– (57)	– (118)
Zürich	8,0 (8,4)	217 (80)	35 (108)

( ) Langjähriger Mittelwert für diesen Monat
– Wert nicht ermittelt

Die »Stuttgarter Illustrierte« vom 8. Oktober 1939 mit einem Bericht über den Besuch des italienischen Außenministers Galeazzo Ciano, Graf von Cortellazzo, bei Führer und Reichskanzler Adolf Hitler

Stuttgarter Jllustrierte

Stadt der Auslandsdeutschen Nr. 41 8. Oktober 1939 20 Pfg.

Postversandort Stuttgart-Feuerbach

Italiens Außenminister beim Führer

Der italienische Außenminister Graf Ciano wurde vom Führer in Berlin in der Neuen Reichskanzlei zu einer mehrstündigen Aussprache empfangen

Aufn.: Prof. Heinrich Hoffmann

Die Ministerbank, 1. Reihe v. l. Konstantin Freiherr von Neurath, Joseph Goebbels, Wilhelm Frick, Erich Raeder, Joachim von Ribbentrop, Rudolf Heß

Hitlers »Friedensangebot«

6. Oktober. Vor dem Deutschen Reichstag in der Berliner Krolloper zieht Führer und Reichskanzler Adolf Hitler eine Bilanz des Polenfeldzugs und bietet den Westmächten Frieden an, sofern ein neuer polnischer Staat geschaffen werde.

Als Ziele seiner Politik in Polen nennt Hitler u.a.: Schaffung einer Reichsgrenze, die »den historischen, ethnographischen und wirtschaftlichen Bedingungen entspricht«; Lösung aller Minderheitenfragen; den »Versuch einer Ordnung und Regelung des jüdischen Problems« sowie »die Herstellung eines polnischen Staates, der in seinem Aufbau und in seiner Führung die Garantie bietet, daß weder ein neuer Brandherd gegen das Deutsche Reich entsteht, noch eine Intrigenzentrale gegen Deutschland und Rußland gebildet wird« (→ 28.9./S.163).

Hitler fordert eine vollständige Revision des Versailler Friedensvertrages von 1919, die Rückgabe der deutschen Kolonien und Rüstungsbegrenzung. Er schlägt »eine allgemeine Zusammenarbeit der Nationen dieses Kontinents« vor.

Weil dieses »Friedensangebot« die Anerkennung der deutschen Eroberungen voraussetzt, werden Hitlers Vorschläge am 10. Oktober von Frankreich und am 12. Oktober von Großbritannien abgelehnt.

Adolf Hitler auf der Reichstagssitzung in der Berliner Krolloper

1. Reihe v. l. Joseph Goebbels, Wilhelm Frick, Erich Raeder, Joachim von Ribbentrop, Rudolf Heß, Adolf Hitler, 2. Reihe Bernhard Rust, Richard Walther Darré, Franz Gürtner, Walther Funk, Johann Ludwig Graf Schwerin von Krosigk

Friedensschluß als Propagandatrick

10. Oktober. In den Morgenstunden verbreitet sich in Berlin und anderen Teilen des Deutschen Reiches die Nachricht, der britische König Georg VI. habe seine Abdankung erklärt, und es sei bereits ein Waffenstillstand geschlossen worden.

Die Meldung wird gegen Mittag vom Rundfunk offiziell dementiert und amtlicherseits als gezieltes Gerücht des britischen Geheimdienstes Secret Service scharf zurückgewiesen.

Bei der Verbreitung des Gerüchts helfen vor allem Telegrafenbeamte mit: So meldet ein Beamter des Telegrafenhauptpostamts Berlin gegen 10.30 Uhr im Anschluß an die Übermittlung eines Telegramms die sensationelle Nachricht seinem Kollegen in Reichenberg weiter, der sie an andere Postkollegen weitergibt. In Wien erhält gegen 10.20 Uhr der leitende Beamte des Fernamts aus Berlin die Nachricht von dem Waffenstillstand, was gegen 10.30 Uhr noch einmal bestätigt wird. Bevor gegen 12 Uhr eine Gegenmeldung eintrifft, hat sich der angebliche Waffenstillstand bereits bis nach Preßburg (Slowakei) herumgesprochen.

Die Neuigkeit löst überall Begeisterung aus, auf Straßen und Plätzen kommt es zu Jubelszenen, in vielen Unternehmen werden Arbeitspausen eingelegt, um die Sensation zu besprechen. Auf Wochenmärkten verweigern die Käufer weitere Eintragungen in die Kundenlisten mit der Bemerkung, daß der Krieg ohnehin vorbei sei.

An der Berliner Universität finden Freudenkundgebungen statt. Auf dem Berliner Vorortbahnhof Heinersdorf werden durchkommende Truppentransporte von der Bevölkerung mit den Worten begrüßt: »Ihr könnt nach Hause fahren, der Krieg ist aus!«

Positiv reagiert auch die Berliner Börse auf die unerwartete Nachricht vom plötzlichen Waffenstillstand: Die Nachfrage nach den nunmehr gewinnträchtigen Reichsanleihen nimmt am Vormittag stark zu.

Die Barrieren zwischen dem Wilnagebiet und Litauen werden entfernt; durch die litauisch-sowjetische Einigung (10.10.) fällt diese Region an Litauen

Adolf Hitler nimmt als Oberster Befehlshaber der deutschen Wehrmacht im eroberten Warschau am 5. Oktober den Vorbeimarsch der deutschen 8. Armee ab

Die letzten polnischen Feldtruppen strecken ihre Waffen

6. Oktober. Bei Kock und Lublin kapitulieren die letzten polnischen Feldtruppen in einer Stärke von 16800 Mann unter General Franciscczek Kleeberg vor der deutschen Wehrmacht. Der am → 1. September (S.154) begonnene »Blitzkrieg« gegen Polen ist damit beendet.

In seiner am selben Tag vor dem Deutschen Reichstag gehaltenen Rede beziffert Führer und Reichskanzler Adolf Hitler die deutschen Verluste auf 10572 Gefallene, 30322 Verwundete und 3409 Vermißte. Die Zahl der polnischen Gefangenen gibt er mit 694000 an.

Auf polnischer Seite fielen etwa 123000 Soldaten, 133700 wurden verwundet. Rund 76000 Angehörigen der polnischen Armee ist die Flucht nach Rumänien gelungen, wo auch 116 polnische Flugzeuge mit ihren Besatzungen interniert wurden. Die polnische Fliegertuppe verlor während des Krieges 333 kampfbereite Flugzeuge, darunter 82 Bomber. Die deutsche Luftwaffe büßte 285 Maschinen ein, darunter 109 Bomben- und Sturzkampfflugzeuge sowie 734 Soldaten.

Die Sowjetunion nennt 217000 polnische Kriegsgefangene und gibt die Zahl der eigenen Verluste mit 737 Toten und 1859 Verwundeten an.

Ausschlaggebend für den raschen Verlauf des Polenfeldzugs waren auf deutscher Seite neben der zahlenmäßigen Überlegenheit der Vorsprung bei modernen Waffen wie Panzern und Flugzeugen und die strategisch günstige Ausgangslage: Aufgrund der Annexion Böhmens und Mährens am → 16. März (S.49) und des Bündnisses mit der Slowakei war die deutsche Führung in der Lage gewesen, mit zwei Heeresgruppen zangenartig in Polen einzufallen. Statt seine Kräfte zu konzentrieren, hatte der polnische Oberbefehlshaber, Marschall Edward Rydz-Smigly, versucht, sowohl die Landesgrenzen zu verteidigen als auch gegen Ostpreußen offensiv zu werden. Dazu hatten jedoch die polnischen Mittel nicht ausgereicht, zumal die erst am → 30. August (S.143) verfügte Generalmobilmachung bei Kriegsausbruch noch längst nicht beendet gewesen war.

Heinrich Himmler, Reichsführer SS und Chef der Deutschen Polizei

Nachdem die Polen bereits in der Kesselschlacht von Radom am 12. September rund 60000 Mann verloren hatten, waren an der Bzura am 19. September rund 170000 Mann in Gefangenschaft geraten. Endgültig entschieden worden war der Krieg durch den Einmarsch der Sowjets am → 17. September (S.163): Er hatte den Rückzug der polnischen Truppen und den Aufbau einer Verteidigungslinie in Ostpolen, wohin bereits die Masse der Fliegertruppe zurückverlegt worden war, vereitelt.

Für die deutsche Führung ist mit dem Polenfeldzug das »Blitzkriegkonzept« aufgegangen. Der kombinierte Einsatz von Luftwaffe und Heer gilt fortan als Muster für die weiteren deutschen Feldzüge.

Mit der Einnahme Warschaus (→ 27.9./S.164) und der Kapitulation der letzten Truppen ist jedoch der polnische Widerstand noch nicht gebrochen. Am 27. September konstituierte sich in Warschau eine konspirative Militärorganisation unter Führung von General Mieczysław Karaszewicz-Tokarzewski. Am → 30. September (S.168) wurde in Paris eine Exilregierung unter Führung von General Władysław Eugeniusz Sikorski gebildet. Viele Soldaten, die sich der Kriegsgefangenschaft entziehen konnten, setzen als Partisanen den Kampf fort.

Himmler Beauftragter für die Umsiedlung

7. Oktober. Ein Geheimerlaß von Führer und Reichskanzler Adolf Hitler betraut Heinrich Himmler, Reichsführer SS und Chef der deutschen Polizei, mit den Aufgaben eines Reichskommissars für die »Festigung des deutschen Volkstums«.

In dieser Funktion soll Himmler die Rückwanderung von Volksdeutschen aus dem Ausland und ihre Seßhaftmachung im Deutschen Reich organisieren. Ferner soll er den »schädigenden Einfluß von solchen volksfremden Bevölkerungsteilen, die eine Gefahr für das Reich und die deutsche Volksgemeinschaft bedeuten«, ausschalten.

Die aufgrund von Verträgen aus dem Baltikum und der Sowjetunion auswandernden Volksdeutschen (→ 30.10./S.178) sollen sich in den Reichsgauen Posen und Westpreußen ansiedeln, nachdem die nichtdeutsche Bevölkerung zwangsweise ausgesiedelt worden ist.

Im November 1939 beginnen die Deportationen der dortigen polnischen Bevölkerung in das neugeschaffene polnische Generalgouvernement (→ 31.10./S.178). Den Menschen bleibt nur wenig Zeit, das Notwendigste zu packen.

Bis Februar 1940 sollen rund eine Million Menschen – Juden und als »besonders feindlich« angesehene Polen – in das Generalgouvernement umgesiedelt werden. Rund vier Millionen »gutrassiger« Polen will man im Deutschen Reich ansiedeln und so »völkisch entwurzeln«.

Polen werden vertrieben

30. Oktober. Das Deutsche Reich und Lettland vereinbaren die Umsiedlung der Baltendeutschen. Ein Vertrag mit Estland ist am 15. Oktober unterzeichnet worden. In den baltischen Staaten leben etwa 128 000 Deutschstämmige. Ziele der Aussiedler sind die ehemals polnischen Gebiete der Reichsgaue Westpreußen (ab 2.11.1939: Danzig-Westpreußen) und Posen.

Bevor sich die Deutschen hier ansiedeln können, müssen viele der dort trotz der Vertreibungen noch lebenden Polen (→7.10./S.177) in das Generalgouvernement (→31.10./S.178) abgeschoben werden.

Am 8. Oktober hatte Führer und Reichskanzler Adolf Hitler eine Verordnung über die Verwaltung der eroberten Ostgebiete erlassen. Von den durch den Polenfeldzug und den Grenzvertrag mit der UdSSR (→28.9./S.163) unter deutsche Kontrolle gekommenen 180 000 km^2 mit rund 22 Millionen Einwohnern werden 91 973 km^2 ins Reich eingegliedert. Dort wohnen rund 9,9 Millionen Menschen, davon etwa 7,8 Millionen Polen. Von ihnen soll bis Februar 1940 in einem ersten Schub eine Million, darunter vorrangig Juden, deutschfeindliche Polen, Angehörige der Intelligenz und katholische Priester, ins Generalgouvernement deportiert werden.

Ein deutscher Journalist berichtet am 23. Oktober: »Der Pole begibt sich, soweit er bewegliche Habe mitnehmen kann, auf die Wanderschaft. Ihm wird nichts weiter angegeben, als Ziel: Polen östlich von Warschau ... Um nicht unangenehme Bilder hervorzurufen, bewegen sich diese Flüchtlingsströme ausschließlich in der Dunkelheit.«

Die ganz oder teilweise deutschstämmigen Bewohner der eroberten Gebiete werden nach ihrem »Volkstumsbekenntnis« in einer vier Kategorien umfassenden Volksliste erfaßt. Übrig bleiben sechs Millionen »Nichteindeutschungsfähige«.

Das Passagierschiff »Der Deutsche« der NS-Gemeinschaft »Kraft durch Freude« liegt zur Aufnahme von volksdeutschen Aussiedlern im Hafen von Reval

Verladung von Gepäck übersiedlungswilliger Volksdeutscher in einem Lagerhaus nach einer letzten Kontrolle

Volksdeutsche aus Estland an Bord des Passagierdampfers. Originaltext: »Mit frohem Mut geht es heim ins Reich!«

Absichten der deutschen Politik im Generalgouvernement

31. Oktober. Bei einer Besprechung in der Dienststelle von Hans Frank, dem Generalgouverneur für die besetzten polnischen Gebiete, in Łódź werden die Grundlinien der Besatzungspolitik festgelegt.

Neben der Zwangsumsiedlung (→7.10./S.177) wird der Arbeitseinsatz von Polen (→16.11./S.192) und eine restriktive »Kulturpolitik« (→6.11./S.191) besprochen.

Das Generalgouvernement ist auf Befehl von Führer und Reichskanzler Adolf Hitler am 12. Oktober als deutsches »Nebenland« ohne eigene Staatlichkeit aus dem nicht ins Reich eingegliederten »Restpolen« geschaffen worden.

Reinhard Heydrich, Chef der Sicherheitspolizei und des Sicherheitsdienstes der SS, hatte am 21. September seine Dienststellen in Polen angewiesen, die politische Führungsschicht aufzuspüren und unschädlich zu machen. Die Mittelschicht (Lehrer, Geistlichkeit, Offiziere) sei in einen »polnischen Gau« zu überführen. Polnische Arbeiter sollten allmählich in diesen Gau übersiedeln. Das polnische Judentum sei »in den Städten im Ghetto zusammenzufassen, um eine bessere Kontrollmöglichkeit und ... Abschubmöglichkeit zu haben«.

Polnische Kriegsgefangene, bewacht von deutschen Soldaten, auf dem Weg zur Arbeit in der Landwirtschaft

Ein deutscher Soldat befragt einen Warschauer, der mit seiner ausgebombten Familie in den Trümmern lebt

Hitler befiehlt die baldige Offensive gegen Frankreich

19. Oktober. Das Oberkommando des Heeres legt den Plan für die deutsche Westoffensive vor. Er wird am 29. Oktober durch die Richtlinien für die Bereitstellung der deutschen Truppen ergänzt, die unter Mißachtung der Neutralität der Beneluxstaaten am 12. November Frankreich angreifen sollen.

In der Weisung Nr. 6 für die Kriegführung hatte Führer und Reichskanzler Adolf Hitler als Oberster Befehlshaber der Wehrmacht am 9. Oktober die Vorbereitung des Falls »Gelb« befohlen. Hitler will am Nordflügel der Westfront angreifen, dabei möglichst starke Teile der französischen und britischen Truppen schlagen und »gleichzeitig möglichst viel holländischen, belgischen und nordfranzösischen Raum als wichtige Basis für eine Luft- und Seekriegführung gegen England« und »weites Vorfeld des lebenswichtigen Ruhrgebiets« gewinnen. Zugleich soll sich die Wehrmacht bereithalten, einem eventuellen britischen Einmarsch in Belgien entgegenzutreten, wobei dem Heer in der Weisung Nr. 7 für die Kriegführung vom 18. Oktober das »Betreten auch luxemburgischen Gebietes freigegeben« worden ist.

Drei deutsche Heeresgruppen sollen den Angriff führen: Die Heeresgruppe B (Generaloberst Fedor von Bock) an der niederländisch-belgischen Grenze im Raum Geldern soll das Nordseeufer erreichen. Die Heeresgruppe A (Generaloberst Gerd von Rundstedt) soll von der Saar aus über die Ardennen und die Maas vorstoßen. Die Heeresgruppe C (Generaloberst Wilhelm Ritter von Leeb) soll die Grenze zwischen Mettlach und Basel verteidigen.

Allerdings ist Hitler von den Plänen seiner Militärs nicht gänzlich überzeugt: Eine Wiederholung der deutschen Anfangserfolge des Feldzugs gegen Frankreich 1914 durch eine Stärkung des rechten Flügels scheint ihm angesichts der Truppenmassierung von Briten und Franzosen zwischen Ardennen und Nordsee wenig wahrscheinlich. Am 31. Oktober legt General Erich von Manstein, Generalstabschef der Heeresgruppe A, eine Alternative vor: Verstärkung der Heeresgruppe A und Angriff abwärts der Somme. Daraus wird der Plan eines Durchbruchs bei Sedan.

Bedenken gegen Westoffensive

11. Oktober. *In einer Denkschrift für Heeres-Oberbefehlshaber Walter von Brauchitsch macht Generaloberst Wilhelm Ritter von Leeb, Befehlshaber der im Westen stationierten Heeresgruppe C, schwere Bedenken gegen eine Westoffensive geltend.*

Leeb erklärt, der Angriff auf Frankreich unter Verletzung der Neutralität der Beneluxstaaten bedeute die Fortsetzung des Krieges, den das deutsche Volk offensichtlich nicht wolle. Ein Stillhalten im Westen hingegen würde noch einen günstigen Frieden möglich machen (→ 23.11./S.190).

Französische Infanteristen beziehen im Schutz ihrer Tornister notdürftig Stellung auf einem Feld am Rande eines deutschen Dorfes im Saargebiet

Franzosen rücken wieder ab

19. Oktober. Der deutsche Wehrmachtbericht meldet den Rückzug der französischen Truppen, die am → 7. September (S.161) zögernd und mit schwachen Kräften auf Reichsgebiet vorgedrungen waren.

Ursprüngliches Ziel der französischen Offensive an der deutschen Westgrenze war die Entlastung Polens gewesen, indem man die Wehrmacht hatte zwingen wollen, sich nach Westen zu wenden. Doch zu diesem Zeitpunkt hätte nur ein Großangriff noch Erfolg versprochen. An der Saar waren jedoch einige Vorausabteilungen nur schrittweise vorgedrungen, um den Westwall zwischen Pfälzer Wald und Mosel – so die Weisung des französischen Oberkommandos – »methodisch zu umzingeln«. Die deutschen Truppen hatten sich zurückgezogen, während die Franzosen starke Verluste durch Minen erlitten.

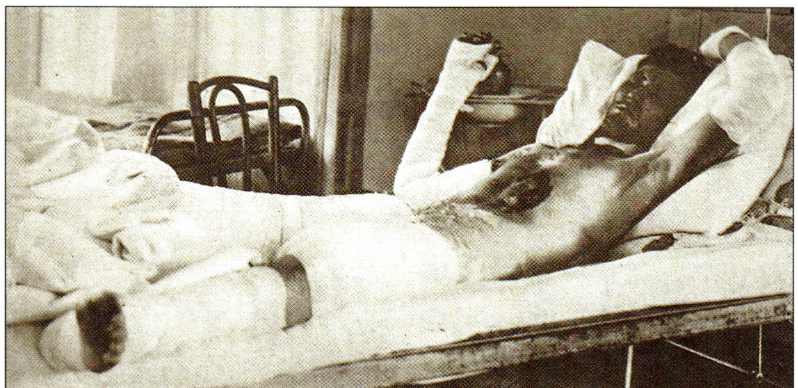

Propaganda läuft auf vollen Touren

11. Oktober. *Von deutscher Seite wird amtlich mitgeteilt, daß die polnische Armee während des Krieges Giftgas verwendet habe, das von der britischen Armee geliefert worden sein soll. Als Beweis wird auf ein Gutachten des Basler Arztes Rudolf Staehelin verwiesen, der deutsche Pioniere untersuchte, die am 8. September beim Bombenräumen in der Stadt Jaslo verwundet worden waren (Abb. oben: Verwundeter deutscher Pionier im Lazarett). Zur selben Zeit präsentiert die deutsche Presse Abbildungen auf Streichholzschachteln, die schon vor dem Krieg in Großbritannien zum Boykott gegen alles Deutsche aufgerufen haben sollen (Abb. links).*

U 47 versenkt die »Royal Oak« im Hafen von Scapa Flow

14. Oktober. Im britischen Flottenstützpunkt Scapa Flow versenkt das deutsche U-Boot U 47 unter dem Kommando von Kapitänleutnant Günther Prien das britische 29 000 t-Schlachtschiff »Royal Oak« mit insgesamt 24 Offizieren und 809 Matrosen an Bord.
Der Hafen von Scapa Flow auf den Orkneyinseln, wo sich im Juni 1919 ein Großteil der deutschen Hochseeflotte vor ihrer Auslieferung an die Briten selbst versenkt hatte, ist durch Netze und Schiffswracks gegen feindliche U-Boote gesichert. Dennoch gelingt es Prien gegen Mitternacht, in den Hafen einzudringen. Als er zwei Großkampfschiffe – die »Royal Oak« und die »Repulse« entdeckt, feuert er seine Torpedos ab, die um 0.59 Uhr den Schiffsrumpf der »Royal Oak« heftig erschüttern. Da im Hafen zunächst alles ruhig bleibt, entfernt sich Prien, um seine Torpedorohre nachzuladen, und greift erneut an.
Um 1.27 Uhr treffen drei Torpedos die »Royal Oak«, die innerhalb weniger Minuten sinkt. Während es im Hafen nun lebendig wird, Patrouillenboote alarmiert und Wasserbomben geworfen werden, nimmt Prien Südkurs und erreicht dicht unter Land steuernd den Kirksund und das offene Meer.
Am 17. Oktober läuft U 47 in Kiel ein, Prien und seine Besatzung werden vom Oberbefehlshaber der Kriegsmarine, Großadmiral Erich Raeder, und dem Befehlshaber der U-Boote, Konteradmiral Karl Dönitz, der jedem Besatzungsmitglied das Eiserne Kreuz verleiht, begrüßt. Am folgenden Tag werden Prien und seine Besatzung in Berlin von Führer und Reichskanzler Adolf Hitler empfangen, der Prien mit dem Ritterkreuz des Eisernen Kreuzes auszeichnet. Die Berliner Bevölkerung bereitet den »U-Boot-Helden«, die im Hotel Kaiserhof logieren, einen begeisterten Empfang.
Prien wird zum »Helden von Scapa Flow« und zu einem beliebten Objekt der deutschen Propaganda, zumal er es versteht, seine Erlebnisse anschaulich zu vermitteln: »Also stand der Entschluß fest, in einen britischen Kriegshafen einzudringen ... Im Norden, direkt vor mir, sah ich die Silhouette von zwei Schlachtschiffen. Das sind Ziele, die sich jeder U-Boot-Mann wünscht. Also darauf zu! Alle Torpedorohre fertig! Besatzung auf alle Befehlsstände! Unser Grundsatz: Ran!«

Menschen vor den Listen der 414 Geretteten der »Royal Oak«, die am 14. Oktober in Scapa Flow versenkt wurde

Joseph Goebbels (M.), Günther Prien (vorn, 2. v. r.) und die Besatzung von U 47 bei einer Feier im »Wintergarten«

Luftwaffe gegen Royal Navy

17. Oktober. Drei Tage nach der Versenkung des britischen Schlachtschiffs »Royal Oak« durch U 47 greifen vier Junkers Ju 88-Bomber des I. Kampfgeschwaders 30 den Hafen von Scapa Flow an. Das Schul- und Depotschiff »Iron Duke« wird dabei schwer beschädigt.
Tags zuvor war die britische Marinebasis Rosyth im schottischen Firth of Forth Ziel eines Angriffs des in Westerland stationierten Kampfgeschwaders. Die Kreuzer »Southampton« und »Edinburgh« und der Zerstörer »Mohawk« wurden durch Bombentreffer leicht beschädigt. Zwei Ju 88 wurden abgeschossen.
Die Gefährdung durch U-Boote und Bomber veranlaßt die britische Admiralität, ihre Großkampfschiffe von Scapa Flow in die Mündung des Clyde vor Glasgow zu verlegen.

Foto vom Angriff deutscher Bomber auf die Royal Navy im Firth of Forth: Rauchwolken an der Backbordseite des neuen 10 000 t-Kreuzers »Edinburgh«

Die britischen Kriegsschiffe im Firth of Forth versuchen durch Zick-Zack-Kurs den Bomben der Junkers Ju 88 des I. Kampfgeschwaders 30 zu entgehen

Heydrich führt das neue Sicherheitsamt

1. Oktober. Der Erlaß von Heinrich Himmler, Reichsführer SS und Chef der Deutschen Polizei, über die »Zusammenfassung der zentralen Ämter der Sicherheitspolizei und des SD« zu einem Reichssicherheits-Hauptamt (RSHA) vom 27. September tritt in Kraft.
An der Spitze des RSHA in der Berliner Prinz-Albrecht-Straße steht SS-Gruppenführer Reinhard Heydrich. Die neue Behörde vereinigt in sechs Ämtern die Spitzen der Politischen und der Kriminalpolizei sowie des Sicherheitsdienstes des Reichsführers SS (SD), der 1931 als nationalsozialistischer Nachrichtendienst gegründet worden ist. Zu den wichtigsten Ämtern gehören das Amt I (Amtsleiter Werner Best) mit Teilen der Sicherheitspolizei (Sipo) und des Geheimen Staatspolizeiamtes (Gestapa), das Amt III (Otto Ohlendorf) mit dem Inlandsnachrichtendienst, Amt IV (Heinrich Müller) mit der Politischen Polizei und der Geheimen Staatspolizei (Gestapo) und das Amt V (Arthur Nebe) mit dem Reichskriminalpolizeiamt.

Tschechen gegen deutsche Besatzer

28. Oktober. In verschiedenen Teilen des Reichsprotektorats Böhmen und Mähren kommt es am Jahrestag der Ausrufung der Tschechoslowakischen Republik 1918 zu antideutschen Manifestationen.
In der Prager Innenstadt, vor allem auf dem Wenzelsplatz vor dem Gebäude der Geheimen Staatspolizei (Gestapo) und dem Palasthotel, wo viele Gestapo-Angehörige untergebracht sind, versammeln sich am Nachmittag größere Gruppen von Demonstranten. Es werden Parolen laut wie »Deutsche Polizei – Deutsche Schweine«, »Bluthunde« und »Wir wollen unsere Freiheit«.
Obwohl bis gegen 17 Uhr schon über 200 Menschen festgenommen worden sind, drängen die deutschen Behörden bei den Tschechen auf energischeres Vorgehen, worauf die Versammlungen aufgelöst werden.
Im übrigen Protektorat folgen die Menschen mit stillen Demonstrationen, Anlegen von Trauerkleidung und passivem Widerstand den schon geraume Zeit kursierenden Aufrufen zum Widerstand.

Königshaus näht

28. Oktober. *Die Zeitschrift »Illustrated London News« stellt ihren Lesern die britische Königin Elisabeth bei einer ungewohnten Beschäftigung vor: Zusammen mit den Frauen des königlichen Haushalts ist die Queen im Londoner Buckingham Palace eifrig damit beschäftigt, zugunsten des Roten Kreuzes zu nähen; andere Frauen stricken oder wickeln Wolle auf (Abb.).*

Neue Aufgaben für deutsche Gerichte

16. Oktober. Durch einen Geheimerlaß von Reichsjustizminister Franz Gürtner wird im Justizministerium ein Referat für die Tätigkeit der Sondergerichte geschaffen, die ab 1933 politische und ab 1938 auch besonders aufsehenerregende und »verwerfliche« Straftaten aburteilen.
Die Sondergerichte sollen vor allem dafür sorgen, daß die am 5. September erlassene Verordnung gegen »Volksschädlinge« zur Anwendung kommt. Sie bedroht u.a. Plünderungen in geräumten Gebieten, Brandstiftung und in schweren Fällen auch Verbrechen unter Ausnutzung des Fliegeralarms mit dem Tode.
Oft werden zu »milde« Urteile revidiert: Am 14. Oktober wurden die vom Sondergericht Berlin zu je zehn Jahren Zuchthaus verurteilten Sparkassenräuber von Teltow, Paul Latacz und Erwin Jacobs, erschossen. Zwei Tage später endet der von einem Münchner Sondergericht wegen Handtaschenraubs bei Verdunkelung zur selben Strafe verurteilte Franz Potleschak ebenfalls vor einem Erschießungskommando.

Heimatfront und Wehrmacht sollen eng zusammenstehen

10. Oktober. Führer und Reichskanzler Adolf Hitler eröffnet im Berliner Sportpalast das Kriegswinterhilfswerk (WHW) 1939/40. Durch Spenden an das WHW kann jeder »Volksgenosse«, so die »Düsseldorfer Nachrichten« am 11. Oktober, den »glänzenden Waffentaten der Wehrmacht nunmehr nicht weniger stolze Opfer der inneren Heimatfront folgen« lassen.
Wichtigste Verbindung zwischen Front und Heimat ist die Feldpost. Obwohl täglich eine halbe Million Briefe allein von der Berliner Sammelstelle, der größten von 15 Feldpostsammelstellen im Reich, an die Front gehen, häufen sich Klagen über zu späte Beförderung.
Für die Adressierung gelten strenge Regeln: Dienstgrad, Name, Postsammelstelle und fünfstellige Feldpostnummer müssen genügen.
Im zweiten Kriegsmonat ist die ständige Verdunkelung bereits zur Gewohnheit geworden, obwohl die befürchteten Luftangriffe bislang ausgeblieben sind. Auch die Verkehrsteilnehmer haben sich daran gewöhnt, trotz gelöschter Straßenbeleuchtung Unfälle zu vermeiden. Hingegen stellt die Verdunkelung gerade für Jugendliche eine große Verlockung dar, einmal ungestört herumzustromern: Am 16. Oktober nimmt die wie in anderen Großstädten auch in Karlsruhe eingerichtete Betreuungsstelle für aufgegriffene Jugendliche bereits den 159. Halbwüchsigen auf.
Den Arbeitern und Angestellten im Deutschen Reich bringt der Krieg materielle Einbußen: Nachdem bereits am 1. September das ohnehin beeinträchtigte Recht auf Arbeitsplatzwechsel (→ 10.3./S.63) generell von der Erlaubnis des Arbeitsamtes abhängig gemacht worden war, brachte am 4. September die Kriegswirtschaftsverordnung nicht nur Zuschläge auf Verbrauchs-, Lohn- und Einkommensteuern, sondern auch die Einführung von Kriegslöhnen: Zuschläge für Mehrarbeit sowie Sonntags-, Feiertags- und Nachtarbeit entfallen; Urlaubs- und Tarifregelungen werden zunächst einmal ausgesetzt.

Frauen bei ihrer Arbeit in der Berliner Feldpost-Sammelstelle

Großraumkraftwagen der Feldpost bringen Postsäcke an die Front

Spendensammlung für das WHW an einem polnischen Beutegeschütz

Paul Hörbiger singt im Wunschkonzert das »Hobellied« des Valentin aus F. Raimunds »Der Verschwender«

»Das muß den Ersten Seelord doch erschüttern« singen Hans Brausewetter, Heinz Rühmann und Josef Sieber

Erstes Wunschkonzert für die Wehrmacht

1. Oktober. Der deutsche Rundfunk strahlt erstmals das Wunschkonzert für die Wehrmacht aus. Das von Heinz Goedeke gestaltete Programm wird ein großer Erfolg, schon nach einer Woche liegen fast 30 000 Briefe und ein Zentner Postkarten mit Musikwünschen für die künftig jeden Sonntag ausgestrahlte Sendung vor.

Die Palette reicht von klassischer Musik über Kinderchöre bis zu beschwingter Tanzmusik und populären Schlagern. Vier Kapellen stehen zur musikalischen Untermalung bereit, viele bekannte Künstler geben sich im Studio ein Stelldichein: Paul Hörbiger aus Wien mit seinem »Hobellied«, der Komponist und Textdichter Herms Niel (Hermann Nielebock), der sein beliebtes »Erika« dirigiert oder Hans Brausewetter, Josef Sieber und Heinz Rühmann, die das von Michael Jary komponierte Lied »Das kann doch einen Seemann nicht erschüttern« aus dem Erfolgsfilm »Paradies der Junggesellen« im Original und in einer auf den britischen Marineminister Winston Churchill gemünzten Parodie »Das muß den Ersten Seelord doch erschüttern« vortragen.

Ganz oben auf der Hitliste stehen auch Zarah Leander mit »Der Wind hat mir ein Lied erzählt« aus dem Film »La Habanera« und »Heimat, deine Sterne«, unnachahmlich intoniert von Kammersänger Wilhelm Georg Strienz.

Reichspropagandaminister Joseph Goebbels kümmert sich persönlich um die Gestaltung des Wunschkonzerts, das Front und Heimat verbinden und die Menschen zugleich von täglichen Sorgen ablenken und ihre Moral heben soll.

Eine der vier Kapellen des Wunschkonzerts im musikalischen Einsatz

Neben der Erfüllung von Musikwünschen widmet sich das Wunschkonzert auch der Übermittlung von Grüßen aus der Heimat an die Front und umgekehrt. Ein besonderer Erfolg sind die Durchsagen über die Geburt von Söhnen oder Töchtern von Frontsoldaten, wobei ein passendes Gedicht vorgetragen wird oder das bald überaus beliebte Babygeschrei von der Schallplatte ertönt.

Verwundete aus Lazaretten und ihre Pflegerinnen beim Wunschkonzert

Freisinn stärkste Partei der Schweiz

29. Oktober. Siegerin der Wahlen zum Schweizer Nationalrat ist die liberale Freisinnig-demokratische Partei. Mit 51 Sitzen, drei mehr als bisher, wird sie stärkste Fraktion im Nationalrat vor den Sozialdemokraten (45), die fünf Mandate einbüßen. Es folgen die Katholisch-Konservativen (43) und die Bauern-, Gewerbe- und Bürgerpartei (22), die je einen Sitz gewinnen.

Die Schlappe der Sozialdemokraten ist auf die Abspaltung einer linken Gruppe unter Léon Nicole vom September 1939 zurückzuführen, der die Hälfte der Westschweizer Sozialdemokraten in seiner Fédération Socialiste Suisse vereinigte und vier Sitze erreichte.

Der einzige 1935 gewählte Nationalrat der rechtsextremen Nationalen Front, der Zürcher Robert Tobler, ist nicht mehr im Bundesparlament.

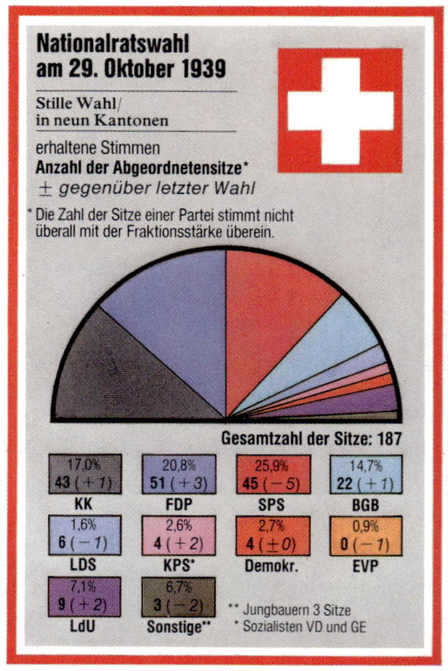

Tiso Präsident der Republik Slowakei

26. Oktober. In Preßburg wählen die 61 Abgeordneten des Parlaments den bisherigen Regierungschef Jozef Tiso einstimmig zum ersten Präsidenten der Republik Slowakei.

Tiso, katholischer Theologe und seit August 1938 nach dem Tod Andrej Hlinkas Führer der zunehmend faschistisch geprägten Slowakischen Volkspartei, hatte am 14. März (→15.3./S.48) die Unabhängigkeit der Slowakei proklamiert und sie anschließend unter den Schutz des Deutschen Reiches gestellt.

Neues geistliches Oberhaupt in Tibet

8. Oktober. Im Beisein diplomatischer Vertreter Nepals und Großbritanniens wird in der tibetischen Hauptstadt Lhasa mit Tenzin Gjatso das neue Staatsoberhaupt, der 14. Dalai Lama, mit der traditionellen Zeremonie in sein Amt eingeführt.

Der vierjährige Tenzin Gjatso, 1935 in der Provinz Silling geboren und gefunden. Er gilt als Verkörperung des Boddhisatwa Awolikiteschwara und ist der 14. Dalai Lama, Staatsoberhaupt der seit 1914 autonomen Lamaistischen Theokratie Tibet

Der Dalai Lama ist der bedeutendste Priesterfürst in dem streng hierarchischen System des Lamaismus, einer tibetischen Sonderform des Buddhismus. Nach den im 15. Jahrhundert entwickelten Glaubensvorstellungen erneuern sich die buddhistischen Wesenheiten in den Oberpriestern des Lamaismus, dem Pantschen-Lama – einer Inkarnation des Buddha Amitabha – und dem Dalai Lama, der seit dem 17. Jahrhundert in Tibet politisch führend ist.

Teilnehmer der von 21 Staaten besuchten Panamerikanischen Konferenz, die nach zehntägiger Dauer am 2. Oktober eine Sicherheitszone proklamiert

Deklaration von Panama

2. Oktober. Die Delegierten von 21 Staaten aus Nord-, Mittel- und Südamerika bekräftigen auf einer Konferenz in Panama mit Ausnahme Kanadas den festen Willen ihrer Länder zur Neutralität.
In der Deklaration von Panama beschließen die Staaten unter Führung der USA die Errichtung einer neutralen Sicherheitszone von 300 bis 600 Seemeilen (540 bis 1080 km) um den Kontinent herum.
Innerhalb dieser Zone werden alle kriegerischen Handlungen von Land- und Seestreitkräften kriegführender Staaten verboten.

Alliierte umwerben türkische Republik

19. Oktober. In Ankara unterzeichnen der türkische Ministerpräsident Refik Saydam und die Botschafter Frankreichs und Großbritanniens, René Massigli und Sir Hugh Montgomery Knatchbull-Hugessen, einen dreiseitigen Beistandspakt.
Der Vertrag ergänzt die Vereinbarungen Großbritanniens (→12.5./S.91) und Frankreichs (→23.6./S.107) mit der Türkei. Wenn die Türkei von einer europäischen Macht angegriffen wird, sollen ihr die Westmächte »jede Hilfe und jeden Beistand leisten, der in ihrer Macht liegt«. Dies gilt auch umgekehrt für den Fall, daß die Westmächte durch den »Angriffsakt einer europäischen Macht« in einen Krieg im Mittelmeer verstrickt werden.
Der Vertrag wird auf 15 Jahre geschlossen. Ergänzend wird festgelegt, daß die der Türkei auferlegten Verpflichtungen nicht zu einem Krieg mit der UdSSR führen dürfen.
Angesichts der deutsch-sowjetischen Verständigung hatte sich der türkische Außenminister Sükrü Saracoglu um einen Hilfspakt mit der UdSSR bemüht, war jedoch am 17. Oktober nach drei Wochen mit leeren Händen aus Moskau abgereist.

Sowjetunion setzt Expansionspolitik im Ostseeraum fort

11. Oktober. Der finnische Staatsrat Juho Kusti Paasikivi trifft mit einer Delegation in Moskau ein, um über die sowjetischen Wünsche für eine Grenzrevision zu verhandeln.
Zuvor hatte die UdSSR durch Beistandsverträge mit Lettland (5.10.) und Litauen (10.10.) ihren Hegemonialanspruch im Ostseeraum unterstrichen. Die Verträge entsprechen im wesentlichen dem Pakt mit Estland (→28.9./S.168). In Lettland erhält die UdSSR die Häfen von Libau und Windau als Flottenstützpunkte und darf an der Küste zwischen Libau, Windau und Pitrags Küstenartillerie unterhalten. Im Beistandspakt mit Litauen gab die UdSSR das lange Zeit zu Polen gehörende Wilnagebiet zurück.
Gegenüber Finnland hatte Moskau am 5. Oktober folgende territorialen Forderungen formuliert: Abtretung eines Gebietsstreifens an der Karelischen Landenge gegen ein großes an Finnland grenzendes Gebiet Kareliens und Verpachtung des Hafens von Hangö zur Errichtung eines sowjetischen Marine- und Luftwaffenstützpunktes sowie des eisfreien Hafens Petsamo (Petschenga). Die Verhandlungen gestalten sich sehr schwierig: Zwar räumen die Finnen ein, daß das nur 32 km von der finnischen Grenze entfernte Leningrad von Finnland aus beschossen werden könnte, verweisen aber darauf, daß sie keinerlei Aggressionsabsichten gegen die UdSSR hegen.
Eine Abtretung Hangös kommt für Finnland grundsätzlich nicht in Frage. Moralische Rückendeckung erhalten die Finnen von der am 18. Oktober abgehaltenen eintägigen Konferenz der skandinavischen Staatsoberhäupter und Außenminister in Stockholm und von US-Präsident Franklin Delano Roosevelt, der am 12. Oktober die Sowjetregierung bittet, die Neutralität und Souveränität Finnlands zu achten.

Am 18. Oktober in Stockholm (v. l.): E. Erkko (Finnland), P. Munch (Dänemark), K. Kallio (Finnland), König Håkon VII. (Norwegen), König Gustav V. (Schweden), König Christian X. (Dänemark), H. Koht (Norwegen), R. J. Sandler (Schweden)

Neue Gesichter in der Regierung Italiens

31. Oktober. In Italien vollzieht sich eine offiziell als regelmäßiger Wechsel in der Besetzung der höchsten Dienststellen deklarierte weitgehende Umbesetzung von höheren Positionen in Regierung und Armee.

Der 57jährige Marschall Rodolfo Graziani, Marchese di Neghelli, Generalstabschef der italienischen Armee. Er leitete 1921–1931 die Rückeroberung Libyens, befehligte in Äthiopien 1935/36 die Südfront und war 1936/37 Vizekönig von Äthiopien

Es ist der größte Ämterwechsel seit Bildung der Regierung von Ministerpräsident und Duce Benito Mussolini im Jahr 1922: Insgesamt sechs Minister und drei Staatssekretäre werden abgelöst.
Besondere Beachtung findet die Ersetzung von Achille Starace als Sekretär der Faschistischen Partei durch den in Äthiopien und Spanien hochdekorierten und als strikten Antikommunisten geltenden General Ettore Muti und die Ablösung von Dino Odoardo Alfieri als Minister für Volksbildung durch den 37jährigen Allessandro Pavolini. Starace wird mit dem Amt eines Generalsekretärs der faschistischen Miliz abgefunden, Alfieri erhält den Titel eines Botschafters.
Zu den wichtigsten Wechseln im Bereich der Armeeführung gehört die Ablösung von General Alberto Pariani, der sowohl Stabschef der Armee als auch Unterstaatssekretär im Verteidigungsministerium war, durch Marschall Rodolfo Graziani, Marchese di Neghelli, und durch General Ubaldo Soddu. Neuer Staatssekretär für Luftfahrt und Stabschef der Luftwaffe wird General Francesco Pricolo anstelle von General Giuseppe Valle.
Im In- und Ausland löst das Revirement Überraschung aus. In London wird die Ablösung Staraces und Alfieris, die als sehr deutschfreundlich gelten, positiv aufgenommen.
Zwei Tage vor der Kabinettsumbildung hatte Mussolini Gelegenheit, sich in einer seiner Lieblingsrollen als kühner Neuerer feiern zu lassen: Er weihte das Dorf Pomezia ein, die letzte von fünf Siedlungen auf dem Gebiet der Pontinischen Sümpfe südöstlich von Rom, die seit 1928 trockengelegt und zu einer der wichtigsten Agrarlandschaften Mittelitaliens umgestaltet wurden.

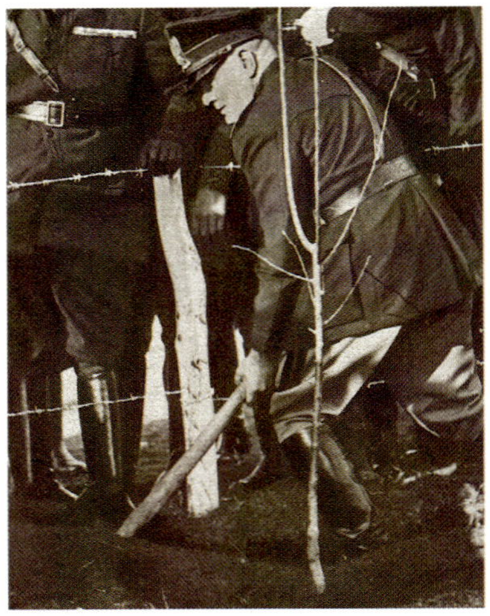

Benito Mussolini pflanzt am Einweihungstag von Pomezia einen Baum

Italien läßt seine Südtiroler gehen

21. Oktober. Als Ergänzung und Präzisierung eines am 23. Juni in Berlin unterzeichneten Abkommens über die Umsiedlung der deutschsprachigen Bevölkerung von Südtirol in das Deutsche Reich wird in Rom ein weiteres Abkommen unterzeichnet.
Der von Italiens Außenminister Galeazzo Ciano, Graf von Cortellazzo, und dem deutschen Botschafter Hans Georg von Mackensen unterzeichnete Vertrag sieht vor, daß alle in Südtirol wohnhaften Reichsdeutschen innerhalb von drei Monaten ins Reich zurückkehren. Die Südtiroler Volksdeutschen müssen bis zum 31. Dezember 1939 eine Erklärung über die Änderung oder Beibehaltung der italienischen Staatsangehörigkeit abgeben. Die Umsiedlungsaktion soll bis Ende 1942 abgeschlossen sein.
Bei der Veräußerung des Eigentums der abwandernden Südtiroler an Grund und Boden wird eine in deutschem Besitz befindliche Gesellschaft ihre Hilfe anbieten.

Erste Hochöfen der Reichswerke Göring

20. Oktober. Mit einer Feierstunde in Anwesenheit von Paul Körner, Staatssekretär für den Vierjahresplan, werden in Salzgitter die ersten beiden Hochöfen angeblasen.
Im Rahmen des 1936 verkündeten Vierjahresplans waren auf Initiative des Vierjahresplan-Beauftragten Hermann Göring am 15. Juli 1937 im Raum Salzgitter die Reichswerke AG für Erzbergbau und Eisenhütten Hermann Göring gegründet worden. Einziges Vorstandsmitglied des Göring direkt unterstellten Unternehmens ist Paul Pleiger, Staatsrat und früherer Wirtschaftsberater der Gauleitung Westfalen-Süd der Nationalsozialistischen Deutschen Arbeiterpartei (NSDAP).
Mitglieder des Aufsichtsrats sind Paul Körner als Vorsitzender, Görings Wirtschaftsberater, Staatssekretär Wilhelm Keppler, der Braunschweiger Ministerpräsident Dietrich Klagges und Wehrwirtschaftsführer Wilhelm Voß.
Mit einem Aktienkapital von zunächst vier Millionen Reichsmark (RM) soll durch die Ausbeutung der Eisenerzvorkommen bei Salzgitter der Anteil deutscher Eisenerze am Gesamtverbrauch der deutschen Industrie auf mindestens 50% gesteigert werden. Im Wirtschaftsjahr 1938/39 liegt er bei 23%.
Zur Finanzierung des Ausbaus der Reichswerke Hermann Göring werden neben öffentlichen Geldern auch von der Privatwirtschaft zumeist zwangsweise eingetriebene Mittel eingesetzt. Vergeblich hatte Göring von der Schwerindustrie den Ausbau der wenig ertragreichen deutschen Eisenerzvorkommen verlangt und schließlich die Gründung eines ihm unterstellten Staatsunternehmens durchgesetzt.
Am 13. Mai 1938 war in Linz der Grundstein für den Bau der Hermann-Göring-Werke als Tochterunternehmen von Salzgitter gelegt worden. Darüber hinaus wurden in Österreich und im Reichsprotektorat Böhmen und Mähren zahlreiche Betriebe zwangweise an die Reichswerke angegliedert.

Die erste Hochofengruppe im Hüttenwerk Salzgitter mit den vier Wasserhochbehältern, Eindicker und Gebläsehaus kurz vor der Vollendung im Juni 1939

Inder für Ende der Britenherrschaft

27. Oktober. Die Vertreter der Kongreß-Partei erklären ihren Austritt aus der Regierung der indischen Provinz Madras. Sie folgen als erste einem entsprechenden Aufruf der Parteiführung, die damit gegen die Hinhaltetaktik der britischen Regierung bei den Gesprächen über die Zukunft Indiens protestiert.
Der Konflikt hatte sich an dem ohne Befragen der indischen Parteien erklärten Kriegseintritt Britisch-Indiens (→ 3.9./S.159) entzündet. Dagegen protestierten sowohl Kongreß-Partei als auch Moslem-Liga.
Um die Lage zu entspannen, hatte der britische Vizekönig Victor Alexander John Hope Marquess of Linlithgow einen Meinungsaustausch mit 52 wichtigen Persönlichkeiten Indiens angeregt und erklärt, Verhandlungen über den künftigen Status Indiens seien erst nach Beendigung des Krieges möglich.
Daraufhin hatte die Kongreß-Partei ihre Mitarbeit in den Provinzregierungen für beendet erklärt, zumal Großbritannien nicht bereit war, die Unabhängigkeit Indiens als Ziel des Krieges zu proklamieren.

Gesundheit 1939:

Ärztemangel durch Krieg verschärft

Das Jahr 1939 wird im Deutschen Reich zum »Jahr der Gesundheitspflicht« erklärt. Vielerorts werden Gaugesundheitswochen durchgeführt, vor allem an die Jugend richten sich eindringliche Appelle zum Maßhalten beim Genuß von Tabak und Alkohol. Zur Gesundheitspolitik im nationalsozialistischen Sinn zählt auch die »Reinhaltung der arischen Rasse« und die Vernichtung angeblich »lebensunwerten Lebens« im Euthanasieprogramm (→1.9./S.169).

Am 1. Januar 1939 gibt es im »Altreich« 47 832 Ärzte, 4,2% weniger als im Vorjahr. Hier macht sich das 1938 vollzogene Berufsverbot für jüdische Ärzte bemerkbar, dem zum →31. Januar (S.16) ein Beschäftigungsverbot für jüdische Zahnärzte, Veterinäre und Apotheker folgt. Im Altreich kommen auf je 10 000 Einwohner statistisch 7,0 Ärzte, 2,2 Zahnärzte und 19,7 Krankenpflegepersonen. Das Heilpraktikergesetz vom 17. Februar knüpft die Ausübung der Heilkunde an eine behördliche Erlaubnis.

Der Krieg steigert das Interesse am Medizinstudium, da es häufig vor der Einberufung schützt: Für das 1. Trimester 1940 werden 26 309 Studenten der Allgemeinmedizin gemeldet, im Winter 1938/39 waren es noch 19 491 Anmeldungen.

Nach Angaben der Reichsärztekammer werden bis zum Jahresende 50% der Ärzte zur Wehrmacht eingezogen. Überdies werden ab September zahlreiche Krankenhäuser in Reservelazarette umgewandelt, wo eine Behandlung von Zivilisten nicht möglich ist. Allerdings wird im Oktober im gesamten Reichsgebiet ein Drittel der Reservelazarette aufgelöst. 1800 Ärzte und 2400 Jungärzte stehen dadurch erneut der Zivilbevölkerung zur Verfügung.

Mit Sorge beobachten die Ärzte eine Verschlechterung der Volksgesundheit seit Kriegsausbruch: Vermehrt treten Frühgeburten bei Berufstätigen, Geschlechtskrankheiten bei jungen Mädchen sowie Seuchen wie Scharlach und Diphtherie auf, wobei auch auf den Mangel an Seife als Ursache für sinkende Hygiene hingewiesen wird.

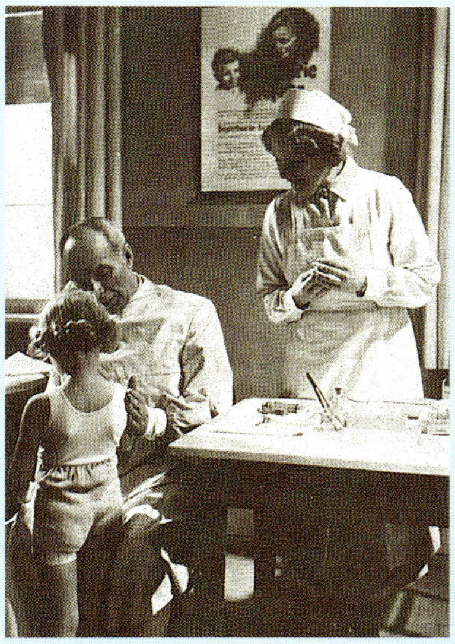

Ein junges Mädchen wird mit einem Serum gegen die Diphtherie geimpft

Theoretischer Unterricht über wirksame Zahnpflege durch einen Schulzahnarzt des Gaues Kärnten der Nationalsozialistischen Volkswohlfahrt (NSV)

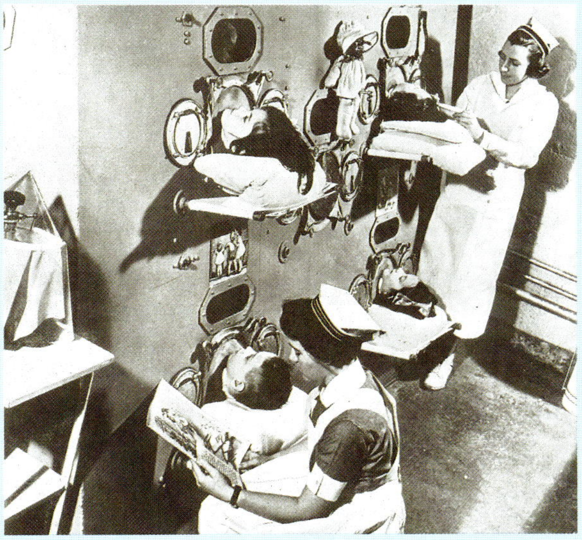

Nur die Köpfe der vier jungen Patienten ragen aus diesen aus Edelstahl gefertigten künstlichen Lungen heraus

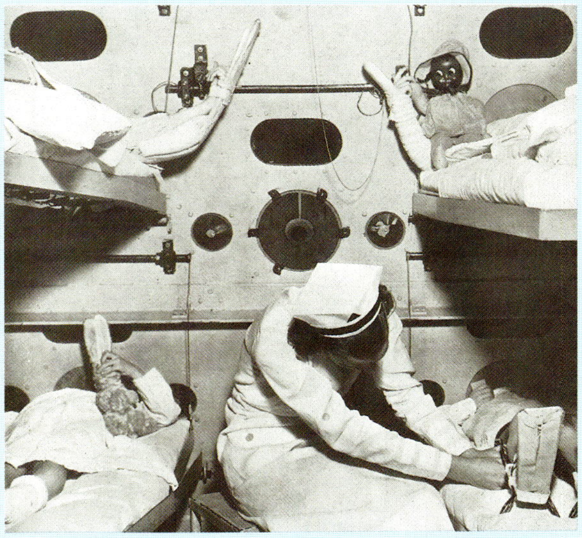

Das Innere der künstlichen Lunge für die Behandlung von vier Personen an der Hochschule in Harvard (USA)

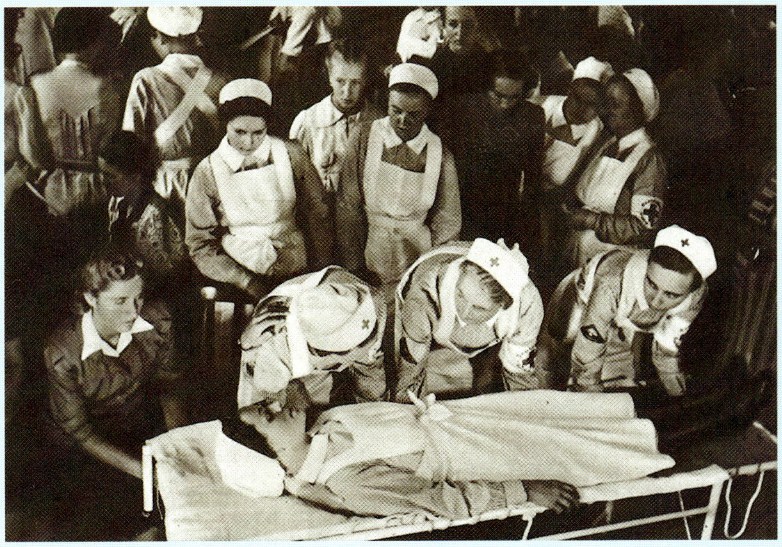

Künftige Rote-Kreuz-Helferinnen erhalten Ausbildung in Erster Hilfe; die nach Kriegsbeginn durchgeführten Kurse umfassen 20 Doppelstunden

Verladung von Verwundeten in eine zum Sanitätsdienst hergerichtete Ju 52

November 1939

Mo	Di	Mi	Do	Fr	Sa	So
		1	2	3	4	5
6	7	8	9	10	11	12
13	14	15	16	17	18	19
20	21	22	23	24	25	26
27	28	29	30			

1. November, Mittwoch

Durch Erlaß von Generalfeldmarschall Hermann Göring wird eine Haupttreuhandstelle Ost zur Erfüllung wirtschaftlicher Aufgaben im ehemaligen Polen geschaffen.

Der Oberste Sowjet billigt die Eingliederung der ehemals polnischen Westukraine in die UdSSR (→2.11./S.191).

Eine Polizeiverordnung vom 19. Oktober 1939 über die Sammlung von Küchen- und Nahrungsmittelabfällen aus Privathaushalten in Haussammeleimern tritt im Deutschen Reich in Kraft. Verwertbare Reste werden von der Nationalsozialistischen Volkswohlfahrt abgeholt.

2. November, Donnerstag

Gauleiter Arthur Greiser wird Reichsstatthalter im Reichsgau Posen.

Im Deutschen Reich tritt die am Vortag erlassene Erste Ergänzungsverordnung zur Kriegssonderstrafrechtsverordnung (17.8.1939) in Kraft. Sie bedroht mehr als dreitägige unbefugte Abwesenheit von der Truppe mit bis zu zehn Jahren Freiheitsstrafe und Fahnenflucht mit lebenslänglich Zuchthaus oder Tod.

Der Oberste Sowjet der UdSSR billigt die Eingliederung Westweißrußlands in die Weißrussische Sowjetrepublik. →S.191

Die Schweiz verbietet die Kontrolle des Warenverkehrs von Schweizer Firmen durch ausländische Behörden.

In Tilsit wird der Film »Die Reise nach Tilsit« nach Hermann Sudermann unter der Regie von Veit Harlan uraufgeführt. In den Hauptrollen sind Kristina Söderbaum und Fritz van Dongen zu sehen.

3. November, Freitag

Das Deutsche Reich und die UdSSR unterzeichnen ein Umsiedlungsabkommen. Als Gegenleistung für die Rückführung der Volksdeutschen aus der Westukraine und Weißrußland dürfen Ukrainer, Weißrussen, Russen und Ruthenen das polnische Generalgouvernement verlassen.

Die Deutsche Umsiedlungs-Treuhand wird als Dienststelle des Reichskommissars für die Festigung des Deutschen Volkstums, Heinrich Himmler, gegründet. Sie soll Umsiedler vermögensrechtlich betreuen und Kredite gewähren.

In Preßburg demonstrieren Studenten gegen die Besetzung slowakischer Gebiete durch Ungarn. Es kommt zu Auseinandersetzungen, in deren Verlauf fünf deutsche Geschäfte demoliert werden.

Der Schweizer Rundfunk beginnt mit besonderen Sendungen für Soldaten.

4. November, Sonnabend

US-Präsident Franklin Delano Roosevelt unterzeichnet eine revidierte Neutralitätsakte. Sie erlaubt Kriegführenden, gegen Barzahlung Waffen in den USA zu kaufen und auf eigenen Schiffen abzutransportieren. →S.192

Zur Vorbereitung einer Wiedereröffnung der Universität Krakau findet ein Gottesdienst statt. Die rund 500 Teilnehmer singen zum Schluß die polnische Nationalhymne, wobei die Zeile »Das freie Vaterland segne, o Herr« in »Das freie Vaterland gib uns, o Herr« geändert wird.

In Prag vollzieht Reichsbildungsminister Bernhard Rust die Übernahme der Hochschule als Deutsche Karls-Universität in deutsche Verwaltung.

Das Zürcher Hallenstadion wird mit einem großen Sportfest eingeweiht.

5. November, Sonntag

Zur ersten Filmfeierstunde der Hitlerjugend (HJ) spricht Reichspropagandaminister Joseph Goebbels. →S.195

Das britische Innenministerium gestattet die Öffnung der Kinos bis 23 Uhr, nachdem sie am 3. September zunächst geschlossen worden waren und ab 15. September bis 18 Uhr geöffnet waren.

In den deutschen Fußball-Gauligen beginnt die Kriegsmeisterschaft 1939/40.

6. November, Montag

Der gesamte Lehrkörper der Jagiellonischen Universität Krakau wird von der Schutzstaffel (SS) verhaftet und in Konzentrationslager überführt. →S.191

Anläßlich des Borromäus-Tages finden in den deutschen katholischen Gemeinden Veranstaltungen statt, auf denen für das katholische Schrifttum geworben und zur Versendung von Abhandlungen, Zeitschriften und Büchern an katholische Soldaten im Felde ermuntert wird.

Infolge des auch in Italien eingeschränkten Benzinverbrauchs sind in Italien (44,4 Millionen Einwohner) über fünf Millionen Fahrräder in Gebrauch.

7. November, Dienstag

Der Termin für den Beginn der deutschen Offensive im Westen wird wegen des überaus schlechten Wetters zunächst vom 12. auf den 15. November verschoben.

Hans Frank, Generalgouverneur für Polen, siedelt von Lodz nach Krakau über. Er residiert auf dem in »Krakauer Burg« umbenannten Wawel. →S.191

Leopold III., König der Belgier, und Königin Wilhelmina der Niederlande bieten dem Deutschen Reich, Großbritannien und Frankreich ihre Vermittlung zur Herbeiführung des Friedens an.

Die Kraftfahrzeughalter im Deutschen Reich werden zum Abschluß einer Haftpflichtversicherung für Sach- und Personenschäden verpflichtet. Das Gesetz tritt am 1. Juli 1940 in Kraft. →S.195

8. November, Mittwoch

Ein Bombenattentat auf Führer und Reichskanzler Adolf Hitler im Münchner Bürgerbräukeller schlägt fehl. →S.190

In Kladno im Reichsprotektorat Böhmen und Mähren kommt es bei der Vorführung von Leni Riefenstahls Olympiafilm zu antideutschen Manifestationen. Gegen einen nicht eingreifenden tschechischen Polizisten wird ein Disziplinarverfahren eingeleitet.

Die polnische Exilregierung in Frankreich beschließt die Bildung eines Ministerkomitees für Fragen des besetzten Landes. Unter General Stefan Rowecki (Deckname »Grot«) wird die Untergrundarmee »Verband für den bewaffneten Kampf« gebildet.

9. November, Donnerstag

In Venlo entführen Männer der Schutzstaffel (SS) die britischen Geheimdienstoffiziere S. Payne Best und R. H. Stevens, die eine Liste mit Namen von Agenten in den von der Wehrmacht besetzten Gebieten mit sich führen.

Im Konzentrationslager Buchenwald bei Weimar werden nach Eintreffen der Nachricht vom Attentat auf Führer und Reichskanzler Adolf Hitler 21 österreichische und deutsche Juden erschossen.

10. November, Freitag

Auf Antrag von General Henri Guisan ordnet der Schweizer Bundesrat ein Wiederaufgebot von Truppen an (»Novemberalarm«). Auch Belgien macht wegen der Nachrichten über deutsche Truppenkonzentrationen an seiner Grenze mobil.

Generalfeldmarschall Hermann Göring ruft die deutsche Bevölkerung auf, sich »in das Ganze« einzuordnen und das Querulantentum zu bekämpfen.

11. November, Sonnabend

Der Bezirk Lodz im ehemaligen Polen wird in den neugeschaffenen Reichsgau Posen eingegliedert.

In einem Staatsakt werden die sieben Toten des Bombenanschlags im Münchner Bürgerbäukeller vom 8. November in der bayerischen Hauptstadt beigesetzt.

Führer und Reichskanzler Adolf Hitler gratuliert dem italienischen König Viktor Emanuel III. zu dessen 70. Geburtstag.

In Teilen des besetzten Polen werden Plakate zur Erinnerung an die Gründung der Polnischen Republik am 11. November 1918 angeschlagen. Generalgouverneur Hans Frank ordnet an, daß »in jedem Haus, in dem das Plakat hängen bleibt, ein Bewohner erschossen wird«.

In Berlin tagt eine deutsche Rektorenkonferenz. Thema ist die geplante Wiedereröffnung aller Hochschulen des Reiches zum Frühjahrstrimester 1940.

12. November, Sonntag

Generalgouverneur Hans Frank erklärt in Krakau im polnischen Generalgouvernement, es sei »der Wille des Führers, daß dieses Gebiet das erste Kolonialgebiet der deutschen Nation sei«.

König Georg VI. von Großbritannien und Frankreichs Staatspräsident Albert Lebrun lehnen ein belgisch-niederländisches Vermittlungsangebot für einen Friedensschluß ab. Lebrun erklärt, ein wahrer Friede sei nur durch die Wiederherstellung von Österreich, der Tschechoslowakei und Polen zu erreichen.

Vor 45 000 Zuschauern trennen sich in Breslau die deutsche Fußball-Nationalmannschaft und eine Auswahlmannschaft von Böhmen-Mähren 4:4 (2:4).

In Zürich schlägt die Schweizer Fußball-Nationalelf den zweifachen Weltmeister Italien 3:1 (1:1) (→26.11./S.197).

13. November, Montag

Die am 2. November wiederaufgenommenen Moskauer Verhandlungen zwischen Finnland und der UdSSR über die von Moskau verlangten Grenzrevisionen werden unterbrochen (→30.11./S.194).

Die Führung der Kongreß-Partei teilt der britischen Regierung mit, daß in ganz Indien eine Politik der Nicht-Kooperation betrieben werde (→27.10./S.184).

König Karl II. von Rumänien macht den kriegführenden Mächten ein geheimes Friedensvermittlungsangebot, das sowohl vom Deutschen Reich als auch von den Westmächten abgelehnt wird.

14. November, Dienstag

Im Deutschen Reich wird die Reichskleiderkarte eingeführt. →S.195

In einer Weisung an die deutschen Bühnen verbietet Propagandaminister Joseph Goebbels die Aufführung von Kompositionen aus »Feindländern«. Ausgenommen sind die Werke Frédéric Chopins und Georges Bizets Oper »Carmen«.

15. November, Mittwoch

Reichsaußenminister Joachim von Ribbentrop teilt Belgien und den Niederlanden mit, daß nach der britisch-französischen Ablehnung ihres Vorschlags einer Friedensvermittlung (7.11.) für die Reichsregierung die Sache erledigt sei.

In Prag kommt es zu einer antideutschen Studentenkundgebung (→17.11./S.192).

Eine Säuglings- und Kleinkinderpflegeverordnung beschränkt die Tätigkeit jüdischen Pflegepersonals im Deutschen Reich auf jüdische Anstalten.

Bei einem Petroleumbrand in Lagunillas bei Maracaibo (Venezuela) kommen über 1000 Menschen ums Leben.

In Genua läuft das italienische Schlachtschiff »Imperio« (35 000 t) vom Stapel.

Das Lied »On ira pendre notre linge sur la ligne Siegfried« von Ray Ventura und den Collégiens wird in Frankreich zum Hit. Populär ist das Lied auch bei den Briten unter dem Titel »We are hanging our Washing on the Siegfried-Line«.

Nach den Anfangserfolgen der deutschen Kriegsmarine gegen die britische Schiffahrt ergießt der »Simplicissimus« vom 5. November 1939 seinen Spott über den britischen Marineminister Winston Churchill

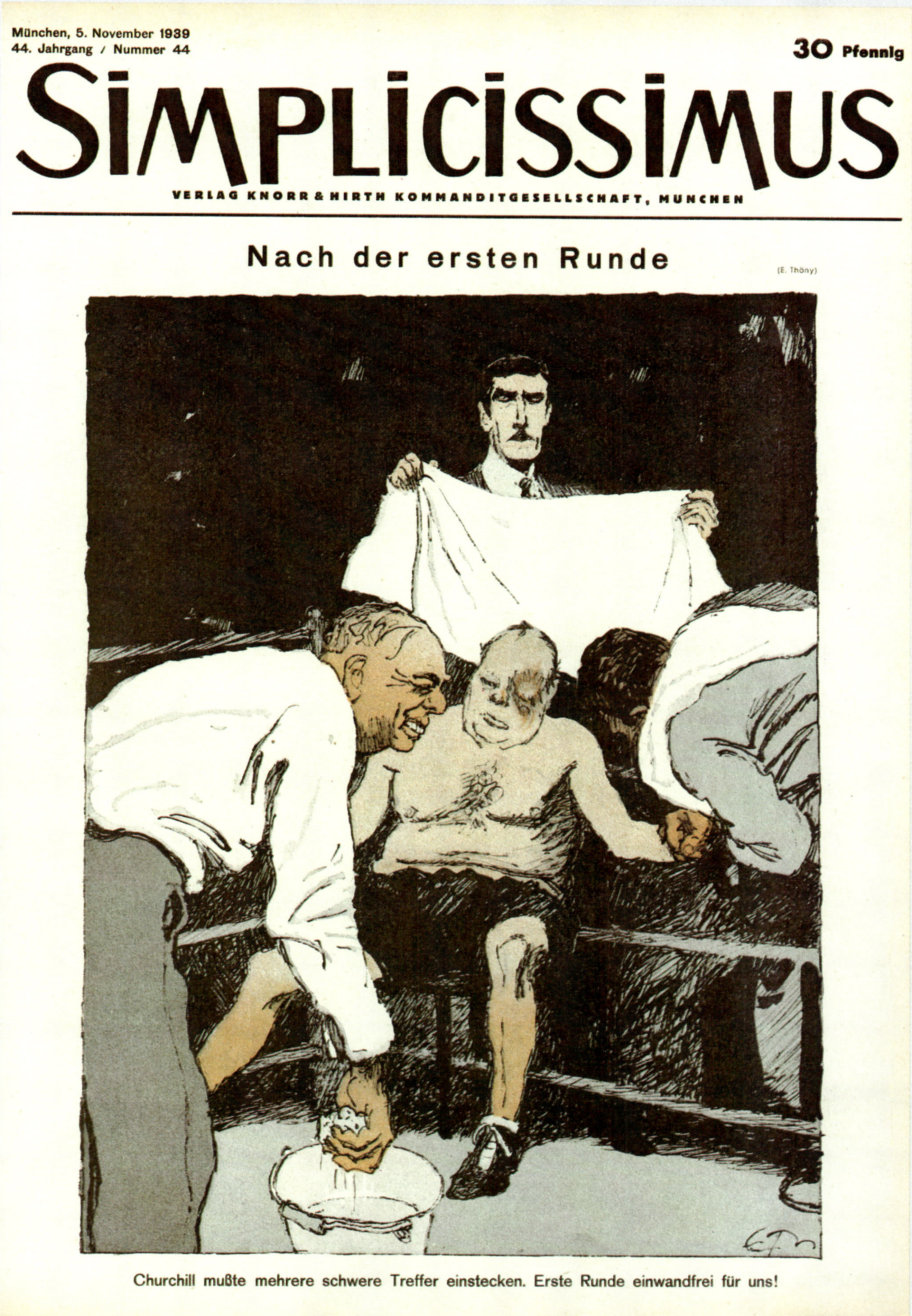

München, 5. November 1939
44. Jahrgang / Nummer 44

30 Pfennig

SIMPLICISSIMUS

VERLAG KNORR & HIRTH KOMMANDITGESELLSCHAFT, MÜNCHEN

Nach der ersten Runde

(E. Thöny)

Churchill mußte mehrere schwere Treffer einstecken. Erste Runde einwandfrei für uns!

16. November, Donnerstag

Generalfeldmarschall Hermann Göring, der Beauftragte für den Vierjahresplan, befiehlt eine verstärkte Anwerbung polnischer Arbeitskräfte. →S.192

Australiens Premierminister Robert Gordon Menzies verkündet die allgemeine Wehrpflicht für alle über 21jährigen Männer ab 4. Januar 1940.

17. November, Freitag

Die tschechischen Hochschulen in Böhmen und Mähren werden auf drei Jahre geschlossen. Neun »Rädelsführer« der Kundgebungen in Prag (15.11.) werden standrechtlich erschossen. →S.192

Als erster Gebietsverband der Sturmabteilung (SA) beginnt die westfälische SA mit vormilitärischer Ausbildung.

Auf einer Tagung des britisch-französischen Obersten Kriegsrats in London wird die Bildung eines gemeinsamen Wirtschaftsrates beschlossen.

18. November, Sonnabend

General Johannes Blaskowitz legt Führer und Reichskanzler Adolf Hitler einen Bericht über Gewalttaten deutscher Polizei und SS-Einsatzgruppen im besetzten Polen vor. →S.191

Den Juden im Distrikt Krakau wird das Tragen eines Judensterns mit Wirkung zum 1. Dezember 1939 befohlen. →S.191

Bei einer Besprechung zwischen Amtsangehörigen und Wirtschaftsführern im Wehrwirtschafts- und Rüstungsamt (WRü) fordert Hermann Bücher, Vorstandsvorsitzender der AEG, eine »einheitliche Führung der Wirtschaft«.

Der niederländische Passagierdampfer »Simon Bolivar« (8309 t) läuft im Kanal auf eine Mine. 84 Fahrgäste und Besatzungsmitglieder kommen ums Leben.

Der Zentralverlag der Nationalsozialistischen Deutschen Arbeiterpartei (NSDAP) kündigt die ersten 100 000 Exemplare des Bildbandes »Auf den Straßen des Sieges – Erlebnisse mit dem Führer in Polen« von Reichspressechef Otto Dietrich an.

19. November, Sonntag

Vor rund 5000 Zuhörern im Freiburger Münster erklärt Erzbischof Conrad Gröber, die Kirche verbiete es »jedem Katholiken, zum Kriege zu hetzen oder bei Kriegstreibereien hilfreich zu sein«.

In den Bistumsblättern der katholischen Diözesen Passau und Freiburg im Breisgau werden Dankadressen für die Rettung von Führer und Reichskanzler Adolf Hitler vor dem Attentat im Bürgerbräukeller (8.11.) veröffentlicht.

Der tschechische Rundfunk meldet die Erschießung von drei Tschechen, die am 14. November einen Volksdeutschen aus Karanice (Bezirk Chlumec) mit einer Latte erheblich verletzt hatten.

Robert Ley, der Leiter der Deutschen Arbeitsfront (DAF), richtet einen Aufruf an alle »Schaffenden Großdeutschlands«, in dem es u.a. heißt: »Sozialismus gegen Kapitalismus. Das ist unser Schlachtruf.«

20. November, Montag

Führer und Reichskanzler Adolf Hitler befiehlt in der Weisung Nr. 8 für die Kriegführung die Fortsetzung des Aufmarsches im Westen. Der Angriff soll mit den Stichworten »Danzig« ausgelöst und »Augsburg« gestoppt werden.

Deutsche Flugzeuge werfen vor der englischen Ostküste Magnetminen ab.

Die geheimen Lageberichte des Sicherheitsdienstes der SS klagen über ein vielerorts »allzu freundliches Verhalten eines Teils der Bevölkerung gegenüber polnischen Kriegsgefangenen«.

Im Deutschen Reich treten für zunächst vier Wochen erhöhte Butter-, Kakao- und Milchrationen für Kinder in Kraft. Für Dezember erhalten alle Bezugsberechtigten Sonderzuteilungen an Fleisch, Butter, Eiern, Reis, Hülsenfüchten, Schokolade und Lebkuchen.

Die niederländische Fluggesellschaft KLM Royal Dutch Airlines markiert ihre Maschinen aus Sicherheitsgründen mit leuchtend gelber Farbe. Ab 1. Dezember wollen die belgische SABENA und die schwedische ABA folgen.

21. November, Dienstag

Heinrich Himmler, Reichsführer SS und Chef der Deutschen Polizei, gibt bekannt, daß der 36 Jahre alte Schreinergeselle Johann Georg Elser den Bombenanschlag im Münchner Bürgerbräukeller gestanden hat (→8.11./S.190).

Der britische Kreuzer »Belfast« wird durch einen Minentreffer im schottischen Firth of Forth schwer beschädigt.

Das Deutsche Reich und die Slowakei unterzeichnen in Berlin einen Vertrag über die Rückgabe der 1920, 1924 und 1938 von Polen in Besitz genommenen slowakischen Gebietsteile an die Slowakei.

In Warschau nimmt ein deutsches Sondergericht die Arbeit auf.

22. November, Mittwoch

In den Wiener Gemeindebezirken II und IV werden zahlreiche kommunistische Flugblätter mit der Aufschrift »Hitler zieh hin, es kommt Stalin« verstreut.

Der »Völkische Beobachter« beschuldigt den früheren NS-Führer Otto Strasser der Urheberschaft am Münchner-Attentat vom 8. November. Strasser war 1930 aus der Nationalsozialistischen Deutschen Arbeiterpartei (NSDAP) ausgetreten und 1933 emigriert.

Die niederländische Regierung rät allen Reedereien, ihre Schiffe wegen Minengefahr vorläufig nicht auslaufen zu lassen.

23. November, Donnerstag

Vor führenden Offizieren in Berlin kündigt Führer und Reichskanzler Adolf Hitler die baldige Westoffensive an. →S.190

Führer und Reichskanzler Adolf Hitler verleiht erstmals das neugeschaffene Schutzwall-Ehrenzeichen. Zu den Empfängern gehört Fritz Todt, der Generalinspekteur für das deutsche Straßenwesen.

Südlich von Island versenken die deutschen Schlachtschiffe »Scharnhorst« und »Gneisenau« den britischen Hilfskreuzer »Rawalpindi« (16 697 t).

Bei Shoeburyness vor der britischen Ostküste bergen britische Spezialisten eine deutsche Magnetmine.

Reichserziehungsminister Bernhard Rust informiert die deutschen Technischen Hochschulen über die Studienneuordnung. Künftig soll die Studiendauer sieben Semester (pro Jahr zwei Semester mit 30 Wochenstunden) betragen, hinzu kommt die Zeit für die Diplomarbeit.

24. November, Freitag

Der Volksgerichtshof in Berlin verurteilt ehemalige Funktionäre des Einheitsverbandes der Eisenbahner wegen Vorbereitung zum Hochverrat zu langjährigen Gefängnis- und Zuchthausstrafen.

In Rumänien bildet Gheorge Tărtărăscu ein neues Kabinett. Nach der Ermordung von Ministerpräsident Armand Călinescu (→21.9./S.168) hatte Konstantin Argetoianu zunächst die Regierungsgeschäfte geführt.

In Stockholm wird die Oper »Königin Elisabeth« des deutschen Komponisten Fried Walter uraufgeführt.

Der Deutsche Olympische Ausschuß und das Organisationskomitee für die V. Olympischen Winterspiele geben den Auftrag zur Ausrichtung der Spiele 1940 an das Internationale Olympische Komitee zurück. →S.197

25. November, Sonnabend

Das Rassepolitische Amt der Nationalsozialistischen Deutschen Arbeiterpartei (NSDAP) legt eine Denkschrift über die Behandlung der polnischen Bevölkerung vor, die rechtlich, kulturell und sozial von der deutschen Bevölkerung strengstens isoliert werden soll.

Bei der Abfahrt von Südtiroler Umsiedlern ins Deutsche Reich kommt es auf dem Bahnhof Brenner zu anti-italienischen Kundgebungen. Es werden Rufe laut wie »Häßliches Italien – Heil Hitler!«

Durch eine Verordnung zum Schutz der Wehrkraft im Deutschen Reich wird in schweren Fällen mit dem Tode bedroht, wer einen kriegswichtigen Betrieb stört. Verbotener Umgang mit Kriegsgefangenen kann mit Zuchthaus bestraft werden.

26. November, Buß- und Bettag

Um Produktionsausfälle in der Kriegsindustrie zu vermeiden, wurde der Buß- und Bettag durch Führererlaß (18.11.) auf einen Sonntag verlegt.

Die Sowjetregierung protestiert bei der finnischen Regierung gegen die Beschießung sowjetischer Truppen durch finnische Artillerie (→30.11./S.194).

Zum dritten Jahrestag der Einführung der Preiskontrolle im Deutschen Reich wird der Lebenshaltungskostenindex für September 1939 mit 125,7 (1912/13: 100) angegeben (November 1936: 124,39).

In Basel beginnt der erste Kurs für Rotkreuzfahrerinnen. Erstmals in der modernen Geschichte der Schweiz werden damit Frauen militärisch ausgebildet.

Vor 90 000 Zuschauern im Berliner Olympia-Stadion besiegt die deutsche Fußball-Nationalelf den zweifachen Weltmeister Italien 5:2 (2:2). →S.197

27. November, Montag

In den eingegliederten Ostgebieten wird die Reichsmark (RM) alleiniges Zahlungsmittel (1 RM = 2 Zloty).

Großbritanniens König Georg VI. unterzeichnet ein Dekret über die Durchführung der über das Deutsche Reich verhängten Ausfuhrblockade. Frankreich schließt sich dieser Maßnahme an.

In Berlin halten Reichskulturkammer und die NS-Gemeinschaft »Kraft durch Freude« (KdF) ihre Jahrestagung ab. Bisher sind 6481 Wehrmachtsveranstaltungen von KdF durchgeführt worden.

In der Sowjetunion hat der zweite Teil des Films »Der große Patriot« (Weliki grashderin) über das Schicksal eines Parteisekretärs zwischen 1925 und 1934 Premiere (Regie: Friedrich M. Ermler).

28. November, Dienstag

Das Oberkommando der Wehrmacht gibt die Versenkung eines britischen Kreuzers der »London-Klasse« durch U 47 (Kapitänleutnant Günther Prien) bekannt.

Gdingen wird durch Führerweisung zum Reichskriegshafen erklärt.

29. November, Mittwoch

In der Weisung Nr. 9 für die Kriegführung befiehlt Führer und Reichskanzler Adolf Hitler die Bombardierung und Verminung britischer Seehäfen. →S.194

Die UdSSR bricht die diplomatischen Beziehungen zu Finnland ab (→30.11./S.194).

In Kopenhagen stirbt 74jährig der sozialdemokratische Politiker Philipp Scheidemann. →S.195

30. November, Donnerstag

Mit einem Luftangriff auf Helsinki und einer Offensive an der Karelischen Landenge beginnt der sowjetische Angriff auf Finnland. →S.194

Das Wetter im Monat November

Station	Mittlere Lufttemperatur (°C)	Niederschlag (mm)	Sonnenscheindauer (Std.)
Aachen	8,1 (6,0)	125 (67)	— (62)
Berlin	5,3 (3,9)	69 (46)	— (50)
Bremen	6,0 (5,3)	118 (60)	— (50)
München	5,0 (3,0)	75 (53)	— (54)
Wien	5,5 (4,5)	— (53)	— (58)
Zürich	6,4 (3,3)	101 (72)	47 (51)

( ) Langjähriger Mittelwert für diesen Monat
– Wert nicht ermittelt

In ihrer Ausgabe vom 30. November 1939 berichtet die Leipziger »Illustrirte Zeitung« über den Einsatz deutscher U-Boote gegen die britische Handelsschiffahrt

ILLUSTRIRTE ZEITUNG

DEUTSCHES U-BOOT KAPERT HANDELSDAMPFER

Setzen der Stoppflagge und Abgeben eines Warnungsschusses. – In selbstverständlicher Ausübung des Notwehrrechts gegenüber der Hungerblockade und Piraterie Englands hat Deutschland seine U-Boot-Waffe eingesetzt. Die Tonnageverluste sowie die Rationierungsmaßnahmen in England beweisen die Wirksamkeit der deutschen Abwehrmaßnahmen. — Zeichnung von Marinemaler Walter Zeeden.

Der durch den Bombenanschlag auf Führer und Reichskanzler Adolf Hitler am 8. November 1939 zerstörte Bürgerbräukeller

Hitler entgeht Anschlag im Bürgerbräu

8. November. Kurz nachdem Führer und Reichskanzler Adolf Hitler die Feier der nationalsozialistischen »Alten Kämpfer« im Münchner Bürgerbräukeller zur Erinnerung an den Vorabend des Putsches von 1923 verlassen hat, explodiert eine Bombe. Die Explosion fordert sieben Tote und 63 Verletzte, von denen einer am 13. November stirbt.

Wegen einer Reise nach Berlin hatte die Zusammenkunft schon gegen 20 Uhr, eine halbe Stunde früher als üblich, begonnen, und Hitler hatte die »Alten Kämpfer« ungewöhnlich rasch wieder verlassen.

Für die Propaganda steht fest, daß die Spuren der Täter, für deren Ergreifung eine Belohnung von 600000 Reichsmark ausgesetzt wird, nach London zum britischen Geheimdienst Secret Service und in die Schweiz zum früheren Hitler-Vertrauten Otto Strasser führen.

Verantwortlich ist jedoch ein Einzelgänger: Johann Georg Elser, ein 36jähriger Schreinergeselle aus Württemberg. Er wird eine halbe Stunde vor der Münchner Explosion beim Versuch des illegalen Grenzübertritts in die Schweiz in Konstanz verhaftet und legt am 14. November ein Geständnis ab. In rund 35 Nächten hatte er eine selbstkonstruierte Zeitbombe in den Pfeiler des Bürgerbräukellers hinter Hitlers Rednerpult eingebaut.

◁ Johann Georg Elser, ein 36jähriger Schreinergeselle aus Hermaringen/Württemberg, der zwischen August und November die selbstkonstruierte Zeitbombe in einen Pfeiler des Bürgerbräukellers eingebaut hat und von Zollbeamten am Tag des Attentats, am Abend des 8. November, in Konstanz festgenommen wird

▽ Führer und Reichskanzler Adolf Hitler bei seiner Ansprache im Bürgerbräukeller am 8. November. Er beendet seine Rede kurz nach 21 Uhr, um 21.20 Uhr reißt die Bombenexplosion die Säule in unmittelbarer Nähe des Podiums nieder. Die Decke des Saales bricht ein und stürzt herab

Westoffensive ist weiter umstritten

23. November. Vor seinen in der Neuen Reichskanzlei in Berlin versammelten Generälen bekräftigt Führer und Reichskanzler Adolf Hitler seinen Willen zum Angriff im Westen vor einem Überfall auf die UdSSR.

Hitler erklärt u.a.: »Wir können Rußland nur gegenübertreten, wenn wir im Westen frei sind... Mein Entschluß ist unabänderlich. Ich werde Frankreich und England angreifen zum günstigsten und schnellsten Zeitpunkt. Verletzung der Neutralität Belgiens und Hollands ist bedeutungslos. Kein Mensch fragt danach, wie wir gesiegt haben. Wir werden die Verletzung der Neutralität nicht so idiotisch begründen wie 1914.«

Auf Hitlers Ansprache reagieren die Militärs unterschiedlich: Die einen stimmen seinen Plänen wegen ihrer Kühnheit begeistert zu, andere bleiben ablehnend wie der Heeres-Oberbefehlshaber Walter von Brauchitsch und der Kommandeur der Heeresgruppe C, Generaloberst Wilhelm Ritter von Leeb, der vor allem die Verletzung der Neutralität der Benelux-Staaten kritisiert, weil damit der Krieg auf unabsehbare Zeit verlängert werde.

Brauchitsch hatte Hitler am 5. November unter vier Augen vorgetragen, es fehle an Artillerie und Munition. Außerdem sei die französische Armee zu stark. Es sei besser, die jetzigen Vorteile für einen günstigen Frieden zu nutzen.

Hitler hatte sich unbeeindruckt gezeigt, sich aber in einen Wutanfall hineingesteigert, als Brauchitsch auf den geringeren Kampfgeist der Infanterie im Vergleich zu 1914 hinwies.

Die Kritik der Generäle bleibt im Hinblick auf den einmal Hitler gegenüber geleisteten Eid folgenlos und hält sie nicht von der weiteren Mitarbeit an der Planung der Westoffensive ab.

Der Dauerregen an der Westfront trägt schließlich dazu bei, daß der für den 12. November vorgesehene Angriff ständig, allerdings immer nur um wenige Tage, verschoben wird.

Teile Polens an die UdSSR

2. November. Der Oberste Sowjet unter Leitung des Präsidiumsvorsitzenden Michail I. Kalinin billigt den Anschluß Westweißrußlands an die Weißrussische Sowjetrepublik. Tags zuvor war mit der Westukraine der andere Teil des von der Sowjetunion besetzten polnischen Territoriums annektiert worden.

Sogleich nachdem am → 17. September (S.163) die sowjetischen Truppen in Ostpolen eingerückt waren, begannen die Vorbereitungen für die Annexion von rund 200 000 km^2 zuvor polnischen Territoriums. Ungeachtet der Tatsache, daß von den dort lebenden rund 11,5 Millionen Menschen zwar 38,2% Ukrainer und 9,5% Weißrussen, aber auch 36% Polen waren, wurden diese Gebiete fortan offiziell als »westliche Ukraine« und »westliches Weißrußland« bezeichnet.

Der 64jährige Michail I. Kalinin, 1919 zum Vorsitzenden des Zentralexekutivkomitees der Sowjets gewählt und seit Januar 1938 Vorsitzender des aufgrund der Verfassung von 1936 gebildeten Präsidiums des Obersten Sowjet der UdSSR

Einheiten der sowjetischen Geheimpolizei durchkämmten die besetzten Gebiete nach »klassenfremden Elementen«. Rund 1,65 Millionen Menschen wurden in die UdSSR gebracht, davon 600 000 vor den Deutschen geflüchtete Polen und Juden, 850 000 alteingesessene Polen und Juden sowie 200 000 »unzuverlässige« Ukrainer und Weißrussen.

Mit der Geheimpolizei kamen Funktionäre der Kommunistischen Partei zur Vorbereitung einer »freiwilligen Willenserklärung« ins Land. Überall wurden Wahlkomitees gebildet, die nach sowjetischem Wahlrecht (ein Kandidat pro Wahlkreis) gewählte zuverlässige Abgeordnete zu den nach Lemberg (für die Ukrainer) und Białystok (Weißrussen) einberufenen Nationalversammlungen entsandten. Getreu der Weisung aus Moskau proklamierten die beiden Versammlungen natürlich einstimmig die Errichtung der Sowjetmacht und ersuchten um sofortigen Anschluß an die UdSSR.

Reichsminister Hans Frank, Generalgouverneur für das besetzte Polen

Gouverneur Frank residiert in Krakau

7. November. Reichsminister Hans Frank, seit dem 12. Oktober Generalgouverneur für die von deutschen Truppen eroberten Teile Polens, verlegt seinen Dienstsitz von Łódź nach Krakau, der alten Residenz der polnischen Könige. Frank bewohnt das fortan als »Krakauer Burg« bezeichnete Königsschloß, den Wawel.

Blaskowitz-Kritik an Erschießungen

18. November. Der deutsche Oberbefehlshaber Ost, General der Infanterie Johannes Blaskowitz, legt Führer und Reichskanzler Adolf Hitler ein umfangreiches Memorandum zur Lage in Polen vor.

Er äußert »größte Besorgnis wegen illegaler Erschießungen, Festnahmen und Beschlagnahmungen, Sorge um Disziplin der Truppe, die diese Dinge sehenden Auges erlebt«. Blaskowitz hatte bereits Gerichtsverfahren gegen zwei SS-Standartenführer beantragt, die jedoch niedergeschlagen wurden.

Mit der Truppe waren im September Einsatzgruppen aus Schutzstaffel (SS) und Polizei in Polen eingerückt. Ihrem Befehl, die polnische Führungsschicht und alle potentiellen Gegner zu liquidieren, sind allein in Westpreußen 7200 Menschen zum Opfer gefallen, u.a. wurden von 701 Geistlichen der Diözese Kulm 218 sofort erschossen. Hitler weist die Vorwürfe zurück und hält – so Generalleutnant Gerhard Engel – derart »kindliche[n] Einstellungen« entgegen, mit »Heilsarmee-Methoden führe man keinen Krieg«.

Judenstern im Generalgouvernement

18. November. Der Distriktchef von Krakau ordnet die Einführung eines Judensterns für alle jüdischen Einwohner an. Diese Kennzeichnungspflicht gilt bald im gesamten Generalgouvernement.

Der vom Deutschen Reich besetzte, aber nicht eingegliederte Teil Polens soll nicht nur viele der aus ihrer Heimat vertriebenen Polen aufnehmen, sondern auch polnische und deutsche Juden (→ 31.10./S.178).

Bis Ende November werden aus den annektierten Gebieten rund 135 000 Polen, darunter viele Juden, ins Generalgouvernement abgeschoben, wo die Bevölkerung bis zum Jahresende auf 11,4 Millionen anwächst. Am 12. Oktober wurden erstmals Juden aus verschiedenen Orten des ehemaligen Österreich und des Protektorats Böhmen und Mähren ins Generalgouvernement deportiert, vor allem nach Lublin, wo ein Gebiet von knapp 100 km^2 als Judenreservation vorgesehen ist.

Im Generalgouvernement werden immer neue diskriminierende Anordnungen erlassen: Die Bewegungsfreiheit der Juden wird stark eingeschränkt, das noch vorhandene Eigentum zum Teil konfisziert und die Verantwortung für den Lebensunterhalt der Bevölkerung sog. Judenräten übertragen, die jedoch kaum Mittel für die Erfüllung ihrer vielfältigen Aufgaben erhalten.

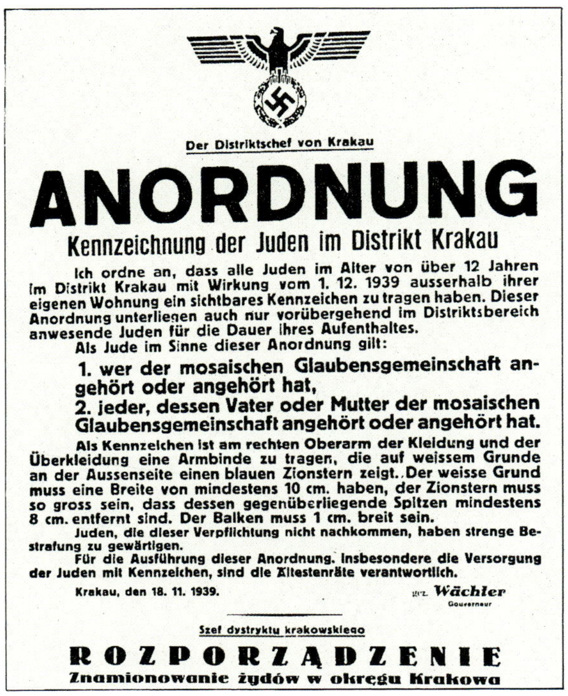

Der Distriktschef von Krakau

ANORDNUNG

Kennzeichnung der Juden im Distrikt Krakau

Ich ordne an, dass alle Juden im Alter von über 12 Jahren im Distrikt Krakau mit Wirkung vom 1. 12. 1939 ausserhalb ihrer eigenen Wohnung ein sichtbares Kennzeichen zu tragen haben. Dieser Anordnung unterliegen auch nur vorübergehend im Distriktsbereich anwesende Juden für die Dauer ihres Aufenthaltes.

Als Jude im Sinne dieser Anordnung gilt:

1. wer der mosaischen Glaubensgemeinschaft angehört oder angehört hat,
2. jeder, dessen Vater oder Mutter der mosaischen Glaubensgemeinschaft angehört oder angehört hat.

Als Kennzeichen ist am rechten Oberarm der Kleidung und der Überkleidung eine Armbinde zu tragen, die auf weissem Grunde an der Aussenseite einen blauen Zionstern zeigt. Der weisse Grund muss eine Breite von mindestens 10 cm. haben, der Zionstern muss so gross sein, dass dessen gegenüberliegende Spitzen mindestens 8 cm. entfernt sind. Der Balken muss 1 cm. breit sein.

Juden, die dieser Verpflichtung nicht nachkommen, haben strenge Bestrafung zu gewärtigen.

Für die Ausführung dieser Anordnung, insbesondere die Versorgung der Juden mit Kennzeichen, sind die Ältestenräte verantwortlich.

Krakau, den 18. 11. 1939.

gez. Wächler
Gouverneur

Szef dystryktu krakowskiego

ROZPORZĄDZENIE

Znamionowanie żydów w okręgu Krakowa

Befehl des Krakauer Distriktchefs vom 18. November über die Einführung einer Armbinde mit dem Judenstern als Kennzeichen für die jüdische Bevölkerung des Distrikts Krakau. Die erste Zwangskennzeichnung von Juden im 20. Jahrhundert war bereits am 24. Oktober 1939 durch die Schutzstaffel (SS) in Włocławek erfolgt, wo 800 Juden verhaftet und viele von ihnen erschossen worden waren. Der Befehl wurde auch in polnischer Sprache verteilt

Kulturelles Leben in Polen reduziert

6. November. 183 Professoren und Dozenten der Jagiellonischen Universität Krakau werden von SS-Kommandos verhaftet und in die Konzentrationslager Dachau und Sachsenhausen deportiert.

Die Ausschaltung der Intelligenz ist ein Hauptziel der deutschen Polenpolitik (→ 31.10./S.178). Nach der Liquidierung und Vertreibung von Lehrern, Beamten, Freiberuflern und aktiven Mitgliedern von Gewerkschaften und Parteien in den annektierten polnischen Gebieten beginnt im November eine Sonderaktion im Generalgouvernement. Über 2000 Personen werden verhaftet und rund 300 erschossen.

Außerdem werden die Unterhaltungs- und Bildungsmöglichkeiten drastisch reduziert: Radiogeräte werden verboten, Theater, Kinos und Kabaretts geschlossen. Sämtliche Hoch- und Oberschulen in Polen müssen ihren Lehrbetrieb einstellen. Das Lehrniveau und die Lerninhalte in den Grundschulen werden begrenzt (→ 19.12./S.208).

US-Präsident Franklin Delano Roosevelt (am Tisch sitzend) unterzeichnet am 4. November die neue Neutralitätsakte

Die USA lockern ihre Neutralitätspolitik

4. November. US-Präsident Franklin Delano Roosevelt unterzeichnet ein neues Neutralitätsgesetz, das den kriegführenden Staaten erlaubt, gegen Barzahlung (cash) Waffen und Munition in den USA zu kaufen und sie auf eigenen Schiffen (carry) abzutransportieren.

Diese Regelung, die Frankreich und Großbritannien begünstigt, ist erst nach heftigen Debatten zustande gekommen. Eine Klausel der Neutralitätsakte vom 1. Mai 1937 hatte den Präsidenten ermächtigt, den Verkauf bestimmter kriegswichtiger Güter und den Abtransport auf nichtamerikanischen Schiffen zu erlauben. Diese bis zum 1. Mai 1939 befristete sog. Cash-and-carry-Klausel war stets umstritten: Für die Isolationisten barg sie die Gefahr der Verwicklung in einen Konflikt in Europa, zumal Roosevelts Ablehnung der NS-Diktatur bekannt war.

Anfang Juli wurde eine auf Initiative von Roosevelts Demokraten zurückgehende Revision des Neutralitätsgesetzes von 1937 vom Repräsentantenhaus angenommen, allerdings mit der Einschränkung, daß die Ausfuhrregelungen neu gefaßt würden (kein Export von tödlichem Kriegsgerät), und der Präsident nur mit Zustimmung des Kongresses den Kriegszustand zwischen Fremdstaaten und das daraus folgende Waffenembargo feststellen kann. Bislang war dies allein Sache des Präsidenten gewesen.

Nachdem der Senat beschloß, die Neufassung der Neutralitätsakte zu vertagen, trat am 5. September mit der Verkündung der Neutralität der USA die ursprüngliche Neutralitätsakte ohne die mittlerweile abgelaufene Cash-and-carry-Klausel in Kraft. Roosevelt gab seinen Kampf um die Aufhebung des Waffenembargos nicht auf, und am 27. Oktober stimmten der Senat (63 gegen 30 Stimmen) und am 2. November das Repräsentantenhaus (244 gegen 179 Stimmen) der Neufassung zu.

Neben der Cash-and-Carry-Klausel für den Verkauf von Munition und Kriegsgerät enthält das neue Neutralitätsgesetz u.a. ein Verbot für US-Bürger, auf Schiffen von kriegführenden Staaten zu reisen. Außerdem ermächtigt es den Präsidenten, verbotene Zonen für die US-Schiffahrt zu proklamieren.

Roosevelt erklärt die Gewässer um Großbritannien und Irland mitsamt dem Ärmelkanal, die Küste Skandinaviens südlich von Bergen, die gesamte Ostsee und den größten Teil des Golfs von Biskaya zur Sperrzone für US-Schiffe.

Einzug der Senatoren ins Kapitol zur Entgegennahme einer Erklärung von US-Präsident Franklin Delano Roosevelt zur Änderung des Neutralitätsgesetzes

Neun Studenten in Prag hingerichtet

17. November. Zwei Tage nach Zusammenstößen zwischen Studenten, tschechischer Polizei und deutschen Besatzungstruppen in Prag werden neun tschechische Studenten als »Rädelsführer« standrechtlich erschossen. Die tschechischen Hochschulen im Reichsprotektorat Böhmen und Mähren werden für drei Jahre geschlossen.

Am Vormittag des 15. November war es im Anschluß an die Aufbahrung eines Studenten, der an den Folgen eines bei den Unruhen am →28. Oktober (S.181) erhaltenen Bauchschusses gestorben war, zu einer Kundgebung von rund 3000 Studenten vor der Technischen Hochschule gekommen. Sie war nach einiger Zeit von Polizei und SS auseinandergetrieben worden.

Als weitere Strafmaßnahme werden vier als besonders »deutschfeindlich« angesehene tschechische Studentenwohnheime geschlossen, rund 2000 Studenten verhaftet und in Konzentrationslagern inhaftiert. Über Prag wird das Standrecht verhängt und die Stärke der deutschen Besatzungstruppen erhöht.

Polnische Arbeiter ins Deutsche Reich

16. November. Der Vierjahresplan-Beauftragte Hermann Göring befiehlt die verstärkte Anwerbung polnischer Arbeitskräfte für den Einsatz im Deutschen Reich: »Einsatz und ihre Entlöhnung müssen zu Bedingungen erfolgen, die den deutschen Betrieben leistungsfähige Arbeitskräfte billigst zur Verfügung stellen.« Bis Ende 1939 kommen 40 000 Zivilarbeiter ins Reich. 210 000 Kriegsgefangene sind in der Landwirtschaft tätig.

Als erste zivile Institutionen sind in den annektierten Gebieten Arbeitsämter errichtet worden, von denen die polnischen Erwerbslosen erfaßt und nach den deutschen Sätzen finanziell unterstützt wurden.

Im Generalgouvernement sind am 26. Oktober alle polnischen Einwohner von 18 bis 60 Jahren unter Arbeitsdienstpflicht und alle Juden unter Arbeitszwang gestellt worden. Die Entlohnung soll sich nur »an der tatsächlich geleisteten Arbeit« und nicht an irgendwelchen bestehenden Tarifordnungen orientieren.

An diesem französischen Bunker kostet ein Blick über die Brustwehr auf das deutsche Ufer des Rheins eine Zigarette

Beobachtung des französischen Ufers aus durch Schilf getarnter Deckung

Durch Netze, Zweige und Grasbüschel gegen Feindeinsicht getarnte vorderste deutsche Stellung an der Westfront

Französische Kriegsberichterstatter in Uniform an der durch Drahtverhaue gesicherten Rheinbrücke bei Kehl

Soldatenfreizeit an der Westfront: Deutsche Soldaten beim Lesen von Zeitungen und Büchern in ihrem Bunker

»Sitzkrieg« an der Grenze zu Frankreich

30. November. Der deutsche Wehrmachtbericht meldet: »An der Westfront schwaches örtliches Artilleriefeuer. Die Luftaufklärung gegen England wurde fortgesetzt.« Seit Abzug der Franzosen vom Reichsgebiet (→19.10./S.179) herrscht im Westen neben gelegentlicher Spähtrupptätigkeit, vor allem bei Forbach sowie bei Apach an der luxemburgischen Grenze, vereinzeltem Artilleriefeuer und einzelnen Luftkämpfen der »Sitzkrieg« bzw. der »Komische Krieg« (Drôle de guerre).

Ungestört bauen die deutschen Soldaten am Rhein an ihren Befestigungsanlagen; als wäre kein Krieg, fahren auf dem östlichen Rheinufer Eisenbahnzüge.

Der im November einsetzende Regen macht endgültig größere Unternehmen unmöglich, er führt auch dazu, daß die für den 12. November vorgesehene deutsche Westoffensive ständig verschoben wird.

Frankreich vertraut auf seine Maginotlinie, das zwischen 1929 und 1932 entstandene Befestigungssystem zwischen Montmédy und Basel, das im Durchschnitt 12 km hinter der Grenze zum Deutschen Reich verläuft. 21 Divisionen warten hier fast untätig in ihren Bunkern.

Zwischen Grenze und Maginotlinie wurde die Zivilbevölkerung evakuiert, Straßburg ist zur toten Stadt geworden, die wegen befürchteter Plünderungen von Gendarmerie abgesperrt wurde.

In der französischen Armee führt das erzwungene Stillsitzen zu Faulheit und Langeweile. Allgemein herrscht die Ansicht vor, daß die Armee demobilisiert wird, ohne einen Schuß abgegeben zu haben.

Frontbesuch soll die Moral heben

Die französische Zeitschrift »L'Illustration« zeigt auf ihrer Titelseite vom 25. November den französischen Ministerpräsidenten Édouard Daladier (mit Stock) und seinen Luftfahrtminister Guy La Chambre in einem Gespräch mit Fliegeroffizieren. Bilder wie dieses sollen das Vertrauen der französischen Öffentlichkeit in die politische Führung des Landes erhöhen. Daladier, Frontsoldat des Weltkrieges 1914 bis 1918, war als Mitglied des linken Flügels der Radikalsozialistischen Partei bereits 1933 und 1934 französischer Regierungschef. In dieser Funktion hat er jedoch keine militärische Weisungsbefugnis.

Verlogene Parolen gegen den Krieg

Seit Oktober wird der Krieg an der Westfront hauptsächlich als Propagandafeldzug geführt. Mit Lautsprecherdurchsagen und großen Plakaten appellieren die deutschen Propagandakompanien an die Kriegsmüdigkeit der Franzosen und ihr Mißtrauen gegenüber dem Verbündeten Großbritannien.

»Schießt nicht! Wir schießen nicht, wenn Ihr nicht zuerst schießt!«, »Sterben für Danzig, für die Polen, für die Briten?«, »Verhindern wir das Blutvergießen«, »Lassen wir uns nicht von England erschlagen« und »Die Engländer werden bis zum letzten Franzosen kämpfen« lauten einige der Parolen, die den französischen Soldaten tagtäglich in ihren vorgeschobenen Posten in den Ohren dröhnen und die sie auf großen Schautafeln sehen können, wenn sie die deutschen Soldaten auf dem östlichen Rheinufer beobachten.

UdSSR beginnt ihren Angriff auf Finnland

30. November. Mit Luftangriffen auf die Hauptstadt Helsinki und andere Städte, der Beschießung der Südküste durch die Baltische Flotte und einer Offensive der überlegenen sowjetischen Landstreitkräfte beginnt der Angriff der Sowjetunion auf das neutrale Finnland.

Vier sowjetische Armeen mit 26 Divisionen und starken Panzer-und Artilleriekräften sind gegen Finnland aufgeboten worden: Die 7. Armee greift auf der Karelischen Landenge an, die 8. Armee operiert nördlich des Ladogasees, die 9. Armee versucht von Sowjet-Karelien aus den Bottnischen Meerbusen zu erreichen und die 14. Armee kämpft im hohen Norden bei Murmansk.

Der finnische Oberkommandierende, Feldmarschall Carl Gustaf Emil Freiherr von Mannerheim, verfügt über wenig mehr als neun schwach ausgerüstete Divisionen. Kernstück der finnischen Verteidigung ist die nach ihm benannte Festungslinie auf der Karelischen Landenge. Schon die ersten Gefechte zeigen, daß die Finnen ihre Unterlegenheit z.T. durch Kampfgeist sowie Vertrautheit mit Minusgraden und Gelände ausgleichen können.

mk 1:50 UUSI SUOMI mk 1:50

N:o 325 – 1939 | 1939 – N:o 325

Perjantaina, joulukuun 1. pnä | PÄÄTOIMITTAJA E. J. PENTTI | Perjantaina, joulukuun 1. pnä

Kaksi lentohyökkäystä Helsinkiin.

Venäläiset lentokoneet pommittaneet useita muitakin kaupunkeja aiheuttaen siviiliväestön keskuudessa lukuisia uhreja.

Kolme venäläistä pommikonetta ammuttu alas.

Venäläisten hyökkäykset maarajalla torjuttu ja 4 hyökkäysvaunua tuhottu.

Eilispäivä huipensi järkyttävällä tavalla sen jännityksen, jota neuvostohallitus oli oudoin menetelmin päivä päivältä kartuttanut Suomen kansan osalle ja jonka se jo toissapäivänä oli kehittänyt diplomaattisten suhteitten katkaisemisen asteelle. Sodanjulistuksetta sen aseelliset voimat hyökkäsivät eilen rajojemme puolustusvartiota vastaan. Eikä siinä kyllin, vaan heti sotatoimiensa alkajaisiksi se kohdisti lentoaseensa asutuskeskuksiemme turvatonta siviiliväestöä vastaan. Monet tuhotut kodit ja talot Helsingissä, Viipurissa ja muualla ja melko runsaat uhrit, joitten joukossa naisten ja lasten osuus on huomattava, kertovat järkyttävällä tavalla vihollisen ensimmäisestä otteesta sen yrityksensä toteuttamiseksi, jonka tarkoituksena on Suomen kansan vapauden ja suvereenisuuden tuhoaminen.

Eilisen pommituksen jälkiä Helsingissä.

Joukkojemme mieliala rohkea ja innostunut.

Puolustusministeriön sanomatoimisto ilmoittaa torstaipäivän tapahtumista seuraavaa:

Venäläiset ylittivät torstaiaamuna ilman sodanjulistusta useissa kohdin rajan. Monin paikoin maahan tunkeutuneet joukot lyötiin heti takaisin rajan taakse. Eräissä kohdin hyökkääjä kuitenkin aluksi sai jalansijaa, mutta iltapäivällä venäläisten eteneminen pysäytettiin kaikkialla. Kannaksella valmistelivat ja tukivat venäläiset hyökkäystään voimakkaalla tykistötulella. Käsnäselässä Laatokan pohjoispuolella tuhottiin torstaina kaksi venäläistä hyökkäysvaunua, samoin Kannaksella. Omat joukkomme eivät missään ylittäneet rajoja.

Päivän kuluessa venäläiset lentokoneet etukäteen varoittamatta pommittivat useita paikkakuntia. Helsinkiä pommitettiin kaksi kertaa. Pommitus kohdistui kokonaan siviiliväestöön ja muodostuivat sen seuraukset tuhoisiksi, kun useita asuinrakennuksia luhistui ja syttyi palamaan. Uhrien, joitten etupäässä ovat naisia ja lapsia, lukumäärää ei vielä tiedetä. Lisäksi pommitettiin Viipuria, missä kolme pientä rakennusta syttyi tuleen, samoin Ensoa, jossa sulfiittivarastossa syttyi tulipalo. Samoin pommitettiin Lahtea,

Jatk. siv. 3. p. 2.

Helsingissä surmansa saaneita ainakin 44.

Myöhään yöllä saamamme tiedon mukaan on Helsingin pommituksessa surmansa saaneita ainakin 44. Eri sairaaloissa on hoidettavana tai käynyt sidottamassa n. 70 henkilöä.

MAA JULISTETTU SOTATILAAN.

Sotamarsalkka Mannerheim puolustusvoimien ylimmäksi päälliköksi.

Sotamarsalkka Mannerheim.

Tasavallan presidentti on torstaina antanut seuraavan julistuksen sotatilasta:

Valtakunnan puolustuksen turvaamiseksi ja oikeusjärjestyksen voimassapitämiseksi julistetaan Suomen tasavalta sotatilaan.

Helsingissä, marraskuun 30. pnä 1939.

KYÖSTI KALLIO.
Tasavallan presidentti.

Juho Niukkanen.
Puolustusministeri.

Tasavallan presidentti on torstaina antanut seuraavan päiväkäskyn:

Valtioneuvostossa tänään tekemälläni päätöksellä luovutan Suomen tasavallan puolustusvoimien ylimmän päällikkyyden sotamarsalkka, vapaaherra Carl Gustaf Mannerheimille.

KYÖSTI KALLIO.
Tasavallan presidentti.

VÄESTÖN PAKKOSIIRTOJA määrätty toimeenpantavaksi.

TYYNEYTTÄ JA LUJUUTTA räjähdysten ja lasinsirpaleiden keskellä.

Koulunuoriso opettajineen suojakaivannoissa

Titelseite der finnischen Tageszeitung »Uusi Suomi« vom 1. Dezember mit einer Meldung vom sowjetischen Bombenangriff auf die finnische Hauptstadt

Der Weg zum Krieg UdSSR–Finnland

Als Vorwand für den Angriff auf Finnland dient den Sowjets ein angeblicher Grenzzwischenfall in Mainila am 26. November, bei dem Sowjetsoldaten von finnischer Artillerie beschossen worden sein sollen, wobei vier Soldaten fielen.

Zuvor hatte die Sowjetregierung versucht, Finnland ähnlich wie die baltischen Staaten zu territorialen Zugeständnissen zu zwingen (→ 11.10./S.183).

Nach dem Vorfall vom 26. November richtete die Sowjetregierung eine drohende Note an Finnland. Am 28. November erklärte die UdSSR den Nichtangriffspakt von 1932 für ungültig. Am folgenden Tag um 22.30 Uhr Moskauer Zeit brach die Sowjetunion die diplomatischen Beziehungen zu Finnland ab und nahm auch das wenig später eingehende finnische Angebot nicht mehr zur Kenntnis, die finnischen Truppen notfalls von der Grenze abzuziehen und den Streit durch ein neutrales Schiedsgericht klären zu lassen.

Seekrieg bedroht Handelsschiffahrt

29. November. In seiner Weisung Nr. 9 für die Kriegführung befiehlt Führer und Reichskanzler Adolf Hitler die Bombardierung und Verminung der wichtigsten britischen Seehäfen. Zunehmend leidet die neutrale Handelsschiffahrt unter den Folgen des Seekrieges.

Sowohl Briten als auch Deutsche haben bestimmte Regionen vor ihren Küsten vermint, um die küstennahe Schiffahrt vor gegnerischen Schiffen zu schützen. Über diese defensiven Maßnahmen hinaus versuchen vor allem deutsche Kriegsmarine und Luftwaffe, die Schiffahrt um die britischen Inseln durch Minen möglichst vollständig lahmzulegen.

Neben traditionellen Ankertauminen mit Berührungszündung werden Grundminen mit Magnetzündung verlegt, was anfänglich zu großen Versenkungserfolgen führt.

Am 17. Oktober begannen deutsche Zerstörer mit der Verminung der britischen Ostküste zwischen Themse- und Tynemündung. Am 20. November startete die Luftwaffe zu ihrem ersten Mineneinsatz.

Ein britischer Zerstörer erreicht das auf eine Mine gelaufene niederländische Passagierschiff »Simon Bolivar«

Der brennende französische Öltanker »Emile-Miguet«, ein Opfer der Torpedos eines deutschen U-Bootes im Atlantik

Die Entwicklung wirksamer Gegenmittel wird den Briten jedoch ermöglicht, als am 23. November vor der Themsemündung eine vom Flugzeug abgeworfene Mine unversehrt geborgen werden kann.

Nach Angaben der britischen Admiralität verlor die neutrale Handelsschiffahrt zwischen dem 3. September und dem 6. November 32 Schiffe mit einer Gesamttonnage von 88385 t. Zu einem »schwarzen Tag« wurde der 18. November: Vor der britischen Ostküste lief das niederländische Passagierschiff »Simon Bolivar« (8309 t) auf eine Mine; an diesem und in den nächsten Tagen erlitten 14 weitere neutrale und britische Schiffe dieses Schicksal.

Beide Seiten weisen sich gegenseitig die Schuld an den Schiffsverlusten zu: Die Briten erklären, die »Simon Bolivar« und andere Schiffe seien auf deutsche Minen gelaufen, während die deutsche Seekriegsleitung behauptet, es habe sich um ein geheimes britisches Minenfeld gehandelt.

Im Kampf gegen die britische Kriegsflotte versenkten am 23. November die zur Aufklärung in die nördliche Nordsee ausgelaufenen Schlachtschiffe »Scharnhorst« und »Gneisenau« den britischen Hilfskreuzer »Rawalpindi« (16697 t) und erreichten trotz der Verfolgung durch britische Schiffe nach vier Tagen unbeschadet Wilhelmshaven.

	I	II	III	IV
Kleider	—	42	23	30
Kostüme	—	56	25	36
Röcke, Hosenröcke, Hosen, gewebt	—	18	10	16
dass., gewirkt oder gestrickt	—	26	10	16
Blusen, gewebt	—	20	11	17
Blusen, gewirkt oder gestrickt	—	17	11	17
Pullover mit Ärmeln	—	19	14	—
Pullover ohne oder mit ¼-Ärmeln	—	14	9	—
Strickwesten mit Ärmeln	23	—	—	—
Strickwesten ohne oder mit ¼-Ärmeln	18	—	—	—
Jacken, gewebt, gefüttert	38	—	—	—
Jacken, gewebt, ungefüttert	—	22	13	20
Jacken, gewirkt oder gestrickt	33	—	—	—
Gummi-, gummierte und imprägnierte Regenmäntel und Regenumhänge, ungefüttert, ungefütterte Popelinemäntel, ungefütterte Completmäntel	20	—	—	—
Sommermäntel u. Umhänge, auch gefütterte Regenmäntel, Gabardinemäntel	—	50	45	45
Kittel, Kittelschürzen, Berufsmäntel und				
Taghemden mit Vollachsel, ab 90 cm Gesamtlänge, gewebt	—	—	13	20
Taghemden mit Trägern, auch alle gewirkten oder gestrickten Taghemden, ab 90 cm Gesamtlänge	—	12	7	12
Hemdchen, unter 90 cm Gesamtlänge, auch Unterjacken, gewirkt od. gestrickt	—	10	6	10
Hemdchen, unter 90 cm Gesamtl., gewebt	—	—	6	12
Nachthemden	—	—	16	22
Hemdhosen, gewirkt oder gestrickt	7	—	—	—
Hemdhosen, gewebt	—	—	8	14
Hemdhosen, plattiert	—	—	8	10
Schlüpfer u. Beinkleider (soweit keine Sonderregelung)	—	12	7	7
Höschen, unter 50 cm Gesamtlänge, gewirkt oder gestrickt	—	9	6	6
Höschen, unter 50 cm Gesamtlg., gewebt	—	—	6	10
Unterkleider (soweit keine Sonderregelung)	—	21	9	17
Unterröcke jeder Art	–	14	7	11
Büstenhalter	3	—	—	—
Strumpfhaltergürtel	4	—	—	—
Hüfthalter (Mieder)	10	—	—	—

Ausschnitt aus der Punkteliste einer Reichskleiderkarte (1943) für die Ausstattung von Frauen mit Ober- und Unterkleidung

Kleiderkauf nach Punkten auf der Karte

14. November. Mit einer Verordnung über die Verbrauchsregelung für Spinnstoffwaren wird im Deutschen Reich die Reichskleiderkarte eingeführt, die am 20. November verteilt wird und bis zum 31. Oktober 1940 gültig ist.
Sie ersetzt z.T. die bei Kriegsausbruch eingeführten Bezugsscheine. Herren-Sommer- und Winterkleidung, Damen-Wintermäntel, Bett- und Hauswäsche sowie Arbeits- und Berufskleidung sind weiter auf Bezugsschein zu haben. Neue Mäntel gibt es in der Regel nur gegen Ablieferung der alten. Es gibt fünf verschiedene Kleiderkarten: Für Kinder (2. und 3. Lebensjahr), Jungen und Mädchen (3. bis 14. Lebensjahr) und für Männer und Frauen (ab dem 14. Lebensjahr).
Die Reichskleiderkarte enthält für Kinder 70 und für Erwachsene 100 Teilabschnitte, mit denen nach einer Punktwertung Textilwaren gekauft werden können, wobei Kleidungsstücke für den alltäglichen Bedarf geringer bewertet worden sind.
Der Kauf erfolgt durch Vorlage der einzelnen Abschnitte der Karte, wobei die Abgabe an die Kunden zeitlich gestaffelt wird, um einem Käuferansturm vorzubeugen.
Wer einen Herrenanzug erwerben will, muß dafür 60 Abschnitte vorlegen, eine Krawatte ist schon für drei und eine Weste für acht Abschnitte auf der Reichskleiderkarte zu erhalten. Frauen benötigen für einen Mantel aus Kunstpelz oder einen Sommermantel 35 Abschnitte, während ein Taschentuch schon für einen, ein Büstenhalter für vier und ein Unterrock für 15 Abschnitte der Kleiderkarte verkauft wird.

Auto-Haftpflicht wird obligatorisch

7. November. Um den Schutz der Verkehrsteilnehmer vor den materiellen Folgen eines Verkehrsunfalls zu verbessern, wird im Deutschen Reich zum 1. Juli 1940 eine obligatorische Haftpflichtversicherung für Kraftfahrzeughalter eingeführt.
Von diesem Datum an ist jeder Halter eines im Deutschen Reich für den Verkehr zugelassenen Kraftfahrzeugs verpflichtet, für sich und den berechtigten Fahrer bei einer im Inland zugelassenen Versicherungsgesellschaft eine Haftpflichtversicherung abzuschließen.
Im Kampf gegen den Unfalltod sind die erst vor wenigen Monaten im Deutschen Reich in Kraft getretenen Höchstgeschwindigkeiten (→7.5./S.98) mit Wirkung vom 4. Oktober noch weiter herabgesetzt worden.
Innerhalb geschlossener Ortschaften gilt für Kfz aller Art eine Höchstgeschwindigkeit von 40 km/h (vorher 60 km/h für Personenkraftwagen und 40 km/h für Lastkraftwagen). Außerhalb geschlossener Ortschaften, auch auf Reichsautobahnen, gilt ein Maximaltempo von 80 km/h für Pkw (vorher 100 km/h) und 60 km/h für Lkw (70 km/h).

Filmtheater für Hitlerjugend offen

5. November. Im Deutschen Reich findet die erste Filmfeierstunde der Hitlerjugend (HJ) statt. Künftig sollen ein- bis zweimal im Monat die Kinos am Sonntagvormittag den Jugendlichen offenstehen.
Zur Eröffnung erklärt Reichspropagandaminister Joseph Goebbels u.a., es habe sich als unumgänglich erwiesen, die gesamte deutsche Jugend regelmäßig zusammenzufassen, um sie durch Ansprachen der politischen Führer und durch das gemeinsame Anschauen bedeutender deutscher Filme im nationalsozialistischen Sinne auszurichten.
Die Durchführung der Filmstunde für Jugendliche im HJ-Alter stößt jedoch auf ungeahnte Schwierigkeiten: Nicht überall entspricht das Programm den Erwartungen der Reichsjugendführung. In Stuttgart z.B. werden den Jugendlichen die am Abend laufenden Hauptfilme vorgeführt, darunter sind Titel wie »Gern hab' ich die Frau'n geküßt« oder »Andalusische Nächte«.

Scheidemann stirbt im Kopenhagener Exil

29. November. In Kopenhagen stirbt Philipp Scheidemann, der am 9. November 1918 in Berlin die deutsche Republik ausgerufen hatte und von Februar bis Juni 1919 Reichskanzler war.
Scheidemann wurde am 26. Juli 1865 in Kassel geboren. Der gelernte Buchdrucker und Setzer leitete von 1905 bis 1911 das »Casseler Volksblatt«. 1911 wurde er Mitglied des Parteivorstandes der Sozialdemokratischen Partei Deutschlands (SPD), deren Vorsitz er von 1917 bis 1919 gemeinsam mit Friedrich Ebert innehatte.
Seit Oktober 1918 Staatssekretär in der letzten kaiserlichen Regierung des Prinzen Max von Baden, wurde Scheidemann am 10. November 1918 Volksbeauftragter in der Übergangsregierung aus Mehrheits-SPD und Unabhängiger SPD.
Von 1903 bis 1918 und von 1920 bis 1933 war er Mitglied des Reichstages. 1919/20 gehörte er der Weimarer Nationalversammlung an, von 1920 bis 1925 war er Oberbürgermeister von Kassel.
1933 ging Scheidemann ins Exil.

Ph. Scheidemann ruft vom Reichstag aus die Republik aus (9. 11. 1918)

Die Deutsche Nationalversammlung in Weimar am 6. Februar 1919. Das Parlament wählt Friedrich Ebert (am Rednerpult) zum Staatsoberhaupt

Unterhaltung 1939:

Jazzrhythmen im Deutschen Reich als »Niggermusik« verpönt

Im Deutschen Reich hat die Unterhaltung hohen Stellenwert: Schlager, Revue, Kabarett und Operette sollen in der Bevölkerung für eine optimistische Stimmung sorgen.
Zu den Schlagern des Jahres gehören »Goodbye, Johnny« von Hans Albers (→10.3./S.65), »Du hast Glück bei den Frau'n, Bel Ami« (→21.2./S.41) und »Das kann doch einen Seemann nicht erschüttern«, gesungen von Heinz Rühmann, Hans Brausewetter und Josef Sieber. Das Wunschkonzert (→1.10./S.182) verbindet Front und Heimat; an der Westfront werden mobile Theater eingesetzt. Um die alliierten Soldaten bemühen sich Stars wie Maurice Chevalier und die Tänzerin Josephine Baker.
Wer im Deutschen Reich der nationalsozialistischen Auffassung von Humor nicht entspricht, erhält Berufsverbot wie der Kabarettist Werner Finck (→3.2./S.41).
Schärfer werden im Deutschen Reich 1939 die Angriffe auf die Jazz-Musik. Das Absingen englischer Texte zu Tanzrhythmen und das Spielen britischer Kompositionen wird untersagt.
In einigen Gauen, so in Pommern ab 1. Januar, wird »Swing- und Niggermusik« verboten, gerügt wird vor allem das »übermäßige Ziehen und Jaulen auf den Instrumenten«. Immerhin hat der deutsche Jazzfreund noch Zugang zu US-Schallplatten mit Neuerscheinungen.
Auf Live-Auftritte ausländischer Spitzenbands wie der Original-Teddies von Teddy Stauffer aus der Schweiz und des Orchesters Jack Hylton aus Großbritannien müssen die deutschen Jazzfans verzichten. Für viele deutsche Bands wie die seit 1934 bestehende »Goldene Sieben« und das Max-Rumpf-Orchester bringt der Kriegsausbruch das Aus. Dafür kommen zum Jahresende Platten der Bigbands von Michael Jary und Willy Berking heraus, die offiziell »gute deutsche Tanzmusik« spielen sollen, tatsächlich aber Swingelemente aufgreifen.

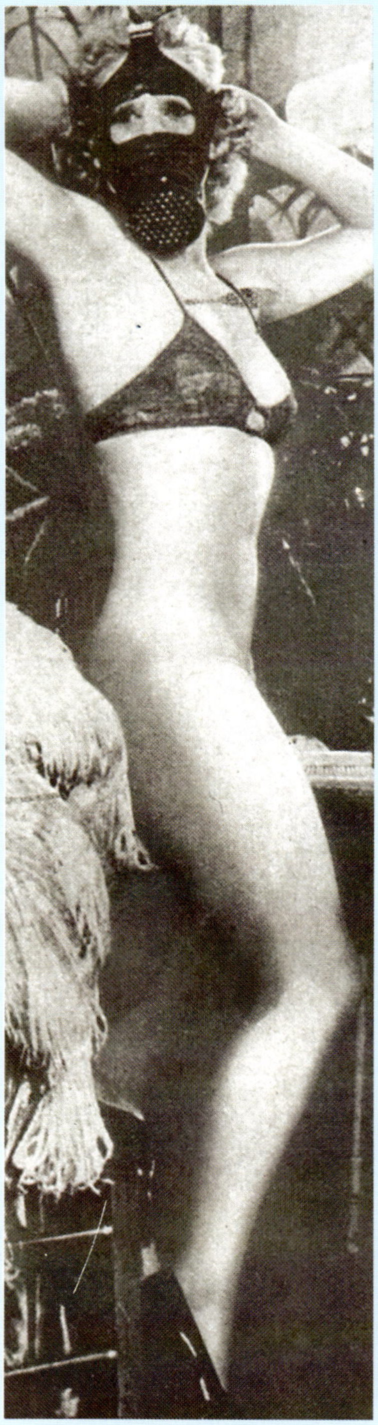

Am Ende des Auftritts nur noch spärlich bekleidete Revue-Tänzerin in Großbritannien mit Gasmaske

Auch in Kriegszeiten hat die stark erotisch gefärbte Unterhaltung Hochkonjunktur: Tänzerinnen einer freizügigen Show in einem Nachtlokal in Großbritannien

Der französische Chansonnier Maurice Chevalier am 12. November bei einer gemeinsam mit dem englischen Autor Noel Coward durchgeführten Show für britische Soldaten

Beispiel für perfekte Unterhaltung »Made in USA«: Tänzerinnen der berühmten, 46 Köpfe starken Tanztruppe Rockettes Girls, eine Attraktion schon auf der Pariser Weltausstellung 1937, beweisen bei einer Galaveranstaltung auf der Bühne der 6200 Personen Platz bietenden neuerbauten Radio City Music Hall im Zentrum von New York ihr Können

Die Taschenlampe ersetzt die wegen der Verdunkelung gelöschte Straßenlaterne: Ausgehwillige beim Studium der Plakatanschläge auf einer Litfaßsäule

Werbung für das Programm des Berliner »Kraft-durch-Freude«-Varietétheaters »Plaza« im November 1939

Anti-Swing-Gedicht der Hitlerjugend

Im »Mitteilungsblatt der HJ« wird folgendes Anti-Swing-Gedicht vom HJler Hannes Riecken abgedruckt: »Wahnsinn in Noten/Tanz der Idioten/Nicht überboten/Swing – Man möchte weinen/Sie liebt nur einen/Mit Gummibeinen/Swing – Swingende Beine/Wo sind deine/Was sind meine/Swing – Auch ich wollte swingen/Die Beine verschlingen/Ekstatisch springen/Swing – Konzentriertes Glück/Vor und Zurück/Mit blödem Blick/Swing – Rhythmen erklingen/Kaum angefangen/Bin ich eingegangen/Swing«

Vier Publikumslieblinge in dem Schwank »Der Bridgekönig« auf der Bühne des Kleinen Hauses im Staatstheater in Berlin (v. l.): Ludwig von Ledebur, Heinz Rühmann als Diener Gustav, Hans Leibelt und Paul Henckels

Verzicht auf Olympia 1940

24. November. Der Deutsche Olympische Ausschuß des Nationalsozialistischen Reichsbundes für Leibesübungen (NSRL) und das Organisationskomitee für die V. Olympischen Winterspiele geben den am →9. Juni (S.113) kurzfristig übernommenen Auftrag, die Winterspiele wie bereits 1936 auch 1940 in Garmisch-Partenkirchen auszutragen, an das Internationale Olympische Komitee (IOC) zurück.

Damit fallen die Winterspiele, die vom 2. bis 11. Februar stattfinden sollten, endgültig aus. Als Grund wird die Ablehnung der deutschen Friedensvorschläge durch die Westmächte genannt (→6.10./S.176). Als kriegführendes Land könne das Deutsche Reich nicht Veranstalter von Olympischen Spielen sein.

Die deutschen Olympia-Organisatoren, l. Komitee-Vorsitzender Carl Diem

Italien zweimal geschlagen

26. November. Vor 90 000 Zuschauern unterliegt die neuformierte Fußball-Nationalmannschaft Italiens im Berliner Olympia-Stadion einer deutschen Auswahl 2:5 (2:2). Zwei Wochen zuvor hatte die Schweiz den Weltmeister von 1934 und 1938 in Zürich 3:1 (1:1) besiegt.

Der Sieg der deutschen Elf ist im siebten Länderspiel der zweite Erfolg über Italien nach dem 2:1 von Turin am 28. April 1929. Zweimal gehen die Italiener, die mit nur zwei Spielern aus dem Weltmeisterteam von 1938 antreten, in Führung. Die Wende erzwingt der Halblinke Franz »Bimbo« Binder (Rapid Wien), der die Tore zum 1:1, 2:2 und 5:2 erzielt. Weitere Treffer für die nach der Pause in Bestform aufspielenden Deutschen erzielen Ernst Lehner (Schwaben Augsburg) und E. Conen (Stuttgarter Kickers).

Der Sieg der Eidgenossen im 25. Spiel gegen Italien auf dem Hardturm-Sportplatz in Zürich (12.11.) bescherte den Italienern die erste Niederlage seit 1935. In Anwesenheit von Henri Guisan, dem General der Schweizer Armee, erzielte der Genfer Linksaußen Georges Aeby nach dem Wechsel die Siegtreffer.

Großer Jubel um den Torschützen Ernst Lehner (Schwaben Augsburg) nach dem dritten Tor für die deutsche Fußball-Nationalelf beim 5:2 (2:2) über Italien

Dezember 1939

Mo	Di	Mi	Do	Fr	Sa	So
				1	2	3
4	5	6	7	8	9	10
11	12	13	14	15	16	17
18	19	20	21	22	23	24
25	26	27	28	29	30	31

1. Dezember, Freitag

Im Reichsgau Posen beginnt die Umsiedlung der rund 150000 Polen in das Generalgouvernement (→18.11./S.191).

Die Berliner Automobilverkehrs- und Übungsstraße (AVUS) geht an das Unternehmen Reichsautobahn über. →S.206

In Finnland bildet Risto Heikki Ryti ein Kabinett. Es vereint erstmals Sozialdemokraten und die konservative Nationale Sammlungspartei (→28.12./S.205).

In Stockholm wird ein Freiwilligen-Rekrutierungsbüro für Finnland eröffnet.

Um den Seehandel neutraler Staaten mit dem Deutschen Reich zu unterbinden und Kontrollen auf See zu erleichtern, führt Großbritannien sog. Navicerts ein. Diese Passierscheine werden von britischen Agenten nach Kontrolle der Ladung auf Bannware im jeweiligen Ausgangshafen ausgestellt.

2. Dezember, Sonnabend

Die Sowjetregierung und die von ihr unter Otto Wilhelm Kuusinen eingesetzte finnische Gegenregierung unterzeichnen einen Freundschafts- und Bündnisvertrag (→28.12./S.205).

In der Zeitschrift »Musik-Woche« polemisiert Rudolf Bauer gegen atonale Musik, die der deutsche Mensch weder innerlich begreifen noch ihr äußerlich folgen könne und die deshalb der »gefühlsmäßigen Ablehnung« anheimfalle.

3. Dezember, Sonntag

Britische Bomber greifen erfolglos deutsche Kriegsschiffe bei Helgoland an.

Der Deutschlandsender informiert wie am 30. November über das richtige Verhalten der Zivilbevölkerung gegenüber Kriegsgefangenen. Vor allem aus dem östlichen Grenzgebiet kommen Meldungen über Verbrüderungsszenen zwischen Deutschen und Polen.

In den katholischen Gemeinden Schlesiens, in denen die Bekenntnisschule zugunsten der Gemeinschaftsschule aufgehoben wurde, wird ein Protestschreiben des Erzbischofs von Breslau verlesen.

In der Schweiz wird bei einer Volksabstimmung mit 481035 gegen 290238 Stimmen die Vorlage über die Änderung des Dienstverhältnisses und der Versicherung des Bundespersonals verworfen.

Der am 17. September wegen Linksabweichung aus der Sozialdemokratischen Partei der Schweiz ausgeschlossene Léon Nicole (Genf) gründet in Renens die Fédération Socialiste Suisse, der sich ein großer Teil der Sozialdemokraten aus den französischsprachigen Kantonen Genf und Waadt anschließt.

In Chemnitz (Karl-Marx-Stadt) besiegt die deutsche Fußball-Nationalmannschaft die Auswahl der Slowakei 3:1 (0:1).

4. Dezember, Montag

Das britische Schlachtschiff »Nelson« wird bei Loch Ewe durch eine deutsche Magnetmine schwer beschädigt.

Führer und Reichskanzler Adolf Hitler ernennt die Mitglieder des Besonderen Strafsenats beim Reichsgericht. →S.204

Auf Verfügung von Heinrich Himmler, Reichsführer SS und Chef der Deutschen Polizei, wird die bisherige Hilfspolizei in Anerkennung ihrer Verdienste im Polenfeldzug in »Polizeireserve« umbenannt.

Frankreich und Großbritannien unterzeichnen in Paris ein Wirtschafts- und Währungsabkommen.

5. Dezember, Dienstag

Die UdSSR lehnt die Einladung des Völkerbundes ab, zu einer Debatte über den sowjetisch-finnischen Krieg nach Genf zu kommen (→14.12./S.205).

Zwischen dem Deutschen Reich und Tschungking wird eine Flugverbindung eingerichtet. Die Maschinen der deutsch-chinesischen Luftfahrtgesellschaft Eurasia haben Anschluß an die sowjetisch-chinesische Luftfahrtgesellschaft.

Im rumänischen Erdölgebiet kommt es zum fünften Großbrand innerhalb weniger Tage. Die deutsche Presse macht britische Geheimagenten verantwortlich.

6. Dezember, Mittwoch

Führer und Reichskanzler Adolf Hitler gratuliert dem preußischen Generalfeldmarschall August von Mackensen auf dessen Alterssitz Erbhof Brüssow bei Prenzlau zum 90. Geburtstag.

Philippe Hériat erhält den Prix Goncourt, den bedeutendsten französischen Literaturpreis, für »Les enfants gâtés«.

7. Dezember, Donnerstag

Die Reichsgruppe Industrie wird im Deutschen Reich mit der Leitung des Werkluftschutzes beauftragt.

Bei einem Gefecht mit den deutschen Zerstörern »Hans Lody« und »Erich Giese« vor der britischen Ostküste wird der Zerstörer »Jersey« schwer beschädigt.

8. Dezember, Freitag

Die deutsche Presse veröffentlicht eine offizielle Darstellung über »Deutschland und die finnische Frage«. Sie bezeichnet eine Unterstützung Finnlands als »naiv und sentimental«, weil die nordischen Staaten seit 1918 immer mehr ins Fahrwasser der britischen Politik geraten seien (→28.12./S.205).

Rudolf Heß, der Stellvertreter des Führers, eröffnet in Gleiwitz den 41 km langen Adolf-Hitler-Kanal. →S.206

Mit der Ankunft einer von der Volksdeutschen Mittelstelle zusammengestellten Umsiedlungskommission in Przemysl beginnt die Übersiedlung von rund 120000 Volksdeutschen aus Wolynien und Galizien ins Deutsche Reich. Die Umsiedlungsaktion soll bis zum 1. März 1940 abgeschlossen sein.

Trotz der Anordnung, daß am katholischen Feiertag Mariä Empfängnis in kriegswichtigen Betrieben gearbeitet werden soll, kommt es in vielen katholischen Gebieten des Deutschen Reiches zu Arbeitsniederlegungen.

Vor dem Großen Rat des Faschismus in Rom bekräftigt Italiens Ministerpräsident und Duce Benito Mussolini die enge Verbindung zum Deutschen Reich.

9. Dezember, Sonnabend

In der deutschen Presse erscheinen von deutschen Flugzeugen aufgenommene Luftbilder britischer Hafenstädte.

In Paris konstituieren Vertreter der bisherigen polnischen Opposition einen Nationalrat (Rada Narodowa) unter Vorsitz von Jan Ignacy Paderewski.

Das sowjetische Außenkommissariat informiert die in Moskau akkreditierten Botschafter über die Verhängung einer Blockade über die finnische Küste und die Erklärung der Region zum Kriegsgebiet.

10. Dezember, Sonntag

In Stockholm werden die Nobelpreise vergeben. Geehrt werden die Physiker Ernest Orlando Lawrence (USA), der Schriftsteller Frans Eemil Sillanpää (Finnland), die Chemiker Leopold Ružička (Tschechoslowakei) und Adolf Butenandt sowie der Mediziner Gerhard Domagk (beide Deutsches Reich). →S.208

Im Deutschen Reich sind am ersten von zwei Sonntagen vor Weihnachten die Geschäfte von 13 bis 17 Uhr geöffnet. Viele Läden bleiben jedoch wegen Warenmangel geschlossen. Aus vielen Städten werden Angstkäufe gemeldet, wobei offenbar aus Furcht vor einer Inflation in großem Umfang hochwertige Einrichtungsgegenstände angeschafft werden.

Reichsjugendführer Baldur von Schirach wendet sich zur Eröffnung der Aktion »Jugend und Buch« in Kattowitz über den deutschen Rundfunk an die Jugend.

Nach einer kriminalpolizeilichen Übersicht für die Zeit vom 1. bis 10. Dezember häufen sich im Deutschen Reich Schaufenstereinbrüche und Raubüberfälle.

11. Dezember, Montag

Die in Berlin und der Mark Brandenburg beheimateten Kaiser-Wilhelm-Institute (mit Ausnahme des Kaiser-Wilhelm-Instituts für Anthropologie) werden zu wehrwichtigen Betrieben erklärt.

Das Reichsfinanzministerium kündigt die Herausgabe von 50-Reichspfennigstücken aus Aluminium an.

In einem Gespräch mit Reichspropagandaminister Joseph Goebbels fordert Führer und Reichskanzler Adolf Hitler verstärkt Filme zur »Volksmobilisierung«.

12. Dezember, Dienstag

Das deutsche Auswärtige Amt veröffentlicht unter dem Titel »Dokumente zur Vorgeschichte des Krieges« ein Weißbuch über die Jahre 1919 bis 1939.

Durch eine Verordnung über den Arbeitsschutz wird der Zwölfstundentag dann gestattet, wenn dabei auch Arbeitsbereitschaft geleistet wird. Bei mehr als zehnstündiger täglicher Arbeitszeit sind Überstundenzuschläge fällig.

Durch Sonderzuteilung wird Frauen im Deutschen Reich auf dem Sonderabschnitt I der Reichskleiderkarte der Bezug von Strümpfen und Männern der Kauf einer Krawatte ermöglicht.

13. Dezember, Mittwoch

Im Gefecht mit den britischen Kreuzern »Exeter«, »Ajax« und »Achilles« wird das deutsche Panzerschiff »Admiral Graf Spee« beschädigt und steuert zu Reparaturarbeiten den Hafen von Montevideo an (→17.12./S.203).

Die deutschen Leichten Kreuzer »Leipzig« und »Nürnberg« werden in der Nordsee vom britischen U-Boot »Salmon« durch Torpedos schwer beschädigt.

Der Schnelldampfer »Bremen« des Norddeutschen Lloyd macht aus New York über Murmansk kommend wieder in Bremerhaven fest (→19.12./S.203).

Die Vereinigte Bundesversammlung in Bern bestätigt die Bundesräte Johannes Baumann (132 Stimmen), Philipp Etter (144), Rudolf Minger (130), Giuseppe Motta (140), Hermann Obrecht (166), Marcel Pilet-Golaz (145) und Ernst Wetter (152). Pilet-Golaz wird zum Bundespräsidenten der Schweiz für das Jahr 1940 gewählt.

14. Dezember, Donnerstag

Nach einem Gespräch in Berlin mit Vidkun Abraham Lauritz Quisling, früherer norwegischer Kriegsminister und Präsident der rechtsgerichteten Nasjonal Samling, ordnet Führer und Reichskanzler Adolf Hitler die Ausarbeitung einer »Studie Nord« über eine mögliche Invasion Norwegens an. →S.205

Bei einem Angriff auf Wilhelmshaven verliert die britische Luftwaffe sechs Vikkers-Wellington-Bomber.

Der Völkerbundrat in Genf schließt die UdSSR wegen ihres Angriffs auf Finnland aus dem Völkerbund aus. →S.205

15. Dezember, Freitag

Für das Generalgouvernement ergeht eine Verordnung über die Beschlagnahme von Radiogeräten. Vor Kriegsausbruch besaßen in ganz Polen rund 1,2 Millionen Haushalte Rundfunkgeräte.

Das Sondergericht Düsseldorf verurteilt Johann Dorbert aus Leverkusen-Rheindorf wegen Abhörens feindlicher Sender zu einem Jahr Zuchthaus. →S.204

Die »Hamburger Illustrierte« vom 25. Dezember 1939 mit einem Bericht über die deutsche U-Boot-Waffe

In Atlanta hat der Film »Vom Winde verweht« (Gone with the Wind) nach dem gleichnamigen Roman von Margaret Mitchell Premiere. →S.209

16. Dezember, Sonnabend

Generalgouverneur Hans Frank ordnet die Erfassung der polnischen Kunst- und Kulturschätze an. →S.208

Die deutsche Presse wird von Propagandaminister Joseph Goebbels angewiesen, den britischen Premierminister Arthur Neville Chamberlain als »rachsüchtigen Greis« zu karikieren. →S.204

Winston Churchill, der Erste Lord der Admiralität, regt wie am 19. September im britischen Kriegskabinett eine Landung in Norwegen an (→14.12./S.205).

In Stans (Nidwalden/Schweiz) werden die Pilatus-Flugzeugwerke gegründet.

Zur »Wiedereröffnung des deutschen Kulturlebens« gastieren in Krakau die Wiener Philharmoniker unter Leitung von Hans Knappertsbusch.

17. Dezember, Sonntag

Das Panzerschiff »Admiral Graf Spee« versenkt sich außerhalb der Dreimeilenzone vor der Küste Uruguays. →S.203

Die ersten kanadischen Truppen treffen in Großbritannien ein.

Großbritannien, Neuseeland, Australien und Kanada vereinbaren in Ottawa ein gemeinsames Training für Flieger.

18. Dezember, Montag

Bei einer Luftschlacht über der Deutschen Bucht verliert die britische Royal Air Force zwölf von 24 Vickers-Wellington-Bombern. →S.203

Heinrich Himmler, Reichsführer SS und Chef der Deutschen Polizei, regelt die Tätigkeit der Höheren SS- und Polizeiführer. Sie vertreten Himmler in ihrem Aufgabenbereich und leiten gemeinsame Einsätze von Polizei, Schutzstaffel (SS), Waffen-SS und Sicherheitsdienst (SD).

Auf Anweisung des Reichsfinanzministeriums werden Einkünfte aus Überstunden, Sonntags-, Feiertags- und Nachtarbeit bei der Bemessung des Kriegszuschlags der Einkommensteuer künftig nicht mehr berücksichtigt.

19. Dezember, Dienstag

Der deutsche Luxus-Schnelldampfer »Columbus« versenkt sich im Nordatlantik, nachdem ihn der britische Zerstörer »Hyperion« gestellt hat. →S.203

Führer und Reichskanzler Adolf Hitler empfängt die neuen Gesandten Saburo Kurusu (Japan) und Rudolf Möllerson (Estland) zu ihren Antrittsbesuchen.

In Paris tritt erneut der oberste Alliierte Kriegsrat zusammen (→13.9./S.162).

In Krakau werden die Richtlinien für den Schulunterricht im Generalgouvernement festgelegt. →S.208

20. Dezember, Mittwoch

Die ersten Transporte mit deutschen Umsiedlern aus Ostgalizien und Wolynien treffen an der Reichsgrenze ein.

Nach Angaben der deutschen amtlichen Statistik sind seit dem 1. September 224 alliierte und neutrale Handelsschiffe mit 849 137 Bruttoregistertonnen (BRT) auf See verlorengegangen. Im gleichen Zeitraum sind 18 deutsche Schiffe mit 128 689 BRT versenkt worden.

Auf Beschluß des Generalrats für den Vierjahresplan sollen 1940 1,5 Millionen Polen im Deutschen Reich arbeiten.

Durch Verordnung des Ministerrats für Reichsverteidigung dauert der Arbeitsdienst im Krieg sechs Monate. Alle Arbeiten erfolgen für die Landesverteidigung.

Reichspropagandaminister Joseph Goebbels befiehlt der deutschen Presse, in der Auseinandersetzung mit Großbritannien das »Revolutionäre« des Krieges gegenüber der britischen »Plutokratie« herauszustellen (→16.12./S.204).

Der Schweizer Bundesrat führt durch Vollmachtenbeschluß eine Lohnausfallentschädigung für Arbeitnehmer im Militärdienst ein. Ab 1. Februar 1940 führen Arbeitgeber und Arbeitnehmer von jeder Lohnzahlung jeweils 2% in einen Ausgleichsfond ab, weitere 4% kommen aus Mitteln der öffentlichen Hand.

In München hat der Bavaria-Film »Befreite Hände« von Hans Schweikart mit Brigitte Horney, Olga Tschechowa und Ewald Balser Premiere.

Die deutsche Presse meldet aus Genua die Vergabe der Fußball-Weltmeisterschaft 1942 durch den Fußball-Weltverband FIFA an das Deutsche Reich.

21. Dezember, Donnerstag

Führer und Reichskanzler Adolf Hitler gratuliert dem sowjetischen Parteichef Josef W. Stalin zu dessen 60. Geburtstag. Hitler spricht u.a. seine besten Wünsche für eine »glückliche Zukunft der befreundeten Völker der Sowjetunion« aus.

Heinrich Himmler, Reichsführer SS und Chef der Deutschen Polizei, unterzeichnet in Rom ein Abkommen über die Umsiedlung deutschsprachiger Bewohner der Region Alto Adige (Oberetsch) ins Reichsgebiet.

König Viktor Emanuel III. von Italien stattet Papst Pius XII. im Vatikan einen Besuch ab. Am 28. Dezember erfolgt der Gegenbesuch im Palazzo del Quirinale.

22. Dezember, Freitag

Ein fünftägiger Großangriff sowjetischer Truppen auf die finnische Mannerheim-Linie bei Summa bleibt erfolglos.

Die Kollision zweier D-Züge in Genthin fordert 132 Tote. →S.206

23. Dezember, Sonnabend

Bei der Beantwortung eines Briefes einer werdenden Mutter, deren Verlobter gefallen ist, erläutert Führer-Stellvertreter Rudolf Heß die Einstellung des Staates zu unehelichen Kriegerwitwen. →S.204

Angehörige der illegalen Irisch-Republikanischen Armee (IRA) stürmen im Dubliner Phoenix-Park ein Munitionsdepot der irischen Armee und erbeuten 1 804 099 Schuß Munition, von denen der größte Teil wieder aufgefunden wird.

US-Präsident Franklin Delano Roosevelt bittet Papst Pius XII. sowie die evangelischen Kirchen und den Großrabbiner der USA um Hilfe bei der Schaffung des Friedens und ernennt Myron Taylor, früher Präsident von United States Steel, zum persönlichen Vertreter im Vatikan.

Die Panamerikanische Konferenz protestiert gegen die Verletzung der amerikanischen Sicherheitszone durch das britisch-deutsche Seegefecht am 13. Dezember vor dem Rio de la Plata (→17.12./S.203).

24. Dezember, Sonntag

Der deutsche Rundfunk stellt sein Festprogramm unter das Motto »Soldatenweihnacht – Volksweihnacht«. Um 19.30 Uhr richtet Heeresoberbefehlshaber Walter von Brauchitsch einen Aufruf an die Soldaten, um 21 Uhr spricht Führer-Stellvertreter Rudolf Heß. →S.210

Vor dem Kardinalskollegium im Vatikan ruft Papst Pius XII. zum Frieden auf.

25. Dezember, 1. Weihnachtstag

Führer und Reichskanzler Adolf Hitler beendet mit der Visite eines Feldflugplatzes und des Infanterie-Regiments »List« einen dreitägigen Aufenthalt an der Westfront im Raum Saarbrücken.

26. Dezember, 2. Weihnachtstag

In Tschita (Sibirien) endet eine am 7. Dezember begonnene japanisch-sowjetische Konferenz über Grenzfragen.

27. Dezember, Mittwoch

Das Deutsche Reich und die Slowakei unterzeichnen einen Vertrag über die Anwendbarkeit der reichsdeutschen bzw. slowakischen Staatsbürgerschaft.

An der Front der sowjetischen 8. Armee nördlich des Ladogasees beginnt eine erfolgreiche finnische Gegenoffensive.

Indische Einheiten verstärken das britische Expeditionskorps in Frankreich.

Die Deutsche Lufthansa AG und die sowjetische Aeroflot vereinbaren die Aufnahme des regelmäßigen Flugverkehrs Berlin-Moskau zum 21. Januar 1940.

Ein schweres Erdbeben in Anatolien fordert über 20 000 Tote. →S.206

28. Dezember, Donnerstag

Bei Suomussalmi wird die sowjetische 163. Schützendivision nach 17tägigen Kämpfen aufgerieben. →S.205

Das britische Schlachtschiff »Barham« wird durch Torpedos von U 30 (Kapitänleutnant Fritz Lemp) schwer beschädigt.

Wegen Gefährdung der Schweiz verbietet die Abteilung Presse und Funkspruch der Schweizer Armee die kommunistische Zeitung »Freiheit« und die rechtsextreme »Neue Basler Zeitung«.

In Großbritannien wird die Lebensmittelrationierung eingeführt.

29. Dezember, Freitag

Eine Dokumentation des Auswärtigen Amtes über »Die polnischen Greueltaten an den Volksdeutschen in Polen« beziffert die Zahl der in Polen im September ermordeten Volksdeutschen mit 5437.

Heeres-Oberbefehlshaber Walter von Brauchitsch gibt die Stiftung des Infanterie-Sturmabzeichens und des Panzerkampfwagen-Abzeichens bekannt.

Der Schweizer Bundesrat veröffentlicht eine Botschaft über die Einführung eines obligatorischen militärischen Vorunterrichts für 16- bis 19jährige.

In den Niederlanden wird ein Arbeitsdienst für die Landesverteidigung für Männer von 18 bis 59 Jahren angekündigt.

30. Dezember, Sonnabend

Das ZK der verbotenen Kommunistischen Partei Deutschlands billigt eine »auf der Vertiefung der Freundschaft des deutschen Volkes mit der Sowjetunion« beruhende politische Konzeption.

31. Dezember, Sonntag

Führer und Reichskanzler Adolf Hitler richtet Aufrufe an die Wehrmacht und die Mitglieder der Partei. →S.211

Das sozialdemokratische Organ »Neuer Vorwärts« schreibt: »Das deutsche Volk wird am Ende des Krieges vor einer furchtbaren Bilanz stehen.«

Führer und Reichskanzler Adolf Hitler erhält einen Bericht des OKW über den sowjetisch-finnischen Krieg, wonach die Rote Armee für moderne Armeen kein ernsthafter Gegner sei.

Seit September sind allein in Westpreußen über 7200 Polen von deutscher Polizei und Schutzstaffel (SS) erschossen worden. Darunter waren vor allem Lehrer, Beamte, Geistliche und Freiberufler.

Nach Angaben der US-Bundespolizei FBI (Federal Bureau of Investigation) wurden seit 1937 jährlich in 355 größeren Städten der USA durchschnittlich 630 257 schwere Verbrechen begangen.

Mit der Philharmonischen Silvester-Akademie, dirigiert von Clemens Krauss, beginnen die Neujahrskonzerte der Wiener Philharmoniker.

Das Wetter im Dezember

Station	Mittlere Lufttemperatur (°C)	Niederschlag (mm)	Sonnenscheindauer (Std.)
Aachen	0,9 (3,1)	48 (62)	– (49)
Berlin	–1,3 (0,7)	46 (41)	– (36)
Bremen	–0,4 (2,2)	46 (54)	– (33)
München	–2,8 (–0,7)	46 (44)	– (41)
Wien	–0,6 (0,9)	– (51)	– (41)
Zürich	–0,7 (0,2)	67 (73)	34 (37)

( ) Langjähriger Mittelwert für diesen Monat
– Wert nicht ermittelt

Werbung für Kriegsspielzeug auf dem Titel der »Berliner Illustrirten Zeitung« vom 21. Dezember 1939

Nummer 51 21. Dezember 1939

48. Jahrgang Preis 20 Pfennig

Copyright 1939 by Deutscher Verlag, Berlin

Berliner Illustrirte Zeitung

Aufnahmen: Hanns Hubmann

Das liebste Weihnachts-Geschenk

„Vati ist ja auch Soldat."

Deutsches Reich zum Jahresende 1939 in neuen Grenzen

31. Dezember. Das Territorium des Deutschen Reiches umfaßt mit Österreich, dem Sudeten- und Memelland sowie den annektierten polnischen Gebieten 679 653 km². Die Zahl der Bevölkerung in diesem Gebiet wird mit 89,858 Millionen angegeben. Hinzu kommen das Reichsprotektorat Böhmen und Mähren, wo rund 7,3 Millionen Menschen auf 48 924 km² wohnen, und das polnische Generalgouvernement mit 93 870,52 km² und rund 11,4 Millionen Einwohnern.

Die Volkszählung am →17. Mai (S.94) hatte eine Bevölkerung von 79,375 Millionen auf 583 408,6 km² ergeben. Im alten Reichsgebiet (470 714,1 km²; Stand 31.12.1937) hatten 69,314 Millionen Menschen gewohnt.

Am →16. März (S.49) wurden die völkerrechtswidrig besetzten Landesteile Böhmen und Mähren der Tschechoslowakischen Republik als Reichsprotektorat Böhmen und Mähren, d.h. als Schutzstaat mit begrenzter Souveränität, in das Deutsche Reich eingegliedert. Am 22. März (→23.3./S.52) wurde das Memelland durch Vertrag mit Litauen Teil des Reiches (Land Preußen, Provinz Ostpreußen, Regierungsbezirk Gumbinnen).

Im Reichsprotektorat amtieren als Staatsoberhaupt Emil Hácha, der frühere tschechoslowakische Staatspräsident, und als Regierungschef General Alois Eliás. Repräsentant des Reiches ist Reichsprotektor Konstantin Freiherr von Neurath.

Zwar erscheint das Protektorat äußerlich weitgehend ruhig, doch die Demonstrationen vom →28. Oktober (S.181) und 15. November (→17.11./S.192) haben gezeigt, daß die Tschechen sich nicht mit dem Verlust der Freiheit abfinden. Der Begriff »Protektorat« wird von ihnen mit »pro tentokrát« (tschechisch; für dieses Mal) übersetzt.

Mit dem Deutschen Reich wiedervereinigt ist seit Kriegsausbruch durch Reichsgesetz vom 1. September die bis dahin Freie Stadt Danzig.

Nach Abschluß der Eroberung Polens fielen durch einen Vertrag mit der UdSSR vom →28. September (S.163) und ein Zusatzprotokoll vom 4. Oktober das polnische Staatsgebiet westlich des Bug und des oberen San und der sog. Suwalki-Zipfel unter deutsche Herrschaft. Durch Erlaß von Führer und Reichskanzler Adolf Hitler vom 8. Oktober wurden alle durch den Vertrag von Versailles 1919 an Polen abgetretenen Gebiete sowie der Kreis Suwalki (Sudauen), Masowien bis über die Weichsel (Regierungsbezirk Zichenau), größere Gebiete beiderseits der Weichsel mit Lodz sowie an der oberen Weichsel Bielitz und das Olsagebiet mit Teschen Teil des Deutschen Reiches.

Es entstanden der Reichsgau Westpreußen (ab 2.11.1939 Danzig-Westpreußen) mit der Hauptstadt Danzig und den drei Regierungsbezirken Danzig, Marienwerder und Bromberg sowie der Reichsgau Posen mit dem Hauptort Posen und den Bezirken Hohensalza, Posen und Kalisch. Ostoberschlesien und die östlich und südlich angrenzenden Gebiete kamen als Regierungsbezirk Kattowitz zur preußischen Provinz Schlesien. Ostpreußen wurde um Masowien (Regierungsbezirk Zichenau), das Gebiet um Soldau (Regierungsbezirk Allenstein) und den Kreis Sudauen (Regierungsbezirk Gumbinnen) erweitert.

Das von deutschen Truppen besetzte und nicht ins Reich eingegliederte Polen wurde als Generalgouvernement mit Regierungssitz Krakau und den Distriktsverwaltungen in Krakau, Lublin, Radom und Warschau unter deutsche Zivilverwaltung gestellt (→7.11./S.191).

Staatsrechtlich hat das Generalgouvernement einen Sonderstatus, seine Bewohner gelten als staatenlos. Das Gebiet soll alle diejenigen aufnehmen, die im Zuge der »völkischen Entmischung« aus den eingegliederten polnischen Gebieten und aus dem übrigen Reichsgebiet abgeschoben werden: Unerwünschte Polen und vor allem Juden.

Am 1. Dezember wurden im Reichsgau Posen die ersten von rund 150 000 Polen in ungeheizten Eisenbahnwaggons nach Lublin, Krakau und Kielce deportiert. In den sechs Wochen nach dem 12. September waren bereits rund 135 000 Polen deportiert worden, davon allein rund 50 000 aus Gdingen.

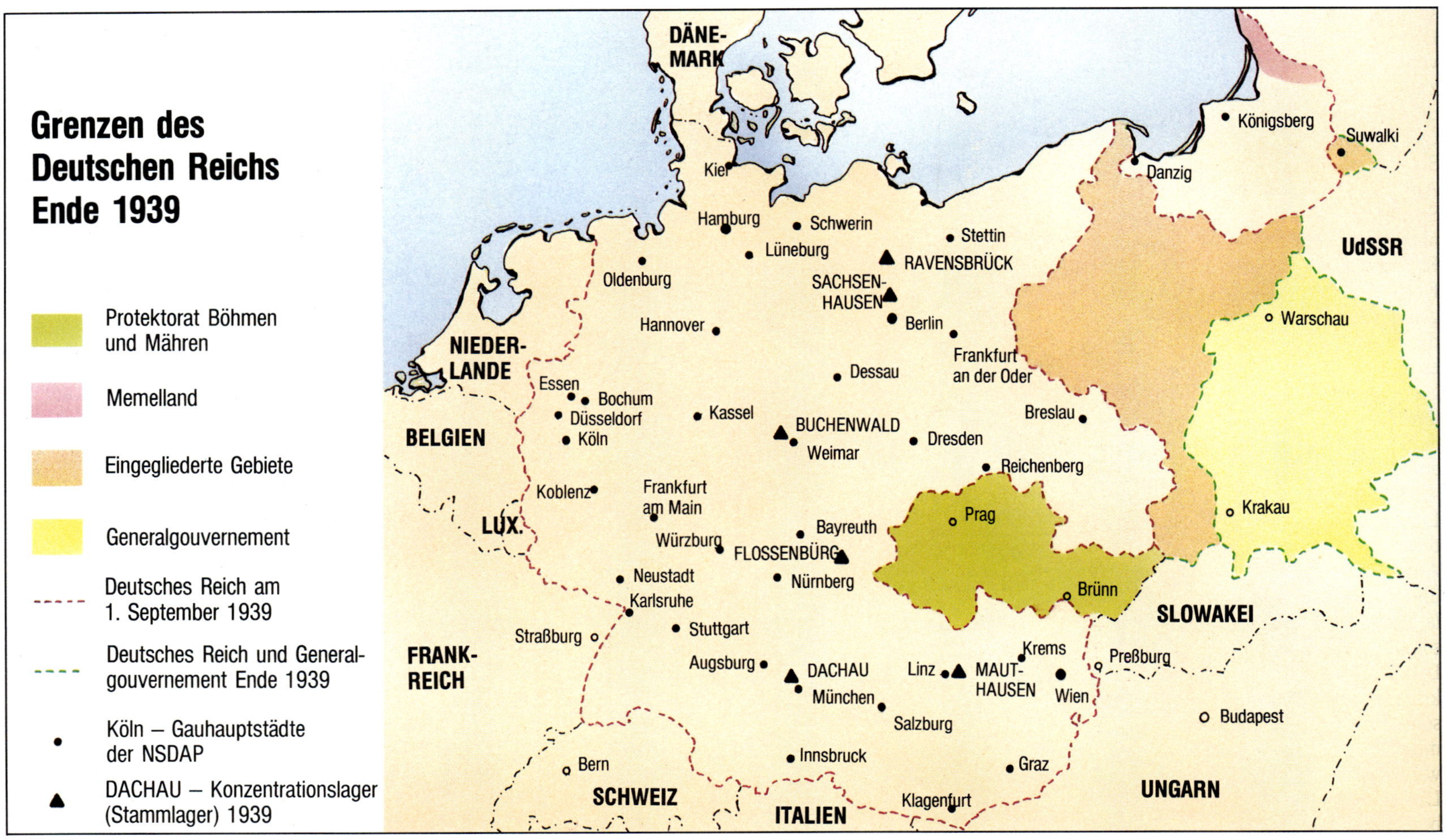

Selbstversenkung des deutschen Panzerschiffs »Admiral Graf Spee« am Abend des 17. Dezember in der La-Plata-Mündung

»Admiral Graf Spee« versenkt sich selbst

17. Dezember. Kurz vor 20 Uhr versenkt sich außerhalb der uruguayischen Hoheitsgewässer in der Mündung des Rio de la Plata das Panzerschiff »Admiral Graf Spee«.
Die am 21. August aus Wilhelmshaven ausgelaufene »Graf Spee« hatte zwischen dem 30. September und dem 7. Dezember im Indischen Ozean und im Südatlantik neun Schiffe mit 50 000 BRT versenkt.
Am 13. Dezember traf die »Graf Spee« vor der Mündung des Rio de la Plata auf den britischen Schweren Kreuzer »Exeter« und die Leichten Kreuzer »Ajax« und »Achilles«. Es gelang der »Graf Spee« im Verlauf des von 6.14 Uhr bis 7.40 Uhr dauernden Gefechts, die »Exeter« weitgehend und die »Ajax« teilweise außer Gefecht zu setzen, doch die Schäden auf dem eigenen Schiff veranlaßten den Kommandanten der »Graf Spee«, Kapitän zur See Hans Langsdorff, Montevideo zu Reparaturarbeiten anzulaufen.
Aufgrund von Fehlinformationen über die Stärke eines vor dem Rio de la Plata zusammengezogenen britischen Flottenverbands erhielt Langsdorff von der deutschen Seekriegsleitung die Erlaubnis zur Versenkung, falls ein Durchbruch unmöglich wäre. Seine Mannschaft wird in Argentinien interniert, Langsdorff begeht am 20. Dezember in Buenos Aires Selbstmord.

◁ *Kontrollturm des deutschen Panzerschiffs »Admiral Graf Spee«. Das 1934 vom Stapel gelaufene Schiff hat eine Wasserverdrängung von 10 000 t (voll ausgerüstet 12 000 t). Die Briten nennen diesen Typ – neben der »Spee« noch die »Deutschland« und die »Admiral Scheer« – »Pocket battleship« (Westentaschenschlachtschiff)*

▽ *Das brennende deutsche Panzerschiff »Admiral Graf Spee« nach der Detonation der an Bord angebrachten Bomben außerhalb der Hoheitsgewässer von Uruguay in der Mündung des Rio de la Plata. Die Besatzung wird trotz des Protests der deutschen Regierung in Argentinien interniert*

Luftduell über der Deutschen Bucht

18. Dezember. Beim Rückflug von Wilhelmshaven wird ein britischer Bomberverband durch das von Oberstleutnant Carl Schumacher geführte Jagdgeschwader 1 über der Deutschen Bucht stark dezimiert. Dies ist das vorläufige Ende der britischen Bombereinflüge ohne Jägerbegleitung ins Reichsgebiet.
Von den 24 in Großbritannien gestarteten Vickers-Wellington der 9., 37. und 149. Bomberstaffel waren zwei vorzeitig wegen Motorschaden zurückgekehrt. Zwölf Maschinen werden abgeschossen und drei so stark beschädigt, daß sie bei Erreichen der britischen Küste abstürzen. Die deutschen Verluste belaufen sich auf zwei Jäger vom Typ Messerschmitt Me 109.
Der Flug nach Wilhelmshaven war vom britischen Bomberkommando als »bewaffnete Aufklärung« und als Navigationsflug geplant worden, wobei keine Bomben geworfen werden sollten. Ebenso wie die Luftwaffe verzichten die Briten noch auf Angriffe gegen direkt im Hafen liegende deutsche Kriegsschiffe.

»Columbus« sinkt im Nordatlantik

19. Dezember. Im Nordatlantik wird der deutsche Passagierdampfer »Columbus« (32 565 Bruttoregistertonnen, BRT) vom britischen Zerstörer »Hyperion« gestellt und versenkt sich daraufhin selbst. Die Besatzung wird von dem US-Kriegsschiff »Tuscaloosa« aufgenommen. Der Luxusdampfer »Bremen« (51 656 BRT) erreichte hingegen nach abenteuerlicher Seereise am 13. Dezember Bremerhaven.
Seit Kriegsausbruch sind nach deutschen Angaben 18 eigene Schiffe mit 128 689 BRT versenkt worden. Nach Angaben der Alliierten wurden 19 Schiffe mit 88 128 BRT gekapert. 325 deutsche Schiffe liegen in neutralen Häfen.
Die »Columbus« war seit dem Auslaufen aus Veracruz ständig von der US-Marine beschattet worden, die ihre Position den Briten weitergaben. Die »Bremen« war auf der Rückfahrt von New York vom Krieg überrascht worden und hatte sich nach Murmansk (UdSSR) durchschlagen können, wo sie am 6. September eingelaufen war.

Besonderer Senat für Strafsachen

4. Dezember. Führer und Reichskanzler Adolf Hitler ernennt einen Besonderen Senat für Strafsachen beim Reichsgericht in Leipzig. Er soll bei Einsprüchen des Oberreichsanwalts gegen ein rechtskräftig erlassenes Urteil tätig werden und in besonderen Fällen selbständig Strafsachen entscheiden.
Ordentliche Mitglieder sind bis zum 31. Dezember 1940 Reichsgerichtsrat Hans Rohde (Leipzig) und Oberlandesgerichtspräsident Fritz Meld (Graz); bis zum 31. Dezember 1941 berufen sind Reichsgerichtsrat Hans Goedel (Leipzig) und Rudolf Lehmann vom Oberkommando der Wehrmacht in Berlin.
Seit Kriegsbeginn sind viele neue Straftatbestände geschaffen oder bestehende Gesetze verschärft worden. So bedroht die am 5. Dezember erlassene, rückwirkend anwendbare Verordnung gegen Gewaltverbrecher denjenigen mit dem Tode, der bei einer schweren Gewalttat Schuß-, Hieb- und Stoßwaffen oder ähnliche gefährliche Gegenstände benutzt oder auch nur damit droht.

Uneheliche Kriegerwitwen

23. Dezember. Die deutsche Presse berichtet über den Briefwechsel zwischen dem Stellvertreter des Führers, Reichsminister Rudolf Heß, und einer werdenden unverheirateten Mutter, deren Bräutigam beim Feldzug in Polen gefallen ist.

Reichsminister Rudolf Heß, seit 1933 der Stellvertreter des Führers

Dabei geht es vor allem um die Frage, ob das Kind nach seiner Geburt als unehelich anzusehen ist. Heß erklärt sich in seiner Antwort zunächst bereit, persönlich die Patenschaft für das vaterlose Kind zu übernehmen und schreibt weiter: »Wenn daher rassisch einwandfreie junge Männer, die ins Felde rücken, Kinder hinterlassen, die ihr Blut weitertragen in kommende Geschlechter, Kinder von gleichfalls erbgesunden Mädchen des entsprechenden Alters, mit denen eine Heirat aus irgendeinem Grunde nicht sofort möglich ist, wird für die Erhaltung dieses wertvollen nationalen Gutes gesorgt werden. Bedenken, die in normalen Zeiten ihre Berechtigung haben, müssen hier zurückstehen. Diesen Kindern wird bei der Eintragung im Standesamtsregister – sofern nicht inzwischen die Ehe schon geschlossen wurde – an Stelle des Namens des Vaters oder zum Namen des Vaters die Bezeichnung ›Kriegsvater‹ gesetzt werden. Die Mutter wird unter Beibehaltung ihres Mädchennamens mit »Frau« bezeichnet... werden.«

Ein Jahr Haft für falschen Empfang

15. Dezember. Wegen fortgesetzten Abhörens von Feindsendern verurteilt das Sondergericht Düsseldorf Johann Dorbert aus Leverkusen-Rheindorf zu einem Jahr Zuchthaus. Auch anderswo im Reich schreiten die Gerichte scharf gegen das Abhören verbotener Sender ein, das durch Verordnung vom 1. September mit Zuchthaus oder Gefängnis bestraft wird. Das Hanseatische Sondergericht Bremen verurteilte einen Bürger zu einem Jahr und sechs Monaten Zuchthaus, weil er am 7. September im Straßburger Sender eine Nachricht über den französischen Einfall ins Reichsgebiet gehört und verbreitet hatte.
Die »Düsseldorfer Zeitung« kommentiert die Verurteilungen folgendermaßen: »Die von den Sondergerichten verhängten Zuchthausstrafen stellen eine eindringliche Warnung an die Unbelehrbaren dar, die immer noch glauben, den propagandistischen Einflüsterungen des feindlichen Auslandes aus Neugierde oder Verständnislosigkeit ihr williges Ohr leihen zu müssen.«

Aktuelle Polemik und Rückgriff auf mittelalterliche Seher

16. Dezember. Auf der seit Kriegsbeginn täglich von Reichspropagandaminister Joseph Goebbels für seine engsten Mitarbeiter veranstalteten Ministerkonferenz wird eine veränderte Darstellung des britischen Premierministers Arthur Neville Chamberlain befohlen.
Goebbels erklärt, Chamberlain solle »in der Presse nicht mehr als der unfähige, hilflose Regenschirmträger, sondern als der rachsüchtige Greis« dargestellt werden.
Große Aufmerksamkeit schenkt Goebbels auch einem scheinbar abseitigen Feld der Propaganda, dem der Wahrsagungen, Zahlenmystik und Horoskope. Am 13. Dezember nahm er eine von seinem Ministerium verfaßte Schrift über die Weissagungen des Nostradamus positiv zur Kenntnis. Sie erscheint in einer Gesamtauflage von 83 000 Exemplaren in acht Sprachen. Goebbels hatte die Broschüre am 25. November bei seinem Ministerialdirektor Leopold Gutterer in Auftrag gegeben.

Karikatur auf die Friedensbemühungen des britischen Regierungschefs Arthur Neville Chamberlain, der die französische Marianne unter seinen Schirm bittet (»Simplicissimus« vom 15. Januar 1939). Auf Anweisung von Joseph Goebbels wandelt sich das Erscheinungsbild des Premierministers in der deutschen Presse

Der französische Arzt und Astrologe Nostradamus, eigentlich Michel de Notredame (1503–1566), verfaßte Weissagungen bis für die Zeit um 3000 n. Chr. Für die propagandistische Vorbereitung des Frankreich-Feldzuges erscheint die 33. Zenturie besonders brauchbar, worin es u.a. heißt: »Brabant, Flandern, Gent, Brügge und Boulogne/ werden vorübergehend mit dem großen Deutschland vereint .../ Eine Ära der Humanität göttlicher Herkunft beginnt...«

Über die Beurteilung dieser Verse durch Goebbels notierte sich einer der Heeres-Verbindungsoffiziere, Hauptmann Martin H. Sommerfeldt: »Das ist eine Masche, an der wir lange häkeln können ... Magische Übereinstimmung der 33. Zenturie mit dem Jahr der Machtübernahme 33, Deutung: Neuordnung Europas durch Großdeutschland, Besetzung Frankreichs nur vorübergehend, Großdeutschland bringt das tausendjährige Reich und den tausendjährigen Frieden.«
Als weiteren Schritt auf diesem Wege schlägt Goebbels die Bearbeitung der Horoskope führender Politiker der Westmächte vor. Wichtiger für die deutsche Propaganda wird in der Folgezeit jedoch ein Schlagwort, das Goebbels am 20. Dezember formuliert: Der Kampf gegen die britische »Plutokratie«, gegen Wirtschaft und Kapital, wodurch er den Krieg in einen revolutionären Kampf gegen den britischen Kapitalismus umdeuten will, um ihn populärer zu machen.

Vidkun Abraham Lauritz Quisling, Führer der norwegischen Faschisten

Finnland wehrt sowjetischen Angriff ab

28. Dezember. Nach 17tägigen Kämpfen wird bei Suomussalmi die sowjetische 163. Schützendivision durch die finnische 9. Division vollständig aufgerieben. Für die Weltöffentlichkeit überraschend, halten die finnischen Verteidiger auch nach fast einem Monat Krieg den Aggressoren immer noch stand.

Am →30. November (S.194) hatte die UdSSR die Kampfhandlungen gegen Finnland begonnen. Am 1. Dezember war in Finnland ein Kabinett unter Risto Heikki Ryti gebildet worden, in dem erstmals zugleich Sozialdemokraten und Konservative (Nationale Sammlungspartei) vertreten sind. Im Gegenzug hatte die von ihrem baldigen Sieg überzeugte Sowjetregierung in Terijoki im finnisch-sowjetischen Grenzgebiet eine finnische Gegenregierung unter dem Kommunisten Otto Wilhelm Kuusinen eingesetzt. Am 2. Dezember schloß sie mit dem Kabinett Kuusinen einen Freundschafts- und Bündnisvertrag, der die territorialen Forderungen der Sowjetunion an die rechtmäßige finnische Regierung (→11.10./S.183) befriedigte.

Am 7. Dezember erreichten die seit Monatsbeginn in ständigem Vordringen befindlichen sowjetischen Truppen zwar die nach dem finnischen Oberbefehlshaber, Generalfeldmarschall Carl Gustav Emil Freiherr von Mannerheim, benannte Hauptkampflinie auf der Karelischen Landenge, doch am 22. Dezember mußte ein sowjetischer Großangriff auf die schwächste Stelle der Mannerheim-Linie bei Summa abgebrochen werden.

Die Finnen erzielen ihre überraschenden Abwehrerfolge gegen einen zahlen- und materialmäßig überlegenen Gegner vor allem durch ihre sog. Motti-Taktik: Größere sowjetische Kampfverbände werden nach Möglichkeit aufgesprengt, die kleineren Gruppen anschließend eingekesselt und vernichtet.

In unwegsamem Gelände und hohem Schnee nützt den Sowjets ihre Übermacht an Panzern und Lastkraftwagen wenig. Gerade ihre Unbeweglichkeit läßt sie in diesem seit Jahren härtesten Winter ein Opfer der auf Skiern überaus mobilen und durch Schneeanzüge getarnten finnischen Soldaten werden, die auf vertrautem Gelände kämpfen.

Verluste erleidet die finnische Zivilbevölkerung durch Bomben der Roten Luftflotte auf Helsinki und die Städte und Dörfer des Hinterlandes.

Während die übrige Welt für den Kampf der Finnen große Sympathie zeigt und sogar in Italien für eine Unterstützung des kleinen skandinavischen Landes gesammelt wird, veröffentlichte die Presse des Deutschen Reiches am 8. Dezember eine offizielle Darstellung zum Thema »Deutschland und die finnische Frage«, in der eine Unterstützung für Finnland als »naiv und sentimental« bezeichnet wurde, weil die nordischen Staaten seit 1918 immer mehr ins Fahrwasser der britischen Politik geraten seien.

Eine finnische Familie aus dem evakuierten Ort Tervola auf ihrem Rentierschlitten auf der Flucht vor den vordringenden Soldaten der Roten Armee

Norwegen ein Ziel der Kriegführung

14. Dezember. Aufgrund eines Gesprächs mit dem früheren norwegischen Kriegsminister und Führer der rechten Nasjonal Samling, Vidkun Abraham Lauritz Quisling, befiehlt Führer und Reichskanzler Adolf Hitler dem Oberkommando der Wehrmacht die Erarbeitung einer »Studie Nord« über die Möglichkeit einer Landung in Norwegen.

Auch beim Kriegsgegner Großbritannien besteht Interesse an einer Besetzung Norwegens, um das Deutsche Reich von den norwegischen Erzzufuhren abzuschneiden. Der Erste Lord der Admiralität, Winston Churchill, hatte diese Frage bereits am 19. September im britischen Kabinett angesprochen.

UdSSR nicht mehr Völkerbundstaat

14. Dezember. Bei vier Stimmenthaltungen beschließt der Völkerbundrat in Genf wegen des Angriffs auf Finnland den Ausschluß der Sowjetunion aus der Genfer Liga.

Am 2. Dezember hatte die finnische Regierung den Völkerbund um seine Intervention ersucht, woraufhin für den 9. Dezember der Völkerbundrat und für den 11. Dezember die Versammlung einberufen wurde. Am 5. Dezember lehnte die Sowjetregierung eine Einladung nach Genf ab und reagierte auch auf die am 11. Dezember wiederholte Aufforderung zum Truppenrückzug ablehnend.

Eine Kriegsbeute der finnischen Verteidiger: Panzerfahrzeuge und Geschütze der Roten Armee im Ort Kemijärvi

Zerschossene Fahrzeuge einer Einheit der Roten Armee nach einem finnischen Überfall beim Ort Pelkosenniemi

AVUS wird Teil der Reichsautobahn

1. Dezember. Die Automobilverkehrs- und Übungsstraße (AVUS) in Berlin-Grunewald wird vom Unternehmen Reichsautobahn übernommen und geht damit in das öffentliche Verkehrsnetz über.

Die fast 20 km lange AVUS wurde am 19. September 1921 eingeweiht. Die ersten Automobilrennen auf der neuen Piste fanden am 24./25. September 1921 statt. Zu den Siegern gehörte damals auch Fritz von Opel, der 1928 mit seinem Raketenfahrzeug Furore machte und auf der AVUS eine Geschwindigkeit von 220 km/h erreichte. Auch anderen Motorsportereignissen bot die AVUS einen geeigneten Rahmen.

Neuer Wasserweg in Oberschlesien

8. Dezember. In Gleiwitz übergibt Rudolf Heß, der Stellvertreter des Führers, den nach sechsjähriger Bauzeit fertiggestellten Adolf-Hitler-Kanal dem Schiffsverkehr. Er verbindet auf 41 km das oberschlesische Industrierevier mit der Oder.

Nach der Einweihung unternimmt Heß den symbolischen ersten Spatenstich für ein noch weitaus größeres Wasserbauprojekt: Der Oder-Donau-Kanal soll auf einer Länge von 320 km die Oder mit der Donau bei Wien verbinden und den Güteraustausch zwischen Schlesien, der Ostmark und dem Protektorat Böhmen und Mähren erleichtern. Er soll in sechs Jahren fertig sein.

Ein türkischer Militärposten vor einem durch das schwere Erdbeben vom 27. Dezember zerstörten Haus in der Stadt Erzincan im östlichen Anatolien

İsmet İnönu (eigtl. Mustafa İsmet), seit 1938 Staatspräsident der Türkischen Republik (M.), tröstet beim Besuch im Katastrophengebiet eine Frau, die bei dem schweren Erdbeben vom 27. Dezember ihre Familie verloren hat

D-Zug-Kollision in Genthin – 132 Tote

22. Dezember. Eines der schwersten Unglücke in der deutschen Eisenbahngeschichte fordert in Genthin westlich von Brandenburg 132 Tote und 109 Verletzte.

Um 0.55 Uhr fährt der D 180 (Berlin-Neunkirchen/Saar) mit voller Fahrt in den Bahnhof ein und prallt auf den dort außerplanmäßig stehenden D 10 (Berlin-Köln). Die Lokomotive und sechs Wagen des D 180 sowie vier Wagen des D 10 entgleisen bei dem Zusammenprall der vollbesetzten Züge. Nach dem Unglück kommt es in der Bevölkerung vielfach zu Kritik an der Überlastung der Reichsbahn durch das hohe Verkehrsaufkommen.

Erdbeben fordert mehr als 20 000 Tote

27. Dezember. In den frühen Morgenstunden richtet ein starkes Erdbeben in Anatolien sehr schwere Verwüstungen an und fordert nach ersten offiziellen Angaben 23 131 Tote und 7994 Verletzte. Die Zahl der bei dem Beben zerstörten Häuser wird mit 29 131 angegeben.

Das Erdbeben wird auch von der Erdbebenwarte in Lund (Schweden) registriert, wobei der Seismograph so heftig ausschlägt, daß er unbrauchbar wird.

80 Dörfer und zwölf Städte, darunter Ordu, Amasya, Sıvas und Erzincan werden von dem Beben zerstört. Der Schwerpunkt der Naturkatastrophe liegt bei der Stadt Erzincan. In diesem Ort von 16 000 Einwohnern ist kaum ein Haus unzerstört geblieben, über 70% der Einwohner wurden unter den Trümmern ihrer Wohnhäuser verschüttet.

Die Heranschaffung von Lebensmitteln und anderen Hilfsgütern wird dadurch erschwert, daß die erst am 20. Oktober 1939 in Betrieb genommene Eisenbahn von Sıvas nach Erzurum an mehreren Stellen unterbrochen ist. Hinzu kommen die starken Schneefälle, die den Rettungsmannschaften ein Durchkommen fast unmöglich machen.

Zur Hilfe für die Notleidenden in den Katastrophengebieten setzt der türkische Staatspräsident İsmet İnönü ein staatliches Hilfskomitee ein, das die Arbeiten organisieren und die aus vielen Teilen des Landes einlaufenden Spenden verteilen soll.

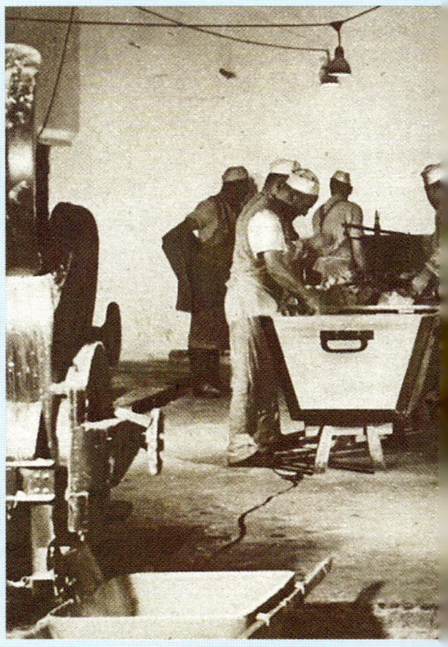

Herstellung von Kommißbrot in einer modernen Wehrmachtsbäckerei

Tiefkühlfleisch soll nach dem Auftauen wie Frischfleisch schmecken

Stand auf dem Charlottenburger Jahrmarkt in der Reichshauptstadt

Ein Propagandabild für den deutschen Kriegsberichterstatter: Führer und Reichskanzler Adolf Hitler (3. v. r.) an einer Feldküche im Polenfeldzug

Mittagessen auf dem Feldflugplatz für Luftwaffenangehörige in Polen

Essen an einer »Gulaschkanone« in Duisburg-Hochfeld im November 1939

Frauen beim Schälen von Kartoffeln in einer Wehrmachtsküche in der Heimat. Wie im Krieg 1914–1918 werden Frauen zum Dienst herangezogen

Essen und Trinken 1939:

Eingriffe in den Speiseplan

Die Ernährung im Deutschen Reich steht 1939 im Zeichen des Haushaltens mit knappen Mitteln. Ist schon im ersten Halbjahr die Versorgung mit bestimmten Nahrungs- und Genußmitteln nicht eben reichlich, gibt es seit Kriegsbeginn viele Grundnahrungsmittel nur noch auf Lebensmittelkarten.

Durch Verbrauchslenkung versuchen die NS-Behörden seit langem, den Absatz von Nahrungsmitteln zu fördern, die im Deutschen Reich selbst hergestellt werden, wie Kartoffeln, Quark oder zuckerhaltigen Brotaufstrichen.

Auf diese Weise stieg der Pro-Kopf-Verbrauch von Kartoffeln von 172 kg im Jahr 1929 auf 188,7 kg 1939. Der Verbrauch von Käse und Speisequark erhöhte sich von 5,1 kg im Jahr 1932 auf 6,1 kg im Jahr 1939. Der Fleischverbrauch stieg von 44,9 kg 1929 auf 48,5 kg 1939.

Schon 1937 war angesichts einer bedrohlichen »Fettlücke« zum Sparen von Butter, Margarine und Schmalz aufgerufen worden, mit dem Ergebnis, daß der Pro-Kopf-Butterverbrauch 1939 gegenüber dem Krisenjahr 1929 nur um 1,2 kg auf 9,2 kg steigt, und der Fettkonsum rückläufig ist (18 kg gegenüber 18,8 kg).

Zur Steuerung der Eßgewohnheiten trägt auch die Preisgestaltung bei. So kosten in Berlin im Juli 1939 1 kg Roggenbrot 0,33 Reichsmark (RM) und Eßkartoffeln (5 kg) 1,10 RM, 1 kg Rindfleisch hingegen 1,70 RM, 1 kg Molkereibutter 3,13 RM und ein Ei 0,12 RM.

Die Versorgung der Bevölkerung mit Südfrüchten und Genußmitteln hängt wesentlich davon ab, ob die rüstungsorientierte deutsche Wirtschaft ausreichend Devisen bereitstellen kann. Brasilien ist der wichtigste Kaffee-Exporteur, wobei im Rahmen von Kompensationsgeschäften Erz gegen Kaffee getauscht wird. Zu Anfang des Jahres kommt es zu Engpässen, weil die Brasilianer ihre Exporte einschränken. 1939 sinkt der Pro-Kopf-Verbrauch an Bohnenkaffee gegenüber 1929 um 0,7 kg auf 1,5 kg.

Ähnliche Kompensationsgeschäfte wie für Kaffee tätigt das Deutsche Reich für Apfelsinen mit Spanien, wobei die Einfuhren aufgrund des Bürgerkriegs zurückgehen. Leicht ansteigend ist der Tabakkonsum (1,8 kg im Jahr 1930, 1,9 kg 1939), wobei sich die Verbraucher stärker billigen Sorten zuwenden.

Am 27. August (→30.8./S.142) werden für bestimmte Lebensmittel Bezugscheine eingeführt. Am →25. September (S.168) folgen Karten für Milch, Brot, Fleisch, Fett, Marmelade und Zucker sowie für Nährmittel und Kunsthonig.

Nun bestimmen die wöchentlichen Bezugsmengen, erweitert durch Sonderzuteilungen, den Speiseplan. Allerdings entsprechen die nun angebotenen Lebensmittel qualitätsmäßig oft nicht mehr der »Friedensware«: So ist schon im August die Qualität des Mehls herabgesetzt worden, statt Vollmilch gibt es Magermilch und als Brotaufstrich vielfach Kunstspeisefett und Kunsthonig. Am 1. Oktober wird die Einheitsmargarine (Tafelmargarine) eingeführt und zum Jahresende, um Gerste zu sparen, der Stammwürzegehalt von Bier auf 10,3% begrenzt.

Stärker noch als vor dem Krieg wird der Zwang zum Sparen, zum Strekken der Vorräte und zur sinnvollen Verwendung von Resten, was in der 1939 erschienenen 9. Auflage von Mary Hahns »Volkskochbuch für die einfache Küche« so begründet wird: »Wir haben die hohe, volkswirtschaftliche Pflicht, auch die geringste Menge von Nahrungsmitteln vor dem Untergange zu retten, auch Speisenreste.«

Die Rationierung wird jedoch im allgemeinen positiv aufgenommen, da sich die Bevölkerung bereits an die Mangelwirtschaft gewöhnt hat und im Vergleich zum Weltkrieg 1914–1918 die Lebensmittelversorgung besser funktioniert.

Besonderer Wert wird auf eine ausreichende Ernährung der Soldaten gelegt. Wichtigster Bestandteil der Verpflegung ist das Kommißbrot aus 82prozentigem Roggenmehl. Dem Soldaten soll es im Idealfall auch nicht an frischem oder aufgetautem Fleisch sowie Fisch und frischem Gemüse fehlen. Als Abendmahlzeit sind vor allem Wurstkonserven vorgesehen, als Getränke Mischkaffee und Tee, wobei ein Kaffeepräparat aus Roggen und Gerste, angereichert mit synthetischem Koffein, vorbereitet wird.

Polnische Kunst in deutschem Besitz

16. Dezember. Generalgouverneur Hans Frank ermächtigt SS-Obergruppenführer Kajetan Mühlmann zur Erfassung von Kunstbesitz im besetzten Polen. Generalfeldmarschall Hermann Göring hat Mühlmann am 19. Oktober zum Sonderbeauftragten für die Erfassung und Sicherung der Kunst- und Kulturschätze Polens ernannt.

Mühlmann und seinen Mitarbeitern gelingt es mit Ausnahme der in Paris befindlichen flämischen Gobelinfolge aus dem Krakauer Wawel, sämtliche wertvollen Kunstgüter zu beschlagnahmen und zum Transport ins Reich vorzubereiten.

Besonderes Interesse erregten der zwischen 1477 und 1489 von dem Bildhauer Veit Stoß in der Krakauer Marienkirche geschaffene Hochaltar und die Inneneinrichtung des Schlosses in Warschau. Während für den Marienaltar Nürnberg als neuer Standort vorgesehen ist, sollen die Warschauer Bestände zum Innenausbau der Pavillons im Zwinger zu Dresden dienen.

Der 13 m hohe Schnitzaltar der Marienkirche in Krakau, die erste große Arbeit des deutschen Holzschnitzers und Bildhauers Veit Stoß (um 1448–1533)

Niedere Bildung für Polens Kinder

19. Dezember. Auf einer Tagung der Schulbeauftragten des Generalgouvernements in Krakau werden die Richtlinien des Schulunterrichts für Polen und Deutsche festgelegt.

In Ortschaften mit mindestens acht deutschen Kindern sind deutsche Schulen zu errichten, für die allerdings noch die Lehrer fehlen. Für die Polen gilt nominell die siebenjährige Schulpflicht, die in den beiden letzten Jahren jedoch zugunsten von Heimarbeit eingeschränkt werden soll. Für Jugendliche ab 16 Jahren wird eine Arbeitsdienstpflicht eingeführt. Die Lehrerseminare bleiben vorläufig geschlossen.

Vorgesehen sind ferner eine Verminderung der Zahl der Klassen und eine Heraufsetzung der Klassenstärken auf 80 Schüler. Widerstand gegen diese Maßnahmen regte sich bereits im Vorfeld der Tagung: Im Oktober gründete der Polnische Lehrerverband eine geheime Lehrorganisation, die es sich zur Aufgabe setzt, im und nach dem Unterricht die Bildung der Schüler zu erweitern.

Kein Nobelpreis für die Erhaltung des Friedens verliehen

10. Dezember. In Stockholm werden die Nobelpreise für das Jahr 1939 vergeben. Die Zahl der Geehrten ist in diesem Jahr klein: Unter den Preisträgern sind zwei deutsche Wissenschaftler, die auf Anordnung von Führer und Reichskanzler Adolf Hitler die Auszeichnung nicht annehmen dürfen.

In Oslo wird der Nobelpreis für die wirkungsvollsten Bemühungen um die Erhaltung des Friedens in diesem Jahr nicht vergeben.

Den Medizinnobelpreis erhält der Deutsche Gerhard Domagk »für die Entdeckung der antibakteriellen Wirkung des Prontosil«, eines Sulfonamidpräparates für die Chemotherapie bakterieller Infektionen.

Der Nobelpreis für Chemie geht je zur Hälfte an den deutschen Wissenschaftler Adolf Butenandt »für seine Arbeiten über Sexualhormone« und an den in der Schweiz lebenden gebürtigen Kroaten Leopold Ružička, der für »seine Arbeiten an Polymethylenen und höheren Terpenen« geehrt wird.

Ružička entdeckte das Isopren (aus Steinkohle gewonnener flüssiger Kohlenwasserstoff) als einen universellen Naturbaustein und wies als erster auf die Zusammenhänge zwischen ätherischen Ölen und Sexualhormonen hin.

Der Nobelpreis für Physik wird dem US-Amerikaner Ernest Orlando Lawrence »für die Erfindung und Entwicklung des Zyklotrons und die dadurch erzielten Ergebnisse, insbesondere im Hinblick auf künstliche radioaktive Elemente« zuerkannt.

Das erste Zyklotron, ein magnetischer Beschleuniger von Elementarteilchen, entstand 1930 und wurde ein wichtiges Hilfsmittel zur Auslösung künstlicher Kernprozesse.

Der finnische Schriftsteller Frans Eemil Sillanpää erhält den Nobelpreis für Literatur für, so lautet die Begründung, »die tiefe Auffassung und die erlesene Stilkunst, womit er das Bauernleben und die Natur seines Heimatlandes in ihrem gegenseitigen Zusammenhang schildert«.

Leopold Ružička, *Nobelpreisträger für Chemie des Jahres 1939, wurde am 13. September 1887 in Vukovar/Kroatien geboren. Zunächst lehrte er an der Universität Utrecht, bis er 1929 einen Lehrauftrag in Zürich annahm. Ružička analysierte u. a. das Androsteron*

Adolf Butenandt, *Nobelpreisträger für Chemie des Jahres 1939, wurde am 24. März 1903 in Lehe (später Bremerhaven) geboren, war 1933 zunächst Hochschullehrer in Danzig und leitet seit 1936 (mit 33 Jahren) das Kaiser-Wilhelm-Institut für Biochemie in Berlin*

Frans Eemil Sillanpää, *Nobelpreisträger für Literatur des Jahres 1939, wurde am 16. September 1888 in Hämeenkyrö geboren. Thema seiner impressionistischen Romane wie »Sonne des Lebens« (1916) und »Silja, die Magd« (1931) ist hauptsächlich das bäuerliche Leben*

Ernest Orlando Lawrence, *Nobelpreisträger für Physik des Jahres 1939, wurde am 8. August 1901 in Canton im US-Bundesstaat South Dakota geboren. Schon im Alter von 35 wurde er 1936 Direktor des Radiation Laboratory der University of California in Berkeley*

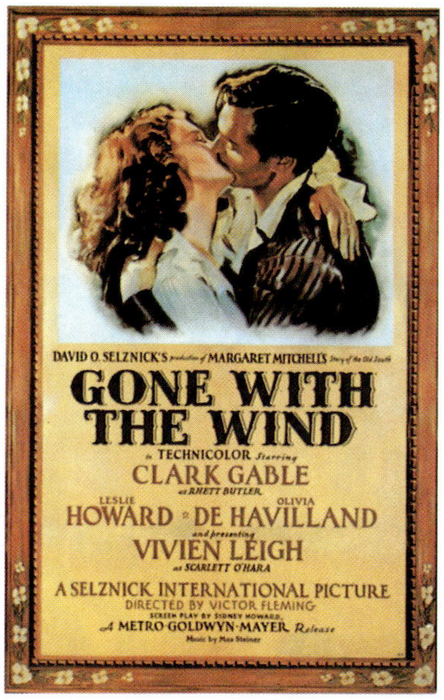

Originalplakat und Szenen aus »Vom Winde verweht« mit Leslie Howard, Olivia de Havilland, Vivien Leigh, Clark Gable

Vorhang auf für Film des Jahres

15. Dezember. Atlanta im US-Bundesstaat Georgia erlebt die Premiere eines der erfolgreichsten Filme aller Zeiten: »Vom Winde verweht« (Gone with the wind), nach dem gleichnamigen Roman der Schriftstellerin Margaret Mitchell.

Die Premierenkarten kosten zehn US-Dollar (24,90 Reichsmark, RM), werden auf dem Schwarzmarkt jedoch für das Zwanzigfache gehandelt. Über eine Million Menschen wollen die zur Premiere angereisten Stars sehen: Clark Gable (Rhett Butler), Vivien Leigh (Scarlett O'Hara), Leslie Howard (Ashley Wilkes), Olivia De Havilland (Melanie Hamilton), Thomas Mitchell (Gerald O'Hara) und Hattie McDaniel (Mammy).

Vor dem Panorama des Amerikanischen Bürgerkrieges, der mit dem Untergangs des »Alten Südens« endet, schildert der 230-Minuten-Film das Schicksal der schönen, aber eigenwilligen Scarlett O'Hara, die auf Tara, dem Gut ihrer Eltern, aufwächst. Sie heiratet zweimal und wird zweimal Witwe, bis sie doch noch die Frau von Rhett Butler wird, mit ihm aber nicht glücklich werden kann.

Die Geschichte des Films ist so aufregend wie der Film selbst und hielt die Öffentlichkeit lange in Atem. Im Juli 1936, zwei Monate nach Erscheinen des Erfolgsromans, hatte Produzent David O. Selznick die Filmrechte für 50 000 US-Dollar (125 000 RM) gekauft.

Nun setzte in bis dahin nie erlebter Intensität ein Wettstreit unter den Hollywoodstars um die Besetzung der Hauptrollen ein. Während Clark Gable als Rhett Butler bald feststand, machte im Rennen um die Rolle der Scarlett O'Hara die bis dahin in den USA fast unbekannte britische Schauspielerin Vivien Leigh das Rennen.

Am 10. Dezember 1938 begannen die Dreharbeiten. Am 13. Februar 1939 gab mit George Cukor der erste Regisseur nach ständigem Streit mit Selznick auf. Ihm folgte Victor Fleming, der im April erschöpft zusammenbrach und durch Sam Wood ersetzt wurde, bis Fleming genesen war. Am 27. Juni wurden die Dreharbeiten beendet. Der Film kostete insgesamt 4 085 790 US-Dollar (10,2 Millionen RM).

Die Originalbildunterschrift lautet: »Zum erstenmal tragen sie selbst den Baum ... Sie sind stolz, der Mutter jetzt helfen zu können. Denn Vati steht im Feld«

Nach 22 Jahren erstmals wieder eine Kriegsweihnacht

24. Dezember. Bei kaltem, aber überwiegend trockenem Wetter begehen die Menschen im Deutschen Reich die erste Kriegsweihnacht seit 1917. Infolge der Rationierung sind die Tische weniger reichlich gedeckt und die Kleiderkarte machte besonderen Ideenreichtum beim Schenken von Textilien nötig.

Im Weihnachtsgeschäft führte die Furcht vor Warenmangel und Inflation zu Angstkäufen von hochwertigen Einrichtungsgegenständen.

Am Heiligabend spricht von 21 bis 21.20 Uhr Führer-Stellvertreter Rudolf Heß von Bord eines Zerstörers über alle deutschen Sender und ruft zur Bildung einer unüberwindlichen Kampfgemeinschaft auf. Heeres-Oberbefehlshaber Walter von Brauchitsch wendet sich vom Westwall aus über den Rundfunk an die Soldaten der Wehrmacht.

Dort verbringt auch Führer und Reichskanzler Adolf Hitler die Feiertage. Er kommt – so schreibt die Presse – als »der Erste Soldat des Reiches, um mit seinen Soldaten, ein Kamerad unter Kameraden, Weihnachten zu feiern«.

Die meisten Soldaten interessieren sich jedoch dafür wenig. Sie freuen sich über die Waffenruhe und ihre Sonderzulage: 125 g Pfeffernüsse, 125 g Kekse, 100 g Schokolade, zwei bis drei Äpfel und 0,75 l Wein.

Ein beliebtes Motiv der deutschen Illustrierten: Die überraschte Mutter begrüßt ihren Sohn auf Fronturlaub

Ein Illustriertenfoto: Der Fronturlauber zeigt voller Stolz in einem Atlas, wo überall er in Polen gekämpft hat

Foto aus »Die Woche« Nr. 51/1939: Ein Fronturlauber im Bett, daneben Uniform und Erkennungsmarke

Weihnachtsrezept für Honigkuchen unter Verwendung von Kunsthonig oder Sirup und markenfreier Magermilch

So sieht die deutsche Propaganda die Kriegsweihnacht 1939: Der Heiligabend mit Tannenbaum und Lichterglanz für Angehörige einer Flugabwehrbatterie im Westen des Reiches (Foto aus der Illustrierte »Die Woche« Nr. 51/1939)

Kriegsweihnachten an der »Heimatfront« 1939: Der Vater ist zur Wehrmacht eingezogen und steht vielleicht irgendwo an der Front, Frau und Sohn verbringen den Heiligabend in diesem Jahr allein unterm Tannenbaum

Weihnachtsfeier 1939 für die Familien der eingezogenen Belegschaftsmitglieder bei der Deutschen Maschinenfabrik (DEMAG) in Duisburg; zwischen zwei Tannenbäumen DEMAG-Betriebsführer Wolfgang Reuter bei einer Ansprache

Hoffen auf den »Siegfrieden«

31. Dezember. Ruhiger als in anderen Jahren verläuft die Silvesternacht im Deutschen Reich. Auf Anordnung von Heinrich Himmler, Reichsführer SS und Chef der Deutschen Polizei, sind Silvesterfeiern in »würdiger Form« abzuhalten; das Abbrennen von Feuerwerkskörpern ist zu unterlassen. Scharf soll gegen Betrunkene eingeschritten werden. Aber den meisten Menschen ist ohnehin nicht nach ausgelassenem Feiern zumute. Sie blicken voll Skepsis in das Jahr 1940.

In den Anzeigen der Geschäftswelt in der Tagespresse zum Jahreswechsel ist viel vom »sieghaften Frieden« zu lesen, den das bevorstehende Jahr 1940 nach Möglichkeit bringen soll. Gerüchten zufolge, die seit den Weihnachtstagen in Umlauf sind, soll sich Führer und Reichskanzler Adolf Hitler bei seinen Frontbesuchen zu einem Kriegsende im nächsten Jahr positiv geäußert haben.

Auch einzelne Formulierungen in Hitlers Aufruf an die Mitglieder der Nationalsozialistischen Deutschen Arbeiterpartei (NSDAP) werden so gedeutet: »Wir kämpfen für den Aufbau eines neuen Europas. Möge das Jahr 1940 die Entscheidung bringen. Sie wird, was immer auch kommen mag, unser Sieg sein ... Wir können am Beginn des Jahres 1940 den Herrgott nur bitten, daß er uns weiterhin segnen möge im Kampf um die Freiheit, die Unabhängigkeit und damit um das Leben und die Zukunft unseres Volkes ... Dann muß und wird es uns gelingen!«

Nichts vom Frieden, aber viel vom Sieg ist in den Aufrufen zu lesen, mit denen sich Hitler und die Führung von Heer, Luftwaffe und Kriegsmarine an die Soldaten wenden. In Hitlers Aufruf an die Wehrmacht heißt es: »Soldaten! Das Jahr 1939 war für die großdeutsche Wehrmacht ein Jahr stolzer Bewährung. Ihr habt die Euch vom deutschen Volke anvertrauten Waffen in dem uns aufgezwungenen Kampf siegreich geführt. In knapp 18 Tagen gelang es durch das Zusammenwirken aller, die Sicherheit des Reiches im Osten wiederherzustellen, das Versailler Unrecht zu beseitigen. Voll Dankbarkeit erinnern wir uns am Ende dieses geschichtlichen Jahres der Kameraden, die ihre Treue zu Volk und Reich mit ihrem Blut besiegelten.

Für das kommende Jahr wollen wir den Allmächtigen, der uns im vergangenen Jahr so sichtlich unter seinen Schutz genommen hat, bitten, uns wieder seinen Segen zu schenken und uns zu stärken in der Erfüllung unserer Pflicht! Denn vor uns liegt der schwerste Kampf um das Sein oder Nichtsein des deutschen Volkes! Mit stolzer Zuversicht blicken ich und die ganze Nation auf Euch. Denn: Mit solchen Soldaten muß Deutschland siegen.«

Auch in Frankreich und Großbritannien appellieren die Staatsmänner zum Jahreswechsel an ihre Völker. Dabei steht ein Motiv im Vordergrund: Die führenden Politiker der Westmächte wollen ihre Mitbürger von der Tatsache überzeugen, daß der Krieg notwendig ist, um in Hitler und seiner Staatsführung das Böse zu bekämpfen, die eigentliche Ursache für die fortdauernde Aggression in Mitteleuropa. Die Sache der Alliierten sei – so hieß es in der Weihnachtsansprache des britischen Königs Georg VI. – die »Sache der christlichen Zivilisation«.

Papst Pius XII. und US-Präsident Franklin Delano Roosevelt nutzten die Feiertage zu neuerlichen Friedensappellen. Der Papst formulierte anläßlich eines Empfangs für das Kardinalkollegium am Heiligen Abend seine Richtlinien für einen gerechten Frieden. Die wichtigsten Forderungen: Sicherung des Rechts auf eigenes Staatsleben und auf Unabhängigkeit für alle Nationen, Befreiung der Völker vom Rüstungswettlauf, Neubildung des staatlichen Lebens, Berücksichtigung der Forderungen aller Völker und Minderheiten und verantwortliches Handeln aller Staatsmänner.

Roosevelt hatte am 23. Dezember in einem Schreiben an Papst Pius XII. und die Führer der evangelischen Kirchen und der jüdischen Gemeinden in den Vereinigten Staaten zu einer gemeinsamen Friedensinitiative der drei Konfessionen aufgerufen.

Neue Postwertzeichen 1939 im Deutschen Reich

Sonderausgabe zur Wiedereingliederung der Freien Stadt Danzig in das Deutsche Reich

Sonderausgabe zum Reichsparteitag

Sonderausgabe zum Führergeburtstag

Sonderausgabe zur Automobilausstellung

Zum »Braunen Band«

Erste Wohltätigkeitsausgabe für den Kameradschaftsblock der Deutschen Reichspost (insgesamt 12 Werte)

Sonderausgabe 70 Jahre Deutsches Derby

Sonderausgabe Tag der Deutschen Kunst

Reichsberufswettkampf 1939

Gartenschau in Stuttgart (22. 4.–31. 10)

Auslands-Zeitungsmarke

Wohltätigkeitsausgabe Winterhilfswerk (9 Werte)

Freimarken von Danzig mit Aufdruck »Deutsches Reich«, »Rpf« oder »Reichsmark«

Anhang

Das Deutsche Reich, Österreich und die Schweiz 1939 in Zahlen

Die Statistiken für die drei deutschsprachigen Länder umfassen eine Auswahl von grundlegenden Daten. Es wurden vor allem Daten aufgenommen, die innerhalb der einzelnen Länder vergleichbar sind. Maßgebend für alle Angaben waren die amtlichen Statistiken. Nicht in allen gesellschaftlichen Bereichen finden jährliche Erhebungen statt, so daß mitunter die Daten aus früheren Jahren aufgenommen werden mußten. Das Erhebungsdatum ist jeweils angegeben (unter der Rubrik »Stand«). Die aktuellen Zahlen des Jahres 1939 werden – wo möglich – durch einen Vergleich zum Vorjahr relativiert. Wichtige Zusatzinformationen zum Verständnis einzelner Daten sind in den Fußnoten enthalten.

Deutsches Reich (einschließlich Österreich)

Erhebungsgegenstand	Wert	Vergleich Vorjahr (%)	Stand
Fläche			
Fläche (km^2)	679 653[1]	+ 44,4	1939
Bevölkerung			
Wohnbevölkerung	89 858 000[1]	+ 1,1	1939
– männlich	38 762 000[2]	–	1939
– weiblich	40 614 000[2]	–	1939
Einwohner je km^2	147[2]	–	1939
Ausländer	1 019 892[2]	–	1939
Privathaushalte	20 335 000[2]	–	17.5.1939
– Einpersonenhaushalte	1 984 000[2]	–	17.5.1939
– Mehrpersonenhaushalte	18 351 000[2]	–	17.5.1939
Lebendgeborene	1 413 230[3]	+ 4,8	1939
Gestorbene	654 348[4]	+ 6,9	1939
Eheschließungen	774 163[3]	+ 20,0	1939
Ehescheidungen	61 789[3]	+ 24,8	1939
Familienstand der Bevölkerung			
– Ledige insgesamt	36 733 000	–	Mitte 1939
männlich	18 800 000	–	Mitte 1939
weiblich	17 933 000	–	Mitte 1939
– Verheiratete	36 765 000	–	Mitte 1939
– Verwitwete und Geschiedene	5 878 000	–	Mitte 1939
männlich	1 531 000	–	Mitte 1939
weiblich	4 347 000	–	Mitte 1939
Religionszugehörigkeit			
– Christen insgesamt	77 326 043		
römisch-katholisch	31 943 932	–	17.5.1939
evangelische Landes- und Freikirchen	42 636 218	–	17.5.1939
Gottgläubige	2 745 893	–	17.5.1939
– Juden im Altreich	233 991	–	1939
– Sonstige	2 049 238	–	17.5.1939
Altersgruppen			
unter 6 Jahren	7 736 700[5]	–	17.5.1939
6 bis unter 10 Jahren	4 408 400[5]	–	17.5.1939
10 bis unter 16 Jahren	7 469 900[5]	–	17.5.1939
16 bis unter 20 Jahren	5 612 900[5]	–	17.5.1939
20 bis unter 30 Jahren	11 487 800[5]	+ 5,7	17.5.1939
30 bis unter 40 Jahren	13 857 600[5]	+ 18,4	17.5.1939
40 bis unter 50 Jahren	10 518 000[5]	+ 18,7	17.5.1939
50 bis unter 60 Jahren	8 399 000[5]	+ 16,5	17.5.1939
60 bis unter 65 Jahren	3 601 800[5]	–	17.5.1939
65 und darüber	6 282 700[5]	–	17.5.1939
Die zehn größten Städte			
– Berlin	4 338 756	–	17.5.1939
– Wien	1 935 000	–	1938
– Hamburg	1 711 877	–	17.5.1939
– München	829 318	–	17.5.1939
– Köln	772 221	–	17.5.1939
– Leipzig	707 365	–	17.5.1939
– Essen	666 743	–	17.5.1939
– Dresden	630 216	–	17.5.1939
– Breslau	629 565	–	17.5.1939
– Frankfurt am Main	553 464	–	17.5.1939
Erwerbstätigkeit			
Erwerbstätige	39 792 295	–	17.5.1939
– männlich	24 866 793	–	17.5.1939
– weiblich	14 925 502	–	17.5.1939
– nach Wirtschaftsbereichen			
Land- und Forstwirtschaft, Tierhaltung und Fischerei	10 847 516	–	17.5.1939
Produzierendes Gewerbe	16 504 041	–	17.5.1939
Handel und Verkehr	6 850 883	–	17.5.1939
Sonstige	5 589 855	–	17.5.1939
Ausländische Arbeitnehmer	435 903[3]	–	1939
Arbeitslose	118 915[6]	– 72,3	1939
Betriebe			
– Landwirtschaftliche Betriebe	3 915 031	–	1939[1]
– Industrie und Handwerk	2 152 557	–	17.5.1939
– Baugewerbe	266 803	–	17.5.1939
– Handel und Verkehr	1 757 380	–	17.5.1939
Außenhandel			
– Einfuhr (Mio. Reichsmark/RM)	5 207	– 14,0	1939
– Ausfuhr (Mio. RM)	5 653	+ 0,6	1939
– Ausfuhrüberschuß (Mio. RM)	446	–	1939
Verkehr			
– Eisenbahnnetz (km)	77 795,62[3]	–	1939
Beförderte Personen (in 1000)	2 301,8[3]	–	1939
Beförderte Güter (in 1000 t)	620 300[3]	–	1939
– Straßennetz (km)			
davon Autobahn (km)	3 302,9	+ 7,8	31.12.1939
– Bestand an Kraftfahrzeugen	3 786 367	+ 103,2	1. 7.1939
davon PKW	1 502 207	+ 107,2	1. 7.1939
davon LKW	403 223	+ 3,9	1. 7.1939
– Zulassung fabrikneuer Kfz	536 801	– 9,2	1939
– Binnenschiffe zum Gütertransport (Tragfähigkeit in t)	6 830 000	+ 8,9	1939
Beförderte Güter (t)	126 877 000	+ 6,6	1939
– Handelsschiffe/Seeschiffahrt (BRT)	4 346 000	+ 7,5	1.1.1939
Beförderte Güter (t)	49 946 000	– 15,7	1939
– Luftverkehr			
Beförderte Personen	275 501	– 12,0	1939
Beförderte Güter (t)	4 263	– 17,0	1939
Bildung			
– Schüler an Volksschulen/	7 929 977	–	1936
Mittelschulen	235 178	–	1936
Höheren Schulen	733 793[7]	–	1939
– Studenten	54 491	–	1939
Rundfunk			
– Hörfunkteilnehmer	12 431 721	+ 21,8	1939
Gesundheitswesen			
– Ärzte	47 832[3]	– 4,2	1939
– Zahnärzte	15 006	–	1939
– Krankenhäuser	4 861	– 1,4	1939
Sozialleistungen			
– Mitglieder der gesetzlichen Krankenversicherung	27 100 535	+ 130,0	1939
– Rentenbestand Rentenversicherung der Arbeiter	3 645 539[1]	–	1938
Rentenversicherung der Angestellten	463 092[1]	–	1938
Knappschaftliche Rentenversicherung	415 323[1]	–	1938
Empfänger von Arbeitslosengeld und -hilfe	153 895[3]	– 74,5	1939[8]
Sozialhilfe	1 599 848	+ 2,6	31. 3. 1939

[1] Deutsches Reich einschließlich Österreich, Sudeten- und Memelland sowie annektierte polnische Gebiete
[2] Gebietsstand: 17. 5. 1939 (Deutsches Reich einschließlich Österreich ohne Memelland)
[3] Gebietsstand: 31. 12. 1937
[4] Gebietsstand: 31. 12. 1937, ab 1. 9. 1939 ohne Sterbefälle von Wehrmachtsangehörigen
[5] Reichsgebiet Mitte 1939 (ohne Memelland)
[6] Gebietsstand: 31. 12. 1937 (einschließlich Memelland)
[7] Gebietsstand: 1. 4. 1939
[8] Jahresdurchschnitt

Erhebungsgegenstand	Wert	Vergleich Vorjahr (%)	Stand
Finanzen und Steuern			
– Schuldenlast des Staates (Mio. RM)	30676100	+ 60,6	31.3.1939
Löhne und Gehälter			
– Bruttostundenverdienst männlicher Facharbeiter (Rpf.)	79,1[1]	+ 0,4	1939[2]
weiblicher Arbeiter (Rpf.)	51,5[1]	± 0	1939[2]
Preise			
– Index der Einzelhandelspreise	101	+ 1,0	1939
– Einzelhandelspreise ausgewählter Lebensmittel (RM)			
Butter, 1 kg	3,16	+ 1,0	1939[3]
Weizenmehl, 1 kg	0,44	± 0	1939[3]
Schweinefleisch, 1 kg	1,63	± 0	1939[3]
Rindfleisch, 1 kg	1,67	± 0	1939[3]
Eier, 1 Stück	0,12	± 0	1939[3]
Kartoffeln, 5 kg	0,49	+ 2,1	1939[3]
Vollmilch, 1 l	0,23	± 0	1939[3]
Zucker, 1 kg	0,77	± 0	1939[3]
– Index der Lebenshaltungskosten für 5-Personen-Arbeitnehmer-Haushalt mit mittlerem Einkommen (1938 = 100)	101	+ 1,0	1939

Erhebungsgegenstand	Bremen	Berlin	Breslau	Aachen	Stuttgart	München
Klimatische Verhältnisse						
– Mittl. Lufttemperatur Januar (°C)	3,5	3,0	2,0	4,7	4,4	1,6
Februar	3,3	3,0	3,2	4,3	2,6	–0,4
März	3,2	2,2	1,4	3,5	3,0	0,7
April	8,4	9,5	10,4	9,5	10,6	9,8
Mai	12,0	11,8	11,5	11,6	11,0	10,0
Juni	16,8	17,6	17,7	16,8	17,4	16,5
Juli	17,5	18,6	19,0	17,2	17,8	17,1
August	18,0	19,1	19,2	17,5	18,1	17,0
September	14,3	14,3	13,8	14,0	13,7	12,4
Oktober	6,4	6,8	7,0	7,8	8,2	6,8
November	6,0	5,3	5,1	8,1	7,1	5,0
Dezember	–0,4	–1,3	–1,8	0,9	–0,4	–2,8
– Niederschlagsmengen Januar (mm)	65	57	32	81	65	43
Februar	21	20	21	26	19	28
März	60	76	64	87	88	83
April	106	34	22	78	62	13
Mai	36	56	145	43	130	216
Juni	19	57	61	7	41	131
Juli	115	80	101	83	115	128
August	109	73	88	51	53	90
September	32	74	100	44	127	176
Oktober	82	101	77	119	136	153
November	118	69	26	125	70	75
Dezember	46	46	55	48	31	46

Schweiz

Erhebungsgegenstand	Wert	Vergleich Vorjahr (%)	Stand
Fläche			
Fläche (km^2)	41294,9	– 0,0	1939
Bevölkerung			
Wohnbevölkerung	4198600[4]	+ 0,3	1939
– männlich	1958349	–	1930[5]
– weiblich	2108051	–	1930[5]
Einwohner je km^2	101,7	+ 0,3	1939
Ausländer	355522	–	1930
Privathaushalte	1002915	–	1930
Lebendgeborene	63837	+ 0,1	1939
Gestorbene	49484	+ 1,9	1939
Eheschließungen	31513	+ 1,6	1939
Ehescheidungen	2996	– 4,2	1939
Familienstand der Bevölkerung			
– Ledige insgesamt	2258337	–	1930[5]
männlich	1114709	–	1930[5]
weiblich	1143628	–	1930[5]
– Verheiratete	1530068	–	1930[5]
– Verwitwete und Geschiedene	277995	–	1930[5]
männlich	77253	–	1930[5]
weiblich	200742	–	1930[5]
Religionszugehörigkeit			
– Christen insgesamt	3996653	–	1930[5]
katholisch	1629043	–	1930[5]
evangelisch	2330303	–	1930[5]
sonstige	37307	–	1930[5]
– Juden	17973	–	1930[5]
– andere, ohne Konfession	51774	–	1930[5]
Altersgruppen			
unter 5 Jahren	325122	–	1930[5]
5 bis unter 10 Jahren	347651	–	1930[5]
10 bis unter 15 Jahren	325618	–	1930[5]
15 bis unter 20 Jahren	363122	–	1930[5]
20 bis unter 30 Jahren	730520	–	1930[5]
30 bis unter 40 Jahren	606450	–	1930[5]
40 bis unter 50 Jahren	502742	–	1930[5]
50 bis unter 60 Jahren	428653	–	1930[5]
60 bis unter 70 Jahren	280361	–	1930[5]
70 bis unter 80 Jahren	127329	–	1930[5]
80 und darüber	28832	–	1930[5]
Die zehn größten Städte			
– Zürich	333600[4]	+2,8	1939
– Basel	162600[4]	+0,4	1939
– Genf	123400[4]	+0,2	1939
– Bern	122400[4]	+1,1	1939
– Lausanne	90750[4]	+1,7	1939
– St. Gallen	63550[4]	+0,1	1939
– Winterthur	59000[4]	+0,9	1939
– Luzern	54650[4]	+1,6	1939
– Biel	40700[4]	+0,5	1939
– La Chaux-de-Fonds	30850[4]	–0,5	1939
Erwerbstätigkeit			
Erwerbstätige	1942626	–	1930
– männlich	1331358	–	1930
– weiblich	611268	–	1930
– nach Wirtschaftsbereichen			
Land- und Forstwirtschaft, Baugewerbe, Industrie und Handwerk	413336	–	1930[5]
Produzierendes Gewerbe	781581	–	1939
Handel und Verkehr	306650	–	1939
Sonstige	197108	–	1939
Ausländische Arbeitnehmer	210190	–	1930[1]
Arbeitslose	40324	– 38,5	1939
Betriebe			
– Landwirtschaftliche Betriebe	238481	–	1939
– Industrie und Handwerk	99686	–	1939
– Baugewerbe	16396	–	1939
– Handel, Gastgewerbe, Reiseverkehr	112750	–	1939

1) Facharbeiter/innen und angelernte Arbeiter/innen
2) Jahresdurchschnitt
3) Reichs- und Jahresdurchschnitt
4) Geschätzte mittlere Wohnbevölkerung
5) Letzte verfügbare Angabe (Volkszählung)

Erhebungsgegenstand	Wert	Vergleich Vorjahr (%)	Stand
Außenhandel			
– Einfuhr (Mio. sFr./RM)	1889 (1065)	+ 17,6	1939
– Ausfuhr (Mio. sFr./RM)	1297 (731)	– 1,4	1939
– Einfuhrüberschuß (Mio. sFr./RM)	592 (334)	+103,8	1939
Verkehr			
– SBB-Eisenbahnnetz (km)	2915	± 0,3	1939
Beförderte Personen (in 1000)	119123	+ 5,2	1939
Beförderte Güter (in 1000 t)	17066	+ 23,1	1939
– Straßennetz (km)	16372	+ 3,6	1939
– Bestand an Kraftfahrzeugen	100852	+ 3,6	1939
davon Pkw	77861	+ 3,9	1939
davon Lkw	20934	+ 2,4	1939
– Luftverkehr			
Beförderte Personen	62239	–	1939
Bildung			
– Schüler an Primarschulen	455561	– 1,0	1939/40
Sekundar- und untere Mittelschulen	73422	– 1,3	1939/40
Gymnasien obere Mittelschulen	12073	+ 1,8	1939/40
– Studenten	8971	– 5,9	1939/40
Rundfunk und Fernsehen			
– Hörfunkteilnehmer	593360	+ 8,2	1939
Gesundheitswesen			
– Ärzte	3488[1]	–	1939
– Zahnärzte	1425	+ 8,1	1939
– Krankenhäuser	543	+ 0,7	1939
Sozialleistungen			
– Mitglieder der gesetzlichen Krankenversicherung	2069276	+ 1,7	1939
Finanzen und Steuern			
– Gesamtausgaben des Bundes (Mio. sFr./RM)	633,3 (357,2)	+ 9,7	1939
– Gesamteinnahmen des Bundes (Mio. sFr./RM)	581,8 (328,1)	+ 7,9	1939
– Schuldenlast des Bundes (Mio. sFr./RM)	3085,3 (1724,9)	+ 12,0	1939
Löhne und Gehälter			
– Bruttostundenverdienst männlicher Arbeiter (sFr./RM)	1,37 (0,77)	± 0,0	1939
weiblicher Arbeiter (sFr./RM)	0,72 (0,41)	± 0,0	1939
– Index der realen Durchschnittsverdienste gelernter und angelernter Arbeiter (1939 = 100)	100	–	1939
Preise			
– Einzelhandelspreise ausgewählter Lebensmittel (sFr./RM)			
Butter, 1 kg	4,96 (2,80)	± 0,0	1939
Weizenmehl, 1 kg	0,49 (0,28)	– 5,8	1939
Schweinefleisch, 1 kg	3,51 (1,98)	+ 2,3	1939
Rindfleisch, 1 kg	2,84 (1,60)	– 1,0	1939
Eier, 1 Stück	0,13 (0,07)	± 0,0	1939
Kartoffeln, 1 kg	0,21 (0,12)	+ 16,7	1939
Vollmilch, 1 l	0,33 (0,19)	+ 3,1	1944
Zucker, 1 kg	0,56 (0,32)	+ 19,1	1939
– Index der Lebenshaltungskosten (1914 = 100)	138	+ 0,7	1939

Erhebungsgegenstand	Zürich	Basel	Bern	Genf	Davos	Lugano
Klimatische Verhältnisse						
– Mittl. Lufttemperatur						
Januar (°C)	2,2	3,2	0,4	3,4	– 4,1	2,6
Februar	1,6	2,1	0,6	2,5	– 3,6	4,8
März	2,4	2,9	1,5	3,3	– 5,3	5,5
April	10,4	10,0	9,5	10,5	4,0	11,9
Mai	10,0	10,5	9,3	10,9	4,5	12,7
Juni	16,6	17,2	15,6	17,3	11,2	18,6
Juli	17,1	17,1	16,2	18,4	11,7	20,1
August	17,8	17,9	16,9	18,5	12,1	19,7
September	13,4	13,5	12,6	14,7	7,9	16,5
Oktober	8,0	8,4	7,5	9,7	2,9	11,3
November	6,4	7,2	6,1	7,4	0,0	8,0
Dezember	– 0,7	– 0,3	– 0,8	1,2	– 6,7	2,2
– Niederschlagsmengen						
Januar (mm)	55	50	51	83	49	196
Februar	16	25	17	14	23	84
März	119	98	67	47	142	4
April	44	99	79	126	33	256
Mai	255	182	181	137	129	203
Juni	109	117	140	133	68	324
Juli	132	135	127	75	204	238
August	123	112	57	85	84	256
September	123	67	95	33	90	150
Oktober	217	215	174	172	117	113
November	101	64	80	93	199	134
Dezember	67	41	42	52	43	84
– Tage mit Schneefall	39	24	29	20	93	12
Gewitter	24	22	15	24	11	31
Nebel	23	33	59	13	7	9
hellem Wetter	22	24	25	39	40	89
trübem Wetter	191	191	188	169	164	118
– Sonnenscheindauer						
Januar (Std.)	60	55	53	63	75	97
Februar	91	117	104	81	128	151
März	85	81	111	159	109	202
April	150	120	149	174	177	154
Mai	71	76	85	165	81	116
Juni	208	186	187	244	171	206
Juli	237	214	239	293	210	258
August	203	177	194	246	170	202
September	123	124	127	163	140	158
Oktober	35	26	50	70	48	95
November	47	58	59	53	86	119
Dezember	34	50	34	47	77	79

[1] Praktizierende Ärzte

Die Regierungen des Deutschen Reichs, Österreichs und der Schweiz 1939

Neben den Staatsoberhäuptern des Deutschen Reichs, Österreichs und der Schweiz sind in der Zusammenstellung die einzelnen Kabinette des Jahres 1939 in chronologischer Reihenfolge enthalten. Hinter den Namen der wichtigsten Regierungsmitglieder steht in Klammern der Zeitraum ihrer Tätigkeit.

Deutsches Reich

Staatsform:
Nach dem Führergrundsatz aufgebauter Einheitsstaat (Diktatur)
Reichspräsident:
Adolf Hitler (NSDAP; 1934–1945)

Führer und Reichskanzler:
Adolf Hitler (NSDAP; 1933–1945)
Auswärtiges:
Joachim von Ribbentrop (NSDAP; 1938–1945)
Inneres:
Wilhelm Frick (NSDAP; 1933–1943)
Finanzen:
Johann Ludwig Graf Schwerin von Krosigk (parteilos; 1932–1945)
Wirtschaft:
Walther Funk (NSDAP; 1938–1945)
Arbeit:
Franz Seldte (NSDAP; 1933–1945)
Justiz:
Franz Gürtner (parteilos; 1933–1941)
Volksaufklärung und Propaganda:
Joseph Goebbels (NSDAP; 1933–1945)
Chef des OKW:
Wilhelm Keitel (1938–1945)
Oberbefehlshaber des Heeres (mit Kabinettsrang):
Walter von Brauchitsch (1938–1941)
Oberbefehlshaber der Kriegsmarine:
Erich Raeder (1936–1943)
Luftfahrt:
Hermann Göring (NSDAP; 1933–1945)
Oberbefehlshaber der Luftwaffe:
Hermann Göring (NSDAP; 1935–1945)
Forsten:
Hermann Göring (NSDAP; 1934–1945)
Post:
Wilhelm Ohnesorge (NSDAP; 1937–1945)
Verkehr:
Julius Dorpmüller (NSDAP; 1937–1945)
Ernährung:
Richard Walther Darré (NSDAP; 1933–1942)
Wissenschaft, Erziehung und Volksbildung:
Bernhard Rust (NSDAP; 1934–1945)
Kirchen:
Hanns Kerrl (NSDAP; 1935–1941)
Reichsminister (bis 1938: »ohne Geschäftsbereich«):
Rudolf Heß (NSDAP; 1933–1941),
Hans Frank (NSDAP; 1934–1945),
Hjalmar Schacht (parteilos; 1937–1943 bzw. 1944),
Konstantin Freiherr von Neurath (parteilos; 1938–1945)
Reichsminister bzw. Staatsminister und Chef der Präsidialkanzlei des Führers und Reichskanzlers:
Otto Meißner (NSDAP; 1937–1945)
Reichskommissar für den Arbeitsdienst:
Konstantin Hierl (NSDAP; 1934–1945)
Reichskommissar für den Sport:
Hans von Tschammer und Osten (NSDAP; 1933–1943)
Reichskommissar für die Rückgliederung des Saargebiets:
Josef Bürckel (NSDAP; 1935–1941)
Reichskommissar für die Wiedereingliederung Österreichs:
Josef Bürckel (NSDAP; 1938–1. 5. 1939)
Reichskommissar für Sudetendeutschland:
Konrad Henlein (NSDAP; 1938–1. 5. 1939)
Chef der Reichskanzlei (Minister):
Hans Heinrich Lammers (NSDAP; 1933–1945)
Reichspressechef:
Otto Dietrich (NSDAP; 1938–1945)

Die Reichsstatthalter
Anhalt und Braunschweig:
Rudolf Jordan (1937–1945)
Baden:
Robert Wagner (1933–1945)
Bayern:
Franz Ritter von Epp (1933–1945)
Danzig-Westpreußen:
Albert Forster (1. 9. 1939–1945)
Hamburg:
Karl Kaufmann (1933–1945)
Hessen:
Jakob Sprenger (1933–1945)
Lippe und Schaumburg-Lippe:
Alfred Meyer (1933–1945)
Mecklenburg und Lübeck:
Friedrich Hildebrandt (1933–1945)
Oldenburg und Bremen:
Karl Röver (1933–1942)
Österreich:
Arthur Seyß-Inquart (1938–30. 4. 1939)
Posen:
Arthur Greiser (23. 10. 1939–1945)
Preußen:
Adolf Hitler (1933–1945; mit der Ausübung der Geschäfte ist von 1935 bis 1945 Hermann Göring beauftragt)
Sachsen:
Martin Mutschmann (1933–1945)
Sudetenland:
Konrad Henlein (1. 5. 1939–1945)
Thüringen:
Fritz Sauckel (1933–1945)
Württemberg:
Wilhelm Murr (1933–1945)

Österreich

Staatsform:
Österreich wurde 1938 dem Deutschen Reich eingegliedert. Am 1. Mai 1939 wird die österreichische Landesregierung aufgelöst. Die Gaue Wien, Niederdonau, Oberdonau, Salzburg, Steiermark, Kärnten, Tirol werden Reichsgaue mit eigenen Reichsstatthaltern, Vorarlberg wird Verwaltungsgebiet.

Kabinett Seyß-Inquart *(1938–30. 4. 1939):*
Ministerpräsident als Reichsstatthalter:
Arthur Seyß-Inqaurt (1938–30. 4. 1939)
Inneres und Unterricht:
Arthur Seyß-Inquart (1938–30. 4. 1939)
Vertreter des Reichsstatthalters als Früher der Landesregierung und Innenminister:
Hubert Klausner (1938–12. 2. 1939)
Leiter der inneren Verwaltung (Staatssekretär:
Gustav Waechter (1938–30. 4. 1939)
Leiter der Abteilung Erziehung, Unterricht und Volksbildung:
Friedrich Plattner (1938–30. 4. 1939)
Leiter der Abteilung Propaganda, Kunst und Werbung:
Kajetan Mühlmann (1938–30. 4. 1939)
Leiter der Polizei:
Ernst Kaltenbrunner (NSDAP: 1938–30. 4. 1939)
Justiz:
Franz Hueber (1938–8. 4. 1939)
Leiter der Abteilung Rechtsangleichung:
Friedrich Wimmer (1938–30. 4. 1939)
Finanzen:
Hans Fischböck (1938–30. 4. 1939)
Handel:
Hans Fischböck (1938–30. 4. 1939)
Landwirtschaft:
Anton Reintaller (1938–30. 4. 1939)

Schweiz

Staatsform:
Republikanischer Bundesstaat
Bundespräsident:
Philipp Etter (katholisch-konservativ

Politisches Departement (Äußeres):
Giuseppe Motta (katholisch-konservativ; 1920–1940)
Departement des Inneren:
Philipp Etter (katholisch-konservativ; 1934–1959)
Justiz und Polizei:
Johannes Baumann (freisinnig; 1934–1940)
Finanzen und Zölle:
Ernst Wetter (freisinnig; 1938–1943)
Militär-Departement:
Rudolf Minger (BGB; 1929–1940)
Volkswirtschaftliches Departement:
Hermann Obrecht (freisinnig; 1935–1940)
Post- und Eisenbahn-Departement:
Marcel Pilet-Golaz (freisinnig; 1930–1940)

Staatsoberhäupter und Regierungen ausgewählter Länder 1939

Die Einträge zu den wichtigsten Ländern des Jahres 1939 informieren über die Staatsform (hinter dem Ländernamen), Titel und Namen des Staatsoberhaupts sowie in Klammern dessen Regierungszeit. Es folgen – soweit vorhanden – die Regierungschefs, bei wichtigeren Ländern auch die Außenminister des Jahres 1939; jeweils in Klammern stehen die Zeiträume der Amtsausübung. Eine Kurzdarstellung gibt – wo es sinnvoll erscheint – einen Einblick in die innen- und außenpolitische Situation des Landes. Über bewaffnete Konflikte und Unruhegebiete, auf die hier nicht näher eingegangen wird, informiert der Anhang »Kriege und Krisenherde des Jahres 1939« gesondert.

Abessinien (Äthiopien): Italienisches Vizekönigreich
(*Kaiser:* Haile Selassie I.; 1930–1936, 1941–1974)
Kaiser: König Viktor Emanuel III. von Italien (Kaiser während der Annexion des Landes durch Italien 1936–1941)
Vizekönig: Amadeus Herzog von Aosta (1937–1940)
Abessinien (Äthiopien), italienisches Vizekönigreich, ist seit 1936 mit Eritrea und Italienisch-Somaliland zur Großkolonie Italienisch-Ostafrika vereinigt.

Afghanistan: Königreich
König: Mohammed Sahir (1933–1973)
Ministerpräsident: Sardar Muhammad Haschim Khan (1929–1946)

Ägypten: Königreich
König: Faruk I. (1936–1952)
Ministerpräsident: Muhammad Mahmud Pascha (1928/29, 1937–12.8.1939), Ali Mahir Pascha (1936, 18.8.1939–1940, 1952, 1952)
Britischer Botschafter: Miles Wedderburn Lampson (1936–1946, zuvor britischer Oberkommissar 1933–1936)

Albanien: Königreich
König: Zogu I. (1928–8.4.1939)
Ministerpräsident: Konstantin Kotta (1928–1930, 1936–8.4.1939), Sefket Verlaxhi (1924, 12.4.1939–1941)
Am 7. April besetzen italienische Truppen Albanien, König Zogu flieht ins Ausland. Am 12. April beschließt eine neu konstituierte italienfreundliche Nationalversammlung in Tirana die Vereinigung mit Italien in Personalunion.

Algerien: Französisches Nebenland
Generalgouverneur: Georges Le Beau (1935–1940)
Algerien ist ein politisch und wirtschaftlich dem Mutterland angegliedertes französisches Nebenland, das dem französischen Innenministerium untersteht.

Annam: Kaiserreich
Kaiser: Bao-Đai (1925–1945, danach Staatschef von Vietnam 1945/48/49–1955)
Annam ist als Kaiserreich unter französischem Protektorat Teil der Indochinesischen Union.

Argentinien: Bundesrepublik
Präsident: Roberto M. Ortiz (1938–1942

Australien: Bundesstaat im Britischen Empire
Premierminister: Joseph Aloys Lyons (1931–7.4.1939), Earle Page (vorläufig: 7.–17.4.1939), Robert Gordon Menzies (21.4.1939–1941, 1949–1966)
Britischer Generalgouverneur: Alexander Gore Arkwright Hore-Ruthven, 1. Baron Gowrie of Canberra and of Orleton (1936–1944)
Australien tritt am 3. September 1939 in den Krieg gegen das Deutsche Reich ein.

Belgien: Königreich
König: Leopold III (1934–1951)
Ministerpräsident: Paul Henri Spaak (Sozialist; 1938–9.2.1939, 1946, 1947–1949), Hubert Graf Pierlot (katholisch; 21.2.1939–1945, ab 25.5.1940 in Vichy, ab 20.9.1940 in London)
Außenminister: Paul Henri Spaak (1936–9. 2. 1939, 4. 9. 1939–1944, 1944–1949, 1954–1957, 1961–1966), Hubert Graf Pierlot (18. 4. – 4. 9. 1939)

Bhutan: Königreich
König: Jigme Wangchuk (1926–1952)
Das Land erkennt die britisch-indische Vormacht an (Kontrolle der Außenpolitik), regelt seine inneren Angelegenheiten jedoch selbständig.

Birma: Britische Kronkolonie
Generalgouverneur: Archibald Douglas Cochrane (1936–1941)

Bolivien: Diktatur/Republik
Militärdiktator: Oberst German Busch Becerra (1937–23. 8. 1939)
Vorläufiger Präsident: Carlos Quintanilla (23. 8. 1939–1940)

Brasilien: Diktatur
Präsident: Getulio Dornelles Vargas (1930–1945, 1951–1954)
Außenminister: Osvaldo Aranha (1938–1944)

Bulgarien: Königreich/Diktatur
König: Boris III. (1918–1943)
Ministerpräsident: Georg Kiosse-Kwanow (1935–1940, Außenminister 1935–1940)

Chile: Republik
Präsident: Pedro Aguirre Cerda (1938–1941)

China: Republik
Präsident: Lin Sen (1932–1943)
China und Japan befinden sich seit 1937 im Kriegszustand (siehe Anhang Kriege und Krisenherde).

Costa Rica: Republik
Präsident: León Cortés Castro (1936–1940)

Dänemark: Königreich
König: Christian X. (1912–1947)
Ministerpräsident: Thorvald Stauning (1924–1926, 1929–1942)
Außenminister: Peter R. Munch (1929–1940)

Danzig: Freie Stadt/ dem Deutschen Reich eingegliedert
Völkerbundskommissar: Carl Jacob Burckhardt (Schweizer; 1937–1. 9. 1939)
Senatspräsident: Artur Greiser (NSDAP, 1934–1. 9. 1939)
Die zum polnischen Zollgebiet gehörende Freie Stadt Danzig wird auch außenpolitisch von Polen vertreten. Mit Kriegsbeginn am 1. September wird Danzig dem Deutschen Reich eingegliedert (1945 polnisch).

Dominikanische Republik: Diktatur (Republik)
Präsident: Jacinto Bienvenudo Peynado (1938–1940)

Ecuador: Republik
Präsident: Aurelio Mosquera Nerváez (1938–19. 11. 1939), Carlos Alberto Arroyo del Rio (beauftragt: 16./19. 11.–11. 12. 1939, 1940–1944), Andrés F. Córdova (vorläufig: 11. 12. 1939–1940)

El Salvador: Republik/Diktatur
Präsident: Maximiliano Hernández Martínez (1932–1944)

Estland: Republik
Staatspräsident: Konstantin Päts (1938–1940)
Ministerpräsident: Karl Eenpalu bzw. Einbund (1932, 1938–1940)

Finnland: Republik
Präsident: Kyösti Kallio (1937–1940, zuvor Ministerpräsident 1922, 1925/26, 1929/30, 1936/37)
Ministerpräsident: Aimo Cajander (1922, 1924, 1937–1. 12. 1939), Risto Heikki Ryti (1. 12. 1939–1940)
Am 30. November beginnt der Finnisch-Sowjetische Winterkrieg (siehe Kriege und Krisenherde).

Frankreich: Republik
Präsident: Albert Lebrun (1932–1940)
3. Kabinett Daladier (1938–1940):
Ministerpräsident: Édouard Daladier (1933, 1934, 1938–1940)
Außenminister: Georges Bonnet (1938–13. 9. 1939), Édouard Daladier (1934, 1938, 13. 9. 1939–1940)
Frankreich erklärt dem Deutschen Reich am 3. September den Krieg.

Griechenland: Königreich/Diktatur
König: Georg II. (1922–1924, 1935–1947)
Ministerpräsident/Diktator und Außenminister: Ioannis Metaxas (1936–1941)

Großbritannien: Königreich
König: Georg VI. (1936–1952)
Premierminister: Arthur Neville Chamberlain (konservativ; 1937–1940)
Außenminister: Edward Frederick Lindley Wood Halifax (1938–1940)
Großbritannien erklärt dem Deutschen Reich gemäß seinen Bündnisverpflichtungen am 3. September den Krieg.

Guatemala: Diktatur
Präsident: Jorge Ubico Costaneda (1931–1944)

Haiti: Republik
Präsident: Stenio Vincent (1930–1941)

Hatay: Republik/Teil der Türkei
Präsident: Tayfur Sökmen (1938–21. 7. 1939)
Hatay, seit 1920 als autonomer Sandschak Alexandrette (heute: Iskenderun) zum französischen Mandat Syrien gehörig, bildet 1938 die kurzlebige Republik Hatay und wird am 21. Juli 1939 der Türkei einverleibt.

Honduras: Diktatur
Präsident: Tiburcio Carias Andino (1933–1948)

Indien (Britisch-Indien): Britisches Vizekönigreich
Vizekönig: Victor Alexander John Hope Marquess of Linlithgow (1936–1943)

Indochinesische Union
Generalgouverneur: Jules Brevié (1936 bis August 1939), Georges Catroux (vorläufig: 20. 8. 1939–1940)
Die französischen Protektorate Annam, Tonkin, Kambodscha und die Kolonie Kotschinchina sind seit 1887 zur Indochinesischen Union vereinigt. 1893 kam Laos hinzu.

Irak: Königreich
König: Ghasi I. (1933–4. 4. 1939), Faisal II. (4. 4. 1939–1958)
Ministerpräsident: Nuri As Said (1930, 1930–1932, 1938–5. 4. 1939, 6. 4. 1939–1940, 1940, 1941/42, 1942/43, 1943/44, 1946/47, 1949, 1950–1952, 1954/55, 1955–1957, 1958)

Iran: Kaiserreich
Schah: Resa Pahlawi (1925–1941)
Ministerpräsident: Mahmud Dscham (1935–26. 10. 1939, Matin Daftari (26. 10. 1939–1940)

Irland (Eire): Republik
Irland ist Freistaat innerhalb des British Commonwealth
Präsident: Douglas Hyde (1938–1945)
Premierminister: Eamon de Valera (Fianna Fáil: 1921–1922, 1932–1948, 1951–1954, 1957–1959)

Island: Republik (Personalunion mit Dänemark bis 1944)
Ministerpräsident: Hermann Jonasson (1934–1942)

Italien: Königreich/Diktatur
König: Viktor Emanuel III. (1900–1946, 1936–1941 zugleich Kaiser von Äthiopien und König von Albanien)
Ministerpräsident und Duce: Benito Mussolini (1922–1943, 1943–1944); Außenminister 1922–1929, 1932–1936, 1943; Innenminister 1922–1924, 1926–1943; Kriegsminister 1933–1943; Marineminister 1933–1943; Luftfahrtminister 1933–1943
Außenminister: Galeazzo Ciano, Graf von Cortellazzo (1936–1943)
Italien erklärt sich einen Tag nach dem deutschen Überfall auf Polen am 2. September als »nicht kriegführend«.

Japan: Kaiserreich
Kaiser: Hirohito (seit 1926)
Ministerpräsident: Fumimaro Fürst Konoe (1937–4. 1. 1939), Kiichiro Freiherr Hiranuma (5. 1.–27. 8. 1939), Noboyuki Abe (30. 8. 1939–1940)
Japan befindet sich seit 1937 mit China im Kriegszustand (siehe Anhang Kriege und Krisenherde).

Jemen (Sana): Königreich
König: Hamid Ad Din Jahja (1918–1948, davor Imam 1904–1918)

Jordanien: Siehe Transjordanien

Jugoslawien: Königreich
König: Peter II. (1934–1941)
Regent: Prinz Paul (1934–1941)
Ministerpräsident und Außenminister: Milan Stojadinović (1935–4. 2. 1939), Dragiša Cvetković (5. 2. 1939–1941)

Kambodscha: Königreich
König: Sisovath Monivong (1927/28–1941)
Das Königreich Kambodscha ist ein zur Indochinesischen Union gehörendes französisches Protektorat.

Kanada: Parlamentarische Monarchie im British Commonwealth
Premier- und Außenminister: William Lyon Mackenzie King (liberal; 1921–1926, 1926–1930, 1935–1948)
Kanada tritt am 10. September in den Krieg gegen das Deutsche Reich ein.

Karpato-Ukraine: Republik/ Von Ungarn annektiert
Präsident: Augustin Woloschin (14./15. 3. 1939)
Ministerpräsident: Augustin Woloschin (1938–15. 3. 1939)
Mit der beginnenden Auflösung der Tschechoslowakei durch das Münchner Abkommen von 1938 wurde die Karpato-Ukraine autonome Republik. Dem Gebiet, das seit dem Mittelalter zu Ungarn gehört hatte, war schon 1919 der Status als selbständiges »Karpato-Rußland« innerhalb der tschechoslowakischen Republik zugesprochen, aber niemals tatsächlich gewährt worden.
Nach dem Ersten Wiener Schiedsspruch (2. 11. 1938) sollte der südliche, vor allem ungarisch bevölkerte Teil der Karpato-Ukraine wieder an Ungarn fallen; am 15. 3. 1939 annektiert Ungarn das gesamte Gebiet.

Katalonien: Republik/Teil Spaniens
Präsident: Luis Companys y Jover (1934, 1936–5. 2. 1939, Flucht nach Frankreich)
Am Ende des Spanischen Bürgerkriegs erobern die nationalistischen Falange-Truppen unter Francisco Franco Bahamonde Katalonien.

Kirchenstaat: Siehe Vatikanstadt

Kolumbien: Republik
Präsident: Eduardo Santos (1938–1942)

Korea: Japanisches Generalgouvernement Chosen (1910–1945)
Generalgouverneur: Jiro Minami (1936–1942)

Kuba: Republik
Präsident: Federico Laredo Brú (1936–1940)

Kuwait: Emirat unter britischem Protektorat
Emir: Scheich Ahmad (1921–1950)

Laos: Königreich
König: Sisavong Vong (1904–1959)
Laos gehört als französisches Protektorat seit 1893 zur Indochinesischen Union.

Lettland: Diktatur
Ministerpräsident: Karlis Ulmanis (1934–1940) und Staatspräsident 1936–1940)

Libanon: Französisches Völkerbundsmandat
Präsident: Emile Eddeh (1936–1941)

Liberia: Republik
Präsident: Edwin J. Barclay (1930–1943)

Liechtenstein: Fürstentum
Fürst: Franz Joseph II. (seit 1938)

Litauen: Diktatur
Diktator: Anton Smetona (1919–1922, 1926–1940)
Ministerpräsident: Vladas Mironas (1938, 1938–27. 3. 1939), Johannes Cernius (28. 3.–21. 11. 1939), Anton Merkys (21. 11. 1939–1940)

Luxemburg: Großherzogtum
Großherzogin: Charlotte (1919–1964)
Ministerpräsident: Pierre Dupong (1937–1953)
Außenminister: Joseph Bech (1937–1958)

Mandschukuo: Kaiserreich
Kaiser: Engk'e Erdemtü (1932/34–1945, als P'u I letzter Kaiser von China 1908–1912)
Das Kaiserreich Mandschukuo steht unter japanischem Protektorat.

Marokko: Sultanat
Sultan: Sidi Muhammad V. (1927–1955, 1955–1957, König des unabhängigen Marokko 1957–1961)
Großwesir: Muhammad al-Muqri (1917–1955)
Französischer Resident: Auguste Noges (1936–1943)
Das Sultanat Marokko steht unter französischem Protektorat.

Memelgebiet: Teil Litauens mit Autonomiestatus/dem Deutschen Reich eingegliedert (1924–23. 3. 1939)
Landespräsident: August Baldschus (1935–23. 3. 1939)
Am 23. März wird das Memelgebiet dem Deutschen Reich eingegliedert.

Mexiko: Bundesrepublik
Präsident: Lázaro Cárdenas (1934–1940)

Monaco: Fürstentum
Fürst: Ludwig II. (1922–1949)

Mongolische Volksrepublik: Volksrepublik
Präsident: Amor Gochighigin Bumatsende (1934–1953)
Ministerpräsident: Korlin Tschoibalsan (1924–1952)
In den Jahren 1937 bis 1939 kommt es zu politischen Säuberungsmaßnahmen, bei denen die lamaistische Kirche entmachtet wird. – Von 1937 bis 1945 sind Teile der Inneren Mongolei unter japanischem Einfluß als Innermongolische Föderation autonom.

Nepal: Königreich
König: Tribhuvana (1911–1950, 1952/53)
Ministerpräsident: Maharadscha Sri Dschuddha Schamscher Rana (1931–1945)

Neuseeland: Dominion im British Commonwealth
Premierminister: Michael Joseph Savage (1935–1940)
Britischer Generalgouverneur: George Vere Arundell Monckton-Arundell Galway (1935–1940)
Am 3. September tritt Neuseeland in den Krieg gegen das Deutsche Reich ein.

Nicaragua: Republik
Präsident: Anastasio Somoza García (1937–1947, 1950–1956, ab 1944 als Diktator)

Niederlande: Königreich
Königin: Wilhelmina (1890–1948)
Ministerpräsident: Hendrikus Colijn (1925, 1933–27. 7. 1939), Dirk Jan de Geer (1926–1929, 9. 8. 1939–1940, ab Mai 1940 im Exil in London)
Außenminister: Jacob Adriaan Nicolaas Patijn (1937–27. 7. 1939), Eelco Nicolaas van Kleffens (10. 8. 1939–1946, ab Mai 1940 im Exil in London)

Nordirland: Teil von Großbritannien
Ministerpräsident: James Craig Viscount Craigavon (1921–1940)

Norwegen: Königreich
König: Håkon VII. (1905–1957)
Ministerpräsident: Johan Nygaardsvold (1935–1940)

Oman: Sultanat
Sultan: Said bin Taimur (1932–1970)

Palästina: Britisches Völkerbundsmandat
Oberkommissar: Harold MacMichael (1938–1944)
Die Araber, die 1937 vergeblich versucht haben, ihre Forderung nach einem totalen Einwanderungsstopp für Juden durch einen Generalstreik durchzusetzen, führen einen Guerillakrieg, der mit Unterbrechungen bis 1939 andauert.

Panama: Republik
Präsident: Juan Demóstenes Arosemena (1936–16. 12. 1939), Augusto Boyd (18. 12. 1939–1940)

Papst: Siehe Vatikanstadt

Paraguay: Republik
Präsident: Félix Paiva (1921, 1937–15. 8. 1939), José Félix Estigarribia (15. 8. 1939–1940)

Persien: Siehe Iran

Peru: Republik (Diktatur)
Präsident: General Oscar Raimundo Benavides (1933–8. 12. 1939), Manuel Prado y Ugarteche (8. 12. 1939–1945)

Philippinen: Gouvernement der USA mit beschränkter Autonomie
Präsident: Manuel Luis Quezón y Molina (1935–1942/44)
US-Oberkommissar: Paul Vories McNutt (1937–1939), Francis Bowes Sayre (1939–1941)

Polen: Republik (autoritär regierter Staat)
Präsident: Ignacy Mościcki (1926–18. 9. 1939)
Generalbstabschef und Staatsführer: Edward Rydz-Smigły (1936–18. 9. 1939, zugleich Generalinspekteur 1935–1939)
Ministerpräsident: Felizian Slowoj-Skladkowski (1936–17. 9. 1939)
Außenminister: Józef Beck (1935–17. 9. 1939)
Ministerpräsident der Exilregierung in London: Władysław Eugeniusz Sikorski (30. 9. 1939–1943)
Am 1. September beginnt der deutsche Einmarsch in Polen.

Portugal: Diktatur
Präsident: António Óscar de Fragoso Carmona (1926–1951)
Ministerpräsident: António de Oliveira Salazar (1932–1968)
Außenminister: António de Oliveira Salazar (1936–1947)

Rumänien: Königreich
König: Karl II. (1930–1940)
Ministerpräsident: Patriarch Cristea Miron (1938–6. 3. 1939), Armand Călinescu (6. 3.–21. 9. 1939), Argesanu (21.–28. 9. 1939), Konstantin Argetoianu (28. 9.–23. 11. 1939), Gheorge Tătărăscu (1934–1937, 24. 11. 1939–1940)
Außenminister: Grigore Gafencu (1932, 1938–1940)

Sansibar: Sultanat unter britischem Protektorat
Sultan: Chalifa II. (1911–1960)

Saudi-Arabien: Königreich
König: Saud Ibn Abd Al Asis (1932–1953)

Schweden: Königreich
König: Gustav V. (1907–1950)
Ministerpräsident: Per Albin Hansson (Sozialist; 1932–1936, 1936–1946)
Außenminister: Rickard Johannes Sandler (1932–13. 12. 1939), Christian Günther (13. 12. 1939–1945)

Siam: Siehe Thailand

Slowakei: Republik
Staatspräsident: Jozef Tiso (26. 10. 1939–1945)
Ministerpräsident: Jozef Tiso (14. 3.–26. 10. 1939), Vojtech Tuka (29. 10. 1939–1944)
Die Slowakei konstituiert sich am 14. März 1939 als selbständiger Staat auf dem Territorium der in Auflösung befindlichen Tschechoslowakei und stellt sich unter den Schutz des Deutschen Reiches.

Sowjetunion: Siehe UdSSR

Spanien: Republik
Präsident: Manuel Azaña y Díaz (1936–5.2.1939, Flucht nach Frankreich)
Ministerpräsident: Juan Negrín (1937–5.2. bzw. 5.3.1939)
Präsident der »Nationalen« Gegenregierung bzw. Nationaler Staatspräsident (ab 1936) und Vorsitzender des Ministeriums: Francisco Franco Bahamonde (1936–1975). Am 1. April erklärt Francisco Franco Bahamonde den seit 1936 zwischen Sozialisten und Faschisten tobenden Bürgerkrieg für beendet.

Südafrikanische Union: Dominion im British Commonwealth
Ministerpräsident und Außenminister: James Barry Munnick Hertzog (1924–7.9.1939), Jan Christiaan Smuts (1919–1924, 7.9.1939–1948)
Generalgouverneur: Patrick Duncan (1937–1943)

Syrien: Französisches Völkerbundsmandat
Präsident: Haschim Bey al-Atasi (1936–7.7.1939), vom 7. Juli 1939 bis 1941 wird Syrien unmittelbar durch die französischen Oberkommissare verwaltet.
Ministerpräsident: Dschamil Mardam Bey (1936–1939)
Französischer Oberkommissar: Gabriel Puaux (5.1.–3.9.1939), Maxime Weygand (1923/24, 3.9.1939–1940)

Thailand (bis 1939: Siam): Königreich
König: Rama VIII. (1935–1946)
Ministerpräsident: Marschall Luang Pibul Songgram (1938–1944, 1948–1957)

Tibet: Autonomer Staat unter der Herrschaft eines Dalai-Lama
14. Dalai-Lama: Tenzin Gjatso (1935 geboren und gefunden, am 8. Oktober 1939 inthronisiert, im Exil ab 1950)
7. Pantschen-Lama: Tschökji Gjaltsen (ab 1938)

Transjordanien: Emirat unter britischem Protektorat
Emir: Abd Allah Ibn Al Husain (1921–1946, König 1946–1951)
Ministerpräsident: Taufik Pascha Abu 'l-Huda (6.8.1939–1945, 1948–1950)

Tschechoslowakei: Republik/ Deutsches Reichsprotektorat
Präsident: Emil Hácha (1938–1945)
Reichsprotektor: Konstantin Freiherr von Neurath (18.3./15.4.1939–1941)
Ministerpräsident: Rudolf Beran (1938–13.3.1939), Alois Eliáš (27.4.1939–1941)
Am 16. März verkündet das Deutsche Reich den Erlaß über das Reichsprotektorat Böhmen und Mähren. Siehe auch: Slowakei

Tunesien: Französisches Protektorat
Bei: Ahmad II. (1929–1942)
Französischer Generalresident: Eirik Labonne (1938–1940)

Türkei: Republik
Präsident: Mustafa Ismet Pascha, seit 1934 genannt Ismet Inönü (1938–1950, zuvor Ministerpräsident (1923–1937)
Ministerpräsident: Mahmut Celâl Bayar (1937–25.1.1939), Refik Saydam (25.1.1939–1942)
Außenminister: Sükrü Saracoglu (1938–1942, 1944)

UdSSR: Republik
Parteichef: Josef W. Stalin (1922–1953)
Präsident (Vorsitzender des Präsidiums des Obersten Sowjets): Michail I. Kalinin (1919/1923–1946)
Ministerpräsident (Vorsitzender des Rates der Volkskommissare): Wjatscheslaw M. Molotow (1930–1941)
Außenminister: Maxim M. Litwinow (1930–3.5.1939), Wjatscheslaw M. Molotow (3.5.1939–1949)
Verteidigung: Kliment J. Woroschilow (1925–1940)

Ungarn: (Monarchie) Diktatur
(König:) Otto II. (1922–1944/45) lebt in Bayern, nachdem sein Vater, König Karl IV. († 1922), 1921 zweimal an der Rückkehr nach Ungarn gehindert worden ist. 1921 hat die Nationalversammlung die Thronenthebung der Habsburger ausgesprochen.
Reichsverweser (Diktator): Miklós Horthy (1920–1944)
Ministerpräsident: Béla Imrédy (1938–15.2.1939), Pál Graf Teleki (1920/21, 16.2.1939–1941)

Uruguay: Republik
Präsident: Alfredo Baldomir (1938–1943)

USA: Bundesrepublik
32. Präsident: Franklin Delano Roosevelt (Demokrat; 1933–1945)
Vizepräsident: John Nance Garner (1933–1941)
Außenminister: Cordell Hull (1933–1944)

Vatikanstadt: Absolute Monarchie
Papst: Pius XI. (1922–10.2.1939), Pius XII. (2.3.1939–1958)
Kardinalstaatssekretär: Eugenio Pacelli (1930–1939, danach als Pius XII. Papst bis 1958), Luigi Maglione (11.3.1939–1944)

Venezuela: Republik
Präsident: Eleazar López Contreras (1936–1941)

Kriege und Krisenherde des Jahres 1939

Die herausragenden politischen und militärischen Krisensituationen des Jahres 1939 werden – alphabetisch nach Ländern geordnet – im Überblick dargestellt. Internationale Kriege und Krisenherde sind dem alphabetischen Länderverzeichnis vorangestellt.

Zweiter Weltkrieg

Die nationale und internationale Politik stehen 1939 im Zeichen des Zweiten Weltkriegs. Folgende Staaten treten 1939 in den Krieg ein:

Deutsches Reich (1.9.)
Polen (1.9.)
Großbritannien (3.9.)
Australien (3.9.)
Britisch-Indien (3.9.)
Neuseeland (3.9.)
Frankreich (3.9.)
Südafrikanische Union (6.9.)
Kanada (10.9.)

Deutscher Einmarsch in Polen
Am 1. September 1939 um 4.45 Uhr beginnen Einheiten der deutschen Wehrmacht mit dem lange geplanten Einmarsch in Polen. Mit zwei Heeresgruppen stoßen die deutschen Armeen von Ostpreußen und Schlesien aus nach Süden bzw. Osten vor mit dem Ziel, die Masse des polnischen Heeres im Weichselbogen einzuschließen.
Die deutsche Bevölkerung erfährt am frühen Morgen über den Rundfunk vom Ausbruch des Krieges. Um 10 Uhr gibt Führer und Reichskanzler Adolf Hitler – zum ersten Mal in feldgrauer Uniform – offiziell vor dem in der Berliner Krolloper versammelten Reichstag die Eröffnung des Krieges gegen Polen bekannt: »Seit 5 Uhr 45 wird zurückgeschossen! Von jetzt ab wird Bombe mit Bombe vergolten ... Ich habe damit wieder jenen Rock angezogen, der mir selber das Heiligste und Teuerste war! Ich werde ihn nur ausziehen nach dem Sieg oder – ich werde dieses Ende nicht erleben!«
Am 31. August hatte Hitler den Einmarschbefehl gegeben. In der Nacht vom 31. August auf den 1. September ließ er unter Federführung von SS-Gruppenführer Reinhard Heydrich einen Kriegsanlaß inszenieren. 150 polnisch sprechende SS-Männer überfielen zwei schlesische Zollstationen und den deutschen Sender Gleiwitz. So sollte der Weltöffentlichkeit glaubhaft gemacht werden, daß der deutsche Überfall auf Polen lediglich ein Gegenangriff sei.

Westfront: »Drôle de guerre«
Nach Ablauf eines Ultimatums, die deutschen Truppen aus Polen zurückzuziehen, erklären am 3. September Großbritannien und Frankreich dem Deutschen Reich den Krieg. Noch am selben Tag folgen die Kriegserklärungen Australiens, Britisch-Indiens und Neuseelands. Am 6. September folgt die Südafrikanische Union, am 10. September Kanada.
Trotz dieser Kriegserklärungen unternehmen die Westmächte auf dem europäischen Kontinent keine wirksamen Kampfhandlungen zur Unterstützung des polnischen Verbündeten.
Bereits am 3. September beginnt hingegen der Seekrieg. Ein deutsches U-Boot versenkt den britischen Dampfer »Athenia«, 112 Menschen kommen ums Leben, darunter 28 US-Bürger. Bis Ende September versenken deutsche U-Boote in der Nordsee und im Atlantik 48 alliierte Handelsschiffe.
Am 3. September beginnen die deutschen Seestreitkräfte auch mit der Auslegung von Minensperren vor der Ostküste Großbritanniens.
Am 4. September greifen Flugzeuge der britischen Royal Air Force deutsche Kriegsschiffe vor Wilhelmshaven und Cuxhaven an. Am 7. September beginnt die französische Armee eine halbherzige Offensive im Vorfeld des Westwalls (Raum Saarlouis, Saarbrücken, Zweibrücken).

USA erklären Neutralität
Nach dem Ausbruch des Krieges in Europa proklamiert US-Präsident Franklin Delano Roosevelt am 5. September 1939 die Neutralität der Vereinigten Staaten. Im Gegensatz zur Mehrheit beider Häuser des US-Kongresses, in denen die Republikaner seit den Wahlen von 1938 über eine gestärkte Position, wenn auch nicht über die absolute Mehrheit verfügen, befürwortet der Demokrat Roosevelt ein Eingreifen der USA. Vor der offiziellen Neutralitätserklärung hatte Roosevelt öffentlich erklärt, die USA seien zwar eine neutrale Nation, man könne jedoch nicht erwarten, daß jeder Amerikaner auch in Gedanken neutral bleibe.

Sowjetischer Einmarsch in Polen
Am 17. September 1939 marschieren sowjetische Truppen in die Ostprovinzen Polens ein, während die polnische Regierung auf rumänisches Territorium flieht und dort interniert wird. Einen Tag später treffen deutsche und sowjetische Truppen bei Brest (bis 1921: Brest-Litowsk) zusammen. Die deutsche Wehrmacht zieht sich von bereits okkupiertem Gebiet auf die Narew-Weichsel-Linie zurück, die in einem geheimen Zusatzprotokoll zum Deutsch-Sowjetischen Nichtangriffspakt vom 23. August 1939 vereinbart worden ist. In Estland, Lettland und Litauen werden sowjetische Truppen stationiert.

Teilung Polens
Am 28. September 1939, einen Tag nach der Kapitulation Warschaus vor der deutschen Wehrmacht, unterzeichnen in Moskau der deutsche Außenminister Joachim von Ribbentrop und sein sowjetischer Amtskollege Wjatscheslaw M. Molotow einen deutsch-sowjetischen Grenz- und Freundschaftsvertrag, der in einem geheimen Zusatzabkommen die Demarkationslinie zwischen der deutschen und der sowjetischen Interessensphäre von der Weichsel an den Bug verlegt. Polen wird am Bug geteilt. Das deutsche Gebiet umfaßt mit Ausnahme des Bezirks Białystok fast den gesamten geschlossenen polnischen Siedlungsraum. Die überwiegend von Ukrainern und Weißrussen bewohnten östlichen Gebiete werden der Sowjetunion eingegliedert. Am 8. Oktober werden die im Versailler Friedensvertrag 1919 vom Deutschen Reich an Polen abgetretenen Ostgebiete (Polens Westen) dem »Großdeutschen« Reich eingegliedert. Durch Erlaß von Führer und Reichskanzler Adolf Hitler vom 12. Oktober wird das sog. Restpolen, d.h. das polnische Gebiet zwischen den vom Deutschen Reich annektierten Gebieten und dem sowjetisch besetzten Teil Polens, als deutsches Generalgou-

vernement Polen mit Hauptstadt Krakau errichtet und unter deutsche Zivilverwaltung gestellt.

Finnisch-Sowjetischer Winterkrieg
Mit einem Luftangriff auf die finnische Hauptstadt Helsinki und dem Vormarsch von 30 Divisionen der Roten Armee auf der Karelischen Landenge beginnt am 30. November 1939 der Finnisch-Sowjetische Winterkrieg. Angesichts der Verstrickung der Westmächte in den Krieg mit dem Deutschen Reich und mit Rückendeckung durch den Deutsch-Sowjetischen Nichtangriffspakt vom 23. August, in dem Finnland der Sowjetunion als Einflußsphäre zugestanden worden ist, hält die Sowjetunion den Augenblick für eine territoriale Erweiterung in Skandinavien für günstig.
Der Konflikt mit Finnland war mit dem Abbruch der diplomatischen Beziehungen seitens der UdSSR am 28. November eingeleitet worden, nachdem sich die Regierung in Helsinki geweigert hatte, den Forderungen Moskaus nach Grenzkorrekturen in Karelien und nach Abtretung des Flottenstützpunkts Hangö nachzukommen. Am 14. Dezember erklärt der Völkerbund in Genf die Sowjetunion zum Aggressor und schließt sie aus dem Bund der Nationen aus.

Chinesisch-Japanischer Krieg

Mit dem Angriff Japans auf die Marco-Polo-Brücke südwestlich von Peking hat 1937 der Chinesisch-Japanische Krieg begonnen (bis 1945), mit dem Japan seinen Machtbereich auf China ausdehnen will. Am 26. Juli 1939 kündigen die USA den US-amerikanisch-japanischen Handels- und Schiffahrtsvertrag. Damit wird Japan von der Einfuhr kriegswichtiger Rohstoffe abgeschnitten. Nach dem Willen von US-Präsident Franklin Delano Roosevelt und US-Außenminister Cordell Hull soll diese Kündigung den USA juristisch die Möglichkeit geben, im Konfliktfall Embargomaßnahmen gegen Japan zu verhängen.
Der Schritt der USA löst in der japanischen Öffentlichkeit und bei der politischen Führung des Kaiserreichs einen Schock aus und verstärkt antiamerikanische Ressentiments. Japan faßt diese Form der Vertragspolitik als Drohung auf. – US-Präsident Roosevelt hatte am 28. Januar 1938 angesichts der weltpolitischen Lage erhöhte Rüstungsausgaben der USA gefordert, darunter eine Aufstockung des Marinebudgets um 22%. Am 12. Dezember 1937 hatten japanische Flugzeuge auf dem chinesischen Jangtsekiang das US-amerikanische Kanonenboot »Panay« versenkt.
Mit der Kündigung des Handels- und Schiffahrtsvertrages protestieren die USA gegen die von Japan geforderte »Neue Ordnung Ostasiens« unter japanischer Vorherrschaft.

Deutscher Schutzstaat Slowakei

Am 14. März 1939 proklamiert der Slowakenführer Jozef Tiso auf deutschen Druck hin die Unabhängigkeit der Slowakei von der Tschechoslowakei. Am selben Tag beginnt der deutsche Einmarsch in die Tschechoslowakei, der am 16. März zur Errichtung des Protektorats Böhmen und Mähren führt. Am 23. März wird in Berlin ein Schutzvertrag für den neuen Staat Slowakei unterzeichnet.
Staatspräsident der Slowakei wird am 26. Oktober 1939 der bisherige Ministerpräsident Tiso, sein Nachfolger wird Vojtech Tuka (1939–1944).

Protektorat Böhmen und Mähren

Reichsaußenminister Joachim von Ribbentrop verkündet am 16. März 1939 über den Rundfunk die Errichtung des Reichsprotektorats Böhmen und Mähren, das Teil des »Großdeutschen« Reichs mit Selbstverwaltung werden soll. Ein Reichsprotektor soll in Prag die Interessen des Deutschen Reichs wahrnehmen. Zwei Tage zuvor haben deutsche Truppen mit der Besetzung der Tschechoslowakei begonnen.
Die Tschechoslowakische Republik war 1918 nach dem Zusammenbruch der österreichisch-ungarischen Doppelmonarchie am Ende des Ersten Weltkriegs gegründet worden. Erster Staatspräsident wurde Tomáš Garrigue Masaryk. Von Anfang an bedrohten Spannungen zwischen den nationalen Gruppen – Tschechen, Slowaken, Deutsche, Ungarn, Polen – den Vielvölkerstaat. Im Münchner Abkommen zwischen dem Deutschen Reich, Großbritannien, Italien und Frankreich vom 29. September 1938 trat die Tschechoslowakei die überwiegend von Deutschen besiedelten Sudetengebiete an das Deutsche Reich ab, im Oktober marschierten deutsche Truppen in das Sudetengebiet ein. Im Wiener Schiedsspruch vom 2. November 1938 mußten auch ungarische und polnische (Olsa-Gebiet) Siedlungsgebiete der Tschechoslowakei an die Nachbarstaaten abgetreten werden.

Einmarsch ins Memelgebiet

Am 23. März 1939 marschieren deutsche Truppen von Tilsit aus in das zu Litauen gehörende Memelgebiet ein. An Bord des Panzerschiffs »Deutschland« erläßt Führer und Reichskanzler Adolf Hitler ein Gesetz über die Wiedervereinigung des Memelgebiets mit dem Deutschen Reich. Das Territorium wird dem Land Preußen eingegliedert.
Das früher ostpreußische Memelland war gemäß Versailler Vertrag 1919 an die Alliierten gefallen und von französischen Truppen besetzt worden. 1923 fielen litauische Freischärler ein, und Litauen annektierte das Memelland. Seit 1926 herrschte Ausnahmezustand.

Attentat auf Hitler

Am 8. November 1939, dem Vorabend der nationalsozialistischen Feiern zur Erinnerung an den gescheiterten Hitler-Putsch des Jahres 1923, explodiert im Münchner Bürgerbräukeller eine Bombe, kurz nachdem Führer und Reichskanzler Adolf Hitler das Gebäude verlassen hat. Sieben Menschen werden getötet, 63 verletzt.
In einer amtlichen Meldung wird am folgenden Tag festgestellt, daß dieses Attentat »in seinen Spuren auf ausländische Anstiftung« hinweise. Am 21. November wird bekanntgegeben, daß es sich bei dem Attentäter um den 36jährigen Johann Georg Elser handele, der in der Nacht zum 9. November bei dem Versuch, in der Nähe von Konstanz die deutsch-schweizerische Grenze zu überschreiten, verhaftet worden sei. Bei seinen Auftraggebern handele es sich um den britischen Geheimdienst Secret Service. »Organisator des Verbrechens« sei Otto Strasser, Gründer der Kampfgemeinschaft revolutionärer Nationalsozialisten und früher Gefolgsmann Hitlers. Strasser, seit 1933 im Exil, agitiert vom Ausland aus gegen Hitler.

Italien annektiert Albanien

Als Kompensation für die deutschen Gebietserwerbungen im Vorfeld des Zweiten Weltkrieges marschieren am 7. April 1939 italienische Truppen in Albanien ein, der albanische König Zogu I. flieht ins Ausland. Am 12. April beschließt die albanische Nationalversammlung die Vereinigung mit Italien in Personalunion.

Ende des Spanischen Bürgerkriegs

Am 1. April 1939, drei Tage nach der kampflosen Einnahme der spanischen Hauptstadt Madrid, erklärt der siegreiche General Francisco Franco Bahamonde, Führer der rechtsgerichteten Aufständischen, den seit 1936 andauernden Spanischen Bürgerkrieg für beendet. Zwei Tage später erkennen nach den europäischen Großmächten Frankreich und Großbritannien auch die USA das faschistische Franco-Regime an.
Ein Militärputsch der Rechten hatte sich 1936 zum Bürgerkrieg ausgeweitet. Francisco Franco wurde zum Generalissimus und Chef der antirepublikanischen nationalspanischen Regierung ausgerufen. Im selben Jahr prägte der italienische Ministerpräsident und Duce Benito Mussolini das Wort von der »Achse Berlin–Rom« für das Verhältnis enger Zusammenarbeit zwischen dem faschistischen Italien und dem nationalsozialistischen Deutschen Reich im Spanischen Bürgerkrieg. Die Republikaner erhielten Unterstützung von den Internationalen Brigaden, Freiwilligenverbänden, die sich aus Angehörigen verschiedener Nationen zusammensetzten. 1938 wurde das verfassungsmäßige Kabinett des Ministerpräsidenten Juan Negrín im Amt bestätigt, doch zeichnete sich die militärische Niederlage der Republikaner gegen die Faschisten zusehends ab. Im Oktober 1938 wurden die Internationalen Brigaden aus Spanien abgezogen.
Zu Beginn des Zweiten Weltkriegs proklamiert Franco die Neutralität Spaniens.

Ausgewählte Neuerscheinungen auf dem Buchmarkt 1939

Die Auswahl berücksichtigt nicht nur Neuerscheinungen von literarischem oder wissenschaftlichem Wert, sondern auch vielgelesene Bücher des Jahres 1939. Innerhalb der einzelnen Länder sind die erschienenen Werke alphabetisch nach Autoren geordnet.

Deutsches Reich

Ernst Jünger
Auf den Marmorklippen
Roman
Während die Kriegstagebücher und »heroischen« Essays von Ernst Jünger (* 1895) im Dritten Reich ständig neu aufgelegt werden, legt der Autor mit »Auf den Marmorklippen«, erschienen in der Hanseatischen Verlags-Anstalt in Hamburg, einen Roman vor, der kritische Parallelen zur nationalsozialistischen Schreckensherrschaft aufweist und von den NS-Machthabern heftig angegriffen wird. Zwei Brüder beobachten in vornehm-distanzierter Zurückgezogenheit das Treiben der Welt. Räuberbanden, zu denen sie in ihrer Jugend selbst gehörten, breiten ihre Macht aus. Die Brüder verachten zwar diese pöbelhaften Machthaber, verweigern jedoch jeden Widerstand und ziehen sich in ihre »Rautenklause« zurück, wo sie die Formen der Sprache und der Pflanzen studieren und so den Geheimnissen des Weltzusammenhangs auf die Spur zu kommen glauben.

Klaus Mann
Der Vulkan
Roman unter Emigranten
»Der Vulkan«, erschienen beim Verlag Querido in Amsterdam, ist eines der bedeutendsten Werke über die deutschen Emigranten zur Zeit des Nationalsozialismus. Klaus Mann (1906–1949), der Sohn des Literaturnobelpreisträgers Thomas Mann, schildert den abenteuerlichen Weg der Flüchtlinge, die Etablierung im Exil und den Emigrantenalltag. Am Beispiel einer Vielzahl von Personen verdeutlicht Mann die Beweggründe der Gegnerschaft zum NS-Regime und beschreibt die Lebensumstände der gleichsam in einem Vulkan lebenden Emigranten.

Thomas Mann
Lotte in Weimar
Roman
Thomas Mann (1875–1955), Literaturnobelpreisträger 1929, seit 1933 im Exil, legt mit dem Roman »Lotte in Weimar«, der beim Verlag Bermann-Fischer in Stockholm erscheint, eine Art Fortsetzung des Briefromans »Die Leiden des jungen Werthers« von Johann Wolfgang von Goethe vor. Im Mittelpunkt steht die Begegnung zwischen dem 65jährigen Goethe, dem Werther des Briefromans von 1774, und der inzwischen ebenfalls über 60jährigen, verwitweten Charlotte Kestner, der »Lotte« des Romans, im Jahr 1816 in Weimar. Für die gealterte Charlotte überlagert sich die »große Wirklichkeit des Werther« immer wieder mit der »kleinen« des Alltagslebens.
Der Darstellung der Persönlichkeit Goethes und der Verhältnisse am Weimarer Hof verleiht Mann ein hohes Maß an historischer Authentizität, die den kämpferischen Geist und die Ideale der Klassik für die Gegenwart lebendig macht – als Gegenbild zur NS-Kulturbarbarei.

Ernst Wiechert
Das einfache Leben
Roman
Ernst Wiechert (1887–1950), der seit seiner Haft im KZ Buchenwald 1938 zurückgezogen unter Gestapo-Aufsicht lebt, schildert in dem Roman »Das einfache Leben«, der beim Verlag Langen-Müller in München erscheint, eine ländliche Idylle, in der alles »richtig« ist, »wie es war und werden würde«. Der Held, ein ehemaliger Offizier, führt auf dem Land ein genügsames, durchgeistigtes Leben, »ganz allein, nur Wasser und Wald in der Runde«. Grundtenor des Romans ist eine angestrebte Anpassung des modernen Menschen an traditionelle patriarchalische Strukturen. Ihm vor allem verdankt es der Roman, der auch zum Bestand der Bibliothek des Lagers Buchenwald gehört, daß er im nationalsozialistischen Deutschland überhaupt gedruckt wird.

Frankreich

Pierre Drieu la Rochelle
Die Unzulänglichen
(Gilles)
Roman
Pierre Drieu la Rochelle (1893–1945), Parteigänger der französischen Faschisten und Befürworter der Kollaboration mit den deutschen Nationalsozialisten, schildert in dem autobiographisch gefärbten Roman »Die Unzulänglichen« die Entwicklung eines zu schwermütiger Träumerei neigenden jungen Rekruten des Ersten Weltkriegs. Erst als Freiwilliger auf seiten der Falangisten im Spanischen Bürgerkrieg glaubt er die Erfüllung für sein bis dahin ziel- und planloses Leben gefunden zu haben. – Die deutsche Übersetzung erscheint 1966.

Antoine de Saint-Exupéry
Wind, Sand und Sterne
(Terre des hommes)
Erzählungen
Der Band »Wind, Sand und Sterne« enthält Erzählungen und Erlebnisberichte des Fliegers und Schriftstellers Antoine de Saint-Exupéry (1900–1944) aus der Zeit von 1926 bis 1935. Thema aller in dem Buch versammelten Arbeiten ist die Bewährung des Menschen in der Gefahr. Sie erscheint als Notwendigkeit, um das Leben richtig zu spüren und »um sich selbst zu finden«. Aus der Sicht von Saint-Exupéry muß der Mensch in letzter Konsequenz bereit sein, für die Pflicht sein Leben zu opfern. – Die deutsche Übersetzung erscheint 1939.

Jean-Paul Sartre
Die Mauer
(Le mur)
Erzählungen
Zwei Jahre nach der Erstveröffentlichung in der »Nouvelle Revue Française« erscheint die Erzählung »Die Mauer« von Jean-Paul Sartre (1905–1980) in Buchform. Sartre gestaltet hier eine Grenzsituation menschlichen Daseins: Drei während des Spanischen Bürgerkriegs von den Nationalisten zum Tode Verurteilte warten auf ihre Hinrichtung. Einer von ihnen wird durch einen Zufall gerettet. – Die deutsche Übersetzung erschien bereits um die Jahreswende 1938/39.

Großbritannien

Aldous Huxley
Nach vielen Sommern
(After many a Summer)
Roman
In seinen stilistisch brillanten, oft satirisch-pessimistischen Romanen, Erzählungen und Essays kritisiert Aldous Huxley (1894–1963) die Moral der höheren Gesellschaft (»Parallelen der Liebe«, 1925) ebenso wie blinden Fortschrittsglauben. In seinem Roman »Schöne neue Welt« (1932) entwarf Huxley die düstere Zukunftsvision einer seelenlosen, automatisierten Welt. »Nach vielen Sommern« knüpft thematisch an »Schöne neue Welt« an: Ein Wissenschaftler sucht im Auftrag eines Millionärs nach einer Formel, mit der das menschliche Leben unbegrenzt verlängert werden kann. Zufällig entdeckt ein anderer Wissenschaftler, daß ein englischer Adliger im 18. Jahrhundert diese Formel bereits gefunden hat. Beim Besuch dieses Adligen stellt sich heraus, daß dieser zwar noch lebt, sich jedoch zum Affen entwickelt hat. – Die deutsche Übersetzung erscheint 1948.

Christopher Isherwood
Leb' wohl, Berlin
(Goodbye to Berlin)
Ein Roman in Episoden
»Leb' wohl, Berlin« ist ein romanhafter Bericht über die Zustände in der deutschen Reichshauptstadt in der Zeit vor der nationalsozialistischen Machtergreifung 1933. Christopher Isherwood (* 1904) war von 1930 bis 1933 selbst als Lehrer in Berlin tätig. In seinem Episodenroman verarbeitet er Fiktion und persönliche Erinnerung zu einer Reportage, die fotografische Genauigkeit anstrebt. Der Ich-Erzähler will »eine Kamera« sein, »die registriert, nicht denkt«. – Die deutsche Übersetzung erscheint 1939.

Irland

Joyce Cary
Mister Johnson
(Mister Johnson)
Roman
Schauplatz der Romane von Joyce Cary (1888–1957), der von 1913 bis 1920 im britischen Verwaltungsdienst in Nigeria stand und 1915/16 am Kamerun-Feldzug teilnahm, ist meist Afrika. Cary versucht, die Afrikaner in ihrer durch den europäischen Imperialismus zerstörten Gesellschaft zu zeigen, so auch in dem in Nigeria spielenden Roman »Mister Johnson«. Hauptfigur ist ein Farbiger, der die europäische Missionsschule besucht hat und bei der britischen Bezirksverwaltung angestellt wird, mit seinem gesellschaftlichen Aufstieg jedoch nicht fertig wird: Er kleidet sich europäisch, läßt sich mit »Mister« anreden, gibt Feste, macht Schulden und heiratet schließlich die Eingeborene Bamu, die ihn wegen seiner europäischen Ausbildung insgeheim verachtet. Als er die Raten für den Brautpreis nicht mehr aufbringen kann und Bamu ihn verlassen will, fängt er an zu stehlen und zu betrügen. Er wird entlassen, findet beim Straßenbau eine neue Anstellung, und wieder beginnt der Kreislauf aus Schulden und Betrug. Bei einem Diebstahl erschießt er einen Briten. Als er gehängt werden soll, erschießt ihn sein ehemaliger Vorgesetzter und »Freund« aus Mitleid. – Die deutsche Übersetzung erscheint 1954.

James Joyce
Finnegans Wake
(Finnegans Wake)
Roman
Der seit 1923 entstandene Roman »Finnegans Wake« von James Joyce (1882–1941) gilt als eines der schwierigsten Werke der Weltliteratur. Eine einheitliche Deutung des Romans, in dem der Autor nach eigener Auskunft versucht hat, »viele Erzählungsebenen zu einem einzigen künstlerischen Zweck aufzuschichten«, ist nicht möglich. Die Mehrdeutigkeit beginnt schon beim Titel, der je nach Aussprache oder Schreibung mit »Finn ist wieder wach« (Finn again 's wake), »Finnegans Totenwache« oder »Finnegans Kielwasser« (Finnegan's Wake), »Finnegans Woche« (Finnegan's Week), »Finnegans Arbeit« (Finnegan's Work) usw. übersetzt werden kann. Als »Nachtbuch« ist »Finnegans Wake« das Pendant zum sog. »Tagbuch« »Ulysses« (1922). »Finnegans Wake« wird vielfach interpretiert als alptraumhafte, mythische Universallegende der Welt in einem träumenden Bewußtsein. Die Gestalt des Tim Finnegan stammt aus einer bekannten irisch-US-amerikanischen Ballade. – Eine deutsche Teilübersetzung des umfangreichen Werks erscheint 1970 unter dem Titel »Anna Livia Plurabelle«.

Österreich

Joseph Roth
Die Legende vom heiligen Trinker
Erzählung
»Die Legende vom heiligen Trinker«, erschienen beim Verlag Allert de Lange in Amsterdam, ist das letzte Werk, das Joseph Roth (1894–1939) veröffentlicht; am 27. Mai stirbt er im Exil in Paris in einem Armenhospital. Der Clochard Andreas erhält von einem Unbekannten 200 Francs unter der Bedingung, sie der heiligen Therese von Lisieux in einer Kapelle zurückzugeben. Was Andreas nun auch unternimmt, immer wieder füllt sich seine Geldbörse auf wunderbare Weise, doch nie schafft er es, die 200 Francs in der Kapelle abzugeben. Als er nach einer Zecherei zusammenbricht, wird er in die Kapelle gebracht, wo er in den Armen eines Mädchens stirbt. In ihr glaubt er die Heilige zu erkennen. »Gebe Gott uns allen, uns Trinkern, einen so leichten und schönen Tod«, wünscht Roth am Schluß der Erzählung.

Franz Werfel
Der veruntreute Himmel
Die Geschichte einer Magd
Roman
Franz Werfel (1890–1945), seit 1938 im Exil, veröffentlicht beim Verlag Bermann-Fischer in Stockholm »Der veruntreute Himmel. Die Geschichte einer Magd«. Seit 1933 sieht Werfel im Weltgeschehen mehr und mehr das Katastro-

phale, verfällt zusehends in Pessimismus und entwirft als Ersatz für eine gesellschaftliche Perspektive religiöse und mythische Leitbilder. In »Der veruntreute Himmel«, einer Auseinandersetzung mit dem Tod, stellt Werfel zugleich die Frage nach Gott, denn »Gott ist genau der Raum in uns, den der Tod freiläßt«. Eine Magd, die ihren Neffen »auf geistlich« studieren läßt, um sich einen Mittler zum Himmelreich zu sichern, wird von diesem schmählich um ihr Geld betrogen. Sie pilgert daraufhin nach Rom, empfängt den Segen des Papstes und stirbt im Bewußtsein der Gnade.

USA

Raymond Thornton Chandler
Der tiefe Schlaf
(The big Sleep)
Roman
Mit seinem ersten Roman, »Der tiefe Schlaf«, hat Raymond Thornton Chandler (1888–1959) nicht nur großen kommerziellen Erfolg, sondern revolutioniert gleichzeitig das Genre des Detektivromans. »Man muß nicht nur eine Leiche herbeischaffen«, erklärt der Autor, »sondern die Mordfälle wieder von solchen Leuten begehen lassen, die aus ganz bestimmten Motiven handeln.« Zentrale Figur des Romans ist der Privatdetektiv Philip Marlowe, ein zynischer Einzelgänger zwischen Unterwelt und Polizei. Bei der Klärung eines Falls von Erpressung stößt er auf so viel Korruption, daß er schließlich hilft, einen Mord zu decken, um den Fall abzuschließen. – Die deutsche Übersetzung erscheint 1950.

William Faulkner
Wilde Palmen
(Wild Palms)
Roman
Der Roman »Wilde Palmen« von William Faulkner (1897–1962) besteht aus den Geschichten »Wilde Palmen« und »Der Strom«, die den Gegensatz von Freiheit und Gefangenschaft, Gesellschaft und Natur behandeln. In »Wilde Palmen« lebt eine verheiratete Frau mit ihrem Geliebten in einer Blockhütte an einem See; als sie ein Kind bekommt, versucht der Mann es auf ihren Wunsch hin abzutreiben. Die Frau stirbt bei der Abtreibung, der Mann geht ins Gefängnis. In »Der Strom« rettet ein Sträfling während einer Hochwasserkatastrophe eine hochschwangere Frau. Nachdem die Frau auf einer Insel niedergekommen ist, bringt der Sträfling sie wohlbehalten nach Hause. Anschließend kehrt er, unfähig, mit seiner Freiheit etwas anzufangen, ins Gefängnis zurück. – Die deutsche Übersetzung erscheint 1957.

Henry Miller
Wendekreis des Steinbocks
(Tropic of Capricorn)
Roman
Mit »Wendekreis des Steinbocks« legt Henry Miller (1891–1980) das Pendant zu dem 1934 erschienenen, kraß naturalistischen Roman »Wendekreis des Krebses« vor. Während der Ort des Geschehens in »Wendekreis des Krebses« Paris war, ist der Schauplatz nun New York, für Miller das »moderne Babylon«, eine Stadt, beherrscht von Angst, Brutalität und Verbrechen. – Die deutsche Übersetzung erscheint 1953.

John Steinbeck
Früchte des Zorns
(The Grapes of Wrath)
Roman
»Früchte des Zorns« wird der berühmteste Roman von John Steinbeck (1902–1968), Literaturnobelpreisträger 1962. 1940 erhält der Autor für das Buch den Pulitzerpreis. Unterbrochen von Einschüben, in denen die wirtschaftlichen Hintergründe des Geschehens analysiert werden, schildert Steinbeck den Leidensweg der Familie eines verarmten Farmpächters. Während der Depression zu Anfang der 30er Jahre verlassen die Joads ihre Heimat Oklahoma und ziehen nach Kalifornien, wo sie jedoch nicht das versprochene Paradies finden, sondern Massen anderer Notleidender, die gezwungen sind, als befristete Erntehelfer für Hungerlöhne zu arbeiten. Das Werk löst eine große sozialpolitische Diskussion in den USA aus, bewirkt Verbesserungen in der Sozialgesetzgebung, führt aber auch zu heftigen Reaktionen konservativer Kreise, die den Roman als Aufruf zum Klassenkampf deuten. Zugleich wird das Werk als Verherrlichung des alten Pioniergeistes interpretiert. – Die deutsche Übersetzung erscheint 1940.

Nathanael West
Der Tag der Heuschrecke
(The Day of the Locust)
Roman
»Der Tag der Heuschrecke« von Nathanael West (eigentlich Nathan Wallenstein Weinstein; 1902–1940) gilt als einer der bedeutendsten Romane aus dem Filmmilieu. Um das Filmsternchen Faye Greener schart sich in Hollywood eine Gruppe grotesker Charaktere, denen gemein ist, daß sie Faye begehren, ohne bei ihr ans Ziel zu kommen. Die Beziehungen der Verehrer sind von Gewalt, Hysterie, Sadismus, Sensationsgier und Selbstbetrug geprägt. Der Roman endet mit der Schilderung eines brutalen Massentumults vor einem Premierentheater: »Sie merken, daß man sie übers Ohr gehauen hat, und bersten vor Wut. Tag für Tag haben sie die Zeitung gelesen und sind ins Kino gegangen. Man hat sie mit Lynchjustiz, Morden, Sexualverbrechen, Explosionen, Schiffskatastrophen, Liebesaffären, Feuersbrünsten, Wundern, Revolutionen und Kriegen gefüttert ... Nichts kann mehr gewaltträchtig genug sein, um ihre erschlafften Sinne und Körper zu erregen.« – Die deutsche Übersetzung erscheint 1964.

Thomas Wolfe
Geweb und Fels
(The Web and the Rock)
Roman
Thomas Wolfe (1900–1938), achtes Kind eines Steinmetzen, begann wenig erfolgreich als Dramatiker. In seinem ersten Roman »Schau heimwärts Engel! Eine Geschichte vom begrabnen Leben« (1929) erzählte er seine eigene Lebensgeschichte von der Geburt bis zum Abschluß seiner Studien. In drei weiteren autobiographisch gefärbten Romanen stilisierte Wolfe in der Folgezeit die private Legende vom einsamen jungen Menschen zum nationalen Mythos: »Von Zeit und Strom« (1935), »Geweb und Fels« (postum 1939) und »Es führt kein Weg zurück« (postum 1940). – Die deutsche Übersetzung von »Geweb und Fels« erscheint 1941.

Uraufführungen Schauspiel, Oper, Operette und Ballett 1939

Die bedeutendsten Uraufführungen aus Schauspiel, Oper, Operette und Ballett sind alphabetisch nach Autoren/Komponisten geordnet.

Deutsches Reich

Carl Orff
Der Mond
Kleines Welttheater in einem Akt
Die Uraufführung von Carl Orffs (1895–1982) musikalischem Märchenspiel »Der Mond« – im Untertitel als »Kleines Welttheater in einem Akt« bezeichnet – unter der Leitung von Clemens Krauss in der Inszenierung von Rudolf Hartmann am Bayerischen Nationaltheater in München am 5. Februar 1939 wird ein großer Erfolg für den Komponisten. Zum letzten Mal finden sich im Opernschaffen von Orff, der auch das Libretto verfaßte, gewisse Anklänge an die Romantik. Unter Verwendung großer Chor- und Orchesterbesetzung bringt Orff – nach einem Märchen der Gebrüder Grimm – die im Volksglauben wurzelnde Doppelfunktion des Mondes als magischer Unruhestifter und als nächtlicher Friedenshüter in einem heiteren Spiel auf die Bühne.

Frankreich

Jean Giraudoux
Undine
(Ondine)
Schauspiel in drei Akten
Jean Giraudoux (1882–1944) dramatisiert in dem Schauspiel »Undine«, das am 27. April 1939 am Théâtre de l'Athénée in Paris unter der Regie von Louis Jouvet, der auch die männliche Hauptrolle spielt, uraufgeführt wird, die Geschichte einer ungewöhnlichen Liebe. Ritter Hans von Wittenstein verrät seine Geliebte Undine, ein bei Fischern aufgewachsenes Elfenwesen, das nichts Überkommenes fraglos gelten läßt, indem er ihr die Treue bricht. Undine kehrt daraufhin ins Naturreich zurück, Ritter Hans büßt seinen Verrat mit dem Tod.
Das überaus erfolgreiche Theaterstück basiert auf der gleichnamigen Erzählung des deutschen Dichters Friedrich Baron de la Motte Fouqué. – Eine deutsche Übersetzung erscheint 1961.

Großbritannien

T. S. Eliot
Der Familientag
(The Family Reunion)
Versdrama in zwei Teilen
Das Versdrama »Der Familientag«, das am 21. März 1939 im Westminster Theatre in London uraufgeführt wird, ist das erste Gesellschaftsstück von T(homas) S(tearns) Eliot (1888–1965), Literaturnobelpreisträger 1948. Während ihrer Geburtstagsfeier empfängt die verwitwete Lady Amy auf ihrem Landsitz ihren nach acht Jahren zurückgekehrten Sohn Harry. Doch der depressive, sich mit Schuldgefühlen wegen des Todes seiner Frau quälende Harry, der sein Leben »als Teil eines gewaltigen Mißgeschicks, eines ungeheuerlichen Mißgriffs und Irrtums aller Menschen, der Welt« begreift, erfüllt nicht die Erwartungen seiner Angehörigen, er werde nun den Platz des Familienoberhaupts einnehmen und erneut heiraten. Er ist für die anderen zum »Fremdling« geworden, der nach den Wurzeln des eigenen Ich sucht. Er verläßt die Familie aufs neue und reist »irgendwohin, jenseits der Verzweiflung«, um ein Leben in demütiger Sühne zu führen. Seine ihrer Hoffnungen beraubte Mutter überlebt seinen Abschied nicht. – Eine deutsche Übersetzung erscheint 1949.

Österreich

Nico Dostal
Die ungarische Hochzeit
Operette
Von den zahlreichen Bühnenwerken Nico Dostals (1895–1981) hat die Operette »Die ungarische Hochzeit« den dauerhaftesten Erfolg. Am 4. Februar 1939 wird sie am Stuttgarter Staatstheater uraufgeführt. Das Libretto schrieb Herman Hermecke nach einer Novelle von Kálmán Mikszáth. Die Musik ist beeinflußt von Franz Lehár und Emmerich Kálmán, das ungarische Milieu liefert den Hintergrund für spritzige und sentimentale Melodien. Zu den populärsten Liedern gehören »Märchentraum der Liebe«, »Spiel mir das Lied von Glück und Treu« und das Buffoduett »Kleine Etelka«.

USA

Lillian Hellman
Die kleinen Füchse
(The little Foxes)
Stück in drei Akten
Mit dem Stück »Die kleinen Füchse«, das am 15. Februar 1939 im National Theatre in New York uraufgeführt wird, gelingt der Dramatikerin Lillian Hellman (* 1905) der internationale Durchbruch.

Das Drama schildert in der Nachfolge von Henrik Ibsen in schonungslos realistischen Dialogen die Geschichte einer Familie in den Südstaaten der USA, die über innere Zwistigkeiten und neue Anforderungen der modernen Gesellschaft hinweg ihren Reichtum und Einfluß sowie ihre Privilegien sichern will. Die Autorin prangert am Beispiel dieser Familie die Verkümmerung jeglichen Anstands und aller menschlichen Beziehungen wegen Besitzgier an. – Das Stück wird 1941 von William Wyler verfilmt und 1949 von Marc Blitzstein vertont. – Die deutschsprachige Erstaufführung findet 1950 in Wien statt.

William Saroyan
Mein Herz ist im Hochland
(My Heart's in the Highlands)
Einakter
Mit dem Einakter »Mein Herz ist im Hochland«, seinem ersten Drama, will William Saroyan (1908–1981) ein Gegenstück zum politischen Theater der 30er Jahre schaffen. Am 13. April 1939 wird das Stück im Guild Theatre in New York durch das »Group Theatre« uraufgeführt. Geschildert wird in lockerer Szenenfolge eine Geschichte aus einer amerikanischen Kleinstadt, der die Welt des »Hochlands« als die Welt der Poesie, der unverfälschten Menschlichkeit und der ewigen Wahrheiten gegenübergestellt wird. Für Saroyan hat dieses geistige »Hochland« über widrige äußere Umstände hinweg dauerhaften Bestand. – Die deutschsprachige Erstaufführung findet am 29. Dezember 1949 im Theater in der Josefstadt in Wien statt.

William Saroyan
Ein Leben lang
(The Time of your Life)
Drama in fünf Akten
Für das Drama »Ein Leben lang« (auch: »Zeit unseres Lebens« und »Einmal im Leben«), sein zweites Theaterstück, wird William Saroyan (1908–1981) 1940 mit dem Pulitzerpreis ausgezeichnet, dessen Annahme er jedoch verweigert. Saroyan schildert in einer revueartig aufgebauten Handlung mit einer Vielzahl von Figuren die Gemeinschaft einfacher, aber unverfälschter Menschen in einer Vorstadtbar. Die Vielzahl der Personen sowie musikalische, tänzerische und kabarettistische Einlagen rücken das Stück in die Nähe des Musicals. Das Stück wird am 25. Oktober 1939 durch die Gruppe »Theatre Guild« im Booth Theatre in New York uraufgeführt. – Die deutschsprachige Erstaufführung findet am 14. Mai 1948 unter der Regie von Boleslaw Barlog im Berliner Schloßpark-Theater statt.

Filme 1939

Die neuen Filme des Jahres 1939 sind entsprechend der Nationalität der Regisseure dem Länderalphabet zugeordnet und hier wiederum alphabetisch nach Regisseuren aufgeführt. Bei ausländischen Filmen steht unter dem deutschen Titel der Originaltitel.

Deutsches Reich

Josef von Baky
Menschen vom Varieté
Der in Budapest gedrehte Kriminal- und Revuefilm »Menschen vom Varieté«, eine deutsch-ungarische Gemeinschaftsproduktion unter der Regie von Josef von Baky, wird am 14. April 1939 in Berlin uraufgeführt. La Jana, Attila Hörbiger, Christl Mardayn, Karin Hardt, Edith Oss, Hans Moser und Hans Holt sind die Hauptdarsteller dieses Films, über den die Fachzeitschrift »Der deutsche Film« nach der Premiere urteilt: »In ›Menschen vom Varieté‹ ist das Liebesthema gewichtiger als das artistische, das auch mengenmäßig seinen Schwerpunkt mehr in Ballettrevue als im eigentlichen Varieté hat. Die kluge Regie Josef von Bakys, Christl Mardayns Aufgeschlossenheit, Karin Hardts herrlicher Mutwille und Mosers Inspizientenkomik erklären den Erfolg.«

Wilhelm Dieterle
Der Glöckner von Notre Dame
(The Hunchback of Notre Dame)
Charles Laughton spielt die Titelrolle in Wilhelm Dieterles »Der Glöckner von Notre Dame«, einer in den USA gedrehten Verfilmung des gleichnamigen Romans von Victor Hugo. In expressiven, an den deutschen Stummfilm der 20er Jahre erinnernden Bildern wird die Geschichte des mißgestalteten Glöckners erzählt, der seinem Herrn, dem Archidiakon Frollo (Cedric Hardwicke), so lange gehorcht, bis dieser die schöne Tänzerin Esmeralda (Maureen O'Hara) als Hexe auf den Scheiterhaufen bringt.

Willi Forst
Bel Ami
Willi Forst, von Reichspropagandaminister Joseph Goebbels als »Operettenfatzke« abgetan, führt Regie und spielt die Hauptrolle in dem Film »Bel Ami«, der am 21. Februar 1939 in Berlin uraufgeführt wird. Vorlage des Films ist der gleichnamige Roman von Guy de Maupassant, der das Leben eines skrupellosen Frauenhelden und erfolgreichen Journalisten während der Dritten Republik in Frankreich schildert. Neben Olga Tschechowa, Ilse Werner, Hilde Hildebrand und Lizzi Waldmüller sind u.a. Hubert von Meyerinck und Walter Gross zu sehen. Der Film, der dank der Regiearbeit von Forst über weite Strecken den Charme einer Wiener Operette ausstrahlt, zählt zu den wenigen Produktionen der nationalsozialistischen Zeit, die auch von der internationalen Filmkritik beachtet werden.

Carl Froelich
Es war eine rauschende Ballnacht
Hans Stüwe als Peter I. Tschaikowski, Zarah Leander in der Rolle der von dem Komponisten geliebten Katharina und Marika Rökk als die in Tschaikowski verliebte Nastassja sind die Stars in Carl Froelichs Kostüm-Melodram »Es war eine rauschende Ballnacht«. Der Film wird am 15. August 1939 in Berlin uraufgeführt und erhält im selben Jahr auf der Biennale in Venedig den ersten Preis. Überaus großzügig im Umgang mit der historischen Wahrheit, huldigt der Film vor allem seinem weiblichen Star Zarah Leander. Populär wird das Chanson »Nur nicht aus Liebe weinen«, das allerdings zwischen Tschaikowski-Melodien kurios wirkt. Die NS-Filmkritik charakterisiert den Film als »Russenfilm«.

Gustaf Gründgens
Der Schritt vom Wege
Neben »Die Finanzen des Großherzogs« (1934) und »Capriolen« (1937) zählt »Der Schritt vom Wege« zu den bedeutendsten Film-Regiearbeiten des Schauspielers und Theaterleiters Gustaf Gründgens. Das nach Theodor Fontanes Roman »Effi Briest« gedrehte psychologische Ehedrama wird am 9. Februar 1939 in Berlin uraufgeführt. Die Hauptrollen spielen Marianne Hoppe, Karl Ludwig Diehl, Paul Hartmann und Käte Haack. Der Film um die unglückliche Ehe einer jungen Frau aus bürgerlichem Hause mit einem um viele Jahre älteren Adligen erhält das Prädikat »künstlerisch wertvoll«.

Veit Harlan
Die Reise nach Tilsit
Veit Harlans »Die Reise nach Tilsit«, uraufgeführt am 2. November 1939 in Tilsit, ist die zweite Verfilmung der gleichnamigen Novelle des naturalistischen Erzählers und Dramatikers Hermann Sudermann (1857–1928). Bei Friedrich Wilhelm Murnaus Stummfilmversion aus dem Jahr 1927 blieb der Filmtitel »Sonnenaufgang« nicht die einzige Veränderung der Vorlage. Harlan hingegen behält den Originaltitel bei und hält sich mit Ausnahme der Schlußsequenz eng an die literarische Vorlage. Die formalen Qualitäten der Neuverfilmung werden durch rassistische Untertöne geschmälert. Die Hauptrollen spielen Kristina Söderbaum, Frits van Dongen, Anna Damman, Albert Florath und Ernst Legal.

Veit Harlan
Das unsterbliche Herz
Heinrich George ist der Hauptdarsteller in Veit Harlans historischem Film »Das unsterbliche Herz«, der am 31. Januar 1939 in Nürnberg uraufgeführt wird. Der Film schildert das Leben des Nürnberger Mechanikers Peter Henlein, der zu Beginn des 16. Jahrhunderts die sog. Sack- oder Taschenuhr erfand. In weiteren Rollen sind Kristina Söderbaum, Paul Henckels und Paul Wegener zu sehen. Der Film, der die durch keine moralischen Bedenken gehemmte menschliche Schöpfungskraft verherrlicht, erhält das Prädikat »künstlerisch wertvoll«.

Werner Hochbaum
Drei Unteroffiziere
Der Soldaten-Kameradschafts-Film »Drei Unteroffiziere«, uraufgeführt am 31. März 1939 in Berlin, ist der letzte Film von Werner Hochbaum, der wenig später Berufsverbot erhält und unter falschem Namen Drehbücher schreibt. Die nationalsozialistische Filmkritik feiert den Film als Hohelied auf soldatische Pflichterfüllung, Disziplin und Kameradschaft, hinter denen das private Glück des einzelnen in bestimmten Fällen zurückzustehen habe.
Hauptdarsteller des Films, der zahlreiche filmische Zitate aus Hochbaums Lieblingsfilm »Bengali« (USA 1935 von Henry Hathaway) enthält, sind Albert Hehn, Fritz Genschow, Wilhelm H. König, Ruth Hellberg und Hilde Schneider. Der Film erhält die Prädikate »staatspolitisch wertvoll« und »volksbildend«.

Kurt Hoffmann
Paradies der Junggesellen
Der musikalische Film »Paradies der Junggesellen«, uraufgeführt am 1. August 1939 in Hamburg, ist die erste Regiearbeit von Kurt Hoffmann. Die Hauptrollen in dem handwerklich solide inszenierten Schwank spielen Heinz Rühmann, Hans Brausewetter und Josef Sieber sowie Trude Marlen und Hilde Schneider. Ein Standesbeamter, ein Apotheker und ein Studienrat versuchen, ein Leben ohne Frauen zu führen, landen jedoch zum Schluß alle im Hafen der Ehe. Zu einem populären Schlager wird »Das kann doch einen Seemann nicht erschüttern«; die Musik schrieb Michael Jary.

Helmut Käutner
Kitty und die Weltkonferenz
Mit »Kitty und die Weltkonferenz«, uraufgeführt am 25. August 1939 in Stuttgart, gibt der Schauspieler, Bühnenregisseur und Kabarettautor Helmut Käutner sein Debüt als Filmregisseur. In der Komödie um eine Weltwirtschaftskonferenz spielt Hannelore Schroth eine Hotelmaniküre, die alle wichtigen Konferenzteilnehmer kennenlernt. In weiteren Hauptrollen zu sehen sind Fritz Odemar, Paul Hörbiger und Christian Gollong. – Der Film wird wegen seiner positiven Darstellung britischer Minister kurz nach der Uraufführung von der nationalsozialistischen Zensur verboten.

Ernst Lubitsch
Ninotschka
(Ninotchka)
In Ernst Lubitschs Film »Ninotschka«, gedreht in den USA, ist Greta Garbo erstmals in einer Komödie zu sehen. Sie verkörpert eine sowjetische Agentin, die in Paris drei Genossen überwachen soll, die offensichtlich allzusehr den Freuden des Kapitalismus verfallen sind. Doch Ninotschka verliebt sich in Paris in einen Grafen (Melvyn Douglas).
Der erfolgreiche Film wird zu einem Broadway-Musical verarbeitet, das 1957 unter dem Titel »Seidenstrümpfe« (Silk Stockings) mit Cyd Charisse und Fred Astaire verfilmt wird.

Herbert Maisch
D III 88
Herbert Maisch führt Regie in dem Soldaten- und Abenteuerfilm »D III 88«, der am 26. Oktober 1939 in Stralsund uraufgeführt wird und das Prädikat »staatspo-

litisch besonders wertvoll, jugendwert« erhält. Erzählt wird die Geschichte zweier Jagdflieger, deren persönliche Rivalität ein Manöver gefährdet. In den Hauptrollen sind zu sehen Christian Kayssler, Otto Wernicke, Heinz Welzel, Hermann Braun und Horst Birr. Der »Illustrierte Film-Kurier« urteilt nach der Premiere: »Dieser Großfilm führt mitten hinein in das Herz des neuerstandenen Deutschlands, in die fiebernde Vaterlandsliebe der Waffe, die beschirmend ihren silbernen Schild über das deutsche Schaffen und Wirken, das deutsche Glauben und Schaffen hält.«

Herbert Selpin
Wasser für Canitoga
Hans Albers spielt in Herbert Selpins Sensations- und Abenteuerfilm »Wasser für Canitoga«, der am 10. März 1939 in München uraufgeführt wird, einen Ingenieur, der beim Bau einer Überlandwasserleitung in Kanada der Sabotage verdächtigt wird, in Notwehr einen Menschen tötet und anschließend unter anderem Namen an dem Projekt weiterarbeitet. Der Film wird als »künstlerisch wertvoll« ausgezeichnet. Vielen Kritikern gilt er als bester Albers-Film überhaupt.

Hans Steinhoff
Robert Koch, der Bekämpfer des Todes
Emil Jannings spielt die Hauptrolle in Hans Steinhoffs biographischem Film »Robert Koch, der Bekämpfer des Todes«, der am 25. September 1939 in Berlin uraufgeführt wird. Geschildert wird das Leben des Bakteriologen Robert Koch, der sich nach der Entdeckung des Tuberkelbazillus und des Cholera-Erregers gegen die Skepsis und den Widerstand seiner Kollegen, vor allem Rudolf Virchows, durchsetzen muß. In weiteren Hauptrollen sind zu sehen Werner Krauss, Viktoria von Ballasko, Hilde Körber, Theodor Loos, Otto Graf, Elisabeth Flickenschildt, Paul Dahlke u. a. Der Film erhält das Prädikat »staatspolitisch und künstlerisch besonders wertvoll, kulturell wertvoll und volkstümlich wertvoll sowie jugendwert«. Bei den Filmfestspielen in Venedig wird er mit dem Pokal der Biennale ausgezeichnet.

Frankreich

Marcel Carné
Der Tag bricht an
(Le jour se lève)
»Der Tag bricht an« gilt als bedeutendster Film des Franzosen Marcel Carné. Das Drehbuch zu dem Melodram, das als Meisterwerk des poetischen Realismus gilt, stammt von Jaques Prévert. In Rückblenden wird die Geschichte des Arbeiters François (Jean Gabin) erzählt, der sich in seinem Zimmer gegen die Polizei verbarrikadiert hat. Um einer Frau (Jaqueline Laurent) willen hat er einen Rivalen (Jules Berry) umgebracht. Als der Tag anbricht und die Polizei zum Sturm auf das Haus ansetzt, erschießt sich François.

Julien Duvivier
Lebensabend
(La fin du jour)
Regisseur Julien Duvivier liefert mit dem Film »Lebensabend« die bittere Analyse eines Schauspielerschicksals im Alter. Der früher berühmte, inzwischen aber völlig verarmte Schauspieler Saint Clair (Louis Jouvet) kommt in ein Altersheim, wo er auf die zweitklassigen Ex-Schauspieler Marny und Cabrissard (Michel Simon, Victor Francen) trifft. Als das Heim aufgelöst werden soll, wird während einer Wohltätigkeitsveranstaltung ein Theaterstück aufgeführt. Cabrissard schlägtt Marny nieder, um eine Rolle zu bekommen, stirbt jedoch auf der Bühne nach einer Herzattacke, Saint Clair wird wahnsinnig.

Jean Renoir
Die Spielregel
(La règle du jeu)
»Die Spielregel« gilt als das Meisterwerk von Jean Renoir, der hier zugleich Produzent, Regisseur, Drehbuchautor und einer der Hauptdarsteller ist. Kritiker zählen den Film zu den größten Werken der Filmgeschichte. Die Uraufführung hingegen wird ein völliger Mißerfolg, der Film verschwindet aus den Programmen der Kinos und wird nach Ausbruch des Zweiten Weltkrieges in Frankreich als »demoralisierend« verboten. Das zeitgenössische Publikum fühlt sich durch den Film provoziert, wertet ihn als Satire, und es gibt allgemein wütende Reaktionen.
Der Film, eine in der höheren Gesellschaft spielende frivole Liebeskomödie mit tragischem Ausgang, schildert nicht einfach Leidenschaften, Ehebruch und Gewalt, sondern versucht die Regel aufzuzeigen, nach der all dies geschieht. Die Spielregel lautet: Man muß das gute Gesicht wahren. Wenn diese Regel durchbrochen wird, sind alle Beteiligten gleich hilflos und erbärmlich.

Großbritannien

Carol Reed
Die Sterne blicken herab
(The Stars look down)
Carol Reeds sozialkritischer Report »Die Sterne blicken herab« ist eine Verfilmung des gleichnamigen Romans von Archibald Joseph Cronin. Geschildert wird die von sozialem Elend, Streiks, Aussperrungen und politischen Kämpfen bestimmte Situation britischer Bergarbeiter in den 20er Jahren, wobei individuelle Schicksale mit den allgemeinen gesellschaftlichen, ökonomischen und politischen Problemen dieser Dekade geschickt verbunden werden. Hauptdarsteller sind Michael Redgrave, Emlyn Williams und Margaret Lockwood.

Österreich

Erich Engel
Hotel Sacher
Sibylle Schmitz und Willy Birgel sind die Hauptdarsteller in dem von Erich Engel inszenierten Spionage- und Liebesfilm »Hotel Sacher«, der am 15. März 1939 in Wien uraufgeführt wird. Der Film, der in Wien kurz vor Ausbruch des Ersten Weltkriegs spielt, erhält das Prädikat »künstlerisch wertvoll«. Die Fachzeitschrift »Der deutsche Film« urteilt nach der Premiere: »Erich Engel hat es verstanden, zwischen all den drängenden und dräuenden Geschehnissen, Beziehungen und Ahnungen noch genug Raum zu lassen für die Phantasie des Zuschauers und für die Atmosphäre. Die Wiener Atmosphäre, der Atem der Kaiserstadt, Genießertum und Kleinheitswahn, Pessimismus und Taumel ist Engel sogar besonders gut gelungen.«

Fritz Thiery
Prinzessin Sissy
Paul Hörbiger als Herzog Max in Bayern und Traudl Stark als seine Tochter Sissy spielen die Hauptrollen in Fritz Thierys heiterem Film »Prinzessin Sissy«, der am 19. April 1939 in Wien uraufgeführt wird. Das musikalische Rührstück behandelt die Kinderjahre der späteren Kaiserin Elisabeth von Österreich-Ungarn. Weitere Hauptdarsteller sind Gerda Maurus und Hansi Knoteck.

UdSSR

Alexandr P. Dowschenko
Stschors
(Stschors)
Der sowjetische Parteichef Josef W. Stalin persönlich hatte Alexandr P. Dowschenko aufgefordert, einen Film über den ukrainischen Bürgerkriegshelden Nikolai Stschors zu drehen. Drehbuch und Dreharbeiten mußten genau mit den Vorstellungen Stalins abgestimmt werden. Die Handlung des Films spielt im Jahre 1919 in der Ukraine. Stschors (Jewgeni Somailow) besiegt in mehreren Kämpfen die Feinde des Sowjetstaats. Dowschenko stilisiert seine Hauptfigur zu einer unrealen, fast gottähnlichen Führergestalt.

USA

Frank Capra
Mr. Smith geht nach Washington
(Mr. Smith goes to Washington)
Wie der erfolgreiche Film »Mr. Deeds geht in die Stadt« (1936) ist Frank Capras »Mr. Smith geht nach Washington« vom Glauben an die Stärke des Individualismus getragen. Der Film prangert die Korruption in der Gesellschaft an und propagiert Anstand und Ehrlichkeit als Bürgertugenden. Ein junger, biederer Senator (James Stewart) deckt korrupte Machenschaften von Politikern auf, wird zum furchtlosen Kämpfer gegen die »Großen« und triumphiert schließlich über sie. – Der US-Kongreß protestiert gegen den außerordentlich erfolgreichen Film.

Victor Fleming
Vom Winde verweht
(Gone with the Wind)
Binnen eines halben Jahres wurden 1936 eine Million Exemplare des über 1000 Seiten umfassenden Romans »Vom Winde verweht« der unbekannten US-amerikanischen Journalistin und Hausfrau Margaret Mitchell verkauft. Der Roman um das Schicksal einer Südstaatenfamilie während und nach dem US-amerikanischen Bürgerkrieg in der Zeit von 1861 bis 1871 wurde der größte Roman-Bestseller Amerikas. Aus dem Wettkampf um die Filmrechte ging der Produzent David O. Selznick siegreich hervor. Selznick gilt als der eigentliche »Macher« dieses Films, der bis in die 60er Jahre der erfolgreichste Film aller Zeiten bleibt. Mehrere Autoren bemühten sich um die Bearbeitung des Buchs für die Leinwand, u. a. Ben Hecht und F. Scott Fitzgerald. Der ursprünglich vorgesehene Regisseur George Cukor wurde während der Dreharbeiten durch Victor Fleming ersetzt. Die Hauptrollen spielen Clark Gable (Rhett Butler), Vivien Leigh (Scarlett O-Hara), Leslie Howard (Ashley Wilkes), Olivia de Havilland (Melanie Wilkes), Thomas Mitchell (Gerald O'Hara) und Hattie McDaniel (Mammy).

John Ford
Höllenfahrt nach Santa Fé/Ringo
(Stagecoach)
»Höllenfahrt nach Santa Fé« ist der erste Western, den John Ford nach 13 Jahren dreht. Drehort ist zum ersten Mal das Monument Valley in Arizona/Utah, die charakteristische Landschaft der meisten späteren Western von John Ford. Für John Wayne in der Rolle des entflohenen Häftlings Ringo Kid bedeutet »Höllenfahrt nach Santa Fé« den Durchbruch zum Star.
Der Film selber markiert einen Wendepunkt im Genre des Western vom billigen Massen-Vergnügen zu anspruchsvoller Kino-Unterhaltung. Erzählt wird die Geschichte einer bunt zusammengewürfelten Reisegesellschaft während einer gefahrvollen Fahrt mit der Postkutsche durch Indianergebiet. Bei den innerhalb der Gruppe ausbrechenden Konflikten und beim Überfall der Indianer bewähren sich schließlich nicht die Vertreter der sog. guten Gesellschaft, sondern die von den »ordentlichen« Bürgern verachteten Randexistenzen wie Ringo Kid und die Prostituierte »Dallas« (Claire Trevor).

John Ford
Der junge Mr. Lincoln
(Young Mr. Lincoln)
Henry Fonda ist der Hauptdarsteller in John Fords biographischem Film »Der junge Mr. Lincoln« über einen Abschnitt aus der Jugend des späteren US-Präsidenten Abraham Lincoln. Regisseur Ford zeigt seinen Helden am Beginn seiner Karriere als einen jungen Rechtsanwalt, dem es trotz seines linkischen Auftretens mit Bauernschläue gelingt, zwei fälschlich des Mordes angeklagte Brüder vor dem Galgen zu retten.

George Marshall
Der große Bluff
(Destry rides again)
George Marshall kombiniert in dem Film »Der große Bluff« wirkungsvoll die Elemente des Western und der Komödie. Marlene Dietrich spielt eine Sängerin, die dem heimlichen Herrscher eines kleinen Ortes im amerikanischen Westen (Brian Donlevy) bei seinen Betrügereien hilft, bei einer Schießerei jedoch ihr Leben opfert, um das des unerfahrenen Hilfssheriffs (James Stewart), in den sie sich verliebt hat, zu retten.

Sportereignisse und -rekorde des Jahres 1939

Die Aufstellung erfaßt Rekorde, Sieger und Meister in wichtigen Sportarten. Aufgenommen wurden nur solche Wettbewerbe, die in den vergangenen Jahren bereits regelmäßig ausgetragen worden sind oder ab 1939 kontinuierlich zu den Sportprogrammen gehörten. Sportarten in alphabetischer Reihenfolge.

Automobilsport

Grand-Prix-Rennen

Großer Preis von (Datum) Kurs/Strecke (Länge)	Sieger (Land)	Marke	Ø km/h
Belgien (25.6.) Spa-Francorchamps (507,5 km)	Hermann Lang (GER)	Mercedes-Benz	151,996
Deutschland (23.7.) Nürburgring (501,8 km)	Rudolf Caracciola (GER)	Mercedes-Benz	121,068
Eifel (21.5./228,1 km)	Hermann Lang (GER)	Mercedes-Benz	135,567
Frankreich (9.7.) Reims (398,6 km)	Hermann P. Müller (GER)	Auto-Union	169,381
Comminges-St. Gaudens (6.8./440,2 km)	Rene Le Bègue (FRA)	Talbot	157,517
Pau (2.4./276,9 km)	Hermann Lang (GER)	Mercedes-Benz	88,645
Italien (7.5.) Tripoli (393 km)	Hermann Lang (GER)	Mercedes-Benz	197,808
Jugoslawien (3.9.) Belgrad (139,8 km)	Tazio Nuvolari (ITA)	Auto-Union	130,933
Schweiz (20.8.) Bern-Bremgarten (218,4 km)	Hermann Lang (GER)	Mercedes-Benz	154,540

Langstreckenrennen

Kurs/Dauer (Datum)	Sieger (Land)	Marke	Ø km/h
Indianapolis/500 ms (30.5.)	Andy Shaw (USA)	Maserati	185,130
Le Mans/24 h (17./18.6.)	Jean-Pierre Wimille (FRA) Pierre Veyron (FRA)	Bugatti	139,781
Mille Miglia	nicht ausgetragen		
Targa Florio/228 km (14.5.) Parc de la Favorite-Palermo	Luigi Villoresi (ITA)	Maserati	136,449

Rallyes

Monte Carlo	Trevoux/Lesurque/Contet (FRA)	Hotchkiss	

Boxen/Schwergewicht

Ort/Datum	Weltmeister	Gegner	Ergebnis
New York/25.1.	Joe Louis (USA)	John H. Lewis	k.o. (1. R.)
Los Angeles/17.4.		Jack Roper	k.o. (1. R.)
New York/28.6.		Tony Galento	k.o. (4. R.)
Detroit/20.9.		Bob Pastor	k.o. (11. R.)

Eiskunstlauf

Turnier	Ort	Datum
Weltmeisterschaften	Budapest (Herren, Paare)	17.–19.2.
	Prag (Damen)	11./12.2.
Europameisterschaften	Davos (Herren)	27.–29.1.
	London (Damen)	23./24.1.
	Zakopane (Paare)	4.2.
Deutsche Meisterschaften	Berlin (Herren, Paare) Krefeld (Damen)	
Einzel	Herren	Damen
Weltmeister	Graham Sharp (GBR)	Megan Taylor (GBR)
Europameister	Graham Sharp (GBR)	Cecilia Colledge (GBR)
Deutscher Meister	Horst Faber (München)	Lydia Veicht (München)
Paarlauf		
Weltmeister	Maxie Herber/Ernst Baier (GER)	
Europameister	Maxie Herber/Ernst Baier (GER)	
Deutsche Meister	Maxie Herber (München)/Ernst Baier (Berlin)	

Fußball

Länderspiele	Ergebnis	Ort	Datum
Deutschland (+ 9/= 2/– 4)			
Belgien – Deutschland	1:4	Brüssel	29. 1.
Deutschland – Jugoslawien	3:2	Berlin	26. 2.
Italien – Deutschland	3:2	Florenz	26. 3.
Luxemburg – Deutschland	2:1	Differdingen	26. 3.
Deutschland – Irland	1:1	Bremen	23. 5.
Norwegen – Deutschland	0:4	Oslo	22. 6.
Dänemark – Deutschland	0:2	Kopenhagen	25. 6.
Estland – Deutschland	0:2	Reval	29. 6.
Slowakei – Deutschland	2:0	Preßburg	27. 8.
Ungarn – Deutschland	5:1	Budapest	24. 9.
Jugoslawien – Deutschland	1:5	Zagreb	15.10.
Bulgarien – Deutschland	1:2	Sofia	22.10.
Deutschland – Böhmen-Mähren	4:4	Breslau	12.11.
Deutschland – Italien	5:2	Berlin	26.11.
Deutschland – Slowakei	3:1	Chemnitz	3.12.
Österreich			
Wegen des »politischen Anschlusses« an das Deutsche Reich keine Länderspiele möglich; der Österreichische Fußball-Verband ist nicht mehr eigenständig, österreichische Vereine stellen Spieler an die deutsche Nationalmannschaft ab.			
Schweiz (+ 5/= 1/– 0)			
Portugal – Schweiz	2:4	Lissabon	12. 2.
Schweiz – Ungarn	3:1	Zürich	2. 4.
Schweiz – Holland	2:1	Bern	7. 5.
Belgien – Schweiz	1:2	Lüttich	14. 5.
Polen – Schweiz	1:1	Warschau	4. 6.
Schweiz – Italien	3:1	Zürich	12.11.

Landesmeister	
Deutschland	FC Schalke 04 – Admira Wien 9:0 (Berlin, 18.6.)
Österreich	Admira Wien
Schweiz	Grasshoppers Zürich
Belgien	AC Beerschot
Dänemark	Boldklubben 93 Kopenhagen
England	FC Everton
Finnland	Åbo TPS
Frankreich	FC Sète
Holland	Ajax Amsterdam
Italien	AC Bologna
Jugoslawien	BSK Belgrad
Norwegen	Sarpsborg
Schottland	Glasgow Rangers
Schweden	Elfsborg
Spanien	nicht ausgetragen

Landespokal	
Deutschland	1. FC Nürnberg – SV Waldhof 2:0 (Berlin, 28.4.1940)
Österreich	nicht ausgetragen
Schweiz	Lausanne Sports – Nordstern Basel 2:0
England	FC Portsmouth – Wolverhampton Wanderers 4:1
Frankreich	Racing Paris – Olympique Lille 3:1
Holland	Wageningen
Italien	Inter Mailand (Ambrosiana Inter)
Schottland	Clyde – Motherwell 4:0
Spanien	FC Sevilla – Racing Ferrol 6:2

Gewichtheben

Weltrekordhalter (Land)	Dreikampf	Drücken	Reißen	Stoßen
Josef Manger (GER)	435,0 kg	145,0 kg		
Reginald Walker (GBR)			135,0 kg	
Jakov Kuzenko (URS)				170,0 kg

Leichtathletik

Deutsche Meisterschaften (Berlin, 8./9.7.)

Disziplin	Sieger (Ort)	Leistung
Männer		
100 m	Karl Neckermann (Mannheim)	10,3
200 m	Jakob Scheuring (Ottenau)	21,1
400 m	Helmut Hamann (Berlin)	48,1
800 m	Rudolf Harbig (Dresden)	1:49,4
1500 m	Harry Mehlhose (Berlin)	3:52,4
5000 m	Hermann Eberlein (München)	14:27,2
10 000 m	Max Syring (Wittenberg)	30:57,4
Marathon[1]	Ernst Weber (Berlin)	2:47:19,2
Mannschaft	Post-SG Stuttgart	

[1] Leipzig, 30. 7.

Leichtathletik (Forts.)

Disziplin	Sieger (Ort)	Leistung
110 m Hürden	Karl Kumpmann (Hagen)	14,7
400 m Hürden	Friedrich-Wilhelm Hölling (Breslau)	51,6
3000 m Hindernis	Ludwig Kaindl (München)	9:06,8
4 × 100 m[1]	Post-SV Mannheim	42,4
4 × 400 m[1]	SG Stuttgart	3:21,0
3 × 1000 m[1]	Hamburger SV	7:28,9
Hochsprung	Günther Gehmert (Berlin)	1,95
Stabhochsprung	Josef Haunzwickel (Wien)	4,00
Weitsprung	Luz Long (Leipzig)	7,41
Dreisprung	Walter Ziebe (Dessau)	14,58
Kugelstoßen	Heinrich Trippe (Berlin)	16,21
Diskuswurf	Ernst Lampert (München)	49,35
Hammerwurf	Erwin Blask (Berlin)	57,17
Speerwurf	Karl-Heinz Berg (Leipzig)	69,48
Zehnkampf[1]	Fritz Müller (Gifhorn)	7267
50 km Gehen[2]	Friedrich Prehn (Leipzig)	4:51:13,5
Mannschaft	Brigade 35 Leipzig	
Frauen		
100 m	Ida Kühnel (München)	12,1
200 m	Grete Winkels (Köln)	25,3
80 m Hürden	Liselotte Peter (Oppeln)	11,7
4 × 100 m[1]	MTV 1879 München	48,2
Hochsprung	Feodora zu Solms (Wünsdorf)	1,60
Weitsprung	Christel Schulz (Münster)	5,92
Kugelstoßen	Gisela Mauermayer (München)	13,53
Diskuswurf	Gisela Mauermayer (München)	46,79
Speerwurf	Lisa Gelius (München)	44,34
Fünfkampf[1]	Lydia Eberhardt (Eislingen)	339

Weltrekorde (Stand: 31. 12. 1939)

Disziplin	Name (Land)	Leistung	Datum	Ort
Männer				
100 m	Jesse Owens (USA)	10,2	20. 06. 1936	Chicago
200 m (Gerade)	Jesse Owens (USA)	20,3[3]	25. 05. 1935	Ann Arbor
200 m (Kurve)*	James Carlton (AUS)	20,6[3]	16. 01. 1932	Sydney
	Jesse Owens (USA)	20,7	05. 08. 1936	Berlin
400 m	Rudolf Harbig (GER)	46,0	12. 08. 1939	Frankfurt am Main
800 m	Rudolf Harbig (GER)	1:46,6	15. 07. 1939	Mailand
1000 m	Jules Ladoumègue (FRA)	2:23,6	19. 10. 1930	Paris
1500 m	John Lovelock (NSE)	3:47,8	06. 08. 1936	Berlin
Meile	Sydney Wooderson (GBR)	4:06,4	28. 08. 1937	London
3000 m	Gunnar Höckert (FIN)	8:14,8	16. 09. 1936	Stockholm
5000 m	Taisto Mäki (FIN)	14:08,8	16. 06. 1939	Helsinki
10 000 m	Taisto Mäki (FIN)	29:52,6	17. 09. 1939	Helsinki
110 m Hürden	Forrest Towns (USA)	13,7	27. 08. 1936	Oslo
400 m Hürden	Glenn Hardin (USA)	50,6	26. 07. 1934	Stockholm
3000 m Hindernis*	Volmari Iso-Hollo (FIN)	9:03,8	08. 08. 1936	Berlin
4 × 100 m	USA	39,8	09. 08. 1936	Berlin
4 × 400 m	USA	3:08,2	07. 08. 1932	Los Angeles
Hochsprung	Melvin Walker (USA)	2,09	12. 08. 1937	Malmö
Stabhochsprung	Bill Sefton (USA) Earle Meadows (USA)	4,54	29. 05. 1937	Los Angeles
Weitsprung	Jesse Owens (USA)	8,13	25. 05. 1935	Ann Arbor
Dreisprung	Naota Tajima (JAP)	16,00	06. 08. 1936	Berlin
Kugelstoßen	Jack Torrance (USA)	17,40	05. 08. 1934	Oslo
Diskuswurf	Willi Schröder (GER)	53,10	28. 04. 1935	Magdeburg
Hammerwurf	Erwin Blask (GER)	59,00	27. 08. 1938	Stockholm
Speerwurf	Yrjö Nikkanen (FIN)	78,70	16. 10. 1938	Kotka
Zehnkampf	Glenn Morris (USA)	7900	7./8. 08. 36	Berlin
Frauen				
100 m	Stanislawa Walasiewicz (POL)	11,6	01. 08. 1937	Berlin
200 m	Stanislawa Walasiewicz (POL)	23,6	15. 08. 1935	Warschau
400 m*	Nellie Halstead (GBR)	56,8	09. 07. 1932	London
800 m	Lina Radke-Batschauer (GER)	2:16,8	02. 08. 1928	Amsterdam
1500 m*	Jewdokija Wassilewa (URS)	4:45,2	13. 09. 1937	Moskau
80 m Hürden	Claudia Testoni (ITA)	11,3	23. 07. 1939	Garmisch
4 × 100 m	Deutschland	46,4	08. 08. 1936	Berlin
4 × 200 m	Brandenburg	1:45,3	19. 06. 1938	Cottbus
Hochsprung	Dorothy Odam-Tyler (GBR)	1,66	29. 05. 1939	Brentwood
Weitsprung	Christel Schulz (GER)	6,12	30. 07. 1939	Berlin
Kugelstoßen	Gisela Mauermayer (GER)	14,38	15. 07. 1934	Warschau
Diskuswurf	Gisela Mauermayer (GER)	48,31	11. 07. 1936	Dresden
Speerwurf	Nan Gindele (USA)	46,74	18. 06. 1932	Chicago
Fünfkampf	Gisela Mauermayer (GER)	3921	16./17. 07. 38	Stuttgart

Deutsche Rekorde (Stand: 31. 12. 1939)

Disziplin	Name (Ort)	Leistung	Datum	Ort
Männer				
100 m	Arthur Jonath (Bochum)	10,3	05. 06. 1932	Bochum
200 m	Helmut Körnig (Berlin)	20,9	19. 08. 1928	Berlin
400 m	Rudolf Harbig (Dresden)	46,0	12. 08. 1939	Frankfurt/M.
800 m	Rudolf Harbig (Dresden)	1:46,6	15. 07. 1939	Mailand
1000 m	Herbert Jakob (Berlin)	2:25,0	18. 06. 1939	Erfurt
1500 m	Ludwig Kaindl (München)	3:50,2	20. 08. 1939	Köln
3000 m	Friedrich Schaumburg (Berlin)	8:17,2	16. 09. 1936	Stockholm
5000 m	Hermann Eberlein (München)	14:27,2	09. 07. 1939	Berlin
10 000 m	Max Syring (Wittenberg)	30:40,0	11. 10. 1936	Wittenberg
110 m Hürden	Erwin Wegner (Berlin)	14,5	02. 07. 1935	Weißenfels
400 m Hürden	Friedrich-Wilhelm Hölling (Breslau)	51,6	09. 07. 1939	Berlin
4 × 100 m	Nationalstaffel	40,1	29. 07. 1939	Berlin
	SC Charlottenburg	40,8	22. 07. 1929	Breslau
4 × 400 m	Nationalstaffel	3:11,8	09. 08. 1939	Berlin
	Luftwaffen-SV Berlin	3:15,0	20. 08. 1939	Görlitz
Hochsprung	Gustav Weinkötz (Köln)	2,00	01. 08. 1937	München
Stabhochsprung	Rudolf Glötzner (Weiden)	4,14	16. 08. 1939	Duisburg
Weitsprung	Lutz Long (Leipzig)	7,90	01. 08. 1937	Berlin
Dreisprung	Heinz Wöllner (Leipzig)	15,27	06. 08. 1936	Berlin
Kugelstoßen	Hans Woellke (Berlin)	16,60	20. 08. 1936	Berlin
Diskuswurf	Willy Schröder (Magdeburg)	53,10	28. 04. 1935	Magdeburg
Hammerwurf	Erwin Blask (Berlin)	59,00	27. 08. 1939	Stockholm
Speerwurf	Gerhard Stöck (Berlin)	73,96	25. 08. 1935	Berlin
Zehnkampf	Hans Heinrich Sievert (Hamburg)	8790,46	7./8. 7. 1934	Hamburg
Frauen				
100 m	Käthe Krauß (Dresden)	11,8	04. 08. 1935	Berlin
	Marie Dollinger (Nürnberg)	11,8	04. 08. 1935	Berlin
200 m	Käthe Krauß (Dresden)	24,4	16. 09. 1938	Wien
800 m	Lina Radke-Batschauer (Breslau)	2:16,8	02. 08. 1928	Breslau
80 m Hürden	Siegfriede Dempe (Weimar)	11,5	29. 07. 1939	Berlin
4 × 100 m	Nationalstaffel	46,4	08. 08. 1936	Berlin
	SC Charlottenburg	48,1	18. 06. 1939	Berlin
Hochsprung	Feodora zu Solms (Wünsdorf)	1,64	18. 09. 1938	Wien
Weitsprung	Christel Schulz (Münster)	6,12	30. 07. 1939	Berlin

[1] Darmstadt, 15./16. 7.
[2] Kassel, 30. 7.
[3] Yard-Strecke: 220 y = 201,17 m
* inoffiziell, offiziell nicht anerkannt

Disziplin	Name (Ort)	Leistung	Datum	Ort
Kugelstoßen	Gisela Mauermayer (München)	14,38	15.07.1934	Warschau
Diskuswurf	Gisela Mauermayer (München)	48,31	11.07.1936	Berlin
Speerwurf	Luise Krüger (Dresden)	46,27	13.08.1939	Dresden
Fünfkampf	Gisela Mauermayer (München)	418	16./17.07. 1938	Stuttgart

Das Rekordproblem: Seit der Mensch sportliche Leistungen registriert und vergleicht – und das geschieht überschaubar seit rund 100 Jahren –, gibt es das Problem der genauen Feststellung der Rekorde.
Weltrekorde z. B. wurden zuerst privat aufgezeichnet. Später übernahmen internationale und nationale Verbände diese Aufgabe und gaben Höchstleistungen durch ihre Anerkennung offiziellen Charakter.
Probleme bei der Anerkennung der Rekorde gab es, weil nationale Verbände häufig im Ausland erzielte Rekorde nicht anerkannten, oder Rekorde von Sportlern, die nicht zu einem Weltverband gehörten, ignorierten. Zudem wurden in einigen wenigen Fällen aufgrund sprachlicher Mißverständnisse und falscher Umrechnungen (z. B. yards in Meter, inches in Zentimeter) Weltrekorde anerkannt, die in Wirklichkeit gar keine waren.
Bis 1912 sind etwa 95% aller Weltrekorde das Ergebnis privater Recherchen. Von 1912 bis 1945 halten einige Höchstleistungen den heutigen Maßstäben nicht stand – das bedeutet, daß einige offizielle Weltrekorde falsch und mehr oder weniger »privat« registrierte die richtigen sind.
In den Rekordlisten des Jahres 1939 sind also inoffizielle deutsche oder Welt- und Europarekorde genauso verzeichnet wie die offiziellen, sofern sie der Nachprüfung standhalten.

Pferdesport

Disziplin/Turnier	Sieger (Land)	Pferd (Gestüt)	Datum
Galopprennen			
Deutsches Derby	Gerhard Streit (GER)	Wehr dich (Schlenderhahn)	25.06.
Prix de l'Arc de Triomphe			
Trabrennen			
Deutsches Derby	Charlie Mills (IRL)	Dachs (Kaufmann)	
Prix d'Amérique	A. Finn		
Turniersport			
Springreiten			
Deutsches Derby	W. Fegelein (GER)	Nordrud	24.06.

Radsport

Disziplin, Ort, Datum	Plazierung, Name (Land)	Zeit/Rückstand
Straßenweltmeisterschaften		
1939 nicht ausgetragen		
Rundfahrten (Etappen)		
Tour de France (28) Datum: 10.–30.7. Länge: 4224 km 79 Starter, 49 im Ziel	1. Silvère Maes (BEL)	132:03:17
	2. René Vietto (FRA)	30:38
	3. Lucien Vlaemynck (BEL)	32:08
Giro d'Italia (19) Datum: 28.4.–18.5. Länge: 3007 km 89 Starter, 54 im Ziel	1. Giovanni Valetti (ITA)	88:02:00
	2. Gino Bartali (ITA)	2:59
	3. Mario Vicini (ITA)	5:07
Tour de Suisse (8) Datum: 5.–12.8. Länge: 1724 km	1. Robert Zimmermann (SUI)	48:55:06
	2. Max Bolliger (SUI)	0:29
	3. Christoph Didier (LUX)	0:36
Deutschlandrundfahrt (20) Datum: 1.–24.6. Länge: 5013 km 68 Starter, 41 im Ziel	1. Georg Umbenhauer (GER)	
	2. Robert Zimmermann (SUI)	
	3. Fritz Scheller (GER)	

Schwimmen

Deutsche Meisterschaften (Hamburg, 7.–9. Juli)

Disziplin	Sieger (Ort)	Leistung
Männer		
Freistil 100 m	Helmut Fischer (Bremen)	1:00,5
Freistil 200 m	Manfred Laskowski (Stettin)	2:19,2
Freistil 400 m	Rupprecht Köninger (Magdeburg)	4:56,3
Freistil 1500 m	Heinz Arendt (Berlin)	20:16,4
Freistil 4 × 100 m	Bremischer SV	4:11,2
Freistil 4 × 200 m	Bremischer SV	4:11,2
Brust 200 m	Artur Heina (Recklinghausen)	2:43,8
Brust 4 × 200 m	Hellas Magdeburg	11:41,4
Rücken 100 m	Heinz Schlauch (Erfurt)	1:10,2
Lagenstaffel	Bremischer SV	5:07,1
Meeresschwimmen 3000 m	Walter Liebich (Magdeburg)	47:52,0
Mannschaft	Hellas Magdeburg	1345,0
Kunstspringen	Erhard Weiß (Dresden)	161,28
Turmspringen	Erhard Weiß (Dresden)	131,28
Wasserball	SV Duisburg 98	
Frauen		
Freistil 100 m	Gisela Arendt (Charlottenburg)	1:09,1
Freistil 400 m	Inge Schmitz (Spandau)	5:41,9
Freistil 3 × 100 m	Spandau 04	3:41,4
Brust 200 m	Ingrid Schmidt (Eimsbüttel)	3:02,2
Brust 3 × 200 m	Undine Mönchengladbach	9:56,8
Rücken 100 m	Lisl Weber (Bayreuth)	1:20,2
Lagenstaffel	Alter Schwimm-Verein Breslau	5:47,8
Meeresschwimmen 3000 m	Ruth Ständer (Berlin)	52:56,0
Mannschaft	Nixe Charlottenburg	1762,7
Kunstspringen	Gerda Daumerlang (Nürnberg)	109,04
Turmspringen	Olga Eckstein (Erkenschwick)	62,32

Weltrekorde (Stand: 31. 12. 1939)

Disziplin	Name (Land)	Leistung	Datum	Ort
Männer				
Freistil 100 m	Peter Fick (USA)	56,4	11.02.1936	Newhaven
Freistil 200 m	Jack Medica (USA)	2:07,2	12.04.1935	Chicago
Freistil 400 m	Jack Medica (USA)	4:38,7	30.08.1934	Honolulu
Freistil 800 m	Shozo Makino (JAP)	9:55,8	15.09.1934	Tokio
Freistil 1500 m	Tomikatsu Amano (JAP)	18:58,8	10.08.1938	Tokio
Freistil 4 × 100 m	USA	3:59,3	20.08.1938	Berlin
Freistil 4 × 200 m	Japan	8:51,5	11.08.1936	Berlin
Brust 100 m	Dick Hough (USA)	1:07,3	15.04.1939	Newhaven
Brust 200 m	Jack Kasley	2:37,6	28.03.1936	Newhaven
Rücken 100 m	Adolphe Kiefer (USA)	1:04,8	18.01.1936	Detroit
Rücken 200 m	Adolphe Kiefer (USA)	2:24,0	11.04.1935	Chicago
Frauen				
Freistil 100 m	Willie den Ouden (HOL)	1:04,6	27.02.1936	Amsterdam
Freistil 200 m	Ragnhild Hveger (DAN)	2:21,7	11.09.1938	Åarhus
Freistil 400 m	Ragnhild Hveger (DAN)	5:06,1	01.08.1938	Kopenhagen
Freistil 800 m	Ragnhild Hveger (DAN)	11:11,7	03.07.1936	Kopenhagen
Freistil 1500 m	Ragnhild Hveger (DAN)	21:45,7	03.07.1938	Helsingör
Freistil 4 × 100 m	Dänemark	4:27,6	07.08.1938	Kopenhagen
Brust 100 m	Hanni Hölzner (GER)	1:20,2	13.03.1936	Plauen
Brust 200 m	Maria Lenk (BRA)	2:56,0	08.11.1939	Rio de Janeiro
Rücken 100 m	Cornelia Kint (HOL)	1:10,9	22.09.1939	Rotterdam
Rücken 200 m	Cornelia Kint (HOL)	2:38,8	29.11.1939	Rotterdam

Deutsche Rekorde

Männer				
Freistil 100 m	Helmut Fischer (Bremen)	56,8E	26.04.1936	Berlin
Freistil 200 m	Werner Plath (Berlin)	2:12,6	27.02.1937	Berlin
Freistil 400 m	Werner Plath (Berlin)	4:47,6	26.03.1939	Bremen
Freistil 800 m	Heinz Arendt (Berlin)	10:26,7	11.07.1937	Berlin
Freistil 1500 m	Heinz Arendt (Berlin)	19:50,7	11.07.1937	Berlin
Freistil 4 × 100 m	Bremischer SV	4:03,4	26.10.1935	Norderney
Freistil 4 × 200 m	Bremischer SV	9:16,4	27.10.1935	Norderney
Brust 100 m	Joachim Balke (Bremen)	1:09,5E	13.11.1938	Bremen
Brust 200 m	Joachim Balke (Bremen)	2:37,4E	25.03.1939	Bremen
Rücken 100 m	Heinz Schlauch (Erfurt)	1:06,8E	06.02.1938	Duisburg
Rücken 200 m	Heinz Schlauch (Erfurt)	2:29,8	08.02.1938	Kopenhagen

E = Europarekord

Deutsche Rekorde (Forts.)				
Disziplin	Name (Land)	Leistung	Datum	Ort
Frauen				
Freistil 100 m	Gisela Arendt (Berlin)	1:06,6	10.08.1936	Berlin
Freistil 200 m	Gisela Arendt (Berlin)	2:35,3	29.08.1937	Gera
Freistil 400 m	Inge Schmitz (Spandau)	5:41,4	28.07.1938	Breslau
Freistil 800 m	Ruth Halbsguth (Berlin)	12:16,2	05.09.1937	Berlin
Freistil 1500 m	Ursula Pollack (Spandau)	24:31,4	29.08.1937	Spandau
Freistil 4 × 100 m	Nixe Charlottenburg	4:56,0	30.08.1936	Berlin
Brust 100 m	Hanni Hölzner (Plauen)	1:20,2E	13.03.1936	Plauen
Brust 200 m	Martha Genenger (Krefeld)	3:00,5	21.03.1936	Dortmund
Rücken 100 m	Lisl Weber (Bayreuth)	1:17,9	05.08.1939	Erfurt
Rücken 200 m	Christel Rupke (Ohligs)	2:56,3	19.03.1937	Ohligs

E = Europarekord

Ski alpin

	Herren	Damen
Weltmeisterschaften in Zakopane/POL (11.–19.2.)		
Abfahrt	Heli Lantschner (GER)	Christl Cranz (GER)
Slalom	Rudolf Rominger (SUI)	Christl Cranz (GER)
Kombination	Pepi Jennerwein (GER)	Christl Cranz (GER)
Deutsche Meister		
Abfahrt	Willi Walch	Christl Cranz
Slalom	Rudi Cranz	Christl Cranz
Kombination	Willi Walch	Christl Cranz
Österreichische Meister		
1939 nicht ermittelt		
Schweizer Meister		
Abfahrt	Karl Molitor	Erna Steuri
Slalom	Rudolf Rominger	Erna Steuri
Kombination	nicht ermittelt	Erna Steuri

Tennis

Meisterschaften	Ort	Datum
Wimbledon	London	26.06.–09.07.
French Open	Paris	
US Open	Forest Hills (Einzel) Chestnut Hill (Doppel)	10.–18.09.
Australian Open	Melbourne	
Internationale Deutsche	Hamburg	15.–23.07.
Daviscup-Endspiel	Philadelphia	

Turnier	Sieger (Land) – Endspielgegner (Land)	Ergebnis
Herren		
Wimbledon	Bobby Riggs (USA) – Elwood Cooke (USA)	2:6, 8:6, 3:6, 6:3, 6:2
French Open	Donald McNeill (USA) – Bobby Riggs (USA)	7:5, 6:0, 6:3
US Open	Bobby Riggs (USA) – Welby van Horn (USA)	6:4, 6:2, 6:4
Australian O.	John Bromwich (AUS) – Adrian Quist (AUS)	6:4, 6:1, 6:3
Int. Deutsche	Henner Henkel (GER) – Roderich Menzel (GER)	4:6, 6:4, 6:0, 6:1
Daviscup-Endspiel	Australien – USA 3:2	
Damen		
Wimbledon	Alice Marble (USA) – Kay Stammers (GBR)	6:2, 6:0
French Open	Simone Mathieu (FRA) – Jadwiga Jedrzejowska (POL)	6:3, 8:6
US Open	Alice Marble (USA) – Helen Jacobs (USA)	6:0, 8:10, 6:4
Australian O.	V. Westacott – Nelly (Hall-)Hopman (AUS)	6:1, 6:2
Int. Deutsche	Hilde Sperling-Krahwinkel (DAN)	
Herren-Doppel		
Wimbledon	Elwood Cooke (USA)/ Bobby Riggs (USA) – C. E. Hare (GBR)/ H. D. Wilde (GBR)	6:3, 3:6, 6:3, 9:7
French Open	C. Harris/ Donald McNeill (USA) – Jean Borotra (FRA)/ Jacques Brugnon (FRA)	4:6, 6:4, 6:0, 2:6, 10:8
US Open	John Bromwich (AUS)/ Adrian Quist (AUS) – John Crawford (AUS)/ Harry Hopman (AUS)	8:6, 6:1, 6:4
Australian Open	John Bromwich (AUS)/ Adrian Quist (AUS) – C. F. Long (AUS)/ Don Turnbull (AUS)	6:4, 7:5, 6:2
Int. Deutsche	Henner Henkel (GER)/Roderich Menzel (GER)	
Damen-Doppel		
Wimbledon	Sarah (Palfrey-)Fabyan (USA)/ Alica Marble (USA) – Helen Jacobs (USA)/ A. M. Yorke	6:1, 6:0
French Open	Jadwiga Jedrzejowska (POL)/ Simone Mathieu (FRA) – A. Florian/ H. Kovac	7:5, 7:5
US Open	Sarah (Palfrey-)Fabyan (USA)/ Alice Marble (USA) – S. Hammersley (GBR)/ Kay Stammers (GBR)	7:5, 8:6
Australian O.	T. Coyne/ N. Wynne – M. Hardcastle V. Westacott	7:5, 6:4
Int. Deutsche	Hilde Sperling-Krahwinkel/Aenne Schneider	
Mixed		
Wimbledon	Bobby Riggs (USA)/ Alice Marble (USA) – Frank Wilde/ N. B. Brown	9:7, 6:1
French Open	Elwood Cooke (USA)/ Sarah (Palfrey-)Fabyan – F. Kukuljevic (YUG)/ Simone Mathieu (FRA)	4:6, 6:1, 7:5
US Open	Harry Hopman (AUS)/ Alice Marble (USA) – Elwood Cooke (USA)/ Sarah (Palfrey-)Fabyan (USA)	9:7, 6:1
Australian O.	Harry Hopman (AUS)/ Nelly (Hall-)Hopman (AUS) – John Bromwich (AUS)/ J. Wilson	6:8, 6:2, 6:3
Int. Deutsche	E. Smith/Gracyn Wheeler	

Abkürzungen zu den Sportseiten

AFG	Afghanistan	ČSR	Tschechoslowakei	HOL	Niederlande	MEX	Mexiko	SAL	El Salvador
ARG	Argentinien	CUB	Kuba	HON	Honduras	MON	Mongolei	SAN	San Marino
AUS	Australien	DAN	Dänemark	IND	Indien	NIC	Nicaragua	SPA	Spanien
AUT	Österreich	DOM	Dominikanische Republik	INS	Indonesien	NOR	Norwegen	SUI	Schweiz
BEL	Belgien			IRA	Iran	NSE	Neuseeland	SWE	Schweden
BOL	Bolivien	ECU	Ecuador	IRK	Irak	PAK	Pakistan	SYR	Syrien
BRA	Brasilien	EGY	Ägypten	IRL	Irland	PAN	Panama	THA	Thailand
BUL	Bulgarien	ETH	Äthiopien	ISL	Island	PAR	Paraguay	TUR	Türkei
BUR	Birma	FIN	Finnland	ITA	Italien	PER	Peru	UNG	Ungarn
CAB	Kambodscha	FRA	Frankreich	JAP	Japan	PHI	Philippinen	URS	UdSSR, Sowjetunion
CAN	Kanada	GBR	Großbritannien	LIA	Liberia	POL	Polen	URU	Uruguay
CHI	Chile	GER	Deutschland	LIB	Libanon	POR	Portugal	USA	Vereinigte Staaten von Amerika
CHN	China	GRE	Griechenland	LIE	Liechtenstein	RUM	Rumänien		
COL	Kolumbien	GUA	Guatemala	LUX	Luxemburg	SAA	Saarland	VEN	Venezuela
COS	Costa Rica	HAI	Haiti	MCO	Monaco	SAF	Südafrika	YUG	Jugoslawien

Nekrolog 1939

Bekannte Persönlichkeiten aus allen Bereichen des gesellschaftlichen Lebens, die im Jahr 1939 gestorben sind, werden – alphabetisch geordnet – in Kurzbiographien dargestellt.

Friedrich Simon Archenhold

deutscher Astronom (*2. 10. 1861, Lichtenau bei Büren), stirbt am 14. Oktober 1939 in Berlin.

Archenhold gründete anläßlich der Großen Berliner Gewerbeausstellung 1896 die nach ihm benannte Sternwarte im Treptower Park bei Berlin, die er bis 1931 leitete. Das auf Archenholds Anregung gebaute »Riesenfernrohr« war mit 21 m Brennweite damals das längste Fernrohr der Welt. 1900 gründete er die Zeitschrift »Weltall«.

Maximilian Bircher-Benner

schweizerischer Arzt und Ernährungstherapeut (*22. 8. 1867, Aarau), stirbt am 24. Januar 1939 in Zürich.

Bircher-Benner erzielte mit seiner rein vegetarischen Ernährungstherapie große Heilerfolge. 1897 gründete er eine Privatklinik am Zürichberg. Er veröffentlichte u. a. »Grundzüge der Ernährungstherapie auf Grund der Energetik« (1903).

Julius Bittner

österreichischer Komponist (*9. 4. 1874, Wien), stirbt am 10. Januar 1939 in Wien.

»Das höllisch Gold« (1916) wurde die erfolgreichste Oper des auch als Komponist von Chorwerken und Liedern hervorgetretenen Wieners Julius Bittner. An der Zurückhaltung der Instrumentierung, die Singstimmen voll zur Geltung kommen läßt, wird Bittners ureigenste Domäne, das Lied, erkennbar. Weitere Opern: »Der Musikant« (1910), »Das Rosengärtlein« (1923).

Eugen Bleuler

schweizerischer Psychiater (*30. 4. 1857, Zollikon bei Zürich), stirbt am 15. Juli 1939 in Zollikon.

Bleuler, Professor der Psychiatrie in Zürich und Leiter der Heilanstalten Rheinau und Burghölzli, gab der Schizophrenieforschung entscheidende Anregungen. Zum Standardwerk wurde sein »Lehrbuch der Psychiatrie« (1916).

Howard Carter

britischer Archäologe (*9. 5. 1873, Swaffham/Norfolk), stirbt am 2. März 1939 in London.

Carter entdeckte 1922 im Tal der Könige bei der oberägyptischen Stadt Luxor das Grab des 1337 v. Chr. ermordeten Königs Tutanchamun. Als Grabungsleiter in der Totenstadt von Theben entdeckte er ferner die Königsgräber von Hatschepsut, Thutmosis IV., Siptah u. a.

Henri Deterding

niederländischer Industrieller (*19. 4. 1866, Amsterdam), stirbt am 4. Februar 1939 in Sankt Moritz.

Deterding war von 1902 bis 1936 Generaldirektor der Koninklijke Nederlandsche Petroleum Maatschappij (Königlich-Niederländische Petroleum-Gesellschaft), die er 1907 mit der britischen Shell Transport and Trading Co. zu dem Konzern Royal Dutch Shell fusionierte, einem der größten Industrieunternehmen Europas.

Johann Freiherr von Eiselsberg

österreichischer Chirurg (*31. 7. 1860, Schloß Steinhaus/Oberösterreich), stirbt am 25. Oktober 1939 in Sankt Valentin in Niederösterreich.

Von Eiselsberg, der als Mitbegründer der Neurochirurgie gilt, verbesserte die Methoden der Gehirn- und Rückenmarksoperationen sowie der Magen-Darm-Chirurgie. Weitere Forschungen galten der Tetanie und der Tuberkulose. Aus seinen chirurgischen Erfahrungen heraus entwickelte er Modelle für moderne Unfallstationen.

Anthony Fokker

niederländischer Flugzeugkonstrukteur (*6. 4. 1890, Kediri/Java), stirbt am 23. Dezember 1939 in New York.

Fokker gründete 1912 in Johannisthal bei Berlin eine Flugzeugfabrik, die, 1913 nach Schwerin verlegt, während des Ersten Weltkriegs kleine, schnelle, einsitzige Jagdflugzeuge baute, die mit Maschinengewehren ausgerüstet waren. Nach Kriegsende gründete er in Amsterdam die N. V. Koninklijke Nederlandse Vliegtuigenfabriek Fokker, eine der bedeutendsten Flugzeugwerften. 1922 wanderte er in die USA aus und gründete die Fokker Aircraft Corporation of America.

Ford Madox Ford

britischer Schriftsteller und Literaturkritiker (*17. 12. 1873, Merton/London), stirbt am 26. Juni 1939 in Deauville (Calvados).

Der 1924 erschienene Roman »Some do not« ist der erste Teil der Tetralogie »Ende der Parade«, die den Ruhm des Autors begründete. Die Folgebände sind »No more Parades« (1925), »A Man could stand up« (1926) und »The last Poste« (1928). »Ende der Parade« ist eine Familiengeschichte vor dem Hintergrund des als sinnlos dargestellten Ersten Weltkriegs und gleichzeitig die Schilderung des Zerfalls der alten und des Entstehens einer neuen sozialen Ordnung. 1924 gründete Ford, der auch als Literaturkritiker hervortrat und mit bedeutenden Schriftstellern wie Joseph Conrad, Henry James und Ernest Hemingway in Kontakt stand, die Zeitschrift »Transatlantic Review«.

Sigmund Freud

österreichischer Arzt und Psychologe, Begründer der Psychoanalyse (*6. 5. 1856, Příbor (Nordmähren), stirbt am 23. September 1939 in London.

Freud, der Begründer der theoretischen und praktischen Psychoanalyse, legte mit dem 1900 veröffentlichten Werk »Die Traumdeutung« die Grundlagen der analytischen Psychologie. Ausgehend von der Annahme, daß menschliche Handlungen von unterdrückten und verdrängten Trieben beeinflußt werden, will die Psychoanalyse die hinter Handlungen, Worten und Bildern verborgenen unbewußten Bedeutungen entschlüsseln, um den Menschen zu heilen. Wichtige therapeutische Mittel sind dabei die Traumdeutung und das freie Assoziieren des Patienten. Über den Traum heißt es z. B.: »Indem uns der Traum einen Wunsch als erfüllt vorstellt, führt er uns allerdings in die Zukunft; aber diese vom Träumer für gegenwärtig genommene Zukunft ist durch den unzerstörbaren Wunsch zum Ebenbild jener Vergangenheit gestaltet.« Seine Schrift »Totem und Tabu« (1913) – Untertitel: »Eine Übereinstimmung im Seelenleben der Wilden und der Neurotiker« – verstand Freud als den Versuch, »Gesichtspunkte und Ergebnisse der Psychoanalyse auf ungeklärte Probleme der Völkerpsychologie anzuwenden«. Die Schrift »Das Ich und das Es« (1923) rechnete er zu seinen »metapsychologischen« Spätschriften. Als Träger des Bewußtseins nimmt das Ich die Außenwelt wahr und ordnet die Sinneseindrücke. Das Ich versucht, auf das Es als Träger der menschlichen Triebe einzuwirken und den Einfluß der Außenwelt zur Geltung zu bringen. Ziel des Ich ist es, »das Realitätsprinzip an die Stelle des Lustprinzips zu setzen, welches im Es uneingeschränkt regiert. Die Wahrnehmung spielt für das Ich die Rolle, welche im Es dem Trieb zufällt. Das Ich repräsentiert, was man Vernunft und Besonnenheit nennen kann, im Gegensatz zum Es, welches die Leidenschaften enthält«. Als dritte Komponente bringt Freud das Über-Ich als Träger der »höheren« Werte des Menschen (Moral, Gewissen, Pflicht, Schuldgefühl usw.) ins Spiel. Freuds Theorie, die er auf alle geistig-kulturellen Bereiche ausweitete, ist in der Fachwissenschaft heftig umstritten.

Werner Freiherr von Fritsch

deutscher General (*4. 8. 1880, Benrath/Düsseldorf), fällt am 22. September 1939 vor Warschau.

Von Fritsch wurde 1934 Chef der deutschen Heeresleitung und 1936 Oberbefehlshaber des Heeres mit Kabinettsrang. In dieser Stellung war er führend beteiligt an der deutschen Wiederaufrüstung. 1937 äußerte sich Fritsch jedoch skeptisch über die Expansionspläne des Führers und Reichskanzlers Adolf Hitler. Als Hermann Göring, sein größter Konkurrent, ihn durch den Vorwurf der Homosexualität kompromittierte, nahm Hitler dies zum Anlaß, ihn im Februar 1938 zu entlassen (Blomberg-Fritsch-Krise). Zugleich wurden die anderen Mitglieder der militärischen Opposition gestürzt, darunter Reichskriegsminister Werner von Blomberg. Nachfolger Fritschs als Oberbefehlshaber des Heeres wurde Walter von Brauchitsch, das Reichskriegsministerium wurde aufgehoben. Vom Vorwurf der Homosexualität wurde Fritsch nachträglich durch ein Ehrengericht freigesprochen.

Ghasi I.

König des Irak seit 1933 (*21. 3. 1912, Mekka), kommt am 4. April 1939 bei einem Autounfall in Bagdad ums Leben. Neuer König wird sein dreijähriger Sohn Faisal II. unter der Regentschaft seines Onkels Abd Allah.

Ghasi I. folgte 1933 seinem Vater Faisal I. auf den Thron des 1932 souverän gewordenen Irak, hatte jedoch nicht die gleiche Autorität wie sein Vater. Seine Regierungszeit war durch das Massaker an den christlichen Assyrern 1933, durch einen Beduinenaufstand (1935) und durch den Militärputsch von 1936 gekennzeichnet.

Wilhelm Groener

deutscher General und Politiker (*22. 11. 1867, Ludwigsburg), stirbt am 3. Mai in Bornstedt bei Potsdam.

Groener leitete zu Beginn des Ersten Weltkriegs als Chef des Feldeisenbahnwesens im Großen Hauptquartier den Aufmarsch und die Truppenverschiebungen des deutschen Heeres. 1916 wurde er Vorstandsmitglied des Kriegsernährungsamtes und Chef des Kriegsamtes im preußischen Kriegsministerium. Am 26. Oktober 1918 wurde er als Nachfolger von Erich Ludendorff Erster Generalquartiermeister der Obersten Heeresleitung und organisierte nach der Novemberrevolution den Rückmarsch und die Demobilisierung des deutschen Heeres. Im Bündnis mit dem Rat der Volksbeauftragten, der provisorischen deutschen Regierung nach der Revolution, war er maßgeblich beteiligt an der Verhinderung eines Rätesystems nach dem Vorbild der Sowjetunion. Von 1920 bis 1923 war Groener, der Deutschen Demokratischen Partei nahestehend, Reichsverkehrsminister, von 1928 bis 1932 Reichswehr- und 1931/32 zugleich Reichsinnenminister.

Robert Haab

schweizerischer freisinniger Politiker, Bundespräsident 1922 und 1929 (*8. 8. 1856, Wädenswil/Kanton Zürich), stirbt am 16. Oktober 1939 in Zürich.

Haab war von 1918 bis 1929 als Bundesrat Chef des eidgenössischen Post- und Eisenbahndepartements. 1922 und 1929 übte er turnusmäßig das Amt des Bundespräsidenten aus.

Alexander Kanoldt

deutscher Maler und Grafiker (*29. 9. 1881, Karlsruhe), stirbt am 24. Januar 1939 in Berlin.

Kanoldt gehörte zu den Mitbegründern der Neuen Künstlervereinigung in München (1908/09) und der Münchner Neuen Secession (1913). Er begann als Expressionist, malte ab 1909 kaum noch Gegenständliches und wandte sich

1912/13 dem Kubismus zu. Kanoldt wurde zu einem der führenden Vertreter der Neuen Sachlichkeit. Charakteristische Themen seiner Bilder sind italienische Bergstädte mit geschachteltem Aufbau und Stilleben aus kantigen Gegenständen. 1925 wurde er nach Breslau und 1932 nach Berlin berufen. Ein Jahr nach seiner Ernennung zum Direktor der Staatlichen Kunstschule Berlin-Schöneberg wurden 1937 20 seiner Arbeiten beschlagnahmt.

Nadeschda Konstantinowa Krupskaja

sowjetische Politikerin (*26. 2. 1869, Petersburg, heute: Leningrad), stirbt am 27. Februar 1939 in Moskau.
Krupskaja heiratete 1898 in der Verbannung in Sibirien den Revolutionär Wladimir I. Lenin. Nach der Oktoberrevolution wurde sie stellvertretende Vorsitzende des Volkskommissariats (Ministeriums) für Volksbildung. 1927 wurde sie Mitglied des Zentralkomitees der Kommunistischen Partei der Sowjetunion.

Antonio Machado y Ruiz
spanischer Dichter (*26. 7. 1875, Sevilla), stirbt am 22. Juli 1939 in Collioure (Pyrénées-Orientales/Frankreich) auf dem Weg ins Exil.
Machado y Ruiz, seit 1927 Mitglied der Spanischen Akademie, gilt als einer der bedeutendsten spanischen Lyriker des 20. Jahrhunderts. Themen seiner Gedichte sind das einfache Leben, die kastilische Landschaft und das Schicksal Spaniens. Darüber hinaus schuf er historische Versdramen und kritisch-polemische Prosa. Im Bürgerkrieg kämpfte Machado auf Seiten der Republikaner.

Anton Semjonowitsch Makarenko
sowjetischer Pädagoge (*13. 3. 1888, Belopolje/Gebiet Sumy), stirbt am 1. April 1939 in Moskau.
Makarenko, seit 1905 Lehrer, gründete und leitete von 1920 bis 1935 Kolonien für jugendliche Kriminelle, für elternund obdachlose Kinder und Jugendliche, die seit der Oktoberrevolution in Banden das Land durchzogen. Sein Roman »Der Weg ins Leben. Ein pädagogisches Problem« (1933–1935) wurde unter Josef W. Stalin zum Standardwerk kommunistischer Lehrerausbildung.

Alfredo Panzini
italienischer Schriftsteller (*31. 12. 1863, Senigallia), stirbt am 10. April 1939 in Rom.
Panzini, seit 1929 Mitglied der Italienischen Akademie, wurde bekannt mit der autobiographisch gefärbten Erzählung »Die Laterne des Diogenes« (1907). Am Beispiel einer Fahrradtour von Mailand durch die Lombardei und Romagna an die Adriaküste schildert Panzini in diesem Werk Land und Leute. Wie auch in seinen anderen Erzählungen und Romanen (»Sokrates und Xanthippe«, 1914) werden Mensch und Umwelt geistreichironisch und humorvoll, aber auch oft skeptisch in impressionistisch-lyrischer Prosa dargestellt.

Kusma Sergejewitsch Petrow-Wodkin
sowjetischer Maler (*5. 11. 1878, Chwalynsk/Gebiet Saratow), stirbt am 15. Februar 1939 in Leningrad.
Petrow-Wodkin schloß sich 1908 der russischen Künstlervereinigung Mir iskusstwa (Welt der Kunst) an, die eine Verbindung zwischen der russischen und der westeuropäischen Kunstavantgarde anstrebte. Petrow-Wodkin entwickelte sich zu einem der führenden Symbolisten in Rußland (»Der Traum« 1910, »Spielende Knaben« 1911). Um 1913 (»Das Baden des roten Pferdes«) führte ihn seine Beschäftigung mit der altrussischen Malerei zu Themen aus dem Leben des russischen Volkes. In zahlreichen Mutter-Kind-Darstellungen versuchte er, dem Ideal vom schönen Menschen künstlerischen Ausdruck zu verleihen. Nach der Oktoberrevolution stellte er die Malerei in den Dienst der Politik (Gestaltung von Straßen und Plätzen an Feiertagen) und schuf Bilder aus der Zeit der Revolution (»Nach der Schlacht«, 1923)

Pius XI.

vorher Achille Ratti, Papst seit 1922 (*31. 5. 1857, Desio/Provinz Mailand), stirbt am 10. Februar 1939 in Rom.
Pius XI. schloß u.a. Konkordate mit Bayern (1924), Polen (1925), Italien (1929), Preußen (1929), Österreich (1933) und dem nationalsozialistschen Deutschen Reich (1933).
Die am 11. Februar 1929 zwischen dem Königreich Italien und dem Heiligen Stuhl abgeschlossenen Lateranverträge regelten das Verhältnis zwischen dem italienischen Staat und der katholischen Kirche. Der Papst verzichtete formell auf den Besitz des mittelalterlichen Kirchenstaats und erkannte Rom als Hauptstadt Italiens an; im Gegenzug erkannte der Staat Italien die Vatikanstadt als souveränen Staat an. Für den Verlust des Kirchenstaats erhielt der Vatikan eine Entschädigung in Geld und Staatspapieren. Mit den Lateranverträgen wurde nach langen Verhandlungen die Aussöhnung zwischen dem Papsttum und dem italienischen Staat erreicht.
In der Enzyklika »Mit brennender Sorge«, der einzigen deutschsprachigen Enzyklika, wandte sich Papst Pius XI. am 14. März 1937 gegen die Behinderung der Kirche im Deutschen Reich durch das NS-Regime. Der Papst vertrat hier die Ansicht, daß die NS-Machthaber nicht nur das von ihm mit äußersten Bedenken unterzeichnete Konkordat, sondern auch die Rechte der Katholiken im Reich ständig verletzten. Er kündigte den entschlossenen Widerstand der Kirche gegen künftige Verletzungen verbürgter Rechte an und rechnete scharf mit der nationalsozialistischen Weltanschauung ab. Die von ihr geprägte Sicht der Begriffe Rasse, Volk und Staat stellte er mit heidnischer Götzenverehrung gleich und brandmarkte sie als Verfälschung der göttlichen Ordnung.
Nachfolger von Pius XI. wird am 2. März 1939 als Pius XII. der Kardinalsstaatssekretär Eugenio Pacelli.

Joseph Roth
österreichischer Erzähler (*2. 9. 1894, Brody/Gebiet Lemberg), stirbt am 27. Mai 1939 in der Emigration in Paris im Armenhospital.
Im Pariser Exil setzte Roth 1938 mit dem Roman »Die Kapuzinergruft«, einer Fortsetzung des 1932 erschienenen Romans »Radetzkymarsch«, gleichsam den Schlußpunkt unter das Thema seines literarischen Schaffens, das um die fortschreitende Auflösung und Zerstörung der Donaumonarchie kreiste. Nach der Annexion Österreichs durch das nationalsozialistische Deutsche Reich glaubte Roth, daß der Untergang seiner ihm von Kindheit an vertrauten Welt endgültig besiegelt sei. Dementsprechend rückten in der »Kapuzinergruft« resignierende Züge in den Vordergrund. Die Hauptfigur, Franz-Ferdinand Trotta, erzählt in bitterwehmütiger Rückschau die Geschichte seines Lebens von der Zeit kurz vor Ausbruch des Ersten Weltkriegs bis zum Anschluß Österreichs an das Deutsche Reich. Als Trotta nach dem Ersten Weltkrieg aus russischer Kriegsgefangenschaft zurückkehrt, kann sich der Sproß jenes alten slowenischen Geschlechts, aus dem der legendäre Held der Schlacht von Solferino (1859) hervorgegangen ist, nicht mehr zurechtfinden. Sein Vaterland mit den »vielfältigen unverständlichen, aber unverrückbaren Gesetzen, Sitten, Gebräuchen, Neigungen, Gewohnheiten, Tugenden, Lastern« ist zerstört. Als 1938 die deutsche Wehrmacht in Österreich einmarschiert, versucht er nicht, wie viele andere, zu fliehen, sondern erwartet seinen Untergang dort, wo sein wahres Sein schon seit Jahren begraben liegt: In der Kapuzinergruft, der Grabstätte der österreichischen Kaiser.
Zu den bekanntesten Werken von Joseph Roth zählen »Hotel Savoy« (1924), »Hiob« (1930) und »Beichte eines Mörders« (1936) sowie »Die Legende vom heiligen Trinker« (1939).

Arkadi Alexandrowitsch Rylow
sowjetischer Maler (*29. 1. 1870, Istobenskoje bei Kirow), stirbt am 22. Juni 1939 in Leningrad.
Rylow, ab 1915 Mitglied der Petersburger Akademie der Künste, war vor allem Landschaftsmaler. Während es ihm vor der Oktoberrevolution vorrangig um die Schilderung der Schönheit der Natur ging (»Frühling in Finnland«, 1905), erweiterte sich ab 1917 der Bereich seiner Themen (»Lenin in Rasliw«, 1934; »Traktor bei der Waldarbeit«, 1934).

Philipp Scheidemann

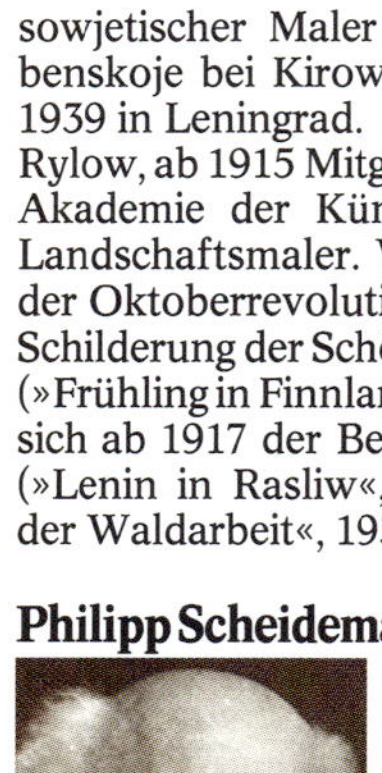

deutscher Journalist und sozialdemokratischer Politiker, erster Ministerpräsident der Weimarer Republik 1919 (*26. 7. 1865, Kassel), stirbt am 29. November 1939 in der Emigration in Kopenhagen.
Scheidemann war von 1903 bis 1933 Mitglied des Reichstags bzw. der Weimarer Nationalversammlung. Am 9. November 1918 verkündete Reichskanzler Prinz Max von Baden gegen 12 Uhr die Abdankung von Kaiser Wilhelm II. Gegen 13 Uhr ernannte er den Führer der Mehrheitssozialdemokraten, Friedrich Ebert, zum neuen Reichskanzler und trat selbst zurück. Um 14 Uhr proklamierte Scheidemann ohne Wissen und gegen den Willen Eberts vom Reichstagsgebäude aus die Deutsche Republik und kam damit dem Führer des linksorientierten Spartakusbunds, Karl Liebknecht, zuvor, der etwas später – gegen 16 Uhr – vor dem Berliner Schloß die Freie Sozialistische Republik ausrief.
Im Februar 1919 wurde Scheidemann zum ersten Ministerpräsidenten der Weimarer Republik gewählt. Im Juni desselben Jahres trat er aus Protest gegen den Versailler Vertrag zurück. Von 1920 bis 1925 war er Oberbürgermeister seiner Heimatstadt Kassel.

Franz Schmidt
österreichischer Komponist und Cellist (*22. 12. 1874, Preßburg), stirbt am 11. Februar 1939 in Perchtoldsdorf in Niederösterreich.
Schmidt, ab 1901 Lehrer an der Wiener Musikakademie, von 1925 bis 1927 ihr Leiter und von 1927 bis 1931 Rektor der Musikhochschule, steht mit der romantischen Oper »Notre Dame«, seinem größten Erfolg, in der Nachfolge Anton Bruckners. Das Werk wurde 1914 in Wien uraufgeführt. Schmidt hatte die Oper, für die er zusammen mit Leopold Wilk das Libretto nach Victor Hugos Roman »Der Glöckner von Notre Dame« geschrieben hatte, bereits 1904 vollendet. Nach einem Streit mit dem damaligen Operndirektor Gustav Mahler hatte dieser die Aufführung jedoch abgelehnt. Schmidt komponierte ferner die Oper »Fredegundi« (1922) und das Oratorium »Das Buch mit sieben Siegeln« (1938) sowie vier Sinfonien, ein Klavierkonzert, Kammer- und Klaviermusik.

Max Sering
deutscher Nationalökonom (*18. 1. 1857, Barby/Elbe), stirbt am 12. November 1939 in Berlin.
Sering, einer der geistigen Väter des Reichssiedlungsgesetzes von 1919 und nach 1933 entschiedener Gegner des nationalsozialistischen Reichserbhofgesetzes, gründete 1922 in Berlin das Deutsche Forschungsinstitut für Agrar- und Siedlungswesen (»Sering-Institut«). Sering versuchte, in der Agrarwissenschaft wirtschaftliche, soziologische und volkswirtschaftliche Aspekte zu verbinden.

Max Skladanowsky
deutscher Filmpionier (*30. 4. 1863, Berlin), stirbt am 30. November 1939 in Berlin.
Skladonowsky entwickelte 1892 eine erste Filmaufnahmekamera, den sog. Kurbelkasten, und 1895 einen Projektor, das sog. Bioskop. Im selben Jahr ließ er das Schneckenradgetriebe, bei dem der Film ruckweise transportiert wird, patentieren und drehte in Berlin-Pankow erste Atelierszenen. Am 1. November 1895 führte er diese Szenen zusammen mit seinem Bruder Emil Skladanowsky im Berliner Varieté »Wintergarten« vor 1500 Zuschauern vor und veranstaltete damit die erste kinematografische Vorstellung der Filmgeschichte, zwei Monate vor den Brüdern Lumière in Frankreich.
In der Folgezeit filmten die Skladanowsky-Brüder vorwiegend Jahrmarktsattraktionen und dokumentarische Straßenbilder in Berlin.

Jura Soyfer
österreichischer Schriftsteller (*8. 12. 1912, Charkow), stirbt am 16. Februar 1939 im KZ Buchenwald.
Soyfer, der mit seiner Familie nach Ausbruch der Oktoberrevolution von Rußland nach Wien emigrierte, stand als Dramatiker in der Tradition des Wiener Volkstheaters. Aufsehen erregten in der Zeit von 1936 bis zum Anschluß Österreichs an das nationalsozialistische Deutsche Reich 1938 vor allem seine für Kleinkunstbühnen (»ABC«, »Literatur am Naschmarkt«) geschriebenen, sketchähnlichen Kurzdramen (»Astoria«, »Der Lechner-Edi schaut ins Paradies«, »Vineta«). 1938 wurde er beim Versuch, in die Schweiz zu fliehen, verhaftet. Seit 1934 war Soyfer Mitglied der Kommunistischen Partei Österreichs. Soyfer verfaßte auch Lyrik. Im KZ Dachau entstand das berühmte »Dachaulied« (»Stacheldraht, mit Tod geladen...«), das auch in anderen Lagern gesungen wurde.

Ernst Toller
deutscher expressionistischer Dramatiker (*1. 12. 1893, Samotschin), geht am 22. Mai 1939 in der Emigration in New York in den Freitod.
Das Drama »Hoppla, wir leben!« (1927) war Tollers erstes Stück seit seiner Entlassung aus der Haft. 1919 war er durch ein Standgericht als Beteiligter an der Münchner Räterepublik zu fünf Jahre Festungshaft in Niederschönenfeld verurteilt worden. Das Stück spiegelt Tollers eigene Erfahrungen in der durch den Wirtschaftsaufschwung der 20er Jahre geprägten gesellschaftlichen Realität der Weimarer Republik. Der während der Haft 1919 wahnsinnig gewordene Revolutionär Thomas wird als »geheilt« aus der Nervenheilanstalt entlassen; die einstigen Mitkämpfer haben inzwischen die revolutionären Ziele verraten und sich angepaßt. Thomas begegnet überall Korruption und Intrigen. Er endet im Selbstmord. In der an Georg Büchners »Woyzeck« erinnernden Tragödie »Der deutsche Hinkemann« (1923) schilderte Toller das Schicksal eines verkrüppelt aus dem Krieg heimkehrenden Soldaten, der sein Bein verloren hat und entmannt ist. Hinkemann geht am Spott seiner Umwelt und an der vermeintlichen Untreue seiner Frau zugrunde. Zu den weiteren Werken Tollers, einem der Hauptvertreter des aktivistischen Theaters der 20er Jahre, gehören die Dramen »Die Wandlung« (1919), »Masse-Mensch« (1920), »Die Maschinenstürmer« (1922) und »Pastor Hall« (1939) sowie der Gedichtband »Das Schwalbenbuch« (1924).

Maria Waser
geborene Krebs, schweizerische Schriftstellerin (*15. 10. 1878, Herzogenbuchsee/Kanton Bern), stirbt am 19. Januar 1939 in Zürich.
Maria Waser gab zusammen mit ihrem Mann, dem Archäologen Otto Waser, von 1904 bis 1919 die Kulturzeitschrift »Die Schweiz« heraus. Sie verfaßte vor allem Frauenromane: »Die Geschichte der Anna Waser« (1913), »Wir Narren von gestern« (1922), »Wende« (1929), »Land unter Sternen« (1930).

Otto Wels

deutscher sozialdemokratischer Politiker (*15. 9. 1873, Berlin), stirbt am 16. September 1939 im Exil in Paris.
Wels gehörte von 1912 bis 1933 dem Reichstag bzw. der Weimarer Nationalversammlung (1919/20) an. Seit 1913 Mitglied des Parteivorstandes der Sozialdemokratischen Partei Deutschlands (SPD), wurde er 1931 SPD-Vorsitzender. Ab 1933 leitete Wels den Exilvorstand der SPD.

William Butler Yeats
irischer Dichter, Literaturnobelpreisträger 1923, Gründer des irischen Nationaltheaters (*13. 6. 1865, Sandymount/Dublin), stirbt am 28. Januar 1939 in Roquebrune-Cap-Martin bei Nizza.
Yeats, der seine Werke in Englisch verfaßte, gilt als bedeutendster Dichter Irlands. 1923 erhielt er den Literaturnobelpreis »für seine stets von hoher Eingebung getragenen Dichtungen, die in vollendeter künstlerischer Gestalt das Wesen seines Volkes zum Ausdruck bringen«. 1899 gründete er zusammen mit der Schriftstellerin Isabella Augusta Gregory, einer der Begründerinnen der irischen Theaterbewegung (»Keltische Renaissance«), in Dublin das Irish Literary Theatre, aus dem 1903 die Irish National Theatre Society hervorging, die im Dubliner Abbey Theatre gastierte. Das Ensemble dieses irischen Nationaltheaters, dessen Leitung Yeats bis zu seinem Tod innehatte, spielte bevorzugt Stücke von Yeats und John Millington Synge.
Das vielseitige Werk von Yeats umfaßt vor allem Lyrik und Dramen, die stark von keltischer Mythologie inspiriert sind. Seine bekanntesten Dramen sind »Die Schwelle des Königs« (1904), »Der Strand von Baile« (1904) und »Das Einhorn von den Sternen« (1908).

Personenregister

Das Personenregister enthält alle in diesem Buch genannten Personen (nicht berücksichtigt sind mythologische Gestalten und fiktive Persönlichkeiten sowie Eintragungen im Anhang). Die Herrscher und Angehörigen regierender Häuser sind alphabetisch nach den Ländern ihrer Herkunft geordnet. Kursive Zahlen verweisen auf Abbildungen.

Sachregister

Das Sachregister enthält Suchwörter zu den in den einzelnen Artikeln behandelten Ereignissen sowie Hinweise auf die im Anhang erfaßten Daten und Entwicklungen. Kalendariumseinträge sind nicht in das Register aufgenommen. Während politische Ereignisse im Ausland unter den betreffenden Ländernamen zu finden sind (Beispiel »IRA-Anschläge« unter »Großbritannien«) wird das politische Geschehen im Deutschen Reich unter den entsprechenden Schlagwörtern erfaßt. Begriffe zu herausragenden Ereignissen des Jahres sind ebenso direkt zu finden (Beispiel: »Spanischer Bürgerkrieg« eben dort). Ereignisse und Begriffe, die einem großen Themenbereich (außer Politik) zuzuordnen sind, sind unter einem Oberbegriff aufgelistet (Beispiel: »Luftfahrt« unter »Verkehr«).

Quellen

Texte

Abbildungen

Stadtarchiv Bielefeld (1); Bavaria-Verlag/Bildagentur, Gauting b. München (1); Gerhard Cronefeld, München (1); Deutsches Literaturarchiv, Marbach (5); Deutsches Museum, München (1); Stadtarchiv Duisburg (3); Archiv Gerstenberg, Wietze (3); Harenberg Kommunikation, Dortmund (567); Firmenarchiv Hoechst AG, Frankfurt (1); Katholische Nachrichtenagentur, Bonn (1); Keystone Pressedienst, Hamburg (18); Ingrid Loschek, Gräfelfing (4); Ringier Dokumentationszentrum, Zürich (1); Salzgitter AG, Salzgitter (1); Pressebild-Agentur Schirner, Meerbusch (1); Süddeutscher Verlag, München (6); Die Weltwoche, Bildarchiv, Zürich (5);

Trotz größter Sorgfalt konnten die Urheber des Bildmaterials nicht in allen Fällen ermittelt werden. Es wird gegebenenfalls um Mitteilung gebeten.